天宁年鉴 2022

TIANNING YEARBOOK

常州市天宁区地方志编纂委员会 编

方志出版社
Publishing House of Local Records

图书在版编目（CIP）数据

天宁年鉴. 2022 / 常州市天宁区地方志编纂委员会编. —北京 ： 方志出版社， 2022.11
ISBN 978-7-5144-5391-1

Ⅰ. ①天… Ⅱ. ①常… Ⅲ. ①区(城市)－常州－2022－年鉴 Ⅳ. ①Z525.34

中国版本图书馆CIP数据核字(2022)第238429号

责任编辑：陈菁
责任校对：刘玉霞
责任印制：梅中英
出 版 者：方志出版社
地　　址：北京市朝阳区潘家园东里9号（国家方志馆4层）
邮　　编：100021
网　　址：http://www.zgfzcb.cn
发　　行：方志出版社图书营销中心（010-67110500）
印　　刷：苏州市越洋印刷有限公司
开　　本：889毫米×1194毫米　1/16
印　　张：25
字　　数：913千字
版　　次：2022年11月第1版
印　　次：2022年11月第1次印刷
定　　价：200.00元

天宁区地方志编纂委员会

《天宁年鉴（2022）》编辑部

《天宁年鉴（2022）》审稿人

万　俊	王　飞	王　恺	王　健	王松涛	王静玉
方　量	方　静	孔　祥	叶　平	叶　亦	叶慧超
田耀芬	史云飞	冯　杰	冯子秋	庄　璐	刘国强
汤心宇	祁科郁	许术易	许宪生	李　松	李秀敏
李继峰	杨　琪	吴小红	吴逸飞	佘苏阳	狄舜尧
闵丽艳	汪　舟	沈　刚	张　寒	张　璀	张卫强
张晓明	陆一中	陈海元	郁国兴	季　成	季卫东
金明杰	金建平	周　栋	周晓峰	周海鹏	郑　波
郑仁明	郑平刚	居　俊	赵　剑	赵建玉	赵浴宇
钟　山	袁伟强	袁维鸿	徐　婴	徐志健	徐丽燕
栾晓军	高　华	高亚峰	郭余春	曹福章	康　林
章仕杰	章丽华	蒋华荣	程　强	裴善善	樊文华
薛文兴	戴　敏				

编辑说明

一、《天宁年鉴（2022）》坚持以马克思列宁主义、毛泽东思想、邓小平理论、“三个代表”重要思想、科学发展观、习近平新时代中国特色社会主义思想为指导，坚持辩证唯物主义和历史唯物主义的立场、观点和方法，全面、系统地记述2021年天宁区自然、政治、经济、文化、社会等方面概貌和发展情况，为各级各部门领导决策提供依据，为社会各界了解天宁、研究天宁、投资天宁提供信息资料，为编修地方综合志书积累资料。

二、《天宁年鉴》是中共常州市天宁区委员会领导、天宁区人民政府主办、天宁区地方志办公室负责逐年编纂的年度资料性文献。《天宁年鉴（2022）》为第六卷。

三、《天宁年鉴（2022）》采用分类编辑法，分为类目、分目、条目3个层次，类目、分目、条目的标题以及表格等使用不同字号区别。条目为记述内容的主要形式，其标题用黑体加“【　】”表示。全书设类目32个、分目188个、条目996个，表格76张，随文插图150幅。

四、《天宁年鉴（2022）》收录时限为2021年1月1日至12月31日，个别事务加以追溯记述，以便读者了解其始末。

五、《天宁年鉴（2022）》根据天宁区经济社会发展需要，框架结构进行适当调整：增设“房地产业”类目，下设“土地市场”“房地产开发”“房产市场”“房产管理”4个分目，反映天宁作为中心城区的产业结构特点；“城乡建设”类目中增设“城市更新”分目，反映天宁区城市拆旧建新的发展变化；“社会生活”类目中增设“医疗保障”分目，反映天宁机构改革后职能的调整；扩充“农业”类目内容，增设“林果业”“畜牧业”“渔业”“农业产业现代化”4个分目，反映天宁以产业支撑乡村振兴；扩充“商贸服务业”类目下“大型商场和超市”“商品交易市场”2个分目的条目数量，增至23个条目。

六、《天宁年鉴（2022）》文字稿和随文插图主要由开发区、镇、各街道、各部门、各有关单位提供，并经各单位负责人审定。文中所列数据，原则上依据《天宁统计年鉴（2022）》，统计年鉴中没有的以主管部门统计为准。有些数据因统计口径不同而有所差异，请读者在引用时加以注意。为保持文献原貌、遵从行业习惯，“专记”“附录”所刊文献的数据、计量单位均未做变动。

七、《天宁年鉴（2022）》中有关“江苏省”“常州市”“天宁区”“中共江苏省委员会”“中共常州市委员会”“中共常州市天宁区委员会”的记述，非特定需要时（标题名、文件名等），分别简称为“省”“市”“区”“省委”“市委”“区委”。文中“上年”均指“2020年”。

八、表格中无数字和无法获得数字及有关情况的单元格用“—”表示，数据为零的用“0”表示。

九、数字用法、标点符号用法分别采用国家标准《出版物上数字用法》(GB/T 15835-2011)《标点符号用法》(GB/T15834-2011)，计量单位采用国家技术监督局1993年12月发布的《量和单位》系列国家标准。

天宁区主要机构全称、简称对照表

全　称	简　称
中共常州市天宁区委员会	区委
常州市天宁区人民代表大会常务委员会	区人大
常州市天宁区人民政府	区政府
中国人民政治协商会议常州市天宁区委员会	区政协
中国共产党常州市天宁区纪律检查委员会	区纪委
常州市天宁区监察委员会	区监委
中共常州市天宁区委办公室	区委办
常州市天宁区人民代表大会常务委员会办公室	区人大办
常州市天宁区人民政府办公室	区政府办
中国人民政治协商会议常州市天宁区委员会办公室	区政协办
中国人民解放军江苏省常州市天宁区人民武装部	区人武部
常州市天宁区人民法院	区法院
常州市天宁区人民检察院	区检察院
江苏常州天宁经济开发区管理委员会	天宁经济开发区
常州市天宁区郑陆镇人民政府	郑陆镇
常州市天宁区雕庄街道办事处	雕庄街道
常州市天宁区青龙街道办事处	青龙街道
常州市天宁区茶山街道办事处	茶山街道
常州市天宁区红梅街道办事处	红梅街道
常州市天宁区天宁街道办事处	天宁街道
常州市天宁区兰陵街道办事处	兰陵街道
中共常州市天宁区委组织部	区委组织部
中共常州市天宁区委宣传部	区委宣传部
中共常州市天宁区委统一战线工作部	区委统战部
中共常州市天宁区委政法委员会	区委政法委
中共常州市天宁区委研究室	区委研究室
中共常州市天宁区网络安全和信息化委员会办公室	区委网信办
中共常州市天宁区委机构编制委员会办公室	区委编办
中共常州市天宁区委区级机关工作委员会	区级机关党工委
中共常州市天宁区委巡察工作办公室	区委巡察办
中共常州市天宁区委老干部局	区委老干部局
常州市天宁区档案馆、天宁区地方志办公室	区档案馆（区地方志办）
常州市天宁区发展和改革局	区发改局
常州市天宁区教育局	区教育局
常州市天宁区科学技术局	区科技局
常州市天宁区工业和信息化局	区工信局
常州市天宁区民政局	区民政局
常州市天宁区司法局	区司法局
常州市天宁区财政局	区财政局
常州市天宁区人力资源和社会保障局	区人社局
常州市天宁区住房和城乡建设局	区住建局
常州市天宁区城市管理局	区城管局
常州市天宁区农业农村局	区农业农村局
常州市天宁区商务局	区商务局
常州市天宁区文化体育和旅游局	区文体旅局
常州市天宁区卫生健康局	区卫健局
常州市天宁区退役军人事务局	区退役军人事务局
常州市天宁区应急管理局	区应急局
常州市天宁区审计局	区审计局
常州市天宁区行政审批局	区行政审批局
常州市天宁区市场监督管理局	区市场监管局
常州市天宁区统计局	区统计局
常州市天宁区信访局	区信访局
常州市天宁区地方金融监督管理局	区地方金融监管局
常州市天宁区房屋征收与补偿办公室	区征收办
常州市天宁区机关事务管理中心	区机关事务管理中心
常州市天宁区总工会	区总工会
共青团常州市天宁区委员会	团区委
常州市天宁区妇女联合会	区妇联
常州市天宁区科学技术协会	区科协
常州市天宁区残疾人联合会	区残联
常州市天宁区工商业联合会	区工商联
常州市天宁区红十字会	区红会
常州市天宁区关心下一代工作委员会	区关工委
江苏常州人力资源服务产业园管理委员会	常州人力资源服务产业园管委会
常州市公安局天宁分局	公安天宁分局
天宁交通运输综合执法大队	交通执法天宁大队
常州市公安局交通警察支队天宁大队	天宁交警大队
常州市公安消防支队天宁区大队	天宁消防大队
常州市自然资源和规划局天宁分局	资规天宁分局
常州市天宁生态环境局	天宁生态环境局
国家税务总局常州市天宁区税务局	区税务局
常州市医疗保障局天宁分局	医保天宁分局
常州天宁建设发展集团有限公司	天宁建设
常州弘辉控股集团有限公司	弘辉控股

年度热词：创新赋能

1

2

3

综合荣誉

- 全国义务教育发展基本均衡区
- 全国社区教育实验区
- 全国社会工作服务标准化示范区
- 全国和谐社区建设示范城区
- 全国科普示范区
- 全国基层中医药工作先进单位
- 国家慢性病综合防控示范区
- 国家妇幼健康优质服务示范区
- 全国社区治理和服务创新实验区
- 全国中小学校责任督学挂牌督导创新区
- 全国健康促进区
- 国家农产品质量安全区
- 全国青少年校园足球试点区
- 全国城乡融合发展改革项目制试验任务试点地区

天宁区行政区划图

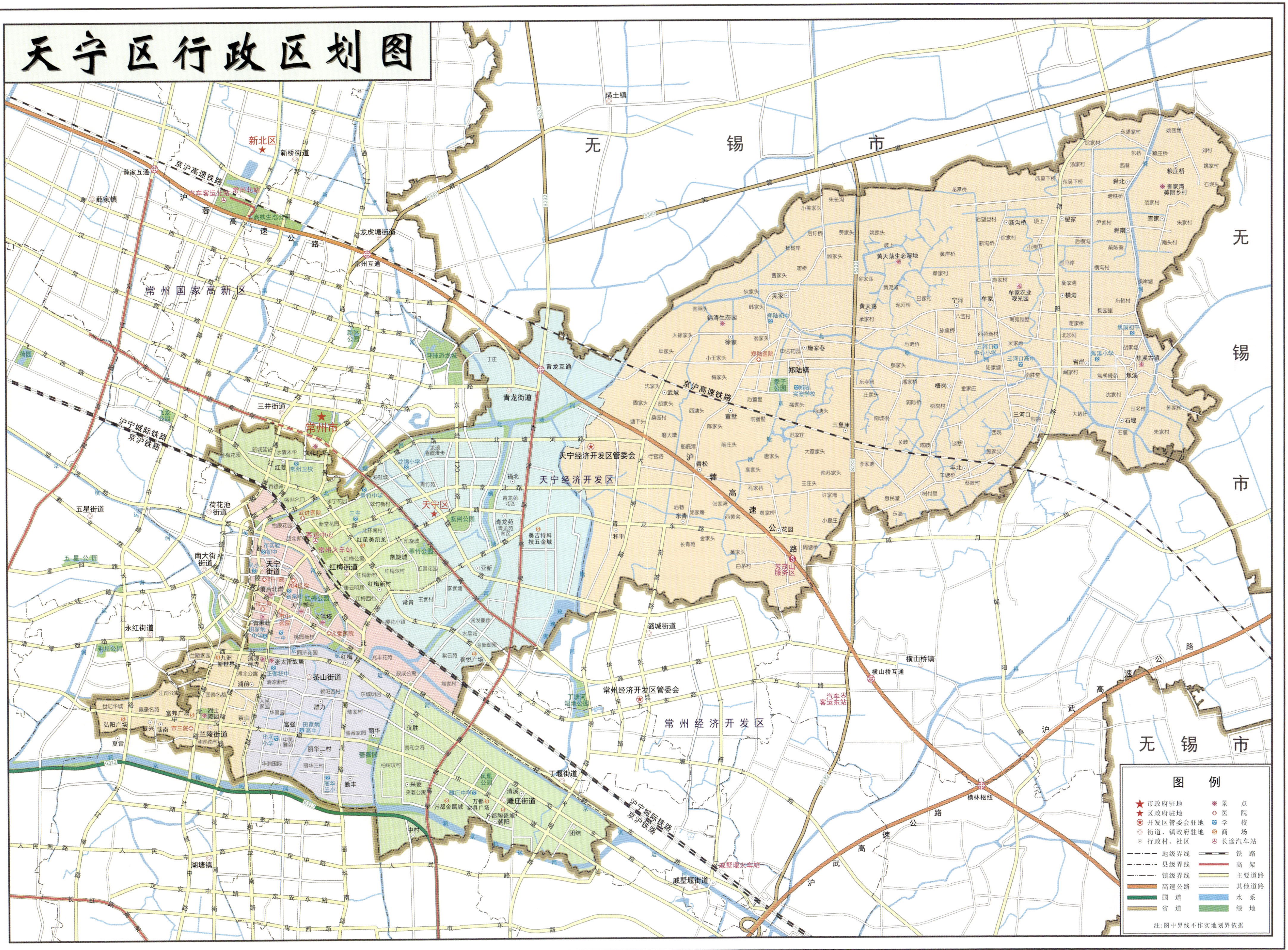

常州市测绘院 编制

审图号：苏D(2020)10号

2021 年，天宁区加大推动创新发展力度，厚植创新根基，以前所未有的力度部署推进科技创新，设立百亿科创基金，助力数字经济、高端制造、文化创意类企业加速发展，为高质量发展积蓄强劲动能。

1. 6 月 18 日，2021 数字经济创新发展论坛在天宁开幕，论坛主题为“数智引领，聚势未来” （区委宣传部 供图）

2. 5 月 17 日，天宁区在东亚高端装备和新能源产业合作对接交流会上签约 2 个重点项目，涉及总投资 3.7 亿美元 （区委宣传部 供图）

3. 12 月 27 日，第二届中国·江苏游戏产业高质量发展论坛在天宁启动开幕，6 家重量级游戏企业签约入驻江苏常州网络视听游戏产业园 （区委宣传部 供图）

4. 10 月 9 日，天宁区东方侏罗纪项目、汽车轻量化零部件项目、镍合金无缝管及组件项目、常州彬复五期创业投资基金项目在 2021 中国常州科技经贸洽谈会开幕式上签约 （区委宣传部 供图）

年度热词：城市更新

2021 年，天宁区加快城市更新进程，转变城市开发建设方式，以保留利用提升为主，严管大拆大建，加强修缮改造，注重功能提升，增强城市活力。

1

2

1. 2021 年，天宁区围绕基础设施、小区环境、居住安全、物业管理、文化氛围、日常服务等方面，完成 33 个老旧小区改造。图为完成改造的红梅西村俯瞰图

（何彦力 摄）

2. 2021 年，天宁区完成龙游河水环境综合整治工程。图为治理后的龙游河

（区委宣传部 供图）

3. 2021 年，竹林路精品道路工程完工

（区委宣传部 供图）

4. 7 月，完成景观提升后的翠竹公园

（区委宣传部 供图）

5. 9 月，原大成二厂旧址内的竞园完成修缮

（区委宣传部 供图）

6. 12 月，朝阳四村原弃用厂房改造为“柒回露天记忆馆”（区委宣传部 供图）

3

4

5

6

年度热词：乡村振兴

1. 2021 年，郑陆镇的农光互补太阳能发电项目

（姚向明 摄）

2. 2021 年，牟家村 2 个自然村袁家村、江家湾获评“江苏省特色田园乡村”。图为袁家村俯瞰图

（韩继炜 摄）

3. 2021 年，武城村种植的大米通过绿色食品 A 级认证，形成产、供、销一条龙的农业产业链。图为农民水稻丰收

（王晓莉 摄）

4. 2021 年，黄天荡村因清水蟹养殖被农业农村部评为“全国乡村特色产业亿元村”。图为中央广播电视总台大型直播特别节目《丰收中国》主持人采访清水蟹养殖户

（区委宣传部 供图）

5. 8 月 2 日，天宁区农产品供澳经贸合作启动仪式暨焦溪翠冠梨供澳合作新闻发布会在澳门举行。图为澳门泰丰超市出售焦溪翠冠梨

（蒋博庆 摄）

6. 2021 年，常州市技丰水产良种繁育场和郑陆联创家庭农场创成市级美丽渔场。图为渔农在捕鱼

（邹明泽 摄）

1

3

4

2021 年，天宁区以产业支撑乡村振兴，培育特色主导产业，打造以国家地理标志为依托、绿色农产品为主导、农业休闲旅游为方向的产业集群；打响金色稻米、绿色蔬果、蓝色养殖“三色农业”品牌，做大“焦溪二花脸”“黄天荡清水蟹”“焦溪翠冠梨”3 个国家地理标志产品（商标）；拓展电子商务、手工文创等业务。

2

5

6

1

3

4

2019—2021 年，天宁区开展丰北村人居环境整治，通过治水清淤、疏浚河道、铺设栈道等措施，村容村貌得到改造提升。为保存乡村的记忆和文脉，丰北村兴建初心学堂、重修水龙局、打造丰北传承馆，点亮精神地标，建设红色美丽乡村。

2

1. 7 月，黄天荡片区一期（丰北）市级美丽乡村示范项目建成。图为丰北村俯瞰图（姚建国 摄）
2. 7 月 12 日，市、区、镇、村四级共同启动黄天荡片区一期（丰北）市级美丽乡村示范项目开园仪式（区委宣传部 供图）
3. 7 月，丰北村“老高的鱼庄”建成开园，其集垂钓中心、露营基地、生态采摘、水产养殖基地、摄影基地等功能于一体（区委宣传部 供图）
4. 7 月，丰北传承馆开馆（姚建国 摄）

年度热词：一老一小

人民网 people.cn 人民网 >> 政治

李克强考察江苏常州这个社区重点关心什么

2021年03月26日07:55 来源：中国政府网

3月25日上午，李克强来到江苏常州富强新村社区，先后考察快递代收点、养老服务站、便民食堂等服务场所。

社区负责人向总理介绍，他们采取政府购买服务、减免房租水电等方式，引入社会服务力量，为居民提供养老、托幼、家政、健康、餐饮等诸多便民服务。仅此就新创造出38个就业岗位。

总理说，社区服务业发展潜力巨大。这件事做好了，既可为居民生活带来极大便利，又能创造相当可观的灵活就业岗位，还能带动有效投资，可以说一举多得。

闻知总理来了，居家的老人、孩子等社区居民都出来了。李克强对大家说，社区提供养老、托幼服务，既能方便老人孩子得到就近照护，又能让在外打拼的上班族感到安心。老年人有幸福的晚年，年轻人才有可预期的未来。社区里既有你们的“小”家，社区又是你们的“大”家。各方要一起努力，让社区的服务更加优质丰富，让这里有归属感，有“家”的感觉。

1

(责编：萧潇、张鑫)

2

4

2021 年，天宁区强化镇（街道）社区居家养老、托育服务基础保障，继续将“社区居家养老设施建设”纳入天宁区年度民生实事项目，全区 1 个镇、6 个街道均建有居家养老服务中心，122 个村（社区）居家养老服务中心（站）服务覆盖 100%；将普惠托育服务机构试点布局纳入《“十四五”常州市天宁区医疗卫生设施空间布局规划》，结合新建社区率先落实 6 个普惠型幼儿托育机构布点，全区建成 4 家普惠托育服务机构，其中 1 家纳入江苏省普惠民生实事项目。

1. 3 月 25 日，中共中央政治局常委、国务院总理李克强到富强新村社区考察。图为人民网对该次考察的新闻报道

（区地方志办 供图）

2. 2021 年，富强新村社区的孩子们在托育亲子中心玩游戏（区委宣传部 供图）

3. 8 月，富强新村社区托育亲子中心的老师们在上亲子早教课（区委宣传部 供图）

4. 2021 年，富强新村社区生活驿站志愿者免费给老人测血压（区委宣传部 供图）

5. 富强新村社区老人在“椿熙堂”服务中心参加健康养生知识讲座（区委宣传部 供图）

年度热词：庆祝中国共产

1

1. 6 月 23 日，天宁区在龙游河畔举行“初心永不变·‘河’你在一起”——天宁区庆祝中国共产党成立 100 周年群众文艺会演 （区委宣传部 供图）

2. 6 月 20 日，天宁区在九洲新世界广场举行“光荣在党 50 年”纪念章颁发仪式 （区委宣传部 供图）

3. 4 月 23 日，天宁区在青果巷举办“读红色经典·学百年党史”全民阅读活动 （区委宣传部 供图）

4. 4 月 30 日，天宁区在凤凰公园举行“学党史、强信念、跟党走”主题团日活动 （区委宣传部 供图）

党成立 100 周年

2

3

4

我爱韶山红杜

第十七届中国杜鹃花展览会

4月16日—5月16日，由天宁区主办的“初心映山红，同庆一百年”第十七届中国杜鹃花展览会在凤凰公园举办，吸引全国15个省（市）的50余个城市和单位参会，25万余株（盆）杜鹃花、近60万平方米绿化景观带共筑十里杜鹃花海，迎接八方来客。参观人数超100万人次，发布视频累计获得7.9亿次观看和点赞。

1

1. 第十七届中国杜鹃花展览会开幕仪式　　（区委宣传部 供图）
2. 第十七届中国杜鹃花展览会俯瞰图　　（雕庄街道 供图）
3. 第十七届中国杜鹃花展览会入口处　　（朱家驹 摄 雕庄街道 供图）

展览期间，天宁区以花为媒，精心组织产业推介会、高峰论坛、大学生设计大赛、杜鹃苗木展销会等活动，将情景表演、摄影展出等 10 余项活动贯穿其中。

1

2

3

4

1. 第十七届中国杜鹃花展览会 LOGO （雕庄街道 供图）
2. 第十七届中国杜鹃花展览会吉祥物“菲菲” （雕庄街道 供图）
3. 第十七届中国杜鹃花展览会情景表演戏曲节目 （区委宣传部 供图）
4. 第十七届中国杜鹃花展览会杜鹃园 （区委宣传部 供图）
5. 市民欣赏参观第十七届中国杜鹃花展览会现场 （区委宣传部 供图）
6. 第十七届中国杜鹃花展览会“彩虹轨道” （区委宣传部 供图）

5

6

在展陈方式上，分室内和室外 2 个展区。室内展区包括“中国馆”和“国际馆”；室外展区包括“多彩常州”“梦创家园”“红色旋律”“印象江南”和常州精品园。其中，“多彩常州”汇聚常州各辖市区，“梦创家园”由承办过全国杜鹃花展和作为杜鹃花栽培基地的城市布展，“红色旋律”由国内 10 个“红色”城市布展，“印象江南”邀请南京、无锡、杭州等长三角城市布展。

1

2

3

4

6

5

7

1. “多彩常州”展区的天宁燕园。“燕园”源自常州三杰之一瞿秋白“我是江南第一燕，为衔春色上云梢”一诗（区委宣传部 供图）

2. 展示精品杜鹃花的“中国馆”（区委宣传部 供图）

3. 展示世界高山杜鹃花品种资源的“国际馆”（区委宣传部 供图）

4. 山西展园（区委宣传部 供图）

5. 湖北荆门展园（区委宣传部 供图）

6. 上海石库门展园（区委宣传部 供图）

7. 江苏无锡展园（区委宣传部 供图）

天宁 全域旅游全景图

Panorama of Tianning All-for-one Tourism

图例 Legend

- 政府/乡镇/街道 Government / Township / Street
- 高铁/火车站 High-speed Railway / Railway station
- 汽车站 Bus Station
- 信息服务 Information
- 文化中心 Cultural Center
- 体育馆 Gymnasium
- 停车场 Parking Lot
- 公共厕所 Public Toilets
- 餐饮 Restaurant
- 城市休憩区 Urban Recreation District
- 乡村旅游 Rural Tourism
- 省级工业旅游示范点 Provincial Industrial Tourism Demonstration
- 高速出入口 Exit
- 酒店/民宿 Hotel/Homestay
- 商场/购物中心 Shopping Area
- 公园 Park
- 名胜古迹 Places Of Interest
- 博物馆 Museum
- 寺庙 Temple
- 旅游风景道 Scenic Route

电子地图小程序
全域旅游全景图

目录

专 记

天宁区党史学习教育…… 1
概况…… 1
专题学习…… 1
专题宣讲…… 1
专题活动…… 2
专题宣传…… 2
“集中学习日”活动…… 2
书记上党课…… 3
100 个行走中的党史讲堂 …… 3
“红色青果电台”党史专题节目…… 3
青少年党史学习教育…… 3
第十七届中国杜鹃花展览会“红色元素” …… 4
《“红色记忆”——天宁老干部口述历史》视频 …… 4
“我为天宁献一计”活动…… 4
“我为群众办实事”实践活动…… 4

区情概览

地理环境…… 5
区位…… 5
交通…… 5
地貌…… 5
土地…… 5
气候…… 5
常住居民…… 6
人口…… 6
民族…… 6
宗教…… 7
著名人物…… 7
建置区划…… 7
建置…… 7
区划…… 7
消失的村落…… 8
表 1 天宁区消失的村落一览表…… 8
名胜古迹…… 9
寺墩遗址…… 9
潘家塘遗址…… 9
乌墩遗址…… 9
天宁禅寺…… 9
红梅公园…… 9
东坡公园…… 10
文化遗产…… 10
物质文化遗产…… 10
非物质文化遗产…… 10
表 2 天宁区市级及以上非物质文化遗产一览表 …… 10
历史文化街区…… 10
经济与社会发展…… 11
综合经济…… 11
第一产业…… 12
第二产业…… 12
第三产业…… 12
环境保护…… 13
教育…… 13
文化体育…… 14
医疗卫生…… 14
民生保障…… 14

大事记

1 月 …… 15
2 月 …… 16
3 月 …… 16
4 月 …… 17
5 月 …… 18
6 月 …… 19
7 月 …… 21
8 月 …… 21
9 月 …… 22
10 月 …… 23
11 月 …… 24
12 月 …… 25

中共常州市天宁区委

区委重要会议…… 27
全区领导干部会议…… 27
全区创新发展大会…… 27
区委十届十次全体（扩大）会议…… 28
中国共产党常州市天宁区第十一次代表大会…… 28
区委十一届三次全体（扩大）会议…… 29
领导干部研讨会…… 29
区委决策部署…… 29
区委常委会 2021 年工作要点 …… 29
新冠肺炎疫情防控工作部署…… 29
《大力推进“三新”经济发展的实施意见》出台 …… 30
《关于打造现代化城乡治理样板的实施方案》出台 …… 30
区委重要活动…… 30
省委书记娄勤俭调研天宁…… 30
延伸阅读…… 30
天宁区庆祝中国共产党成立 100 周年座谈会…… 30
天宁大讲坛…… 31
天宁区党政代表团赴陕西旬阳考察交流…… 31
天宁“精神符号”提炼征集活动…… 31
巡察工作…… 31
概况…… 31
市委巡察组对天宁区委巡察指导督导…… 32
“11+N”巡察协作机制…… 32
巡察问题整改…… 32
涉粮问题专项巡视巡察…… 32
巡察干部队伍建设…… 33
组织工作…… 33
概况…… 33
干部队伍建设…… 33
公务员管理…… 34
年度综合考核…… 34
创新创业人才工作…… 34
区镇村（社区）三级党组织完成换届…… 34
区机关党建工作…… 34
“宁聚力”党建品牌引领基层治理…… 35
“一河两路三圈”全域党建格局…… 35
天宁江阴共建文旅体农党建联盟…… 35
“两新”组织党建工作…… 36
宣传工作…… 36
概况…… 36
理论学习…… 36
理论宣讲…… 36
意识形态工作…… 37
网络安全…… 37
网络环境综合治理…… 37
新闻宣传…… 37
文化产业发展…… 38
文化惠民工程…… 38
文艺精品创作…… 39
庆祝中国共产党成立 100 周年系列群众文艺活动…… 39
“读红色经典 · 学百年党史”天宁全民阅读活动…… 39
精神文明建设…… 40
概况…… 40
典范性全国文明城市创建…… 40
“百年百场”党史系列精品道德讲堂…… 40
群众性主题宣传教育活动…… 40
未成年人思想道德建设…… 41
典型模范选树…… 41
统战工作…… 41
概况…… 41
民营经济统战工作…… 41
民族工作…… 41
宗教工作…… 42
党外代表人士队伍建设…… 42
天宁区欧美同学会（天宁区留学人员联谊会）成立 …… 42
新的社会阶层人士统战工作…… 43
涉台工作…… 43

侨务工作………………………………………………… 43
机构编制管理………………………………………… 43
概况……………………………………………………… 43
基层整合审批服务执法力量改革…………………… 43
相对集中行政许可权改革…………………………… 43
机构编制管理………………………………………… 43
机构编制核查………………………………………… 44
事业单位登记管理…………………………………… 44
老干部工作…………………………………………… 44
概况……………………………………………………… 44
“永远跟党走，银霞映天宁”庆祝建党百年系列活动……………………………………………………… 45
“记忆百年 · 老物件见证新时代”红色老物件展 …… 45
《“红色记忆”——天宁老干部口述历史》视频上线……………………………………………………… 45
档案工作……………………………………………… 45
概况……………………………………………………… 45
档案指导监督………………………………………… 46
保存期满档案鉴定…………………………………… 46
第二批文书档案开放划控…………………………… 46
重要人物档案征集…………………………………… 46

常州市天宁区人大

综　述……………………………………………… 47
概况……………………………………………………… 47
选民登记启用“线上登记”模式…………………… 47
天宁区第十七届人大代表选举……………………… 47
重要会议……………………………………………… 48
天宁区第十六届人民代表大会第五次会议………… 48
区十六届人大常委会会议…………………………… 48
区十六届人大常委会主任会议……………………… 48
表 3　2021 年天宁区十六届人大常委会会议一览表……………………………………………………… 49
表 4　2021 年天宁区人大常委会任免人员一览表……………………………………………………… 51
重大事项决定………………………………………… 53
概况……………………………………………………… 53
政府投资建设项目（500 万元以上）年度计划增补决定……………………………………………… 53
国民经济和社会发展计划增补决定………………… 53
监督工作……………………………………………… 53
概况……………………………………………………… 53
民生实事项目专项监督……………………………… 53
经济工作监督………………………………………… 54
社会事业工作监督…………………………………… 54
法治工作监督………………………………………… 54
代表工作……………………………………………… 54
概况……………………………………………………… 54
表 5　2021 年度天宁区优秀代表建议一览表…… 55
代表建议意见督办…………………………………… 55
茶山街道议政代表会成立…………………………… 55

常州市天宁区政府

综　述……………………………………………… 56
概况……………………………………………………… 56
“三优三美”十大民生实事………………………… 56
政府网站平台运行管理……………………………… 58
政务数据共享交换…………………………………… 58
电子政务项目建设管理……………………………… 58
政府重要会议………………………………………… 58
区政府全体（扩大）会议…………………………… 58
区政府常务会议……………………………………… 59
表 6　2021 年天宁区政府常务会议一览表……… 59
政府重要活动………………………………………… 61
招商活动……………………………………………… 61
苏陕协作与经济合作………………………………… 61
行政审批管理………………………………………… 62
概况……………………………………………………… 62
“一网通办”建设…………………………………… 62
“证照分离”改革…………………………………… 63
“一业一证”改革试点……………………………… 63
“四端”协同办理 ………………………………… 63
“家门口办好事”实事项目………………………… 63
营商环境优化………………………………………… 64
人才人事管理………………………………………… 64
概况……………………………………………………… 64
事业单位人事管理…………………………………… 64
“两高”人才引育…………………………………… 65
天宁人才大厦建成投用……………………………… 65
信访工作……………………………………………… 65
概况……………………………………………………… 65
风险隐患矛盾纠纷排查……………………………… 65
信访案件化解………………………………………… 65
信访工作督查………………………………………… 66

基层人民来访接待中心窗口建设 …… 66
地方志工作 …… 66
概况 …… 66
《天宁年鉴（2021）》出版发行 …… 66
《天宁区情（2021）》获评市县地方志特色创新项目 …… 66
《天宁大事记（2021）》刊印 …… 67
《江苏名村 · 焦溪村志》出版发行 …… 67
机关事务管理 …… 67
概况 …… 67
党政机关办公用房管理 …… 67
党政机关公务用车管理 …… 67

常州市天宁区政协

综　述 …… 68
概况 …… 68
政协委员换届 …… 68
《常州家承》出版 …… 69
政协重要会议 …… 69
政协常州市天宁区九届五次会议 …… 69
政协天宁区九届常委会会议 …… 69
表 7　2021 年政协天宁区九届常委会会议一览表 …… 69
政协天宁区九届主席会议 …… 70
表 8　2021 年政协天宁区九届主席会议一览表 …… 70
协商议政 …… 71
专题调研 …… 71
民主监督活动 …… 71
“有事好商量”协商议事活动 …… 72
社情民意信息 …… 72
提案办理 …… 72
概况 …… 72
提案督办 …… 72
表 9　2021 年度天宁区优秀社情民意信息一览表 …… 73

中共常州市天宁区纪委监委

政治生态建设 …… 74
概况 …… 74
“两个责任”落实 …… 74
廉政宣传教育 …… 74
政治生态涵养 …… 74
执纪执法惩治腐败 …… 75
概况 …… 75
违纪违法案件查处 …… 75
政法队伍教育整顿监督执纪 …… 75
重点领域专项监督 …… 75
概况 …… 75
疫情防控督查 …… 75
换届风气监督检查 …… 75
安全生产领域专项整治 …… 76
粮食购销领域专项整治 …… 76
享乐主义奢靡之风专项治理 …… 76
群众身边腐败问题专项治理 …… 76

民主党派 · 党外知识分子联谊会 · 工商联

民革天宁区基层委员会 …… 77
概况 …… 77
民革天宁区基层委换届 …… 77
民盟天宁区基层委员会 …… 77
概况 …… 77
参政议政 …… 78
社会服务 …… 78
民建天宁区基层委员会 …… 78
概况 …… 78
参政议政 …… 78
民进天宁区基层委员会 …… 78
概况 …… 78
社会服务 …… 79
农工党天宁区基层委员会 …… 79
概况 …… 79
农工党天宁区基层委成立 …… 79
参政议政 …… 80
致公党天宁区基层委员会 …… 80
概况 …… 80
参政议政 …… 80
九三学社天宁区基层委员会 …… 80
概况 …… 80
学术研究 …… 81
参政议政 …… 81
社会服务 …… 82

党外知识分子联谊会……82
概况……82
党外知识分子联谊会 2 个分会成立……82
天宁区工商业联合会……82
概况……82
区工商联（总商会）第八次会员代表大会召开……83
新时代“两个健康”先行区创建持续推进……83
“光彩基金”助困扶贫活动……83
天宁区数字经济产业商会成立……83

群众团体

天宁区总工会……84
概况……84
新时代天宁产业工人队伍建设改革实施……84
天宁“匠心课堂”活动……85
职工劳动权益维护……85
工会普惠服务……85
天宁区第四届职工“三创”大赛……85
新就业形态劳动者建会入会……86
“工会老娘舅工作室”品牌建设……86
共青团天宁区委员会……86
概况……86
全国县域共青团基层组织改革试点工作……86
表 10　2021 年天宁区“十大杰出青年”一览表……87
表 11　2021 年天宁区“十佳少先队员”一览表……87
表 12　2021 年天宁区“十佳少先队辅导员”一览表……87
青少年思想引领工程……88
青年志愿服务……88
青少年权益维护……88
“青春心向党 · 献礼一百年”主题教育实践系列活动……89
困境青少年“梦想小屋”改造……89
天宁区妇女联合会……89
概况……89
妇联基层组织建设……90
妇女儿童合法权益维护……90
妇女儿童关爱……90
妇女创业就业……90
“三全”社区家庭教育支持行动推进实施……91
“美丽庭院”创建……91
天宁区科学技术协会……91
概况……91
科技服务……92
科普宣传……92
重点人群科学素质提升……92
“科创中国”常州首家科技服务站落户天宁……93
区老科协工作……93
天宁区残疾人联合会……93
概况……93
残疾人生活保障……93
残疾人康复服务……94
残疾人就业援助……94
残疾人文体活动……94
天宁区红十字会……94
概况……94
红十字人道救助……94
红十字“三献”活动……95
红十字应急救护培训……95
红十字博爱家园建设……95
红十字助力疫情防控……96
天宁区关心下一代工作委员会……96
概况……96
青少年爱党爱国教育……96
校外教育辅导站建设……97
民营企业关工委建设……97
青少年法治教育……97

法　治

政法委与综治……98
概况……98
区域社会治理现代化建设……98
法治天宁建设……99
政法队伍教育整顿……99
公　安……99
概况……99
经济案件侦查……100
公共安全监管……100
反诈专项行动……100
老旧小区安防智慧化改造……100
现代警务机制改革……100
公安机关政务服务水平提升……101

天宁区见义勇为主题公园开园…………………………101
检　察……………………………………………101
概况……………………………………………101
刑事检察………………………………………102
民事和行政检察………………………………102
公益诉讼检察…………………………………102
未成年人检察…………………………………103
检察服务保障民营经济发展…………………103
检察公开听证新模式探索……………………103
法　院……………………………………………103
概况……………………………………………103
刑事审判………………………………………104
民商事审判……………………………………104
执行工作………………………………………104
破产审判………………………………………105
“‘郑’能量”法治堂成立………………………105
全省首家金融司法协同中心设立……………105
司法行政…………………………………………105
概况……………………………………………105
“八五”普法宣传………………………………106
行政执法与监督………………………………106
行政复议与行政应诉…………………………106
人民调解………………………………………107
社区矫正对象监管……………………………107
法律援助………………………………………107
律师服务………………………………………108
公证服务………………………………………108
司法所分类建设………………………………108

军　事

人民武装…………………………………………109
概况……………………………………………109
思想政治建设…………………………………109
练兵备战………………………………………109
民兵组织整顿…………………………………110
人民防空…………………………………………110
概况……………………………………………110
人防指挥信息化建设…………………………110
退役军人事务……………………………………110
概况……………………………………………110
退役军人服务保障体系建设…………………110
退役军人就业创业帮扶………………………111
退役军人抚恤优待政策落实…………………111
常州强力先端电子材料有限公司获评省优秀“戎耀之家”……………………………………………111
双拥工作…………………………………………111
概况……………………………………………111
拥政爱民………………………………………112
拥军优属………………………………………112
双拥文化建设…………………………………112
常州双拥广场获评省双拥示范基地…………112

农　业

综　述……………………………………………113
概况……………………………………………113
农产品质量监管………………………………113
表13　2021年天宁区获评绿色优质农产品一览表……………………………………………114
农业保险覆盖面扩大…………………………114
林果业……………………………………………114
概况……………………………………………114
翠冠梨种植……………………………………114
葡萄种植………………………………………115
延伸阅读………………………………………115
畜牧业……………………………………………115
概况……………………………………………115
“二花脸”猪养殖管理…………………………116
蛋鸡养殖管理…………………………………116
渔　业……………………………………………116
概况……………………………………………116
黄天荡清水蟹养殖……………………………117
延伸阅读………………………………………117
特色鱼种养殖…………………………………117
农业产业现代化…………………………………117
概况……………………………………………117
郑陆农场建设…………………………………117
农业龙头企业…………………………………117
新型农业经营主体示范创建…………………118
天宁区农产品供澳经贸合作…………………118

工　业

工业经济运行…………………………………… 119
概况………………………………………………… 119
工业投入…………………………………………… 119
规模以上工业企业新增 82 家 …………………… 120
工业星级企业……………………………………… 120
表 14　2021 年天宁区市级工业星级企业一览表 …………………………………………… 120
工业转型升级…………………………………… 120
概况………………………………………………… 120
企业智能化改造…………………………………… 120
天宁区新增企业技术中心 11 家 ………………… 120
天宁区新增市级以上“专精特新”企业 14 家 …… 121
常州华利达服装集团有限公司获评国家级绿色工厂 ………………………………………… 121
3 家企业获评省级绿色工厂 ……………………… 121
2 家企业获评省级工业设计中心 ………………… 122
纺织服装行业…………………………………… 122
概况………………………………………………… 122
常州华利达服装集团有限公司获评省级服务型制造示范企业……………………………… 122
生物医药行业…………………………………… 122
概况………………………………………………… 122
常州四药制药有限公司联合创新中心和产业化基地开工建设…………………………… 123
新材料行业……………………………………… 123
概况………………………………………………… 123
常州汉韦聚合物有限公司绿色高性能光学胶膜制造项目竣工投产……………………… 123
机械行业………………………………………… 123
概况………………………………………………… 123
3 家企业装备通过常州市首台（套）重大装备认定 ………………………………………… 123
工业互联网产业………………………………… 124
概况………………………………………………… 124
工业互联网 · 常州市天宁区产业集聚区获评“江苏省新型工业化产业示范基地” ……… 124
2021 数字经济创新发展论坛在天宁开幕 ……… 124
全省首家纺织服装行业二级节点上线…………… 125
常州亚玛顿股份有限公司通过省五星上云企业认定 ………………………………………… 125
2 家企业平台获评省重点工业互联网平台 ……… 125
3 家企业案例获评工信部工业互联网平台创新领航应用案例………………………………… 126
重点企业选介…………………………………… 126
江苏远方动力科技有限公司……………………… 126
常州船用电缆有限责任公司……………………… 126
常州旭尔发焊业有限公司………………………… 126
常州一步干燥设备有限公司……………………… 126
江苏涵恒医疗科技有限公司……………………… 126

商贸服务业

综　述………………………………………… 127
概况………………………………………………… 127
预付卡及烟卡管理………………………………… 127
成品油市场管理…………………………………… 127
表 15　2021 年天宁辖区内加油站一览表 ……… 128
加油站和商业场所安全生产检查………………… 129
菜市场长效管理…………………………………… 129
批发与零售业…………………………………… 129
概况………………………………………………… 129
表 16　2021 年天宁区批发贸易业企业商品销售总额前 30 名一览表 ……………………… 130
表 17　2021 年天宁区批发贸易业企业利税总额前 30 名一览表 …………………………… 130
表 18　2021 年天宁区零售贸易业企业商品销售总额前 20 名一览表 ……………………… 131
表 19　2021 年天宁区零售贸易业企业利税总额前 20 名一览表 …………………………… 131
餐饮业…………………………………………… 131
概况………………………………………………… 131
16 家餐饮企业获评“食美常州”地标美食制作技能大赛奖项……………………………… 131
19 家餐饮企业获评常州餐饮行业诚信经营示范企业 ……………………………………… 132
大型商场和超市………………………………… 132
概况………………………………………………… 132
表 20　2021 年天宁区大型商场、超市一览表…… 132
第二届龙城嗨购节天宁区分会场活动…………… 132
常州天宁吾悦广场………………………………… 133
天宁区 2 家欧尚超市更名大润发超市…………… 133
麦德龙超市天宁店 Plus 会员店开业……………… 133
常州购物中心改造升级…………………………… 133
京东五星电器集团常州有限公司关河路店……… 133

常州金太阳至尊家电有限公司文化宫店…… 133
常州九洲新世界广场…… 134
常州万都广场…… 134
常州弘阳广场…… 134
常州富邦广场…… 134
商品交易市场 …… 134
概况…… 134
表 21 2021 年天宁区成交额亿元以上商品交易市场一览表 …… 134
常州钢材现货交易市场…… 135
常州淮都金属城…… 135
常州万都国际陶瓷装饰城…… 135
常州红星美凯龙装饰家居用品市场…… 135
常州金桥机电五金市场…… 135
常州怡康五金机电市场…… 136
常州市路桥日用品商城…… 136
常州九洲服装城…… 136
常州银河湾电脑数码城…… 136
常州市苏南旧机动车交易市场…… 136
商务楼宇…… 136
概况…… 136
十大特色楼宇…… 136
兰陵街道新增税收超 1000 万元楼宇 2 座 …… 137
电子商务…… 137
概况…… 137
天宁区跨境电商产业园获评省级跨境电子商务产业园…… 137
常州首届跨境电商创新创业大赛在天宁启动…… 137
“工厂开店 · 品牌出海”专项行动…… 137

开放型经济

对外贸易…… 138
概况…… 138
表 22 2021 年天宁区对外出口贸易一览表 …… 138
表 23 2021 年天宁区进出口金额 20 强企业一览表…… 138
国家外贸转型升级基地（服装）建设…… 139
招商引资…… 139
概况…… 139
招商活动…… 139
六大产业集群集聚招商…… 139
重大项目招引…… 140
表 24 2021 年天宁区总投资超 10 亿元以上签约项目一览表…… 141
通用公正技术服务（中国）有限公司获评省级跨国公司功能性机构…… 141
外经工作…… 141
概况…… 141
恒纶纺织（越南）有限公司…… 141
服务外包…… 142
中欧（常州）检验检测认证国际合作产业园获批 2021 年度省级服务贸易基地…… 142
表 25 2021 年天宁区服务外包情况一览表 …… 142

房地产业

土地市场…… 143
概况…… 143
茶山街道 1 幅商住用地刷新常州地价新高…… 143
凤凰新城板块 1 幅涉宅用地出让…… 143
青龙板块 2 幅商住用地出让触发熔断…… 143
青龙苑七期北侧商住用地出让触发熔断…… 143
兰陵街道清凉禅寺南侧地块低价出让…… 144
房地产开发…… 144
概况…… 144
礼著雅苑…… 144
景玥雅苑…… 144
兰陵雅苑…… 144
央庭雅苑…… 144
云翌花园…… 144
臻园…… 145
房产市场…… 145
概况…… 145
商品房上市…… 145
商品住宅房成交…… 145
成交价趋势…… 145
商品房库存量…… 145
二手房市场…… 145
房产管理…… 145
概况…… 145
天宁区出台既有住宅加装电梯实施细则…… 146
天宁区出台既有住宅加装电梯财政资金使用管理办法…… 146
住宅小区物业管理…… 146

天宁区率先实施新建成品住房交付标准样板房管理新规定…… 146

金融业

银　行…… 147
中国工商银行股份有限公司常州分行…… 147
中国农业银行股份有限公司常州分行…… 147
中国银行股份有限公司常州分行…… 148
交通银行股份有限公司常州分行…… 148
江苏银行股份有限公司常州分行…… 149
中信银行股份有限公司常州分行…… 149
中国工商银行股份有限公司常州天宁支行…… 149
中国农业银行股份有限公司常州天宁支行…… 150
中国银行股份有限公司常州天宁支行…… 150
中国建设银行股份有限公司常州天宁支行…… 150
交通银行股份有限公司常州天宁支行…… 150
中信银行股份有限公司常州天宁支行…… 151
光大银行股份有限公司常州天宁支行…… 151
华夏银行股份有限公司常州天宁支行…… 151
平安银行股份有限公司常州天宁支行…… 151
招商银行股份有限公司常州天宁支行…… 151
兴业银行股份有限公司常州天宁支行…… 151
民生银行股份有限公司常州天宁支行…… 151
南京银行股份有限公司常州天宁支行…… 152
江苏银行股份有限公司常州天宁支行…… 152
江南农村商业银行股份有限公司常州天宁支行…… 152
中国邮储银行股份有限公司常州天宁支行…… 152
保险　证券…… 153
中国人民财产保险股份有限公司常州市分公司…… 153
中国人寿保险股份有限公司常州市分公司…… 153
中国平安人寿保险股份有限公司常州中心支公司…… 153
泰康人寿保险有限责任公司江苏常州中心支公司…… 153
东海证券股份有限公司…… 153
东海期货有限责任公司…… 154
地方其他非银行金融机构…… 154
常州许氏典当有限责任公司…… 154
常州宝祥典当行有限公司…… 154
常州德裕典当有限公司…… 154
常州银信典当有限公司…… 154
江苏信悦典当有限公司…… 155
常州金丰泰典当有限公司…… 155
常州德润典当有限公司…… 155
江苏中南典当有限公司…… 155
常州市甪京典当有限公司…… 155
南通融通典当有限公司常州分公司…… 155
易商新程（江苏）融资担保有限公司…… 155
平安普惠融资担保有限公司常州分公司…… 155
江苏捷信融资租赁有限公司…… 156
车联天下融资租赁（江苏）有限公司…… 156
世和融资租赁（江苏）有限公司…… 156
常州市天宁区百盛农村小额贷款有限公司…… 156
常州市天宁区九龙农村小额贷款有限公司…… 156
常州市弘祺科技小额贷款有限公司…… 156
江苏月星互联网科技小额贷款有限公司…… 156
常州弘联商业保理有限公司…… 156

经济管理

经济发展管理…… 157
概况…… 157
高质量发展考核…… 158
重大项目推进…… 158
政府投资项目管理…… 158
现代服务业发展…… 158
社会信用体系建设…… 158
农村公共基础设施管护体制改革省级试点…… 159
粮食安全保障…… 159
财　政…… 159
概况…… 159
表 26　2021 年天宁区财政收入统计表 …… 159
表 27　2021 年天宁区财政分项支出一览表 …… 160
财政收入管理…… 160
财政管理改革…… 160
财政资金助企…… 160
民生社会事业财政投入…… 161
乡村振兴财政投入…… 161
宜居家园建设财政投入…… 161
生态环境建设财政投入…… 161
地方政府性债务管控…… 161
政府采购管理…… 162
国企市场化转型…… 162
国有资产管理…… 162
税　务…… 162
概况…… 162
税费征管…… 162

依法治税…… 163
税收征管改革…… 163
便民办税春风行动…… 163
“税法直播间”开播…… 163
金融监督管理…… 163
概况…… 163
上市企业培育…… 164
地方金融机构监管…… 164
金融业服务实体经济…… 164
非法金融活动防范…… 164
市场监督管理…… 165
概况…… 165
证照审批服务…… 165
市场监管领域“双随机、一公开”监管…… 165
市场主体信用监管…… 165
质量强区建设…… 165
表 28 天宁区 3 家企业主导或参与国家标准制修订一览表…… 166
检验检测认证与计量监管…… 166
“计量执行官”制度推广…… 166
特种设备安全监管…… 166
特种设备安全管理“专业化 + 数字化”两化融合监管…… 167
食品安全监管…… 167
小餐饮备案公示卡发放…… 167
药品医疗器械及化妆品安全监管…… 168
知识产权保护…… 168
网络与市场消费环境监管…… 168
商业秘密保护…… 169
市场监管执法…… 169
物价管理…… 169
概况…… 169
价格调控…… 169
价格监管…… 170
审　计…… 170
概况…… 170
重大政策落实情况跟踪审计…… 170
财政预算执行和决算草案审计…… 170
政府投资建设项目审计…… 170
领导干部经济责任审计…… 170
自然资源资产审计…… 171
内部审计指导监督…… 171
统　计…… 171
概况…… 171
统计服务…… 171
天宁区第七次全国人口普查数据发布…… 172
统计基层基础规范化建设…… 172
统计法治建设…… 172

国有公司

常州天宁建设发展集团有限公司…… 173
概况…… 173
民生项目建设…… 173
融资融券…… 173
片区开发首次引入社会资本…… 173
“正衡”教育品牌管理…… 174
常州弘辉控股集团有限公司…… 174
概况…… 174
江苏天宁城市发展集团有限公司完成注册…… 174
江苏弘祺投资管理有限公司设立天宁科创基金…… 174
天宁创新投资基金完成 9 期资金募集…… 174

城乡建设

国土空间规划…… 175
概况…… 175
《常州市天宁区国土空间规划近期实施方案》编制完成…… 175
重点片区城市设计…… 175
专项规划编制…… 175
《常州市天宁区能源利用规划》编制完成…… 176
城市更新…… 176
概况…… 176
老旧小区改造…… 176
棚户区改造…… 176
征收拆迁…… 176
重点项目房屋征收…… 177
既有住宅加装电梯…… 177
老旧小区安防智慧化改造…… 177
精品道路建设…… 177
市政建设…… 178
概况…… 178
城市基础设施建设…… 178
天宁城市共享停车场建设…… 178

村镇建设…… 178
概况…… 178
牟家村 2 个自然村获评“江苏省特色田园乡村” …… 179
郑陆镇 10 个自然村获评“天宁区美丽宜居乡村” …… 179
黄天荡片区一期（丰北）市级美丽乡村示范项目建成开园…… 179
舜山康养小镇乡村 MALL 项目主体结构封顶 …… 179
农村人居环境整治…… 179
农村集体“三资”监管…… 180
工程建设监管…… 180
概况…… 180
建筑工程质量与安全监管…… 180
城市管理…… 180
概况…… 180
城市管理行政执法…… 180
市容市貌管理…… 181
公厕改造提升…… 181
行政执法队伍规范化建设…… 181
水　利…… 181
概况…… 181
水利工程建设和管理…… 182
“河长制”推进河道治理…… 182
表 29　2021 年天宁区建立联防联控机制的跨界河道一览表…… 183
天宁区创成国家级县域节水型社会达标区…… 184
交通运输管理…… 184
概况…… 184
“两客一危”企业安全监管…… 184
交通运输行政执法专项行动…… 184
道路交通治安管理…… 185
概况…… 185
道路交通违法行为专项整治…… 185
道路交通隐患排查…… 185
农村交通管理…… 186
交通安全宣传教育…… 186

生态环境

综　述…… 187
概况…… 187
“打好污染防治攻坚战”年度目标任务完成…… 188
生态环境质量…… 188
大气环境质量…… 188
水环境质量…… 188
自然资源保护…… 188
耕地保护…… 188
重大项目用地保障…… 188
土地资源节约集约利用…… 188
林业资源保护…… 189
土地执法监察…… 189
四级“田（林）长制”试点…… 189
中心城区存量资源调查…… 189
自然资源碎片化整理…… 190
节能减排…… 190
环境准入管理…… 190
清洁生产审核…… 190
《常州天宁经济开发区污染物排放限值限量管理实施方案》启动编制…… 190
能源结构优化…… 190
化工产业安全环保整治提升行动…… 191
工业节能降耗…… 191
区机关事务管理中心创成“国家节约型机关” …… 191
环境治理…… 192
大气污染防治…… 192
水污染防治…… 192
土壤污染防治…… 192
固体废物污染防治…… 192
辐射污染防治…… 193
常州市农村黑臭水体治理试点示范区建设…… 193
表 30　2021 年天宁区 6 条农村黑臭河道治理方案一览表…… 193
《天宁区降尘考核办法（试行）》实施…… 193
农业面源污染治理…… 194
生活垃圾分类治理…… 194
环境监管…… 195
专项环境执法工作…… 195
环境违法行为查处…… 195
环境信访问题调处…… 195
生态环境领域安全生产工作…… 195
排污口专项整治…… 195
涉磷企业调查整治…… 195
环境监测监控能力提升…… 196
生态建设…… 196
生态产品价值实现机制试点…… 196

生态文明建设示范创建…… 196
翠竹公园改造提升…… 197
园林绿化建设…… 197
生态环境损害赔偿…… 197

应急管理

应急管理机制建设…… 198
概况…… 198
应急预案编制修订…… 198
应急救援队伍组建…… 198
安全生产监督管理…… 199
概况…… 199
安全生产专项整治…… 199
安全生产行政执法…… 199
“危污乱散低”出清提升行动…… 199
安全生产宣传教育…… 200
防灾减灾…… 200
防灾减灾能力建设…… 200
第一次全国自然灾害综合风险普查…… 200
朝阳花园社区创成全国综合减灾示范社区…… 201
地质灾害防治…… 201
防汛工作…… 201
消　防…… 202
概况…… 202
灭火救援…… 202
消防安全隐患整治…… 202
消防防控基础建设…… 203
消防救援综合应急能力建设…… 203
消防宣传教育…… 203

科　技

科技项目…… 204
概况…… 204
“0.5 秒大测程高精度激光伺服全站仪的研发”项目获省重点研发计划（产业前瞻及关键技术）类项目立项…… 204
“ArF 光刻胶关键原材料、技术及配方研发”项目获省重点研发计划（产业前瞻及关键技术）类项目立项…… 204
“超薄玻璃物理钢化及超薄光伏组件制造技术及装备”项目获江苏省科学技术奖一等奖…… 204
4 个项目获江苏省科学技术奖三等奖…… 204
32 个项目获市创新创业大赛奖项…… 205
表 31　2021 年天宁区部分获市创新创业大赛奖项项目一览表…… 205
产学研合作…… 207
概况…… 207
区政府与江苏省产业技术研究院签订合作补充协议…… 207
天宁开展常州开放创新合作共赢活动周合肥专场活动…… 207
科技创新载体…… 207
概况…… 207
表 32　2021 年天宁区新建工程技术研究中心一览表…… 208
江苏武进不锈股份有限公司企业联合创新中心成立…… 208
2 家科技企业孵化器获市级认定…… 208
1 家众创空间获市级认定…… 208
科技创新创业…… 209
概况…… 209
高新技术企业增至 246 家…… 209
表 33　2021 年天宁区新增（含到期重新申报）高新技术企业一览表…… 209
2 家企业入选苏南国家自主创新示范区潜在“独角兽”企业…… 212
常州汉韦聚合物有限公司获第十届中国创新创业大赛三等奖…… 212

教　育

综　述…… 213
概况…… 213
天宁区通过“县域学前教育普及普惠”督导评估省级认定…… 213
天宁区获评“江苏省义务教育优质均衡发展区”…… 214
天宁区获评“首批江苏省幼小衔接实验区”…… 214
学校建设…… 214
天宁教育小镇建设…… 215
天宁区未成年人成长指导中心新址启用…… 215
师资队伍建设…… 215
教育科研…… 215
校园安全…… 216

学前教育…………………………………………… 216
概况………………………………………………… 216
幼儿园主动发展…………………………………… 216
3 所幼儿园获评省、市优质幼儿园 ……………… 217
2 所幼儿园获评市 STEM 项目幼儿园 ………… 217
九年义务教育……………………………………… 217
概况………………………………………………… 217
学校主动发展……………………………………… 218
义务教育“双减”改革…………………………… 218
6 个项目获评省、市品格提升工程项目 ………… 218
5 个项目获评市基础教育前瞻性改革实验项目 …… 219
1 个项目获评江苏省“一校一品”党建文化品牌项目 …………………………………………… 220
3 所学校获评市新优质学校 ……………………… 220
1 所学校获评全国中小学中华优秀传统文化传承学校 …………………………………………… 220
2 所学校获评常州市思政育人特色学校 ………… 220
文明校园创建……………………………………… 221
普通高中教育……………………………………… 221
概况………………………………………………… 221
三河口高级中学管理体制调整…………………… 221
特殊教育…………………………………………… 221
概况………………………………………………… 221
江苏省第八届智障教育发展研讨活动在天宁召开… 222
融合教育发展……………………………………… 222
光华学校学生获第十一届全国残运会奖牌 5 枚…… 222
社会教育…………………………………………… 222
概况………………………………………………… 222
江苏省社会教育学习体验基地建设……………… 223
学校选介…………………………………………… 223
常州市第二十四中学……………………………… 223
常州市实验初级中学……………………………… 223
常州市正衡中学…………………………………… 223

文化 · 旅游

综　述…………………………………………… 224
概况………………………………………………… 224
文体旅经营场所安全生产检查…………………… 224
群众文化…………………………………………… 224
概况………………………………………………… 224
表 34　2021 年天宁区文艺原创作品一览表 …… 225
文化惠民系列活动………………………………… 226
2 家“秋白书苑”建成投用 ……………………… 226
3 件文艺作品获首届常州市公共文化“青果奖”…… 226
延伸阅读…………………………………………… 226
文化遗产保护……………………………………… 226
概况………………………………………………… 226
18 个项目入选常州市第五批市级“非遗”名录…… 227
表 35　2021 年天宁区新增第五批市级“非遗”名录一览表……………………………… 227
20 人被评为常州市第四批市级“非遗”项目代表性传承人…………………………………… 228
表 36　2021 年天宁区获评第四批市级“非遗”项目代表性传承人一览表…………………… 228
天宁区第四批“非遗”项目名录评定完成………… 228
表 37　2021 年天宁区第四批区级“非遗”项目名录一览表……………………………………… 229
澄西抗日民主政府旧址完成修缮………………… 229
焦溪古镇保护申遗………………………………… 229
概况………………………………………………… 229
《焦溪古镇遗产价值研究及申遗文本报告》定稿 …… 229
《常州市焦溪古镇保护条例》正式施行…………… 230
焦溪古镇 3 个历史院落保护修缮………………… 230
南街南下塘周边历史建筑风貌提升……………… 230
焦溪古镇市政基础设施改造……………………… 231
老舜河 4 座石桥建设……………………………… 231
承越故居与鹤峰书院完成布展工程……………… 231
文旅产业…………………………………………… 231
概况………………………………………………… 231
表 38　2021 年天宁区获评江苏省工业旅游区一览表 …………………………………………… 231
表 39　2021 年天宁区获评国家 A 级以上旅游景区一览表…………………………………… 232
表 40　2021 年天宁区获评省四星级乡村旅游区（点）一览表…………………………………… 232
表 41　2021 年天宁区获评市级乡村旅游重点村一览表…………………………………… 232
省级全域旅游示范区创建………………………… 232
天宁区旅游公共服务体系规划编制……………… 233
青果巷文旅消费集聚区创成省级夜间文旅消费集聚区 …………………………………………… 233
5 个文旅项目入选省重点文旅项目 ……………… 233
“天宁文旅云”上线……………………………… 234

体　育

群众体育 …… 235
概况 …… 235
天宁区举办全省广场舞大展演活动 …… 235
2021省老年人体育节常州市天宁区分会场启动式暨优秀健身项目展示 …… 235
2021“体彩杯”天宁区乒乓球比赛 …… 235
区文体旅局获评2017—2020年度全国群众体育先进单位 …… 236
竞技体育 …… 236
概况 …… 236
东青实验学校获“省长杯”女子足球六连冠 …… 236
解放路小学“小海豚”游泳俱乐部获常州市小学生游泳冠军赛团体第一名 …… 237
第二实验小学教育集团柔道队获常州市中小学生柔道锦标赛团体第一名 …… 237
体育设施及体育产业 …… 237
概况 …… 237
天宁区公共体育设施建设 …… 237
紫荆公园智能健身步道 …… 238
青龙街道社区卫生服务中心运动健康指导门诊 …… 238
天宁区入选省级体育消费城市试点单位 …… 238

卫生健康

综　述 …… 239
概况 …… 239
表42　2021年天宁区镇卫生院、街道社区卫生服务中心基本情况一览表 …… 239
表43　2021年天宁区社区卫生服务站基本情况一览表 …… 240
医疗卫生信息化建设 …… 241
卫生惠民项目实施 …… 241
“区管院用”人事制度改革持续深化 …… 241
爱国卫生 …… 241
健康教育宣传 …… 241
新冠肺炎疫情防控 …… 242
概况 …… 242
疫情防控平战结合体制机制建设 …… 242
新冠肺炎疫情处置 …… 242
核酸检测演练 …… 243
新冠病毒疫苗接种 …… 243
表44　2021年天宁区新冠疫苗集中接种点一览表 …… 244
公共卫生 …… 244
概况 …… 244
基本公共卫生服务 …… 244
公共卫生监督 …… 244
游泳场所“放心游”项目 …… 245
“信用+综合监管”省级试点持续推进 …… 245
传染病防控 …… 245
妇幼卫生服务 …… 246
生殖健康管理 …… 246
儿童眼睛保健 …… 246
中医中药 …… 246
概况 …… 246
基层医疗卫生机构星级中医馆建设 …… 247
中医药服务拓展 …… 247
医政医疗 …… 247
概况 …… 247
医疗质量管理 …… 247
医学科研与教育 …… 247
天宁—旬阳医疗卫生对口帮扶 …… 247
驻区三级医疗机构 …… 248
常州市第一人民医院 …… 248
常州市第二人民医院 …… 248
常州市第三人民医院 …… 248
常州市中医院 …… 249
常州市儿童医院 …… 249
常州市德安医院 …… 250
常州市武进医院 …… 250
中国人民解放军联勤保障部队第九〇四医院（常州院区） …… 250

社会生活

居民收入与消费 …… 251
城镇居民人均可支配收入增长8.7% …… 251
城镇居民人均消费支出增长20.5% …… 251
居民耐用消费品拥有量 …… 251
人口与家庭服务 …… 251
概况 …… 251
人口状况 …… 251
3岁以下婴幼儿照护服务 …… 251
幸福家庭建设 …… 252

计划生育特殊家庭帮扶…… 252
青龙街道横塘社区创成常州市首个省级家庭健康服务中心…… 252
就业创业…… 252
概况…… 252
重点群体就业…… 253
就业创业扶持…… 253
公共就业服务…… 253
职业技能培训…… 253
劳动监察与仲裁…… 254
概况…… 254
劳动保障监察执法…… 254
农民工工资支付保障专项行动…… 254
劳动争议调解…… 254
工伤管理…… 255
社会保险…… 255
概况…… 255
社会保险征缴扩面…… 255
社会保险待遇提高…… 255
失业保险…… 255
工伤保险…… 256
企业职工养老保险实行省级统筹…… 256
“社保面对面”直播厅开设…… 256
住房保障…… 256
概况…… 256
人才公寓建设…… 257
住房租赁补贴分配…… 257
医疗保障…… 257
概况…… 257
医保天宁分局“三定”方案出台…… 257
医保公共服务…… 257
医保基金监管…… 258
社会救助…… 258
概况…… 258
救助标准提高…… 258
社会救助领域审批权限下放至镇（街道）…… 258
1 家超市获评市五星级慈善超市…… 259
社区建设…… 259
概况…… 259
城乡社区可持续营造行动…… 259
社会工作服务站建设…… 260
社会组织管理…… 260
概况…… 260
天宁区社会组织综合党委成立…… 260
社会组织等级评估…… 260
民政专项事务…… 261
概况…… 261
未成年人保护…… 261
婚姻登记跨省通办试点…… 261
红色地名申报…… 261
殡葬管理…… 261
养老事业…… 262
概况…… 262
户籍老年人口…… 262
“康益行”医养融合项目突出专病管理…… 262
“智慧助老”行动…… 262
医养结合机构服务质量提升…… 263
养老服务能力提升…… 263
区级养老机构等级评定…… 263
养老机构消防安全标准化管理达标创建活动…… 263

开发区·镇·街道

天宁经济开发区…… 264
概况…… 264
开发区特色园区建设…… 265
开发区招商“招大引强”工程…… 265
重点项目建设…… 265
5 个市重点项目…… 265
开发区企业科技创新…… 266
开发区新增高新技术企业 30 家…… 267
表 45 2021 年天宁经济开发区新增 30 家高新技术企业一览表…… 267
倍科电器有限公司落户中欧（常州）检验检测认证国际合作产业园…… 268
全国检验检测认证职业教育专家论坛在天宁区召开…… 268
常州市检验检测标准认证协会成立…… 269
延伸阅读…… 269
开发区获批国家级“两业”融合改革发展试点…… 269
亚玛顿股份有限公司超薄光伏玻璃获评制造业单项冠军产品…… 270
东方侏罗纪项目签约落户开发区…… 270
开发区 3 家企业案例获评工信部工业互联网平台创新领航应用案例…… 270
开发区基础设施建设…… 270

开发区全域环境整治…… 270
开发区民生保障提升…… 271
郑陆镇…… 271
概况…… 271
表 46 2021 年郑陆镇村（社区）基本情况一览表…… 271
经济发展…… 272
社会事业…… 273
社会治理…… 274
基层党建…… 274
郑陆镇第四届人大代表选举…… 275
郑陆镇 15 个重点项目竣工投产…… 275
郑陆镇 8 个重点项目开工建设…… 276
郑陆镇新增高新技术企业 34 家…… 277
表 47 2021 年郑陆镇新增 34 家高新技术企业一览表…… 277
常州武澄科技创业服务有限公司获批市级科技企业孵化器…… 278
常州强力先端电子材料有限公司创成市级众创空间…… 278
江苏佳尔科药业集团股份有限公司获评省质量信用 AA 级企业…… 278
常州一步干燥设备有限公司获省级企业技术中心认定…… 279
常州市华立液压润滑设备有限公司获评国家级专精特新“小巨人”企业…… 279
郑陆镇新增发明专利 62 件…… 279
表 48 2021 年郑陆镇新增 62 件发明专利一览表…… 279
焦溪翠冠梨获批国家地理标志证明商标专用权…… 281
延伸阅读…… 281
黄天荡村获评全国乡村特色产业亿元村…… 281
黄天荡片区一期（丰北）市级美丽乡村示范项目建成开园…… 282
郑陆联创家庭农场通过省级验收…… 282
郑陆镇卫生院被确认为江苏省第二批农村区域性医疗卫生中心…… 282
雕庄街道…… 283
概况…… 283
表 49 2021 年雕庄街道村（社区）基本情况一览表…… 283
经济发展…… 283
社会事业…… 284
社会治理…… 285
基层党建…… 285
长三角金属交易智慧物流园入选省重点项目库…… 285
雕庄街道 3 个项目列入市重点项目…… 285
雕庄街道新增高新技术企业 8 家…… 286
凤凰新城青年人才公寓建成投用…… 286
凤凰路创成市级精品道路…… 287
第十七届中国杜鹃花展览会…… 287
“花开有声 · 艺心向党”艺术党课被央视报道…… 288
“七一”建党百年“映山红”党建文化节…… 288
雕庄街道获评省国防动员工作先进单位…… 288
青龙街道…… 288
概况…… 288
表 50 2021 年青龙街道社区（工作站）基本情况一览表…… 289
经济发展…… 289
社会事业…… 289
社会治理…… 290
基层党建…… 290
青龙街道新增高新技术企业 31 家…… 291
表 51 2021 年青龙街道新增 31 家高新技术企业一览表…… 291
青龙街道“创驿 120”服务品牌发布…… 292
青龙街道创成省级生态文明建设示范街道…… 292
青龙街道 16 个村级股份经济合作社完成股份分红…… 292
表 52 2021 年青龙街道 16 个村级股份经济合作社股份分红一览表…… 293
青龙街道完成 1916 户拆迁安置户优购房选房…… 293
青龙街道安置房大产权证办理工作启动…… 293
常州市第一中学天宁分校建设…… 293
青竹幼儿园建成开园…… 294
微电影《传承》获评 2021 年江苏省社会主义核心价值观主题微电影二等奖…… 294
东方尚院信访案件有效化解…… 294
茶山街道…… 294
概况…… 294
表 53 2021 年茶山街道村（社区）基本情况一览表…… 294
经济发展…… 295
社会事业…… 295
社会治理…… 296
基层党建…… 296

茶山街道新增高新技术企业 1 家…………………… 297
茶山街道 11 个区级重点项目建设 ………………… 297
常州纺兴精密机械有限公司获评国家级专精特新“小巨人”企业……………………………… 298
常州华利达服装集团有限公司获评国家级绿色工厂……………………………………………… 298
中华纺织博览园纺织博物馆和名人馆建成………… 298
常州市福利院西侧地块完成征收清结……………… 298
茶山街道 2 个老旧片区完成改造…………………… 299
丽华一村大板房及周边拆迁安置户完成商品房选房……………………………………………… 299
朝丽路提升整治工程完工…………………………… 299
龙游河环境综合整治工程完工……………………… 299
茶山街道“平安前哨”建设………………………… 300
银河湾明苑建成“智慧安防小区”………………… 300
同济桥社区获评全国计生特殊家庭帮扶“暖心家园”示范点………………………………………… 300
同济桥社区成为国家老年人心理健康关爱项目试点单位………………………………………… 301
富强新村社区创成全国示范性老年友好型社区…… 301
龙游河党建生态引领带建设………………………… 301
红梅街道…………………………………………… 301
概况…………………………………………………… 301
表 54　2021 年红梅街道村（社区）基本情况一览表……………………………………… 302
经济发展……………………………………………… 302
社会事业……………………………………………… 303
社会治理……………………………………………… 303
基层党建……………………………………………… 304
红梅街道新增高新技术企业 2 家…………………… 304
红梅街道 2 个区级重点项目开工…………………… 305
社区矫正“心”家园项目建设……………………… 305
红菱村委钱家村环境综合整治……………………… 305
新堂社区武进小区智慧安防小区建设完工………… 305
竹林农贸市场改造完工……………………………… 305
竹林路建成市级精品道路…………………………… 306
红梅街道 11 个小区创成省级垃圾分类达标小区 … 306
北环新村大板房拆迁安置户完成商品房选房……… 306
常州红石榴家园天宁工作站建成…………………… 306
常州首个眼健康科普体验馆建成…………………… 306
天宁街道…………………………………………… 307
概况…………………………………………………… 307
表 55　2021 年天宁街道村（社区）基本情况一览表……………………………………… 307
经济发展……………………………………………… 308
社会事业……………………………………………… 308
社会治理……………………………………………… 309
基层党建……………………………………………… 309
天宁街道 2 个“飞地招商”项目列入市级重点项目……………………………………………… 310
天宁禅寺和青果巷历史文化街区入选第九批中国华侨国际文化交流基地…………………………… 310
“芯巢”超维众创空间创成………………………… 310
天宁街道新增高新技术企业 2 家…………………… 310
天宁街道老旧小区改造工程………………………… 311
表 56　天宁街道 25 个老旧小区及散居楼改造情况一览表………………………………………… 311
天宁街道职工活动中心建成投用…………………… 313
“替宁办”政务服务品牌建设……………………… 313
五角场东西村 2 个老旧小区建成智慧安防小区…… 313
兰陵街道…………………………………………… 313
概况…………………………………………………… 313
表 57　2021 年兰陵街道村（社区）基本情况一览表……………………………………… 313
经济发展……………………………………………… 314
社会事业……………………………………………… 314
社会治理……………………………………………… 315
基层党建……………………………………………… 315
兰陵街道新增高新技术企业 1 家…………………… 316
兰陵街道社区卫生服务中心（九洲院区）建成投用……………………………………………… 316
兰陵街道职工活动中心建成投用…………………… 317
同济中学地下停车接送中心建成投用……………… 317
浦北新村大板房拆迁安置户完成商品房选房……… 317
工人新村第二社区完成老旧小区改造……………… 317
兰陵街道 2 个自然村及周边地块征收……………… 317

人物·荣誉栏

新任区级领导……………………………………… 318
倪云泽………………………………………………… 318
周海鹏………………………………………………… 318
吴小红………………………………………………… 318
陈　忠………………………………………………… 319
周爱娟………………………………………………… 319

杨康成…… 319
李　军…… 319
康　林…… 320
赵　鑫…… 320
全国先进个人…… 320
钟　山…… 320
许术易…… 320
高　琪…… 321
李承霞…… 321
尤　辉…… 321
全省先进个人…… 321
林金锡…… 321
颜亚南…… 321
何小中…… 322
季卫东…… 322
陈　刚…… 322
江小明…… 322
汤　劼…… 322
汤亚平…… 323
顾相才…… 323
顾　波…… 323
吴　静…… 323
王　蕾…… 323
刘宝杰…… 324
周碧莲…… 324
汤晓霞…… 324
先进集体…… 325
表 58　2021 年天宁区获得的综合荣誉（省级条线以上）一览表…… 325
表 59　2021 年天宁区获得的全国性荣誉称号一览表…… 325
表 60　2021 年天宁区获得的省级荣誉称号一览表…… 326
表 61　2021 年天宁区获得的市级先进集体一览表…… 329
先进个人…… 330
表 62　2021 年天宁区全国（条线）先进个人一览表…… 330
表 63　2021 年天宁区省级（条线）先进个人一览表…… 330
表 64　2021 年天宁区市级先进个人一览表…… 332

附　录

文献摘要…… 334
扛起光荣使命，展现更大作为，奋力谱写“强富美高”新天宁现代化建设崭新篇章…… 334
政府工作报告（摘要）…… 342
2021 年重要文件题录…… 352
中共常州市天宁区委文件题录…… 352
天宁区人民政府文件题录…… 353
中共常州市天宁区委办公室文件题录…… 353
天宁区人民政府办公室文件题录…… 354
统计资料…… 356
表 65　2021 年常州市辖市、区主要经济指标…… 356
表 66　2021 年天宁区地区生产总值统计表…… 359
表 67　2021 年天宁区行政区划、人口统计表…… 360
表 68　2021 年天宁区城镇居民家庭人均可支配收入统计表…… 361
表 69　2021 年天宁区城镇居民家庭人均消费支出统计表…… 361
表 70　2021 年天宁区环境保护基本情况统计表…… 361
表 71　2021 年天宁区婚姻、社会福利事业基本情况统计表…… 362
表 72　2021 年天宁区科学技术基本情况统计表…… 363
表 73　2021 年天宁区全日制学校基本情况统计表…… 364
表 74　2021 年天宁区卫生事业基本情况统计表…… 365
表 75　2021 年天宁区镇、街道行政区划统计表…… 365
表 76　2021 年天宁区镇、街道户籍人口统计表…… 366

索　引

主题词索引…… 367

专 记

◆栏目编辑 华文怡

天宁区党史学习教育

【概况】 2021年是中国共产党成立100周年，党中央决定在全党开展党史学习教育。习近平总书记在党史学习教育动员大会上发表重要讲话，对新时代学习党的历史、弘扬党的传统、开启新的征程、创造新的伟业作出重要部署。为认真学习贯彻习近平总书记重要讲话精神，根据《中共中央关于在全党开展党史学习教育的通知》精神和省委、市委关于开展党史学习教育的实施方案要求，结合天宁实际，开展全区党史学习教育。

【专题学习】 3月5日，天宁区召开党史学习教育动员会议，深入学习习近平总书记在党史学习教育动员大会上的重要讲话精神，动员部署全区开展党史学习教育。3月12日，天宁区成立区委党史学习教育领导小组，区委书记许小波任组长。领导小组下设办公室，办公室设在区委宣传部，办公室下设综合协调组、新闻宣传组、实践活动组、工作简报组、指导联络组5个专项工作组。制定下发“天宁区委党史学习教育工作一览表”，突出学习重点、责任要求、时间节点。每周推送《一周党史学习教育工作提示》，累计推送33期。全年下发区委党史学习教育相关文件16个，编发区级简报36期。《论中国共产党历史》《毛泽东、邓小平、江泽民、胡锦涛关于中国共产党历史论述摘编》《习近平新时代中国特色社会主义思想学习问答》《中国共产党简史》4本必读书籍实现党支部全覆盖，党员累计征订32053本。全年运用“锦绣天宁”微信公众号、“理论王者”微信小程序等平台开展网上学习“争上游”活动5期，累计吸引党员1.5万人次参与；组织全区党员干部参加全省“明理、增信、崇德、力行”庆祝中国共产党成立100周年党史知识竞赛，累计34253名党员参赛，参赛人数位列全省各辖市区第23名、常州市各辖市区第1名。

【专题宣讲】 2021年，天宁区围绕学习领会习近平总书记在党史学习教育动员大会上的重要讲话精神，把学党史和悟思想贯通起来。充分发挥“党史”宣讲团引领作用，邀请市委党史学习教育宣讲团集中宣讲20次。组建区委党史学习教育

3月5日，天宁区召开全区党史学习教育动员会议 （区委宣传部 提供）

宣讲团，由10位百岁老兵、34位思政课老师、32位“百姓名嘴”组成，常态化深入学校、企业、社区等地开展党史学习教育；组织“五老”（老干部、老战士、老专家、老教师、老模范）进校园，开展“讲红色故事”“学党史、颂党恩、跟党走”等主题教育102场次，举办红色班队会214次。通过宣讲党的浴血奋战史、艰苦创业史、改革创新史和各个时期形成的革命精神，讲好党史故事，讲好革命先烈、英雄模范、时代楷模的感人事迹，更好引导广大党员干部群众继承传统、立足当前、开创未来，引导学生“扣好人生第一粒扣子”。至年末，全区开展线下党史宣讲1300余场，覆盖5万余人次；推进“百堂微党课”“思政名师精品党课”等网上宣讲活动，完成精品党课视频10余部，1部理论宣讲微视频被推荐至中宣部。

【专题活动】 2021年，天宁区围绕庆祝中国共产党成立100周年主线，把党史学习教育与节庆日活动有机融合，推动党史学习教育深入基层、深入群众、深入人心。是年，天宁区为3900余名老党员颁发“光荣在党50年”纪念章，激励鞭策全区党组织和党员振奋精神、开拓创新。举办“初心永不变·‘河’你在一起”庆祝中国共产党成立100周年文艺会演，以龙游河变迁，展现一代代天宁人矢志不渝践行初心使命的百年奋斗。举办“初心映山红，同庆一百年”第十七届中国杜鹃花展，将花展与党建相结合，营造“永远跟党走”的浓厚氛围。举办“花开有声·艺心向党”艺术党课，以“艺术+”形式，展示“常州三杰”的革命故事和奋斗精神。举办“永远跟党走，奋进新征程”百姓名嘴风采展示比赛，茶山街道新时代文明实践所李晨瑞《穿越时空的世纪对话》获2021江苏省“百姓名嘴”风采展示活动总决赛一等奖。天宁街道举办“一张船票走大运”庆祝活动，以“奋斗百年路，启航新征程”为主线，设百年风华、红色城厢、青果先锋3个篇章，引导广大党员群众凝聚思想共识，筑牢爱党信念。开展“节日里的党史学习教育”活动，在张太雷纪念馆举办“文旅惠民，情满茶山”中秋文艺晚会，在青果巷承办“我和我的祖国”群众性宣传教育活动暨赵元任艺术节启动仪式。

6月23日，“初心永不变·‘河’你在一起”天宁区庆祝中国共产党成立100周年文艺会演在茶山街道龙游河畔举行，活动现场举行“光荣在党50年”纪念章颁发仪式
（区委宣传部 提供）

【专题宣传】 2021年，天宁区在《常州日报》和“锦绣天宁”微信公众号开设“学习贯彻习近平总书记在庆祝中国共产党成立100周年大会上的重要讲话精神”“学党史悟思想办实事开新局，天宁深入开展党史学习教育”等专题专栏。全年累计在各类媒体刊发党史学习教育相关报道2000余篇，其中在国家级媒体发稿80篇、在省级媒体发稿841篇。是年，在《现代快报》直播平台直播“重走陕南，温习金句，看脱贫攻坚的伟大成就”党史学习教育微课，参与人数达28.4万人；《让红色基因、革命薪火代代传承》被《人民日报》报刊录用，《局小学生讲党史》《来自天宁的全国人大代表李承霞》《说说咱心中的国》等获中央电视台《新闻联播》栏目报道，第十七届中国杜鹃花展览会、《唱支山歌给党听》MV、龙游河水环境整治、美丽乡村丰北村开园等热点获央视、《人民日报》、新华社等主流媒体报道，常州四药制药有限公司、常州老三集团有限公司等改制企业党史学习教育模式被《中央党史学习教育简报》录用。

【“集中学习日”活动】 2021年，根据天宁区自身实际，区委理论学习中心组制定《关于开展党史学习教育的实施方案》，严格落实每月“集中学习日”制度。是年，区委理论学习中心组开展党史专题学习25场，学习习近平总书记在庆祝中国共产党成立100周年大会上的重要讲话精神，集体研讨习近平《论中国共产党历史》，共同回顾常州解放的光辉历程等；召开党史专题辅导3次，分别邀请常州市委党校原常务副校长王定新和中共一大会址纪念馆原馆长张黎明作“人民选择正道，历史铸就品格”“从石库门到天安门——回眸党的艰苦创建和新中国的辉煌成就”专题辅导，邀请常州市委宣讲团成员、市委党史工委主任李亚雄作“明理增信·崇德力行”专题辅导，邀请上海复旦大学网络空间国际治理研究基地主任沈逸作“走向新时期的中美关系”专题辅导。开展“读红色经典·学百年党史”全民阅读活动，累计举办“红色经典永流传——全民阅读活动”128场，组织党政机关和企事业单位党员开展“读原著、学原文、悟原理”系统读书活动，组织村（社区）群众开展“学党史、知党情、跟党走”系列读书活动。

【书记上党课】 6月29日，区委书记许小波在华利达服装集团有限公司以《传承弘扬“常州三杰”革命精神，以实际行动奋进新征程、建功新时代》为题讲授专题党课，带领与会人员追忆“常州三杰”波澜壮阔的一生，要求民营企业抓好党建，实现党建工作与企业发展良性互动。同日，区委副书记、区长张凯奇为天宁经济开发区武城村全体党员干部讲授题为“回望百年路，奋进新征程”专题党课，带领与会人员感受革命先辈披荆斩棘、筚路蓝缕的奋斗历程，学习他们不畏艰难、不怕牺牲的拼搏精神。全年区“四套班子”领导带头讲授专题党课50余场，基层党组织书记上专题党课120余场，各级党组织累计开展党史专题理论中心组学习550次，交流分享心得体会千余篇。

6月26日，省委党史学习教育第二巡回指导组一行到常州市凤凰新城实验小学，现场观摩“花开有声·艺心向党”艺术党课，督导天宁党史学习教育开展情况　　（区委宣传部 提供）

【100个行走中的党史讲堂】 2021年，天宁区立足区域内红色资源，在全区范围内推出“100个行走中的党史讲堂”，涵盖瞿秋白出生地、张太雷纪念馆、恽代英纪念馆等爱国主义教育基地和中华纺织博览园、澄西抗日民主政府旧址、常州党建与红色文化主题教育馆等红色地标，便于党员干部就近开展体验教学和主题党日等活动。5月8日，天宁区承办“永远跟党走·共唱富强歌”全市首场“百年百场”党史系列精品道德讲堂，在常州市文化广场开讲，并率先在全市启动“行走中的党史讲堂”品牌活动。年内，全区各级党组织组织广大党员和青少年开展“重走初心路·奋进新征程”系列学习瞻仰活动，以旧址遗址为“教室”，以文物史料为“教材”，以英烈模范为“教师”，弘扬红色精神，传承红色基因，开展现场学习教育百余场。是年，常州党建与红色文化主题教育馆累计接待各级参观单位1032家、党员干部群众5.2万余名。

【“红色青果电台”党史专题节目】 2021年，天宁区借助青果巷历史文化街区的“红色青果电台”，邀请专家学者、百姓名嘴、党员群众等代表，通过电台直播形式，讲述“红色记忆”“党员初心故事”“常州三杰100年前三个‘90后’故事”等党史专题节目，并以每周1～2期的频率在“喜马拉雅”“荔枝”等网络广播平台同步发布。是年，天宁区在“红色青果电台”累计发布党史专题节目30期，听众达10万余人。

【青少年党史学习教育】 2021年，天宁区将党史学习教育融入教育教学和校园活动，各学校开展丰富、多元化的主题教育活动。常州市局前街小学教育集团创新推出光影党史长廊，先后获中央及省委指导组现场肯定；常州市第二实验小学教育集团开展党史学习进家庭活动，引导广大家庭在亲子互动中重温党的光辉历史和革命先辈的爱国故事；常州市龙锦小学邀请中国工程院院士、长三甲系列火箭总设计师龙乐豪到校为师生们讲解载人航天精神，启动“传承红色基因，勇立少年之志”红色研学计划；常州市朝阳新村第二小学“唱支山歌给党听”MV获《人民日报》、新华社等转发报道，被省委网信办全网推广；常州市青龙实验小学邀请党史宣讲团成员为学生上党史课，感悟共产党员百折不挠、永不放弃的精神。是年，各学校开展学习习近平总书记给新安小学学生的回信精神，增强学生热爱党、热爱祖国、热爱人民的朴素情感；组织青少年赴恽代英、张太雷等纪念馆开展纪念活动，被央视新闻联播《数风流人物》栏目报道。

【第十七届中国杜鹃花展览会“红色元素”】 2021年，由天宁区主办的第十七届中国杜鹃花展览会在凤凰公园举办，天宁区以杜鹃花“映山红”的革命意义为媒介，将花展主题定为“初心映山红，同庆一百年”，构建“红色资源+花展特色”党史学习教育平台。花展专设“红色旋律”室外展区，由北京、上海、遵义、井冈山等10余个在中国共产党历史上发生过重大事件的重要红色城市布展，展区内设有“上海石库门”“嘉兴红船”“井岗红旗”“遵义会址”等红色地标，为中国共产党建党100周年献礼。会展期间，开展“红色文创集市”“红色剧场”“我的入党那一年”等专题活动，其中“红色剧场”展演《最后的秋白》《太雷家书》等红色话剧，轮流播放《鸡毛信》《地道战》《小兵张嘎》等红色电影。花展期间（4月16日至5月16日），累计吸引全国各地观展者超100万人次，花展活动主题视频在抖音平台上获7.9亿人次观看，日本导演竹内亮拍摄的花展短视频受到海外网友强烈关注，并入选常州市首届外宣十大作品。

【《“红色记忆”——天宁老干部口述历史》视频】 2021年，由区委组织部、区委宣传部联合出品，区委老干部局、区档案局（馆）、区退役军人事务局协助拍摄的《“红色记忆”——天宁老干部口述历史》在江苏电视台专题上线，把老党员个人经历展现成鲜活的党史学习教材，被“学习强国”学习平台、江苏卫视“荔枝网”等多家媒体报道。视频由传奇老兵季刚芹、陈毅警卫员陶家营、红色特工金敏文、工人阶级先锋钱达茂、逆行军医陶曙启、抗美援朝电报员甘家源、抗美援越炮兵顾其良、参与击落F-104的飞行员舒一泉、参与击落U-2侦察机的空军雷达兵方岳荣等12位老党员口述抗日战争、解放战争、抗美援朝、自卫反击等革命历程，还原峥嵘岁月里的革命故事，他们中年龄最大的95岁，最小的77岁，平均年龄超过87岁。是年，《“红色记忆”——天宁老干部口述历史》被纳入全区教育系统校本课程。

【“我为天宁献一计”活动】 4月6—15日，天宁区探索推动“强富美高”品质新天宁建设新思路、新措施、新机制，引导全区人民一心一意谋发展、聚精会神干事业，在全区广大党员干部群众中开展“学党史，我为‘十四五’开新局献一计”大讨论活动。围绕如何在学史明理中实现“经济发展迈上新台阶、人民生活得到新改善、美丽天宁展现新面貌、社会文明达到新水平、改革开放取得新进展、社会治理实现新提升”六大专题，开展问政于民、问计于民、问需于民活动，广泛征求意见建议，累计收到意见建议171条。

【“我为群众办实事”实践活动】 2021年，天宁区开展“我为群众办实事”实践活动，组织引导全区各级党组织和广大党员干部到村（社区）为群众服务，推进解决突出民生问题。4月26日，全区组织开展“我为群众办实事”“七个一”行动，通过“结对一个基层单位、开展一场走访调研、列出一张实事清单、推出一系列志愿服务、进行一次公开承诺、推动一轮改革创新、解决一批群众困难”，打造“天天为您办”为民办实事服务品牌，增强人民群众获得感、幸福感、安全感。5月8日，天宁区出台《“我为群众办实事”实践活动方案》，要求聚焦贯彻新发展理念办实事、聚焦推进乡村全面振兴办实事、聚焦保障和改善民生办实事、聚焦提供优质高效政务服务办实事、聚焦加强和创新基层治理办实事。活动期间，梳理发布“我为群众办实事”重点民生项目2批次40个，排定惠民实事269个，内容涵盖城乡治理、安全环保、医疗教育、就业养老等。是年，区“四套班子”领导领办重点民生项目26个，开展服务企业大走访140人次，解决问题80余个；全区50个机关部门结对挂钩100个社区（村），列出实事清单510项。全区成立志愿服务队159个，在职党员到村(社区)开展扶弱济困、医疗服务等志愿服务活动1100余次，累计参与志愿服务3700余人。是年，天宁区结办惠民实事269件，回应群众需求500项，化解信访问题150件。常态化开展巡回指导、跟踪问效，推出“天天为您办”微信小程序，一键实现民生问题随时提、随时办、随时看。围绕志愿服务、实事进展等情况，总结推广好经验、好做法，累计推出“我为群众办实事”创新案例20余条、先进典型8人。

（华文怡）

区情概览

◆ 栏目编辑　潘劼飞

地理环境

【区位】　天宁区是常州市主城区，位于常州市东北部，地理位置北纬31°43′34″至31°52′23″，东经119°55′01″至120°10′52″，北京时间基准线（东经120°经线）穿越境内。天宁区东及东北与无锡江阴市接壤，南邻武进区，西接钟楼区，西北与新北区相连。

【交通】　天宁区地理位置优越，交通便利。距常州奔牛国际机场15千米、苏南硕放国际机场39千米、南京禄口国际机场80千米，区内京杭大运河、沪宁高速铁路、沪蓉（沪宁）高速公路、312国道穿境而过，常州火车站、常州客运中心、城际高铁站坐落辖区。

【地貌】　天宁区地处长江下游南岸，属太湖流域水网平原。境内有山有水，主要山脉有舜过山（又称舜山）、鹤山、石堰山。京杭大运河穿境而过，澡港河直通长江，采菱港与太湖相连，北塘河与京杭大运河、长江贯通，境内有采菱港、大通河、西河、横塘河、宁河、申浦河、黄天荡河、青龙港、丁塘港、芦浦港、童家浜、草塘浜、黄家浜、隆兴浜、窑墩浜等河道，水网星罗棋布，是典型的江南水乡。

（区地方志办）

【土地】　至2021年年末，全区土地总面积为154.84平方千米。根据第三次国土调查最终成果，天宁区有耕地1948.77公顷，其中，水田1065.03公顷，占54.65%；水浇地722.01公顷，占37.05%；旱地161.73公顷，占8.30%。有园地820.20公顷，其中，果园689.79公顷，占84.10%；其他园地130.41公顷，占15.90%。有林地949.29公顷，其中，乔木林地73.58公顷，占7.75%；竹林地4.88公顷，占0.51%；其他林地870.83公顷，占91.74%。有草地273.64公顷。有湿地0.14公顷，其中内陆滩涂0.14公顷，占100.00%。有城镇村及工矿用地8264.95公顷，其中，城市5086.34公顷，占61.54%；建制镇1315.31公顷，占15.91%；村庄1818.32公顷，占22.00%；采矿用地4.39公顷，占0.05%；风景名胜及特殊用地40.59公顷，占0.49%。有交通运输用地718.35公顷，其中，铁路用地102.86公顷，占14.32%；轨道交通用地7.64公顷，占1.06%；公路用地404.45公顷，占56.30%；农村道路190.03公顷，占26.46%；港口码头用地13.37公顷，占1.86%。有水域及水利设施用地2473.86公顷，其中，河流水面774.44公顷，占31.31%；坑塘水面1568.95公顷，占63.42%；沟渠28.30公顷，占1.14%；水工建筑用地102.17公顷，占4.13%。

（蒋云峰）

【气候】　天宁区属北亚热带季风区，气候温润，雨量丰沛，日照充足。2021年，天宁区年平均气温较常年显著偏高，日照总时数正常，年降水量偏多。主要灾害天气有台风、暴雨、强对流、大风、寒潮等。总体来说，2021年为较好气候年景。

气温　2021年（1—12月），全区平均气温17.8℃，比常年偏高1.7℃，位列历史第一高值。冬季（2020年12月至2021年2月）平均气温6.5℃，比常年偏高1.8℃，与2016年并列为历史第二高（仅次于2019年的7.2℃）；春季（3—5月）平均气温16.9℃，比常年偏高1.7℃；夏季（6—8月）平均气温27.8℃，比常年偏高0.8℃；秋季（9—11月）平均气温19.7℃，比常年偏高1.8℃。一年中，2月、3月、9月气温异常偏高，6月、10月显著偏高，1月、4月、5月偏高，其余月份正常（偏均值小于1℃）。年极端最高气温37.6℃，年极端最低气温-8.4℃。日最高气温≥35.0℃的高温日为12天，日最低气温≤0℃的低温日为26天。

日照　2021年(1—12月)，全区日照时数1863.8小时，比常年偏少110.0小时，属正常年份。冬季(2020年12月至2021年2月)日照时数438.7小时，比常年偏多41.2小时；春季（3—5月）日照时数431.9小时，比常年偏少67.8小时；夏季(6—8月)日照时数412.0小时，比常年偏少165.2小时；秋季（9—11月）日照时数515.3小时，比常年偏多15.9小时。1月、2月、11月、12月日照时数偏多，7月、8月偏少，其余月份均正常。

降水　2021年(1—12月)，全区降水量1142.6毫米，比常年偏多38.4毫米，属正常年份。冬季(2020年12月至2021年2月)降水量96.1毫米，比常年偏少46.4毫米；春季（3—5月）降水量209.1毫米，比常年偏少58.1毫米；夏季（6—8月）降水量653.3毫米，比常年偏多150.9毫米；秋季（9—11月）降水量194.2毫米，比常年偏多2.1毫米。各月降水时间分布不均，异常偏多的为8月，显著偏多的为7月；异常偏少的为12月，显著偏少的为6月，偏少的有1月、3月、4月；其他月份正常。6月13日入梅，较常年（6月18日）偏早5天，7月11日出梅正常(常年7月10日)，梅期28天，较常年（22天）偏长6天；梅雨量为149.3毫米，较常年偏少36%。

灾害　2021年，天宁区灾害性天气主要有暴雨、强对流、大风、台风、寒潮等。夏季，出现4次区域性暴雨过程，分别为7月4日、16日、28日和8月25日，最大日雨量分别为茶山街道91.9毫米、青龙街道82.4毫米、青龙街道73.3毫米、郑陆镇89.0毫米。强对流天气频发，4月30日夜间、7月16日、7月26日、7月28日、8月29日均出现雷暴大风，最大风速分别为郑陆镇东青社区和雕庄街道17.1米/秒（7级）、雕庄街道15.7米/秒（7级）、雕庄街道14.4米/秒（7级）、郑陆镇东青社区14.6米/秒（7级）、郑陆镇东青社区18.8米/秒（8级）。受6号台风“烟花”影响，7月24日8时至29日8时，天宁区累计降水量为164.8～189.4毫米，最大累计降水量为青龙街道189.4毫米，最大风速为7月28日郑陆镇东青社区14.6米/秒（7级）。冷空气活动频繁，寒潮天气多发，全年出现8次寒潮过程。1月6日夜间，受一股强冷空气影响，气温明显下降，5—7日48小时最低气温降幅达12.0℃，7—10日均有严重冰冻，8日早晨最低气温为-8.4℃，位列近30年极端最低气温第二位。2月15日，受一股冷空气影响，14—16日最低气温降幅为8.0℃。3月1日有强冷空气影响，2月28日—3月2日最低气温降幅为8.7℃，3月2日早晨最低气温为1.4℃。11月有3次寒潮过程，冷空气影响时间分别为7日下午至8日、21日下午至22日、30日；其中11月6—8日最低气温降幅达14.7℃，8日最低气温为2.5℃，7日、8日最大风速分别为郑陆镇14.5米/秒（7级）、郑陆镇东青社区14.9米/秒（7级）；11月21—23日最低气温降幅达11.5℃，23日早晨最低气温为2.4℃；11月29日—12月1日最低气温降幅达10.3℃，12月1日早晨最低气温为1.8℃，30日最大风速为郑陆镇东青社区14.1米/秒（7级）。12月有2次寒潮过程，冷空气影响时间分别为16—17日、24—25日；12月16—18日最低气温降幅达13.0℃，18日最低气温为-3.0℃；12月24—26日最低气温降幅达10.2℃，26日早晨最低气温为-3.8℃。

（雷正翠　夏晓征）

常住居民

【人口】 2021年，天宁区人口保持稳定增长。至年末，全区户籍人口48.49万人，比上年年末增加0.19万人，同比增长0.4%；年内出生2620人，户籍人口出生率5.4‰；死亡3614人，死亡率7.5‰，人口自然增长率-2.1‰。常住人口67.48万人，比上年年末增加0.59万人，其中城镇人口61.67万人、农村人口5.81万人，城镇化率（城镇人口占常住人口比重）91.4%。

（高巳婷）

【民族】 天宁区人口以汉族为主。1990年，全国第四次人口普查，天宁区有回族、满族、壮族、朝鲜族、蒙古族、苗族、土家族、布依族、高山族、藏族10个少数民族。至2019年，少数民族增至49个，新增维吾尔族、彝族、侗族、瑶族、白族、哈尼族、哈萨克族、傣族、黎族、畲族、水族、纳西族、景颇族、达斡尔族、仫佬族、羌族、布朗族、锡伯族、德昂族、裕固族、京族、赫哲族、基诺族、傈僳族、佤族、拉祜族、土族、毛南族、仡佬族、阿昌族、保安族、东乡族、俄罗斯族、鄂伦春族、鄂温克族、柯尔克孜族、普米族、撒拉族、塔吉克族。天宁少数民族中，流动人口比重较大，尤其是回族。据统计，2021年天宁区常住少数民族38个、2720人，占户籍人口的0.56%，其中回族、苗族、壮族、蒙古族、满族、土家族6个少数民族人口超100人；外来流动少数民族人口4884人。

【宗教】 天宁地区宗教有佛教、天主教、基督教，宗教活动场所较为密集，对周边地区有较大影响。历史上，佛教最为兴盛，著名寺院有建元寺、天宁禅寺、法济寺、国安禅寺、护国讲寺、慈恩寺、白云禅院、端明寺、清凉禅寺、九华禅寺、南城寺、舜山古寺、东平禅寺、舜山南禅寺等，保存至今的有7处（天宁禅寺、清凉禅寺、九华禅寺、南城寺、舜山古寺、东平禅寺、舜山南禅寺）。其中，位于天宁禅寺东侧的建元寺，为南朝齐开国皇帝萧道成在建元年间（479—482）所建，为常州地区最早的皇家寺院。天主教在清嘉庆年间（1796—1820）进入常州，在东青陈家头村建天主堂；清光绪二十二年（1896）常州东门建天主堂，系东青天主堂分堂，该两堂是常州、武进地区最主要的天主教堂。基督教于清光绪二十八年（1902）传入常州，在北直街设福音堂传教，民国4年（1915）在县学街建基督教教堂，名恺乐堂，迄今为止仍是常州、武进地区最早、最重要的基督教教堂。至2021年，天宁区有依法登记的宗教活动场所11处，其中佛教有天宁禅寺、清凉禅寺、九华禅寺、南城寺、舜山古寺、东平禅寺、舜山南禅寺7处，天主教有郑陆东青天主堂1处，基督教有常州市基督教教堂、焦溪基督教教堂、北塘基督教教堂3处。

【著名人物】 天宁区自古人杰地灵，在古代科举史中出过6名状元。常州学派创立人庄存与、刘逢禄，阳湖文派缔造者恽敬、李兆洛、陆继辂，常州词派代表人物张惠言、张琦，常州画派创始人恽寿平，常州诗派著名诗人黄仲则、赵翼均生活在天宁地区。天宁区还出过江南大儒钱名山、中国著名法学家和中华民国司法总长董康、史学泰斗吕思勉、中国电影开拓者及剧作家洪深、上海解放日报社社长兼华东新闻学院院长恽逸群、新中国第一代大法官和最高人民法院副院长张志让、意大利欧洲学院院士和著名画家吴青霞、中国第一位女外交家袁晓园、中国电波传播科研事业创始人和中国科学院院士吕保维、中国科学院和中国工程院双院士吴阶平、中国航天空气动力学开拓者和中国科学院院士庄逢甘等著名人物。

（区地方志办）

建置区划

【建置】 据南京博物院对乌墩遗址、潘家塘遗址和寺墩遗址的崧泽文化遗存考古发现，5500年前，天宁地区已有先民从事农耕、渔猎活动，创造出最早的远古文明。春秋晚期，吴王寿梦第四子季札封邑延陵，在今郑陆镇舜过山北麓躬耕去世。秦汉以后，天宁地区曾先后属毗陵、晋陵、常州等郡、州、路、府管辖。两汉、三国及西晋时期，天宁地区属毗陵县，东晋、南朝、唐、两宋、元代属晋陵县，明朝属武进县，清雍正年间（1723—1735）武进县一分为二属阳湖县。1949年前，天宁地区属武进县名山镇、龙城镇及青山镇；1949年后属名山、龙城两镇。1949年，废镇设第一区（天宁区前身），1952年设立东区，1956年改称天宁区，1966年更名东风区，1980年复称天宁区。

【区划】 1949年，常州第一区（天宁区前身）东起白家桥，西到化龙巷、青山桥，南到东仓桥下塘，北抵沪宁铁路。1952年，东区范围稍有扩大，先后分9个居委会。1955年，常州市北区撤销，马山埠、大圩沟、中街、化龙巷、大火弄5个居委会和1个船民委员会以及县直街居委会的一部分划归东区。1956年，天宁区分3个街道、31个居委会。1957年，区界东起白家桥，西至小河沿、化龙巷、北直街一线，南抵德安桥，北达沪宁铁路，原3个街道改为东、中、北3大块。1960年，天宁人民公社下辖青山、水门、新丰、和平、五一、红梅、青龙7个分社，35个管理区。1961年，增辖北塘公社。1962年，红梅、青龙、北塘3个公社划出归郊区管辖。1963年，辖新丰街、青山路、水门桥3个分社、23个管理区。同年，分社改称街道，23个管理区改建为34个居委会。随着市区建设事业的发展，辖区范围相应扩大，至1985年，天宁区辖朝阳桥、水门桥、新丰街、局前街、北环路5个街道、66个居委会。1987年1月，常州市广化区撤销，所属古村、清凉、兰陵3个街道划归天宁区管辖。调整后，天宁区辖新丰街、局前街、水门桥、北环路、朝阳桥、古村、清凉、兰陵8个街道，面积18.7平方千米，区政府驻地新丰街街道鹤园弄。2002年4月，原属郊区的雕庄、青龙、茶山、红梅4个乡划归天宁区管辖。调整后，天宁区辖8个街道、4个乡，面积78.23

平方千米，区政府驻地常锡路116号。2003年10月，撤销4个乡行政建置，在原辖区域设立雕庄、青龙、茶山、红梅街道，同月新丰街、水门桥2个街道合并设立新丰街街道，局前街、古村2个街道合并设立局前街街道，调整后的天宁区辖新丰街、局前街、雕庄、青龙、茶山、红梅、北环路、朝阳桥、清凉、兰陵10个街道。2006年8月，位于青龙境内的常州外向型农业综合开发区与位于雕庄境内的常州市东南经济开发区合并，成立天宁经济开发区，与青龙街道实行“两块牌子、一套班子”。同年，撤销新丰街、局前街街道，与红梅街道部分、朝阳街道部分合并设立天宁街道；撤销北环路街道，与红梅街道部分、新丰街街道部分和青龙街道部分合并设立红梅街道，并将红梅街道沪宁铁路以北、五角场北路东侧区域划归青龙街道；撤销朝阳、清凉街道，与茶山街道部分合并设立茶山街道；将兰陵街道与原茶山街道部分、原清凉街道部分合并设立兰陵街道；将红梅街道办事处运河以南、采菱河以东区域划归雕庄街道。调整后，天宁区辖雕庄、青龙、茶山、红梅、天宁、兰陵6个街道。2015年5月，原武进区郑陆镇划归天宁区管辖。至2021年，天宁区有1个省级开发区（天宁经济开发区）、1个镇（郑陆镇）、6个街道（雕庄、青龙、茶山、红梅、天宁、兰陵），辖44个建制村、78个社区，面积154.84平方千米，区政府驻地竹林北路256号。

【消失的村落】 自2003年以来，天宁根据自身经济发展，以及配合常州市城市规划建设需要，一些涉及重要项目建设的村落被列入征收拆

天宁区消失的村落一览表

表1

序号	镇、街道	数量（个）	消失的村落
1	郑陆镇	46	武城村委狄墅村、捕捞村、谢家头、江塘头，和平村委陈家头、赵家头、方基村、代渡桥、塘下头、薛家头、蒋区村、杨家坟、陈士庙，青松村委湾塘村、连家头、庙头村、常家头、行管路口、塘子头、谢家巷，横沟村委后马岸、小村庄、廖家村、前马岸、后横沟，舜南村委前陈巷、陈家村、东庄、后陈巷村，省岸村委省岸里、朱家村、蒋家村，羌家村委西闸头村，翟家村委小湾里村、埂上村、巷口村、蒋家村，施家巷村委盛家头村，东青村委北街、后巷、中村、朝南廓、戚家弄、邱家廓、毕家廓、蒋家头
2	雕庄街道	41	团结村委前场村、前白村、梁家塘、后白村、梅家村、冯家塘、杨圆村、后横塔村，中村村委缪家塘、下庄村、汤范村，雕庄村委雕庄村、周家头、小墩村、店巷三村、横墩头、芳田村，采菱村委陶家塘、宗家塘、东浜、长田埂，优胜村委蒋家塘（蒋东蒋西）、南岸头（南前南后）、盛家塘、杨家塘、西头村、北岸头、茹家塘、顾家塘（顾东顾西）、陈家塘、马家塘，清溪村委奚杨村、胡一、胡二、胡三、张家塘、陈家塘，采菱社区张家岸、卞庄村、柏树坟，菱溪社区周季村
3	青龙街道	70	东风村委周庄村、章家村、徐家村、陆家村、严家村，常青村委徐家村、庙湾村、骆家塘、俞家塘，三里村委李家塘，亚新村委五里头村、后曹村、胡史塘、洪丰东村，青龙苑南区社区於家湾、前洛庄、典前村、后洛庄、朱家村、高头村、方家塘、谈家塘、柳墅村、高家塘、徐家塘、洪丰村、八家村，青龙苑北区社区桐家新村、十里庵、江家村、王家塘、小观音塘、郭家塘、黄岐头、邓谈家头、徐周家头、小桥头、殷家头、羊头桥、金家头、葛家头、东岐村、紫云村、华严村，新丰村委杨棋村、陈家塘、大陆家塘、小陆家塘、秦家塘、小陈家塘、黄米子村、丁莫村、张扶塘、须家塘、贺家塘、谢家村、祝家庄、塘内村、王家塘、钱家塘、褚家塘、周家塘、田舍村、张家塘、张墅村、小桥头、丁家塘、福成村、丁庄村、上�村

续表 1

序号	镇、街道	数量（个）	消失的村落
4	茶山街道	15	常春村委张家村、薛家村、蔡家村、建新村，富强村委太圩村、赵家村、梅龙坝、缪家村，丽华村委严家村，红梅村委花园底、陶家村、后摇树村、前采菱村，群力村委翟家村，勤丰村委马巷村
5	红梅街道	23	红菱村委周家巷、蔡家村、浦家村、前林庄、后林庄、砚瓦池，竹林村委何家塘、卞家塘、中路村、董头村，卫星村委冯家墩、倪王村、沟头村、戴家塘、东王村、西王村、倪家塘、杨板村，胜利村委大圩村、孙家村、小村，光明村委光明村，虹景社区庵背后
6	天宁街道	11	五角场社区戈家村，小东门桥社区窑上村，青山路社区黄泥坝、桑园村、东孟家村、炒米滨，兆丰花苑社区严家村、徐家村、陆家村、强家弄，解放村委强家弄
7	兰陵街道	12	复兴村委复兴下村，荡南村委冯家村，茶山村委金王家村、降子村、三桥头、杨家村、芳田村，浦前社区（原浦前村委）裴家村、杨家塘、余家塘、丁家塘、杨家弄

迁范围。至 2021 年年末，天宁区累计有 218 个自然村消失。其中，郑陆镇 46 个（自 2015 年区划调整以来），雕庄街道 41 个，青龙街道 70 个，茶山街道 15 个，红梅街道 23 个，天宁街道 11 个，兰陵街道 12 个。

（区地方志办）

名胜古迹

【寺墩遗址】 寺墩遗址位于郑陆镇三皇庙村，1973 年发现，主要是长江下游新石器时代良渚文化遗址，距今约 4500 年，1995 年被批准为江苏省文物保护单位，2019 年入选第八批全国重点文物保护单位。遗址被三圈河道环绕，总面积约 90 万平方米，先后经过 6 次考古挖掘，发现墓葬 22 座，出土玉琮、玉璧、陶器、石器等文物 300 余件。

【潘家塘遗址】 潘家塘遗址位于青龙街道潘家塘、奚蒋塘、刘家村一带，1976 年年底发现，是长江下游新石器时代崧泽文化遗址，面积约 15 万平方米，距今约 5500 年。考古挖掘发现墓葬 10 余座，出土陶、石、玉各类完整器物数百件，以及大量稻谷作物等标本。专家认定该遗址是从戚墅堰（今江苏常州经济开发区）圩墩聚落人群中分离、迁移到此处生活定居的先民形成的。

【乌墩遗址】 乌墩遗址位于新丰村张家湾，1992 年发现，主要是长江下游新石器时代崧泽文化遗址，面积约 1800 平方米，距今约 5500 年。考古挖掘发现墓葬 9 座、遗物 368 件，出土石锛、石斧、陶网坠、陶盆、陶鼎、陶罐、陶壶、玉器等文物 200 余件。

【天宁禅寺】 天宁禅寺始建于唐朝，距今已有 1300 余年历史，是国家 AAAA 级旅游景区、全国汉传佛教重点寺院，天宁区因该寺得名。该寺殿宇巍峨壮观，佛像高大庄严，历代名僧辈出，法会闻名遐迩。清代，康熙、乾隆南巡经常州，对寺僧多有赏赐，乾隆帝曾为天宁禅寺御书“龙城象教”匾额。当时，天宁禅寺被誉为“东南四大丛林”之一。寺内主要建筑有天王殿、大雄宝殿、文殊殿、普贤殿、观音殿、地藏殿、三宝殿、罗汉堂、功德堂、玉佛楼学戒堂、达摩阁和放生池等。2007 年建成开光的天宁宝塔累计 13 层，高 153.79 米，创造第一金顶玉身、第一铭文铜瓦、第一高钟、第一经文碑林等多项佛塔全国第一纪录。

【红梅公园】 红梅公园因古建筑红梅阁而得名，为国家 AAAA 级旅游景区。内有红梅阁、文笔塔、居一道根艺藏珍馆和红梅春晓、古刹钟声、曲池风荷、青峦倒影、风桥花径、翠薇秋霞、孤山雪松、文笔夕照八景，以及文思桥、星聚桥、伯牙桥、翠盖桥、西双桥、三吴桥等历史文化景点。红梅阁始建于唐昭宗年间（889—904），距今 1100 多年，宋代曾作为贡士试院，后成为道院，传说号称紫阳真人的道教南派鼻祖张伯端曾在此聚徒修炼，现为市级文物保护单位。

【东坡公园】 东坡公园位于京杭大运河畔，系名胜古迹与自然风光相结合的江南园林，为国家AA级旅游景区。南宋时，常州人民为纪念北宋大文豪苏东坡十一次到常州，泊舟于此，建“舣舟亭”作纪念。清代康熙、乾隆南巡时，在此兴建万寿亭行宫，重修舣舟亭。园内主要景点有仰苏阁、竹亭、御碑亭、东坡洗砚池、龙亭、御码头、广济桥、半月岛等。

（区地方志办）

文化遗产

【物质文化遗产】 天宁区古遗址、名人故居、红色纪念地众多。据常州市第三次全国文物普查结果统计，天宁有古墓葬3处、古建筑98处、石窟寺及石刻5处、近现代重要史迹及代表性建筑97处、其他2处，总计205处；郑陆镇划归天宁区管辖后，又增加文物保护点41处。区内有青果巷、前后北岸2个历史文化街区和天宁禅寺至舣舟亭1个历史地段，瞿秋白故居、张太雷纪念馆、恽代英纪念馆、逸仙中学旧址、红庙遗址、澄西抗日民主政府旧址6处红色纪念地，郑陆镇焦溪村1个中国历史文化名村，大运河天宁段1个世界遗产项目。现拥有京杭大运河、瞿秋白故居、张太雷故居、近园、寺墩遗址、常州唐氏民宅6处全国重点文物保护单位，江苏省文物保护单位21处，常州市文物保护单位55处。2021年，张太雷故居、逸仙中学旧址、北夏墅学校旧址、恽代英住址、澄西抗日民主政府旧址入选第一批江苏省革命文物名录（不可移动革命文物）。

【非物质文化遗产】 天宁区拥有众多非物质文化遗产。至2021年，有国家级“非遗”项目2个、省级“非遗”项目5个、市级“非遗”项目23个、区级“非遗”项目59个，形成完备的国家、省、市、区级名录体系。其中，国家级“非遗”项目——天宁禅寺梵呗唱诵是一种宗教音乐，历史悠久，其特点是节奏沉稳扎实，唱腔悠扬潇洒，韵味古朴清雅，被公认为东南各省佛教寺院唱诵的典范。国家级“非遗”项目——留青竹刻是当地著名的传统手工艺品，竹刻艺人在竹子表面极薄的一层青筠上镌刻，巧施全留、多留、少留、微留、不留的技艺，使作品显示出明暗浓淡、翻转掩映的立体感，体现出作品的形象或书法神韵，为历代名人雅士所喜爱。

【历史文化街区】 青果巷历史文化街区是常州市区保存最为完好、最负盛名的古街巷。历史上，这里名人聚居，名家辈出。青果巷临近市内运河，沿岸开设各类果品店铺，河上船舶云集，成为南北果品集散地，有“千果巷”之称。后因常州方言“千”“青”难辨，演变为“青

天宁区市级及以上非物质文化遗产一览表

表2

序号	类别	“非遗”项目名称	传承人
1	国家级	天宁禅寺梵呗唱诵	松纯（国家级）、廓尘（省级）
2	国家级	留青竹刻	徐秉方（国家级）、袁新民（市级）
3	省级	常州宝卷	包立本（省级）
4	省级	苏东坡在常州的传说	包立本（区级）、刘学民（区级）
5	省级	常州梨膏糖制作技艺	叶莉莉（省级）、钱春美（市级）、王胜利（市级）
6	省级	常州钱氏中医儿科疗法	钱大宇（省级）
7	省级	常州朱普生骨伤科	朱亚平、朱鼎（市级）
8	市级	雕庄鸟笼制作技艺	史国荃（市级）
9	市级	常州红友酒制作技艺	张森明（市级）
10	市级	茅靴筒制作技艺	施宝娣（市级）
11	市级	常州茶筵	周元林（市级）
12	市级	焦店扣肉制作技艺	翟跃忠（市级）
13	市级	焦丙与焦溪的传说	—
14	市级	舜的故事	—

续表 2

序　号	类　别	“非遗”项目名称	传承人
15	市　级	延陵季子的传说	—
16	市　级	查家拳	查仁国（市级）
17	市　级	兰陵民间吉祥字图案	顾维宪（市级）
18	市　级	戈裕良叠石（山）技艺	毛国平、薛焕炳（市级）
19	市　级	黄石半墙营造技艺	奚正明（市级）
20	市　级	焦溪“二花脸”猪养殖技艺	顾岳清（市级）
21	市　级	焦溪糍团制作技艺	高文元（市级）
22	市　级	焦溪腊肠制作技艺	莫跃技（市级）
23	市　级	焦溪米酒制作技艺	翟彩伊（市级）
24	市　级	焦溪羊肉烧制技艺	承志南（市级）
25	市　级	焦溪油酥饼制作技艺	是小燕（市级）
26	市　级	青果巷虾饼制作技艺	高利波（市级）
27	市　级	郑陆脚踏糕制作技艺	何金兴（市级）
28	市　级	茂林风伤敷疗方	—
29	市　级	“两顿头”筵席	徐凤英（市级）
30	市　级	常州东坡宴	龚剑锋（市级）

果巷”。明初唐伯成父子在此建易书堂、筠星堂、四并堂居住后，青果巷成为名人聚居地。巷内出现的名人有明代文豪唐顺之，清代书画家钱维城、汤贻汾，洋务运动先驱盛宣怀，民初谴责小说家李伯元，剧作家吴祖光，语言学家赵元任，汉语拼音之父周有光，革命先驱瞿秋白，七君子之一史良，民族工业开创者刘国钧等。2013 年 2 月，青果巷历史文化街区修缮保护工作启动，规划面积约 12.6 万平方米，其中核心保护区约 8.2 万平方米，规划范围内有 11 处文物保护单位、17 处历史建筑。街区内著名历史建筑有阳湖县城隍庙戏楼、唐荆川宅、周有光宅、史良故居、刘国钧故居、八桂堂天香楼、赵元任故居、恽鸿仪故居。2018 年，启动青果巷历史文化街区及东侧历史风貌区的保护修缮工作。2019 年 4 月，青果巷历史文化街区（一期）约 3 万平方米开放，开放范围集中在青果巷主巷两侧，囊括贞和堂、礼和堂、史良故居等最具代表性部分，12 月，被省商务厅评为首批省级高品位步行街培育街区。2020 年，入选全省首批夜间文旅消费集聚区建设单位。前后北岸历史文化街区东临文化宫广场，西接晋陵中路，形成于北宋庆历年间（1041—1048），此处三面环水，风水极佳，是常州仕宦、文人集聚之地。历史上，先后有 4 位状元在此居住。街区内有省级文物保护单位 3 处、市级文物保护单位 4 处，其中著名的有苏东坡终老地——藤花旧馆，清代弘文院大学士吕宫府，清代著名史学家、诗人赵翼故居，漕运总督管干贞故居，清代徐氏道台府等。2004 年，启动前后北岸历史文化街区的修缮保护和原样复建，形成现在的仿古街区。

（区地方志办）

经济与社会发展

【综合经济】 2000 年，全区地区生产总值 6.12 亿元，其中，工业增加值 2.28 亿元，第三产业增加值 3.80 亿元，财政收入 1.23 亿元。2002 年，郊区 4 个乡并入天宁区。2003 年，全区地区生产总值 55.19 亿元，财政收入 10.67 亿元，三次产业比重为 0.6∶58.3∶41.1，工业比重增加并超过第三产业；城镇居民人均可支配收入 11386 元，农民人均收入 6608 元。此后，第三产业比重逐年增加。2008 年，全区地区生产总值 148.78 亿元，三次产业比重为 0∶38.2∶61.8，成为常州市第一个服务业占主导地位的地区，农业在三次产业中消失。2015 年，郑陆镇并入后，区内又有了农业产业。2021 年，天宁区完成地区生产总值 888.4 亿元，实现一般公共预算收入 65.48 亿元，三次产业比重为

0.8∶25.7∶73.5；城镇居民人均可支配收入65747.9元，同比增长8.7%。全区有主板上市工业企业6家、“新三板”挂牌企业24家；有高新技术企业246家，完成高新技术产业产值311.3亿元，有效发明专利拥有量1989件，每万人有效发明专利量29.73件。

【第一产业】 2002年4月前，天宁区为纯城区。此后，郊区的雕庄乡、青龙乡、茶山乡、红梅乡划归天宁区管辖，区内始有第一产业，2003年实现增加值0.34亿元。2015年，郑陆镇划归天宁区，第一产业增加值达到8.7亿元。经过10多年的发展，区内农业实现产业化、生态化、特色化。2021年，天宁区完成农林牧渔业总产值14.2亿元，同比下降2.6%，其中，农业种植业产值7.31亿元，同比增长3.1%；林业产值0.08亿元，同比增长0.5%；畜牧业产值0.99亿元，同比下降27.4%；渔业产值4.94亿元，同比下降5.1%；农林牧渔服务业产值0.88亿元，同比增长5.6%。全区粮食播种面积1040公顷，总产量6695吨，同比增长9.6%，其中，水稻种植面积400公顷，总产量3720吨；小麦种植面积360公顷，总产量1685吨。林果种植面积646.67公顷，其中特色林果翠冠梨、葡萄种植面积分别为466.67公顷、180公顷，总产量分别为1.31万吨、0.45万吨，产值分别为9899万元、2403万元。水产养殖面积686.67公顷，水产品总产量0.39吨。生猪饲养量0.6万头、家禽饲养量6.8万羽。农业产业化稳步推进，省级龙头企业实现年销售额17328.6万元，同比增长7.95%。推进“互联网＋农业”平台建设，实现农产品电子商务销售额2.8亿元，同比增长16.3%。焦溪翠冠梨创成国家地理标志证明商标并成功申报“常州市十大农产品品牌提升行动计划”。至年末，全区有国家地理标志产品1个、地理标志证明商标2个、绿色食品19个、常州市名优农产品9个。

【第二产业】 天宁区内纺织工业曾经是常州的支柱产业。清光绪三十二年（1902），吴幼儒在区内东下塘创办晋裕织布厂，是常武地区第一家纺织厂。民国4年（1915），蒋盘发在乌衣浜（原常州市被总厂）创办大纶机器织布厂，是常州第一个告别土织布机生产的工厂，开创用蒸汽动力引擎拉动机器织布的新时代。民国19年（1930）2月，刘国钧接盘大纶，改名大成纺织股份有限公司。到新中国成立前，常州有代表性的纺织企业为大成纺织厂、民丰纱厂、协源染织厂，其均在天宁区域内。1954年公私合营后，大成纺织厂改成常州国棉一厂、三厂、东风印染厂，民丰纱厂改成常州国棉二厂，协源染织厂改成常州第一织布厂。改革开放后，区内工业结构发生变化，机械、服装、化工、建材发展很快，产业门类增加。至2021年，区内形成纺织服装、装备制造、新医药、化工及新材料四大支柱产业，拥有纺织服装、机械、化工、生物医药、冶金、建材、电子七大行业。2021年，天宁区实现规模以上工业总产值757.5亿元，同比增长17.8%，规模以上工业增加值同比增长7.7%。全区有规模以上工业企业441家，年开票销售收入超亿元工业企业（集团）122家。完成工业纳税销售908.57亿元、规模以上工业纳税销售728.33亿元，分别同比增长18.4%、13.88%；规模以上工业利润32.53亿元，同比下降1.6%，规模以上工业利税46.69亿元，同比增长0.5%。实现工业投入增24.4%，工业技改投入同比增长5.4%，技改投入占工业投入的59.7%。常州焦溪季子文旅综合开发和长三角金属交易智慧物流园列入省重大项目，完成年度投资9.1亿元；实施市重点项目19个，完成年度投资24.3亿元。全区省级潜在“独角兽”企业累计4家，其中新增2家；新增市级以上专精特新“小巨人”企业14家，其中国家级2家、省级9家、市级3家。新增省、市级企业技术中心11家，其中省级4家；新增省、市级工业设计中心5家，其中省级2家。新增省、市级服务型制造示范企业（平台）10家，其中省级3家；新增市级以上智能制造示范车间6家，其中省级2家；新增省级以上绿色工厂4家，其中常州华利达服装集团有限公司获评国家级绿色工厂。江苏唱游数据技术有限公司获评国家级信息消费示范项目，完成智能化改造企业110家，新增两化融合贯标企业66家，认定星级上云企业67家。

【第三产业】 清末民国初期，天宁区有青山桥、新丰街、东大街和水门桥4条商业街道。青山桥在明清时期即形成土布、木材集散市场。新丰街于沪宁铁路筑成之后形成。1950年，全区商户有952家，1956年私营商业公私合营、合作化以后，商业网点减少。改革开放后，商业迅速繁荣，集体和个体商业大量发展，商店遍布各主要街道，成为常州新兴的繁华地区。区内曾有全市规模最大的迎春市场、中山路粮油市场、工业产品贸易中心、农副产品贸易中心等。进入21世纪，房地产业、楼宇经济、卖场经济、现代物流、品牌连锁经营长足发展，第三产业发展迅猛。2008年，第三产业比重首次超过工业，成为推动区域经济发展的重要支柱。2021年，天宁区实现社会消费品零售总额

460.2亿元，同比增长21.6%。限额以上单位实现社会消费品零售总额143.2亿元，同比增长16.3%；限额以下单位实现社会消费品零售总额316.9亿元，同比下降24.2%。批发和零售业实现销售额2109.02亿元，同比增长27.5%。住宿和餐饮业实现营业额62.7亿元，同比增长18.1%。20类社会零售消费品中12个类别销售额呈正增长，其中日用品类、五金电料类和文化办公用品类零售额增速位列前三，分别为78%、52.8%和51.6%。266家规模以上服务业企业实现营业收入183.4亿元，同比增长46.4%，增加值35.5亿元，营业利润5.4亿元，同比增长3.4%。规模以上服务业十大门类中以互联网和相关服务业、软件和信息技术服务业为代表的新兴行业增长较快，同比增长131.5%；参与核算的重点服务业行业实现营业收入157.1亿元，同比增长56.4%。

【环境保护】 民国时期，天宁区只有一些极简单的环境卫生设施，新中国成立后有所改善。改革开放后，生产和生活污染物过度排放，环境保护意识开始增强。20世纪80年代，区内先后建成舣舟亭公园"半月岛"、蔷薇园，红梅公园、东坡公园也得到相应维护，同时开始治理"三废"（废水、废气、废物）。20世纪90年代，区内进行城市环境综合整治。2001年起，全区投入国家环保模范城市创建活动，以生态建设和太湖水污染防治为重点，强化污染源治理、生活垃圾处理和生态环境建设。2013年，"美丽天宁"生态文明建设实施，把太湖治水、清水工程、蓝天工程、环境安全、节能减排、宁静工程等作为重要治理目标，持续开展各项整治，依法取缔、关闭污染企业和不合规范的畜禽养殖场。2021年，天宁区空气质量优良天数为266天，优良率76.7%，同比下降5.3%；$PM_{2.5}$平均浓度33.2微克/立方米，同比下降9%，达到国家二级标准；降尘浓度2.9吨/平方千米·月；氮氧化物及挥发性有机物排放量较2020年分别减少8%、10%。开展主城区劣V类河道排查溯源整治9条，完成河道整治工程项目35项；开展农村生活污水治理提升行动，完成30个自然村生活污水治理；完成346个"小散乱"排水户整治、12家区级单位庭院点位治理；省"水十条"考核断面（北塘河青洋桥断面、新沟河粮庄桥断面）优Ⅲ类水体比例100%，无劣V类水体。开展土壤污染防治，8家企业完成环境风险隐患排查和厂区土壤、地下水自行监测。加强固体废物污染防治，转移处置危废18.39万吨。推进核与辐射安全风险隐患排查治理，完成现场监督检查33家、辐射安全许可证发证前核查17家、工业射线探伤单位标准化建设试点工作6家、安全重点风险单位联合检查4家。推进农村黑臭水体治理试点示范区建设，完成天宁经济开发区铜勺河、郑陆镇陈家沟、牟家公寓东侧河、铁鹏公司北侧河、北塘河窑墩浜支流、草塘浜支流河道治理。新改扩建绿地公园45公顷，新增景观节点30余处。天宁区被江苏省生态环境厅命名为第四批省级生态文明建设示范区，创成国家级节水型社会达标区，郑陆镇查家湾片区生态修复获评全省最美生态修复案例。

【教育】 天宁区教育事业比较发达。唐代在青果巷南的先圣庙建有州学，为已知常州历史上最早的官学，距今1200多年。北宋时，常州出现第一个具有讲学性质的书院——城东书屋，由晋陵理学家周恭先于崇宁年间(1102—1106)创办于天宁境内。极负盛名的龙城书院（局前街小学前身）创建于明隆庆六年（1572）。清光绪二十二年（1896），近代新学兴起，刘树屏、恽祖祁将龙城书院改办成常州最早的新式学堂常州致用精舍，开设算学、舆地、时务、策论等"致用"课程。清光绪二十八年（1902），育志小学堂创办，这是常州最早以"学堂"命名的新式学堂；清光绪二十九年（1903），进士汪洵等将常州致用精舍改为武阳公立小学堂，为常州第一所公立小学；清光绪三十三年（1907），恽祖祁召集常州府所辖武进、阳湖、无锡、金匮、宜兴、荆溪、江阴、靖江8个县知县摊派出资，创办常州府中学堂（江苏省常州高级中学前身，今罗汉路8号）；清光绪三十四年（1908），留学日本弘文院的庄先识利用麻巷与白马三司徒交会处的私宅，以女儿名字"涤氛"命名，创办常州第一家幼儿园——涤氛蒙养院。民国以后，天宁地区又兴办一批有影响的学校，如私立江南中学（常州市第三中学前身）、私立正衡初级中学（常州市第一中学前身）、常州市第一初中（常州市第二十四中学前身）。这些超过百年和将近百年的学校在长期办学中，积累了丰富的教学经验，为天宁区坐拥常州市80%以上优质教育资源奠定坚实基础。改革开放后，教育事业有很大发展，全面实施素质教育，积极推进教育现代化建设，加速学校布局调整和名校创建步伐，教育设施明显改善，教学水平进一步提高，高中升学率、职高就业率均在90%以上。2011年起，天宁区推进实施基础教育优质均衡发展，组建成立"局前街小学教育集团""第二实验小学教育集团""博爱小学教育集团""解放路小学教育集团"，青龙中学、雕庄中学、第八中学分别与第二十四中学、正衡中学、实验中学实现一体化办学，让更多孩子享受到家门口的优质教育。2013年，天宁区被教育部认定为“全国义务教育发展基本均衡区”。至2021年年末，天宁区有学校88所，其中九年一贯制学校2所、初中5所、小学33所、幼儿园47所、特殊教育学校1所；有市级新优质学校15所，省、市级优质幼儿园43所。年内新建、改扩建学校27所，新增学位4380个；新增省、市中小学生品格提升工程项目6个，市基础教育前瞻性改革实验项目5个，省一校一品党建文化品牌项目1个。是年，天宁区获评江苏省义务教育优质均衡发展区、首批江苏省幼小衔接实验区。

【文化体育】 历史上，宋代大文豪苏东坡、清代著名没骨花卉画法创始人恽南田、历史学家赵翼等在天宁区创作出许多传世名作。民间流行锡剧道情、宣卷等文化活动。1949年后，文化事业逐步发展，先后设立居民俱乐部、区文化馆、阅览室，组织群众创作。改革开放后，区内新兴的群众文体活动项目有书法、绘画、摄影、象棋、围棋、风筝、桌球、乒乓球、柔力球、交谊舞、戏剧票友、健身气功、太极拳剑、健身球操、健身秧歌等。21世纪，天宁区推进文体惠民工程，组织的文体活动有专场文娱演出、美术书法摄影展、天宁幸福广场、全民健身周、全民健身节、文化艺术节、民俗文化节、国际旅游节、少年体育竞赛、社区天天乐、“戏悦天宁”、“乐动天宁”。至2021年年末，天宁区有1个区级文化馆、1个区级图书馆、7个镇（街道）文化馆分馆、8个镇（街道）图书馆、124个村（社区）基层文化服务中心；新增秋白书苑2家（天宁吾悦秋白书苑、新丰苑桃渚秋白书苑），全区人均接受文化场馆服务次数达3.7次；有区级全民健身中心1个、镇（街道）级全民健身中心8个、中小型体育场地30个、村（社区）体育公园18个、社会足球场地15个、全民健身步道434.83千米、全民健身路径点862个，人均体育场地面积达4.48平方米，城市社区10分钟体育健身圈覆盖率100%。全区有区级体育社会组织13个，各类社会体育指导员2343名，每万人拥有社会体育指导员51名，国民体质合格率达96%。

【医疗卫生】 2002年区划调整前，天宁境内有区属医院1所，以眼科、耳鼻喉科为主要特色，是常州市唯一的区属二级甲等中西医结合医院。各街道、各小学、幼儿园和有关工厂、企事业单位设有保健站、医务室，全市9所市属医院有8所在天宁境内。至2021年年末，天宁区有区属医疗卫生机构248家，其中区级公共卫生服务机构3家、镇卫生院2家、社区卫生服务中心7家、社区卫生服务站29家、村卫生室19家、门诊部71家、个体诊所85家、企事业单位医务室（卫生站）32家。全区有卫生技术人员2332人，其中，执业医师（含执业助理医师）1098人、注册护士896人，政府办基层医疗卫生机构有执业医师（含执业助理医师）869人、执业护士285人。全年实现居民电子健康档案建档率90.32%，家庭医生签约23万人，签约率36.26%，重点人群签约率77.66%，65岁以上老年人健康体检率79.29%。推进基层特色专科建设，兰陵街道社区卫生服务中心疼痛科被列为省级基层特色科室创建单位，焦溪卫生院糖尿病科、青龙街道社区卫生服务中心中医整脊科、天宁街道社区卫生服务中心中医呼吸科、红梅街道北环社区卫生服务中心中医伤骨科创成市级基层特色科室，全区拥有市级以上基层特色科室15个，实现市级基层特色科室全覆盖。

【民生保障】 2021年，天宁区全年新增城镇就业1.3万人，城镇登记失业率1.27%。失业人员再就业9500人，城乡就业困难人员再就业2498人，扶持成功创业3698人，创业带动就业14950人，开展补贴性职业技能培训11114人。向148名自主创业人员核发小额担保贷款5480万元，为8名创业大学生提供担保贷款156万元，核定享受开业补贴、大学生创业者社保补贴、创业租金补贴、创业带动就业补贴136人次、58.22万元。落实新冠肺炎疫情防控期间减负、稳岗、扩就业等政策，为9877家不裁员、少裁员企业发放稳岗补贴1408.99万元。全年企业职工养老保险、失业保险、工伤保险3项险种参保人数分别为20.75万人、18.04万人、18.26万人；城乡居民基本养老保险参保人数6000人，待遇享受人员2.3万人，纳入社会化管理企业退休人员11.8万人；城乡居民基础养老金发放标准由每人每月300元提高至每人每月350元，惠及2.3万人；调整9792名养老年龄段被征地农民养老保障待遇，由每人每月900元增至每人每月950元。城乡最低生活保障调整为940元/月，全年发放居民最低生活保障金2102.63万元，1384户、1768人享受保障，其中城镇低保对象1206户、1549人、农村对象178户、219人。至年底，全区拥有各类养老机构24家，养老机构床位数4283张，入住老人2112人。

（区地方志办）

大事记

◆ 栏目编辑　潘劼飞

1月

7日　常州亚玛顿股份有限公司参与的“超薄玻璃物理钢化及超薄光伏组件制造技术及装备”项目获2020年度江苏省科学技术一等奖。

10日　新一代信息技术产业园集中投产仪式举行，仁千科技通讯射频器件、霍利森能源、慧心动能智能、德心智能毫米波雷达、一数光电虚拟显示科技、元晶电子传感器、一览科技智能算法、艾力铁克智能传感、探帧视频通信传输、景佑微电子封装测试和金蓝络科技信息创新11个项目投产。

12日　副省长马秋林率省5G产业链调研组调研常州仁千电气科技股份有限公司。

14日　天宁高新技术创业服务中心被省工信厅认定为2020年江苏省小型微型企业创业创新示范基地。

18日　郑陆镇丰北村东塘路南侧一农村集体经营性建设用地被常州睿科汽车零部件有限公司竞买，拥有30年土地经营使用权，是新《中华人民共和国土地管理法》实施后常州市首宗入市交易的农村集体经营性建设用地。

是日　常州市紫云小学被共青团江苏省委评为江苏省首批中小学“诵读学传”工作示范校。

19日　常州市抗击新冠肺炎疫情表彰大会在市行政中心召开，天宁区8个先进集体、29名先进个人受表彰。

20日　文化宫广场改造地面工程（文化路南北两侧）完工，文化宫广场及周边旅游提升工程是常州老城厢复兴项目之一。

是日　省工信厅公布2020年度省专精特新“小巨人”认定企业名单，常州纺兴精密机械有限公司（飞霞牌喷丝板）入选专精特新产品企业，常州制药厂有限公司（卡托普利片）入选“小巨人”企业（制造类）名单，航天云网数据研究院（江苏）有限公司（智能化改造、工业互联网平台）入选“小巨人”企业（创新类）名单。

21日　全市精神文明建设工作推进大会在市行政中心召开，天宁区5个先进集体、16名先进个人、3个新时代文明实践试点先进单位（第二批）获表彰。

23日　区政府出台《天宁区关于鼓励企业省外员工留常过年的若干措施》，通过给予留常稳岗补贴、鼓励企业稳定生产、给予房租减免补贴、免费发放防疫物资大礼包、组织节日关爱活动、优先接种新冠疫苗等政策措施，鼓励企业省外员工春节期间留常过节。

24日　天宁街道商会、兰陵街道商会被中华全国工商联认定为2019—2020年度全国“四好”商会。

26日　长三角“一网通办”政务服务互通共融启动仪式在常州市政务服务中心举行，天宁区与苏州市姑苏区通过“云签约”（线上签约）方式签署框架协议。

是日　全省首家金融司法协同中心在区法院挂牌成立，区法院与常州市地方金融监督管理局、中国人民银行常州市中心支行、中国银行保险监督管理委员会常州监管分局签署《常州市天宁区金融纠纷多元化解机制合作备忘录》。

28日　中欧（常州）检验检测认证国际合作产业园、弘创大厦、菱港大厦、报业传媒大厦、凯信商务广场、九洲环宇、购物中心、九洲新世界商业广场、万都广场、华艺大厦被评为天宁区十大特色楼宇。

是月　新一代国家交通控制网（常州）试点工程通过验收，成为全国首个正式建成并通过验收的新一代国家交通控制网试点工程。

是月　天宁区新冠疫苗接种工作全面展开，全区设置雕庄、青龙、茶山、天宁、兰陵5个新冠疫苗接种点。

是月　爱分类·爱回收垃圾分类终端可回收物分拣厂投入使用，天宁区在全市率先完成生活垃圾可回收物收集、中转、回收再利用的“点、站、厂”闭环体系。

2月

2日　青龙街道社区卫生服务中心被国家卫健委、国家中医药局评为2020年“优质服务基层行”活动中表现突出、成效显著机构。

5日　常州市翔云智能控制系统股份有限公司被省工信厅认定为2020年江苏省专精特新软件企业培育库企业。

8日　天宁区领导干部会议在天宁科技促进中心召开，宣布省委、市委对天宁区党政主要领导调整的决定，任命许小波为中共常州市天宁区委员会书记，提名张凯奇为常州市天宁区人民政府区长人选。

9日　中共常州市天宁区委十届十次全体（扩大）会议在天宁科技促进中心召开，区委书记许小波代表区委常委会作题为《担当新使命、谱写新篇章，奋力开启全面建设社会主义现代化新征程》报告。

10日　青果巷历史文化街区、常州纺织博览园、常州焦溪古镇、常州季子文商旅农综合体、常州文化内容进出口平台被省文化和旅游厅评为2021年江苏省重点文化和旅游产业项目。

19日　天宁区创新发展大会在第二十四中学天宁分校召开，会议表彰2020年度天宁区“创星增效”明星企业、重大贡献企业、星级企业等先进单位和个人，兑现2020年度促进产业高质量发展若干措施政策奖励，发布《天宁区关于促进创新驱动高质量发展的实施意见》。

20—22日　政协常州市天宁区第九届委员会第五次会议在第二十四中学天宁分校召开，区委书记许小波作题为《立足新起点、谱写新篇章，以优异成绩献礼中国共产党百年华诞》的讲话。经大会选举，郑仁明、巢书盛当选为政协常州市天宁区第九届委员会常务委员。

21—23日　常州市天宁区第十六届人民代表大会第五次会议在第二十四中学天宁分校召开，代区长张凯奇在开幕式上代表区人民政府作政府工作报告。会议选举张凯奇为天宁区人民政府区长，选举戴留春为区人大常委会副主任，选举王琥、王明亮、狄舜尧、胡勇为区十六届人大常委会委员。

22日　省委常委、宣传部部长张爱军率省晶硅光伏产业强链专班到常州市开展专题调研，实地走访常州亚玛顿股份有限公司，市领导陈金虎、陈涛、梁一波和市政府秘书长周承涛，区领导许小波、张凯奇陪同调研。

23日　“长三角三新经济高地，现代化城乡治理样板”专题新闻发布会在天宁科技促进中心召开，区委常委、副区长郑亚与区发改局、区教育局、区科技局、区住建局、区卫健局5个职能部门负责人，向媒体记者阐释“长三角三新经济高地，现代化城乡治理样板”为什么、干什么、怎么干。

26日　新疆克州党委副书记杨伟辉率克州招商考察代表团考察江苏博莱客冷冻科技发展有限公司，副市长陈正春、副区长管黎芳陪同考察。

是月　茶山街道获评“全国无障碍环境市县村镇”。

是月　常州市首份“继续执行责任保险”保单在天宁法院签署。

是月　“焦溪翠冠梨”获批“国家地理标志证明商标”，商标专用权期限为2021年1月21日至2031年1月20日。

3月

1日　2021年天宁区“重大项目攻坚突破年”集中开工（签约）活动在天宁高新技术产业开发区核心区举行，31个项目集中开工（签约），涵盖智能制造、信息通信、生态环保、文化旅游等领域。

是日　2021年常州市全球人才云聘会启动仪式在天宁科技促进中心举行，同步面向全球直播。

3日　中国共产党常州市天宁区第十届纪律检查委员会第四次全体（扩大）会议在天宁科技促进中心召开，回顾总结2020年全区党风廉政建设和反腐败工作，研究部署2021年工作任务。

5日　全区党史学习教育动员会议在天宁科技促进中心召开，深入学习贯彻习近平总书记在党史学习教育动员大会上的重要讲话精神，认真落实省委、市委关于开展党史学习教育的实施方案要求，动员全区上下学史明理、学史增信、学史崇德、学史力行。

是日　区妇联开展第111个“三八”国际妇女节线上专场直播活动，成立区三八红旗手工作室联盟，表彰20个天宁区巾帼文明岗、20名天宁区巾帼建功标兵。

9日　天宁区召开争创全国法治政府建设示范区和示范项目动员部署会议，区长张凯奇作动员讲话。

10日　省委常委、省委政法委书记费高云到常州调研指导政法工作，实地调研郑陆镇牟家村民主法治建设，听取天宁区政法工作情况介绍。

是日 天宁区政法队伍教育整顿领导小组第一次会议在天宁科技促进中心召开，研究部署全区政法队伍教育整顿工作。

12日 全国首个以全民义务植树为主题的专题展览馆——常州市全民义务植树展览馆在横塘河湿地公园举行开馆揭牌仪式。

是日 上药常药商务中心项目在凤凰公园西侧举行开工奠基仪式，该项目是上药集团常州药业股份有限公司建厂以来最大的单体建设项目。

是日 天宁区举行2021年度上半年新兵欢送大会，区长张凯奇，区委常委、人武部部长郑平刚出席大会。2021年是兵役制度改革后实行“一年两征”的第一年，该批次入伍新兵中大学生占比达95%。

是日 区委党建工作领导小组（扩大）会议在天宁科技促进中心召开，部署2021年党的建设工作，推动全区党建工作全面进步、全面过硬。

20日 全区重点工作专班推进暨作风建设大会在天宁科技促进中心召开，成立53个由区级领导领衔的工作专班并下发实施意见。

23日 团区委被团省委、省青年志愿者协会授予志愿服务事业贡献奖，尤辉雷锋科技服务站“青春心向党，建功新时代”——新兴青年社区公益行被授予优秀志愿服务项目称号。

25日 中共中央政治局常委、国务院总理李克强到天宁区茶山街道富强新村小区考察基层政府推进社区服务业发展等工作，先后考察快递代收点、养老服务站、便民食堂等服务场所，对当地政府以购买服务、免费提供场地和水电气，引入社会力量兴办养老服务的方式予以肯定。

是日 由常州市第二十四中学天宁分校体育馆改造而成的青龙奥体新冠疫苗接种点启用，市长陈金虎到集中接种点督查接种工作，区领导许小波、张凯奇、郑亚、管黎芳参加督查。

27日 全区党史学习教育集中学习日专题报告会在天宁科技促进中心召开，市委党史学习教育宣讲团成员、市委党校原常务副校长王定新和中共一大会址纪念馆原馆长、上海红色文化研究院执行院长张黎明分别作“人民选择正道，历史铸就品格”“从石库门到天安门——回眸党的艰苦创建和新中国的辉煌成就”专题辅导。

是日 天宁区镇领导班子换届工作会议在天宁科技促进中心召开，传达学习省、市换届工作会议精神，研究部署镇领导班子换届工作。

是日 2021年“美丽乡村供销行”首场活动——第四届查家湾梨花节开幕。

30日 天宁区举办纺织服装行业工业互联网标识解析高峰论坛暨华利达纺织服装二级节点上线仪式，全省纺织服装行业首个二级节点在华利达上线。

是日 2021中欧木业行业发展（常州）论坛暨欧盟LEF中国展厅揭幕仪式在天宁区举行，副市长杭勇出席仪式。

是日 常州市首张“餐饮备案公示卡”由天宁区市场监管局红梅分局发放。

31日 全区领导干部大会在天宁科技促进中心召开，传达学习习近平总书记在福建考察时的重要讲话精神，以及李克强总理在天宁考察时的重要讲话精神。

是日 中宣部、中央文明办公布2020年度全国学雷锋志愿服务“四个100”先进典型名单，兰陵街道尤辉雷锋科技服务站站长尤辉当选“最美志愿者”。

4月

1日 省政法队伍教育整顿驻常指导组组长刘松汉一行，调研指导天宁区政法队伍教育整顿工作。

2日 全国“儿童成长节律”学校生活研究推进会暨新书发布会在局前街小学举行，全国“儿童成长节律”学校生活研究联盟的所有学校通过线上方式收看直播，通过互动方式参与研讨。

8日 世界五百强企业欧洲Beko倍科电器中国区总部落户中欧（常州）检验检测认证国际合作产业园，副市长杨芬、区长张凯奇、土耳其驻沪总领事侯赛因·埃姆莱·恩金、倍科（中国）大中华区总裁宋进平等人出席落户剪彩仪式。

是日 市政府公布第五批市级非物质文化遗产名录，天宁区18个项目入选。

11日 第十七届中国杜鹃花展览会新闻发布会在天宁区凤凰新城召开。中国花卉协会杜鹃花分会秘书长贾伟，第十七届中国杜鹃花展指挥部常务副总指挥、副区长方力，第十七届中国杜鹃花展组委会办公室副主任、市城管局党组成员、园林局副局长吴捷就花展筹备情况答记者问。

13日 中国疾控中心慢病中心老年健康室主任（研究员）、老年人心理关爱项目国家项目办负责人王志会一行督导茶山街道同济桥社区老年人心理关爱项目。

14日 常州市首份农村家宴服务部“营业执照”和“食品经营许可证”由区市场监督管理局郑陆分局颁发给郑陆镇家宴厨师庄浩。

15日 中央政法队伍教育整顿第六督导组组长、全国政协社会和法制委员会副主任乔传秀到天宁区督查指导，实地查看兰陵派出所、张太雷纪念馆、青果巷治安管控中心，省委常委、政法委书记费高云，市长陈金虎，区委书记许小波陪同督查。

16日 第十七届中国杜鹃花展览在凤凰公园开幕，15个省（直辖市）、50余个城市和单位参展，汇集品种各异的杜鹃花超25万株，规模为历届之最，花展为期1个月（4月16日至5月16日）。

是日 常州凤凰新城产业创新合作推介会在华利达服装科技产业园召开，来自各高校院所、行业协会专家和企业代表参加会议，副市长许峥出席会议并致辞，中国工程院院士、东南大学教授王建国，俄罗斯自然科学院外籍院士牛济泰出席活动。会上，区委书记许小波为东南大学王建国院士团队颁发天宁区城市规划顾问聘书；天宁区与江南大学药学院、上海交通大学材料学院、中国国际投资促进会、东华大学人工智能研究院、凤呈新材料研究院签署框架协议；坤鼎集团项目签约；10个优质项目落户凤凰新城园区。

19日 区委书记许小波会见国家能源集团江苏公司党委委员、副总经理蔡元宗一行，天宁区人民政府与国能常州发电有限公司签署合作框架协议。

20日 以“阅读红色经典，传承红色基因”为主题的2021年常州秋白读书节启动仪式在青果巷历史文化街区举行，读书节开展453项阅读推广活动。

是日 江苏省文化和旅游厅公布江苏省革命文物名录（第一批），张太雷故居、逸仙中学旧址、北夏墅学校旧址、恽代英住址、澄西抗日民主政府旧址入选不可移动革命文物名录。

21日 “百年华诞绘党恩·锦绣天宁绽新姿——常州市天宁区首届美术展”在雕庄街道全民健身中心举行，征集美术作品260余件，评出“天宁美术奖”5名、“提名奖”10名。

是日 常州首个商业秘密保护示范点指导站（维权联系点）在凤凰新城生命科技园（常州四药制药有限公司服务点）揭牌成立。

22日 以“培育跨境电商人才，推进综试区建设”为主题的2021常州首届跨境电商创新创业大赛在天宁区工业互联网体验培训中心启动，108家企业、300余人次参赛报名，涵盖汽摩配、服装、地板、家居等优势产业。

23日 天宁区庆祝常州解放72周年升国旗仪式在“常州市党建与红色文化主题教育馆”举行，区“四套班子”领导、法检“两长”以及各界代表出席仪式。

是日 “读红色经典·学百年党史——天宁区2021年全民阅读活动启动仪式暨青果思享会首场分享会”在青果巷举办，北京大学中文系教授、博士生导师、中国好书奖得主韩毓海现场讲述“中国共产党与中华民族伟大复兴”。

25日 常州华利达服装集团有限公司、常州东奥服装有限公司获海关高级认证企业资格。

27日 天宁区庆祝“五一”国际劳动节大会在天宁科技促进中心召开，表彰天宁区“十大示范性劳动竞赛项目”、52个“工人先锋号”、35名“优秀工会工作者”、100名“岗位操作能手”、10名“十佳‘五一’创业明星”、20个“优秀工会老娘舅工作室”，以及7名“常州市五一劳动奖状”获得者、16名“常州市五一劳动奖章”获得者、16名“常州市工人先锋号”获得者。

是日 江苏武进不锈股份有限公司理化中心试验班组、常州市公安局交通警察支队天宁大队获“全国工人先锋号”称号。

29日 位于晋陵中路500号的恽代英住地重新展陈向公众开放。

30日 “青春心向党·献礼一百年”天宁区“学党史、强信念、跟党走”主题团日活动在凤凰公园举行。

5月

1日 《常州市焦溪古镇保护条例》正式施行。

6日 中共常州市天宁区委十届十一次全体会议在天宁科技促进中心召开，讨论决定中国共产党常州市天宁区第十一次代表大会的召开时间、主要议程、代表名额及选举办法等事项。

7—8日 省委党史学习教育第二巡回指导组到天宁开展巡回指导，传达中央和省委有关党史学习教育精神，实地督查指导党史学习教育工作。

8日 由常州市文明办、天宁区文明办主办，茶山街道承办的“永远跟党走，共唱富强歌”道德讲堂暨“百年百场”党史系列精品道德讲堂第一讲在常州市文化广场开讲，天宁区率先在全市启动“行走中的党史讲堂”品牌活动。

是日 常州市紫云小学被中国手球协会授予“中国手球协会手球推广学校”称号。

12日 天宁区“5·12”国际护士节大会在天宁科技促进中心召开，27名优秀护理人员获评天宁区“奉献之星”“仁爱之星”“妙手之星”。

13日 省政府办公厅对2020年落实有关重大政策措施真抓实干、成效明显地方予以督查激励，天宁区被评为基层卫生服务能力和队伍建设成效明显的地方。

16日 全区招商工作会议在天宁科技促进中心召开，制定出台《天宁区关于进一步优化招商体制机制的实施意见》，通过顶层设计全面部署招商引资工作。

17日 区长张凯奇带队赴苏州参加东亚高端装备和新能源产业合作对接交流会，与日本大和中日智能制造产业合作园区项目、江苏雷尼尔智能科技（集团）有限公司现场签约。

18日 常州旭荣针织印染有限公司、亚东（常州）科技有限公司入围中国印染行业协会发布的“2021年度中国印染企业30强”。

20日 “践行初心、服务实体”——“园区保”常州现场会在天宁区召开，“园区保”线上交易系统启动。

是日 天宁区创建省级双拥模范区“七连冠”迎检动员部署会在天宁科技促进中心召开，动员全区上下统一思想、凝聚共识、压实责任，确保省级双拥模范区“七连冠”创建成功。

是日 “老城厢复兴发展”重要组成部分、省级文物保护单位——常州文庙大成殿现状整修、保养工程完工。

21日 常州华利达服装集团有限公司党委《平凡人党建——传统行业不传统，平凡企业不平凡》工作在全国非公企业党组织发挥实质作用创新案例、最佳实践评选活动中获评“最佳实践”。

25日 天宁区被省教育厅授予首批“江苏省幼小衔接实验区”称号。

27—29日 区委书记许小波、区长张凯奇率天宁区经贸代表团赴上海开展经贸活动。常州天宁经济开发区与阿塔云科技集团签订合作协议、与上海雷龙信息科技有限公司签署框架协议。

28日 中共常州市天宁区郑陆镇第五次代表大会闭幕，完成镇党委换届工作。

是日 常州市“学习强国进家庭”暨四史知识百场巡讲活动在郑陆镇牟家村启动，牟家村被命名为全市首个“学习强国示范点”。

29日 常州市在郑陆镇举行第13次季子诚信日活动暨“弘扬诚信文化，追寻季子足迹”启动仪式，举行第13次纪念季子公祭仪式，市季子文化研究会在郑陆镇文化中心揭牌。

是月 天宁经济开发区团工委、天宁街道团工委被团省委评为江苏省五四红旗团委（团工委）；青龙街道横塘社区团支部、郑陆镇查家村团支部被评为江苏省五四红旗团支部（团总支）；常州科技经贸技工学校团委书记兼经贸系教师团支部书记张泽被评为江苏省优秀共青团干部（团支部书记专项）。

是月 斜桥巷小区高层燃气立管改造工程启动，是全市首个高层建筑燃气立管改造工程。

6月

1日 区民政局婚姻登记处办理全区第一对“跨省通办”结婚登记，常州市自2021年6月1日起至2023年5月31日止实行内地居民婚姻登记市内通办、跨省通办试点。

6日 国家广播电视总局国际合作司司长闫成胜率国家广电总局国际司和省广电局调研常州网络视听产业，实地考察江苏常州网络视听产业园、常州现代传媒中心金色大厅和青果巷。

8日 常州华利达服装集团有限公司被省工信厅评为第六批江苏省服务型制造示范企业，航天云网数据研究院（江苏）有限公司、常州找纱科技有限公司获评第六批江苏省服务型制造示范平台。

9日 常州市公布首批15个重点宣传红色地名，天宁辖区内张太雷旧居和张太雷纪念馆、恽代英住地和恽代英纪念馆、常州市革命烈士陵园、牟家村入选，其中张太雷旧居和张太雷纪念馆、恽代英住地和恽代英纪念馆、常州市革命烈士陵园入选江苏省首批100个红色地名。

是日 “全民反诈，天宁无诈”反诈联盟防范宣传启动仪式在天宁吾悦广场举办，由区委政法委、区委宣传部、区总工会、团区委、区网格中心、区见义勇为基金会、农业银行等成员单位组成的天宁区反诈联盟成立。

是日 邢粮乡土人才大师示范工作室被省人社厅确定为江苏省乡土人才大师示范工作室。

9—10日 国家卫生健康委人口家庭司一级巡视员闫宏、国家卫生健康委人口家庭司家庭处副处长陈晨实地调研天宁区婴幼儿照护服务相关工作。

10日　2021年全国“行走大运河”全民健身健步走活动全国主会场启动仪式在张太雷纪念馆广场举行，北京同步开展全国主会场启动仪式，两地现场连线。国家发展改革委社会司副司长、一级巡视员彭福伟，市委副书记、市长陈金虎出席并启动仪式。

13日　国务院联防联控机制驻点工作组督查天宁区新冠肺炎疫情防控工作，副市长陈正春、区长张凯奇陪同督查。

15日　新动力电子商务产业园被省商务厅认定为“2021—2022年度江苏省电子商务示范基地”。

18日　以“低碳智造新高地，工业起航新征程”为主题的2021世界工业与能源互联网暨国际工业装备博览会在常州开幕，天宁经济开发区管委会与卡姆丹克太阳能系统集团有限公司就太阳能系统集成总部项目签约。

是日　以“数智引领，聚势未来”为主题的2021数字经济创新发展论坛在天宁开幕，卡奥斯装备数智化服务平台、航天云网智能设计协同平台、万联网络“企企通”工程、长三角一体化工业互联网平台——天宁站4项应用成果转化落地并发布，9个重大项目、15个赋能制造项目集中签约，“常州市数字经济集聚区”揭牌成立。

19日　国家广电总局安全传输保障司副司长邹峰、中国科学院大学密码学院院长荆继武调研天宁区信息安全产业，实地考察江苏汉武智能科技有限公司、江苏怀业信息股份有限公司，参观江苏常州网络视听游戏产业园等。

是日　常州市义务植树志愿者联盟在横塘河湿地公园全民义务植树展览馆成立，常州市天宁区宏德志愿者服务中心、现代快报常州小记者工作室、常州旅游商贸高职校志愿服务队为首批常州市全民义务植树展览馆志愿共建联盟单位。

是日　省科技厅公告2021年第四批入库科技型中小企业，天宁区116家企业入库。

20日　天宁区在九洲新世界广场举行“光荣在党50年”纪念章颁发仪式，向24名党龄达到50年的党员代表颁发纪念章，庆祝中国共产党成立100周年。

22日　政法队伍教育整顿中央第六督导组江苏小组到天宁区开展评估验收专项督导。

22—25日　省安全生产第四督导组采用听取汇报、查阅台账、实地检查等形式，督导天宁区安全生产专项整治情况。

23日　“初心永不变·‘河’你在一起”天宁区庆祝中国共产党成立100周年文艺演出在龙游河畔举行。

25日　天宁区“七一”表彰大会在天宁科技促进中心召开，表彰100名天宁区优秀共产党员、100名天宁区优秀党务工作者、100个天宁区先进基层党组织、20个“先锋·堡垒”——初心阵地、20个“先锋·强音”——精品党课、10个“先锋·旗帜”——先锋红领、20个“先锋·样板”——为民工作法、30个“先锋·时刻”——感动瞬间，为老党员代表颁发“光荣在党50年”纪念章。

是日　天宁区举办西电综合能源服务项目签约暨揭牌仪式，市委常委、副市长梁一波，中国西电集团党委副书记、总经理裴振江出席签约仪式。

27日　“传承红色基因，赓续红色血脉”常州红色师表展示厅暨恽逸群生平事迹展开幕式在局前街小学中山路校区（药王庙与逸仙中学旧址）举行，局前街小学党总支通过图文、实物、多媒体等交互手段，全方位展示常州红色师表恽逸群的生平事迹、逸仙中学党史，并向社会公众开放。

29日　区“四套班子”领导到常州国际会展中心参观常州市庆祝中国共产党成立100周年主题展览并重温入党誓词。

是日　区委书记许小波到常州华利达服装集团有限公司讲授题为《传承弘扬“常州三杰”革命精神，以实际行动奋进新征程、建功新时代》党史学习教育专题党课；区长张凯奇为天宁经济开发区武城村全体党员干部讲授题为《回望百年路，奋进新征程》党史学习教育专题党课。

是日　国家卫健委老龄司司长王海东调研天宁区老龄健康工作，实地走访安信颐和国际颐养中心。

是日　全国工商联经济部副部长罗力带队考察常州亚玛顿股份有限公司、车联天下物流集团有限公司。

是月　天宁区第七次全国人口普查结果公布：2020年11月1日0时，全区常住人口668906人，其中，男性人口334241人，占49.97%；女性人口334665人，占50.03%。全区有家庭户250802户、集体户9949户。

是月　小康杂志社联合多家国家权威部门和专业机构，推出“2021中国生活品质百优县市”排行榜，天宁区在全国2757个县域中位列第90位。

7月

1日　区“四套班子”全体领导，区法院院长、检察院检察长在天宁科技促进中心集中收看庆祝中国共产党成立100周年大会。

是日　雕庄街道菱溪社区党总支书记、居委会主任汤亚平获评江苏省优秀党务工作者，郑陆镇查家村党总支书记、村委会主任顾相才获评江苏省优秀共产党员。

是日　常州市革命烈士陵园、张太雷纪念馆、常州市党建与红色文化主题教育馆、恽代英纪念馆被命名为首批常州市党史学习教育基地。

2日　天宁区庆祝中国共产党成立100周年座谈会在天宁科技促进中心召开，学习贯彻习近平总书记在庆祝中国共产党成立100周年大会上的重要讲话精神。

9日　位于天宁区创客路1号的江苏常州网络视听游戏产业园开园，14家企业签约入驻，常州市广告产业园和江苏（常州）网络游戏出版服务中心揭牌。

是日　全市首个街道议政代表会在茶山街道成立，街道议政代表会在街道党工委领导下，按照议政代表会议事规则，讨论和审议街道发展事项、参与民主管理、落实工作监督。

12日　黄天荡片区一期（丰北）美丽乡村示范项目建成开园，市委书记陈金虎实地考察丰北村美丽乡村风貌，并为黄天荡片区一期（丰北）美丽乡村示范项目揭牌。

15日　副省长陈星莺一行实地调研雕庄街道菱溪社区为老服务中心，市领导陈金虎、陈正春，区领导许小波、张凯奇、管黎芳陪同调研。

20日　天宁区依托全区镇（街道）、村（社区）123个新时代文明实践所（站），以及郑陆镇乡村“复兴少年宫”，开展“呵护青苗·相伴成长”系列活动，免费为辖区内就业或居住的双职工家庭以及其他需要托幼和日间照护的家庭，提供（3～6岁）幼儿班和（7～12岁）小学班分众化看护服务。

是日　全国检验检测认证职业教育集团年中理事会暨检验检测认证职业教育专家论坛在天宁经济开发区举行。

21日　天宁区疫情防控工作会议在天宁科技促进中心召开，部署南京禄口国际机场疫情紧急应对、常态化疫情防控工作。

22日　十届区委十二次全体会议在天宁科技促进中心召开，决定中国共产党常州市天宁区第十一次代表大会于2021年7月26日召开。

是日　天宁区政法队伍教育整顿总结大会在天宁科技促进中心召开，认真落实全国、全省、全市政法队伍教育整顿领导小组部署要求，全面总结经验，巩固拓展成果，持续加强政法队伍建设，推动新时代政法工作高质量发展。

23日　区人大常委会、区政协联合开展民生实事专项督查，实地查看东青幼儿园、五角场西村、文化宫片区、翠竹公园项目改造现场，督查教育资源供给、老旧小区改造、老城厢复兴、城市绿化风貌提升等工作推进情况。

26—27日　中国共产党常州市天宁区第十一次代表大会在二十四中天宁分校大会场召开，区委书记许小波在开幕式上代表十届区委作题为《志存高远，务实笃行，奋力谱写社会主义现代化建设新篇章》讲话，大会审议通过关于中国共产党常州市天宁区第十届委员会报告的决议、关于中国共产党常州市天宁区第十届纪律检查委员会工作报告的决议。27日下午，中国共产党常州市天宁区第十一届委员会举行第一次全体会议，选举产生新一届区委常委会领导班子，许小波任区委书记，张凯奇、郑亚任区委副书记。

28日　天宁区入选农业农村部2021年以项目制拓展农村改革试验任务单位，在城乡融合发展改革项目上开展改革试验，试点周期两年。

30日　天宁区被省教育厅认定为“江苏省义务教育优质均衡发展县（市、区）”。

31日　省商务厅通报2020年度全省经济开发区高质量发展综合考核评价情况，常州天宁经济开发区位列第22位，比2019年度提升1位。

是月　工业互联网·常州市天宁区被省工信厅认定为2021年江苏省新型工业化产业示范基地。

是月　区行政审批局在区审批服务中心设置常州市首家政务服务“有声图书馆”，向群众免费提供“党史知识、改革政策、政务服务”等听书内容。

8月

2日　由天宁区人民政府主办的“共享天宁”常州市天宁区农产品供澳经贸合作启动仪式暨焦溪翠冠梨供澳合作新闻发布会在澳门召开，区委常委、副区长方力与澳门本土企业代表泰丰国际（集团）有限公司行政总裁黄文炜在发布会上致辞。

6日　雕庄街道开展全员新冠病毒核酸检测应急演练，设置采样点5个，采样单元36个，采集样本37847份，至8月7日早上4时27分，样本检测全部完成，结果均为阴性。

9日　全区疫情防控工作推进会在天宁科技促进中心召开，传达部署《常州市新冠肺炎疫情防控应急指挥部令》精神，区、镇（街道）、村（社区）三级第一时间响应落实。

10日　郑陆镇查家湾片区生态修复案例被省自然资源厅评为江苏省首届“最美生态修复案例（矿山生态修复类）”。

11日　区河长制工作领导小组办公室与区检察院举行“河长+检察长”协作机制启动仪式，探索行政执法与检察监督有效衔接的依法治河新模式。

12日　12时起，天宁区全面开展新冠肺炎疫情防控入户调查。

13日　区政府全体（扩大）会议在天宁科技促进中心召开，深入学习贯彻区第十一次党代会精神，全面总结上半年工作，分析当前形势，确保高质量完成全年目标任务，确保本届政府工作圆满收官，确保“十四五”规划实现良好开局。

17日　市委副书记、代理市长盛蕾调研天宁区经济社会发展情况，实地走访常州四药制药有限公司、北环小学新校区、菱溪社区、未来智慧城、中欧（常州）检验检测认证国际合作产业园，要求天宁区紧紧围绕“国际化智造名城、长三角中轴枢纽”城市定位和市委、市政府决策部署，扛起主城区担当，勇当现代化标兵，以高质量发展的实际成效为全市发展大局做出更大贡献。

23日　青果巷文旅消费集聚区被省文化和旅游厅认定为第一批江苏省省级夜间文化和旅游消费集聚区。

24日　常州市举行新冠肺炎聚集性疫情处置实战演练，天宁区制定“实战演练方案”，区级工作专班下设综合协调组、信息组、流调支撑组、前方流调组、转运组、隔离管控组、消毒采样组、观察组、后勤保障组、社区防控组10个工作组，区卫健局、区疾控中心、社区卫生服务机构、公安机关以及街道社区工作人员和志愿者300余人参与演练。

27日　“天宁青春说，奋进正当时”——2021年天宁区年轻干部风采展示在天宁科技促进中心举行，20名选手围绕“志存高远、务实笃行”的天宁精神特质，聚焦创新驱动、“两在两同”建新功等七大主题，通过即兴演讲形式，展示天宁年轻干部专业素养和青春风貌，全区100余名观察员现场观摩活动。

31日　江苏省文化和旅游厅公布江苏“运河百景”标志性运河文旅产品，青果巷历史文化街区、常州三杰纪念馆、天宁禅寺景区、红梅公园入选。

9月

2日　省委书记娄勤俭调研农业农村现代化建设，实地查看郑陆镇牟家村，市委书记陈金虎，市委常委、秘书长方国强，区委书记许小波、区长张凯奇陪同调研。

是日　天宁区召开政法队伍教育整顿新闻发布会，通报全区政法队伍教育整顿总体情况。

4日　天宁区召开专题会议，传达学习省委十三届十次全会精神和市委十二届十三次全会精神。

8日　“壹城智库”发布“2021中国市辖区高质量发展报告”，天宁区位列2021市辖区高质量发展百强（地级城市市辖区）第43位。

是日　天宁区入选国家能源局公布的整县（市、区）屋顶分布式光伏开发试点名单。

9日　常州市第一个社区戒毒康复宣教馆——青龙街道社区戒毒康复宣教馆揭牌，为基层禁毒宣传、戒毒康复工作的全新载体。

10日　常州市局前街小学刘宝杰、常州市兰陵小学王蕾被省教育厅评为江苏省教育系统先进个人（优秀教师）。

13日　龙游河“美丽水岸”建设和焦溪古镇保护与利用工程被确定为江苏省美丽宜居城市建设专项类试点项目。

15日　天宁区召开互联网行业党委成立大会，区委常委、宣传部部长陈海元出席会议并为天宁区互联网行业党委揭牌。

16日　中央广播电视总台大型直播特别节目《丰收中国》现场直播郑陆镇黄天荡片区丰北村清水蟹丰收场景，展现乡村振兴美好画卷。

是日　全国群众体育先进及体育系统先进表彰大会在西安召开，区文化体育和旅游局获评全国群众体育先进单位，区文体旅局局长许术易获评全国群众体育先进个人。

26日　天宁区组织召开常州市第十三次党代会会议精神专题学习会，动员全区上下把思想和行动统一到市党代会精神上来，把心思用在加快发展上，把精力用在干事创业上。

28日　中国中小城市发展指数研究课题组、国信中小城市指数研究院通过《光明日报》发布2021年中国中小城市高质量发展指数研究成果，天宁区位列2021年度全国综合实力百强县市第73位。

28—29日　安徽省六安市委常委、金寨县委书记汪冬率金寨县党政代表团到天宁区对接交流，实地考察青果巷历史文化街区、菱溪名居党群服务中心、常州四药制药有限公司等地，并举行天宁区—金寨县对接交流座谈会，签署《战略合作协议》。

30日　常州市检验检测标准认证协会成立仪式暨中欧国际合作产业园新企业签约仪式在中国常州检验检测产业园举行。

是日　车联天下物流集团工会联合会成立大会暨全市新就业群体建会入会现场观摩会在天宁科技促进中心召开，车联天下物流集团工会联合会是全国首个通过各地分公司工会直接吸收货车司机入会的民营货运平台。

是月　青果巷历史文化街区、天宁禅寺被中国侨联确认为中国华侨国际文化交流基地。

是月　三河口高级中学管理体制调整为市教育局局属管理。

是月　澄西抗日民主政府旧址修缮工作启动，10月中旬完工，在不改变文物原状、保留文物建筑形态基础上，深度挖掘历史文化资料，让革命精神薪火相传。

是月　位于延陵中路268号原大成二厂（后为东印厂）旧址内的大成二厂竞园修缮完成并通过专家验收。

是月　江苏常州天宁经济开发区被国家发改委确定为第二批先进制造业和现代服务业融合发展试点单位，试点期限两年。

10月

1日　《天宁区降尘考核办法（试行）》正式实施，天宁区是常州市首个出台降尘考核办法的辖市区。

9日　东方侏罗纪项目、汽车轻量化零部件项目、镍合金无缝管及组件项目、常州彬复五期创业投资基金项目在2021中国常州科技经贸洽谈会开幕式上签约。

10日　全区人大换届选举工作会议在天宁科技促进中心召开，研究部署区、镇两级人大换届选举工作。

12日　2021天宁区“三新”经济洽谈会开幕式在未来智慧城云制造先导中心举行，活动设1个主会场、3个分会场，发行基金总规模100亿元的天宁科创基金，围绕“创新驱动、数字驱动、消费驱动”集中签约、开工项目49个，总投资127.73亿元。

是日　天宁区“点亮党建阵地·打卡红色地标”活动在茶山街道富强新村社区党群服务中心启动。

13日　民政部社会事务司副司长徐建中督查红梅街道红菱村德康驿站，对相关工作提出建设性意见。

是日　天宁区举行“永远跟党走·奋进新征程”百姓名嘴风采展示活动决赛，27名选手结合工作实际，通过主题宣讲和即兴演说，宣讲学习贯彻习近平新时代中国特色社会主义思想的认识体会，宣讲新时代新任务新征程的实践要求。

15日　市委书记陈金虎主持召开全市人才公寓建设现场推进会，实地督查天宁区君天青年人才公寓项目建设现场。

是日　天宁区在全省率先试点推行田（林）长制，在全区范围内实行四级“田（林）长制”，构建全面保护、集约高效、监管严格、保障有力的林田保护管理新机制。

16日　天宁区质量大会暨质量工作督察推进会在天宁科技促进中心召开，学习贯彻习近平总书记关于质量工作的重要论述精神，深入贯彻落实市第十三次党代会“质量强市、品牌兴市”战略部署，总结分析全区质量工作，助推天宁经济社会高质量发展走在前列。

17—18日　党史学习教育中央第五指导组组长、贵州省人大常委会原副主任孙永春一行督查指导天宁区党史学习教育开展情况，实地调研常州华利达服装集团有限公司、龙游河水环境综合整治项目、局前街小学，市领导陈金虎、方国强，区领导许小波、陈海元陪同调研。

18日　李承霞获第八届江苏省道德模范提名奖。

20日　副省长储永宏调研茶山街道富强新村社区，实地考察社区养老服务工作开展情况，市委副书记、代理市长盛蕾，市政府党组成员狄志强，市政府秘书长周承涛，区领导许小波、杨康成参加调研。

是日　国家广电总局宣传司司长马黎调研江苏常州网络视听游戏产业园。

是日　四川省卫生健康委二级巡视员娄晓颖、四川省卫生健康委人口家庭处处长苏建明一行5人组成国家调研组，调研天宁区计划生育特殊家庭“三个全覆盖”及托育服务工作开展情况。

22—29日　在第十一届全国残运会暨第八届全国特奥会上，常州市光华学校吴诗慧获特奥会女子16～21岁组50米自由泳比赛金牌；冯金垚获特奥会男子16～21岁组50米蛙泳比赛银牌；倪恺获男子12～15岁组仰泳比赛银牌；王彦钧获特奥会男子12～15岁组50米自由泳、男子12～15岁组50米蛙泳比赛铜牌，并获道德风尚奖。

22—24日　丽华一村、浦北新村、北环新村大板房置换新建住宅商品房选房工作全部完成。

26日　南京银行常州天宁支行

开业，天宁区政府与南京银行常州分行、天宁建设发展集团有限公司与南京银行常州天宁支行在开业典礼上签署合作协议。

是日 常州汉韦聚合物有限公司获第九届“创业江苏”科技创业大赛暨第十届中国创新创业大赛江苏赛区成长组一等奖。

是日 天宁区第五次归侨侨眷代表大会在天宁科技促进中心召开，区委统战部副部长、区民宗局局长、区侨办主任章仕杰当选天宁区侨联第五届委员会主席。

27日 “请党放心，强国有我”主题团日在张太雷纪念馆召开，“惊雷·回声”青年学习社线路打卡活动同步启动。“惊雷·回声”青年学习社线路是团市委、天宁区党史学习教育领导小组办公室、江苏理工学院团委打造的青少年红色教育阵地。

27—28日 陕西省旬阳市党政代表团实地考察天宁区丰北村、龙游河、云制造先导中心等地，并召开天宁区—旬阳市苏陕协作与经济合作联席会议，签订《天宁区—旬阳市2021年苏陕协作与经济合作工作协议》。

29日 青果巷历史文化街区被江苏省文化和旅游厅认定为首批省级旅游休闲街区。

30日 天宁区欧美同学会（天宁区留学人员联谊会）成立大会在天宁科技促进中心召开，江苏华鑫合金有限公司总经理袁鑫明当选会长。

31日 区教育局被省委、省政府授予“全省脱贫攻坚暨对口帮扶支援合作先进集体”称号；郑陆镇武城村党总支书记、村民委员会主任江小明，区人力资源和社会保障局副局长陈刚获评“全省脱贫攻坚暨对口帮扶支援合作先进个人”。

是月 天宁区发布《关于促进产业高质量发展的若干措施》，出台“强化要素保障”“突出企业主体”“优化营商环境”3大类、56条支持措施。

是月 位于青洋北路西侧、西岐路北侧的凤凰新城青年人才公寓投入使用，为天宁区首个智慧人才公寓。

是月 区委组织部、区总工会共同实施的《“都市大黄蜂”：党工协同打造环卫先锋堡垒》项目被评为全省“庆建党百年·推动新时代党建带工建创新发展”典型案例。

11月

2日 天宁区党外知识分子联谊会人力资源服务产业园分会成立大会在天宁科技促进中心二楼“智汇时光”主题书屋举行，江苏任务网络科技有限公司运营负责人陈贵林当选会长。

3日 常州市报告3例新冠病毒肺炎确诊病例和1例无症状感染者，根据国家和省关于应对新冠肺炎疫情精准防控工作要求，兰陵街道九洲新世界花苑君玺小区、工人新村南列为中风险地区，实行“区域封闭、足不出户、服务上门”；兰陵街道被列入管控区范围，实行人不出所在小区。

是日 副省长陈星莺督查天宁区疫情防控工作，实地查看兰陵街道九洲新世界花苑君玺小区、红梅街道新都大酒店隔离点。

是日 区疫情防控指挥部工作会议在天宁科技促进中心召开，研究部署管控区管理措施及第一轮全员核酸检测工作，将管控区域（兰陵街道）划分59个单元，按照“一单位保一小区”要求，全区第一批600名区级机关志愿者第一时间下沉一线、包干驻点。

是日 天宁区跨境电商产业园被省商务厅认定为2021年度江苏省跨境电子商务产业园。

4日 管控区域（兰陵街道）开展第一轮全员核酸检测。

6日 十一届区委常委会2021年第十次（扩大）会议暨区疫情防控指挥部工作会议在兰陵街道2楼会议室召开，部署封控区域人数入户核查工作。

7日 由常州广播电视台新闻综合广播主创，以全国人大代表李承霞为主角的广播新闻访谈节目《她是：李铁蛋、李大侠、李劳模、李代表》获第三十一届中国新闻奖三等奖。

8日 管控区域（兰陵街道）开展第二轮全员核酸检测。

是日 常州青龙潭被省水利厅命名为“省级水情教育基地”。

是日 航天云网数据研究院（江苏）有限公司被省工业和信息化厅评为2021年度省生产性服务业优秀服务机构。

10日 郑陆镇黄天荡村再次被农业农村部评为2021年全国乡村特色产业亿元村。

14日 管控区域（兰陵街道）开展第三轮全员核酸检测。

17日 零时起，兰陵街道九洲新世界花苑君玺小区、工人新村南由中风险地区调整为低风险地区，同步解除封控区、管控区和防范区疫情管控措施。

23日 教育部公布第三批全国中小学中华优秀传统文化传承学校，常州市朝阳新村第二小学入选，传承项目为民族民间音乐。

25日 江苏省生产力促进中心

发布2021年度江苏“独角兽”企业暨高新区“独角兽”企业和瞪羚企业评估结果，常州汉韦聚合物有限公司、江苏视博云信息技术有限公司入选江苏省潜在“独角兽”企业。

27日　全区疫情防控工作会议在天宁科技促进中心召开，回顾总结近期疫情防控情况，落细落实各项防控举措，做好疫情防控“急转平”工作。

28—29日　天宁区党政代表团赴陕西省旬阳市交流考察。

30日　市人大常委会、市政府联合督查天宁区延陵路龙晶桥轨道交通2号线沿线市容环境综合整治二期工程，市委副书记、代理市长盛蕾，市人大常委会常务副主任张耀钢、副主任陈建国，市政府秘书长周承涛，区领导许小波、沈月芬、杨康成参加督查。

是日　全区领导干部会议在天宁科技促进中心召开，传达贯彻省第十四次党代会精神。

是日　卡姆丹克太阳能系统集团有限公司总部落户仪式在常州数字经济产业园举行。

是月　天宁区开展“‘两在两同’建新功、服务企业大走访”活动，区“四套班子”领导分别走访联系挂钩企业。

是月　中欧（常州）检验检测认证国际合作产业园被江苏省商务厅评为省级服务贸易基地（检验检测服务领域）。

12月

1日　天宁区数字经济产业商会成立大会暨第一次会员大会在天宁区数字经济产业园召开，车联天下物流集团总裁吴俊当选会长，该商会是全市首家数字经济产业商会。

是日　《天宁区既有住宅加装电梯实施细则》《天宁区既有住宅加装电梯资金补贴及管线迁移费用等财政资金使用管理办法》发布，自2022年1月1日起施行。

3日　常州检验检测认证产业园有限公司、常州工业及消费品检验有限公司获批共同筹建江苏省检验检测认证产业园管理技术标准创新基地，建设周期2年。

是日　位于天宁区雕庄街道凤凰新城环岛路的常州双拥广场被省双拥工作领导小组命名为“江苏省双拥示范基地”。

6—9日　天宁区区、镇两级人大代表换届选举投票工作全面完成。

7日　省人大常委会副主任马秋林带队调研省政府2021年民生实事项目落实情况，视察常州华利达服装集团有限公司，市委书记、市人大常委会党组书记陈金虎，市人大常委会常务副主任张耀钢、副主任蒋自平，副市长狄志强，区领导许小波、沈月芬、黄新江、杨康成参加调研。

是日　天宁区“我为群众办实事”实践活动第一批民生项目、惠民实事成效评估评议会在天宁科技促进中心召开，30余名区人大代表、政协委员、党员代表以及群众代表通过实地调研、听取项目汇报、书面评议方式，对18个民生项目、惠民实事逐一打分并提出意见建议，18个项目均通过评议。

10日　天宁区工商联（总商会）第八次会员代表大会在工业互联网体验培训中心召开，张文昌当选新一届区工商联（总商会）主席（会长），刘灿放当选为新一届执委会荣誉主席，徐丽燕、吴雅芯、戈亚芳等30人当选为副主席（副会长），吴雅芯当选为秘书长。

是日　郑陆镇与江阴市南闸街道成立“景秀天澄”文旅体农党建联盟，并发布区域文旅精品线路。

是日　郑陆镇牟家村委袁家村被省特色田园乡村建设工作联席会议评为“江苏省特色田园乡村”。

11日　“健康有约，一路同行”主题公益活动暨江苏省家庭健康服务中心揭牌仪式在青龙街道横塘社区举行，省计生协副秘书长王薇玉为横塘社区“江苏省健康家庭服务中心”揭牌。

11—12日　天宁区召开领导干部研讨会，学习贯彻十九届六中全会精神，科学谋划2022年工作，进一步动员全区各级领导干部，着力提升政治能力和领导现代化建设本领，在新的征程上更好地履行职责使命。

14日　省委党史学习教育第二巡回指导组到天宁区开展下沉督导，现场察看龙游河综合环境提升成果，了解“我为群众办实事”情况，省委党史学习教育第二巡回指导组组长刘广忠，市领导盛蕾、杭勇，区领导许小波、沈永红、陈海元参加督导。

15—16日　区委宣传部报送选手李晨瑞宣讲的《穿越时空的世纪对话》，获“永远跟党走·奋进新征程”百姓名嘴风采展示活动全省总决赛一等奖。

16日　区人社局高琪在2021年度全国人社窗口单位业务技能练兵比武大赛中获“全国岗位练兵明星”称号。

17日　省委副书记、代省长许昆林调研天宁区，实地查看青果巷历史文化街区。

是日　常州青果巷新联会成立暨基地揭牌仪式在青果巷松健堂举行，省委统战部副部长徐东海，市委统战部常务副部长章卫忠、副部长汤建忠，区委常委、统战部部长倪云泽出席活动。

是日 常州市邢粮梳篦有限公司的邢粮获评“江苏工匠”。

是日 天宁区第四批非物质文化遗产代表性项目名录公布，其中民俗2项、传统技艺2项、传统音乐1项。

18日 学习贯彻党的十九届六中全会精神市委宣讲团宣讲报告会在天宁科技促进中心举行，市委宣讲团成员、市委党校原常务副校长王定新作专题辅导。

是日 天宁区—农业发展银行合作洽谈会在天宁科技促进中心召开，天宁建设发展集团有限公司、弘辉控股集团有限公司分别与农业发展银行签署乡村振兴信贷支持战略合作协议。

18—20日 区长张凯奇率队赴深圳开展经贸洽谈招商活动，拜访、会见深圳的世界五百强企业、上市公司、龙头企业、大院大所，促成多个项目签约，涵盖新一代信息技术、生物医药、新能源新材料等多个领域，与深圳加美生物有限公司签约加美宠物医疗项目。

19日 由天宁经济开发区承办的2021全国大学生智能精密装配大赛总决赛暨第一届全国精密装配研究生学术论坛在常州举办，31支队伍、100余名选手参加决赛。

20日 区地方志办公室报送的“即时性记录手册《天宁区情2021》”项目被江苏省地方志办公室评为2021年度市县地方志特色创新项目第4名。

21日 区委组织部常务副部长、老干部局局长、离退休干部工委书记钟山获评“全国先进老干部工作者”。

22日 21时46分，天宁区（北纬31°75″，东经120°）发生4.2级地震，震源深度10千米，未发生人员伤亡和财产损失。

是日 位于新堂北路368号悦动广场的中国光大银行常州天宁支行开业，区政府与光大银行常州分行签订战略合作协议。

23—24日 400余位区人大代表、政协委员集中视察海尔卡奥斯项目、翠竹公园、舜山小镇、凤凰青年人才公寓、红庙头大板房项目、文化宫文庙意园、正衡中学新校区、常州红馆等天宁区部分重点项目和重点工作。

24日 省综合考核组考察天宁区，实地查看常州华利达服装集团有限公司、富强新村社区，市领导陈金虎、杭勇，区领导许小波、沈永红参加活动。

27日 以“漫聚常州，炫动中国”为主题的第二届中国·江苏游戏产业高质量发展论坛在环球恐龙城开幕，6家游戏企业签约入驻江苏常州网络视听游戏产业园，江苏常州网络游戏出版服务中心同时揭牌，省委宣传部副部长、省文明办主任葛莱，中国文化传媒集团有限公司党委书记、董事长刘强，中国电影家协会副主席任仲伦及众多业内精英参加开幕式，市委书记陈金虎在开幕式上致辞，市领导蒋锋、杭勇、陈正春，区领导许小波、周海鹏出席开幕式。

28日 郑陆镇与中国（常州）知识产权保护中心举行战略合作签约揭牌仪式，共同成立高价值专利服务站、快速协同保护工作站，这是市知识产权保护中心首次与镇级基层合作试点。

29日 中共常州市天宁区委十一届三次全体（扩大）会议在天宁科技促进中心召开，全面贯彻党的十九届六中全会和中央经济工作会议精神，落实省党代会、省委经济工作会议和市党代会、市委十三届二次全会精神，总结2021年工作，部署2022年任务，动员全区上下坚定信心、鼓足干劲，奋力谱写“强富美高”新天宁现代化建设崭新篇章。

是日 全区领导干部警示教育大会在天宁科技促进中心召开，通过剖析违纪违法典型案例，贯彻落实中央、省委、市委关于全面从严治党的部署要求，扎实推进全区党史学习教育深入开展，筑牢党员领导干部廉洁从政防线。

30日 区委全面依法治区工作会议在天宁科技促进中心召开，深入学习贯彻习近平法治思想，认真落实中央、省委、市委有关会议精神，部署当前和今后一段时期法治天宁建设工作。

是日 学习贯彻省第十四次党代会精神宣讲报告会在天宁科技促进中心召开，区委书记许小波作专题宣讲，区委副书记、区长张凯奇主持报告会，区“四套班子”领导出席会议。

是日 天宁区渔业资源修复增殖司法放流活动在北塘河畔举行，27万尾鱼苗放流北塘河，87585元鱼苗购买款是内河非法捕捞者经公益诉讼后自愿依法缴纳的环境资源损害赔偿费，该次活动为全省首例内河水域司法放流。

中共常州市天宁区委

◆ 栏目编辑　华文怡

区委重要会议

【全区领导干部会议】 2月8日，全区领导干部会议在天宁科技促进中心召开，宋建伟、许小波、张凯奇等区“四套班子”领导出席会议。会议宣布省委、市委对天宁区党政主要领导调整的决定。会议指出，经省委、市委研究，许小波任常州市天宁区委书记，免去宋建伟常州市天宁区委书记职务，提名张凯奇为常州市天宁区区长人选，许小波不再担任常州市天宁区区长职务。会议强调，该次天宁区党政主要领导调整，是省委、市委从发展大局出发，着眼换届和天宁区领导班子建设实际，经过通盘考虑、慎重研究作出的决定。宋建伟表示，对于省委、市委的决定完全拥护、坚决服从，对天宁发展更是信心满怀，并衷心祝愿天宁再谱新篇章、再创新辉煌。许小波表示，将在市委的坚强领导下，低调务实不张扬，撸起袖子加油干，奋力谱写“‘强富美高’品质新天宁建设”的现代化新篇章。张凯奇表示，将摆正位置、迅速进入角色，始终秉持一心向党、一心奉公、一心为民、一心敬廉原则，带领区政府全体工作人员，全力以赴开展各项工作。

【全区创新发展大会】 2月19日，全区创新发展大会在常州市第二十四中学天宁分校会场召开，许小波、沈月芬、张凯奇、魏敏等区“四套班子”领导出席会议。会议贯彻落实全市创新发展大会精神，动员全区上下进一步解放思想、凝心聚力，推动创新发展再上新台阶。大会表彰全区2020年度“创星增效”先进单位和个人，包括重大贡献奖、省科学技术奖单位、星级企业奖、“三新”经济示范企业奖、外贸进出口突出贡献企业奖、“一带一路”对外投资奖、突出贡献园区奖、“才富天宁”英才和优秀领军人才创业企业奖八大奖项；表彰区2020年度“岗位奉献奖”获得者及2018—2020年度建设全国文明城市工作先进集体和个人。会议指出，产业立区、创新强区始终是天宁发展第一方略，企业和企业家始终是天宁发展的宝贵财富和推动天宁高质量发展持续走在前列的关键力量，天宁将始终和广大企业家站在一起，携手奋进，聚力创新，共同发展。会议强调，2021年是“十四五”规划开局之年，站在新的起点上，创新发展是必然选择、唯一路径，项目建设是创新发展的制胜法宝。大会同时发布《天宁区关于创新驱动高质量发展的实

2月19日，天宁区创新发展大会在常州市第二十四中学天宁分校召开
（区委宣传部　提供）

施意见》(以下简称《意见》),《意见》以全面建设创新型城区为抓手，聚焦“长三角三新经济高地，现代化城乡治理样板”发展定位，打造立足常州、辐射长三角的产业科技创新中心，到“十四五”期末，形成贯穿源头创新、技术创新、成果转化、企业培育、人才支撑、科技金融为重点的全过程创新生态链。

7 月 26—27 日，中国共产党常州市天宁区第十一次代表大会在常州市第二十四中学天宁分校召开 （区委宣传部 提供）

【区委十届十次全体(扩大)会议】 2 月 9 日，区委十届十次全体（扩大）会议在天宁科技促进中心召开，由区委常委会主持，区委书记许小波代表区委常委会作题为《担当新使命，奋进新时代，乘势而上开启全面建设社会主义现代化新征程》的报告。会议全面贯彻中共十九届五中全会以及中央经济工作会议精神，深入落实习近平总书记视察江苏重要讲话指示精神，按照省委十三届九次全会和市委十二届十一次全会的总体要求，总结回顾“十三五”和 2020 年工作，研究部署“十四五”和 2021 年任务，审议《中共常州市天宁区委关于制定天宁区国民经济和社会发展第十四个五年规划和二〇三五年远景目标的建议》，动员全区广大干部群众以“争当表率、争做示范、走在前列”的使命担当，围绕“传承弘扬历史文化基因，放大优质文教卫资源效应，打造特色产业园区新标杆、现代服务业新高地、现代化城乡治理新样板”要求，深入开展“重大项目攻坚突破年”活动，做好“六稳”“六保”工作，奋力推进高质量发展，创造高品质生活，实现高效能治理，确保“十四五”开好局、全面建设社会主义现代化起好步。全会指出，2021 年天宁区要推动创新链、产业链与价值链深度融合，聚焦数字赋能、重点项目，打造特色产业高地；推进老城复兴、城市更新、乡村振兴，全面深化改革攻坚，主动融入国际国内循环，打造一流营商环境；解决民生堵点，提升群众幸福感。

【中国共产党常州市天宁区第十一次代表大会】 7 月 26—27 日，中国共产党常州市天宁区第十一次代表大会在常州市第二十四中学天宁分校会场召开，由区委常委会主持。26 日，中国共产党常州市天宁区第十一次代表大会（以下简称“天宁区第十一次党代会”）开幕，大会应到代表 225 名，实到 222 名，区委书记许小波代表中共常州市天宁区第十届委员会向大会作题为《志存高远、务实笃行，奋力谱写社会主义现代化建设新篇章》的报告。会议坚持以习近平新时代中国特色社会主义思想为指引，全面贯彻中共十九大与十九届二中、三中、四中、五中全会精神，深入落实习近平总书记视察江苏重要讲话指示精神，回顾总结天宁区第十次党代会以来的工作，研究确定今后五年经济社会发展和党的建设各项目标任务，选举产生天宁区第十一届委员会、区纪律检查委员会。会议指出，将深入实施区“3511”战略，聚焦创新驱动、数字驱动、消费驱动三大驱动，打造“长三角三新经济高地”；实施空间治理、生态治理、文化治理、民生治理、社会治理五大治理工程，打造“现代化城乡治理样板”；全面深化改革、优化营商环境，作为实现目标的重要手段和关键支撑贯穿始终。27 日上午，召开天宁区第十一次党代会第二次全体会议（选举大会)，会议以无记名投票方式，选举产生区第十一届委员会委员 24 名、区纪律检查委员会委员 13 名。27 日下午，召开区第十一次党代会第三次全体会议（闭幕式)，会议通过区第十届委员会报告决议、第十届纪律检查委员会工作报告决议；召开区第十一届委员会第一次全体会议，选举产生区委常委 11 名，其中，许小波当选区委书记，张凯奇、郑亚当选区委副书记；召开区第十一届纪律检查委员会第一次全体会议，选举产生区纪委常委 5 名，其中，李旌巍当选区纪委书记，徐云波、周晓峰当选区纪委副书记。

【区委十一届三次全体（扩大）会议】12 月 29 日，区委十一届三次全体（扩大）会议在天宁科技促进中心召开，由区委常委会主持，区“四套班子”领导出席会议。会议全面贯彻中共十九届六中全会和中央经济工作会议精神，深入落实省党代会、省委经济工作会议和市党代会、市委十三届二次全会精神，回顾总结 2021 年工作，研究部署 2022 年任务。区委书记许小波作题为《扛起光荣使命、展现更大作为，奋力谱写“强富美高”新天宁现代化建设崭新篇章》的报告，动员全区上下坚定信心、鼓足干劲，在提升发展能级、推动共同富裕中展现更大作为，奋力走在社会主义现代化建设前列，以优异成绩迎接中共二十大胜利召开。全会指出，2022 年将坚定不移推进产业强区，建设具有硬核实力的现代产业体系；推进创新引领，推动产业链、创新链、要素链和人才链深度融合；推进城乡融合，实现城乡规划、基础设施、功能配套、资源要素全面融合；推进绿色发展，创建省级生态文明示范区，努力打造美丽常州“天宁样板”；推进共同富裕，让高质量发展成果更多、更公平地惠及天宁人民；推进深化改革，建立完善有利于高质量发展的体制机制，有效集聚发展资源、激活发展动力、打开发展空间。

【领导干部研讨会】 12 月 11—12 日，天宁区召开领导干部研讨会，许小波、沈月芬、张凯奇、魏敏等区“四套班子”领导参加。会议期间，区“四套班子”有关领导围绕分管工作定量指标（或定性指标）预排任务及落实举措、镇（街道）和各部门围绕本职工作，分别就 2022 年天宁区重点工作展开交流研讨，谈认识、摆问题、找差距、提建议，区委书记许小波对会议发言作详细点评，指出研讨交流为 2022 年全区工作总体框架构建初步轮廓。会议指出，要精准把握天宁所处发展阶段特征，按照现代化建设规律和省、市党代会部署要求，加强系统谋划，保持战略定力，在现代化建设新征程上行稳致远。会议要求，要按照“突破、进取、务实”工作总要求，以“一争取两确保”（“一争取”即争取更多第一唯一，“两确保”即确保主要指标增速高于全市平均、综合考核名列全市第一方阵）为工作总目标，以贯彻落实市“532”（“5”指长三角交通中轴、创新中轴、产业中轴、生态中轴、文旅中轴，“3”指长三角产业科技创新中心、现代物流中心、休闲度假中心，“2”指城乡融合发展示范区、统筹发展和安全示范区）发展战略狠抓重点项目、重点工作为总任务，着力提升讲政治、谋划发展、推进项目、攻坚克难、改革创新、群众工作、防范风险、带队伍八方面能力。

（张艺锋）

区委决策部署

【区委常委会 2021 年工作要点】 3 月 23 日，《中共常州市天宁区委常委会 2021 年工作要点》（以下简称《工作要点》）出台。《工作要点》分 3 个部分：第一部分为依据区委十届十次全会和区两会精神，结合 2021 年区委常委会工作实际提出的天宁区工作总体要求；第二部分为天宁区 2021 年主要目标，主要经济指标数据与市对区下达的经济指标数据一致，提出 2021 年天宁区地区生产总值增长 6.5%，一般公共预算收入增长 6.5%，固定资产投资增长 10%，社会消费品零售总额增长 6.5%，居民人均可支配收入增长 8%；第三部分为保障 2021 年工作目标完成的措施，涵盖思想引领、疫情防控、创新发展、产业构建、城乡融合、改革开放、民生福祉、党的建设 8 个领域、73 项具体工作任务。

【新冠肺炎疫情防控工作部署】 11 月 2 日晚，天宁区疫情防控应急指挥部办公室根据外省市协查通知及发热门诊监测结果，迅速启动新冠肺炎疫情应急预案，对 3 名新冠病毒核酸检测初筛阳性人员开展流调，并对其居住小区进行封控管理。11 月 3 日，召开疫情防控研究部署会议，明确指挥体系、工作机制，研究部署人员转运、集中隔离、社区封控、物资保障等有关工作，明确九洲君玺小区、工人新村南小区由兰陵街道机关干部和社区包干驻点，并各由 1 名区领导负责现场调度。是日晚，召开区疫情防控指挥部工作会议，研究部署中风险地区、管控区域管理措施、全员核酸检测准备、群众生活保障、隔离场所准备等有关事宜，并把兰陵街道划分成 59 个封（管）控单元实施封闭管理。按照“一单位保一小区”要求，全区第一批 600 名区级机关志愿者于 4 日上午 6 时全部到位。为做好精准防控工作，按照省疫情防控工作领导小组会议和市委常委会会议精神要求，对区疫情防控应急指挥部作出分工调整，下设综合协调组、流调溯源组、社会面和社区防控组、交通管控组、核酸检测组、医疗救治组、转运隔离管控组、物资保障组、新闻宣传组、监督检查组 10 个工作组，同时设企业防控、学校防控、农村防控、医废消毒、机关防疫 5

个工作专班，要求各工作组和工作专班严格按照各自职责分工，全面精准落实各项防控措施。

【《大力推进“三新”经济发展的实施意见》出台】 12月，天宁区为深入贯彻国家对促进新产业、新业态、新商业模式（以下简称“三新”）为核心内容的经济活动要求，落实省委省政府、市委市政府大力发展“三新”经济工作部署，实施常州市第十三次党代会提出的“532”发展战略和天宁区委“3511”工作部署，制定出台《大力推进“三新”经济发展的实施意见》(以下简称《实施意见》)。《实施意见》明确，重点培育发展新产业、新业态、新商业模式，着力构建以数字经济、检验检测认证、网络视听游戏、智能驾驶、新一代信息技术、老城厢新商业、医药健康为代表的七大“三新”经济产业集群；加快建设重点项目，快速推进一批落地项目，集中力量筹备一批体量大、质效高、带动性强的产业项目，形成项目集群和特色产业集群，实现2025年“三新”经济成为全区经济增长核心动能，“三新”经济发展总量超3000亿元。

【《关于打造现代化城乡治理样板的实施方案》出台】 12月，天宁区为全面贯彻落实省、市党代会精神，落实市“532”发展战略和区“3511”工作部署，制定出台《关于打造现代化城乡治理样板的实施方案》(以下简称《实施方案》)。《实施方案》明确“十四五”时期，天宁区将完善城市形态、格局、功能，持续改善生态环境质量，健全文化服务体系和文化产业体系，提升公共服务供给能力和质量，基本形成现代化治理能力和治理体系，在全市率先基本实现城乡治理现代化。《实施方案》围绕空间治理、生态治理、文化治理、民生治理、社会治理“五大工程”进行细化分解：空间治理方面，提升完善城镇功能，打造精致品质之区；生态治理方面，做精做细长效管理，打造生态宜居美丽天宁；文化治理方面，推动文旅融合发展，全面打响天宁文化品牌；民生治理方面，加大普惠性、基础性、兜底性民生投入，推动民生事业发展进入品质提升新阶段；社会治理方面，构筑人人有责、人人尽责、人人享有的社会治理共同体，为社会治理体系和治理能力现代化建设提供坚强保障。

（张艺锋）

区委重要活动

【省委书记娄勤俭调研天宁】 9月2日，省委书记娄勤俭考察调研天宁区郑陆镇牟家村的村史馆、文体公园、牟家集市等地，对牟家村集体经济收入超千万元、吸引大学生返乡创业成果表示肯定。娄勤俭表示，苏南在高水平全面建成小康社会后，要再接再厉、乘势而上，走好新时代乡村振兴之路。他强调，苏南农村要进一步加强以党组织为核心的基层组织建设，提升一、二、三产业融合发展水平，拓宽农村集体经济和农民增收渠道，提高城乡基本公共服务均等化水平，在系统推进“四化”（工业化、信息化、城镇化、农业现代化）过程中，同步缩小城乡差距，促进城乡融合发展。

延伸阅读：

牟家村位于天宁区郑陆镇，总面积2.21平方千米。至2021年年末，有户籍人口2000余人，常住人口5000余人，村级年收入1000余万元，农民人均年纯收入达4.5万元。牟家村先后获全国文明村、中国最美休闲乡村、国家级生态村、江苏省社会主义新农村建设示范村等省级以上荣誉45项。

【天宁区庆祝中国共产党成立100周年座谈会】 7月2日，天宁区庆祝中国共产党成立100周年座谈会在天宁科技促进中心召开，区委书记许小波出席会议并讲话，区委副书记、区长张凯奇主持会议，区“四套班子”领导出席会议。会议深入学习贯彻习近平总书记在庆祝中国共产党成立100周年大会上的重要讲话精神，回顾党的光辉历程，感悟红色力量。会议要求，全区各级党组织和全体党员要深入开展党史学习教育，从党的百年辉煌历史中汲取奋斗伟力，牢记“争当表率、争做示范、走在前列”重大使命，坚持一心向党、传承红色基因，不断涵养对党忠诚的政治品格；坚持一心干事、勇于担当作为，奋力推动天宁高质量发展走在前列；坚持一心为民、着力改善民生，持续筑牢百姓福祉坚强堡垒；坚持一心为公、锻造过硬作风，全面激发干事创业昂扬斗志，奋力打造“长三角三新经济高地、现代化城乡治理样板”。会议强调，全区各级党组织和广大党员要紧紧团结在以习近平同志为核心的党中央周围，攻坚克难，担当实干，永葆“一颗红心永向党”的政治品格，坚决贯彻落实上级决策部署；永葆“撸起袖子加油干”的奋斗精神，加快推进天宁高质量发展；永葆“俯首甘为孺子牛”的为民情怀，树牢发展为民的宗旨意识；永葆“心底无私天地宽”的廉洁本色，推动全面从严治党向纵深发展，带领全区广大干部群众向着“十四五”规划高质量发展的光明前景前行。会上，来自天宁各行业、各领域的10位党员代表结合自身经历先后作交流发言。

【天宁大讲坛】2021年，天宁区为全面提升全区领导干部尤其是党政正职领导干部政治能力、专业能力、领导能力和推动发展能力，举办天宁大讲坛之“一把手”领导干部能力提升研修班两期，邀请专家、学者、领导干部等9人开展专题授课，参与听讲干部260余人次。10月28—30日，第一期活动在天宁科技促进中心举行，区委书记许小波作动员讲话，邀请中央党校（国家行政学院）公共管理部公共治理创新室主任黄小勇作“回顾光辉历程，展望光明前景——七一讲话精神解读”讲座，邀请市发改委党组书记、主任潘冬铃作“实施‘532’战略，建设现代化常州，全力将宏伟蓝图变为美好现实”专题辅导，邀请市人社局党组书记、局长嘉秀娟作“抢抓新时代人才发展新机遇，助力常州‘532’发展战略实施”专题辅导，邀请上海市人民政府决策咨询专家、上海域际投资咨询有限公司总经理董锡健作“面对国内外经济发展新格局，驱动区域和产业经济高质量发展”讲座。12月17—18日，第二期活动在天宁科技促进中心举行，邀请市文广旅局党组成员、副局长、二级调研员周晓东作“舜风舜水，她在焦溪——一个江南水乡古镇的申遗之梦”专题分享，邀请省委编办政策法规处（研究室）处长林鹊梅作“学习贯彻《中国共产党机构编制工作条例》，扎实推进机构编制法定化”专题辅导，邀请常州市委宣讲团成员，市委党校一级调研员、原常务副校长王定新作“铭记百年奋斗路，起航复兴新征程”讲座，邀请应急管理部培训中心副主任吴郑理作“深入学习贯彻习近平总书记关于应急管理重要论述”专题授课，邀请应用经济学专家、新苏南模式研究院智库主任古洪霞作“新时代经济高质量发展阶段的中国机遇——宏观经济稳中求进的微观把握”专题辅导。

【天宁区党政代表团赴陕西旬阳考察交流】11月28—29日，区委书记许小波率天宁区党政代表团赴陕西省安康市旬阳市交流考察。在天宁—旬阳2021年苏陕协作和经济合作联席会议上，许小波对旬阳近年来在脱贫攻坚、城市能级跃升等方面取得的成绩表示祝贺，并回顾两地交流合作取得成果。许小波表示，希望双方协作机制更灵活、协作模式更多元、协作人才更紧密、协作领域更广泛、协作效果更明显，推动一批全新合作协议落实落地，促成一批优质项目、优质企业落户旬阳，拓展一批特色试点工作推陈出新，推动共同富裕取得实质性进展。会上，天宁区向旬阳市捐赠扶贫资金150万元，并签订打造一流营商环境合作协议。

【天宁“精神符号”提炼征集活动】5月，为全面贯彻落实习近平新时代中国特色社会主义思想和总书记视察江苏重要讲话指示精神，结合“学党史、开新局”部署要求，引领全区上下进一步解放思想、创新实干、勇开新局，开展天宁“精神符号”提炼征集活动，累计收到天宁“精神符号”表述方案74条，经过三轮筛选和提炼升华，将“志存高远，务实笃行”定为天宁精神特质。“志存高远，务实笃行”意为勉励天宁人面对新形势、新任务、新要求，既要仰望星空又要脚踏实地，既要有崇高理想又要平稳沉着；要敢于跳出天宁看天宁，以更广的视野、更大的格局、更高的站位谋划推动天宁发展，在“争当表率、争做示范、走在前列”中展现更大作为；要弘扬“求真务实”工作作风，安静做事，踏实做事，一步一个脚印，推动天宁各项事业平稳健康发展。

（张艺锋）

巡察工作

【概况】2021年，区委巡察机构全面贯彻“发现问题、形成震慑，推动改革、促进发展”的巡视工作方针，落实政治巡察要求，深化政治监督，统筹疫情防控和巡察任务。年内，接受市委巡察组对区委巡察工作指导督导，形成整改措施。组织开展十届区委第十三轮巡察，对1个街道、3个机关部门、4个村（社区）开展巡察“回头看”；组织开展十一届区委第一轮、第二轮巡察，对2个街道、5个机关部门和22个村（社区）开展常规巡察；上下联动开展涉粮问题专项巡视巡察，反馈涉粮问题9个；配合市委巡察组对区委政法委、区检察院、常州天宁建设发展集团有限公司开展提级巡察。是年，天宁区委巡察工作领导小组代表苏南苏中片区唯一县级单位在全省巡察工作座谈会上作《守正创新，务实笃行，扎实推动巡察工作高质量发展》交流发言，“农村集体‘三资’管理”专项巡察、“社区书记讲整改、专家群众评整改”经验做法获省委巡视办充分肯定，天宁区“聚焦便民利民开展巡察，推动政务服务效能提升”立行立改经验做法被《中国纪检监察报》刊登。

【市委巡察组对天宁区委巡察指导督导】 8月5日至9月7日，市委第二巡察组对天宁区委巡察工作开展指导督导，通过培训辅导、跟进指导、调研督导、规范传导等方式，推动区委落实巡察工作主体责任，督促巡察机构履职尽责。市委第二巡察组围绕《推进新时代巡察工作高质量发展》《强化巡察规范，提升巡察质效》等内容，开展专题辅导，指导编印巡察监督“3+1”清单（“3”指政策清单、职能清单、综合监督信息清单，“1”指问题清单），深入基层调研、交流座谈8次，针对被巡察党组织主体责任报告审核、底稿编写等提出意见建议。10月26日，市委巡察办通报各辖市区巡察工作15个共性问题、天宁区委巡察工作12个个性问题。10月28日、11月1日，区委巡察工作领导小组会议、区委书记专题会议专题学习通报内容；区委巡察办根据反馈问题，牵头研究制定《中共常州市天宁区委关于巡察指导督导反馈问题整改工作方案》，确定4个方面、36条整改措施，区委办、区纪委监委、区委组织部、区委巡察办按照分工履行职责范围内整改任务；11月28日，区委常委会审议通过整改工作方案。

【“11+N”巡察协作机制】 2021年，天宁区制定《区委巡察协作单位有关责任清单》，建立“11+N”（“11”指区委巡察机构重点加强与区纪委监委、区委组织部、区委宣传部、区委政法委、区检察院、区财政局、区应急管理局、区审计局、区市场监督管理局、区统计局、区信访局11个部门协调联动，“N”指区委巡察机构与11个重点部门以外其他职能部门贯通协同）巡察贯通协作机制，发挥综合监督作用。年内，区委巡察机构发挥总揽全局、协调各方作用，强化巡察与纪律监督、监察监督、派驻监督、组织监督等统筹衔接；职能部门之间贯通合作，加强监督合力，巡察前突出信息情况沟通，巡察中突出监督手段支持，巡察后突出整改日常监督。是年，召开协作单位情况通报会2场，相关协作单位通报情况和提供资料120余份。

【巡察问题整改】 2021年，天宁区通过巡察发现问题310个，移交问题线索38条，留置1人，立案14件，立案率36%，占同级纪委立案数的11%。是年，加强巡察整改和成果运用，对常州天宁建设发展集团有限公司等国有企业开展巡察反馈问题整改落实情况专项督查，发现问题11个，并下发督查通报。区委巡察工作领导小组和区纪委监委、区委组织部参加反馈会议12次，传导巡察整改责任和压力。区委巡察办统筹协调区纪委监委、区委组织部等责任主体，加强对被巡察党组织巡察整改专题民主生活会指导督导。深化“四方会审”机制，区纪委监委、区委组织部、区委巡察办、区委巡察组联合对12个被巡察党组织24份巡察整改方案和整改进展情况报告进行审核，提出意见建议60余条。建立整改工作提醒机制，被巡察单位主要负责人在巡察反馈一年内调整的，对新任职负责人制发提醒函，督促其主动担当；提请区委领导约谈6个单位部门主要负责人，督促指导巡察反馈问题整改落实。探索群众参与支持巡察、评判巡察成效的有效方式，在5个社区开展“社区书记讲整改、专家群众评整改”活动，现场接受质询评议，拓宽群众监督路径。

【涉粮问题专项巡视巡察】 10月12日至11月19日，省委第三巡视组对常州市开展涉粮问题专项巡视。为配合省委专项巡视，落实省市县三级上下联动工作要求，根据市委巡察办要求，天宁区组建涉粮问题联动巡察组(以下简称第六专项组)，对钟楼区开展涉粮问题专项巡察；

10月20日，天宁区召开涉粮问题专项巡察座谈会（区委巡察办 提供）

新北区涉粮问题联动巡察组（以下简称第五专项组）对天宁区开展涉粮问题专项巡察。专项组围绕“摸底数、防风险、查问题、促发展”4个着力点，重点了解涉粮部门和单位（纪委监委、发改局、财政局、农业农村局、应急管理局、审计局、市场监管局、信访局等）贯彻落实中央、省委和市委关于粮食工作和粮食安全决策部署情况，发现影响粮食工作和粮食安全的突出风险隐患，查找“靠粮吃粮”等腐败和作风问题，发现粮食安全长效机制的短板弱项。巡察前，天宁区在重点部门和所有村（社区）张贴《涉粮问题专项巡视公告》，通过村民小组长挨户走访、微信群告知、电子屏滚动播放、喇叭定时播报等方式，向村（居）民传达巡视巡察公告内容；区委领导召集区发改局、区财政局、区市场监管局等8个主要涉粮部门负责人召开3次推进会。巡察中，第五专项组根据天宁区总体涉粮工作情况，通过账实对比、查看文件、座谈交流、走访种粮户等方式，了解稻谷、耕地地力保护、农资购置等八类补贴拨付和使用情况，以及粮食种植及销售过程中面临的困惑与问题；期间，天宁区报告涉粮问题企业2家。2022年2月11日，第五专项组召开对天宁区涉粮问题专项巡察情况反馈会议，反馈粮食安全责任落实存在短板、粮食应急保供体系不够健全等涉粮问题9个。

【巡察干部队伍建设】 2021年，天宁区始终坚持“打造忠诚干净担当巡察铁军”要求，不断完善巡察干部选调、管理、考核、激励机制。配强巡察办主任、巡察组组长、联络员“三支队伍”，用好专职干部、相对固定干部（纪检监察干部、组工干部作为巡察监督相对固定人员力量）、抽调干部（新提拔领导干部、优秀年轻干部）“三支力量”，全年抽调45人次参加区委巡察工作，选派12人次参加省委、市委巡视巡察。通过“砺剑讲堂”“砺剑智库”“砺剑先锋”三大活动，打造“砺剑巡察”特色品牌。年内，举办“砺剑讲堂”教育培训活动，采取“业务培训+岗位培训+组内培训”模式，开展巡察前全区巡察干部培训3轮；组织区委巡察组组长、副组长赴无锡市巡察机构学习交流，组织全区巡察干部赴盐城市新四军纪念馆学习参观，全年外出受训128人次；邀请市委巡察组副组长苏鸿富、彭代群围绕巡察报告撰写、精准发现问题、制作问题底稿等内容开展专题授课2次。组建“砺剑智库”专业人才库，从应急、市监、消防等部门选调18人组建队伍，为巡察提供专业技术支撑，4月，在对区教育局巡察“回头看”中，通过专业人员发现10所学校汞、盐酸等实验室废弃化学品（固体47.7千克、液体34.6升）未及时处理，督促区教育局组织专业公司统一定期回收处置，低成本高效率解决学校安全隐患，并提交校园安全问题专题报告。打造“砺剑先锋”特色党建活动，3个巡察支部与同济桥社区、聚博花园社区结对互助，巡察干部出资4000元为故园里小区安装遮阳棚，解决老年群众“急难愁盼”问题；贯彻落实党中央和省市区委关于疫情防控决策部署要求，将疫情防控纳入政治巡察重要内容，重点巡察监督党组织在疫情防控责任落实方面存在的问题。

（徐　浩）

组织工作

【概况】 2021年，天宁区坚持以新时代党的组织路线为指引，聚焦市委“532”发展战略、区委“3511”工作部署和市委组织部五大重点攻坚课题，深入实施年轻干部培养计划、“赢在中层”和“青春领航”系列培养工程，组织开展中青年干部“七种能力”（政治能力、调查研究能力、科学决策能力、改革攻坚能力、应急处突能力、群众工作能力、抓落实能力）提升班，强化干部能力培养。部署实施“头雁”工程，开展集体谈话、履职培训等各类活动420余场，11人入选省村（社区）书记“百千万”工程，22人获评市“20年以上老支书”，3人获评市“先锋90后”青年党员，2个集体获评市“先锋90后”青年党员集体，7部党员教育片获奖，教育片获奖数量位列全市第一。分期培训入党积极分子460名，持续加大重点群体、薄弱领域发展党员力度。积极服务人才强区战略，强化人才工作推进机制，出台《天宁区人才发展“十四五”规划》，在区“十大人才工程”基础上，打造以产业分类的全新“三大人才工程”。加快设施新一轮“龙城英才计划”，不断完善人才生态环境，加快建设青年人才友好型城市。至年末，全区有基层党组织1494个，其中党委55个、党总支133个、党支部1306个；年内发展党员530名，累计党员32260名，其中女党员11603名，占全区党员总数的35.97%。

【干部队伍建设】 2021年，区委组织部实施领导干部专业化能力提升工程，全年举办各类专题班次28个，培训干部2100余人次。优化班子结构，深入落实“五突出五强化”选人用人机制，全年调优配强镇（街道）党政正职6名、区级机关党政正职15名。加强年轻干部队伍建设，提拔重用“85后”正科职5名，其中“90后”正科职1名，提拔“90后”副科职干部10名。召开年轻干部座谈会，34名“85后”干部通过谈感悟、讲思路，激发干事活力。区级机关党工委、团区委联合开展“天宁青春说·奋进正当时”、“95后”年轻干部风采展示，40余名年轻干部参与无领导小组讨论，前20名选手围绕“志存高远，务实笃行”的天宁精神特质、聚焦创新驱动、“两在两同”（同人民想在一起、干在一起，风雨同舟、同甘共苦）建新功等七大主题展开即兴演讲。选派31名干部到国家部委、省级机关等跟班学习，到乡村振兴、污染防治等基层一线挂职墩苗。全年激励干部493人次，收集并汇编典型案例4期、94篇，上报典型案例和特色做法30余篇，录用16篇。

【公务员管理】 2021年，天宁区聚焦公务员管理提质，制定出台《天宁区公务员转任实施办法（试行）》，规范公务员流动，增强公务员队伍活力；推行公务员荣誉退休制度，增强退休公务员荣誉感与归属感。全年选树各类先进典型和先进集体278个，区委老干部局局长钟山、区卫健局局长吴静、市对口支援新疆乌恰县前方工作组组长韩波分别获全国老干部工作先进个人、省三八红旗手和市“最美公务员”称号。是年，天宁区新录用公务员（含参照公务员管理）26名，其中选调生6名。

【年度综合考核】 2021年，区委组织部牵头推进天宁区年度综合考核工作，制定出台《常州市天宁区2021年度综合考核实施办法》和5个实施方案，明确省对区25个考核指标、市对区72个考核指标的责任部门和分管区领导，围绕“推进或服务高质量发展成效”“加强党的建设高质量成效”“满意度评价”三方面科学制定考核内容，创新实行“月监测、季督查、半年评、年终考”全过程考核体系。经考核，评出考核优胜奖20个、争先进位奖10个、突出贡献奖1个。

【创新创业人才工作】 2021年，天宁区以“龙城英才计划”为龙头，全面升级“才富天宁”人才品牌。年内，成立人才引育工作专班，以顶尖人才项目为核心，推进创新创业人才工作；成立重点人才工程工作专班，推进年度重点人才项目申报，组织申报市“龙城英才计划”项目66个，入选36个，申报“龙城英才计划”众创项目超120个；成立人才公寓工作专班，按照3年1.1万套总进度推进人才公寓建设，全年建设改造人才公寓4127套。建设青年人才友好型城市，开展“名城名校合作行，创新创业赢未来”合肥推介系列活动，签约项目8个，对接高层次人才117名。区人才办赴哈尔滨、西安、合肥等地对接高校科研院所，累计征集人才项目信息47个。全年联系走访企业160余家，深入镇（街道）、园区、高校开展人才政策宣讲10余场，推荐10名企业优秀人才申领市级“常商卡”。组织8家人才企业参加常州市“双创”（创新、创业）大赛，入选省“双创”项目4个，入选率位居全市前列，实现创业类、创新类、高技能类和团队类项目全覆盖，其中常州汉韦聚合物有限公司吴一弦团队入选省“双创”创新团队，并获第十届中国创新创业大赛总决赛三等奖。

【区镇村（社区）三级党组织完成换届】 2021年，区委组织部深入贯彻中央和省、市、区委换届工作精神，充分发挥党委领导和把关作用，以高度的政治责任感开展集中换届工作。创新制作换届纪律宣传动画、漫画宣传卡，组织3000余人次观看警示教育片《警钟长鸣》，分层分类签订承诺书2000余份，发送纪律宣传短信3万余人次，换届纪律知晓率和换届风气测评满意率均为100%。1月，121个村（社区）完成基层党组织换届，选举产生委员883名，村（社区）书记均兼任村（社区）主任。5月，中共常州市天宁区郑陆镇第五次代表大会选举李汉田为郑陆镇党委书记，选举郁国兴、黄佳清、谢建军为镇党委副书记，选举闫朝磊为镇纪委书记、刘丹玉为镇纪委副书记。7月，中共常州市天宁区第十一次代表大会选举许小波为区委书记，选举张凯奇、郑亚为区委副书记，选举李旌巍为区纪委书记，选举徐云波、周晓峰为区纪委副书记。

【区机关党建工作】 2021年，区委区级机关工委下属机关党委2个、党总支4个、党支部30个，累计党员1100余名，年内发展预备党员17名，转正5名。年内，在全区机关推广天宁税务“三个最佳”（队伍素质最佳、工作业绩最佳、服务质量最佳）工作法，解决党建与业务工作脱离现象；围绕政务服务便利化目标，推出“汇服务，为宁办”党建服务品牌，在全区各级窗口性服务单位建立党建引领政务服务新模式；持续深入开展“惠企先锋行”党建结对活动，选派一批区级机关服务专员向企业送政策、送服务，结对各方达成智能化车间改造、知识产权保护、高层次人才引进等项目合作意向。以《中国共产党支部工作条例（试行）》《中国共产党党和国家机关基层组织工作条例》等为根本遵循，制定图示化工作流程，列明责任清单和任务清单，实现支部工作有制度、有计划、有督办、有落实。推广主题党日“五个一”工作法(即定一个主题、学一段理论，发一份通报、作一次交流、上一堂微党课)，让主题党日活动开展有规可依。健全组织生活巡听旁听制度，全年组织巡听旁听12次，通过现场点评、现场打分，督促区机关组织生活严格按照规定开展。全面落实作风建设专班职责，调整作风建设专班组织架构，制定《作风建设提升行动方案》，完善分工协作机制、定期例会机制、信息报送机制、线索移送机制、督查督办机制，全年开展常态察访12次、专项察访5次、重点察访2次，对收到的15条各类问题逐一反馈，精准整改，逐一销号。是年，区级机关工委被表彰为全省机关党建工作先进集体。

【“宁聚力”党建品牌引领基层治理】 2021年，天宁区以“宁聚力”党建品牌为统领，完善上下贯通、执行有力的组织体系，实现党的组织和党的工作全覆盖，打造党建引领基层治理新格局。加强党员有效管理，全面排查“游击党员”“地下党员”“口袋党员”和党员作用发挥难等问题。发挥党员先锋模范作用，组织发动全区5000余名党员奋战抗疫一线。发挥全要素网格治理先发优势，强化全区126个老小区社区治理能力，推广“党员中心户”“党员楼栋长”“党员联户”等做法，完善富强新村“三强三富”（强引领，丰富共建“一张网”；强服务，丰富民情“一张图”；强载体，丰富阵地“一片红”）、“四议两公开”（“四议”即党支部提议、村“两委”商议、党员大会审议、村民代表会议或村民会议决议，“两公开”即决议公开、实施结果公开）等机制，实现网格党建覆盖率100%。以推动机关党员到基层办实事解难题为出发点，在全市首创社区点单、街道下单、部门响应的“两单一响应”工作机制，结合“两在两同”建新功行动，进一步解放和提升基层活力。是年，《探索“两单一响应”工作机制提升基层治理成效》经验做法类文章被省委组织部《组工研究》专篇刊载。

【“一河两路三圈”全域党建格局】 2021年，天宁“一河两路三圈”（“一河”指大运河党建文化示范带，“两路”指中吴大道党建引领基层治理示范路、青洋路党建引领高质量发展示范路，“三圈”指环岛路党建引领新城建设示范圈、青果巷党建引领老城厢复兴示范圈、郑陆镇党建引领乡村振兴全域示范圈）全域党建格局基本成形，包括新建和改扩建的水美丰北党建示范点、运河党校、常州红馆之中小城市学常州特展馆等10个党建阵地。是年，天宁区从标准化建设、服务达标、线上线下融合3个方面提升党建阵地建设，累计形成红色教育基地35个、红色地标60个、经典红色旅游路线4条。10月，天宁区在茶山街道富强新村社区党群服务中心开展“点亮党建阵地，打卡红色地标”启动仪式，将通过3～5年时间，持续推动村（社区）党群服务阵地建设。

【天宁江阴共建文旅体农党建联盟】 2021年，天宁区以党建促乡村振兴，探索区域化党建工作新机制。12月10日，天宁区郑陆镇与江阴市南闸街道共同成立“景秀天澄”文旅体农党建联盟，并发布常州天宁与无锡江阴区域文旅精品线路。该联盟围绕“靓山、亲水、林田、筑乡”

12月10日，天宁区郑陆镇与江阴市南闸街道共同成立“景秀天澄”文旅体农党建联盟
（区委组织部 提供）

主题，跨越城市分界线，将焦溪古镇、花千谷、舜山小镇、丁果湖、狮涧久田等景点串珠成线，展示两地风光和文化。两地将通过实施组织共建、定期联商、活动轮办、客源互推、市场同步等机制，吸引社会资本参与改善旅游公共服务设施，提升区域内景点品质，丰富活动内容，吸引人流客源，打造文旅品牌，进一步深化区域融合发展。天宁与江阴将以“资源共享、文化共融、品牌共创、人才共育、各方共赢”为目标，不断增强区域文旅影响力和辐射力，提升区域百姓幸福感与获得感。

【“两新”组织党建工作】 2021年，天宁区推进非公有制企业党建“扩面提质”工程，以党建引领企业政治方向、助力企业创新发展、团结凝聚职工群众、服务中心大局。9月，天宁区依托“两新组织”（新经济组织、新社会组织）红领学院承办全市“两新”组织党建有形有效覆盖现场推进会，推进“两新”组织党建在园区、楼宇、商圈等重点领域和互联网、快递、物业、律师等重点行业实现有形有效覆盖；会上，区委组织部向全市首批高级“两新”组织党务工作者颁发资格证书，向首批品牌标杆型非公有制企业党组织颁发奖牌。是年，天宁区“两新”党务工作者资格认证和等级晋升工作100%落实到位，华利达服装集团有限公司“平凡人党建”特色做法入选全国非公有制企业党建“发挥实质作用”最佳实践样板，“都市大黄蜂”党建带工建项目获评全省典型案例，为常州市组织系统唯一。

（孙志扬）

宣传工作

【概况】 2021年，区委宣传部坚持以习近平新时代中国特色社会主义思想为指导，围绕庆祝中国共产党成立100周年主线，唱响爱党爱国爱社会主义时代主旋律，推进理论学习、新闻宣传、网络安全、典范性文明城市创建、文化产业发展等工作。全年开展理论宣讲1000余场，覆盖5万人次；在各类媒体刊播（发）报道2300余篇，其中在国家级媒体发稿260篇，被“学习强国”学习平台录用稿件431篇。是年，天宁区在宣传思想文化系统综合考核和文明城市综合测评中均位列全市前列。

【理论学习】 2021年，天宁区坚持把学习宣传贯彻习近平新时代中国特色社会主义思想作为首要政治任务，统筹领导班子和领导干部“一把手”带头领学、集中学习日共学、项目化专班实学，深入学习党史、新中国史、改革开放史、社会主义发展史，阅读《论中国共产党历史》等理论读本；开展“线上直播+线下会场”专题学习，组织全区2万余名党员群众收听收看庆祝中国共产党成立100周年大会直播，邀请中共一大会址纪念馆原馆长张黎明、市委党校原常务副校长王定新等专家作专题辅导。是年，区委理论中心组开展学习研讨27次，累计发言46人次；全区各级党组织累计开展集中学习8000次、专题研讨800次，区委理论学习中心组连续五年获评全市县处级以上党委（党组）理论学习中心组学习先进集体。天宁区率先在全省出台《天宁区2020—2021年度基层党员冬训工作规范手册》，规范党组织和党员个人学习，量化学习指标，细化责任要求，明确工作进度。运用新媒体探索冬训新模式，3月，天宁区“重走陕南，温习金句，看脱贫攻坚的伟大成就”党史学习教育微课开播，以视频直播形式带领党员干部重走习近平总书记走过的路，感受党带领人民脱贫攻坚伟大历程，直播课堂吸引30万人次观看，相关做法被列入全省党史学习教育综合报道。推送8部视频参加市“冬训微课”优秀作品评选，其中“重走陕南，温习金句，看脱贫攻坚的伟大成就”“一颗种子的初心”获一等奖，“‘红色记忆·见证辉煌’党员冬训课堂”“寻初心，百年党史照亮新征程”获二等奖，“激活冬训微课，感受历史温度”获三等奖。是年，天宁区连续五年获评全省基层党员冬训工作示范区，雕庄街道、兰陵街道获评全省基层党员冬训工作示范街道，“红色青果电台”奏响党员冬训“最强音”项目获评全省基层党员冬训工作创新项目，38篇冬训文稿被省级以上媒体录用，其中24篇被“学习强国”学习平台录用、7篇被“理论之光”网站录用。

【理论宣讲】 2021年，区委宣传部推进“红帆领航”理论宣讲三年行动计划，通过发动领导干部上党课、专家学者讲理论、“向日葵”“讲谈社”理论宣讲员宣政策、“百姓名嘴”宣讲团讲故事等形式，依托“红色青果”网络电台、“古树新亭”大讲堂、社区“流动小板凳”、“运河戏台讲堂”等平台，常态化开展理论学习，全年累计开展专题宣讲1300余场，覆盖5万人次，其中，联合区委组织部拍摄的《“红色记忆”——天宁老干部口述历史》纳入全区教

12 月 16 日，天宁区李晨瑞（中）宣讲的《穿越时空的世纪对话》获江苏省"百姓名嘴"风采展示活动总决赛一等奖　　（区委宣传部 提供）

育系统校本课程。为扩大宣讲覆盖面，持续推进"百堂微党课""思政名师精品党课""冬训微课堂"等网上宣讲活动，完成精品党课视频 10 余部，其中 1 部理论宣讲微视频被推荐至中宣部。是年，茶山街道新时代文明实践所李晨瑞《穿越时空的世纪对话》获 2021 江苏省"百姓名嘴"风采展示活动总决赛一等奖，《党徽闪光，爱有芬芳》获江苏省"我把青春献给党"演讲大赛三等奖，《传承》获评省级优秀理论宣讲微视频，"向日葵"基层理论宣讲队获评市级理论宣讲先进集体，陈珺获评市级理论宣讲先进个人，《家书里的百年信仰》获评市级优秀理论宣讲报告，天宁区实现全市基层理论宣讲奖项全覆盖。

【意识形态工作】 2021 年，天宁区严格落实《党委（党组）意识形态工作责任制实施细则》，将意识形态工作纳入 2021 年区委常委会工作要点和党建工作要点，纳入领导班子、领导干部目标管理，纳入全区 2021 年督查检查工作计划。年内，区委常委会召开专题研究意识形态工作会议 3 次，各级各部门"一把手"围绕意识形态上专题党课 41 场。完善意识形态领域情况分析研判联席会议制度，召开全区意识形态领域情况分析研判（扩大）会议，在全市范围内首创意识形态领域应急演练，推出意识形态领域可视化地图。

【网络安全】 2021 年，天宁区委网信办细化落实网络安全工作责任制，加强网络安全应急处置体系建设。开展互联网资产普查专项行动，全面排查互联网资产。组织网络安全攻防实战演练，全程引入技术监管平台，深入检查网站系统存在的风险漏洞，提升安全防护能力。开展网络安全专项检测、网络安全"义诊"等活动，检查评估重点网站系统安全维护现状，提高网站系统安全程度。组织网络安全宣传周活动，协助办好全市网络安全宣传周开幕式，开展网络安全知识竞赛、专题培训、科普宣传等活动，提高市民网络安全防护意识和网络安全素养。是年，天宁区网络安全工作责任制落实情况考核位全市前列，区委网信办获 2021 年市网络安全知识竞赛优秀组织奖。

【网络环境综合治理】 2021 年，天宁区构建风清气正的网络生态环境，深入开展"清朗 2021"专项行动，加强对属地网站、自媒体平台的技术巡查，处置和整改违法违规网站 150 个。制定《天宁区突发事件新闻发布应急预案》，深化"镇（街道）+ 部门"新闻发布模式，全年召开突发事件新闻发布会、媒体通气会 14 场。严格管理政务自媒体账号，加强网络辟谣，加大有害和不良信息举报力度，依法查处制造散播网络谣言行为，维护人民群众合法权益。深入推进网信普法，加快网信普法基地建设，广泛宣传网信法律法规。成立全区互联网行业党委，新增互联网企业党组织 1 个，发展预备党员 5 名、入党积极分子 15 名，进一步扩大互联网企业党的组织和党的工作覆盖。是年，区委网信办获评全市互联网行业党建工作先进集体。

【新闻宣传】 2021 年，区委宣传部实施宣传报道跃升工程，重点聚焦庆祝中国共产党成立 100 周年、传承弘扬历史文化基因、"长三角三新经济高地、现代化城乡治理样板"等主题，壮大主流媒体宣传。全年在各类媒体刊播（发）报道 2300 余篇（含国家级媒体发稿 260 篇），其中《让红色基因、革命薪火代代传承》被《人民日报》刊登，《局小学生讲党史》《来自天宁的全国人大代表李承霞》《说说咱心中的国》等获中央电视台《新闻联播》栏目报道，杜鹃花展、唱支山歌给党听、龙游河水环境整治、丰北村开园等热点获央视、《人民日报》、新华社等主流媒体报道。打造精品宣传作品，针对党员群众推出《五级同框书记带你重走总书记走过的扶贫路》《初心映山红，同庆一百年》等初心系列宣传作品；针对青少年推出《“红色记忆”——天宁老干部口述历史》《唱支山歌给党听》等特色视频校本课程。进一步构建“区新闻中心+常州日报+常州电视台+学习强国”媒体融合新格局，全年推出《常州日报·锦绣天宁》49期，策划《守初心，耕使命，迎丰收》《打赢工业互联网“未来之战”》等专版，累计刊发稿件1000余篇；通过常州电视台《联播常州》《常州新闻》栏目和“常州手机台”客户端等平台，播出天宁相关报道1000余篇；“锦绣天宁”微信公众号全年推出报道1100篇，《今天，恐龙园向天宁东扩》《震撼！天宁将再现古典园林群》等推送文章阅读量均破万人次，居辖市区微信排行榜第一方阵；“锦绣天宁”抖音号、视频号全年发布视频200条，累计获300余万次观看和5万余次点赞。

4月，第十七届中国杜鹃花展在天宁区凤凰新城盛大开幕

（区委宣传部 提供）

【文化产业发展】 2021年，天宁区推进文化产业高质量发展，推进大运河文化带天宁段建设，以“焦溪古镇”“纺织工业遗存”等品牌建设为抓手，安排专员推进10个大运河项目，其中入选大运河国家项目库1个、省重大项目1个、市运河项目库8个。年内，完成《焦溪“江南水乡古镇”申遗价值研究报告》暂定稿、《江南水乡古镇申遗文本》焦溪古镇部分建议稿；完成焦溪季子文旅综合开发项目文化展示中心建设，完成舜山春早一期土地出让，基本完成南城脚·牡丹里内部结构修缮及外立面翻新等工程，东方侏罗纪项目签约启动；推进网络视听游戏产业园建设，承办第二届江苏游戏产业高质量发展论坛，网络视听游戏产业园集中入驻企业15家。在全市率先探索文化产业入规入库扶持政策，全年新增规模以上文化企业18家。承办全省网络游戏出版业务培训班，承办首届中国新闻作品和视听作品版权保护主题论坛、首届中国网络视听国际传播大赛。11月27日，常州青果巷历史文化研究院入选首批江苏省对外文化交流基地。是年，江苏胖普网络科技有限公司、江苏网博视界科技股份有限公司、江苏现代快报股份有限公司常州分公司获市级文化产业引导资金60万元，英雄读书会大型真人图书秀系列活动之“党的旗帜在基层飘扬”项目获评市高层次文化人才项目，张军、李梦雅、吴君鸣获区级领军人才扶持资金。

【文化惠民工程】 2021年，天宁区深化“运河放歌”文化传承及惠民工程，持续打造“紫荆先锋放映基地”等惠民文化阵地，举办第十七届中国杜鹃花展、2021中吴文化艺术节、“初心永不变”系列文化活动等12场大型活动及百场小型活动，惠民活动场次超千场，惠及群众百万人次。开展省紫金文化艺术节暨常州中吴文化艺术节天宁分会场市“百团颂百年·永远跟党走”系列群众文化活动200场，惠及群众约10万人次，其中天宁区锦绣艺术团“永远跟党走，幸福舞起来”广场舞获全省最佳风采奖。持续扩大公益服务效应，组织开展“送电影下乡”活动，全年累计放映公益电影100余场；开设线上古筝基础、舞蹈赏析等公益课程12期，开办行书基础、太极等公益培训14个班次、100余课时，惠及4000人次。新增2家秋白书苑（天宁吾悦秋白书苑、新丰苑桃渚秋白书苑），与常州图书馆以及其他秋白书苑的借阅系统连通，市民可以通借通还图书，书苑还提供餐饮、桌游、剧本杀、乐高拼图、绘画等服务活动，打造沉浸式文化交流综合平台，形成更具人文关怀、审美品位、文化内涵和社会影响力的公共文化空间。

【文艺精品创作】 2021年，天宁区全面贯彻落实《常州市2018—2021年文艺精品生产规划》，围绕庆祝中国共产党成立100周年等重要时间节点，加强重大题材作品、重点文艺项目的规划引导，完成歌曲《红绸如诉》和长篇报告文学《好风过郑陆》，新创纪实文学《美丽中轴：常州文化的蜕变与涅槃》获评“常州市优秀精神文化产品创作扶持项目”。深入挖掘天宁历史文化资源，创作朗诵《党在心中》、快板《龙城盛景在天宁》、歌曲《国画》、小品《特殊婚礼》、舞蹈《幸福桃花开》《吉祥》等10余个文艺精品。

【庆祝中国共产党成立100周年系列群众文艺活动】 2021年，天宁区把握庆祝中国共产党成立100周年“党的庆典、人民的节日”的基调定位，举办“初心映山红·同庆一百年”“初心永不变·‘河’你在一起”“‘杏’会初心·‘鱼’见丰北”等初心系列活动，赓续红色血脉，汲取奋进力量。4月21日至5月5日，天宁区在雕庄街道全民健身中心举办“百年华诞绘党恩，锦绣天宁绽新姿”首届美术展，累计征集、展出美术作品260件，涵盖中国画、油画、水彩、烙画等艺术门类，通过对天宁风土人情和自然风貌描绘，寄托对家乡的热爱以及对美好生活的赞美；经评选，《秋水池塘晓自凉》《天鹅》等5件作品获“天宁美术奖”，《天台》《天宁初雪》等10件作品获提名奖。4月，兰陵街道在中吴大道兰陵路地下交通过道打造常州首个红色主题地下通道——“星火辉煌追梦路”红色时光廊道，廊道以历史脉络为轴线，以重要事件为节点，用黑白色调老照片、旧图像，引领来往行人“沉浸式”“穿越式”体验中国共产党风雨兼程、砥砺奋进的百年历史，累计吸引2万人次体验学习。6月23日晚，天宁区在龙游河畔举办首场“初心永不变·‘河’你在一起”主题文艺演出，汇演分“红色初心”“幸福之歌”“时代之音”3个篇章，以龙游河变迁，展现一代代天宁人矢志不渝践行初心使命的百年奋斗。6月，天宁街道举办“一张船票走大运”庆祝活动，晚会以“奋斗百年路，启航新征程”为主线，设“百年风华”“红色城厢”“青果先锋”3个篇章，引导广大党员群众凝聚思想共识，筑牢爱党信念。

6月，“初心永不变·‘河’你在一起”天宁区庆祝中国共产党成立100周年文艺会演活动　（区委宣传部 提供）

【“读红色经典·学百年党史”天宁全民阅读活动】 2021年，天宁区继续推动书香社会建设，围绕庆祝中国共产党成立100周年，以“读红色经典·学百年党史”为主题，开展读书分享、诗歌朗诵、故事演讲、口述历史、亲子阅读、数字阅读、流动阅读等活动。打造“青果书香”全民阅读活动品牌，全年举办5场“阅读的力量·青果思享会”区级读书活动，先后邀请北京大学中文系教授、中国科学社会主义学会副会长韩毓海，《亮剑》作者都梁，《走读周有光》作者陈光中，“中国戏剧奖·曹禺剧本奖”三届得主罗周等知名学者大师作为主讲嘉宾，交流分享读书心得体会。举办“红色经典永流传——全民阅读活动”128场，组织党政机关和企事业单位党员开展“读原著、学原文、悟原理”系列读书活动，组织村（社区）群众开展“学党史、知党情、跟党走”系列读书活动，组织家庭、学校和未成年人开展“大手牵小手，携手共阅读”亲子阅读活动，指导企业开展“职工书屋”“书香之家”评选等活动。健全覆盖城乡、均等便捷的全民阅读服务网络，推进图书馆（室）、电子阅览室、读书点建设，开放区图书馆、常州图书馆茶山分馆、郑陆镇24小时智能自助图书馆等场所，常态化开展51个“全民阅读”工作示范点读书活动，提升辖区居民思想道德水平和科学文化素质。组建“我爱我馆”阅读服务队、“百米读书圈——小小志愿者”、教师义工队等阅读志愿者队伍，针对不同人群提供“私人订制”式阅读。

（吴　晔）

精神文明建设

【概况】 2021年，天宁区深入推进文明城市建设，组建全域美丽天宁建设专班，制定启动《天宁区创建典范性全国文明城市三年行动计划（2021—2023年）》，开展各级各类身边好人、道德模范评选，深化志愿服务，加强未成年人思想道德建设，培育和践行社会主义核心价值观，推进天宁区新时代文明实践所、站全覆盖，创新推出“天宁讲谈社”“行走中的党史讲堂”“新时代文明实践红色流动车”等品牌活动，全年开展活动5000场，参与群众35万人次。

【典范性全国文明城市创建】 2021年，天宁区根据创建典范性全国文明城市要求，制定启动《天宁区创建典范性全国文明城市三年行动计划（2021—2023年）》（以下简称《计划》），计划通过三年时间，加强社会主义核心价值观引领，进一步改善城市功能、人民生活品质，全面提升城市精细化管理水平，增强社会治理效能，健全公共服务体系，不断提升城市综合竞争力、人文魅力和发展活力，为2023年常州市高标准实现全国文明城市“五连冠”、创建典范性全国文明城市贡献天宁力量。《计划》列出“人的现代化”“城市功能品质”“区域治理现代化”“城乡融合发展”“城市形象”“民生服务”六大提升工程和28项重点任务。年内，天宁区组建全域美丽天宁建设专班，探索文明城市建设、城市长效管理和农村人居环境整治三合一工作机制。是年，天宁区1个镇、5个村、10个社区、30家单位、5所学校分别获评2019—2021年度江苏省文明乡镇、文明村、文明社区、文明单位、文明校园（中小学）。

【“百年百场”党史系列精品道德讲堂】 5月8日，全市“百年百场”党史系列精品道德讲堂第一讲在市文化广场开讲，由天宁区委宣传部主办、茶山街道承办，以“永远跟党走，共唱富强歌”为主题，分唱歌曲、学党史·忆村史、谈感悟、诵经典、送吉祥5个环节。聚焦茶山街道富强新村，通过平凡人讲述《创新奋斗·富强路》《老旧新村·新气象》《三份喜糖·话幸福》等富强人生活变迁故事，回顾思考“天宁区富强人的美好生活是怎么来的，是什么力量引领着大家砥砺前行，富强又是为了谁”等问题。活动现场，天宁区率先在全市启动“行走中的党史讲堂”活动，并举行授牌仪式和茶山街道“富强之声”党史宣传队授旗仪式。是年，天宁区开展“童心向党，幸福成长”“道德美与善，书香润心灵”等区级精品道德讲堂20场，其中6场在市道德讲堂总堂宣讲。

5月8日，天宁区主办的“永远跟党走，共唱富强歌”道德讲堂全市“百年百场”党史系列精品道德讲堂第一讲在市文化广场开讲

（区委宣传部 提供）

【群众性主题宣传教育活动】 2021年，天宁区通过文艺会演、志愿服务、观摩体验等形式，开展“永远跟党走”“我和我的祖国”群众性主题宣传教育活动。年内，区委宣传部指导青龙街道、茶山街道、常州交点影视传媒有限公司，以社会主义核心价值观为题材，创作微电影、微视频《传承》《一颗种子的初心》《三强三富》等作品7部，在全区范围内展演百余场。组织开展“9·30”烈士纪念日向革命先烈致敬献花、悬挂国旗、我和国旗合影、“国泰民安‘常’寿面”国庆吃面等庆国庆八类系列活动，营造国庆浓厚氛围，推进理想信念教育常态化制度化。10月1日，在青果巷启动“我和我的祖国”群众性宣传教育活动暨首届赵元任艺术节，汤亚平、李承霞、范宏宣等10位天宁区各界优秀代表为祖国送上祝福，庆祝中华人民共和国成立72周年。

【未成年人思想道德建设】 2021年，天宁区开展“童心向党”系列教育实践活动，线上线下联动开展“红领巾”寻访实践、“童心向党·梦圆中华”青少年庆祝中国共产党成立100周年红歌大赛、“我唱队歌给党听”快闪视频展示等教育实践活动，引导青少年在学习教育中传承红色基因、汲取奋进力量、增强爱国信念。4月，“星火常传，少年铿锵”常州市“四仪”示范教育观摩活动10岁成长仪式在常州市局前街小学举行，活动分“向成长感恩”“向少年进发”“向未来铭志”3个篇章，将党史学习教育融入成长仪式，展示新时代青少年昂扬向上的精神风貌和爱党爱国的深厚情怀。开展新时代好少年评选申报，毛晋南、顾宸溪获评省“新时代好少年”，姜岚、黄熙涵获评市“新时代好少年”，评选区级新时代好少年40名。区文明办、天宁街道新时代文明实践所、常州市深蓝社会工作服务中心联合申报的《天小宁的老城厢复兴课》、常州市第二实验小学教育集团申报的《新竹娃四季耕耘教育》获评2021年度全市未成年人思想道德建设工作优秀项目。

【典型模范选树】 2021年，天宁区全面贯彻落实《新时代爱国主义教育实施纲要》《新时代公民道德建设实施纲要》，坚持以主流价值构建道德模范、指引道德实践。组织开展志愿服务，全区有志愿服务队800个，参与志愿服务10万余人，累计开展志愿服务约34.5万人次。是年，尤辉获评“全国学雷锋志愿服务最美志愿者”，吴俊获评“河南省防汛救灾优秀志愿者”，沈冬霞获评“常州市优秀志愿者”，青龙街道阳光龙庭社区芝麻社会服务协会获评“常州市优秀志愿服务组织”，雕庄街道朝阳花园社区、茶山街道富强新村社区获评“常州市优秀志愿服务社区”。广泛开展身边好人先进典型评选活动，收集上报好人素材100余份，其中李承霞获评“中国好人”和“江苏省道德模范”提名奖，李强、范敖金、高丽群、杨志安4人获评“江苏好人”，孙中华、高丽群等12人获评“常州好人”，48人获评“天宁好人”。持续推进“江苏最美人物”“龙城榜样”“最美常州人”等典型选树，杨志安、陈顺获评“常州市最美志愿者”，蔡干忠获评“常州市最美职工”，刘苗获评“常州市最美大学毕业生”，李强获评“常州市最美退役军人”，王燕获评“常州市最美教师”，蒋建平获评“常州市最美诚信之星”。

（吴　晔）

统战工作

【概况】 2021年，天宁区有民革基层委员会、民盟基层委员会、民建基层委员会、民进基层委员会、农工党基层委员会、致公党基层委员会、九三学社基层委员会7个民主党派基层委，拥有971名民主党派人士。有1个工商联组织，3141家企业（个人、团体）会员。有1个党外知识分子联谊会，50名会员。有1个新的社会阶层人士联谊会，63名会员。有1个欧美同学会（留学人员联谊会），27名会员；全年有出国留学人员305人、归国留学人员299人。有1个归国华侨联合会，51名会员。是年，区委统战部持续深化新时代“两个健康”先行区创建，加大对年轻一代民营企业家教育培训力度，持续开展宗教活动场所房屋安全鉴定和消防评估，支持民革区基层委、九三学社区基层委换届，成立农工党区基层委，成立2家区党外知识分子联谊会分会、常州青果巷新的社会阶层人士联合会、全市首家新侨服务站。

【民营经济统战工作】 2021年，天宁区召开创建新时代“两个健康”先行区工作推进大会2场，总结27项创新成果，部署解读新时代“两个健康”评价指标体系，推进工作落实。推进关心支持服务民营企业家发展专班工作，健全全区民营经济统战工作协调机制，完善支持企业家创新创业、服务民营经济高质量发展联席会议制度，形成齐抓共管民营经济大统战工作格局。持续开展区领导为企业“送服务、解难题、办实事”活动，定期解决企业家个性化问题。加强年轻一代企业家理想信念教育，4月，组织30名企业家赴南通市张謇企业家学院开展主题研修班活动。引导全区企业家投身社会公益、弘扬光彩精神，年内新增“天宁街道商会百万光彩基金”1个，区总商会、各基层商会企业家全年慈善捐款捐物价值超2000万元。12月，成立区数字经济产业商会，吸纳首批会员企业40家，同步成立商会功能型党支部。同月，完成区工商联（总商会）换届，召开区工商联（总商会）第八次会员代表大会，选举产生区工商联（总商会）第八届执行委员会，张文昌当选区工商联（总商会）主席（会长）。

【民族工作】 2021年，天宁区有常住少数民族38个、2720人，占户籍人口的0.56%，其中回族、苗族、壮族、蒙古族、满族、土家族6个少数民族人口均超100人，回族人口最多，有932人；外来流动少数民族人口 4884 人。全区有悬挂江苏省民族宗教事务委员会颁发的清真标志牌的饮食网点 20 处，清真餐饮网点 90 余家。是年，区委统战部贯彻落实习近平总书记在中央民族工作会议上的重要论述，以铸牢中华民族共同体意识为主线，组织开展以“民族团结一家亲、同心向党砥砺行”为主题的民族团结进步宣传月活动，组织各社区（村）通过主题宣讲报告会、座谈会、实地参观等形式开展宣传，进一步提高居民群众民族团结意识，营造各民族交流、交往、交融的社会氛围。6 月，选送舞蹈《永远的赞歌》参加全市民族宗教界庆祝中国共产党成立 100 周年文艺会演。9 月，区民宗局开展“民族花开，同心共梦”活动，组织全区少数民族群众代表参观常州党建与红色文化主题教育馆和第十七届中国杜鹃花展览会，回族、壮族、傈僳族、藏族、维吾尔族等少数民族群众 30 余人参加。12 月，兰陵街道工人新村第一社区、天宁街道前后北岸社区获评全省第二批“红石榴家园”。全年向全区 767 名符合条件的少数民族群众发放清真食品补贴 13.79 万元，为 2 名公民办理民族成分变更手续。

【宗教工作】 至 2021 年年末，全区有依法登记的宗教活动场所 11 处，其中，佛教活动场所有天宁禅寺、清凉禅寺、九华禅寺、南城寺、舜山古寺、东平禅寺、舜山南禅寺 7 处，天主教活动场所有郑陆东青天主堂 1 处，基督教活动场所有常州市基督教教堂、焦溪基督教教堂、北塘基督教教堂 3 处。3 月，根据省、市相关文件精神，落实宗教活动场所属地管理职责，天宁区承担原市级宗教场所——天宁禅寺、清凉禅寺、九华禅寺、常州市基督教教堂的日常监管职能。根据《常州市民间信仰活动场所管理指南（试行）》，规范管理 3 家省级认定的民间信仰场所，建立健全内部管理组织和各项制度，打击各类非法宗教活动，提高宗教工作法治化水平。指导市基督教教堂第四届堂委会换届，选举产生第五届堂委会。开展宗教教职人员基础信息调查，全区所有教职人员基础信息录入“省宗教工作服务平台”，按“一人一档”建立人员档案。指导宗教场所开展法人登记试点，年内，南城寺、常州市基督教教堂 2 家宗教活动场所完成法人登记。加强宗教领域安全生产，通过安全生产专题宣讲等形式，指导宗教场所开展应急疏散和消防演练。联合区卫健局、区市场监管局、天宁消防救援大队等部门，开展房屋安全、消防安全、食品安全等方面检查，分类排查处置安全隐患问题。推进宗教场所建筑安全鉴定和消防评估，提升宗教场所本质安全水平。

【党外代表人士队伍建设】 2021 年，区委统战部配合民革区基层委、九三学社区基层委完成换届，支持区农工党支部成立基层委，引导各民主党派新、老领导班子完成政治交接。组织全区各基层委主委召开座谈会，了解党派诉求建议。10 月，天宁区党外知识分子联谊会天宁经济开发区分会成立，拥有会员 37 名；11 月，天宁区党外知识分子联谊会人力资源服务产业园分会成立，拥有会员 21 名，2 个分会均挂牌成立“天宁区党外知识分子之家”，扩大党外知识分子联谊组织在园区覆盖率。

【天宁区欧美同学会（天宁区留学人员联谊会）成立】 2021 年，天宁区根据中央、省、市委统战工作会议精神，为更好地团结和服务天宁区归国留学人员，10 月，召开天宁区欧美同学会（天宁区留学人员联谊会）成立大会，以及第一届第一次会员大会，首批会员 27 名，选举产生会长 1 名、副会长 5 名，江苏华鑫合金有限公司总经理袁鑫明当选会长。

10 月 30 日，天宁区欧美同学会（天宁区留学人员联谊会）成立
（区委统战部 提供）

【新的社会阶层人士统战工作】 7月，天宁区召开新的社会阶层人士联合会第一届理事会第五次会议，增补会员7名、副秘书长1名，选举陈顺为会长。12月，常州青果巷新的社会阶层人士联合会成立，首批会员22人，选举周渊杰为会长，通过团结街区内自由职业者，有效挖掘青果巷统战历史价值。是年，区委统战部在郑陆镇丰北初心课堂、兰陵街道同衫科创园建立新的社会阶层人士统战工作实践创新基地。2022年1月，天宁区“乡村‘郑’新”驿站实践创新基地获评常州市第四批新的社会阶层人士实践创新基地。

【涉台工作】 2021年，天宁区有台资企业43家，总投资1.5亿美元，协议注册台资1.19亿美元。年内，组织台商台胞参观美丽乡村建设，召开台商台属迎新春联谊会，走访重点台资企业10家，了解台企台商生产经营情况和台胞台属工作生活等方面需求，帮助台企缓解资金、物流、原材料等方面困难。加强台湾青年创业创新示范基地建设，推进博创共创园等平台载体建设，发挥对台工作资源优势。

【侨务工作】 2021年，全区有侨界代表人士22人、华侨341人、侨眷608人、华人138人；新增青果巷历史文化街区、天宁禅寺2处中国华侨国际文化交流基地。全年走访慰问归侨侨眷30人，办理“三侨生”（归侨青年、归侨子女、华侨在国内的子女）身份认定2人、华侨身份证明1人、归侨身份认定1人。10月，天宁区召开第五次归侨侨眷代表大会，选举产生区侨联第五届委员会新一届领导班子，区委统战部副部长、区民宗局局长、区侨办主任章仕杰当选区侨联主席。9月，成立常州首家“天宁区新侨服务站”，建立“128服务体系”和“侨汇天宁”工作品牌，聘请8名“新侨管家”为新侨人士提供“一站式”服务，与江苏理工学院达成产学研合作共建协议，形成天宁区侨联组织、高校与广大新侨人士紧密联系长效机制，提高新侨人士归属感。开展侨法宣传活动，区侨办邀请金牌律师事务所律师赵军定期为全区重点楼宇内侨界人士提供免费法律咨询。开展侨务交流学习活动，6月，组织归侨、侨眷40余人赴茅山新四军纪念馆和首批全国乡村旅游重点村金坛区仙姑村学习；8月，组织10名新侨代表人士参加郑陆镇丰北村“助乡村振兴，展新侨风采”主题活动。

（汪　垚）

机构编制管理

【概况】 2021年，区委编办巩固提升基层整合审批服务执法力量改革，强化机构编制管理，深化相对集中行政许可权改革，开展机构编制核查，优化事业单位登记管理服务，推动机构编制法治建设。是年，区委编办获评2021年度辖市（区）委编办重点工作绩效评价优秀单位。

【基层整合审批服务执法力量改革】 2021年，区委编办围绕省委编办关于推进基层整合审批服务执法力量工作标准和市委编办工作要求，会同区委组织部、区委政法委、区司法局等部门，深入基层调研改革推进情况，进一步补齐短板，巩固提升改革成效。根据省委编办《关于开展基层治理体系改革先行先试试点创建先行先试示范项目的通知》要求，遴选郑陆镇申报全省基层“三整合”改革示范镇；2022年1月，郑陆镇获评省推进基层整合审批服务执法力量工作先进单位。持续推进执法重心下移、力量下沉，把城管、市场监管领域2021年新录用执法人员优先下沉到基层，不断提升基层承载能力，保障基层优化审批服务、强化执法监管。稳步推进镇（街道）综合行政执法改革，会同区司法局梳理下放行政处罚权事项清单，下放各街道行政处罚事项115项，调整郑陆镇行政处罚事项333项。推进镇（街道）权力清单标准化建设，提请区政府印发《常州市天宁区镇（街道）权力清单》，进一步理顺镇（街道）与区级部门权责关系，确保权力事项“放得下、接得住、管得好”。

【相对集中行政许可权改革】 2021年，区委编办以党史学习教育为契机，坚持“以人民为中心”工作主线，针对相对集中行政许可权改革实施情况，会同区行政审批局开展专题调研，着力解决改革实践中堵点、难点问题。3月，出台《相对集中行政许可权运行实施细则》，进一步健全完善区行政审批局和区行业行政主管部门间分工合作、密切协同、高效联动的政务服务体系，提升便民服务水平。针对“医师执业注册”“体育类民办非企业单位申请登记审查”“文化类民办非企业单位设立前置审查”3项运行不畅、管理不顺的相对集中行政许可事项，将审批部门由区行政审批局调整为区卫健局、区文体旅局，保障相对集中行政许可权运行更加科学规范、高效利民。

【机构编制管理】 2021年，区委编办落实《天宁区公务员转任实施办法（试行）》规定，严格实施转任相关条件和程序，加强源头管控，强化制度约束，发挥机构编制基础性作用。以“三责联审”（即选人用人责任、机构编制责任和经济责任联合审计）为主要抓手，开展机构编制管理评估，会同有关部门对雕庄街道、红梅街道党政领导干部开展“三责联审”，推动机构编制管理规范化、精细化。优化事业单位布局，清理“小散弱”事业单位，撤销无在编人员事业单位1家。统筹使用各类编制资源，坚持机构编制工作围绕中心、服务大局、保障重点定位，为区司法局增设行政复议与应诉科，增核行政编制1名，保障行政复议体制改革。加大民生领域资源倾斜力度，增核全区基层医疗机构事业编制5名，增核全区按岗位购买服务教师100名。

【机构编制核查】 7—10月，按照省委编办要求，区委编办全面梳理天宁区机构编制情况，核查各机关事业单位设立时间、级别、性质、经费来源、人员编制、领导职数等基础信息资料，汇总形成机构编制台账，高质量完成省委编办编制核查工作。11—12月，根据中央编委关于开展第二次全国机构编制核查工作部署和省市要求，围绕“机构清、编制清、领导职数清、实有人员清”目标，开展天宁区第二次机构编制核查，通过自查、群众监督、数据比对、实地核实、数据更新5个环节，规范梳理机构编制基础数据，精准掌握全区机构和人员编制情况，实现机构编制核查全覆盖。

【事业单位登记管理】 2021年，区委编办加强事业单位全方位监管，实行“线上预审”“容缺受理”等举措，3月底完成全区145家事业单位法人年度报告，报告率和公示率均为100%。采用“双随机、一公开”方式抽查4家事业单位，推动事业单位法人公示信息事中、事后监管。加强事业单位信用监管体系建设，遵循“守信激励、失信惩戒”原则，对区属学校、基层医疗卫生机构开展2020年度事业单位信用等级评价，参评的72家区属事业单位评价结果均为A级，并通过区政府网站向社会公示。

（刘　曼）

老干部工作

【概况】 2021年，天宁区委老干部局重点服务管理的离退休干部106人（其中机关83人、事业单位9人、企业5人、异地安置离休干部9人），年内去世离休干部4人。县处级以上离退休干部77人，其中区“四套班子”正职离退休干部15人（含离休3人）、区“四套班子”副职离退休干部35人（含离休4人）、享受县处级待遇的离休干部7人、享受县处级待遇的退休干部20人。全区有离退休干部党支部17个，其中机关7个、镇（街道）10个。是年，天宁区持续打响“银霞天宁”老干部工作品牌，推动老干部工作更好地融入新时代、融入天宁高质量发展大局。注重老干部政治思想教育，组织开展庆祝中国共产党成立100周年主题征文、“光荣在党50年座谈会”等活动，引导老干部增强“四个意识”、坚定“四个自信”、做到“两个维护”。推进“六有一提升”（有党的组织、有领导班子、有组织活力、有作用发挥、有工作制度、有工作保障，提升组织力和战斗力）工作稳步开展，制定《全区离退休干部党组织建设质量提升行动实施方案》，通过支部结对共建平台，推动离退休干部基层党组织全面进步。探索在老年社团、老干部志愿服务队伍、养老机构等领域建立非建制性离退休老干部党组织，“七一”前夕，成立安信颐和离退休党支部。落实老干部政治待遇，协同区委组织部、区人社局、区财政局、区卫健局等相关部门强化服务措施，在春节、建党节、重阳节等节点，开展多形式走访慰问。加强老干部活

6月23日，天宁区召开“光荣在党50年”老干部座谈会
（区委组织部　提供）

动中心安全保障，强化人员出入登记管控和场所消杀抽查。推进离退休干部与社区卫生服务中心医生签约一对一服务，年内，35 名离休干部完成续约服务。是年，区委组织部常务副部长、老干部局局长、离退休干部工委书记钟山获评全国老干部工作先进个人。

【“永远跟党走，银霞映天宁”庆祝建党百年系列活动】 2021 年，区委老干部局为庆祝中国共产党成立 100 周年，开展“永远跟党走，银霞映天宁”庆祝建党百年系列活动，组织全区离退休党组织、广大离退休干部开展重温党史、共忆初心、同颂心声、先锋引领等系列活动。5 月，举办天宁区离退休干部党支部骨干培训班，以党史学习教育、弘扬党的优良传统作风、新时代老干部党建工作的新要求等内容为主题，组织全区 30 余名离退休干部参加党支部业务骨干系统培训。6 月 9 日，区委老干部局、区老干部书画研究会、区老年书画协会联合河海大学常州校区党工委举办“翰墨丹心颂党恩，不忘初心跟党走”庆祝中国共产党成立 100 周年联合书画展，在河海大学常州校区图书馆展出离退休干部书画爱好者书画作品 100 余幅，作品歌颂党的丰功伟绩，描绘人民群众幸福生活，表达广大老干部对党的无限热爱和对国家繁荣昌盛的美好祝愿。

【“记忆百年 · 老物件见证新时代”红色老物件展】 6 月 23 日，区委老干部局联合区退役军人事务局举办“记忆百年 · 老物件见证新时代”庆祝中国共产党成立 100 周年红色老物件展开幕式，140 余件（套）老物件在区党群服务中心集中展示。

6 月 23 日，区委老干部局举办“记忆百年 · 老物件见证新时代”庆祝中国共产党成立 100 周年红色老物件展　　（区委组织部 提供）

该次展出的老物件包括老党员学习手抄本、获奖证书、老照片、老奖状等纸质资料，以及老军装、老钟表、老相机、老电视机等生活用品，展品由天宁区老干部、老党员、老兵等提供，展览时间 6—7 月，累计吸引参观者超 1.5 万人次。

【《“红色记忆”——天宁老干部口述历史》视频上线】 2021 年，由区委组织部、区委宣传部联合出品，区委老干部局、区档案局（馆）、区退役军人事务局协助拍摄的《“红色记忆”——天宁老干部口述历史》在江苏电视台专题上线，把老党员个人经历展现成鲜活的党史学习教材，“学习强国”学习平台、江苏卫视“荔枝网”等多家媒体予以报道。传奇老兵季刚芹、陈毅警卫员陶家营、红色特工金敏文、工人阶级先锋钱达茂、逆行军医陶曙启、抗美援朝电报员甘家源、抗美援越炮兵顾其良、参与击落 F-104 战斗机的飞行员舒一泉、参与击落 U-2 侦察机的空军雷达兵方岳荣等 12 位老党员口述抗日战争、解放战争、抗美援朝、对越自卫反击战等革命历程，还原峥嵘岁月里的革命故事，他们中年龄最大 95 岁，最小 77 岁，平均年龄超过 87 岁。

（孙志扬）

档案工作

【概况】 2021 年，区档案馆根据《江苏省市县级国家综合档案馆业务建设评价办法》，开展馆内业务自查自整，通过鉴定保存期满档案、开放划控文书档案、补充完善全宗卷内容、修订档案馆指南、编制综合档案馆业务建设评价自评台帐等，推进档案馆业务规范化建设。是年，区档案馆接收 2020 年婚姻档案 3762 件、婚姻档案全文数据 3.12 万页；接收原安监局 2005—2018 年文书档案 2701 件。全年扫描 2000—2010 年工商注销档案、部分文书档案 37.13 万页，扫描原环保局、原民防局照片档案 1064 张。全年接收政府公开文件 492 件，接待各单位和群众查档 1808 人次，提供档案信息 2834 卷件，为经济建设、征地拆迁、落实政策、调解纠纷、核实工龄、工作调动、户口迁移等方面提供佐证。6 月，围绕第 14 个国际档案日“档案话百年，用档案讲好家庭故事”主题，在朝阳新村第一社区开展家庭档案实物展示、家庭档案收集整理讲解、档案宣传手册发放等活动。

【档案指导监督】 2021 年，区档案馆根据《江苏省精准扶贫档案管理实施办法》《关于做好全市精准扶贫档案工作的通知》，指导精准扶贫资料归档整理，联合区扶贫办深入精准扶贫所涉镇、村，督促相关村做好扶贫档案规范管理。至 12 月，指导区扶贫办完成脱贫攻坚档案整理 1765 件，包括决策部署、政策法规、计划总结、监督管理、组织保障等文件材料，以及天宁经济开发区管理的 5 个村、郑陆镇 21 个村形成的低收入农户识别建卡、贫困户帮扶措施采集表、贫困人口脱贫退出公示等材料，归档材料均完成数字化扫描。指导农村集体产权制度改革资料归档整理，通过开展业务培训，明确此类档案收集重点和归档要求。开展档案年度检查，采用单位自查和区档案馆重点抽查形式，对 69 家进馆单位及 17 家行政村（社区）2020 年度归档情况开展检查，获评优秀等次单位 48 家。

【保存期满档案鉴定】 2021 年，区档案馆开展馆藏保存期满档案鉴定，根据《天宁区期满档案鉴定工作计划》，对照国家档案局《机关文件材料归档范围和文书档案保管期限规定》（8 号令），对 21 家全宗单位的 7484 卷、9267 件档案的目录及全文内容开展分析、审查，经鉴定，仍有保存价值档案 6531 卷、213 件，其中文书档案 346 卷、213 件，专业档案 6185 卷。对保管期限为长期或 30 年档案，保留原目录号和标签，继续保存；对保管期限为短期档案，组卷档案启用新的目录号，仍以组卷形式保存，组件档案纳入该年度保管期限为长期档案之后，续编件号；对确无保存价值档案，以全宗为单位编制销毁清册，填写“待销毁审批表”，累计待销毁档案 953 卷、9054 件，均为文书档案。

3 月 26 日，区档案馆接收高晓声之子高其格（左）捐赠的高晓声人物档案 （区档案馆 提供）

【第二批文书档案开放划控】 2021 年，区档案馆根据《中华人民共和国档案法》有关规定及相关法律法规，对自形成之日起满 30 年文书档案开展划控，涉及 43 个全宗单位 2670 卷 4370 件档案。经专人逐卷、逐页鉴定档案内容，逐级审核把关，向社会开放档案 303 卷 583 件，并提前开放未满 25 年档案 780 件，内容涵盖经济、教育、科技、文化等类别；控制使用档案 2367 卷 3787 件。

【重要人物档案征集】 2 月，区档案馆根据省档案局、档案馆《关于开展“百年恰是风华正茂——江苏省百名重要人物档案征集展示活动”的通知》要求，广泛征集天宁区重要人物档案资源，旨在弘扬党在百年征程中做出重大贡献的江苏英雄人物精神，丰富馆藏红色档案资源。年内，区档案馆征集接收“陈奂生系列”小说作家高晓声、“新中国成立以来 100 位感动中国人物”邓建军、“抗美援朝老兵”季刚芹 3 位重要人物实物、纸质、音视频档案资料 275 件，包括高晓声《陈奂生出国》手稿扫描件、高晓声任江苏省作家协会顾问聘书、中共十九大代表邓建军专题片、邓建军各级各类荣誉证书、季刚芹受毛泽东主席接见材料、季刚芹获华东军区炮兵政治部功劳证等档案。

（华文怡）

常州市天宁区人大

◆ 栏目编辑　凌建蓉

综　述

【概况】2月20—23日，天宁区第十六届人民代表大会第五次会议召开，会议回顾2020年全区政治、经济和社会事业取得的成就，确定2021年全区政治、经济和社会事业发展目标。闭会期间，区人大常委会围绕区委重大方针政策和战略部署，依法行使各项职权，为推动天宁经济社会高质量发展和加强民主法治建设发挥应有作用。是年，区人大常委会举行常委会会议10次，分别听取和审议"一府两院"专项工作报告16项，作出决议决定27项，任免区国家机关工作人员84人次；召开主任会议13次，听取工作汇报13项；开展执法检查3次、视察调研12次，形成调研报告22篇，撰写理论研讨文章18篇，其中5篇研讨文章入选常州市人大优秀调研成果。全年围绕代表意见建议办理、街道议政代表会制度建立、全过程人民民主实践等工作撰写信息50余篇，其中10篇信息被新华社客户端、"学习强国"学习平台、《人民与权力》杂志等媒体录用。

2月21日，区十六届人大五次会议在常州市第二十四中学天宁分校召开
（区人大办 提供）

【选民登记启用"线上登记"模式】11月，区人大常委会针对疫情防控形势，为避免人群聚集，联合市、区大数据管理局，依托"我的常州"App，设置"天宁选民登记"板块，开启选民"线上登记"模式。选民在手机上打开"我的常州"App，点击"天宁选民登记"图标进入相应页面，选择"本人登记"或"代家庭成员登记"，输入姓名、身份证号、居住地址等资料并提交，完成选民登记；针对高龄、不会使用智能手机的选民，平台提供由亲属代为填报的选项，减少选民填写内容，推动选民从被动登记向主动登记转变，最大限度提升选民参与度。同时，该平台通过运用常州市数据共享交换平台的人口基础数据库相关信息，自动关联选民户籍地址、居住地址、工作单位等，避免"重登""错登"现象。至11月底，全区441635名选民通过线上、线下相结合方式完成选民登记。

【天宁区第十七届人大代表选举】9—12月，天宁区开展第十七届区人大代表选举。区人大常委会根据

《中华人民共和国全国人民代表大会和地方各级人民代表大会选举法》和上级部署要求，严肃选举纪律，全过程监督选民登记、产生候选人、投票选举等关键环节，确保风清气正、民意畅通。选举期间，区选举委员会召开工作会议6次，举办培训班16期，培训人员500余人次，悬挂宣传横幅936幅，发放《致选民的一封信》37.1万份，张贴选民须知、选举公告18074张。2021年，参加区人大代表选举的登记选民总数441635人，参加投票（含委托投票）选民395908名，参与率89.65%；346名区人大代表正式候选人与选民见面，见面率97.4%。12月9日，102个选区完成新一届区人大代表选举，选出天宁区第十七届人大代表253名。其中，基层代表（含一线工人、农民、专业技术人员）131人，占比51.8%；妇女代表91人，占比36%；党政领导干部27人，占比10.67%；企业负责人36人，占比14.2%；非中共党员41人，占比16.2%，符合省、市人大代表会议对代表整体结构的比例要求。代表年龄结构更趋合理，40岁以下人大代表52人，占代表总数的20.6%；41～55岁人大代表153人，占代表总数的60.5%；56岁以上人大代表48人，占代表总数的19%。代表中新的社会阶层代表人士42人，占代表总数的16.6%；社区工作者54人，占代表总数的21.3%；连任人大代表111人，占代表总数的43.9%。代表受教育程度不断提升，具有大专以上文化程度的人大代表238人，占代表总数的94.1%。

（陈文玮）

10月10日，天宁区召开人大换届选举工作会议　（区人大办 提供）

重要会议

【天宁区第十六届人民代表大会第五次会议】 2月20—23日，天宁区第十六届人民代表大会第五次会议召开，会议应到代表221人，实到代表212人。会议听取和审议代理区长张凯奇所作的《天宁区人民政府工作报告》、区人大常委会主任沈月芬所作的《天宁区人大常委会工作报告》、区法院院长王留洪所作的《天宁区法院工作报告》、区检察院检察长高旭明所作的《天宁区检察院工作报告》，书面审议《天宁区国民经济和社会发展第十四个五年规划和二〇三五年远景目标纲要》《天宁区2020年国民经济和社会发展计划执行情况与2021年国民经济和社会发展计划草案的报告》《天宁区2020年预算执行情况与2021年预算草案的报告》，表决通过各项工作报告决议，票决通过天宁区2021年民生实事项目。选举张凯奇为区人民政府区长，选举戴留春为区人大常委会副主任，选举王琥、王明亮、狄舜尧、胡勇为区十六届人大常委会委员。大会期间，收到代表建议、批评和意见31件。区委书记许小波在闭幕时讲话。

【区十六届人大常委会会议】 2021年，区十六届人大常委会在天宁科技促进中心2303会议室召开10次常委会会议，32名区人大代表受邀列席各次常委会会议。

【区十六届人大常委会主任会议】 2021年，区人大常委会召开13次主任会议，分别听取美丽宜居乡村建设、国土空间总体规划方案、2020年决算草案、2020年本级预算执行及其他财政收支审计情况、区法院“一站式”工作开展情况、《常州市城市绿化条例》贯彻实施情况、区地方金融监管局工作情况、全区人口普查情况、安全生产领域三年专项治理工作情况、2020年财政决算同级审计发现问题整改情况、《中华人民共和国科学技术普及法》贯彻实施情况、调整2021年财政预算、2022年预算草案初步方案等工作情况的汇报，提出有针对性的对策建议。

（陈文玮）

2021年天宁区十六届人大常委会会议一览表

表3

时间	会议名称	会议内容
1月4日	第二十八次常委会会议	会议对区级2020年财政预算调整作出相应决定；初步审查区财政局局长栾晓军受区政府委托所作的《关于区政府2020年预算执行情况和2021年预算草案初步方案编制情况的报告》，同意将预算草案报告初步方案提交区十六届人大五次会议审议；听取《常州市天宁区第十六届人民代表大会常务委员会关于补选区十六届人大代表的决定（草案）》及说明，经审议，决定在天宁街道、雕庄街道有关选区补选2名区十六届人大代表；接受天宁禅寺住持廓尘辞去常州市第十六届人民代表大会代表职务请求；补选季培东、徐新民、沈永红为常州市第十六届人大代表
2月10日	第二十九次常委会会议	听取《关于天宁区贯彻实施〈中华人民共和国安全生产法〉情况审议意见办理情况的报告》《关于天宁区行政事业单位国有资产管理情况审议意见办理情况的报告》和《关于贯彻实施〈中华人民共和国未成年人保护法〉情况审议意见办理情况的报告》，经评议，区人大常委会组成人员对办理情况的满意和基本满意率为100%；测评2020年十大民生实事项目实施情况，区人大常委会组成人员对十大民生实事项目实施情况的满意和基本满意率为100%；审议通过区人大常委会工作报告、《区人大常委会代表资格审查委员会关于个别代表的代表资格的审查报告》；听取区人大常委会办公室主任狄舜尧所作的《关于筹备召开常州市天宁区第十六届人民代表大会第五次会议有关情况的报告》《关于常州市天宁区第十六届人民代表大会第五次会议主席团、秘书长等建议名单的说明》，决定召开区十六届人大五次会议的时间和有关事项；表决通过有关人事任免事项
3月31日	第三十次常委会会议	审议通过区人大常委会2021年工作要点，听取和审议副区长陈忠受区政府委托所作的《天宁区2020年度法治政府建设工作报告》
4月29日	第三十一次常委会会议	听取和审议天宁生态环境局局长高亚峰受区政府委托所作的《关于2020年度环境状况和环境保护目标完成情况的报告》、区财政局局长栾晓军受区政府委托所作的《关于常州市天宁区2020年度国有资产管理情况的报告》
6月29日	第三十二次常委会会议	听取和审议区教育局局长任洁受区政府委托所作的《关于我区贯彻实施〈中华人民共和国义务教育法〉情况的报告》、区财政局局长栾晓军受区政府委托所作的《关于常州市天宁区2020年财政决算草案的报告》、区审计局局长王静玉受区政府委托所作的《关于常州市天宁区2020年度本级预算执行和决算草案情况的审计工作报告》；对10个政府投资建设项目、8个房屋征收项目作出相应决定；审议通过《天宁区人民代表大会常务委员会规范性文件备案审查办法》；表决通过有关人事任免事项
7月22日	第三十三次常委会会议	表决通过有关人事任免事项

续表 3

时间	会议名称	会议内容
8 月 30 日	第三十四次常委会会议	听取和审议区委常委、副区长方力受区政府委托所作的《区政府 2021 年上半年工作情况的报告》；书面审议《天宁区 2021 年上半年国民经济和社会发展计划执行情况的报告》《天宁区 2021 年上半年财政预算执行情况的报告》；对 22 个政府投资建设项目作出相应决定
9 月 23 日	第三十五次常委会会议	听取区人大常委会副主任陆东明所作的《常州市天宁区人民代表大会常务委员会〈关于区、镇两级人民代表大会换届选举问题的决定〉（草案）、〈关于设立常州市天宁区选举委员会的决定〉（草案）、〈关于设立常州市天宁区郑陆镇选举委员会的决定〉（草案）、〈关于重新确定郑陆镇人民代表大会代表名额的决定〉（草案）的说明》，听取区人大常委会主任沈月芬受区人大常委会主任会议委托所作的《关于提请任命天宁区选举委员会和郑陆镇选举委员会组成人员的报告》，表决通过相应决定；表决通过有关人事任免事项
11 月 17 日	第三十六次常委会会议	听取和审议区委常委、副区长方力受区政府委托所作的《常州市天宁区 2020 年度本级预算执行和决算草案审计发现问题整改情况的报告》《2021 年度政府民生实事项目实施情况的报告》《关于区十六届人大五次会议以来代表建议、批评和意见办理情况的报告》，区检察院检察长高旭明所作的《常州市天宁区检察院关于涉企案件办理和履行平等保护服务民营企业工作情况的报告》；增补陆东明为代表资格审查委员会主任委员、狄舜尧为代表资格审查委员会副主任委员；19 名市人大代表向人大常委会会议述职；表决通过有关人事任免事项
12 月 24 日	第三十七次常委会会议	会议对区级 2021 年财政预算调整作出决定；初步审查区财政局局长栾晓军受区政府委托所作的《关于区政府 2021 年预算执行情况和 2022 年预算草案初步方案编制情况的报告》，同意将预算草案报告初步方案提交区十七届人大一次会议审议；听取区司法局局长袁伟强受区政府委托所作的《〈关于在全区公民中开展法治宣传教育的第八个五年规划（2021—2025 年）〉（审议稿）的制定说明》，表决通过《常州市天宁区人民代表大会常务委员会关于开展第八个五年法治宣传教育的决议》；审议通过区人大常委会工作报告、《区人大常委会代表资格审查委员会关于个别代表的代表资格的审查报告》；确认新当选的区十七届人大代表的代表资格；听取区人大常委会办公室主任狄舜尧所作的《关于筹备召开常州市天宁区第十七届人民代表大会第一次会议有关情况的报告》《关于常州市天宁区第十七届人民代表大会第一次会议各类建议名单的说明》，决定召开区十七届人大一次会议的时间和有关事项；会议评议《关于我区贯彻实施〈中华人民共和国义务教育法〉情况审议意见办理情况的报告》《关于我区 2020 年度国有资产管理情况审议意见办理情况的报告》和《关于涉企案件办理和履行平等保护服务民营企业工作情况审议意见办理情况的报告》，测评 2021 年十大民生实事项目实施情况；表决通过有关人事任免事项

2021年天宁区人大常委会任免人员一览表

表4

时间	会议名称	任免人员及职务
2月10日	区十六届人大常委会第二十九次会议	接受许小波辞去天宁区人民政府区长职务的请求，接受陈旭光辞去天宁区人民政府副区长职务的请求，接受阙振华、高建国、何亚春辞去区十六届人大常委会委员职务的请求；任命张凯奇为常州市天宁区人民政府副区长、代理区长；任命陈忠为常州市天宁区人民政府副区长；免去吴坚洪、胡赫成常州市天宁区检察院检察员职务
6月29日	区十六届人大常委会第三十二次会议	任命吴国祥为常州市天宁区人大常委会教科文卫工委主任，免去张龙常州市天宁区人大常委会教科文卫工委主任职务；任命杨康成为常州市天宁区发展和改革局局长，免去李汉田常州市天宁区发展和改革局局长职务
7月22日	区十六届人大常委会第三十三次会议	接受郑亚辞去常州市天宁区人民政府副区长职务的请求；任命周爱娟、杨康成为常州市天宁区人民政府副区长；任命徐云波为常州市天宁区监察委员会副主任；免去周爱娟常州市天宁区监察委员会副主任职务；任命刘跃为常州市天宁区法院审判员，免去梅磊常州市天宁区法院郑陆人民法庭庭长、审判委员会委员、审判员职务，免去羊荣常州市天宁区法院审判员职务
9月23日	区十六届人大常委会第三十五次会议	任命费治文为常州市天宁区人大常委会财政经济工作委员会主任，免去其常州市天宁区人大常委会青龙街道工作委员会主任职务；任命曹祥国为常州市天宁区人大常委会环境资源城乡建设工作委员会主任；任命侍育忠为常州市天宁区人大常委会法制和内务司法工作委员会主任、常州市天宁区人大常委会民族宗教侨务工作委员会主任；任命杨琰为常州市天宁区人大常委会人事代表工作委员会主任；任命石华忠为常州市天宁区人大常委会农业和农村工作委员会主任；任命周玉桢为常州市天宁区人大常委会雕庄街道工作委员会主任；任命薛朝霞为常州市天宁区人大常委会青龙街道工作委员会主任；任命冯兵为常州市天宁区人大常委会茶山街道工作委员会主任；任命仲雯为常州市天宁区人大常委会红梅街道工作委员会主任；任命赵苏寒为常州市天宁区人大常委会天宁街道工作委员会主任；任命陶建平为常州市天宁区人大常委会兰陵街道工作委员会主任；免去陈中群常州市天宁区人大常委会财政经济工作委员会主任职务；免去周爱民常州市天宁区人大常委会农业和农村工作委员会主任职务；免去王明亮常州市天宁区人大常委会法制和内务司法工作委员会主任职务；免去胡勇常州市天宁区人大常委会环境资源城乡建设工作委员会主任职务；免去许燕常州市天宁区人大常委会人事代表工作委员会主任职务；免去吕欣龙常州市天宁区人大常委会雕庄街道工作委员会主任职务；免去丁显平常州市天宁区人大常委会茶山街道工作委员会主任职务；免去卓奕常州市天宁区人大常委会红梅街道工作委员会主任职务；免去蒋志敏常州市天宁区人大常委会兰陵

续表 4

时间	会议名称	任免人员及职务
9 月 23 日	区十六届人大常委会第三十五次会议	街道工作委员会主任职务；任命孔祥为常州市天宁区政府办公室主任；任命杨琪为常州市天宁区发展和改革局局长，免去其常州市天宁区政府办公室主任职务；任命薛文兴为常州市天宁区教育局局长；任命袁维鸿为常州市天宁区民政局局长；任命袁伟强为常州市天宁区司法局局长；任命郭美萍为常州市天宁区住房和城乡建设局局长；任命汤心宇为常州市天宁区商务局局长；任命王松涛为常州市天宁区退役军人事务局局长；任命经海涛为常州市天宁区行政审批局局长；任命戴敏为常州市天宁区统计局局长，免去其常州市天宁区行政审批局局长职务；任命居俊为常州市天宁区信访局局长；任命万俊为常州市天宁区地方金融监督管理局局长；免去杨康成常州市天宁区发展和改革局局长职务、任洁常州市天宁区教育局局长职务、曹祥国常州市天宁区民政局局长职务、侍育忠常州市天宁区司法局局长职务、赵丹常州市天宁区住房和城乡建设局局长职务、罗志勇常州市天宁区商务局局长职务、张鹏鸣常州市天宁区退役军人事务局局长职务、吴洪初常州市天宁区统计局局长职务、钱晔常州市天宁区信访局局长职务、吴卓丹常州市天宁区地方金融监督管理局局长职务；任命万玮栋、胡文文为常州市天宁区检察院检察员
11 月 17 日	区十六届人大常委会第三十六次会议	接受王留洪辞去常州市天宁区法院院长职务的请求、高旭明辞去常州市天宁区检察院检察长职务的请求；任命吴小红、李军为常州市天宁区人民政府副区长；任命康林为常州市天宁区法院审判员、审判委员会委员、副院长、代理院长；任命刘丽为常州市天宁区法院郑陆人民法庭庭长，免去其立案庭庭长职务；任命吴光前为常州市天宁区法院兰陵人民法庭庭长，免去其民事审判第二庭（清算与破产审判庭）庭长职务；任命朱加林为常州市天宁区法院民事审判第一庭庭长、审判委员会委员，免去其民事审判第一庭副庭长职务；任命孙晓星为常州市天宁区法院民事审判第二庭（清算与破产审判庭）庭长、审判委员会委员，免去其刑事审判庭副庭长职务；任命韩志伟为常州市天宁区法院行政审判庭庭长，免去其少年及家事审判庭庭长职务；任命王东莉为常州市天宁区法院少年及家事审判庭庭长、审判委员会委员，免去其少年及家事审判庭副庭长职务；任命仇慧星为常州市天宁区法院立案庭庭长、审判委员会委员；任命刘跃为常州市天宁区法院刑事审判庭副庭长；任命蔡闻世为常州市天宁区法院民事审判第一庭副庭长；免去康志斌常州市天宁区法院兰陵人民法庭庭长职务、杨峰常州市天宁区法院民事审判第一庭庭长职务、王国元常州市天宁区法院行政审判庭庭长职务；任命赵鑫为常州市天宁区检察院检察员、检察委员会委员、副检察长、代理检察长
12 月 24 日	区十六届人大常委会第三十七次会议	免去张雪慧常州市天宁区检察院检察委员会委员、检察员职务

重大事项决定

【概况】 2021年，区人大常委会按照《天宁区国民经济和社会发展第十四个五年规划和二〇三五年远景目标纲要》，对政府投资建设项目、征收项目、财政决算、财政预算调整、"八五"普法等事项作出决议决定8项。

【政府投资建设项目（500万元以上）年度计划增补决定】 6月，区十六届人大常委会第三十二次会议听取区发改局局长杨康成受区政府委托所作的《关于将焦溪卫生院三河口院区功能提升工程等10个项目增补列入2021年度政府投资建设项目计划的报告》，经审议，决定批准焦溪卫生院三河口院区功能提升工程、澄西抗日民主政府旧址修缮工程、茶山街道富强新村社区服务中心改造工程、茶山街道富强新村老小区环境提升工程、红梅街道红梅西村社区公共服务站装修工程、红梅街道新堂社区服务站暨社区老年活动中心装饰工程、天宁街道小季家村低洼地道路雨污排水整治工程、天宁街道荆溪村低洼地道路雨污排水整治工程、兰陵街道区域职工活动中心暨上城社区党群服务中心改造工程、菱溪公园建设工程增补列入2021年度政府投资建设项目计划。8月，区十六届人大常委会第三十四次会议听取区发改局受区政府委托所作的《关于将郑陆镇美丽宜居乡村建设等22个项目调整列入2021年度政府投资建设项目计划的报告》，经审议，决定批准郑陆镇美丽宜居乡村建设项目、郑陆镇农村水环境综合整治工程、迎宾路（常焦线—工业大道）精品街道工程、青峰浜整治提升工程、雕庄街道"小散乱"排水整治工程、茶山街道"小散乱"排水整治工程、红梅街道"小散乱"排水整治工程、兰陵街道"小散乱"排水整治工程、中吴大道（长江路—兰陵路、龙游河—采菱港）大修工程、东方西路北侧和横塘河西路西侧地块配套工程、青龙西路北侧和湾塘路东侧地块周边配套工程、红梅假日花苑规划配套道路建设工程、老旧小区周边提升整治工程（一期）、夏雷路南侧和采菱港西侧地块配套工程、红梅街道重点人防工程改造项目、双桥浜清淤工程、横塘浜清淤工程、龙城大道西侧和竹林北路北侧配套工程、青洋路西侧和凤凰浜南侧绿地景观工程、劳动东路北侧和友谊路西侧地块周边绿化提升工程、老青龙中学地块配套道路工程、柳墅路（华龙路—竹林北路）建设工程增补列入2021年度政府投资建设项目年度计划。11月，区十六届人大常委会第三十六次会议听取区发改局局长杨琪受区政府委托所作的《关于将郑陆镇文化旅游休闲观光带建设等3个项目增补列入2021年度政府投资建设项目计划的报告》，经审议，决定批准郑陆镇文化旅游休闲观光带建设项目、丁横河（紫云浜）清淤工程、茶山街道丽华一村及朝阳四村片区至朝丽路背街小巷提升改造工程增补列入2021年度政府投资建设项目计划。

【国民经济和社会发展计划增补决定】 6月，区十六届人大常委会第三十二次会议听取区发改局局长杨康成受区政府委托所作的《关于将张家岸地块等8个房屋征收项目增补列入常州市天宁区2021年国民经济和社会发展计划的报告》，经审议，决定批准张家岸地块项目、徐家横塔及周边地块项目、雕庄中学地块项目、团结村委东侧地块项目、上�地块项目、丽华片区1号和2号地块项目、丽华一村大板房周边地块环境综合整治项目、原常隆化工厂南侧地块项目增补列入天宁区2021年国民经济和社会发展计划。

（陈文玮）

监督工作

【概况】 2021年，区人大常委会围绕区委中心工作，立足国有资产管理、地方金融监管、优化营商环境等方面，依法有效监督，助推区委决策部署落地见效；聚焦生态环境建设、教育提质增效、民生实事项目等方面精准监督，推动民生事业高质量发展；围绕法治政府建设，强化司法监督，推动严格执法守法、公正司法，提升区域法治创建水平。是年，区人大常委会听取和审议专项工作报告16项，开展执法检查3次、视察调研12次，督办代表议案建议31件。

【民生实事项目专项监督】 2月，区十六届人大五次会议票决确定"增加教育资源供给、提升公共卫生和医疗服务水平、优化养老助老工程、促进就业提高保障、美化道路畅通出行、提升城市绿化风貌、农村人居环境整治、幸福安居和关爱帮扶、文体旅游惠民工程、社会治理提升工程"十大类民生实事项目。2021年，区人大常委会把十大类民生实事列为人大监督重点，按照"专题督、日常查、定期报、年终审"督查机制，对十大类民生实事项目推进情况实施全程监督、跟踪问效，对项目完成情况开展满意度测评。7月，区人大常委会组织部分区人大代表深入东青幼儿园、五角场西村、文化宫片区、翠竹公园项目改造现场，实地督查教育资源供给、老旧小区改造、老城厢复兴、城市绿化风貌提升等工作推进情况。10月，针对完成情况不理想项目，区人大常委会开展专题会商督查，召开民生实事项目跟踪推进会，确保民生实事项目落地落实。12月，十大类民生实事项目39项具体指标全部完成，区十六届人大常委会第三十七次会议对民生实事项目办理情况开展测评，人大常委会组成人员满意和基本满意率为100%。

【经济工作监督】 2021年，区人大常委会围绕“长三角三新经济高地、现代化城乡治理样板”目标，听取和审议区政府半年工作报告、区国民经济和社会发展计划半年度执行情况报告，督促政府围绕“产业强区”精准施策、深化改革，确保全区经济保持平稳向好、质效提升的良好态势。调研全区重点项目、重点工程、重点工作进度情况，推动全区上下夯实工作职责，协调解决困难和问题，确保各项工作按时间节点有序快速推进。审议区地方金融监管局金融运行和风险防控工作情况报告，推进地方金融治理体系和治理能力现代化建设进程，引导金融服务实体经济，全力维护区域金融稳定。围绕全域旅游、楼宇经济、传统优势产业转型提升等专班工作开展视察调研，开展向全区重点民营企业家“送服务、解难题、办实事”活动，督促政府帮助企业解决实际问题，壮大经济社会发展新动能。强化预算审查监督，听取并审议预算执行情况报告，批准区政府2020年决算、2021年预算调整方案，对2022年预算草案进行初审，增强预算执行的严肃性和规范性。听取并审议区国有资产管理情况报告，督促政府摸清家底，依法履行国有资产管理监督职能，提高财政资金使用绩效和政策实施效果。

【社会事业工作监督】 2021年，区人大常委会聚焦群众需求，听取和审议区政府2020年度环境状况和环境保护目标完成情况报告，督促政府明确主体责任，补齐工作短板，打好污染防治攻坚战；对全区贯彻实施《常州市城市绿化条例》情况开展实地调研，要求相关部门加大宣传力度，履行法定职责，推动绿化工作再上新水平；专题视察区基础教育优质发展工作情况，提出加快推动基础教育均衡发展、深化课程和教学改革、加强教师队伍培育和人才引进、创新管理机制等建设性意见，推动天宁区基础教育高水平、高质量发展；听取天宁区美丽宜居乡村建设工作情况报告，组织代表实地查看查家湾乡村建设情况，推动城乡融合发展，建设美丽乡村，创造美好生活。

【法治工作监督】 2021年，区人大常委会强化对“一府两院”的法律监督和工作监督，有效推动法治政府和法治社会建设。3月，听取和审议区政府2020年度法治政府建设情况报告，推动全区依法行政工作不断提升，促进法治政府建设取得更大成效。5月，听取区法院“一站式多元解纷和诉讼服务体系”建设情况报告，建议法院全面优化服务体系，推进诉讼服务中心转型升级，构建多方联动机制，提高诉讼服务信息化智能化水平，为天宁区经济持续健康发展和社会大局稳定保驾护航。8月，专题调研深化网格化社会治理工作，助推打造完善区域社会治理“网格+”模式，推进“平安前哨”建设全覆盖。10月，听取《中华人民共和国科学技术普及法》贯彻实施情况汇报，建议区政府围绕科普重点，注重整合资源，构建社会化大科普格局，抓好科学精神培育。11月，听取区检察院关于涉企案件办理和履行平等保护服务民营企业工作情况报告，建议区检察院提高政治站位，履行检察职责，延伸服务职能，依法保障各类市场主体合法财产权和经营权，为激发民营企业创新创业活力营造良好法治环境。做细做实人民群众来信来访工作，全年受理群众来信16件，妥善解决群众合法诉求。

（陈文玮）

代表工作

【概况】 2021年，区人大常委会组织市、区、镇三级人大代表267人次列席区人大常委会会议、区政府常务会议，以及参加部门评议、执法检查、工作调研、民生实事项目督查等活动；组织区人大代表90人次旁听评议案件庭审10次，拓展代表履职渠道，发挥代表主体作用。深化人大常委会组成人员联系代表、代表联系群众制度，推动代表之家（站）规范化运作，运用微信公众号、代表履职App等新型平台，实现代表选民“线上线下”链接，促进代表履职更加高效便捷。全年常委会领导接待、走访区人大代表69人次，区人大代表接待选民14860人次，收集意见建议1563条，解决落实1345件；组织19名市人大代表向区人大常委会会议述职，26名区人大代表回原选区向选民述职，接

2021 年度天宁区优秀代表建议一览表

表 5

序号	建议人	类 别	建议事项
1	孙丽芳	经济建设	关于吸引人才、留住人才的建议
2	程 亮	农业农村	关于加强美丽乡村建设的建议
3	杨 诚	城建城管	关于有序改造城中村居住环境的建议
4	张杰辉	社会保障	关于鼓励开展互助式居家养老模式，助力缓解人口老龄化问题的建议
5	朱秋平	科教文卫	关于落实好常态化防疫措施的建议
6	丁 峰	城建城管	关于延伸龙游河整治，全面提升沿线老旧小区人居环境品质的建议
7	张 璀	科教文卫	关于雕庄板块幼儿园资源的配置与建设的建议

受选民评议，增强代表服务选民的责任意识。

【代表建议意见督办】 2021 年，区十六届人大五次会议期间，收到代表建议意见 31 件，其中经济建设方面 2 件、农业农村方面 3 件、城建城管方面 10 件、文化旅游方面 5 件、社会保障方面 4 件、科教文卫方面 7 件。4 月 17 日，区人大常委会制定《2021 年度代表建议重点督办、归口督办工作的通知》，明确重点督办和归口督办的具体建议与工作规程，结合“我为群众办实事”实践活动，开展“回头看”活动，加强对代表所提建议的跟踪督办，加大代表意见建议督办力度。31 件建议均在规定时间内办结，其中年内解决的 27 件，占比 87%；列入计划或制定措施，三年内基本解决的 3 件，占比 10%；因条件限制，三年内难以解决或需向上级反映留作参考的 1 件，占比 3%；代表对建议办理工作满意和基本满意率为 100%。31 件建议中，7 件被区人大常委会评为优秀代表建议。闭会期间，收到代表意见建议 78 件，经梳理，4 件交由区政府办理，年内均完成办结。

【茶山街道议政代表会成立】 2021 年，区人大常委会根据省人大常委会《关于推行街道议政代表会制度的指导意见》要求，在街道层面成立议政代表会，拓展政情民意传递渠道。议政代表会是由人大街道工委召集，以县（区）级以上人大代表为骨干，由社会各界代表性人士组成的街道居民议事组织，其主要职责是“听取街道办事处对本行政区域内经济社会发展、财政收支、生态环境保护、重点项目安排及执行等情况通报并组织讨论，提出意见建议”，以及“对街道民生实事项目进行会商、票选、监督和测评”等。7 月，茶山街道率先在全市成立议政代表会，由 54 名区议政代表组成，分设富强、丽华、群力、常春、勤丰、红梅 6 个活动小组，每个活动小组设组长 1 名。议政代表会第一次全体会议上，通过《茶山街道议政代表会议事规则（草案）》，听取茶山街道办事处关于 2021 年度上半年经济社会发展、财政收支、重点项目安排及执行情况通报，以及茶山街道 2021 年老旧小区改造情况通报。

（陈文玮）

7 月 9 日，茶山街道成立全市首家议政代表会　　（区人大办 提供）

常州市天宁区政府

◆ 栏目编辑 凌建蓉

综 述

【概况】 2021年，天宁区坚持以习近平新时代中国特色社会主义思想为指导，践行新发展理念，聚焦聚力高质量发展要求，统筹疫情防控和经济社会发展，完成区十六届人大五次会议确定的目标任务和新冠肺炎疫情防控任务。以产业强区为导向提升经济质效，全年新增签约落户10亿元以上项目7个、3亿元以上项目15个，签约总投资61亿元的东方侏罗纪项目；高效推进130个省、市、区重点项目，完成投资270亿元；工业互联网、检验检测等“三新”产业营业收入突破500亿元；新增星级上云企业67家、“两化”融合贯标企业66家、智能化改造企业110家，创成省级新型工业化产业示范基地。推进金融服务、人力资源、文化创意等现代服务业集聚发展，天宁经济开发区入选国家级“两业”融合发展试点；聚焦科创人才、平台、园区、产业及区域协调发展，设立百亿科创基金，助力数字经济、高端制造、文化创意类企业加速发展。加快创新载体建设，未来智慧城云制造先导中心竣工投用，常州检验检测认证产业园有限公司获批共同筹建江苏省检验检测认证产业园管理技术标准创新基地。实施高新技术企业倍增计划，新增高新技术企业82家。修订出台产业高质量发展等系列政策，兑现各类科技创新奖补资金7700万元。全面实施人才优先发展战略，新建、改建人才公寓4000余套，吸引高层次人才落户天宁。进一步优化“双创”环境，天宁区创成第四批江苏省大众创业、万众创新示范基地。加速城乡一体资源要素配置，打造“长三角三新经济高地、现代化城乡治理样板”，天宁区入选国家级城乡融合发展改革试点区（县）。发展乡村振兴各项事业，新增省级农业龙头企业2家、绿色优质农产品18个，引领天宁乡村产业驰入高质量发展“快车道”。创成国家级节水型社会达标区，查家湾片区生态修复案例获评江苏省“最美生态修复案例（矿山生态修复类）”。深度融合“网格+N格”“大数据+网格化+铁脚板”治理模式，“郑能量”“菱距离”等成为社会治理品牌。加快推进教育现代化建设，高标准创成全省义务教育优质均衡发展区和学前教育普及普惠区。深入推进老年人精神关爱，茶山街道富强社区创成全国示范性老年友好型社区。

【“三优三美”十大民生实事】 2月，天宁区第十六届人民代表大会第五次会议以票决形式，产生以“三优三美”（优质均衡教育、优质卫健服务、优质就业保障，美丽环境、美好生活、和美社会）为主题的2021年度十大民生实事项目，涉及十大类、39项。12月，十大民生实事项目基本完成。

“增加教育资源供给”项目，由区教育局牵头实施。至年末，东青幼儿园投入使用，正衡幼儿园、正衡小学、正衡中学教学楼完成主体建设，全区累计新增学位4380个，缓解各学段适龄学生入学需求。全区中小学生开展视力筛查2次，完成690间教室健康照明改造，提升校园近视防控智能信息化水平。第二十四中学天宁分校、紫云小学、北环小学创成市义务教育“新优质学校”，解放路小学获评市心理健康教育特色学校，兰陵小学、华润小学、解放路小学入选“常享动”App（智慧体育管理平台）使用试点学校。

“提升公共卫生和医疗服务水平”项目，由区卫健局牵头实施。至年末，红梅街道社区卫生服务中心改扩建（二期）工程完成综合楼主体建设，郑陆镇卫生院改扩建工程完成地下室土方开挖和底板浇筑，雕庄街道社区卫生服务中心异地新建工程完成主体建筑9层，区公共卫生服务中心启用，统筹提升疾病预防控制、卫生监督、妇幼保健功能。对相关从业人员、环境、冷链食品开展核酸检测53轮，全年累计完成核酸检测239668份。基本公共卫生服务项目补助经费人均不低于96元，完成6.39万名65岁以上老年人和3.11万名企业退休人员免费健康体检，完成适龄妇女“两癌”（乳腺癌、宫颈癌）筛查28000人。新增普惠性婴幼儿照护服务机构3家，其中常州市天宁区芮·小红花婴幼园、常州市天宁区宝贝盛宴托育服务中心创成江苏省示范性托育机构。制定出台《2021年深化实施康益行医养融合项目工作方案》，依托基层医疗卫生机构开展“健康镜”专病管理特色医养融合服务，累计服务1560人。全区“安康关爱险行动”老年人意外伤害险覆盖率达90%以上。

“优化养老助老工程”项目，由区民政局牵头实施。至年末，完成富强新村社区服务中心（居家养老服务站）提升改造工程；龙运天城养老中心主体封顶，进入外墙装修及外场管道施工阶段；兰陵街道丽宝第花苑小区适老中心投入运行，设立助餐点、老年书报室、体检室等，为老年人提供助残服务、休闲娱乐、乐享生活平台。通过公益创投等形式，为全区3.2万名老人提供居家上门服务，完成3家社区居家养老服务站点改造提升，完成420户困难老年人家庭适老化改造。

“促进就业提高保障”项目，由区人社局牵头实施。2021年，全区新增就业1.32万人，新增参保大学生5600人，失业人员再就业9500人，支持大学生创业577人。举办“天宁工匠”评审和常州市茶艺职业技能竞赛系列活动，开展职业技能补贴培训11114人次。全区城乡居民基本养老保险基础养老金增长16.67%；在天宁区人力资源市场建立“江苏省社会保障卡”快速制发网点，实现新办卡“即办即取”。全年组织企业开展劳动用工专项培训6场，帮扶指导1251人次。持续开展“双随机”抽查，检查并指导用人单位执行劳动用工法律法规214家。

“美化道路畅通出行”项目，由区住建局牵头实施。2021年，配合征收、管线迁改，推进工业大道东延、狄墅路、玉松路等道路建设。新增公共停车泊位1915个，26处停车场、5231个车位接入“常州停车”App。提升改造道路基础设施、建筑立面、沿街绿化，竹林路、丽华北路、劳动中路、劳动西路等7条道路完成精品道路建设。

“提升城市绿化风貌”项目，由区城管局牵头实施。至年末，完成轨道交通2号线沿线建筑物外墙立面、店招店铺整治；完成龙游河生态绿道、大明路生态绿道、龙运天城配套绿化等项目，生态绿城项目增加绿化面积23.35公顷。完成水韵绿城（一期）栈道新建、绿地新增、人行道修整、木栈道维修工程，全线贯通关河沿线滨水游步道。完成翠竹公园提升改造，新建连接生态步道的空中栈道等设施，公园周边新增1处停车场。全区创成省级垃圾分类达标小区60个，完善生活垃圾分类治理体系。

“农村人居环境整治”项目，由区农业农村局、天宁生态环境局牵头实施。至年末，新建美丽宜居乡村10个。完善农村公厕长效管护机制，新改扩建农村公厕21座。推进农村生活污水治理，所有村庄生活污水治理设施运行率达95%以上，所有村组实施“四清一治一改”（清理街道、沟渠、垃圾、花草，治理生态环境，改善农村面貌）村庄清洁行动。建成农药包装废弃物回收点15个，回收农药包装废弃物13.6吨；建成省级“五有”标准废旧农膜回收点1处（羌家点），回收处理废旧农膜70.82吨，回收率97.52%。推进秸秆综合利用，秸秆还田累计556.18公顷，回收秸秆895.5吨，秸秆综合利用率97.21%。和平河、前浪浜、丁塘港建成“五好河道”，6条农村河道实施黑臭水体治理，完成河道清淤4.3万立方米；天宁经济开发区武城村、郑陆镇牟家村、查家村建成“小微水体河长制示范村（社区）”，全区30%以上农村完成小微水体整治任务。

“幸福安居和关爱帮扶项目”，由区住建局、区退役军人事务局、区总工会、区妇联、区残联、区民政局牵头实施。2021年，加快推进安置房建设，汤家头地块完成主体建设，苹果郡西侧地块桩基工程完成95%、土方开挖完成10%，东青雅苑（二期）完成总承包单位招标，董头村二期和红庙头地块产权置换房主体结构封顶，前采菱地块安置房完工，棚户区住房改造开工累计2541套。完成工人新村、麻巷公寓等33个老旧小区宜居改造。推进社会化运营慈善超市标准化建设，茶山街道朝阳二村社区慈善超市创成“五星级”社会化运营慈善超市。发展残疾人辅助性就业，新增残疾人就业创业50人，组织192名残疾人参加职业技能培训，为全区所有持证残疾人办理意外伤害险，完成20户贫困残疾人家庭无障碍改造。为天宁环卫处900余名体制外环卫职工购买补充医疗保险和伤残保险，为新征入伍士兵父母购买人身意外伤害、意外医疗保险，向新兵母亲赠送美丽人生安康保险。

“文体旅游惠民工程”项目，由区文体旅局牵头实施。2021年，天宁区组织优秀群众文化节目惠民巡演10场次、社教活动和公益讲座33场、公益培训32期、送戏下乡159场。完成天宁吾悦秋白书苑、新丰苑桃渚秋白书苑建设。实施体育惠民，新建（更新）全民健身路径20个；举办羽毛球、乒乓球、足球等全民健身竞赛活动，满足群众日益增长的多元化、多层次需求。

“社会治理提升工程”项目，由区委政法委、公安天宁分局牵头实施。2021年，天宁区启用疫情防控管理服务平台，依托管控子系统，开展重点人员核查，全年累计核查涉疫人员信息1.7万余条。持续推进“雪亮工程”建设，8个“智慧小区”数据接入区域社会治理现代化指挥中心；加大对老旧模拟监控探头的高清数字化改造和维护力度，实现视频监控区域全覆盖；以新丰苑智慧安防小区为样板，持续推进“智慧安防小区”建设；在“网格＋警格”一体化站室联动融合示范段建设基础上，完成全区100个社区警务室达标建设。

（朱轶凡）

【政府网站平台运行管理】 2021年，区政府领导、相关部门（单位）负责人通过市政府门户网站，开展在线访谈12次；相关单位通过区政府门户网站开展在线调查12次，征集意见建议12次，向公众反馈在线调查结果和征集意见结果21期；解读政策文件文字类27次、图文类9次，制作专题专栏12期；召开新闻发布会2次，发布视频23个，其中天宁经济开发区制作的《常州市检验检测标准认证协会成立暨中欧国际合作产业园新企业签约仪式》、郑陆镇制作的《常州市黄天荡片区一期（丰北）美丽乡村示范项目揭牌仪式直播》被省政府门户网站录用。持续更新区数据开放平台内容，全年开放25个部门、82个数据源、1318条数据，下载量达2.4万次。是年，区政府办公室获评2020年度全省政府网站建设管理先进单位。

【政务数据共享交换】 2021年，区政府办公室（区大数据管理局）依托市、区两级政务数据共享交换平台（以下简称平台），提升政府社会治理能力和公共服务水平。开展数据归集，全年完成4个部门、45张主要业务表的数据动态归集，累计归集数据8万条。推进对接联动，区平台采集常州火车站北广场闸机健康码数据87万余条，同步编目发送至市平台，助力疫情防控；接收市平台事关市场监管、生活救助、城建规划、信用服务等高频使用数据，涉及31个部门、156类，累计约8800万条数据。提供数据支撑，区平台全年累计为区经济运行分析平台、综合治税平台、郑陆镇审批服务综合执法一体化平台等提供政务数据共享240万余条，数据共享服务向基层延伸。

【电子政务项目建设管理】 2021年，区政府办公室（区大数据管理局）根据《常州市天宁区电子政务项目管理办法》《常州市天宁区政务信息资源共享管理暂行办法》，组织开展电子政务项目认证，完成天宁区智能办公平台开发维护服务项目审查论证。年内，协助区市场监管局在“常州政企通”平台企业办事栏设置“质量官管理系统”“计量执行官”模块，帮助企业把控生产质量；协助区人大常委会在“我的常州”App设置“天宁选民登记”模块，全区441635名选民通过线上、线下相结合方式完成选民登记。

（胡宇锋）

政府重要会议

【区政府全体（扩大）会议】 8月13日，区政府全体（扩大）会议在天宁科技促进中心召开，区领导张凯奇、倪云泽、周登蓉、管黎芳、

8月13日，区政府全体（扩大）会议召开　（区政府办 提供）

陈忠、周爱娟、杨康成、周彤出席会议。会议深入学习贯彻区第十一次党代会精神，全面总结上半年工作，部署下半年重点任务，提出要发扬“志存高远、务实笃行”的天宁精神特质，聚力打造“长三角三新经济高地、现代化城乡治理样板”，扛起“两争一前列”使命担当，确保高质量完成全年目标任务，确保本届政府工作圆满收官，确保“十四五”规划实现良好开局。

12月28日，区政府全体（扩大）会议在天宁科技促进中心召开，区长张凯奇，副区长方力、周登蓉、吴小红、杨康成、李军，党组成员周彤出席会议。会议讨论完善《2022年天宁区政府工作报告》和2022年民生实事项目。会议要求，各级各部门要贯彻落实中央和省委经济工作会议精神，科学有序安排重大项目、重点工作、重要任务，同时做好疫情防控、维护稳定、安全生产等工作。

【区政府常务会议】 2021年，区政府在天宁科技促进中心2189会议室召开15次常务会议。

（朱轶凡）

2021年天宁区政府常务会议一览表

表6

时间	会议名称	会议内容
1月23日	第五十六次常务会议	听取并审议2020年度区长质量奖、区长标准化奖、质量管理先进班组相关奖项评定情况，听取《常州市天宁区法治政府建设工作报告》《天宁区关于鼓励企业省外员工留常过年的若干措施》，听取区市场监管局关于全区质量工作专项督察情况汇报
2月6日	第五十七次常务会议	审议《天宁区2021年创新发展大会方案》《天宁区2020年度“岗位奉献奖”先进个人推荐方案》《天宁区关于促进产业高质量发展若干措施》政策兑现建议名单及“创星增效奖”建议名单；审议《江苏常州人力资源服务产业园发展规划（2021—2025年）》
3月8日	第五十八次常务会议	审议关于引入社会资本参与省级高新区综合开发项目事宜；审议《常州市天宁区人民政府合作协议管理规范》《常州市天宁区2021年行政规范性文件计划》《关于完善天宁区老旧小区改造工作机制的通知》《天宁区“重大项目攻坚突破年”活动实施意见》《天宁区2021年重点项目投资计划》《2021年全区主要经济预期目标任务分解表》《常州市天宁区关于进一步深化安全生产三年专项整治工作的实施意见》《2021年开发区、郑陆镇、各街道履行安全生产工作责任考核评价指标》《2021年区安委会成员单位履行安全生产工作责任考核评价指标》《常州市天宁区相对集中行政许可权运行实施细则（试行）》
4月20日	第五十九次常务会议	审议《2020年度人力资源产业园入驻企业奖励实施方案》《常州市天宁区“危污乱散低”出清提升行动实施方案》《常州市天宁区生态文明建设示范区创建实施方案（2020—2023年）》；专题学习《常州市焦溪古镇保护条例》
5月12日	第六十次常务会议	审议《查家湾片区现代化城乡治理综合改革试点方案》《天宁区2021年规划编研和专项工作计划》《天宁区2021年打造一流营商环境重点任务清单》《天宁区关于进一步优化招商体制机制的实施意见》《关于成立天宁区招商引资工作领导小组的通知》

续表 6

时间	会议名称	会议内容
6 月 7 日	第六十一次常务会议	审议有关征收项目增补事宜；审议天宁区作为常州市普惠型托育服务试点区申报国家发改委财政补贴签订城企合作协议的相关事宜；审议天宁经济开发区融合发展区域综合开发一期 PPP 项目立项调整事宜；审议《常州市天宁区党政机关公务用车管理办法》《关于进一步规范国有产业载体出租管理的通知》《关于加强全区应急救援队伍建设管理的实施意见》；听取郑陆镇关于查家湾片区试点农房改造工作汇报及区统计局关于天宁区第七次全国人口普查情况汇报
6 月 20 日	第六十二次常务会议	专题学习习近平总书记关于湖北省十堰市燃气爆炸事故的重要指示精神和中共中央政治局常委、国务院总理李克强批示精神；集中学习省委书记娄勤俭关于安全稳定工作的批示要求和省、市安委会会议精神；听取区委政法委庆祝中国共产党成立 100 周年安保维稳情况和区应急管理局安全生产工作汇报
6 月 21 日	第六十三次常务会议	审议《常州市天宁区人民政府投资非盈利性工程建设项目集中建设管理实施细则（试行）》《2021 年政府投资年度计划增补项目》；专题学习新《中华人民共和国行政处罚法》
7 月 16 日	第六十四次常务会议	审议《天宁区银行业金融机构评价激励办法（试行）》《天宁区 2021 年打造一流营商环境工作推进成效评估方案》；审议有关行政许可事项调整事宜；专题学习《防范和处置非法集资条例》
8 月 7 日	第六十五次常务会议	审议《北环新村、丽华一村、浦北新村大板结构住房专项治理项目置换新建住宅商品房抽签选房办法》《2021 年度政府投资建设项目年度计划调整项目》《常州市天宁区 2021 年度对口支援协作合作工作要点》
9 月 3 日	第六十六次常务会议	审议《天宁区关于促进产业高质量发展的若干措施》《天宁区关于推进城乡更新的实施意见》《天宁区降尘考核办法（试行）》；审议办理政府驻地迁移手续事项；听取区市场监管局关于天宁区 2021 年知识产权强省建设工作情况汇报，以及公安天宁分局关于全区防范通信网络诈骗工作情况汇报
9 月 30 日	第六十七次常务会议	审议天宁区与东方侏罗纪项目合作事宜；审议《天宁区乡村振兴扶持政策》《常州市天宁区行政复议体制改革实施方案》《常州市天宁区关于打造现代化城乡治理样板的实施方案》；听取郑陆镇关于郑陆污水处理厂一期工程改造项目情况汇报
10 月 31 日	第六十八次常务会议	审议《天宁区关于促进旅游业发展支持办法》《2021 年度政府投资建设项目年度计划调整项目》《天宁区既有住宅加装电梯实施细则》《天宁区既有住宅加装电梯资金补贴及管线迁移费用等财政资金使用管理办法》《关于设立天宁区社会组织公益创投扶持资金的方案》；听取区审计局关于 2020 年度审计发现问题整改“回头看”和 2021 年“同级审”发现问题整改情况汇报；听取区教育局关于全区教育“双减”工作情况汇报；专题学习《中华人民共和国安全生产法》（2021 修订版）

续表 6

时间	会议名称	会议内容
11 月 27 日	第六十九次常务会议	审议《关于大力推进“三新”经济发展的实施意见（2021—2025 年）》《区委平安天宁建设领导小组工作规则》《区委平安天宁建设领导小组专项工作协调小组组成方案》《天宁区区域社会治理现代化“十一个试点项目”责任分解方案》《天宁区区域社会治理现代化“十四五”规划》《常州市天宁区重大行政决策程序实施细则》《区政府关于在郑陆镇和各街道开展相对集中行政处罚权工作的决定》《镇、各街道相对集中行使的行政处罚权事项清单》《常州市天宁区综合行政执法管理规定（试行）》《常州市天宁区镇（街道）权力清单》
12 月 26 日	第七十次常务会议	审议《2021 年度食品安全工作报告》；听取区征收办关于红梅街道前王村、潘家塘及周边地块项目征收情况汇报，以及关于将 15 个房屋征收项目列入天宁区 2022 年国民经济和社会发展计划情况汇报；听取天宁消防救援大队关于全年消防工作情况汇报

政府重要活动

【招商活动】 2021 年，天宁区重点组织、参与招商活动 8 次。

3 月 1 日，天宁区在天宁高新技术产业开发区举行“重大项目攻坚突破年”集中开工（签约）仪式，集中签约汽车零部件产业项目、IDC（国际数据公司）数据中心项目、美国医疗器械项目、精密机械项目和幕墙新材料项目等 12 个重大项目，总投资超 86 亿元。

5 月 13—15 日，天宁区在北京开展产业项目招引活动，与京津冀地区联络处就产业转移、协同招商等达成合作意向。

5 月 17 日，天宁区在苏州市举办的首届东亚高端装备和新能源产业合作对接交流会上，签约日本大和中日智能制造产业合作园区项目、江苏雷尼尔智能科技项目、聚盈新材料导电银浆绿色能源科创中心项目、野村综研—江苏省产研院中日创新平台项目、日本双日供应链合作项目，协议总投资 27.85 亿元。

5 月 27—29 日，“上海经贸周”期间，天宁区代表团拜访上海雷龙信息科技有限公司、上海阿塔云科技有限公司、上海子彬投资管理有限公司、上海汽车集团股权投资有限公司、欧陆检测技术服务（上海）有限公司、上海捷氢科技有限公司、上海机动车检测认证技术研究中心等企业，天宁经济开发区与上海阿塔云科技有限公司签订合作协议、与上海雷龙信息科技有限公司签署框架协议。

6 月 18 日，天宁经济开发区在常州举办的 2021 世界工业与能源互联网暨国际工业装备博览会上，与卡姆丹克太阳能系统集团有限公司就太阳能系统集成总部项目签约。同日，天宁区在 2021 数字经济创新发展论坛上，集中签约浩万智能、哨兵科技网络安全、阿塔云科技等 9 个重大项目，签约计划投资 52.3 亿元；集中签约库存数字化管理示范项目、产线智能化改造项目、友达智汇生产数字化改造项目等 15 个智能制造项目，签约计划投资 5695.48 万元。

10 月 9 日，天宁区在 2021 中国常州科技经贸洽谈会上，签约东方佚罗纪项目、江苏武进不锈股份有限公司镍合金无缝管及组件项目、汽车轻量化零部件项目和常州彬复五期创业投资基金项目，协议总投资 98.3 亿元，基金总规模 6 亿元。

10 月 12 日，天宁区在 2021“三新”经济洽谈会上，围绕“创新驱动、数字驱动、消费驱动”主题，集中签约武进不锈高端镍合金无缝管及组件项目、江苏求是缘半导体有限公司集成电路测试项目、汽车轻量化零部件项目等 49 个项目，总投资 127.73 亿元。

12 月 18—20 日，常州—深圳经贸活动期间，天宁区代表团围绕新一代信息技术、生物医药、新能源新材料等领域，开展拜访、洽谈、签约活动，与深圳加美生物有限公司签约加美宠物医疗项目。

（张　吉）

【苏陕协作与经济合作】 2021 年，天宁区与陕西省安康市旬阳市加强人才、劳务协作和经济合作，持续推动与对口地区在基层治理、党建文化建设、乡风文明等方面交流互

10 月 28 日，天宁区与旬阳市召开苏陕协作与经济合作联席会议
（区发改局　提供）

鉴，促进共同发展。年内，双方党政主要领导互访交流 2 次，签订《天宁区—旬阳市 2021 年苏陕协作与经济合作工作协议》，天宁经济开发区与旬阳高新技术产业开发区签订合作协议，郑陆镇与旬阳市吕河镇、雕庄街道与旬阳市白柳镇、茶山街道与旬阳市石门镇、天宁街道与旬阳市城关镇签订合作协议，常州扬子餐饮管理有限公司与仙河镇竹园河村、常州弘辉控股集团有限公司与石门镇木瓜村签订合作协议，常州市解放路小学与旬阳市城关第三小学、常州市中医院与旬阳县中医院签订合作协议。强化产业合作，引导江苏企业到旬阳市投资，新增投产企业 6 家，实际到位投资 1044.9 万元，吸纳农村劳动力就业 156 人（脱贫 61 人）。持续加强苏陕对口人才及劳务协作，深化产教融合、校企合作，推进双向挂职、两地培训，选派 2 名机关干部、18 名技术人员赴旬阳市挂职和技术帮扶。6 月，天宁区与旬阳市达成数字化慕课学时课时开发合作项目，区人社局组织常州技师学院信息服务学院相关人员赴旬阳市职教中心，举办“苏陕协作电子商务职业技能提升”培训班，受训学员 100 余人，促进当地信息技术教育链、人才链与产业链、创新链有机衔接。是年，天宁区联合旬阳市人社局在旬阳市祝尔慷广场举办“春风行动”“招聘夜市”等大型劳务招聘会 12 场次，提供就业岗位 300 余个，吸纳旬阳市劳动力 18 人。加强消费帮扶，年内建成 2 个消费扶贫线下专馆（江苏苏合名优农产品专业合作联社九龙消费扶贫专馆、苏陕协作—安康旬阳富硒农副产品销售中心）、1 个线上消费扶贫专区（本来生活网天宁专区）、1 个线下消费扶贫专区（天宁区政府食堂苏合爱心超市扶贫专区）。通过互联网电商和实体超市、农贸市场线上线下双渠道，帮助旬阳市销售农副产品，全年完成销售4308万元。开展赈灾活动，9 月，旬阳市遭受罕见洪涝灾害，天宁区对口资源协作合作工作领导小组办公室发动区各单位累计捐款 50 万元，帮助旬阳市恢复灾后重建。

（杨永前　万楚钰）

行政审批管理

【概况】 2021 年，区行政审批局深化“放管服”改革，持续优化营商环境，加快推进“一网通办”“跨区域通办”“就近办”等服务体系建设，提高群众和服务对象满意度。是年，区政务服务中心窗口累计接待办事群众 37 万余人次，办结政务服务事项 121973 件，办结率 99.8%，其中，网上办件量 107405 件，网办率 88.05%。区“12345”政府公共服务平台受理省、市两级派发工单 35412 件，同比增长 63.54%，按时办结率 100%，答复规范率 99.97%，省工单满意率 98.42%，市工单满意率 97.83%。动态更新监管事项目录清单和检查实施清单，20 个区机关部门认领监管事项目录清单 352 项，编制检查实施清单 433 项，检查实施清单编制完成率 100%，监管行为数据覆盖率 96.1%。

【“一网通办”建设】 2021 年，区行政审批局持续优化政务服务流程，提升网上政务服务能力。深化“一网通办”总门户建设，升级改版江苏政务服务网天宁旗舰店，增设“老年人服务”“跨区域通办”“一业一证”“秒批秒办”4 个专栏；升级“网上预约”专栏，开通镇（街道）、村（社区）预约办理服务及“帮办代办”预约服务。加快政务服务一体化平台建设，区级政务服务一体化平台（以下简称一体化平台）增设卫生许可证、出版物经营许可证等证照打印功能，归集区档案馆查档专用章、行政审批专用章等电子印章 8 个，归集卫生许可证等电子证照 9 个。提升“移动办”“自助办”“秒批秒办”服务能力，一体化平台新增开餐馆“一件事”、美容美发“一件事”等 7 个“移动办”事项，全区“移动办”事项累计 52 个，实现政务服务事项“随身查询、随地申请、随时评价”；提升自助服务一体化的集成度和覆盖面，新增“自助办”事项 16 个，全区累计“自助办”通用应用 27 个、区级应用66个；新增“秒批秒办”事项1个，实现无人干预自动审批。推进“跨区域通办”改革，天宁区与苏州市姑苏区、南通市崇川区签订跨地域通办合作协议，在区政务服务中心设立“姑苏专窗”“省内通办跨省通办专窗”，形成13项行政权力及11项公共服务通办事项清单；与南通市崇川区联合打造全省首个跨区域“企业开办”一件事，通过视频和异地见证方式，完成法人开户意愿和身份核实；与陕西省安康市旬阳市建立“跨省通办”工作机制，梳理确定天宁区跨省通办事项清单13项、旬阳市跨省通办事项清单22项，形成服务事项“全程网办”“代收代办”服务模式。至年末，全区政务服务事项编制率100%，不见面办理比例98.9%。

【“证照分离”改革】 2021年，区行政审批局围绕企业“准入即准营”要求，推进“证照分离”改革，实现“减时间、减环节、减材料、减跑动次数”目标。组织开展“证照分离”应用平台专题培训，指导区12个涉改部门梳理许可事项47项、监管事项84项；47个许可事项中，取消事项类4个，修改备案类2个，告知承诺制类9个，优化审批类32个。印发《关于公布“证照分离”改革事项清单的通知》，区各监管部门对改革事项实行事中事后监管，定期调整更新改革事项清单并向社会公布。是年，全区1200余户企业享受“证照分离”改革红利，提交材料数累计减少4000余件。

【“一业一证”改革试点】 2021年，区行政审批局在全市率先建立行业综合许可制度，整合服务资源，减少审批环节。是年，制定出台《常州市天宁区“一业一证”改革试点实施方案》，确定以餐饮、超市、出版物、人力资源服务、娱乐、理发及美容服务、兽医服务7个行业为试点，将市场主体进入特定行业涉及的多张许可证整合为一张行业综合许可证，实现“一次告知、一表申请、一窗受理、一次分办、一证准营、一窗出证”，用户通过扫描综合许可证二维码即可获取所有相关行政许可结果文书。江苏政务服务网天宁旗舰店同步开设“一业一证”专栏，年内上线出版物行业、理发及美容服务行业、餐饮行业“一业一证”集成服务。

【“四端”协同办理】 2021年，区行政审批局创新行政审批服务模式，以开餐馆“一件事”为试点，探索“实体大厅端、电脑端、移动端、自助端”（以下简称四端）协同办理。是年，区、镇（街道）两级政务服务中心开设“一件事”套餐办专窗，提供一套标准化办事指南、一份材料清单、一张申请表、一个流程图，方便申请人一次办理所有关联事项；江苏政务服务网天宁旗舰店PC（电脑）端优化“一件事”专栏，提供申请受理、审查决定、快递送达等全环节网上服务，申请人可在“我的空间—我的套餐中”实时掌握套餐办理进度；江苏政务服务App提供美容美发“一件事”、开便利店“一件事”等“一件事”指尖办服务，覆盖区、镇（街道）两级，服务窗口、服务机构扩展到移动端，实现“随身查询、随地申请、随时评价”；政务服务自助一体机自助端构建“一件事”套餐办模块，在自助扫描区域上传材料，即可完成简易申请。至年末，天宁区“四端”累计办理“一件事”套餐办860件。

【“家门口办好事”实事项目】 2021年，区行政审批局根据常州市“家门口办好事”实事项目要求，科学划分功能区域，完善便民设施，镇（街道）为民服务中心实现综合窗口服务模式全覆盖，全区累计设置便民服务综合窗口79个。区政务服务中心、镇（街道）为民服务中心、村（社区）便民服务中心设立“畅通办”专项窗口，通过“理论＋实操”竞赛模式，选拔143名政治素质好、业务能力强的人员组建“畅通办”专员队伍，提升专业服务水平。是年，

2021年，区行政审批服务中心开设“一件事”套餐办专窗

（区行政审批局 提供）

水、电、燃气、市民卡等与群众生产生活密切相关的公用服务事项进驻为民服务中心，实现档案查询、社会保障咨询、民政事务等政务服务事项“一站式”办理。通过政银合作、政企合作、“政务+网格”延伸服务网点，在银行、保险公司、大型商业综合体等场所设立25个政务服务便利站，为群众提供就近导办、帮办、代办服务。至年末，全区152个政务服务事项实现统一标准、家门口就近办理；镇（街道）为民服务中心实现“一站式”办理、“全科+专窗”服务全覆盖；9个试点村（社区）便民服务中心实现不出村（社区）即可办理政务服务事项。

（杨晨露）

【营商环境优化】 2021年，天宁区持续优化政务环境、市场环境、法治环境、社会环境，成立打造一流营商环境工作专班，制定《天宁区2021年打造一流营商环境重点任务清单》《天宁区2021年打造一流营商环境工作推进成效评估方案》等，激发市场主体活力。全面推进“一网办、移动办、一次办、帮代办”，不断优化审批环节，简化审批流程，提优审批质效，区级政务服务不见面审批事项占比达98%，事项办理时限压缩85.8%，镇（街道）为民服务中心“全科+专窗”服务实现全覆盖，0.5个工作日完成“企业开办”审批事项占比达86.46%。资规天宁分局协同市行政审批局、市资规局、市住建局，并联整合建设项目立项、规划、施工许可3个阶段工作，按照项目落地建设流程，立项、产权、用地规划、建设四大类证件实施有针对性的拿证方式组合，制定ABCD服务套餐，设置交地即发“两证”“三证”“四证”“六证”模式供项目主体选择。中荟港（常州）智能科技有限公司“中交·智荟”港项目成为常州市区首宗“六证联发”（固定资产投资项目备案证、建设用地规划许可证、建设工程规划许可证、不动产权证、审图合格证、建筑工程施工许可证）建设用地项目，实现“拿地即开工”。坚持“首违不罚”，推行“柔性执法”，综合运用联合监管、信用监管、非现场监管等方式，优化行政执法，提升监管效能，“互联网+监管”行为覆盖率超97%，“双随机·一公开”平台执法覆盖部门27个，至年末，全区实有企业35132家，同比增长11.09%；新增企业5472家，同比增长27.64%；新增法人企业4945家，同比增长24.62%。深入实践“诉源治理+网格化”，推进“审务进基层，法官进网格”，镇（街道）均建立审务工作站，132个村（社区）实现法官对接全覆盖；推动“产业链+法律服务”，组织公益律师团队为园区企业开展服务，累计提供法律意见103条，企业合规审查76条，法治体检472次。推行常信贷服务，加大对守信企业的认可与扶持，强化企业守信意识。全年累计实施人才项目47个，组织申报市“龙城英才计划”创业类项目66个，入选项目36个，组织申报国家重点人才工程8项，入选市创新类项目5个，向全区60位优秀民营企业家发放“常商服务卡”，全年建设改造人才公寓4127套。

（杨晨露　蒋云峰）

人才人事管理

【概况】 2021年，区人社局深入推进“龙城英才计划”“名校优才引进计划”“职场精英引进计划”，为推动“强富美高”新天宁提供人才支撑。年内，“龙城英才计划”引进项目36个，“名校优才引进计划”申报企业121家，“职场精英引进计划”引进人才72人。全年引进各类紧缺人才11682名，其中高层次人才295人。举办“创未来，掌时代”天宁区三新经济精英人才招聘会、“数聚英才·智创未来”天宁区工业互联网和电子信息精英人才招聘会、2021“才富天宁”校园行江苏理工学院专场招聘会等招才引智活动8场次，服务用工企业350家，提供就业岗位2500个；落实“凡进必考”公开招聘制度，公开招聘事业单位工作人员99名。全年创成市级博士后创新实践基地1个（常州工业及消费品检验有限公司），新增在站博士后3人，累计拥有博士后工作站6个、在站博士后11人。是年，江苏常州人力资源服务产业园引进人力资源服务机构12家、中高端人才超150人，实现营业收入超12亿元，税收超4000万元。

【事业单位人事管理】 2021年，区人社局向社会公开招聘事业单位在编人员99名，其中教育系统64名、卫健系统23名、其他事业单位工作人员12名；配合区教育局招聘政府按岗位购买服务使用教师80名、员额管理教师60名；办理事业单位人员调入10人，政策性安置1人。深化事业单位人事制度改革，指导区政务服务中心完成首次管理岗位设置；调整全区卫健系统事业单位专业技术人员高级岗位结构比例，公共卫生单位专业技术人员和基层医疗卫生机构专业技术人员高级岗位结构比例分别提高至20%和15%。开展2020年全区事业单位年度考核，完成3991名科级以下事业单位工作人员考核，其中优秀等次813人（含记功43人）、合格等次3079人、不合格等次3人、不定等次96人，未参加考核44人。规范全区机关事业单位社会化用工待遇管理，完成824名社会化用工待遇核定。组织2900名机关（含合署办公事业单位）工作人员及200名“事改企”单位退休人员健康检查。

【“两高”人才引育】 2021年，天宁区注重“两高”（高层次、高技能）人才引进和培育。加强高层次创新创业人才队伍建设，全年引进各类紧缺人才11682名，其中高层次人才295名；推进“龙城英才计划”实施，全年引进“龙城英才计划”项目36个；组织7家单位申报研究生暑期社会实践课题项目15项，14名研究生获市级课题奖励累计4万元，8名指导老师获市级带教补贴累计1.55万元；联合中国科学技术大学、合肥工业大学开展“名城名校合作行，创新创业赢未来”系列活动3场次，37家企事业单位提供青年学生就业岗位807个。加强高技能人才队伍建设，全年新增高技能人才1269人，每万名劳动者中高技能人才达1200人；优化人才政策和发展机制，落实企业引进人才资助奖励政策，指导常州制药厂博士后赵勤富申报中国博士后科学基金并获批第69批面上二等资助（科研启动或补充经费），向3名新引进在站博士后发放生活补助36万元；根据《常州市“青年人才生活居住双资助”实施细则》，审核通过青年人才857人，其中博士研究生4人、硕士研究生59人、全日制本科生794人，发放生活补贴66.5万元。组织省级“创新创业人才计划”申报，常州汉韦聚合物有限公司吴一弦团队入选省“双创”创新团队，江苏网博视界网络科技股份有限公司朱建华入选省高层次创新创业人才，常州制药厂有限公司ZAHEER ABBAS（印度籍）入选省高技能人才。

【天宁人才大厦建成投用】 10月，天宁人才大厦（以下简称大厦）建成投用，总投资1.6亿元。大厦位于江苏常州人力资源服务产业园（二期）核心区，北至新堂北路，西至贺家塘河，东至新一路，建筑面积19674.27平方米，地上8层，其中3～7层为产业集聚区，招引国内外知名人力资源服务机构。大厦内设餐饮休闲、交流展示、人社服务、产业集聚、培训会议、商务办公6个区域，提供人才交流、档案托管、培训测评、就业招聘等公共服务。

（万楚钰）

信访工作

【概况】 2021年，区信访部门抓好风险排查、矛盾化解、责任落实等工作，开展重复信访治理，加强风险隐患研判预警和信访积案化解，全年解决各类信访突出问题125件，服务保障全区经济社会发展大局。是年，天宁区网上信访事项及时受理率、按期办结率、标准化验证合格率均为100%，网上信访一次性化解率90%以上。

【风险隐患矛盾纠纷排查】 2021年，天宁区开展风险隐患矛盾纠纷排查，防范化解社会重大风险。建立“属地管理、分级负责，谁主管、谁负责”信访责任体系，区党政主要领导主持召开全区信访工作联席会议6次，针对镇（街道）信访隐患风险，建立健全预警信息机制。年内，区信访局组织村（社区）社工、网格员入户走访193次，排查矛盾纠纷隐患143起，逐一登记造册、建立台账。是年，区信访局《源头防范解民忧，畅通渠道化诉求》被《江苏信访》报道。

【信访案件化解】 2021年，天宁区建立信访工作专班，常态化运作“1+N”（“1”指区级包案领导；“N”指职能部门包案领导、街道包案领导及信

11月，区信访干部赴淮安市恩来干部学院培训学习 （区信访局 提供）

访人亲戚圈、朋友圈和社会圈）专班模式，对国家信访局和省信访局交办的事项实行一案一策，中央信访工作联席会议办公室首批交办的重复信访事项均在年内办结，信访积案化解稳定率81.53%，位列全市第一。分解落实省信访工作联席会议办公室交办的城乡建设领域重点信访事项，区信访工作联席会议办公室召开信访工作联席会议10次，研究制定化解方案，全年城乡建设领域重点信访案件化解率85.54%。常态化开展“百县千案”信访工作，区党政领导全年累计接待信访群众214人次，批阅重要来信61件，化解“百县千案”信访案件8件。

【信访工作督查】 2021年，天宁区严格执行《信访工作责任制实施办法》等制度，组织开展开发区、镇（街道）、各部门信访绩效考核和基础业务评查，做到每月一评查、一通报、一整改、一反馈，及时指出工作不足，补足短板弱项。开展信访系统“大督查大接访大调研”专项行动，区信访局建立会商会办机制，到镇（街道）、重点部门开展积案化解、业务办理等信访督查工作30次。加强信访工作责任追究，健全联办联动问责机制，对城乡建设、物业管理、劳务纠纷等矛盾问题持续较多、工作推进成效缓慢的镇（街道）、部门，发放“两函一单”（信访风险警示函、信访问责建议函、信访事项督办单），倒逼责任横向到边、纵向到底。

【基层人民来访接待中心窗口建设】 2021年，天宁区持续深化基层人民来访接待中心窗口建设，打造群众信访畅通快捷、信件流转闭环高效工作模式，全面提升群众满意度。年内，开发区、镇（街道）按照信访工作标准化模式，统一标牌，统一制度，统一功能，全面提升信访接待窗口硬件建设水平，优化阳光信访服务水平。提升开发区、镇（街道）人民来访接待中心窗口工作人员服务水平和化解矛盾纠纷能力，全年组织开展“大练兵大比武”“周末讲坛”等活动32场次；开展业务培训，组织全区人民来访接待中心窗口工作人员赴淮安市恩来干部学院培训学习，进一步强化党性修养，增强执政为民服务意识。是年，雕庄街道、青龙街道人民来访接待中心被省信访局评为“人民满意窗口”建设质量提升工程先进单位，雕庄街道人民来访接待中心窗口工作模式得到市委书记陈金虎肯定。

（徐　涛）

地方志工作

【概况】 2021年，区地方志办推进地方志编修、地情资源开发、方志宣传推介，发挥史志资政、存史、育人作用。年内，完成《天宁年鉴（2021）》编纂出版，完成《江苏年鉴（2021）》《常州年鉴（2021）》天宁篇供稿任务，编印即时性记录《天宁区情（2021）》《天宁大事记（2021）》，出版发行常州市第一部江苏名村志《江苏名村·焦溪村志》。是年，《天宁年鉴（2020）》获评2021年度全省综合年鉴质量评定三等奖，《天宁区情（2021）》获2021年度市县地方志特色创新项目。

【《天宁年鉴（2021）》出版发行】 12月，《天宁年鉴（2021）》由凤凰出版社出版发行。区地方志办根据天宁区经济社会发展需要，适当调整年鉴框架结构：增设“应急管理”类目，下设“应急管理机制建设”“安全生产监督管理”“防灾减灾”“消防”4个分目；“城乡建设与管理”类目中增设“村镇建设”“工程建设监管”2个分目，并把该类目下“国土空间规划”分目调至“自然资源和生态环境”类目中，把“住房保障”分目调至“社会生活”类目中；“教育”类目中增设“学校选介”分目，以反映天宁辖区内丰富的教育资源。卷首彩页设“致敬：最美抗疫”和“年度热词”图片专题，包含10组天宁区抗击新冠肺炎疫情彩图和“三新经济”“保护·建设”“美丽乡村”“脱贫·小康”“社会风尚”5组年度热词彩图，凸显天宁年度重大事件和重要活动。全书设31个类目、186个分目，包含846个条目、60张表格、118幅随文插图，总字数77万字。

【《天宁区情（2021）》获评市县地方志特色创新项目】 12月20日，区地方志办公室编印的《天宁区情（2021）》入选江苏省“2021年度市县地方志特色创新项目”，成为全省25个申报项目中17个入选项目之一。《天宁区情（2021）》依据“文约事丰、便览实用”原则，设“天宁印象”“区域发展”“附录”3个板块，内含文化遗产、美食美点、三新经济、“一带一路”建设、乡村振兴、老城厢改造等热点内容及天宁养老服务机构等便民信息，展现天宁作为主城区的地域风貌，反映天宁区2020年度经济社会发展成就。全书插入18个延伸阅读二维码（含14个视频二维码），呈现文字、图像、音频三维立体，成为天宁区党政领导对外招商、接待来访、外出学习考察、宣传推介天宁的重要载体。1月，该手册作为区十六届人大五次会议、区政协九届五次会议材料发至代表和委员手中，精准

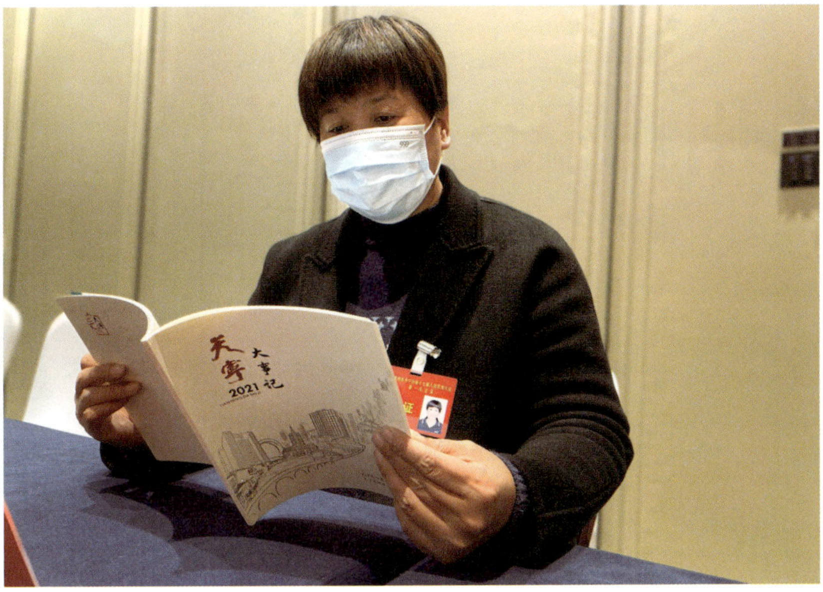

2022 年 1 月，区人大代表阅览《天宁大事记（2021）》
（区地方志办 提供）

服务区“两会”。3 月 30 日，该手册亮点做法获《光明日报》客户端、新华社客户端等媒体报道。

【《天宁大事记（2021）》刊印】 12 月，《天宁大事记（2021）》完成刊印。《天宁大事记（2021）》以时间轴形式，图文并茂记录 2021 年全区政治、经济、文化、社会等各领域发生的大事、要事，全书收录大事 390 件，配置插图（表）216 张，内页 12 个月分别采用 12 种颜色标签区分，便于读者翻阅。2022 年 1 月，530 本《天宁大事记（2021）》分别送至区十七届人大一次会议 7 个代表团和区政协十届一次会议 13 个讨论组，为区两会人大代表、政协委员提供资政服务。

【《江苏名村 · 焦溪村志》出版发行】 12 月，《江苏名村 · 焦溪村志》由江苏人民出版社出版发行，是常州市第一部公开出版的江苏名村志。《江苏名村 · 焦溪村志》按新时代全媒体志书要求，创新编纂理念，精心版面设计，提炼语言文字，提高图片占比，设置二维码视频延伸阅读功能。全书设“村情概览”“古村风貌”“古村建设”“特产美食”“村落文化”“方言风俗”“姓氏宗族”“名村名人”8 个篇目及大事记，收录图片 90 幅，插入二维码视频 16 个，总计约 10 万字，全面客观、多维立体地记述焦溪的“名”与“特”——因水成镇的丘陵水系、保留至今的传统街巷、南地北风的特色建筑、崇德尚学的人文盛地。

（华文怡）

机关事务管理

【概况】 2021 年，区机关事务管理中心配合全区机关作风建设、生态文明环境建设等重点工作，制定全区党政机关、事业单位办公用房和公务用车管理办法，提档升级公共机构节能管理，规范办公用房使用，提升机关资产资源集约高效利用能力。是年，完成天宁科促中心 5 号楼权属登记，完成会议接待 3400 场，服务参会人员 17.5 万人次。

【党政机关办公用房管理】 2021 年，区机关事务管理中心持续深化党政机关办公用房管理，制定出台《天宁区党政机关办公用房专项巡检暂行办法》，加强办公用房制度保障。根据《常州市党政机关办公用房管理办法》，动态管理党政机关办公用房数据库，实时更新相关信息，全年调整区级机关 10 个部门 52 间办公用房 1774.38 平方米，所有测绘数据录入市党政机关办公用房管理信息系统。继续开展办公用房定期普查，联合区纪委第一派驻纪检组检查 4 次，提升办公用房规范管理水平。

【党政机关公务用车管理】 2021 年，天宁区根据公务用车编制、标准、经费、配备、处置“五个统一”管理制度，出台《常州市天宁区党政机关公务用车管理办法》，细化党政机关和事业单位公务用车购置、处置操作办法，明确党政机关和事业单位租用社会车辆具体要求。是年，完成事业单位 11 辆公务用车北斗定位系统安装；按照《同城派车合作备忘录》要求，全年与市、各辖市（区）实现“同城派车”21 单；完成 2020 年党政机关公务用车统计年度报告，为统筹车辆配备、优化使用管理、加强监督检查提供数据支撑。构建公务用车常态长效监管机制，全年开展定期督查、专项督查、随机抽查、举报核查“四项检查”6 次，开展“私车公养”问题专项治理 1 次。

（钟　丹）

常州市天宁区政协

◆ 栏目编辑　凌建蓉

综　述

【概况】 2021 年，区政协贯彻落实中央、省委、市委政协工作会议精神，以服务中心大局展现政协作为，以规范履职行为推动自身建设，发挥协商民主重要渠道和专门协商机构作用。年内，紧扣区委、区政府“长三角三新经济高地、现代化城乡治理样板”发展定位和“3511”战略部署，围绕“天宁‘十四五’发展定位”“放大资源效应、建设教育强区”“抢抓新基建机遇、赋能三新经济发展”“老城厢之产业复兴及面貌更新”等事关天宁长远发展的重大课题，开展考察调研、座谈研讨，全年召开常委会会议 4 次、主席会议 5 次，报送《协商专报》8 期，为区委、区政府科学民主决策提供参考。持续开展“政协委员看天宁”专题视察协商活动，先后组织开展美丽乡村、大运河红色文化带、宗教文化等专题视察协商 6 次；推荐政协委员参与大板房居民选房现场监督，书面评议民生项目、惠民实事，确保区委、区政府决策推进有序、落实有力。持续完善协商成果采纳、落实和反馈机制，建立健全《协商专报》报送机制和“以议题课题为引领的多层充分协商、以专委界别为基础的统筹联动协商、以镇（街道）工委为依托的划片分区协商、以专业委员为骨干的多元参与协商、以制度机制为保障的常态长效协商”机制。制定出台《关于协商议政质量评价工作办法》《“有事好商量”协商议事工作规则（试行）》《区党政部门与区政协专门委员会对口联系工作制度》，为协商议事工作提质增效、常态长效提供制度保障。根据市政协指导意见，明确镇（街道）政协工作联络机制相关口径，研究确定镇、街道政协工委主任任免工作流程，确保政协工作顺畅运转。

【政协委员换届】 2021 年，根据《中共常州市天宁区委转发〈区委统战部、区委组织部关于政协常州市天宁区第十届委员会人事安排的意见〉的通知》精神，区政协十届委员会设置 18 个界别，委员规模 252 名，区政协十届一次会议委员安排 237 名，预留 15 个名额用于届中增补；政协常委会组成人员名额 43 名，区政协十届一次会议常委安排 41 名，预留 2 个名额用于届中增补。以界

12 月 22 日，区政协召开九届三十三次常委会议，协商决定十届政协委员建议名单　（区政协办 提供）

6 月 3 日，区政协在雕庄街道举办《常州家承》悦读分享会
（区政协办 提供）

别划分委员：中共界 17 名、民主党派和无党派人士界 32 名、工商联界 15 名、工会界 8 名、共青团（青联）界 7 名、妇联界 9 名、科协界 7 名、侨联和台联界 4 名、文化艺术和体育界 9 名、科学技术界 18 名、社会科学界 2 名、教育界 13 名、医药卫生界 16 名、经济界 38 名、农业和农村界 7 名、少数民族界 1 名、宗教界 6 名、特邀人士界 28 名。

新一届政协委员具有分布广泛、素质较高特点。其中，新任委员 154 名，占比 64.98%，比九届政协（以下称“同比”）增长 7.65%；连任 83 名，占比 35.02%；中共党员 89 名，占比 37.55%；民主党派和无党派人士 148 名，占比 62.45%，同比增长 2.01%；大专以上文化程度 232 名（其中博士 7 名、研究生 42 名），占比 97.89%，同比增长 4.56%；女委员 79 名，占比 33.33%，同比增长 4.89%；新一届政协委员平均年龄 45.01 岁，同比下降 1.1 岁。

【《常州家承》出版】 1 月，区政协编纂的《常州家承》由江苏人民出版社出版发行，上海社科院历史研究所副研究员叶舟、常州市谱牒与祠堂文化研究会会长朱炳国任该书主编。《常州家承》精选常州地区 31 个望族，每篇设家族历史、家训精选、家风解读 3 个部分，通过发掘传统家规家训中优秀思想，客观评价传统家规家训中负面因素，以“破与立”“扬与弃”双重视角，去粗取精，推动当代常州家庭伦理规范体系建设。全书总计 25.8 万字，图片 51 张。6 月，区政协在雕庄街道“有事好商量”协商议事室举办《常州家承》悦读分享会，围绕传家训、立家规、扬家风，畅谈读书心得、学习体会。

（沈春林 王毅良）

政协重要会议

【政协常州市天宁区九届五次会议】 2 月 20—22 日，政协常州市天宁区九届五次会议在常州市第二十四中学天宁分校召开，到会政协委员 208 人，收到提案 72 件，立案 62 件。区政协副主席黄亚庆主持开幕式，区委书记许小波作题为《立足新起点，谱写新篇章，以优异成绩献礼中国共产党百年华诞》的讲话。会议审议并通过区政协主席魏敏代表区九届政协常委会所作的工作报告和区政协副主席吴新峰所作的提案工作报告。与会委员列席区十六届人大五次会议，听取并分组讨论代区长张凯奇所作的《政府工作报告》，区政协主席魏敏在闭幕会上作题为《扛起新使命，奋进新征程，全力书写新时代高质量履职的政协答卷》讲话。

【政协天宁区九届常委会会议】 2021 年，区九届政协在天宁科技促进中心召开 7 次常委会会议，区政协主席魏敏主持。

2021 年政协天宁区九届常委会会议一览表

表 7

时间	会议名称	会议内容
2 月 10 日	第二十六次常委会会议	协商决定区政协九届委员会常委、委员调整名单，协商决定九届五次会议有关事项，协商决定优秀委员名单
2 月 20 日	第二十七次常委会会议	协商提出《政协天宁区十届委员会第一次会议选举办法（草案）》、选举工作总监票人和监票人建议名单、拟补选的区政协九届委员会常务委员候选人建议名单

续表 7

时间	会议名称	会议内容
2月21日	第二十八次常委会会议	听取区政协九届五次会议各组讨论区委书记许小波在大会开幕式上的讲话、区政府工作报告；听取各界别组关于人事安排、选举事项讨论情况汇报；协商确定候选人建议名单；讨论通过《政协天宁区十届委员会第一次会议选举办法（草案）》及选举监票人建议名单；听取审议区政协提案委员会九届五次会议期间提案审查情况；审议通过《区政协九届五次会议决议（草案）》
4月21日	第二十九次常委会会议	听取区委书记许小波围绕天宁“十四五”发展定位的专题报告
6月2日	第三十次常委会会议	专题协商“放大优质教育资源,建设教育强区”课题,组织江苏省“十四五”教育发展规划专题学习，副区长管黎芳到会听取政协专题协商意见和建议
8月6日	第三十一次常委会会议	听取区长张凯奇所作的民生实事工作情况通报，协商讨论有关人事任免事项
9月29日	第三十二次常委会会议	专题协商“抢抓新基建机遇，赋能三新经济发展”，副区长周登蓉到会听取政协专题协商意见和建议；传达学习市第十三次党代会精神，协商讨论有关人事任免事项

【政协天宁区九届主席会议】 2021年，区九届政协在天宁科技促进中心召开6次主席会议，区政协主席魏敏主持。

2021 年政协天宁区九届主席会议一览表

表 8

时间	会议名称	会议内容
2月10日	第三十一次主席会议	研究讨论区政协九届委员会常委、委员调整名单，协商讨论区政协九届五次会议有关事项，听取区法院和区检察院工作情况通报，讨论区九届政协常委会工作报告和提案工作报告，协商提出各专门委员会组成人员建议名单，协商提出提案审查委员会组成人员建议名单，协商讨论优秀委员、优秀提案、优秀社情民意信息建议名单，审议委员履职报告，研究讨论会议经费预算，协商决定召开区政协九届26次常委会会议有关事项
3月16日	第三十二次主席会议	协商讨论区政协2021年度协商计划和工作要点，协商确定区政协2021年度重点提案督办协商安排，传达学习全国两会精神
5月25日	第三十三次主席会议	专题协商“郑陆镇碎片化空间高效利用”，区委常委、副区长郑亚到会听取建议和意见；组织学习习近平生态文明思想标志性理论文献、《中华人民共和国乡村振兴促进法》

续表 8

时间	会议名称	会议内容
7 月 8 日	第三十四次主席会议	专题协商“完善政府法律顾问制度，提升天宁依法行政水平”，副区长、公安天宁分局局长陈忠到会听取建议和意见
9 月 9 日	第三十五次主席会议	专题协商“2021 年度提案办理工作”，协商确定区政协九届 32 次常委会会议有关事项
9 月 22 日	第三十六次主席会议	协商讨论有关人事安排，区委组织部副部长徐丽燕就区委提名作说明

（孟琪华）

协商议政

【专题调研】 2021 年，区政协围绕“郑陆片区空间资源高效利用”“放大资源效应，建设教育强区”“完善法律顾问制度，提升依法治区水平”“抢抓新基建机遇，赋能数字经济发展”“提升‘三个质量’，增强提案工作实效”“科技创新生态区建设”“关于‘加快 3 岁以下婴幼儿照护服务发展’”“全域旅游示范区创建”“完善志愿服务，丰富社会治理”9 个课题，由区政协分管领导领衔、专委会牵头，成立课题调研组，采取视察、座谈、外出考察等形式深入开展调研，分别在主席会议、常委会会议上专题协商，完成《天宁区“十四五”发展定位》《郑陆片区空间资源高效利用》《放大资源效应，建设教育强区》《完善法律顾问制度，提升依法治区水平》《抢抓新基建机遇，赋能数字经济发展》《加快 3 岁以下婴幼儿照护服务发展》《科技创新生态区建设》《全域旅游示范区创建》《完善志愿服务，丰富社会治理》9 篇专题调研报告。10 月，区政协主席会议成员专题调研干燥设备行业发展，围绕“干燥设备企业现状及发展趋势”课题，先后赴江苏先锋干燥工程有限公司、江苏省范群干燥设备厂有限公司和常州一步干燥设备有限公司调研协商，提出要实施产业集群发展战略，提升区域干燥设备行业核心竞争力；加强行业协会建设，推进产业集群升级；加强知识产权保护，增强集群创新能力，带动地区干燥设备品质提升。

【民主监督活动】 7 月，区政协与区人大常委会联合开展民主监督活动，邀请副区长方力、相关职能部门负责人、区人大代表、区政协委员参加专题监督视察及协商，赴东青幼儿园、五角场西村等项目现场，实地督查教育资源供给、老旧小区改造、老城厢复兴、城市绿化风貌提升等工作推进情况。8 月，区政协召开党政主要领导督办重点提案协商会，区委书记许小波督办《促进医养融合，加强基层公共卫生和养老服务能力》《关于加强养老机构膳食服务安全与质量管理的建议》2 件重点提案，区长张凯奇督办《关于提升老城厢产业发展的建议》《保护和利用历史文化资源，在城市更新中重塑旧城活力》等 4 件重点提案。

7 月 23 日，区政协与区人大常委会联合开展民主监督活动，现场调研城市绿化风貌提升工作 （区政协办 提供）

【"有事好商量"协商议事活动】 2021年，天宁区新建"委员工作室"1个、"有事好商量"协商议事室7个，全区累计有"委员工作室"5个、"有事好商量"协商议事室65个。年内，区政协统一规范65个建成的协商议事室基础设施、议事流程、成果转化等，促进政协协商议事规范运行。结合"'完善村规民约、树立文明新风'有事好商量·民生专题协商议事月"活动，围绕"永远跟党走，文明伴我行""传家训立家规扬家风""发展乡贤文化培育文明乡风"等主题，开展协商议事112场次，87个民生问题得到初步解决。是年，区政协主席魏敏以《把握双向发力主旋律，打响"有事好商量"大品牌》为题，在省政协"有事好商量"协商议事工作理论研讨会上作大会发言；青龙街道横塘社区"永远跟党走，文明伴我行"活动入选省政协"有事好商量"协商议事活动经典案例。

【社情民意信息】 2021年，区政协持续推动社情民意信息编报工作，制定出台《社情民意信息工作评选表扬办法（试行）》，建立由镇（街道）政协工委、界别组联络员、特约信息员组成的信息员队伍，畅通与相关单位信息共享渠道，强化与市政协负责部门互动交流，落实常态化信息撰写引导机制，全年为政协委员提供社情民意信息选题参考目录150条，年内累计收集社情民意信息128条，内容涉及科技创新、医疗健康、城市建设、社会服务等方面，其中11条社情民意信息被区政协表彰为优秀社情民意信息。全年编报《社情民意信息动态》《社情民意信息》51期，向区有关职能部门转交社情民意信息3条，向市政协报送社情民意信息48条，被市级以上政协录用10条。其中，《建议落实虚商实名制管理，强化境外IP电话监管》被省、市政协合稿采用，并报送全国政协；《"一牙多价"乱象亟需整治》《建议进一步优化我市科技创新生态》得到市委书记陈金虎批示。是年，区政协被市政协评为2021年度反映社情民意信息工作先进单位。

（谢叶彬　刘丰威　王毅良）

5月13日，区政协在青龙街道横塘社区开展"永远跟党走，文明伴我行"专题协商议事活动　　（区政协办 提供）

提案办理

【概况】 2021年，区政协九届五次会议以来，收到以提案形式提出的意见建议78件，其中会议提案72件、平时提案6件。经审查，立案62件，并案4件，涉及市职能范围转交市政协会议2件，转为社情民意信息、委员来信等方式处理10件。立案提案中，集体提案3件，委员联名提案13件，委员个人提案46件；提案内容涉及经济建设、政治建设、文化建设、社会建设和生态文明建设各个方面。立案提案提交26个承办单位办理，其中，年内解决或基本解决A类提案53件，占85.5%；所提问题三年内能够基本解决B类提案9件，占14.5%。从反馈情况看，提案人对提案办理满意和基本满意率为100%。是年，关于促进"医养融合"，加强基层公共卫生和养老服务能力的建议、关于提升老城厢产业发展的建议、关于居民小区设置位置导图的建议、关于改造利用搬迁后大板房空间的建议、关于常州大运河文化带天宁段建设的建议、关于防止龙游河水体"返黑返臭"的建议、关于郑陆镇加快高端先进制造业产业集聚的建议、关于加快建设郑陆镇及焦溪周边道路等配套设施的建议被区政协评为年度优秀提案。

【提案督办】 2021年，区政协通过推选、初选、复选，选定8件提案为年度重点提案，实行党政主要领导领衔督办、区政协领导分工督办制度，按照"1+N"（1件领衔提案+N件相关提案）督办模式，推动8件重点提案及12件相关提案协商办理。

8月13日，区政协召开重点提案督办协商会　　（区政协办　提供）

区委书记许小波、区政协主席魏敏重点督办《关于促进医养结合，加强基层公共卫生和养老服务能力的建议》提案，针对全区基层医疗机构和养老机构服务能力参差不齐、布局上医疗和养老分条线管理统筹利用不够、医养融合模式单一、各种资源融合度不高、医养结合内涵有待拓展等问题，提出对当前医疗资源和养老机构整合利用、出台比较完善的“医养融合”政策、探索“医养融合”经费保障机制等建议。区政协就《关于加强养老机构膳食服务安全与质量管理的建议》《关于推进“卫生健康乡村”建设的建议》合并提案办理，开展面对面座谈协商，提案办理部门对下一步推动居家上门医养融合服务市场化、规范化、长效化发展，提出围绕医养融合加强顶层设计，筑牢基础保障，增加多元投入，形成医养融合“天宁模式”；提升膳食服务质量，在打造中央厨房、保障膳食安全方面积极探索，做到制定标准、加强监管、做好评估，不断提高服务质量；进一步发挥“有事好商量”平台作用，推动基层协商议事活动常态长效、提质增效等建议。

区长张凯奇、区政协主席魏敏重点督办《关于提升老城厢产业发展的建议》提案，针对老城厢复兴发展面临的产业空心化、楼宇空置多、商业街区不繁荣等现状困境，提出强化规划引领、优化载体利用、落实政策扶持等建议。区政协就《关于在旧城更新中保护和利用历史文化资源的建议》《关于推进常州老城厢区域餐饮高质量发展的建议》等合并提案办理，提案办理部门提出聚焦《常州老城厢复兴发展三年行动计划纲要（2020—2022年）》重点项目，推进与常州市老城厢复兴发展领导小组办公室、常州大运河文旅发展有限公司日常对接，集中要素保障，明确项目节点，有序开展各项工作；整合资源打造老城厢特色文旅场景片区、统筹运营管理AAAAA景区，高质量推进“风貌街巷”建设，营造现代科技夜间观光体验，培育高层次第三产业入驻的特色商业街区。区政协副主席黄亚庆、冯子秋、吴新峰、赵明、金建平分别督办其他6个专题重点提案。

（刘丰威）

2021年度天宁区优秀社情民意信息一览表

表9

序号	报送人	社情民意
1	郑陆镇政协工委	关于做好“就地过年”配套服务的建议
2	何　晖	建议落实虚商实名制管理，强化境外IP电话监管
3	章仕杰	超前谋划碳达峰、碳中和，推进江苏率先建成美丽中国建设示范省
4	吴卓丹	互联网保险配套监管亟待加强
5	王　列	深化工会法律顾问制度，推进和谐劳动关系建设
6	魏　敏	高速公路服务区应更好地服务于区域升级发展新格局
7	吴光华、吴兴华	抓住百年华诞重大契机，提升外国友人对中国的道路认同和发展认同
8	邵耐远等	“出生医学证明”管理制度漏洞多滋生黑色产业亟待完善
9	陈汉兴等	“一牙多价”乱象亟需整治
10	蒋鹏举等	建议进一步优化我市创新科技生态
11	吴惠华	烈士纪念日改期的建议

中共常州市天宁区纪委监委

◆ 栏目编辑　章丽华

政治生态建设

【概况】 2021年，区纪委监委深入开展“政治能力提升”“执纪为民提效”“巡察监督提质”“治理水平提优”“干部队伍提能”五大工程，聚焦“两个责任”（党委主体责任、纪委监督责任）落实，加强廉政宣传教育，推进政治监督常态化，以高质量监督促进高质量发展。

【“两个责任”落实】 2021年，区纪委监委协助区委履行全面从严治党主体责任，制定《2021年度天宁区全面从严治党责任清单》，区委常委会及成员全年填报履责纪实情况5433条，面对面听取基层党组织汇报主体责任8次，对重点领域、关键岗位“一把手”和重点项目负责人开展廉政谈话165人次。严格履行纪委监督责任，建立“纪实+督导+问责”机制，精准实施党内问责10人、4个党组织，监察问责6人。

【廉政宣传教育】 2021年，区纪委监委持续深化“廉洁天宁”建设，协助区委召开全区警示教育大会1次，结合典型案例拍摄全区首部纪实警示教育片《偏航》，督促开发区、镇（街道）及相关部门开展警示教育50余场，组织党员干部参加廉政测试、警示教育2000余人次。推进廉洁文化“繁星”工程、“聚火”行动，在紫荆公园规划打造以监察文化为主题的党风廉政教育基地，原创廉洁文化宣传片《志如秋筠，留青后世》在中央纪委国家监委网站刊播。

【政治生态涵养】 2021年，区纪委监委继续推动营商环境优化提升，落实亲清政商关系正负面清单，打造“亲”而有度、“清”而有为的新型政商关系。推进清廉国企建设，联合天宁建设集团有限公司打造“廉洁共建”工作品牌，协调召开与银行、施工单位、监理公司、造价咨询公司等26家重点合作单位座谈会，签订廉洁共建协议，制定《廉洁从业负面清单》，规范国企经营管理行为。落实“三个区分开来”（把干部在推进改革中因缺乏经验、先行先试出现的失误和错误，同明知故犯的违纪违法行为区分开来；把上级尚无明确限制的探索性试验中的失误和错误，同上级明令禁止后依然我行我素的违纪违法行为区分开来；把为推动发展的无意过失，同为谋取

12月29日，天宁区召开全区领导干部警示教育大会

（区纪委监委 提供）

私利的违纪违法行为区分开来），实施容错纠错 11 例、失实澄清 11 例、执纪回访 17 例，旗帜鲜明激励担当、支持干事。

（季　宇）

执纪执法惩治腐败

【概况】 2021 年，区纪委监委始终保持“严”的主基调，用好治标利器，夯实治本基础，使党员干部因敬畏而“不敢”、因制度而“不能”、因觉悟而“不想”，推动反腐败斗争向纵深发展。年内，聚焦政策支持力度大、投资密集、资源富集的国企、金融、政法等领域和环节，查处腐败问题。全年运用“四种形态”处置问题线索 219 人次，其中，运用第一种形态处置 128 人次，占 58.4%；运用第二种形态处置 68 人次，占 31.1%；运用第三种形态处置 6 人次，占 2.7%；运用第四种形态处置 17 人次，占 7.8%。

【违纪违法案件查处】 2021 年，区纪委监委始终保持“严”的主基调，惩治腐败力度不减、尺度不松，接收信访举报 78 件次，同比下降 19.6%；立案 126 件，同比增长 10.53%，涉及工程、民生、政法、金融、国企等重点领域、重点系统案件 31 件；自办案件 116 件，自办率 92.06%；给予党纪政务处分 86 人，留置 8 人，移送检察机关 6 人。

【政法队伍教育整顿监督执纪】 2021 年，区纪委监委紧盯政法队伍教育整顿全过程、各环节，强化监督执纪，联合区委政法委、区委组织部开展政法队伍建设专项巡查，听取专题汇报 3 次，召开座谈会 2 次，开展个别谈话 34 人次。准确把握“自查从宽、被查从严”政策导向，精准规范处理政法干警违纪违法问题线索 24 件，立案 4 人，留置 1 人，组织处理 6 人。

（季　宇）

9 月 10 日，区纪委监委调研督导郑陆镇安全生产工作

（区纪委监委 提供）

重点领域专项监督

【概况】 2021 年，区纪委监委监督落实中央八项规定及实施细则精神，毫不松懈纠治“四风”，深入整治形式主义官僚主义，严肃查处享乐主义奢靡之风。坚持群众反对什么、痛恨什么，就坚决防范和纠正什么，开展群众身边腐败问题专项治理、安全生产领域专项整治、粮食购销领域专项整治等专项监督，集中力量解决群众最关心、最直接、最现实的利益问题。

【疫情防控督查】 2021 年，区纪委监委加大疫情防控督查力度，加强疫情防控日常督查，统筹派驻纪检监察组和基层纪委力量，不定期开展监督检查，对在疫情防控工作中履职不力、作风不实、失职渎职等违规违纪违法行为实施问责追究，倒逼防控责任落实。抓好重要节点疫情防控督查，在清明、“五一”、端午等重要时间节点，深入火车站、购物中心等 6 个公共场所、8 个村（社区）、6 家养老机构等人流密集场所开展督查检查，发现问题 30 个，年内均督促完成整改。11 月，天宁区出现新冠肺炎确诊病例，区纪委监委组建 8 个疫情防控监督检查小组，督查管控封控小区、交通卡口、学校医院等 53 轮次、310 个点位，督促整改问题 104 处，推动防疫措施落实、责任压实。选派 39 批、300 人次纪检监察干部下沉包干社区、沪蓉高速青龙道口开展入户调查、核酸检测等疫情防控志愿服务，纪检监察干部下沉封控区抗疫事迹被《中国纪检监察报》、中央纪委国家监委网站报道。

【换届风气监督检查】 2021 年，区纪委监委加强换届风气监督，成立 4 个换届选举监督组，聚焦换届人选和代表人选的动议提名、资格审查、民主推荐、组织考察、讨论决定环节，开展专题督导、现场督查、明察暗访 95 次，与相关责任人签订

《换届纪律承诺书》1200余份，开展各类廉政谈话854次，严肃审慎回复党风廉政意见2968人次，对违反换届纪律行为“零容忍”，确保换届工作风清气正。

【安全生产领域专项整治】 2021年，区纪委监委制定印发《关于高质量开展安全生产专项整治三年行动监督检查重点任务责任分工方案》，跟进“危污乱散低”出清行动，督查企业25家，排查风险隐患36条，发现安全生产事故问题线索1件，处理3人，给予党纪政务处分1人；制发纪律检查建议1份，通报曝光安全生产领域典型案例1起、2人。

【粮食购销领域专项整治】 2021年，区纪委监委制定印发《粮食购销领域腐败问题专项整治工作方案》，开展粮食购销领域腐败问题专项整治，结合涉粮领域专项巡察反馈问题，运用大数据、资金流向追踪等手段深挖细查，查处虚报冒领粮食补贴问题1起、2人，处分2人。

【享乐主义奢靡之风专项治理】 2021年，区纪委监委紧盯元旦、春节、端午、中秋等年节假期，持续整治违规发放津补贴、违规吃喝等突出问题，深入查纠以学习培训考察为名的公款旅游、“不吃公款吃老板”等隐形变异问题，开展监督检查132次，检查机关单位66家，抽查烟酒店、商超、酒店等563家，查处违规收送礼品礼金、私车公养等问题15起、15人，处分15人。

【群众身边腐败问题专项治理】 2021年，区纪委监委成立群众反映强烈突出问题专项治理工作专班，有序推进公共停车收费管理、残疾人权益保障和欺诈骗取医保资金等10项专项治理，查核突出问题251个、问题线索59条，全年查处群众身边腐败和不正之风问题33起42人，处分28人。创新开展失（退）地农民保障金发放领域专项治理，纠改问题300余个，留置1人，立案9件，党纪政务处分8人次，追回资金301万元。撰写的《聚焦失（退）地农民保障金“小切口”，做好监督保障执行“大课题”》得到市纪委书记批示，并被《中国纪检监察报》、新华社《内参选编》刊登。

（季　宇）

5月11日，区委第三巡察组开展养老机构专项治理（区纪委监委 提供）

民主党派·党外知识分子联谊会·工商联

◆栏目编辑　陈　晨

民革天宁区基层委员会

【概况】 2021年，民革天宁区基层委员会下辖5个支部，拥有党员89名，其中年内发展新党员2名。4—11月，民革区基层委依托“中山博爱之家”品牌服务项目，发挥支部党员医卫、社会与法制资源优势，开展健康宣讲，举办职业病防治知识讲座，提供法律咨询服务。是年，副主委苍松撰写的《变新更要换“芯”——老旧小区改造启示录》被民革市委评为2021年度参政议政优秀调研课题一等奖；三支部委员吴振宇撰写的《充分发挥住房公积金作用，促进我市人口集聚》和四支部主委汪国海撰写的《共创健康常州共享职业健康——关于常州职业病防治监督管理与支撑体系的调研汇报》被民革市委评为参政议政优秀调研课题三等奖；三支部向民革市委提交的《按照新型政党制度要求加强民主党派作风建设》调研成果，被民革江苏省委采用并提交民革中央；五支部提交的《关于美丽乡村建设后续管理工作的思考》课题入选民革省委重点课题，并转化为民革省委集体提案。

【民革天宁区基层委换届】 3月，民革天宁区第三届基层委员会第一次党员代表大会在天宁科技促进中心召开，区基层委主委杨波代表第二届基层委作工作报告，回顾总结本届工作和成绩，并对新一届工作提出建议。会议选举产生新一届民革区基层委领导班子，杨波当选民革天宁区第三届基层委主委，苍松、李江越、潘玉、汪国海当选副主委，黄旖旎、孙新成、刘铭、杨建和当选委员。10月，杨波因个人原因请辞主委职务。11月，民革区基层委召开三届二次全委（扩大）会议，增补民革常州市委副主委、天宁区政府副区长吴小红为民革天宁区基层委主委。

（苍　松）

民盟天宁区基层委员会

【概况】 2021年，民盟天宁区基层委员会下设10个支部，拥有盟员216名，其中年内新发展盟员7名；建有“盟员之家”4所，年内新建综合二支部“盟员之家”，各“盟员之家”全年举办各类活动35场。是年，继续开展“不忘合作初心，继续携手前进”主题教育活动，组织开展各级各类思想教育培训28场，参加各级培训397人次。联合常州市党史工委举办“忆先驱、学四史”教育活动，组织盟员前往淮安市淮安区周恩来故居等地开展红色主题参观学习，组织庆祝中国共产党成立100周年“泰州红色之旅”学习活动，赴溧阳新四军江南指挥部纪念馆、张太雷纪念馆参观学习。11月，民盟区基层委推选14位盟员代表参加民盟常州市第十四届代表大会，区基层委主委金建平当选为民盟常州市委委员、常委，曹波、郭美萍、万俊当选为民盟常州市委委员，仇慧星当选民盟常州市监督委员会委员，陈汉兴被选为民盟江苏省十三次代表大会代表。全年被民盟市委录用信息15篇，其中，被民盟市委网站录用3篇、《盟讯》杂志录用3篇；被民盟省委录用3篇，其中1篇进入民盟省委网站新闻排行榜。是年，民盟天宁区基层委获评民盟省委“庆祝中国民主同盟成立80周年”先进基层组织，金建平、虞力人、黄越骅获评“庆祝中国民主同盟成立80周年”先进个人，陈汉兴获评民盟省委抗击新冠肺炎疫情先进个人，万俊获评民盟省委参政议政先进个人。

【参政议政】 2021年，民盟天宁区基层委履行参政议政职能，撰写调研报告11篇，其中黄越骅撰写的《大运河文旅带常州老城厢发展研究》获民盟省委文化论坛征文二等奖，郭美萍撰写的《创新思维破局常州老城厢复兴发展建议报告》《关于加快老旧小区改造提升的思考与建议》分别被民盟市委评为优秀调研成果二等奖、被区政协评为优秀提案，万俊撰写的《“尤特聚赋”提升产业园区能级》信息刊登于《新华日报》。是年，民盟区基层委上报社情民意信息10余条，其中杨晔撰写的《“种牙热”遇上“种牙难”，价格乱象亟待整治》获市委书记陈金虎批示，并被省委统战部选用。

【社会服务】 2021年，民盟天宁区基层委围绕“光彩事业，同心工程”主题，开展走进校区、社区、街区送福送艺术活动15场。东青实验学校教师刘晓东、田家炳高级中学教师蒋涛赴新疆尼勒克县开启为期一年半的支教活动。为响应国家“双减”政策的贯彻落实，成立“闻过父母课堂”，宣传普及家庭教育理念，减少家庭教育误区。组织参与常州市“青春志愿心向党，美丽常州建新功”志愿服务，盟员陈汉兴向河北省丰宁县黄旗镇老窝铺村捐赠价值280万元的一次性口罩生产设备，盟员黄越骅、万俊、王峥、史燕琦、周晓港、仇慧星等19人组建抗疫志愿者队伍，为雕庄街道菱溪社区疫苗接种提供志愿服务，服务社区居民3.5万人次。

（黄越骅）

8月，天宁民盟抗疫志愿者队伍为雕庄街道菱溪社区疫苗接种提供志愿服务
（民盟区基层委 提供）

民建天宁区基层委员会

【概况】 2021年，民建天宁区基层委员会下设8个支部，拥有会员233名，其中年内新增会员6名；会员中有市政协委员3名、区人大代表2名、区政协委员16名。民建区基层委全年开展各类学习活动21次，组织会员赴徐州市淮海战役纪念馆、安徽省凤阳县小岗村等地参观学习8次，一支部与民建南通市开发区一支部、民建南京市玄武区七支部联合开展“学习张謇精神，激扬时代担当”活动，八支部与民建滁州市天长市支部签订长三角友好支部共建协议。年内，民建区基层委持续开展“思源暖心行”活动，一支部走访慰问消防指战员，八支部赴江苏省残疾人文化创业示范基地——西艺坊开展精准助残活动，会员企业江苏雷迅在线科技有限公司通过红十字会向河南水灾受灾区捐款3000元。是年，民建区基层委一支部获评民建江苏省委特色基层组织。

【参政议政】 2021年，民建天宁区基层委组织会员开展调查研究、建言献策，全年上报社情民意信息53篇。区基层委主委赵明撰写的《中小制造企业急盼解决“三难”融入国内大循环》被省委统战部、民建省委录用；四支部会员赵之昱撰写的《医疗美容纠纷需引起重视》被省政协、民建省委录用；八支部会员郑建嵘撰写的《全民健身与奥运同行障碍人群一个也不能少》被民建省委录用。

（刘国强）

民进天宁区基层委员会

【概况】 2021年，民进天宁区基层委员会下设8个支部，拥有会员155名，以教育文化界知识分子为主，中高级教师比例超过70%；会员中有市人大代表1名、市政协委员2名、区政协委员5名。1月，民进区基层委教育综合二支部丽华中学全体会员赴齐梁故里孟河镇，以“永结同心圆，凝聚向心力”为主题，体悟齐梁传承精髓，重温红色文化；5月，民进区基层委组织

4月27日，民进天宁区基层委联合常州市教育考试院开展“以我专业所长，圆您升学梦想”之2021高考新政宣传

（民进区基层委 提供）

骨干会员赴浙江省嘉兴市南湖区革命纪念馆开展“党史学习教育学习”专题活动，回望中国共产党百年奋斗历程，感悟“红船精神”。年内，民进区基层委各会员履行参政议政职能，副主委戴晓娥撰写的《家庭教育指导师亟待解决行业准入与服务规范》信息被民进中央录用，推动《江苏省家庭教育促进条例》实施；民进区基层委省常中支部撰写的《加强高中生涯规划教育，积极应对新高考要求》调研报告被民进市委评为2021年度调研课题一等奖；民进区基层委一中支部撰写的《基于区域网络论坛化龙巷的教育舆情调查及应对机制研究》获民进市委2021年度调研课题二等奖；副主委戴晓娥带领民进区基层委教育综合三支部聚焦“双减”热点，撰写《常州市教师心理健康教育和心理疏导能力现状及对策建议》调研报告。年内，民进区基层委推进“同心·彩虹”品牌建设。1月，为四川省凉山州木里县茶布朗镇初级中学捐款购买冬衣、捐赠学习书籍，捐赠价值超1.5万元；3月，赴武进区运村实验学校，开展“同心彩虹”乡村学校学科建设牵手活动，副主委戴晓娥以《和语文，共赴一场春天的约会》为题开展微讲座，交流语文教学改革方向。

【社会服务】 1—5月，民进天宁区基层委综合支部走进清凉新村第三社区、天宁街道社区卫生服务中心、天宁康苑中心走访慰问贫困家庭、医护人员和智力障碍的孩子。4月，民进区基层委和市教育考试院联合举办“以我专业所长，圆您升学梦想”之2021年高考新政宣传，市教育考试院副院长、民进区基层委委员潘芳介绍高考新政具体内容，解答家长们的困惑和问题。同月，民进区基层委教育综合三支部联合常州市星羽教育发展基金会理事长史纯羽，为“常州公开课”和“父母学堂”等公益服务提供专业支持。9月，民进区基层委一中支部老师张捷赴新疆伊利洲尼勒克第一中学开启为期两年的支教服务。

（张慎量）

农工党天宁区基层委员会

【概况】 2021年，农工党天宁区基层委员会下设4个支部，拥有党员57名，其中年内发展新党员4名；党员中有1名市人大代表、6名区政协委员。年内，农工党区基层委深入开展“不忘合作初心，继续携手前进”专题教育活动、中共党史学习教育活动以及“我为群众办实事”实践活动，组织学习中共十九届五中、六中全会精神。打造“健康知识进社区、进校园、进家庭”社会服务活动品牌，开展“学雷锋”志愿者服务活动、急救知识及技能实践科普讲座、“早安家悦·爱在福康宁”公益活动、“健康吃出来——营养均衡美食”训练营、金牌育婴师训练营等10余项社会服务活动，受益群众3000人次。是年，农工党区基层委被农工党中央评为脱贫攻坚工作先进集体，党员何俊、高华、许锐联合撰写的《关于农工党基层组织文化建设的思考》获农工党中央理论研究论文二等奖。

【农工党天宁区基层委成立】 3月23日，农工党天宁区基层委员会成立大会在天宁科技促进中心召开，46名党员代表参会，支部主委高华作题为《凝心聚力开新局，携手奋进新征程》的工作报告。会议选举产生第一届农工党天宁区基层委领导班子，高华当选主委，许锐、吴沉当选副主委，何俊、张晓芬、张彩霞、陆红菊当选委员；会议宣布成立医卫一支部、医卫二支部、经科支部、综合支部4个支部，并选举产生支部新一届领导班子，许锐当选医卫一支部主委，陆红菊当选医卫二支部主委，吴沉当选经科支部

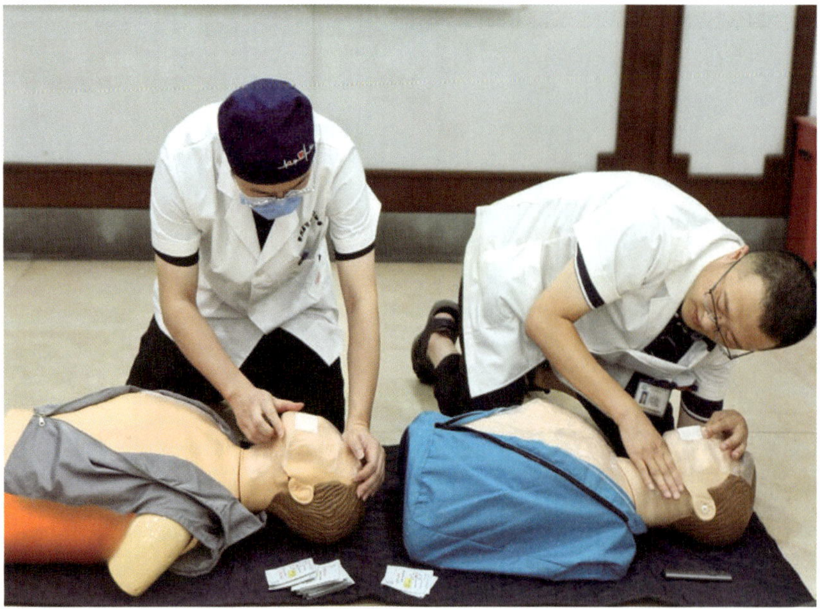

7月24日，农工党区基层委在天宁区易可中医门诊部开展急救知识及技能实践科普讲座 （农工党区基层委 提供）

部主委，张彩霞当选综合支部主委。

【参政议政】 2021年，农工党天宁区基层委发挥参政议政职能，开展课题调研，由何俊执笔的《加快中医适宜技术在我市社区卫生服务中心推广应用的建议》被农工党市委评为二等奖；9月，农工党区基层委到常州市“12345”平台开展调研，参观话务大厅，了解“12345”热线发展历程、运营现状、热线归并、数据分析等情况。主委高华在市政协十四届五次会议上提交《关于地铁5号线在青洋高架东边设计出入口的建议》《关于加强新沟河通行船舶管理的建议》2件提案。农工党区基层委全年报送信息60余条，其中，《护士岗位中“母职惩罚”现象亟待高度重视》被全国政协采用，《关于开展汽车维修行业危化品使用安全专项治理的建议》《关于对国内原料药及药用辅料采用复验期的建议》《房企老板猝死凸现医学科普短板亟待重点推进》3条信息被农工党中央采用，《当前我国血友病诊治存在的问题及建议》《建议取消原研药“超国民待遇”》等10条信息被省政协采用，《应对新冠变异病毒暑期防控措施需再细化、再落实》《医院信息系统底层基础代码乱象亟待规划统一》等30条信息被农工党省委采用，《疫情防控常态化背景下分级诊疗模式亟待适应性调整》《关于疫情防控期间稳预期、稳市场的建议》分别被市委办、市政协采用。

（高 华）

致公党天宁区基层委员会

【概况】 2021年，致公党天宁区基层委员会下设4个支部，拥有党员77名，其中年内发展新党员2名。是年，致公党区基层委发挥中共党建引领作用，与区住建局党委、郑陆镇梧岗村党委在组织共建、队伍共育、资源共享、发展共创等方面签订共建协议。年内，致公党区基层委被致公党市委评为2021年度先进集体，周民获评致公党省委抗疫先进个人、脱贫攻坚先进个人，黄丽洁获评致公党省委脱贫攻坚先进个人。

【参政议政】 2021年，致公党天宁区基层委发挥参政议政作用，党员徐清撰写的《重视农技人才培养，补足乡村发展短板》《进一步梳理法律规范，遏制职业打假大量占用行政执法资源》分别被采用为全国政协委员提案、省政协提案。是年，致公党区基层委创新课题选题模式，丰富课题覆盖面，全年报送调研课题5篇，其中党员朱珕佳报送的《以“资产为本”理念的社区发展模式促进社区自治优化》被列为致公党省委课题，党员徐清报送的《以城乡空间治理为抓手，推进城乡深度融合发展》被列为致公党市委重点调研课题并获三等奖。致公党区基层委全年报送信息182篇，其中被中共中央办公厅录用2篇、被全国政协录用2篇、被民主党派中央级党报《团结报》录用1篇、被致公党中央录用4篇、被省委办公厅录用3篇、被省政协录用14篇、被致公党省委录用69篇、被市委办公室录用41篇、被市委统战部录用91篇。

（徐 清）

九三学社天宁区基层委员会

【概况】 2021年，九三学社天宁区基层委员会下辖8个支社，拥有社员109名，社员平均年龄49.66岁。社员中有高级职称87人、中级职称15人，有本科54人、硕士38人、博士10人。4月18日，九三学社区基层委召开第三届社员代表大会，选举冯子秋为第三届区基层委主委，选举张建松、辛佳贇、黄国栋为副主委。年内，九三学社区基层委开展“学史鉴行，同心向党”系列中共党史学习活动，组织社员学习全国两会精神和《中国共产党统一战线工作条例（试行）》、习近平总书记在庆祝中国共产党成立100周年大会上重要讲话和中共十九届六中全会精神，组织社员参加九三学社中央庆祝中国共产党建党100周年中共党史学习教育知识竞赛、纪念中国共产党成立100周年征文，组织社员学习中国共产党党史、新中国史、改革开放史、社会主义建设史和九三学社社章社史，形成“学党史、读社史、知社章、学先贤、比奉献”良好氛围。是年，九三学社区基层委被九三学社市委评为社会服务优秀集体，区基层委九三学社专家工作站被九三学社市委评为优秀专家工作站，九三学社区基层委规划建设支社被九三学社省委评为2021年度组织工作先进集体、被九三学社市委评为参政议政优秀集体，九三学社区基层委综合三支社被九三学社省委评为2021年度参政议政先进集体，九三学社区基层委综合一支社、九三学社区基层委文化支社被九三学社市委评为2021年度先进集体，九三学社区基层委文化支社获评九三学社中央“五史”知识竞赛优秀组织奖，社员朱炳国被九三学社省委评为“2021年度思想宣传先进个人”。

12月，九三学社天宁区基层委开展“壹心保胃”同心圆公益活动

（九三学社天宁区基层委 提供）

【学术研究】 2021年，九三学社区基层委全体社员立足本职岗位，贡献专业力量，累计发表论文13篇，承接课题2项，完成2项课题验收；参与制定国家标准2个，参与制定行业标准10个。年内，社员杨玲、李海乾、赵洪各发表1篇SCI（科学引文索引）论文，社员叶青在《光明中医》发表《〈医醇賸义〉常用药物及药对配伍规律研究》论文；社员徐东炯发表3篇SCI论文，在《环境监控与预警》《环境监测管理与技术》等杂志发表《太湖以西常州区域水体中典型PPCPs污染特征》《基于底栖动物完整性指数的常州武南区域水生态健康评价》等论文6篇；社员朱怡君在《生物化工》发表《分光光度法测定药用辅料中亚硝酸盐的含量》论文、在《中国医药工业杂志》发表《比特拉韦关键中间体的合成工艺改进》论文。社员叶青承接《职业学校中药学专业〈方剂学〉课程改革实践研究》《基于高职院校的江苏中医药传统文化普及资源库建设研究》2项课题。社员徐东炯完成《太湖流域水生态功能分区质量评价研究》《武南片区常规污染物及重金属水环境及污染源污染特征调查分析/河湖相连区水质及水生态长期演化评估技术体系研究》2项课题验收，参与国标《固体废物 蛔虫卵的测定 漂浮集卵法》和《水质急性毒性的测定发光细菌法GB/T 15441-1995》修订，社员陈慧娟参与完成10项行业标准制定。社员杨玲获《一种适用于评估房颤导管消融术后晚期复发风险的试剂盒》发明专利，社员罗天平获《一种腹腔镜用伞型吻合器》发明专利。社员朱炳国《毗陵谢氏家训研究》课题获常州市社科基金、《常州市红色家谱家训家风资料整理》课题获江苏省社科基金立项资助，并编辑出版《常州家承》《武阳志余》，在《谱牒文化》《运河博览》《常武文史》杂志刊登家谱家训文章4篇。社员韩斌生编辑出版《一个早期共产党员的中国梦》和《洪深评传》。

【参政议政】 2021年，九三学社天宁区基层委履行参政议政职能，开展课题调研活动。其中，主委冯子秋向区政协九届五次会议提交《关于提高养老机构膳食服务管理水平的建议》提案，完成《加快三岁以下婴幼儿照护服务发展的思考》《放大优质教育资源，建设教育强区》《完善政府法律顾问制度，提升天宁依法行政水平》3篇调研课题；社员朱炳国向市政协十四届五次会议提交《关于修复约园并在园内筹建吴阶平纪念馆的建议》《关于保护常州城东丘陵自然生态环境的建议》提案，向区政协九届五次会议提交《关于打造具有“天宁特色”的城市名片的建议》提案；社员徐晓芬完成九三学社市委《老城厢复兴调研报告》调研课题，向市政协十四届五次会议提交《关于老城厢文旅复兴 迸发老城厢活力的几点建议》提案；社员戴罗平向市政协十四届五次会议提交《关于殷村职教园区污水出路的建议》提案。是年，九三学社区基层委累计提交社情民意信息100篇，其中叶青撰写的《推进〈执业医师法〉修订，切实保障医生权益》被九三学社中央录用；金叶全年提交信息38篇，其中，《加快实施延迟退休制度的建议》《征收房产税需要关注的问题》《抑制高房价需要综合治理，开征房产税不是灵丹妙药》等7篇信息被九三学社省委录用。九三学社区基层委完成九三学社市委庆祝“中国共产党成立100周年”和“学习贯彻全国两会精神”主题征文活动50篇。

【社会服务】 2021年，九三学社区基层委医卫各支社自行组织特约义诊活动，社员杨玲参加局前街小学尊师义诊活动、溧阳市竹箦镇卫生院专科帮扶坐诊活动、新北区魏村卫生院义诊活动，在钟楼区五星街道社区卫生服务中心创建常州市首个心房颤动专病联合（分级诊疗）门诊室；社员童红全年举办健康知识讲座10场次，参加公益义诊活动15场次；九三学社区基层委常州中医医院支社组织4名社员自费到溧阳市新晨医院开展义诊，受益患者约100位。12月，九三学社区基层委组织常州壹心医疗门诊部等单位为全市有需求的失独父母开展免费无痛胃镜检查的“壹心保胃”同心圆公益活动。九三学社区基层委文化支社开展的“常州市革命烈士档案展”被九三学社中央、省委统战部网站和常州电视台宣传报道，“常州红色家谱展览”被常州电视台、常州社科联网站宣传报道。

（张建松）

10月，天宁区知联会天宁经济开发区分会成立

（区党外知识分子联谊会 提供）

党外知识分子联谊会

【概况】 2021年，天宁区党外知识分子联谊会（以下简称区知联会）拥有会员50名，年内新发展会员1名；会员中有市人大代表1名、区人大代表4名、区政协委员8名。是年，区知联会围绕区委、区政府中心工作和热难点问题开展调研，向区委区政府提交《关于全面整合各类业务平台，打通信息壁垒，实现基层减负的建议》《关于强化基层安委办统筹协调能力的建议》等社情民意信息。10—11月，区知联会成立2个分会，拥有58名会员，扩大党外知识分子联谊组织在园区的覆盖面。

【党外知识分子联谊会2个分会成立】 10月19日，区知联会天宁经济开发区分会成立，拥有会员37名，金小亮当选分会会长，吴秋菊、黄健当选副会长，张赟当选秘书长。11月2日，区知联会人力资源产业园分会成立，拥有会员21名，陈贵林当选分会会长，胡伟伟、万红当选副会长，丁银洁当选秘书长。

（蒋　辰）

天宁区工商业联合会

【概况】 2021年，区工商联持续推进新时代“两个健康”先行区创建，营造民营经济健康发展和民营企业家健康成长的营商环境。12月，天宁区工商联（总商会）召开第八次会员代表大会，选举产生区工商联（总商会）第八届执行委员会委员（以下简称“执委”）109名，其中主席1名、副主席30名。12月，天宁区成立全市首家数字经济产业商会，并同步成立商会功能型党支部。至年末，区工商联拥有企业会员2873家、个人会员248名、团体会员20家。是年，区工商联获得2020—2021

年度全国“五好”县级工商联认定。

【区工商联（总商会）第八次会员代表大会召开】 12月10日，区工商联（总商会）第八次会员代表大会在区工业互联网培训体验中心召开，152名会员代表参会。大会听取和审议区工商联（总商会）第七届执行委员会工作报告，选举产生区工商联（总商会）第八届执行委员会，张文昌当选区工商联（总商会）主席（会长），聘请刘灿放担任荣誉主席，聘请30家单位为顾问单位。

【新时代“两个健康”先行区创建持续推进】 5月，区工商联组织召开创建新时代“两个健康”先行区工作推进大会暨工商联（总商会）七届五次执委会，总结全区27项创新成果。深化“区领导、会长、执委”挂钩联系制度，制定出台《关于开展向全区重点民营企业家“送服务、解难题、办实事”活动的实施方案》。4月，组织30余位企业家赴南通市张謇企业家学院参加区民营企业家理想信念教育研修班，加强理想信念教育。配合市委统战部向区民营企业家发放“常商服务卡”60张，并对持卡人提供政务服务、体检就诊、旅游观光、通行便利、子女入学等方面公共服务。推荐车联天下物流集团有限公司为江苏省民营经济研究会会员单位，促进民营经济人士与相关部门间交流联系。开展检务进商会、知识产权推进会、人才政策推介会等政策法规辅导活动20余场次，帮助企业熟悉掌握各类政策。推进商会规范化、制度化建设，鼓励引导民营企业加入商会，全年新增企业会员283家，增幅超10%。

【“光彩基金”助困扶贫活动】 3月，区委统战部、区工商联带领常州四药制药有限公司、车联天下物流集团有限公司、常州申达建设有限公司等企业赴陕西省安康市旬阳市开展“光彩基金”扶贫助学活动，区总商会通过“华利达教育光彩基金”向10名贫困大学生捐赠助学金9.6万元，“常州四药光彩基金”向旬阳市红军村和刘店社区捐助价值15万元的碧根果树苗。6月，天宁街道商会企业家一行赴陕西省安康市旬阳市桐木镇中心学校开展捐资助学活动，为桐木镇中心学校捐赠6万元助学金及20台总价值6万元的台式电脑主机；常州化轻总公司爱心基金会为旬阳市城关镇草坪九年制学校捐助3万元，并与7名学生结对认捐，承诺捐助至其大学毕业。10月，“常州四药光彩基金”向旬阳市慈善协会捐款15万元，并捐赠价值5万余元的药品。区总商会、各基层商会企业全年慈善捐款捐物累计超2000万元。是年，天宁街道商会成立“天宁街道商会百万光彩基金”，至年末，区工商联拥有“百万光彩基金”5只。

【天宁区数字经济产业商会成立】 12月1日，天宁区数字经济产业商会第一次会员大会暨成立大会在天宁区数字经济产业园举行，区委书记许小波、市工商联主席何海平出席大会并致辞。会议选举产生商会第一届领导班子，中国数字发展集团总裁吴俊当选会长，龚东卫、胡康、车晓熹当选副会长，朱眺茵当选秘书长，刘卫东当选监事，叶佳勇、杨大鹏、何旭、项栋、孙守臣、魏强、朱亮当选理事。会上，天宁区数字经济产业商会与常州大学商学院签订合作协议，与上海银行签订20亿元战略授信协议，在产教融合、科技创新和金融资本等领域实现资源共享、优势互补。该商会由天宁辖区5家数字经济企业联合发起，涵盖全区物联网、大数据、人工智能、新能源、跨境电商等39家企业。

（史梦佳）

12月，常州市天宁区数字经济产业商会第一届领导班子成员合影
（区工商联 提供）

群众团体

◆栏目编辑　陈　晨

天宁区总工会

【概况】 2021年，天宁区新组建工会组织33家，新发展会员2075人。至年末，区总工会下辖天宁经济开发区总工会1个、镇总工会1个、街道总工会6个、东青片区工会联合会1个，独立基层工会730个，联合基层工会127个，工会会员80253人，工会动态组建率和职工入会率均达到95%。年内，区总工会推进非公有制企业党建带工建“三创争两提升”（创争先进党支部、创争模范职工之家、创争工人先锋号，提升政治引领力、提升群众组织力）示范单位创建，江苏武进不锈股份有限公司、中海宏洋物业管理有限公司常州分公司、伊顿电力设备有限公司、常州强力先端电子材料有限公司、华润置地（北京）物业管理有限责任公司常州分公司、常州美凯龙国际电脑家电装饰城有限公司、常州远东连杆集团有限公司7家企业创成市级“三创争两提升”示范单位。挖掘、选树一批先进典型，“五一”国际劳动节表彰全区10个示范性劳动竞赛项目、52个工人先锋号、35名优秀工会工作者、100名岗位操作能手、10名十佳五一创业明星、20个“优秀工会老娘舅工作室”，弘扬劳模精神、劳动精神和工匠精神。全年新增全国工人先锋号1家（江苏武进不锈股份有限公司理化中心试验班组）；新增江苏省劳动模范3人（林金锡、何小中、颜亚南）、省先进工作者1人（季卫东）；新增市五一劳动奖章获得者16人（吴俊、丁家巍、朱平南、王存山、陈亮、王月、李领俊、谷文革、张学、王建国、潘慧黎、陈小利、石钦祥、徐亮亮、袁伟强、吴静）、市五一劳动奖状获得单位7家（江苏佳尔科药业集团股份有限公司、创志科技（江苏）股份有限公司、常州丽华快餐集团有限公司、常州东奥服装有限公司、常州瑞慈妇产医院有限公司、常州市天宁区茶山街道办事处、国家税务总局常州市天宁区税务局）、市工人先锋号获得单位16家。是年，区总工会和区委组织部共同推荐的“‘都市大黄蜂’：党工协同打造环卫先锋堡垒”项目获评全省“庆建党百年·推动新时代党建带工建创新发展”典型案例；区总工会获市总工会庆祝中国共产党成立100周年歌咏大会一等奖，获评2021年度辖市（区）总工会年度考核优胜单位。

【新时代天宁产业工人队伍建设改革实施】 2021年，天宁区成立新时代天宁产业工人队伍建设改革联席会议办公室区（以下简称区产改办），落实中央和省、市产改办“政治上保证、制度上落实、素质上提高、权益上维护”的产业工人队伍建设改革要求，牵头建立协调推进机制，推动天宁区产业工人队伍建设改革各项举措落地见效。年内，区委、区政府将产业工人队伍建设改革（以下简称产改）工作列入“十四五”规划和区委全面深化改革工作总体布局，区产改办制定出台《2021年天宁产业工人队伍建设改革工作要点及责任分工方案》《2021年天宁产业工人队伍建设改革重点实施项目清单》，提出“四大方面”29条举措，明确各相关单位职责、目标和任务。全年组织常州旭荣针织印染有限公司、常嘉建设集团有限公司等7家产改试点单位参加省、市产改培训班3次，领会并传达产改最新工作要求。区级层面编印《新时代产业工人队伍建设改革资料汇编》80余册，组织产改专题培训3场、产改部署和调研12次，强化企业和职工对产改政策的认识。强力先端电子材料有限公司率先在全市实施“常州市职工技术创新专项集体合同”，2019—2021 年累计发放奖励 78.4 万余元，让职工享受创新红利。润达铁合金有限公司和钜苓铸造有限公司利用“幸福课堂”满足职工学习需求，产改经验被《江苏工人报》《常州日报》等媒体报道。年内，区总工会建设打造“五一主题公园”产改宣传阵地，举办“百名先锋展新颜”主题展览，凝聚职工群众奋进力量。

【天宁“匠心课堂”活动】 2021 年，区总工会强化职工思想政治引领，组织开展天宁大讲坛之“匠心课堂”活动，组建劳模、优秀劳动者讲师团，开设劳模课堂，邀请全国、省、市劳动模范开展互动式讲座、分享式座谈等活动；利用劳模创新工作室、技能大师工作室等阵地设置沉浸式“微课堂”，讲述劳模工匠和新时代产业工人故事，分享劳动者建功新时代的奋斗历程；借助各级媒体、网络等渠道，开设《党的十九届六中全会精神解读》《〈中华人民共和国民法典〉宣传教育》等直播课堂，全年完成线上、线下课堂 100 余场。全国劳动模范李承霞在正衡中学天宁分校开设“劳模工匠传习室”，作为“天宁匠心课堂”分设的劳技实践课堂，将思政教育、技能启蒙融入德育活动中。

【职工劳动权益维护】 2021 年，区总工会依法维护职工劳动者合法权益，督促各类企业规范集体协商、完善劳动合同，全区企业集体协商建制率动态保持在 90% 以上，单独建会企业集体协商建制率达到95%。履行安委会成员单位职责，参与“安全生产月”咨询日活动，向企业职工赠送安全生产、劳动保护宣传手册 500 余册。组织职工参加常州市劳动保护监督检查员培训，85 名参训职工均获市一级劳动保护监督检查员证；组织职工参加全国“安康杯”职工安全应急技能知识竞赛和常州市“紫金保险杯”劳动保护知识竞赛。联合区应急管理局开展“安全隐患随手拍”活动，收到参赛作品 260 份，区总工会获评常州市“安全隐患随手拍”优秀组织奖。组织开展职工技术创新专项集体合同指导培训班，指导企业签订技术创新专项集体合同，全年新增 5 家技术创新专项集体合同签订企业。年内，推进“和谐劳动关系先进企业”创建，中海宏洋物业管理有限公司常州分公司获评常州市创建和谐劳动关系四星级先进企业，车联天下物流集团有限公司、常州三建设有限公司、常州交运集团有限公司获评常州市创建和谐劳动关系五星级先进企业。

4 月，区总工会举办天宁大讲坛之“匠心课堂”启动仪式

（区总工会 提供）

【工会普惠服务】 2021 年，区总工会开展“留常过年，共守安宁”、夏季安康“三送”、“工会进万家”等走访慰问活动，覆盖全区 70 家重点企业，惠及 1 万余名职工；为 1000 余名天宁环卫职工赠送 11.44 万元补充医疗保险和伤残保险；发放创新创业贷款 143 笔、2095 万元，办理贷款贴息 208 笔、84.82 万元。年内，天宁街道、兰陵街道职工活动中心通过市总工会验收，天宁区实现镇、街道职工活动中心建设全覆盖；完成职工培训基地建设 10 家，培训职工 1 万名；建设户外劳动者驿站 15 个、爱心母婴室 1 个；组织单身职工交友联谊 10 余场、职工歌手大赛 10 场，满足广大职工精神文化生活需求。是年，区总工会开展“携手抗疫，工会人在行动”活动，慰问全区防疫卡口、核酸检测点、疫苗接种点等疫情防控一线单位 16 家，送去价值 7 万余元的慰问物资；通过“天宁职工之家”微信公众号发布相关疫情防护提醒，号召全区各级工会组织坚决落实市、区两级疫情防控指挥部要求。

【天宁区第四届职工“三创”大赛】 2021 年，天宁区组织开展第四届职工“创新·创业·创意”（以下简称“三创”）大赛，累计收到参赛创业计划书 45 份、建言征集 45 份，涉及 5G

8月，区总工会第四届职工创新创业大赛获奖选手

（区总工会 提供）

平台、人工智能、机器人、微创手术、红外传感、“非遗”美学、针织面料等方面，11个项目进入决赛。8月，在天宁科技促进中心二楼才富空间举行大赛决赛，江苏视博云信息技术有限公司“5G超高清云游戏PaaS平台”项目获一等奖，江苏网博视界网络科技股份有限公司“人工智能视频版权审核发行系统”和常州辉途物联网科技有限公司“旋转设备预测性维护”2个项目获二等奖，8个项目获三等奖。11月，区总工会推荐2个项目参加常州市第四届职工“三创”大赛决赛，其中“5G超高清云游戏PaaS平台”项目获一等奖，“人工智能视频版权审核发行系统”项目获三等奖，区总工会获常州市第四届职工“三创”大赛优秀组织奖。

【新就业形态劳动者建会入会】 7月，全国总工会针对近年来网约配送员、网约车驾驶员、货车司机、互联网营销师等新就业形态劳动者数量大幅增加的新情况、新问题，制定出台《关于切实维护新就业形态劳动者劳动保障权益的意见》《关于推进新就业形态劳动者入会工作的若干意见（试行）》，启动“新就业形态劳动者入会集中行动”。9月，天宁区召开车联天下物流集团工会联合会成立大会暨全市新就业群体建会入会现场观摩会，吸引新就业形态劳动者加入工会组织，市人大常委会党组副书记、市总工会主席方国强为车联天下物流集团工会联合会授牌。是年，天宁区创新“互联网+”工会组建模式，车联天下物流集团成为全国首个通过各地分公司工会直接吸收货车司机入会的民营货运平台。

【“工会老娘舅工作室”品牌建设】 2021年，区总工会继续加强“工会老娘舅工作室”组织建设和运作管理，根据人员变动更新一批基层工会“老娘舅”；组织“老娘舅”参与劳动争议案件庭前调解等教学培训，提升“老娘舅”综合协调能力；新增江苏常武律师事务所职工法律援助站，吸收该所5位公益律师加入“老娘舅”行列，提升“老娘舅”队伍专业水平。年内，区总工会与区法院、区人社局、区司法局联合制定出台《关于加强劳动关系矛盾预防化解工作的实施意见》，形成“四方合作”“六项协调”工作机制，全年召开联席会议6场，开展职工法律宣传活动15场，接受咨询670人次，受理职工、农民工合法权益诉求235件，其中涉及拖欠职工和农民工工资98件、工伤赔偿86件、合同纠纷51件，提供法律援助16起。

（屠　晶）

共青团天宁区委员会

【概况】 2021年，天宁区有直属基层团（工）委15个、团总支25个、团支部1135个；团员9600人，其中年内新发展团员366人。是年，团区委以习近平新时代中国特色社会主义思想为指导，全面贯彻落实习近平总书记关于青年工作的重要思想，引领全区广大青年投身“强富美高”新天宁建设，相继办成一批事关青少年发展的好事实事。2022年1月，团区委获评共青团江苏省委2021年度全省共青团工作先进单位，获共青团江苏省委2021年度全省共青团工作争先进位奖，团区委《“一体三面五聚”县域团代表联络站工作机制》项目获2021年度全省共青团工作“10100”创新创优工程一等奖。

【全国县域共青团基层组织改革试点工作】 6月，天宁区被确定为团中央开展的第二轮共青团基层组织改革试点地区。9月，区十一届区委常委会第六次会议审议并原则通过《天宁共青团基层组织改革综合试点实施方案》，明确基层团组织改革主要围绕“改革团的工作力量选用机制、改革组织设置和运行机制、改革团员发展和教育管理机制、推动完善地方党的领导机制和支持保障”4个方面展开，全面实施“四维十域”31条改革举措。年内，天宁区将县域共青团组织改革工作同步纳入全区深改项目清单，对照“改革团的工作力量选用机制”要求，拓宽团的工作骨干来源渠道，明确团区委增设内设机构1个，增设中层正职1名，团区委专职团干部从3人增加到12人，其中挂职副书记1名、兼职副书记2名、中层及普通挂职团干部4名、青少年事务社工2名，人员皆根据共青团的工作特点和需求从基层青年骨干、优秀技术人才和优秀青年干部中选派。对照“改革组织设置和运行机制”要求，健全县域团的组织体系，成立常州首家青年社会组织行业团工委，覆盖青年社会组织20余家、新兴青年280余人；推进资源配置方式社会化，重点打造“青宁团”团建品牌，持续推进“沐浴阳光”“阳光浸润·寂静花开”等区级青少年特色品牌，扩大社会效应；举办“天建杯”青年公益项目创投大赛，筹集社会资金40余万元，26个创投项目落地村（社区）；完善政府购买青少年社会工作服务机制，将青少年社会工作服务纳入民政购买服务清单，年内为团属社会组织筹集资金9万元。对照“改革团员发展和教育管理机制”要求，严格入团标准和程序，发展团员实行“双积双评”“积分入团”机制；改进团员政治教育和实践育人机制，线上继续完善“智慧团建”系统，加强对“智慧团建”系统的监督，做好“学社衔接”工作；线下打造中学示范团校、深化“天宁星课堂”团建品牌。对照“推动完善地方党的领导机制和支持保障”要求，将团建工作纳入党建部署和年度考核，明确开发区、镇、街道团建考核占3分，机

2021年天宁区“十大杰出青年”一览表

表10

序号	姓名	工作单位及职务
1	左凯杰	常州旭荣针织印染有限公司研发部副经理
2	朱浩波	竹林路消防救援站消防员
3	芮　清	雕庄中心小学数字信息部主任
4	吴　俊	车联天下物流集团总裁
5	言文杰	区疾病预防控制中心疾控科科长
6	闵　峻	江苏创仕澜传输科技有限公司总经理
7	陈　顺	区合心公益法律服务促进会会长
8	俞　呈	公安天宁分局新丰街派出所副所长
9	恽　姿	常州东方伊思达染织有限公司总经理
10	姚志燕	青龙街道阳光龙庭社区党总支书记

2021年天宁区“十佳少先队员”一览表

表11

序号	姓名	所属学校
1	王奕茹	常州市第二实验小学
2	马文嘉	常州市兰陵小学
3	王轿博	常州市北环小学
4	仇亮宸	常州市清凉小学
5	史曦源	常州市龙锦小学
6	谷　雨	常州市虹景小学
7	周子炫	常州市局前街小学
8	周玮泽	常州市博爱小学
9	施佳琪	常州市解放路小学
10	钱梓睿	常州市东坡小学

2021年天宁区“十佳少先队辅导员”一览表

表12

序号	姓名	所属学校
1	丁　盼	常州市解放路小学
2	毛俊颖	常州市朝阳新村第二小学
3	汤苏南	常州市紫云小学
4	张　雨	常州市龙锦小学
5	陈水香	常州市第二实验小学
6	邵佳丽	常州市局前街小学
7	庞天娇	常州市青龙实验小学
8	郑　娜	常州市博爱小学
9	单和芳	常州市东坡小学
10	虞明珠	常州市华润小学

关单位团建占5分；对接区委巡察办，将党建带团建、“党管青年”工作纳入区级党委巡察监督内容，形成“三聚焦五落实”区级巡察清单，巡察结果与基层党组织考评结果挂钩。

【青少年思想引领工程】 2021年，团区委发挥团属新媒体矩阵作用，在“天宁青年”微信公众号设置“大学习”“改革在线”“青享说”等专栏，全年发布信息362条次，其中原创213篇，累计阅读量321377人次。年内，开展省、市“两红两优”（“两红”指“五四”红旗团委（团工委）、“五四”红旗团支部（团总支），“两优”指优秀共青团员、优秀共青团干部）、第三届“天宁区十大杰出青年”等典型选树活动，天宁经济开发区团工委、天宁街道团工委获评“江苏省五四红旗团委(团工委)”，青龙街道横塘社区团支部、郑陆镇查家村团支部获评“江苏省五四红旗团支部（团总支）”，张泽获评“江苏省优秀共青团干部——团支部书记专项”，左凯杰、朱浩波、芮清、吴俊、言文杰、闵峻、陈顺、俞呈、恽姿、姚志燕获评天宁区“十大杰出青年”。为引领青少年全面发展、健康成长，10月，团区委、区教育局、区少工委联合举办2021年天宁区“十佳少先队员”“十佳少先队辅导员”风采展示及评审活动，评出“十佳少先队员”10名、“优秀少先队员”30名、“十佳少先队辅导员”10名、“优秀少先队辅导员”31名、“优秀少先队集体”34个。

【青年志愿服务】 2021年，团区委组织开展各类青年志愿服务，累计8000余人次参与志愿服务。4月，组织1830名青年志愿者参与第十七届中国杜鹃花展览会开幕式、第十七届中国杜鹃花展颁奖仪式暨学术交流会等活动志愿保障及相关宣传工作，累计服务时长11600小时。7月，组织70名青年志愿者参与“‘杏’会初心·‘鱼’见丰北”美丽乡村丰北村开园活动志愿服务，疏导行人车辆通行，维持现场秩序。11月，发布抗疫倡议书，号召广大团员青年投身疫情防控，300余名青年志愿者、15支青年突击队加入防疫一线，在交通路口、街道社区开展医疗救护、卫生消毒、物资转运、防疫宣传等，累计服务时长超8万小时。年内，培育“河小青”“菁彩青年”“青宁助苗”“青苗美术”等志愿服务品牌，在东青社区开展“志愿服务进网格，打造居民微幸福”系列活动，打造社区微景观；在天宁街道椿桂坊社区开展“童心向党·守望花开”主题公益夏令营，丰富青少年文化生活；在天宁街道青山路社区开展“河小青”净滩活动，美化大运河环境；在兰陵街道工人新村第二社区开展“不忘初心送温暖，‘七一’慰问党情浓”主题党日活动，慰问社区孤老和老党员；在茶山街道丽华新村第一社区开展“龙游夜肆益起high”公益集市，为社区居民送去各类青年文化创意产品及惠民服务。

【青少年权益维护】 2021年，团区委依托阳光天地青少年事务服务中心，开展“阳光浸润·寂静花开”——青少年心灵成长关爱项目系列活动，获市级创投项目资金扶持3万元，全年举办青苗兴趣课堂5场、小组活动3场、“寂静花开”户外绘画活动2场、毅行健步走活动2场、自护讲座1场、青少年义卖活动1场，参与青少年300余人次。8月，开展天宁区“童心向党·守望花开”主题公益夏令营，为青少年打造“红心一夏”——红色党建之旅、“安心一夏”——安全自护之旅、“欢心一夏”——兴趣体验之旅三大主题之旅，内容涵盖法治宣传、安全自护、爱国主义教育、道德实践教育、心理健康教育、红领巾寻访、艺术营造、企业探访、兴趣培养等，覆盖镇、街道“事实无人抚养儿童”、留守儿童等困境青少年群体。年内，团区委联合开发区、镇、街道团（工）委，会同区教育局、公安天宁分局、区法院、区检察院等部门，春节期

4月，参与第十七届中国杜鹃花展览会志愿者合影 （团区委 提供）

4月，“传承红色基因·勇立少年之志”纪念恽代英英勇就义90周年暨红色研学计划启动仪式　　（团区委　提供）

间开展“青春自护·平安春节”主题活动50余场，3000余人次参加；暑假期间开展“青春自护·暑期安全”青少年自护教育活动20余场，1000余人次参加。

【“青春心向党·献礼一百年”主题教育实践系列活动】 4月，团区委在雕庄街道凤凰公园举行“青春心向党·献礼一百年”——天宁区“学党史、强信念、跟党走”主题团日活动，团市委和区“四套班子”领导及镇、各街道和有关部门负责人、社会各界优秀青年代表等200余人参加。主题团日活动上，发布“十个一”系列活动，即寻访一串红色足迹、述说一段初心故事、寻找一批红色物件、选树一批青春榜样、推进一批民生实事项目、掀起一波双创热潮、凝聚一股青春志愿力量、融合一批青年学习阵地、举办一系列主题团（队）日活动、梳理一批文化创作。年内，开展“寻访红色足迹，献礼建党百年”主题征集活动，以“童心向党”“马克思主义青年说”为主题，收到全区范围内青少年绘画、照片、视频等文艺创作成果161份，推出“童言述党史”“青年述党史”系列口播作品30期；联合区委组织部举办“记忆百年，老物件见证新时代”老物件巡展；联合区委宣传部、区教育局、区少工委举办“传承红色基因·勇立少年之志”纪念恽代英英勇就义90周年暨红色研学计划启动仪式；联合团市委、市卫健局等部门举办红色初心主题城市定向赛，组织500余名团员青年开展打卡学习，团结引领全区青少年不忘初心跟党走、牢记使命勇担当。

【困境青少年“梦想小屋”改造】 2021年，团区委制定出台《2021年天宁区“梦想改造+”工作实施方案》，对全区6～16周岁“事实孤儿”困境青少年群体，依托其原有居住房间，按照“三面改造、六物到位”（对顶面、墙面、地面进行施工改造，定制配备床、书桌、衣柜、窗帘、台灯、小书架等家具和生活用品）标准设计建设“梦想小屋”，为困境青少年打造一间属于他们自己的房间。按照《“梦想改造+”关爱计划项目管理规定》，对每间小屋的改造坚持“一户一册、一家一单”，实现招标、施工、验收、审计全流程规范运行。年内，团区委联合区民政局、区教育局等相关职能部门，发动区青联委员、青年企业家等群体，号召全区29所中小学校建立捐助团队，筹集善款19万余元，改造完成18户“梦想小屋”。

（陈晓珏）

天宁区妇女联合会

【概况】 2021年，天宁区有各级妇联组织196个，其中天宁经济开发区、镇、街道妇联组织8个，村、社区妇联组织121个，机关妇联组织32个，新兴领域妇联组织35个。年内，村、社区妇联完成换届，选举产生村、社区妇联执行委员（以下简称执委）1833名，其中妇联主席121名、副主席379名，村、社区妇联主席100%进村、社区“两委”（村民委员会、居民委员会）班子。10月，区妇联启动妇联干部“领头雁”系列培训，以美丽庭院、家庭教育、婚姻家庭、青少年心理健康、反家暴、新媒体运用等为切入点，创新开展特色业务培训4期，为基层妇联干部赋能。是年，雕庄街道朝阳村委被评为全国巾帼文明岗，区检察院第一检察部（未检组）被评为江苏省巾帼文明岗；李承霞被评为全国三八红旗手；吴静被评为江苏省三八红旗手；王东莉、吴若燕、恽伶俐被评为常州市三八红旗手；茶山街道红梅村委被评为常州市三八红旗集体；李如花家庭、秦怀仁家庭被评为江苏省最美家庭；雕庄街道菱溪社区、茶山街道华润国际社区、茶山街道同济桥社区被评为常州市第一批儿童友好社区。

【妇联基层组织建设】2021年，区妇联发挥执委引领、联系、服务妇女群众作用，开展“我为妇女儿童办实事‘执委进万家’”活动，以“进万家门、访万家情、暖万家心、解万家难”为主题，开展走访慰问、妇女维权、“women课堂”线上微课等活动。结合中国共产党建党100周年，区妇联启动百名执委讲党史活动，组建宣讲队伍26支、宣讲员120人，累计开展宣讲216场次，受众9100人次。加强妇联基层组织建设，全年新建35家妇女微家、16家新兴领域妇联组织、9家宁管家网格妇联。延伸妇联组织服务，发挥三八红旗手自身优势和辐射带动作用，引导更多女性参与巾帼志愿服务，成立以汤亚平、汪恬、许嫣娜、蒋惠娟、姚志燕、李志燕、徐敏、吴立华名字命名的8家三八红旗手工作室，并组建1个区三八红旗手联盟。7月，中国常州检验检测认证产业园新兴领域妇联组建工作接受市妇联及各辖市区妇联参观学习。

3月5日，区委组织部部长沈永红（左五）为8家三八红旗手工作室负责人颁发证书 （区妇联 提供）

【妇女儿童合法权益维护】2021年，区妇联开展各类妇女儿童维权系列活动，利用“芬芳天宁”微信公众号、“彩虹时空课堂”普及宣传《中华人民共和国妇女权益保障法》《中华人民共和国反家庭暴力法》《中华人民共和国民法典》等知识。3月，区妇联利用“三八”妇女维权周，联合江苏典修律师事务所妇联线上开设维权专场直播，联合区法院在区法院少年家事审判中心开展“法如春光护红颜”妇女儿童权益维护专题普法宣传活动，增强妇女群众法治意识。9月，邀请盈科律师事务所律师毛佳红举办“幸福护航”婚姻家庭法律讲座，通过现场授课、咨询解答，帮助妇女群众更好地调适婚姻家庭关系。11月，举办“以受暴人为中心的多维度的反家暴服务”专题讲座，预防和制止家庭暴力，维护家庭成员合法权益。12月，开展“‘宪’在心中，与法同行”宪法宣传周普法活动，发放法律知识读本、宣传资料300余份。年内，区妇联依托市“e家通”婚姻家庭智慧治理平台，在各个村（社区）建立反家暴联动机制，提供心理疏导、法律咨询、救助帮扶等综合维权服务，全年家暴案件回访率100%。

【妇女儿童关爱】2021年春节前，区妇联开展“把爱带回家，温暖过寒假”主题活动112场，收到各界爱心人士捐款捐物价值6.5万元，用于慰问天宁区贫困妇女和儿童，受益7万人次。开展“巾帼拥军送安康”活动，向全区新入伍士兵的母亲赠送美丽人生安康保险。联合“荧佳爱心妈妈”妇女微家，为河南汛情灾区送去200余套床上用品。9月，区妇联以“为爱出发，情满天宁”为主题，开展“99公益日”活动，各界爱心人士累计捐款5.6万元，为天宁辖区内困境妇女和儿童提供关爱服务。持续推进贫困妇女“两癌”救助，为1名贫困“两癌”妇女申请1万元“我助妇儿康·女性‘两癌’救助”项目救助金。

【妇女创业就业】2021年，区妇联结合“巾帼建功”30周年活动，评出区巾帼建功标兵20名、区巾帼文明岗20家，用榜样的力量引领全区妇女巾帼心向党、建功新时代。年内，区妇联扶持妇女就业创业，推选围炉问法公益法律服务平台、牧场设备管家WitFarm参加省巾帼创业创新大赛，推荐2位女企业家参加江苏省高素质女农民培训班，为女企业家提供学习、展示平台；开设“玉兰花开·芬芳天宁”育婴员、中西式面点师、茶艺师等女性专场培训班，服务女性就业创业；开展妇女创业贴息贷款，全年发放妇女创业小额贷款4022.4万元，为157名妇女缓解创业资金难题；联合区人社局开展“悦动天宁·职为你来”系列招聘会，设立妇女权益咨询台和妇女创业担保贷款政策咨询区，提供妇女权益保障和创业金融政策咨询服务，帮助300余名妇女达成就业意向；联合区女企业家协会开展政企对接、新老会员对话等4场活动，通过政策宣介、老会员代表分享创业历程等活动，帮助女企业家共谋企业发展之路。6月，对在“捐款助学、扶危济困、抗疫防疫、公益慈善”活动中表现突出的女企业家予以命名表彰，8名女企业家（戈亚芳、石瑛、牟惠娟、陆亚南、陈菊芳、施秋芳、赖仕妹、管军）被评为“爱心大使”，8名女企业家（史庆华、朱眺茵、李兰芳、吴丹凤、张莯、陈颖、周仙、薛细娟）被评为“最美志愿者”，引导妇女在建功立业中展示风采、展现巾帼担当。

【“三全”社区家庭教育支持行动推进实施】 2021年，区妇联持续做好“三全”（社区全域、父母全程、家庭全类型）社区家庭教育试点工作，雕庄街道菱溪社区、青龙街道龙湖郦城社区、茶山街道同济桥社区、茶山街道清凉新村第一社区、茶山街道华润国际社区、红梅街道北环南村社区作为试点社区，结合居民实际需求，制定家庭教育活动菜单，定期开展亲子阅读会、亲子交流会、心理健康讲座等亲子活动。6月，茶山街道同济桥社区作为试点单位接受省妇联民生实事项目调研组调研；10月，雕庄街道菱溪社区、茶山街道清凉新村第一社区“三全”社区工作接受全市观摩。

【“美丽庭院”创建】 2021年，区妇联推进乡村振兴战略实施，将美丽庭院建设与倡导绿色、生态、文明的家庭生活新理念相结合，推动“美丽庭院”创建。年内，利用“芬芳天宁”微信公众号，发出“创美丽庭院，建美好家园”倡议书，宣传美丽庭院建设工作；郑陆镇丰北村妇联开展“美丽庭院”创建培训会，邀请市园艺发展服务中心王云峰介绍气候、植物类型、土壤选择与改良、家庭植物病虫害防治等专业知识，提高村民参与度和积极性；丰北村委开展植物微景观制作活动，邀请市城管局园艺中心老师授课，宣传“绿色生活、美丽家园”理念，并发挥村“两委”干部、党员、村民代表、妇联执委、最美家庭、巾帼网格员、巾帼志愿者等群体作用，带头创建6户“美丽庭院”示范户。7月，丰北村创成全市首家“美丽庭院示范村”。11月，郑陆镇牟家村、丰北村被评为江苏省美丽家园省级示范点。

（顾　薇）

7月12日，常州市副市长许峥（右）为丰北“常州市美丽庭院示范村”授牌　（区妇联　提供）

天宁区科学技术协会

【概况】 2021年，天宁区有镇（街道）科协7家、园区科协1家、企业科协16家，其中年内新成立企业科协3家〔常州市天宁区泰格尔科技有限公司科协、常州市强力先端电子材料有限公司科协、中欧（常州）检验检测认证国际合作产业园科协〕。年内，区科协立足“四服务、一加强”（为科技工作者、创新驱动发展、提高全民科学素质、党和政府科学决策服务，加强自身建设）职责定位，引导支持广大科技工作者创新创业，推动社区科普馆、科普教育基地建设，围绕社会关注热点，加强科普宣传，提高全民科学素质。是年，区科协获评中国科协全国科普日优秀活动单位、江苏省科普宣传周优秀组织单位、市科协系统先进集体、市科普活动优秀组织单位；青龙街道获评市科协系统先进集体，红梅街道获评市科普活动优秀组织单位；常州市天宁区翟家梨树专业技术协会获评市科普惠农服务站，常州市华润小学获评市科技创新综合实践示范学校；常州黑牡丹科技园科普教育基地、常州爱尔眼科医院科普基地、江苏优麦思文化科普教育基地获评市级科普教育基地；红梅街道胜利村委“喜迎元宵送健康，团员佳节聚红梅”系列活动、青龙街道红十字会急救技能培训宣传活动、天宁街道怡康花园社区“爱党、爱家、爱生活”堆花糕团非遗文化活动获市“优秀特色科普活动”；黄晶、杨京华、戚磊获评市科协系统先进个人。

【科技服务】 2021年，区科协围绕服务天宁高质量发展，支持科技工作者创新创业，关心关爱科技工作者工作与生活，实现和维护广大科技工作者根本利益。5月，联合常州黑牡丹科技园科协开展学术月活动，组织12人参加汽车行业质量管理体系内审员培训、中国质量协会六西格玛黑带注册考试培训。6月，联合常州黑牡丹科技园科协举办区“科技工作者日”主题活动暨黑牡丹科技园科技工作者专场联谊交流会，市科普服务中心主任束为民作“企业专利信息应用和推广”专题讲座。年内，推荐30名科技工作者参加常州市科协第十二次代表大会，畅通参政议政、建言献策渠道；参与“最美常州人”“最美科技工作者”评选，2名科技工作者分别获评科技领域“最美常州人”和常州市“最美科技工作者”；推进“青年人才托举工程”，托举培养青年科技人才3名。持续推进“暖心工程”，为10名优秀科技人才提供免费健康体检，组织40名科技工作者“科普一日游”，为230名科技工作者赠送《江苏科技报》，组织3名科技工作者赴溧阳市江南铁军教育学院参加爱国奋斗奉献精神培训，筑牢爱国主义思想根基。

【科普宣传】 2021年，区科协联合区全民科学素质工作领导小组成员单位，围绕社会关注的疫情防控、食品安全、垃圾分类等热点，深入企业、农村、学校、社区等场所，开展科普讲座、知识竞赛、科普一日游等活动，利用电子屏、微信公众号等载体转发“科普中国”“江苏科普云”“龙城科普”等权威科普平台发布的科普知识，宣传新冠肺炎科学防控知识，发动镇、街道、社区群众参与省、市科协组织开展的疫情防控网络知识竞赛，提高群众疫情防控意识。5月22日，在常州市爱尔眼科医院举行“百年回望：中国共产党领导科技发展”科普宣传周主场活动，为天宁区青少年科普教育实践基地、天宁区“助力新时代文明实践中心科技志愿者服务基地”授牌，为科技志愿者队伍授旗，为10名在常州市第三届公民科学素质大赛中获奖选手颁奖。6月，联合天宁街道在兆丰花苑社区开展科普图书进社区捐赠活动，邀请该社区卫生服务站医生为群众开展养生知识普及讲座。9月，在大运河党群服务中心开展“我们的节日·重阳节”科普宣传活动，普及安全救护和环境保护等知识，发放科普宣传资料200份。

5月，区科协在天宁区第33届科普宣传周主场活动中为科技志愿者服务基地授牌 （区科协 提供）

【重点人群科学素质提升】 2021年，天宁区贯彻落实国务院《全民科学素质行动计划纲要实施方案(2021—2035年)》，推进青少年、农民等重点人群科学素质提升。10月，在青龙实验小学举行“展开科学的翅膀，放飞科学的梦想”天宁区青少年科技创新大赛，全区4所中学、20所小学累计203名学生参加“魔方”“吸管结构”“纸牌承重”“返回原点”4个项目比赛，其中49名学生获一等奖、61名学生获二等奖、93名学生获三等奖。同月，组织天宁区4所中学、13所小学累计147名学生参加常州市第33届青少年科技创新大赛现场赛，其中54名学生获一等奖、56名学生获二等奖、37名学生获三等奖，常州市华润小学、局前街小学、青龙实验小学获团体奖一等奖。加强农民职业教育和技术培训，区科协举办农业实用技术（水产、林果、电商）培训班12期，1651人参加；组织8家农村专业技术协会10人参加常州市农业现代化生产技术高级研修班培训。加强科普人才队伍建设，12名科技志愿者被市科协授予“优秀科技志愿者”称号，组织18名优秀科技志愿者赴浙江大学参加“学习十四五发展规划，提升基层服务水平”能力提升培训，组织基层科技志愿者参加全省科技志愿服务线上培训和“科普游”活动，发动辖区居民参加常州市公民科学素

9月29日,"科创中国"常州科技服务站启动仪式　（区科协 提供）

质网络大赛，营造爱科学、学科学、用科学的社会风尚。

【"科创中国"常州首家科技服务站落户天宁】 9月,区科协协同区工信局和青龙街道党工委在青龙街道举办全国科普日主题活动暨"科创中国"常州科技服务站启动仪式，市科协、青龙街道党工委相关领导共同为"科创中国"常州市首家科技服务站揭牌，市科普服务中心主任束为民、市创新研究院副院长吴建月为参会企业介绍TRIZ创新方法培训项目、中国创新方法大赛、"技术经理人入企行动"项目、"科创中国"专利数据库等内容。"科创中国"是全国知名创新创业服务品牌，旨在构建资源整合、供需对接的技术服务和交易平台，以发现企业需求价值和构建园区产业链为重点，通过探索产学融合的组织机制和激励机制，实现人才聚合、技术集成和服务聚力，建设创新、创业、创造生态，让科技更好地服务经济社会发展。"科创中国"常州科技服务站将重点围绕协同创新、区域创新、产业创新、企业创新、人才创业"五创"内容提供服务，促进科技与经济融合，营造科技创新生态。

（孙国化）

【区老科协工作】 2021年，区老科协下设秘书处和工业、农业、文教卫生3个团体分会，拥有理（监）事8人、会员58人。年内，区老科协围绕全区中心工作，团结和带领广大老科技工作者开展科普讲座、义诊和调研活动，全年举办科普讲座26场、受众1500人次，开展大型义诊活动6场、受众1100人次，为推动天宁经济社会发展贡献智慧和力量。4—9月，聚焦常州创建"国际智造名城"城市定位，会长许宪生带领部分会员，到郑陆镇、常州旭荣针织印染有限公司、常州天宁新动力高新技术创业服务有限公司、常州天宁产业园、兰陵街道社区卫生服务中心开展实地调研，了解乡镇发展状况、基层社区卫生服务中心建设、企业创新、园区经济等情况，结合常州市经济社会发展重点和热点，完成《对于融合纺织产业"三新一高"发展的思考》《产业转型升级背景下园区发展思路探索》2篇调研报告，分别被市老科协评为一、二等奖。是年，区老科协获评常州市老科协工作"突出贡献奖"。3家科技示范基地被认定为2021年度省科技示范基地，其中新认定1家（常州旭荣针织印染有限公司），再次认定2家（江苏科力农业资源科技有限公司、常州天宁新动力高新技术创业服务公司）。

（翁明星）

天宁区残疾人联合会

【概况】 2021年，天宁区有各类持证残疾人8896人，其中肢体残疾4249人、视力残疾1221人、言语残疾58人、听力残疾744人、智力残疾1234人、精神残疾1283人、多重残疾107人。是年，区残联以巩固残疾人脱贫攻坚为主线，完善残疾人公共服务建设体系，保障残疾人权益,推进助残民生实事。年内，深化"残疾人之家"建设，新建3家"残疾人之家"，全区累计15家。依托镇、街道残联和辖区派出所等部门维护残疾人合法权益，全年接待来访52人次,接听来电280人次，处理"12345"政府服务热线受理件21件、阳光信访平台信访件3件，办结率100%。是年，区残联在全省法规政策宣讲活动中获评先进组织单位,区残联"'轻残'助'重残'托起残疾人'幸福梦'"项目获省残联系统2021年度创新创优项目。

【残疾人生活保障】 2021年，天宁区享受残疾人"两项补贴"（困难残疾人生活补贴、重度残疾人护理补贴）69553人次，其中生活补贴31661人次、护理补贴37892人次，累计发放两项补贴2381.7万元。全年为66名残疾学生办理助学补贴9.74万元，为138名残疾人办理残疾人机动轮椅车燃油补贴3.59万元，为9152名残疾人办理意外伤害商业保险，为2019户低保残疾人和重度残疾人家庭发放春节慰问金40余万元，投入6.65万元为20户贫困残疾人家庭实施免费无障碍改造，为275名持第二代残疾人证期满十年的残疾人换发新证。

【残疾人康复服务】 2021年，区残联对有需求的222户困难残疾人家庭适配助听器、助视器、轮椅、助行器、假肢等辅助器具225件，完成253名0～14岁残疾儿童抢救性康复训练救助和康复训练项目年审。8月起，全市残疾儿童定点康复机构按照新招标合同履行，区残联主管的天宁区沣航儿童康复中心和天宁区优加儿童康复中心通过政府招标，成为全市残疾儿童康复训练定点机构，负责对全区在训残疾儿童康复训练经费开展核对、结算工作，全年核定救助经费343万元。全年有304名精神病人享受在德安医院的免费服药救助，配合区民政局、德安医院等在茶山街道红梅村委、青龙街道青龙苑北区社区2个“残疾人之家”，持续开展“德康驿站”精神病人社区康复项目，协助区委政法委在全区开展肇事肇祸等严重精神障碍患者摸排管控。指导天宁经济开发区、镇、各街道做好530名残疾人精准康复系统录入和管理，康复服务率达100%。年内，利用爱眼日、爱耳日、精神卫生日等主题宣传活动，协调专业机构在相关街道和社区举办残疾人心理健康综合服务2场次，组织康复机构老师和家长开展孤独症康复知识培训1场次，参与人数达300余人。

【残疾人就业援助】 2021年，天宁区新增残疾人实名制就业50名、实名制培训192名。全年15名残疾人通过职业适应性测评系统完成职业能力测评，组织残疾人参加“就业帮扶·同心圆梦”招聘会、直播电商培训班、特色小吃技能培训班、盲人医疗按摩教育培训班等，并发放相关证书。5月，区残联邀请爱心企业代表，在全国助残日主题活动暨天宁区残疾人辅助性就业项目调配中心揭牌仪式上，与茶山街道“残疾人之家”签订辅助性就业项目合作协议。11月，区残联组织调查小组对全区32家盲人按摩机构开展入户调查并建档立卡。开展残保金网上年审服务，通过年审单位186家，安置残疾人728名，给按比例和超比例安排残疾人就业单位发放补贴和奖励累计23.028万元。1月，区残联开展残疾人就业援助月活动，会同街道残联走访企业和社区11家，走访残疾人家庭20户。

【残疾人文体活动】 2021年，区残联以“全国助残日”等重大节日为契机，组织开展就业助残、文体助残、特色助残等系列活动。雕庄街道残联志愿者带领辖区残疾人参观第十七届中国杜鹃花展览会；青龙街道会同青龙“残疾人之家”服务中心，开展“共创绿色生活”手工、绿植种植义卖活动；红梅街道残联联合常州地铁运营分公司车务部站务第六团支部共同开展“让残疾人出行更便捷”助残日活动，邀请地铁站务人员为残疾人宣传地铁线路途径站点和地铁乘坐爱心热线，通过调查问卷了解残疾人出行需求，助力残疾人出行；区肢残人协会联合工人新村第一社区兰陵“残疾人之家”举办“弘扬三杰精神重温峥嵘岁月”中共党史学习教育活动，组织肢体残疾人观看《常州三杰》电视纪录片。10月，区残联组织辖区残疾人参加全国第十一届残疾人运动会暨第八届特殊奥林匹克运动会以及常州市第七届残疾人运动会，光华学校4名学生在特奥会上获游泳项目1金、2银、2铜，4名残疾人在市第七届残疾人运动会群众性项目比赛中获奖，其中3名残疾人获第一名、1名残疾人获第二名。年内，区残联组织残疾人参与“社区天天乐”等社区文化活动，开展党员志愿者与残疾人“结对联谊会”，搭建残疾人与党员志愿者之间的沟通桥梁。

（陈秋霞）

天宁区红十字会

【概况】 2021年，天宁区有各级红十字组织26个、红十字志愿者服务基地3个、红十字公益组织3个、博爱家园7个、红十字工作志愿者协会1个，有红十字健康关怀、应急救援、无偿献血、捐献造血干细胞、心理援助、养老照护等专业志愿服务队伍30余支，注册志愿者581名。区红十字会全年接收社会捐款111.28万元，接收物资价值384.61万元，使用捐赠款80万元，使用物资价值384.61万元。是年，全区各级红十字组织发扬“人道、博爱、奉献”精神，推进“三救三献”（灾害救援、人道救助、应急救护，献血、捐献造血干细胞、捐献遗体和器官）核心业务工作，服务百姓，扶贫助困。年内，区红十字会秘书长李静获评江苏省红十字会系统抗击新冠肺炎疫情先进个人。

【红十字人道救助】 2021年，区红十字会以博爱项目为载体，开展助残、助孤、助困、助老等系列救助工作。年内，开展“博爱送万家”

活动，发放米、油、大礼包、慰问金等价值19.6万元，救助辖区内受新冠肺炎疫情影响的孤寡老人、困难儿童、特困人员、残疾人、罹患重大疾病家庭等特殊群体和造血干细胞成功捐献者家庭累计200户；联合茶山街道与常州市好得壹菜篮子农副产品贸易有限公司开展“爱心蔬菜大行动”，为500户困难家庭发放2500余公斤，总价值约3万元的爱心蔬菜；联合天宁街道、江南金融租赁股份有限公司、金和新材料有限公司开展助学帮困活动，为31名困难学子发放助学金3.1万元；接受常州中联假日商业大厦有限公司10万元捐款，用于救助郑陆镇1名白血病患者；携手江苏赛拉弗光伏系统有限公司为常州市天宁区沣航儿童学习能力训练与康复中心捐赠10万元，关爱自闭症儿童。持续推进结对帮扶，向社会募集价值约7万元图书，捐赠给陕西省旬阳市2所中心小学；发布《关于向旬阳灾后恢复重建捐赠倡议书》，募集社会爱心捐款9627.03元，用于旬阳市因持续性暴雨受灾的群众生产生活困难救助和灾后重建。全年开展养老志愿服务530余次，普及养老及疫情防控知识培训7000余人次，受益居家养老家庭215户。

【红十字“三献”活动】 2021年，区红十字会围绕“三献”拓展线上线下宣传，在世界急救日、世界献血者日、“5·8”世界红十字日等重要纪念日，组织天宁经济开发区、镇、各街道红十字会开展无偿献血、造血干细胞捐献等宣传活动8场，发放“三献”、防灾减灾宣传手册1万份，全年在市红十字会网站和区政府网站等各类媒体发布信息报道150余篇。是年，天宁区成功捐献造血干细胞1例，捐献遗体1例，登记遗体捐献2例，参与有效无偿献血活动833人。

【红十字应急救护培训】 2021年，区红十字会组织实施省政府“应急救护百万培训”工程，开展应急救护进机关、进社区、进学校、进企业、进农村“五进”活动，重点推进企业和学校普及性应急救护培训，在常州固堡电子有限公司等企业开展应急救护培训16场，参与1096人次，在常州市凤凰新城实验小学等学校开展应急救护培训2场，参与702人次，全年累计开展普及性应急救护培训84场，参与5311人次，增强群众应对自然灾害和意外突发事件自救互救能力。配合市红十字会完善急救点设备配置，在火车站、汽车站、地铁站、中学、红梅公园、全民健身点等56个公共场所配置58台AED（自动体外除颤器）设备，并对约300名相关人员开展技能培训。全年举办9期初级救护员培训，605名学员领取“初级救护员证”，组织4人参加常州市红十字会师资培训并获得师资证书。11月，区红十字会在市红十字应急救护技能大赛中获团体二等奖，队员吴凯、夏莹获评常州市红十字应急救护技术能手。

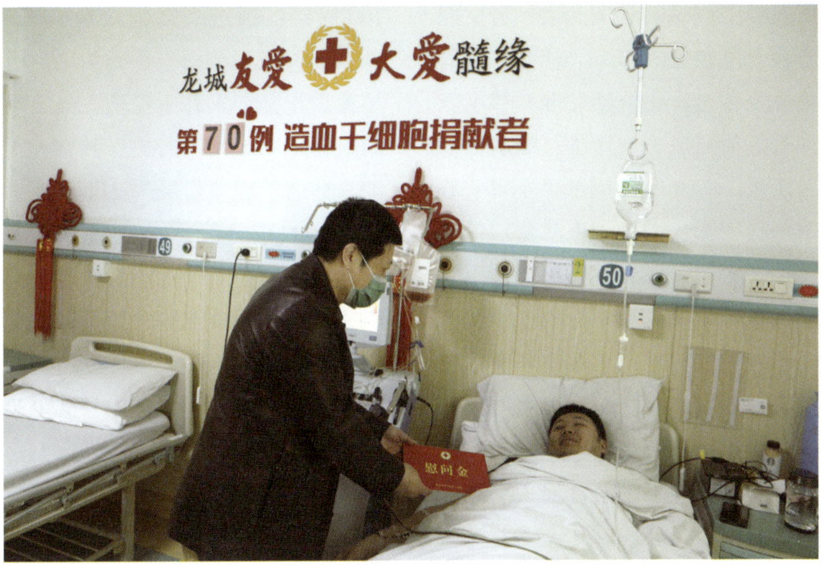

4月23日，区红十字会慰问造血干细胞捐献者　（区红十字会 提供）

【红十字博爱家园建设】 2021年，区红十字会推动红十字博爱家园建设，在郑陆镇三皇庙村和兰陵街道工人新村第二社区新建2个博爱家园，10月，通过常州市红十字会验收。三皇庙村博爱家园建筑面积350平方米，建有应急救护培训室、养老照护服务室、室内健身康复室、图书阅览室等功能室，定期组织开展红十字知识普及教育、应急救护培训，提供健康援助服务、养老照护志愿服务等，是红十字会参与乡村治理、主动服务民生、推进核心业务、传播人道精神阵地。12月，三皇庙村博爱家园被省红十字会评为“2021年度优秀博爱家园”。工人新村第二社区博爱家园位于工人新村南47幢，活动面积超500平方米，建有心理咨询室、应急救护培训室、阅览室等功能室，定期组织开展防灾减灾、卫生救护、养老照护、健康促进、人道救助、邻里互助等特色活动。

【红十字助力疫情防控】 2021年，区红十字会依法依规启动疫情防控社会爱心款物捐赠的接受和管理工作，向社会发布接受社会捐赠通告和捐赠热线，区红十字会全年累计接收定向用于疫情防控善款32.09万元、物资捐赠价值377.44万元。严格落实公示公开制度，通过市政府网站、区红十字会微信公众号发布款物收支公示10次，公布接受捐赠、资金支出和物资分配明细情况，并公布监督电话，主动接受社会监督。是年，区红十字会购置口罩20000只、急救包2000只，组织救援志愿者开展搭建帐篷、运送物资、场所消杀等防控工作模拟训练，疫情防控期间紧急调拨35顶帐篷至兰陵街道疫情防控点。

（高锦旺）

7月，常州市第二实验小学教师刘越（左）、学生周恩妃（右）参加省关工委“对话2035年的我们”中小学生主题征文演讲比赛　（区关工委　提供）

天宁区关心下一代工作委员会

【概况】 2021年，天宁区有各级关工委组织326个，其中，天宁经济开发区、镇、街道8个，村（社区）122个，教育系统66个，民营企业126个，政法系统2个，其他机构2个。全区参加校外教育辅导活动的老干部、老战士、老专家、老教师、老模范（以下简称五老）志愿者2256人，有青少年思想道德教育宣讲团9个、青少年法治教育报告团5个、网吧义务监督员队伍7支、帮教小组14个、关爱工作团队128个，有恽代英纪念馆、常州党建与红色文化主题教育馆（以下简称红馆）、新希望社会实践基地、晋陵白氏宗祠、九洲新世界社区综合减灾馆等17个青少年成长教育实践基地。年内，区关工委围绕“颂建党百年，做时代新人”主题，开展“文化塑造未来”铸魂工程“五个一”（爷爷奶奶一堂课、亲子共读一本书、身边榜样一寻访、励志自强一故事、家风家训一传承）系列活动，推进校外教育辅导站创品牌建设，扶持民营企业“五有五好”关工委建设，开展青少年法治教育，巩固“未成年人零犯罪（零受害）社区（村）”建设。是年，区关工委、郑陆镇关工委、雕庄街道关工委和雕庄派出所关爱工作站被省关工委、省文明办授予“全省关心下一代工作优秀集体”称号，王阮清、陆秋娥、张南平、胡巧凤、金伟华、薛敏被省关工委、省文明办授予“全省关心下一代工作优秀个人”称号；区关工委和常州市东坡小学被关心下一代周报社、江苏少年网授予“优秀小记者站”称号，东坡小学教师徐建芳被授予“《关心下一代周报》、江苏少年网优秀小记者辅导员”称号；区关工委、区教育局关工委和15所中小学校获省关工委“对话2035的我们”主题征文比赛“优秀组织奖”，第二实验小学教师刘越、学生周恩妃获“对话2035的我们”中小学生主题征文比赛十佳作品暨演讲比赛三等奖；区关工委、区教育局关工委和12所中小学校、幼儿园获省关工委“童声齐颂建党百年”主题征稿活动组织奖，区关工委获市关工委“常州市关心下一代宣传工作一等奖”。

【青少年爱党爱国教育】 2021年，区关工委围绕庆祝中国共产党成立100周年，推进“文化塑造未来”铸魂工程“五个一”系列活动，引导青少年坚定不移听党话、矢志不渝跟党走。深化“四史”教育，发动“五老”志愿者编写211篇演讲稿，在社区（村）校外教育辅导站、学校社团、企业“青年之家”举办中共党史、新中国史、改革开放史和社会主义发展史报告会315场次，10.5万人次青少年参加。开展“颂建党百年，做时代新人”主题教育，16名老战士讲述亲历革命战争故事，65名老教师讲述中国脱贫攻坚、全面实现小康、现代化建设典型故事。区教育局关工委组织5314名“五老＋志愿者”，举办1005场次“颂建党百年，做时代新人”主题教育系列活动，1.72万人次学生和教师参加，厚植爱党爱国情怀。联合区法院依托央视网、新浪网举办“童心向党，筑梦未来”暑期夏令营活动，网上讲述恽代英、张太雷和常州红馆革命故事，组织青少年网上学中共党史、学新中国史、学改革开放史、学社会主义发展史。联合区检察院通过“彩虹时空”专栏助力青少年爱党、爱国、爱社会主义，约万名中小学生上网浏览学习。兰陵街道乾盛兰庭社区关工委协同江苏理工学院大学生志愿者，组织社区青少年走访抗美援朝老战士张辉，聆听志愿军保家卫国英雄事迹。组织青少年参加省关工委举办的“童声齐颂建党百年”征稿竞赛，全区1573名青少年撰写歌颂党、歌颂伟大祖国、歌颂社会主义征文、诗歌、书画作品2086篇。

【校外教育辅导站建设】 2021年，区关工委与区文明办、区教育局、区财政局联合制定出台《关于全面推进校外教育辅导站建设的意见》，加强校外教育辅导站创新发展，优化校外教育环境。年内，推进“一站一品”建设，发挥“五老”志愿者、社区在职教师和社会志愿者特长，通过创新学业辅导、兴趣拓展、社会实践、工匠传承等课程，促进校外教育辅导站建设。天宁街道关工委结合“五老”志愿者专业特长，成立32个“五老”工作室，平均每个校外教育辅导站有2个“五老”工作室。加强“校站结合”建设，落实中小学“双减”政策，推进村、社区与附近中小学校结对共建，将校外辅导教育纳入新时代基层文明实践，拓展就近就便爱党爱国教育、课业辅导、心理疏导活动。至年末，全区62个校外教育辅导站与50所中小学校“校站结合”，124名在职教师参加校外辅导教育活动203场次，辅导学生4609人次。按照“立项目、有特色、创品牌”要求，开展优秀校外教育辅导站申报评选，天宁经济开发区武城村校外教育辅导站、兰陵街道浦北社区校外教育辅导站被评为“江苏省优秀校外教育辅导站”，郑陆镇焦溪村校外教育辅导站、雕庄街道菱溪社区校外教育辅导站、雕庄街道采菱社区校外教育辅导站被评为“常州市优秀校外教育辅导站”，郑陆镇三河口社区校外教育辅导站、青龙街道青竹苑社区校外教育辅导站和天宁街道青果巷社区校外教育辅导站等10个校外教育辅导站被评为“天宁区优秀校外教育辅导站”。完善家风、家训、家德建设，助推家庭教育科学发展，开展特色家长学校评选命名，常州市第二十四中学天宁分校家长学校、常州市局前街小学家长学校、天宁区清凉新村幼儿园家长学校等10所家长学校被命名为“第三批天宁区特色家长学校”。

【民营企业关工委建设】 2021年，全区126家民营企业关工委列入企业工会、共青团、妇联群团组织管理，实施计划共制定、活动共同搞、绩效共考核制度。年内，区市场监管局关工委走访调研辖区民营企业关工委，扶持民营企业关工委建设，指导督促民营企业“五有五好”关工委创建。10月，常州亚玛顿股份有限公司关工委、江苏康进医疗器材有限公司关工委、常州旭荣针织印染有限公司关工委、江苏佳尔科药业集团股份有限公司关工委被评为“常州市‘五有五好’关工委”。至年末，全区累计19家民营企业关工委被评为市级“五有五好”关工委，2家民营企业关工委被评为市级五星级“五有五好”关工委。

【青少年法治教育】 2021年，区关工委参与社会治理现代化建设，与区委政法委、区法治宣传教育领导小组办公室、区教育局联合印发《关于全面推进青少年法治教育的实施意见》，明确法治教育总体要求、内容安排、推广实践、工作力量和组织领导，推进“未成年人零犯罪（零受害）社区（村）”创建，预防和减少青少年违法犯罪。年内，区关工委青少年法治教育报告团进学校、进社区、进企业宣讲《中华人民共和国民法典》《中华人民共和国未成年人保护法》《中华人民共和国预防未成年人犯罪法》和《江苏省预防未成年人犯罪条例》等法律法规34场次，受众11.64万人次。区关工委与区法院、区教育局联合举行“与法同行成长路2020”青少年普法知识竞赛，通过央视《今日说法》栏目播出，引导青少年从小培养尊法、守法、护法及明辨是非的能力，9.8万人次观看节目。区法院、区检察院、公安天宁分局126名干警和区司法局4名律师担任全区中小学校法治副校长与校外教育法治辅导员，全年举办法治辅导报告57场次，普及法律法规知识，增强青少年法律法规意识。584名老法官、老公安干警、老政工人员组成帮教小组，与2008名弱势未成年人结成“帮扶对子”，预防未成年人违法犯罪。公安天宁分局12个关爱工作站帮扶失足、失管、失学、失业、失亲青少年，减少青少年违法犯罪。

（王阮清）

法 治

◆ 栏目编辑　凌建蓉

政法委与综治

【概况】 2021年，天宁区政法系统持续深化平安天宁、法治天宁建设，以庆祝中国共产党成立100周年安保维稳为主线，加强社会治理创新，强化矛盾纠纷化解，提升政法工作现代化水平。年内，完成中共中央政治局常委、国务院总理李克强考察，省市区党代会期间重大安保维稳等任务，全区未发生重大影响事件，群众安全感达99.58%，位列全市第一；联合常州工学院人文学院建成全市首家区级网格学院，提升天宁区网格化社会治理和平安建设专业化水平；常态化开展扫黑除恶专项斗争，核查中央扫黑除恶办公室交办线索2条，打处涉黑涉恶人员159名，判决144名，天宁区扫黑除恶专项斗争群众满意率达95.63%。是年，区检察院获评全国检察宣传先进单位，区法院获评省审判管理工作先进集体，区司法局获评省法治督察先进集体、省行政复议应诉工作先进集体，公安天宁分局获评江苏省文明单位、常州市推进“五大明星城”建设先进集体。

【区域社会治理现代化建设】 2021年，天宁区加快区域社会治理体系和社会治理现代化建设，提升公众安全感。继续推进智慧安防工程建设，新建智能放心车库40个，新增小区出入口抓拍、简易摄录、人脸识别、高清视频监控等技防设备；依托区网格化社会治理联动指挥平台，运用网格化基层治理工作模式，办理社会治安、公共安全、民生服务等事项94万件，网格员走访特殊人群、弱势群体等111万人次，巡查消防安全、社区民意、建筑违章等网格事件5万件。推进“1+1+1”（1个镇街道级示范点+1个村示范点+1个社区示范点）市域社会治理示范点建设，创成市级平安法治和谐示范点6个，兰陵街道“民情茶座”议事模式入选全省首批法治建设创新项目。深化公安“放管服”改革，建成4个“一站式”综合服务窗口，为群众提供户籍办理、出入境办理、违章处理等服务。实施21个区域社会治理创新重点项目，其中，“打造老旧小区治安放心样本工程”“‘僵尸企业’‘濒危企业’退出机制试点工程”2个项目获市级社会治理创新重点项目二等奖。

（徐　维）

11月30日，区委政法委召开区域社会治理现代化工作推进会议

（区委政法委 提供）

5月，天宁区开展网格员培训　　（区委政法委 提供）

【法治天宁建设】 2021年，天宁区全面落实中央、省委、市委决策部署，围绕法治天宁建设总目标，制定《关于加强法治乡村建设的实施意见》《常州市天宁区法治政府建设实施方案（2021—2025年）》等文件。区司法局全面落实普法责任制，结合"谁执法谁普法"机制，制定《2021年普法工作要点》"镇、街道普法与法治工作目标任务分解表"，增强普法针对性和实效性。落实区政府常务会议学法制度，专题学习《常州市焦溪古镇保护条例》《中华人民共和国行政处罚法》《中华人民共和国安全生产法》和《防范和处置非法集资条例》等法律法规，全面提高领导干部法治思维和依法行政、依法办事能力。

（吴冰姿）

【政法队伍教育整顿】 2021年，天宁区政法系统全面落实中央、省委、市委部署要求，持续深化政治教育、党史学习教育、警示教育和英模教育，全年举办专题党课10场、政治轮训45场，以及习近平法治思想、延安整风精神等专题讲座20场，召开警示教育大会15次，参观警示教育基地19次，举办廉政教育报告会7场；持续开展"树典型、学先进"等活动，举行政法英模事迹报告会、宣讲会8场次，表彰先进集体7个、先进个人51人；继续开展"我为群众办实事"活动，推进机关干部下基层、"三官一律"（法官、检察官、警官、律师）进网格活动，全区政法部门累计办理民生实事39类536项，调解案件1886件，调解率100%。严格政法队伍教育管理，把问题整改与建章立制相结合，研究制定正风肃纪、执法司法制约监督、干警能力素质提升、政法干部交流轮岗等制度文件79件；办结省政法队伍教育整顿驻常指导组下发线索166件、"回头看"期间中央政法队伍教育整顿第六督导组下发线索173件，办结率均达100%；排查政法队伍教育整顿顽瘴痼疾问题1175个，年内全部整改到位。全年发送《致干警及家属的一封信》914封，处理违反"防止干预司法'三个规定'"（《领导干部干预司法活动，插手具体案件处理的记录、通报和责任追究规定》《司法机关内部人员过问案件的记录和责任追究的规定》《关于进一步规范司法人员与当事人、律师、特殊关系人、中介组织接触交往行为的若干规定》）问题4个，政法干警及其家属违规经营问题3个，有案不立、压案不查等审判执行执法问题55个，法官及检察官离任后违规从事律师职业、充当"司法掮客"问题3个。

（徐　维）

公　安

【概况】 2021年，公安天宁分局紧扣庆祝中国共产党成立100周年安保维稳主线，聚焦影响国家安全、社会安定、人民安宁的突出问题，按照省公安厅"六六战略"（第一个"六"指创新警务、主动警务、融合警务、智慧警务、规范警务、精准警务，第二个"六"指砺剑工程、织网工程、护航工程、强基工程、靖网工程、铸警工程）部署要求，全力战疫情、防风险、保安全、护稳定、促发展，不断提升公安机关社会治理、平安建设的能力和水平。全年刑事案件立案数同比下降0.09%，现行命案、"两抢"案件破案率保持100%，侵财案件破案率40.1%。全年完成公诉1001人，其中侵财公诉417人、经侦公诉62人、涉毒公诉51人、其他公诉471人。全年接处警总量9.2万余起，处置违法犯罪警情1.9万起，抓获各类违法犯罪嫌疑人6409人。是年，全区公安机关6个集体、274名个人获市级以上表彰；兰陵派出所、青龙派出所被省公安厅记集体二等功，兰陵派出所被省公安厅评为"江苏省最美基层所队"；法制督查大队谭建峰获"常州市五一劳动奖章"，茶山派出所吴欢被市政府评为"常州市全国文明城市建设工作先进个人"。

【经济案件侦查】 2021年，公安天宁分局加强风险源头管控，联合区地方金融监管局、区市场监管局等部门摸底排查辖区内金融、商务、网络科技公司等单位1336家。侦查涉众型经济犯罪群体787个，联合区市场监管局取缔涉嫌非法吸收公众存款公司，涉众经济犯罪发案率同比下降50%。严厉打击非法集资、地下钱庄、虚开骗税等经济犯罪行为，侦破李某等人洗钱案、常州市“110”保险诈骗案等重大案件。开展打击虚假信息诈骗犯罪活动专项行动，通过“猎狐行动”抓获境外逃犯1名。侦查电信网络新型违法犯罪行为，年内捣毁1个将银行卡出售给上游犯罪分子用于诈骗资金流转的犯罪团伙，抓获犯罪嫌疑人8名，涉案金额300余万元。按照市公安局现代警务发展战略要求，在常州华利达服装集团有限公司成立优化营商环境经侦服务站，及时判断和处理涉嫌企业职务侵占犯罪信息和现象，主动出击打击预谋犯罪活动，护航企业发展。

【公共安全监管】 2021年，公安天宁分局加强公共安全监管，辖区各派出所全年累计检查消防单位2353家，整改违法行为及火灾隐患4.2万处，火灾事故同比全面下降。全流程监管137家危险化学品使用单位，处置危险化学品4.35吨，依法追究安全生产事故2起、责任人员2人。整治群租房安全隐患，查处出租房屋案件78起，行政处罚出租房房东和房客78人，出租房屋排查登记率、治安责任书签订率、流动人口到期核查率分别为100%、100%、98.6%。严厉打击“食药环”（食品、药品和环境犯罪）等关乎百姓生活的违法犯罪行为，破获“食药环”重点案件32起，抓获相关嫌疑人115名。

【反诈专项行动】 2021年，公安天宁分局全方位、多渠道、多层次开展反诈专项行动，开展“无诈单位”“无诈社区”“无诈校园”主题活动，依托天宁公安微警务、终结诈骗微信公众号以及抖音、微博等新媒介，群发反诈宣传防范短信45万条，发布反诈宣传类连载漫画和文章20篇，制作短视频10部，压降辖区诈骗发案率。年内，会同常州市公安局相关部门侦破一起涉案金额1500万元的网络诈骗案，挖出1个跨省运作的倒卖网络社交账号及搭建诈骗网站的“黑灰产”（利用网络开展违反犯罪活动的行为）犯罪链条，抓获犯罪嫌疑人17名，冻结查扣涉案资产2200余万元，5月，天宁警方破获该电信网络诈骗案被中央电视台《焦点访谈》跟踪报道。是年，公安天宁分局累计抓获电信诈骗嫌疑人308人，冻结止付涉案账户8621个、资金1.82亿元。

【老旧小区安防智慧化改造】 参见“城乡建设”类目“城市更新”分目P177页同名条目。

【现代警务机制改革】 2021年，公安天宁分局围绕“做精机关、做优警种、做强基层、做实基础”目标，实体化运作“情指勤舆”一体化作战中心，建立“融合打击、合成研判、盯案深挖、规模打击”4项运行机制，促进新一代信息技术与现代警务改革深度融合。推进派出所“室引领队”勤务模式改革，实行“一室”（派出所综合指挥室）动态派单、“两队”（案件办理队、社区警务队）照单落实工作模式，促推公安基础工作提档升级。推进执法办案管理中心建设，组建25人专管队伍，专门负责日常管理和犯罪嫌疑人送押和体检，办案民警负责审查讯问、案件报批等。实施警务大数据战略，先后引进4家互联网公司大数据产品，引入“数探”“中移在线”“微链”等大数据应用模型，对接研发“智能搜”“智能研”模块，提高社会治安智能化水平。是年，公安天宁分局“天

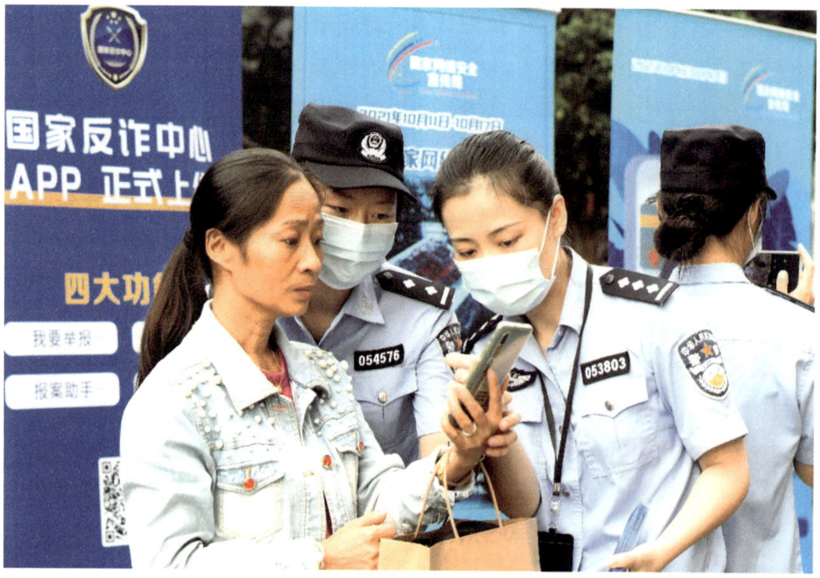

6月16日，公安天宁分局在横塘河湿地公园开展反诈宣传活动
（公安天宁分局 提供）

9月28日，天宁区见义勇为主题公园开园　　（公安天宁分局 提供）

宁必达”数据战队搭建的预警模型获市公安机关数据建模竞赛一等奖。

【公安机关政务服务水平提升】 2021年，公安天宁分局坚持以人民为中心的发展思想，加大公安“放管服”改革力度，成立政务服务管理大队，负责全区公安政务服务相关事务管理。年内，按照省公安厅战略部署，开展以“一个部门”统筹管理、“一网通办”持续优化、“一窗受理”集成服务、“一套机制”压实监管、“一个平台”融通业务为内容的公安政务服务提升攻坚行动，实现60个公安政务服务事项不见面办理、全部事项网上办理的目标，不见面事项占比92.3%。紧扣政务服务品牌升级要求，在辖区派出所打造集引导、咨询和业务办理于一体的“1号专窗”，郑陆派出所、雕庄派出所、局前街派出所、兰陵派出所建成集户籍、车驾管、出入境等高频服务事项于一体的“一站式”综合服务窗口，全年办理户籍、出入境、违章处理业务5282件，车驾管业务397件，接受咨询求助360余次，106个事项做到现场办结、立等可取，70%事项审批时限压缩一半以上，全区公安机关窗口服务满意度同比上升0.6%。

【天宁区见义勇为主题公园开园】 9月28日，天宁区见义勇为主题公园（以下简称主题公园）在横塘河湿地公园开园，当日开展见义勇为宣传资料发放、宣传展板摆放、有奖互动等活动，市、区相关领导，见义勇为先进个人代表及志愿者累计100余人参加。主题公园位于横塘河湿地公园东南端，北至新堂北路，南至青龙西路，全长2.2千米，由市见义勇为基金会、区见义勇为基金会、公安天宁分局及青龙街道党工委联合打造。主题公园依托横塘河湿地公园环境和设施，围绕“弘扬见义勇为精神、服务见义勇为人员”主题，以展示见义勇为文化为主线，建有精神堡垒、先锋正气桥、正能量步道、崇义亭、美德传承林、英雄礼赞廊等创意性标志标识，并辅以路牌、道旗、装饰字、横幅等，凸显见义勇为宗旨和生态环境之美，营造“崇尚英雄、学习英雄、关爱英雄”氛围。

（刘菁珩）

检　察

【概况】 2021年，区检察院全面履行刑事、民事、行政、公益诉讼职能，强化法律监督职责，服务经济发展大局。全年办理各类案件1183件，其中刑事案件996件、民事行政监督案件114件、公益诉讼案件73件。依法办理公安部督办的常州市首例盗掘古墓葬案，起诉15人，保护涉案二级文物1件、三级文物13件、一般文物3505件。依法参与金融风险防范化解，办理“德成财富”“四季大通”等涉众型经济犯罪案件12件73人。全面落实认罪认罚从宽制度，制定《常州市天宁区检察院认罪认罚量刑建议释法说理工作规范》，提升诉讼效率，认罪认罚适用率93.68%，确定刑量刑建议采纳率99.2%。关注帮扶特殊群体，办理国家司法救助案件38件，向39名因案致贫受害人及近亲属发放救助金20.05万元。依法受理群众来信来访416件，化解信访积案1件，信访案件7日内程序性答复、3个月内办理过程或结果答复率均达100%。深化检务公开，公布重大案件信息255条，公开案件程序性信息2568条、法律文书895份。依法保障律师执业权利，提供阅卷100余次、光盘刻录服务193人次。提升检察队伍专业化素养，53人次获“全国检察宣传先进个人”“全省检察业务竞赛标兵”等市级以上表彰。加强典型案例培育，入选最高检察院、省检察院典型案例各3件。以政法队伍教育整顿为契机，整治“三个规定”落实不严、执法司法不规范等现象，制定出台《天宁区检察院关于建立抓早抓小预防检察人员违纪违法工作长效机制的意见》

《常州市天宁区检察院预防离任人员违规从事律师职业、充当司法掮客实施意见》等制度20项，形成常态化制度体系。是年，区检察院获评“全国检察宣传先进单位”“2021年度江苏省巾帼文明岗”“全市公共机构节能工作先进单位”。

【刑事检察】 2021年，区检察院依法批准逮捕各类刑事案件154件、248人，提起公诉657件、980人。依法办理故意杀人、抢劫、强奸等暴力犯罪案件33件、44人，办理盗窃、诈骗等多发性侵财犯罪案件328件、453人，不断提高人民群众安全感。依法起诉“黄赌毒”犯罪案件50件、141人，其中彭某某等人贩卖毒品案、唐某某等人开设赌场案入选最高检察院典型案例。开展食品药品安全“四个最严”（最严谨的标准、最严格的监管、最严厉的处罚、最严肃的问责）专项行动，依法起诉生产、销售有毒有害食品、假药劣药等犯罪案件3件、5人。贯彻少捕、慎诉、慎押刑事司法政策，全年不批捕85人、不起诉187人。加强刑事立案和侦查活动监督，监督立案17件，撤案38件，纠正漏捕9人、漏诉21人。强化抗诉责任意识，2件抗诉意见获市检察院采纳，其中潘某信用卡诈骗抗诉案入选江苏省检察机关抗诉案件典型案例。加强刑事执行检察监督，针对指定监视居住执行不规范、剥夺政治权利未执行等问题，向公安机关提出书面纠正意见2件，均被采纳。

【民事和行政检察】 2021年，区检察院坚持实体监督与程序监督并重，办理民事、行政诉讼监督案件114件，向市检察院提请抗诉1件，被市检察院采纳；向区法院发出再审检察建议3件，被区法院全部采纳。加强民事行政非诉执行监督，向区法院提出检察建议43件，被区法院全部采纳。加强虚假诉讼专项监督，联合区纪委监委、公安天宁分局，建立线索移送、联合查办、结果反馈等合作机制，向区纪委监委移送职务犯罪线索1件，向公安天宁分局移送犯罪线索3件。强化支持起诉职能，保障农民工合法权益，全年办结农民工讨薪、工伤损害赔偿等民事支持起诉案件35件，帮助追讨劳动报酬、人身损害赔偿等款项51.40万元。推动行政争议实质性化解，通过领导包案、公开听证等方式，化解行政争议案件4件。是年，区检察院干警张鲁佳获评“全省民事检察业务标兵”，杨开、张鲁佳结合办案撰写的《比例原则视野下超标的额查封检察监督研究——基于最高人民检察院例79号的展开》获江苏省法学会民事诉讼法学研究会2021年年会优秀论文三等奖。

【公益诉讼检察】 2021年，区检察院践行公共利益代表职责，办理公益诉讼案件73件，履行诉前程序，发出检察建议62件，采纳率100%。深化“河长+检察长”协作机制，对1起非法捕捞水产品案提起刑事附带民事公益诉讼，要求被告人履行修复生态环境责任和赔礼道歉，被告人自愿缴纳环境资源损害赔偿费87585元并公开赔礼道歉，维护社会公共利益。保障公民个人信息安全，办理《中华人民共和国个人信息保护法》实施后全市首例个人信息民事公益诉讼案，涉及公民个人信息2.5万条，督促被告人缴纳赔偿金额9512.7元。开展大型商场及超市消防安全、加油站安全防范等公共安全公益诉讼专项监督，督促2个大型商场整改消防安全隐患，明确禁止3家加油站使用移动设备扫码支付。落实最高人民检察院“四号检察建议”，与公安天宁分局、区住建局、区城管局等部门联合制定《关于涉窨井盖案件中加强行政执法与刑事司法衔接工作的意见》，督促相关部门修复窨井盖破损、松动、下沉问题172处，年内全部整改到位。是年，区检察院干警曹旭伟被评为“全省检察机关公益诉讼勘验取证能手”。

1月28日，区检察院“彩虹时空法治课堂”讲师团通过直播课堂为辖区中小学生开展法治宣讲 （区检察院 提供）

【未成年人检察】 2021年，区检察院严惩侵害未成年人权益违法犯罪行为，以多元履职手段推动社会治理，构筑未成年人司法保护防线。年内，起诉强奸、猥亵、虐待等严重侵害未成年人权益犯罪案件11件、11人，依法办理杨某某公共场所猥亵儿童零口供案。对未成年人犯罪坚持当宽则宽、该严则严原则，依法批捕未成年犯罪嫌疑人23人，起诉48人；依法对犯罪情节轻微、社会危害小、具备帮教条件的涉罪未成年人适用不捕8人，不诉9人。联合区教育局落实最高人民检察院“一号检察建议”，建立健全教职工入职查询、侵害未成年人权益强制报告等制度，共同维护校园安全，18名检察官担任辖区学校法治副校长；开展“花季防性侵”“对校园欺凌说不”等法治宣讲活动，加强未成年人法治宣传和自护教育；继续深化“彩虹时空法治课堂”法治宣传教育品牌，通过直播课堂平台开展“谨防学托诈骗”“宪法伴我成长”等主题教育5次，开播以来累计点击收看超100余万次。是年，区检察院干警黄梦倩获评“全省未成年人检察工作优秀法治巡讲员”“常州市未成年人检察业务标兵”。

【检察服务保障民营经济发展】 2021年，区检察院围绕“法治是最好的营商环境”核心目标，持续提升服务保障民营企业经济发展能力。年内，区检察院成立涉企案件办案专班，起诉侵害民营企业合法权益犯罪案件7件、10人，帮助企业挽回经济损失116万元。建立涉企案件办案影响评估机制，对民营企业及其投资者、管理者、技术骨干等关键岗位人员，依法不批捕5人，不起诉28人，妥善处理依法办案与维护企业正常生产经营的关系。开展企业合规改革试点，针对1家上市后备企业涉罪情形，帮助企业合规建立股权架构、管理制度、财务制度等，依法作出不起诉决定，《天宁区检察院探索“七步工作法”开展涉罪民营企业刑事合规建设》被市检察院检察长葛志军批示。突出知识产权综合保护，制定《知识产权案件审查标准化指引》，部署开展知识产权保护专项监督活动，起诉侵犯商标权、专利权、著作权等犯罪案件13件、28人。为防止企业商业秘密被侵犯，联合区市场监管局等部门在常州凤凰新城生命科技园、常州四药制药有限公司服务点设立商业秘密保护示范点指导站（维权联系点），抽调1名检察官担任商业秘密保护专员，帮助企业制定维权方案，共同打击商业秘密侵权行为。

4月21日，常州市首批商业秘密保护示范点指导站（维权联系点）揭牌仪式在常州四药制药有限公司举行 （区检察院 提供）

【检察公开听证新模式探索】 2021年，区检察院探索公开听证新模式，践行“应听证尽听证”原则，公开听证范围拓展至民事行政诉讼监督、公益诉讼案件、拟不起诉案件、国家司法救助案件等领域，全年办理公开听证案件26件。是年，区检察院完善公开听证室硬件设施，配备全程监控远程提审录像设备、证据材料展示屏等科技设备，依托信息化手段解释法律、说明道理。建立专家咨询制度，对事实认定、法律适用存在较大争议和有一定社会影响的案件，邀请手语翻译等具有相应资质的专业人士参加公开听证，阐释行业标准、准入规定或实际运用等专业问题，增强公开听证专业性和权威性。开展立案监督、行政公益诉讼等案件公开听证观摩活动，在充分研判评估案件情况、取得申诉人及当事人同意基础上，邀请人民监督员、律师、基层人大代表、媒体记者等观摩旁听，年内开展观摩活动3次。

（蒋丽娇）

法 院

【概况】 2021年，区法院依法受理各类案件12997件，其中新收12178件，同比下降2.58%；结案11691件，同比下降9.84%；结案率89.95%，结收案比96%，法官人均结案254.15件，法定正常审限内结案率94.76%。其中，郑陆人民法庭和兰陵人民法庭全年收案1645件，结案1612件，结案率97.99%。年内，区法院构建开放、动态、透明、便民的阳光司法机制，公开裁判文书6390份，庭审直播案件4895件，邀请50名区人大代表旁听庭审4场，通过区法院微信公众号发布重点工作部署、重大案件进展情况等各类信息516条。是年，区法院政治部获评“全省法院新闻舆情工作先进集体”，立案庭（诉讼服务中心）获评“全省法院党建工作先进集体”，审判监督庭被省高级人民法院表彰为“审判管理工作先进集体”；法官周萍被省高级人民法院表彰为“全省优秀法官”，法官蔡闻世被省高级人民法院授予“全省法院援藏援疆突出贡献奖”，审判员张为众被省委政法委评为“全省政法先进典型”，法官王东莉被市妇联评为“市三八红旗手”，区法院院长王留洪、法官助理陶佳撰写的《金融监管与金融司法的协同治理——以信用卡“高额费率”规则为视角》获江苏省法学会金融法学与财税法学研究会论文评比一等奖。

【刑事审判】 2021年，区法院坚持依法惩处犯罪与保障人权并重，年内新收各类刑事案件638件，审结604件，同比分别下降1.69%、6.93%。保障群众生命财产安全，审结故意伤害、强奸、“两抢一盗”（抢劫、抢夺、盗窃）等严重暴力犯罪案件53件，审结危险驾驶、交通肇事等危害公共安全犯罪案件209件。打击涉毒违法犯罪行为，审结毒品犯罪案件17件。贯彻宽严相济刑事司法政策，加强认罪认罚从宽制度适用，全年适用认罪认罚从宽制度办理案件595件、845人，适用率98.5%。建立健全办理暂予监外执行案件源头治理机制，与常州市看守所、天宁区社区矫正中心、区检察院协同联动，制定出台《监外执行工作意见》。依法审结“3·16”东鼎生物特大老年人保健品诈骗案，追回涉案金额1000余万元。是年，“‘3·16’保健品诈骗案”入选最高人民法院、最高人民检察院“危害食品安全刑事典型案例”。

【民商事审判】 2021年，区法院新收各类民商事案件7803件，审结7420件，同比分别上升26.9%、15.5%，诉讼标的额66.08亿元。围绕“案结事了人和”目标，审理教育、医疗、住房等纠纷案件264件。9月，制定出台《关于建立常州市天宁区医疗纠纷案件司法文书电子送达工作机制的意见》，与市卫健委共同签署《常州市天宁区医疗纠纷诉源治理暨多元解纷机制备忘录》，采用电子邮件方式向医疗机构送达司法文书。审理住房纠纷案件，审结买房人为少缴契税引发的“阴阳合同”（合同当事人就同一事项订立两份内容不相同的合同）案件，收缴房屋中介非法获利15000元。审结劳动争议案件233件，推动构建劳动人事争议一体化调处机制。审结买卖、租赁、担保等合同纠纷案件4608件，金融借款、保险、证券纠纷案件523件。

【执行工作】 2021年，区法院执结案件5906件，执行到位金额29.35亿元。重点加强民生类案件执行，组织集中执行行动8次，打击有能力履行生效法律义务而不履行的被执行人，维护当事人合法权益。全年发布失信被执行人信息11173条，限制高消费23673人次，依法实施司法拘留82人次。为破解部分案外人（与执行标的有利害关系的人）恶意拖延执行难题，强化善意文明执行理念，制定出台《关于进一步加强终结本次执行程序工作规定》《保全案件工作指引》等文件，细化执行案件办理流程，推进执行规范化建设。2月，联合阳光财产保险股份有限公司常州中心支公司召开“保险助推高效执行”新闻发布会，签订全市首份“继续执行责任保险”战略合作协议。根据协议，申请执行人投保后，保险公司向法院出具

5月，区法院召开常州大洋线缆股份有限公司破产清算案第二次债权人会议
（区法院 提供）

《继续执行责任保险保函》，法院依据《继续执行责任保险保函》依法恢复对被执行人财产的评估、拍卖程序，从而加快执行案件变现流程。

【破产审判】 2021年，区法院进一步优化法治营商环境，立足审判职能，依法平等保护各类市场主体，为企业健康发展提供司法服务和保障。民事审判第二庭（破产审判庭）破产案件全年收案45件，结案44件，收案量同比增长45%，结案量较2020年增长20倍。年内，依法推进常州阳光银河湾置业有限公司、常州大洋线缆股份有限公司等破产企业重整、清算。10月，区法院召开新闻发布会，发布常州“新三板”企业破产清算案、常州弹簧厂破产清算案、“天顺”系企业破产重整案三大典型案例。民事审判第二庭（破产审判庭）与执行局不断加强审执衔接，累计研判梳理37件企业存在经营问题的执行案件移送破产。是年，区法院被市委、市政府评为全市优化营商环境工作先进集体。

【“‘郑’能量”法治堂成立】 2021年，区法院加强诉讼源头治理，联合郑陆镇政府、郑陆人民法庭，在郑陆镇24个村（社区）成立“‘郑’能量”法治堂，作为基层矛盾纠纷调处阵地。“‘郑’能量”法治堂整合郑陆人民法庭、公安天宁分局、区司法局、区信访局等部门相关人员，建立十大调解工作人才库，为及时化解各类新型矛盾纠纷提供人员保障；加强“矛盾纠纷就地化解率”监测考评，建立纠纷管辖责任制、首问首办负责制、重大事项联合督办制等机制，畅通群众诉求表达、问题反馈渠道；在“‘郑’能量”法治堂设立网格法官联络点，网格法官全年开展基层调解指导、走访调研、法律咨询、普法宣传、巡回审判等活动40次，构建覆盖郑陆镇司法服务网格体系。打造“‘郑’能量”法治堂云平台，推进诉源治理实体化运行，实现矛盾纠纷数据共享，郑陆人民法庭接受郑陆镇综合指挥中心云平台登记上传的司法疑难问题、涉诉信访案件、突出矛盾纠纷等网格纠纷，全年累计85件，办结81件；对注册地址笼统的企业当事人、户籍地为同一地址的离婚双方当事人、户籍地不在本地的流动人口，改变以往邮寄送达、直接送达等形式，依靠“‘郑’能量”法治堂云平台，有针对性地开展送达，全年为当事人送达因邮寄未送达诉讼文书16份。

4月，区法院调解员在线调解金融案件　　（区法院 提供）

【全省首家金融司法协同中心设立】 2021年，天宁区持续推进金融纠纷源头治理，构建多元化解机制，防范化解金融风险，保障区域金融安全。1月26日，区法院与市地方金融监管局、中国人民银行常州市中心支行、中国银行保险监督管理委员会常州监管分局共同签署《常州市天宁区金融纠纷多元化解机制合作备忘录》，成立全省首家金融司法协同中心。该中心搭建地方金融纠纷典型案例库、金融纠纷投诉数据库，依托区法院案管系统、执行信息管理系统、“套路贷”虚假诉讼智能预警系统三大平台，深化司法、金融信息共享；整合司法、监管和金融行业等多方资源，建立行业自治、金融监管、司法保障等多道防线，增强防范化解金融风险合力。年内，区法院聘请24名金融行业资深人士，作为特邀调解员参与金融纠纷调解，每周在《人民法院报》“天平阳光”App上传特邀调解员工作日志，发挥特邀调解员预防、化解金融纠纷作用，形成金融、司法协同处理“天宁模式”。是年，金融司法协同中心特邀调解员受理金融纠纷案件533件，调解成功81件。

（於　露）

司法行政

【概况】 2021年，天宁区有基层司法所7个、公证处1个、律师事务所23家、基层法律服务所6个、人民调解组织机构 178 个，拥有公证员 4 人、执业律师 262 人、基层法律服务工作者 35 人、专（兼）职人民调解员 619 人。年内，区司法局制定出台《常州市天宁区重大行政决策程序实施细则》，对决策草案的形成、合法性审查、集体讨论决定、决策的公布、执行和调整等程序作出详细规定。开展行政规范性文件监督管理，合规性审查《常州市天宁区农村集体经营性建设用地入市管理办法（试行）》《常州市天宁区重大行政决策程序实施细则》《天宁区既有住宅加装电梯实施细则》，行政规范性文件报备率、及时率、规范率均为 100%。结合“谁执法谁普法”普法责任制与“八五”普法宣传活动，主动发挥司法行政职能作用，强化普法责任制落实。进一步深化社区矫正标准化建设，建立区、镇（街道）两级社区矫正委员会，规范社区矫正执法。持续推进“法援惠民生”拓展工程，扩大法律援助覆盖面。开展法律援助、律师服务、公证服务，不断满足各领域各层次法律服务需求。是年，区司法局被江苏省司法厅评为全省法治督察先进集体，获评江苏省司法行政系统“高质量发展争先进位奖”。

【“八五”普法宣传】 2021 年，天宁区开展第八个五年法治宣传教育（以下简称“八五”普法），通过组建民法典宣讲团、建设法治文化阵地、开展法治文艺巡演等多种形式，加大普法在抗疫防疫、创新创业、乡村振兴等重点领域服务力度。年内，区司法局结合全国第四个“宪法宣传周”，开展法治沙龙、宪法进社区、宪法进网络等主题活动 7 场，通过线上线下宪法主题宣传，营造全民学法氛围；深入推进“法律十进”宣传活动，组织开展天宁区首届“民法典宣传月”、第四届“百万党员学宪法学党章考法律”“农民工学法活动周”等普法宣传活动，提升全区党员群众法律素养；注重未成年人普法教育，联合区教育局开展《中华人民共和国未成年人保护法》等法律法规线上普法宣传活动 35 场次；利用新媒体打造普法品牌，在兰陵街道工人新村第一社区首开“法治直播间”，全年累计开展视频直播 11 场，点击收看 2000 余人次。至年末，全区累计开展“八五”普法宣传活动 130 次，发放宣传资料 2 万余份，接待现场咨询 3000 余人次。

5 月 15 日，区司法局在兰陵街道工人新村第一社区开设“法治直播间”
（区司法局 提供）

【行政执法与监督】 2021 年，天宁区继续推进基层综合行政执法改革，制定出台《区政府关于在郑陆镇和各街道开展相对集中行政处罚权工作的决定》，营造经济社会协调发展、行政执法公开公平的区域环境；公布《常州市天宁区郑陆镇相对集中行使的行政处罚权目录清单》《常州市天宁区各街道相对集中行使的行政处罚权目录清单》，提升行政处罚权力行使正当性和民众对行政处罚权力信任感。部署全国统一标准样式行政执法证件换发工作，第一批申领全国统一制式行政执法证件 256 张。年内，区司法局开展 2020 年度行政执法案卷专项评查，随机抽查 13 家执法单位 45 件行政执法案卷，涵盖生态资源、安全生产、公共卫生、食品药品安全、劳动监察、城市管理等重点领域，被抽查部门行政执法案卷全部合格。

【行政复议与行政应诉】 2021 年，天宁区贯彻落实行政复议体制改革要求，自 10 月 1 日起，区政府统一行使区级行政复议职责，统一管辖以开发区管委会、镇政府、各街道办事处、区政府各组成部门等单位为被申请人的行政复议案件。是年，天宁区收到工伤认定、政府信息依申请公开等行政复议案件 42 件，受理 33 件，不予受理 4 件，因告知补正未补正而终结 5 件。经依法审理，区政府作出维持原具体行政行为 6 件；申请人自愿撤回复议申请，依法作出终止决定 9 件；驳回申请人复议申请决定 13 件；直接纠错案件 5 件，其中确认原具体行政行为违法 3 件、撤销原具体行政行为 2 件。区司法局发挥依法行政监督作用，制发行政复议意见书 5 份、建议书 5 份。全年以区政府为被告的一审行政诉讼案件 28 件，以开发区、镇、街道或部门为被告的一审行政诉讼案件 112 件，行政机关负责人出庭率 100%，行政机关直接败诉率 3.2%，同比下降 6.2%。

【人民调解】 2021 年，区司法局坚持和发展新时代“枫桥经验”，充分发挥人民调解职能作用，实现矛盾纠纷不上交。推广应用“苏解纷”线上非诉服务平台，全年通过该平台分派、受理案件 18 起。开展矛盾纠纷排查专项行动，组织人民调解员主动融入网格化基层社会治理体系，及时处置分流排查出的矛盾纠纷隐患，全年累计开展矛盾纠纷排查 5078 次，排查发现矛盾纠纷 1012 件，预防纠纷 981 件。构建调解联动机制，联合区总工会、区人社局、区法院定期召开联席会议，形成劳动关系矛盾预防化解常态化联动工作格局。加强妇女儿童婚姻家庭纠纷调解组织建设，在全区设立示范家事纠纷调解工作室 11 个，全年化解婚姻家庭纠纷矛盾 204 起。至年末，全区各级调解组织累计接待群众 6250 批次、14098 人，受理并调解案件 4933 件，调解率 100%；调解成功 4913 件，调解成功率 99.6%；遏止矛盾纠纷激化 22 件，无“民转刑”案件发生。

【社区矫正对象监管】 2021 年，天宁区在册社区矫正对象 301 人，其中缓刑 287 人、假释 3 人、暂予监外执行 11 人；有安置帮教基地 8 个，接收刑释解教人员 183 人，帮教 183 人，安置 178 人。年内，天宁区持续推进社区矫正工作规范化建设，成立区、镇（街道）两级社区矫正委员会，通过召开联席会、制定责任清单，研究解决社区矫正工作遇到的困难和难题，提升社区矫正工作质效。加强社区矫正人员日常管理，针对肇事精神病人等人群实施“一人一策”个别化矫正措施，规范社区服刑行为；组织社区矫正对象开展集中教育 98 次、参加社区服务 3085 人次，出具社区矫正前调查评估 71 份，在册社区服刑人员无重新违法犯罪发生、无脱管漏管现象、无参与涉黑涉恶案件情况。推进社区矫正、安置帮教与监狱工作一体化建设，规范远程视频会见流程，解决服刑人员与亲属会见难问题，全年为服刑人员亲属提供视频会见 147 场。是年，占地约 200 平方米的天宁区社区矫正中心投入使用，内设矫正宣告室、心理矫治室等功能室，全年累计入矫宣告 102 人。

11 月 12 日，法律援助律师帮助讨薪职工理性维权　（区司法局 提供）

【法律援助】 2021 年，区法律援助中心受理各类法律援助申请 1149 件，其中刑事案件 189 件、民事案件 960 件；法律援助中心窗口接待来访群众 950 人次，“12348”法律咨询热线接听来电咨询 6279 人次。年内，区司法局制定出台《天宁区法律援助事项范围负面清单工作方案（试行）》，以清单方式列出不予法律援助事项范围，明确政府提供法律援助的职责边界，着力解决法律援助事项过于复杂、不易理解、不便操作等问题，法律援助经济困难标准上调至最低工资标准。完善劳动关系矛盾预防化解机制，联合区法院、区总工会、区人社局出台《关于加强劳动关系矛盾预防化解工作的实施意见》，为职工劳动争议化解提供“一站式”、多元化纠纷解决机制，全年处理群体性劳动争议 29 批次，涉及职工 527 人次，为困难职工挽回经济损失 1500 余万元。加强与区人社部门协作，在区职工法律援助工作站新增 15 位名优律师为值班律师，为困难职工提供法律帮助。持续深化刑事法律援助辩护全覆盖，区检察院法律援助工作站值班律师由 28 位增至 30 位，为没有聘请律师的犯罪嫌疑人提供认罪认罚法律帮助，全年累计为 102 名被告人提供刑事辩护，为937名犯罪嫌疑人提供认罪认罚阶段法律援助。

【律师服务】2021年，区司法局继续深化律师事务所与企业结对，按照《江苏省“产业强链”三年行动计划（2021—2023年）》要求，组织全区20家律师事务所、96名执业律师组成专业律师团队，与213家企业结对开展“产业链+法律服务”系列活动，为企业免费提供“贴身式”“一站式”劳动用工、合同履行、矛盾调处等法律服务。组织辖区律师事务所在政策宣讲、破产重组、上市辅导、劳动保障等10个领域，为企业提供法律咨询、法治体检、法律培训、法律文书审改等法律服务，全年为企业解答公司治理、合同管理、知识产权等法律问题，排查企业经营中各类法律风险140项，化解各类涉企纠纷110件，累计挽回企业经济损失超1000万元。组织126名社区（村）法律顾问每月进社区（村）服务1次，协助社区（村）开展法治宣传、接受法律咨询、举办法律知识讲座，为依法管理社区（村）事务提供具体法律意见或帮助，全年累计为群众提供法律服务1100余次，举办法治讲座300余场，解答群众法律咨询1800余人次。依托江苏常武律师事务所，成立常州市首家涉外经济法律护航中心，搭建集涉外非诉专项服务、智库研究、法律及商务咨询服务、国际合作等于一体的综合性专业服务平台。是年，常武律师事务所党支部被中国共产党全国律师行业委员会评为全国律师行业先进基层党组织。

10月15日，市司法局领导调研兰陵司法所分类建设情况

（区司法局 提供）

【公证服务】2021年，区公证处优化公证机构窗口服务，落实首问负责、一次性告知等制度，着力解决群众咨询多、工作人员不足等问题，实现办证接待零投诉。年内，为天宁区旧城改造项目提供公证服务，为大板房专项治理、东河沿地块、青果大厦地块、东青集镇地块征收等项目提供现场监督、证据保全、房产继承等公证服务200余件。完善公证便民服务举措，对学历、亲属关系、委托、声明等公证事项，实现“最多跑一次”服务；为企业办理公证业务开通绿色通道，优化办证流程，缩短办理时限；试行承诺办证，通过公证人员主动核实调查情况，减轻当事人提供证明材料的困难；对紧急案件实行当天受理、优先办理、快速出证，最大限度满足当事人公证法律需求；为老人、残疾人开设绿色通道，简化办证流程，全年提供上门公证服务20次；开展公益类公证服务，全年为困难群众办理减免收费公证业务10件。

【司法所分类建设】2021年，天宁区进一步加强司法所规范化管理，持续推进全区司法所分类建设。年内，区司法局按《江苏省司法所分类建设标准（试行）》要求，对全区7个司法所队伍建设、基础设施建设、工作实际等基础情况调查摸底，形成全区司法所分类建设调研报告。结合各司法所实际，综合考虑常住人口、辖区面积、经济状况、法治需求等要素，明确区司法局郑陆司法所、兰陵司法所按大型司法所标准建设，区司法局青龙司法所、茶山司法所、天宁司法所按中型司法所标准建设，区司法局雕庄司法所、红梅司法所按小型司法所标准建设。是年，区司法局通过全面落实司法所政法专项编制、足额保障司法所工作经费、推进司法所用房达标升级等方式，多途径保障司法所分类建设。至年末，区司法局郑陆司法所、兰陵司法所被市司法局命名为常州市首批大型司法所。

（谭文强）

军 事

◆栏目编辑　凌建蓉

人民武装

【概况】 2021年，区人武部深入贯彻习近平强军思想，加强思想政治建设，提升国防动员能力、练兵备战质量和征兵质量。以庆祝中国共产党成立100周年为主线，开展“感悟百年历程、永葆初心本色”主题活动，增强干部职工守初心、担使命的思想自觉和行动自觉。聚焦军事斗争准备，组织国防动员指挥行动演练，推进国防动员和后备力量建设。加大廉洁征兵全过程检查督导，全年征集大专以上学历新兵占新兵总数的97.8%，高质量完成年度征兵任务。

【思想政治建设】 2021年，区人武部落实军队思想政治教育要求，常态抓好每周半天理论学习和基层理论宣讲，开展学习笔记展评、学习体会大家谈活动4次，为完成多样化军事任务夯实思想根基。运用“五小”（理论小串讲、思想小互动、心得小交流、故事小分享、问题小辨析）活动模式，常态化开展思想政治教育，有效提升思想政治教育实效。落实“五位一体”整改要求，定期分析党风廉政建设形势，彻底整改巡视巡察反馈共性问题和自查问题。开展党史学习教育，依托党委理论学习中心组、青年理论学习小组等载体，组织全体干部职工研读《论中国共产党历史》《中国共产党简史》等必读书目，提升干部职工理论素养和党性修养；各级民兵党组织集中观看庆祝中国共产党成立100周年大会直播，重点学习习近平总书记在庆祝中国共产党成立100周年大会上的重要讲话和中共十九届六中全会精神，感悟党的百年奋斗重大成就；组织红色教育基地现场教学、观看红色影片、党史专家授课、预征新兵入伍宣誓、重温入党誓词活动，激发干部职工学史明理、学史增信、学史崇德、学史力行行动自觉；召开党史学习教育专题组织生活会和专题民主生活会，巩固党史学习教育成果。

7月，区人武部组织应急分队民兵开展党史学习教育（区人武部　提供）

【练兵备战】 2021年，区人武部紧盯军事斗争准备，高标准落实党委议战议训制度，加强人武部首长机关、专职人武干部、重点民兵分队3个层次训练、演练。深化巩固首长机关领训成果，拟制国防动员演练行动方案，在上级编成内开展三级和二级部署国防动员课题演练；主官带头学习军事理论，全过程参加上级指挥训练，提升首长机关谋划运用、组织指挥、协同保障能力。专职人武干部组织民兵应急分队教练员参加江苏省民兵“四会”（会指挥、会示范、会纠正、会讲解）教练员集训比武考核，提升组训示教能力。

【民兵组织整顿】 2021年，区人武部编实建强民兵应急队伍，严格落实基础潜力采补和重点潜力核查，全面推进民兵建设转型升级。统筹国防动员潜力统计调查工作，集中人员开展国防动员潜力数据调查、更新和汇总，完善辖区国防后备力量基本数据；健全日常点名、会议、军地协调和通报等制度，为提升民兵作战效能打下坚实基础；优化结构布局，严格按照《民兵组织整顿工作实施办法》，调整完成年度应急和支援力量合成化编组任务。

（于群文）

人民防空

【概况】 2021年，天宁区着眼军事斗争准备，认真履行“战时防空、平时服务、应急支援”职责使命，推进人防指挥信息化建设，整合升级指挥通信设备，加强人防工程建设与管理，规范人防工程建设质量监督管理，细化巡查管理工作方案，开展人防“进机关、进学校、进社区、进企业、进网络”活动，增强群众防空减灾意识和避灾自救能力。5月，区住建局（区人防办）联合红梅街道虹景社区、虹景贝蕾幼儿园开展防灾减灾知识宣传；7月，联合区教育局举办人防知识教育师资能力提升班，联合团区委组织“童心向党·互助成长”暑期夏令营，通过急救训练、整训列队、内务整理等活动，增强青少年独立生活和适应能力，激发青少年爱国情怀。至年末，区住建局（区人防办）开展人防宣传教育15次，发放宣传资料2000余份，为辖区31所中小学校6796名学生征订《小学生人防知识读本》《小学生人防知识教学课例集》《人防知识（初中）》等书籍，全区人防知识普及率100%。加强人防专业队伍建设，组织区机关和镇（街道）人防专业骨干赴浙江省温州市开展“准军事化”训练，提升人防队伍应对突发事件能力。

5月12日，区住建局到虹景贝蕾幼儿园开展防灾减灾知识宣传

（区住建局 提供）

【人防指挥信息化建设】 2021年，区住建局（区人防办）推进人防指挥信息化建设，完善防空警报体系建设，完成5台警报器终端选址及安装任务，完成龙锦小学、朝阳新村第二小学等6所学校多媒体警报器安装。加强区人防基本指挥所日常维护管理，完成上级各时间节点视频、语音联通任务，确保区人防基本指挥所与上级机关图像、声音传输及通信畅通无阻。年内，完成全省“9·18”防空警报统一试鸣任务，鸣响率100%。

（符　俊）

退役军人事务

【概况】 2021年，区退役军人事务局持续深化退役军人服务保障体系建设，促进退役军人权益维护、移交安置、就业创业、优待抚恤、双拥共建等工作落实。组织开展“寻访老兵致敬英雄”系列活动，为8名老兵拍摄人物专访，营造尊崇关爱退役军人氛围。推进“常州退役军人创业园”建设，拓宽退役军人就业创业渠道。依托“军民共建道德讲堂”阵地，举办“军民鱼水情共筑双拥和谐路”等活动，促进军地精神文明共建。落实“军地互办实事”项目，巩固军政军民团结、推动军地和谐。是年，天宁街道、雕庄街道退役军人服务站获评江苏省“百家红色精品退役军人服务站”。

【退役军人服务保障体系建设】 2021年，天宁区把退役军人服务保障体系建设作为重要政治任务，采取自上而下模式组建退役军人思想政治工作指导员队伍，全区有区级思想政治指导员1名、镇（街道）思想政治指导员16名，全年为退役军人提供思想政治工作指导10次，发挥退役军人服务保障机构政治功能，夯实双拥基础。弘扬拥军优属优良传统，发动社会力量参与拥军工作，组建退役军人志愿者队伍245支。构建横向到边、纵向到底、覆盖全员服务保障网络，建成区退役军人服务中心1个、镇（街道）退役军人服务站8个、村（社区）退役军人服务站122个，全区创成国家示范型退役军人服务站8个，实现区、镇（街道）、村（社区）三级服务保障体系全覆盖，全年为退役军人提供接收安置、优抚补助、创业培训等服务285人（次）。

【退役军人就业创业帮扶】 2021年，区退役军人事务局加强退役军人再就业工作指导协调，帮扶下岗、失业的转业志愿兵就业上岗7人；举办退役军人专场招聘会2场，联系46家企业提供定向就业岗位，现场签订就业协议意向书34份；组织50名退役士兵参加岗前技能培训，提升退役士兵就业创业技能；组织5家企业参加市退役军人创新创业大赛，车联天下物流集团有限公司“网络货运助力物流降本增效”项目获一等奖。

【退役军人抚恤优待政策落实】 2021年，天宁区为辖区967名优抚对象发放各类抚恤金、生活补助金总计845.11万元。结合庆祝中国共产党成立100周年走访慰问军烈属、“八一”期间组织走访关爱退役军人活动，走访慰问烈属44名，发放慰问金、慰问品价值3万余元，对困难优抚对象发放慰问金12万元；联合江苏省扬子退役军人关爱基金会，为辖区1名因病致困退役军人申请“双徽闪耀”急难特困对象帮扶救助金2万元。是年，“为新征入伍士兵父母购买人生意外险、意外医疗保险”列入2021年度区政府10项民生实事项目之“幸福安居和关爱帮扶”项目。

11月，常州强力先端电子材料有限公司“戎耀之家”通过省退役军人事务厅验收　（区退役军人事务局 提供）

【常州强力先端电子材料有限公司获评省优秀“戎耀之家”】 7月，常州强力先端电子材料股份有限公司获省级优秀“戎耀之家”称号。公司有在职员工350余人，其中退役军人31人。公司党总支利用企业党建成果引领带动“戎耀之家”建设，依托党建活动室、职工之家，秉承“关心关爱退役军人、用心用情用力服务”理念，围绕“五有两高”（有活动组织、有党建引领、有“军”的特色、有家的温暖、有社会担当，退役军人参与度高、满意度高）建设目标，开设老兵谈心室、党建综合室、文体活动室、图书阅览专区、军人风采墙、荣誉墙、军用物品陈列柜等专门活动场所，为公司退役军人活动提供有效载体；设立退役军人党员示范岗、退役军人突击队、退役军人志愿服务队等，激励他们爱岗敬业、回报社会；组织退役军人开展烈士祭扫、残疾军人互助、老兵文体比赛等活动15场次，增强退役军人荣誉感和幸福感。

（叶　怡）

双拥工作

【概况】 2021年，天宁区党政军各级秉承双拥工作良好传统，坚持“巩固、提高、创新、发展”方针，坚持军民同心、军地合力，投入资金支持驻区部队现代化建设，严格落实“军地互办实事”项目。全年开展“寻访老兵·致敬英雄”系列活动，开展“军民共建道德讲堂”7场，推进常州双拥广场、常州退役军人创业园建设。驻区部队支持和参与地方经济、社会发展建设，开展抢险救援、社会救助、拥政爱民教育等工作。是年，天宁区创成国家示范型退役军人服务中心（站）8

个，常州双拥广场获评“省双拥示范基地”，《常州天宁：奋力开创新时代双拥工作新局面》被《新华日报》专版报道，全区上下拥军崇军氛围日益浓厚。

（叶　怡　于群文）

【拥政爱民】 2021年，天宁区驻区部队开展宗旨教育和拥政爱民教育，始终保持高度的忧患意识和政治自觉，维护国家安全和社会稳定。年内，驻区部队联合民兵分队支援地方建设，参与地方抢险救援、社会救助、疫情防控等任务1200余人次；7月，重点民兵分队运送社会捐赠物资驰援河南灾区。

（于群文）

【拥军优属】 2021年，天宁区支持和配合部队现代化建设，全力为部队“能打仗、打胜仗”提供有力保障。是年，天宁区投入72万元，支持驻区部队升级信息化设备，提升图书室、会议室、多功能综合党建室硬件设施。8月，常州突发新冠肺炎疫情，区政府筹措资金购买医疗物资，支持部队抗疫。全年为辖区伤残、两参（参战、参核）、三属（烈士遗属、因公牺牲军人遗属、病故军人遗属）、在乡老复军人、农村籍退役士兵等优抚对象发放各类抚恤金、生活补助金845.11万元；走访慰问烈属和困难优抚对象，发放慰问金、慰问品合计价值9万元。

【双拥文化建设】 2021年，天宁区广泛开展以爱国主义为核心，以拥军优属、拥政爱民为重点的双拥文化宣传，增强全区军民国防和双拥意识，激发广大军民了解双拥、参与双拥、支持双拥的热情和积极性。是年，开展“寻访老兵致敬英雄”系列活动，组织寻访英雄老兵、革命功臣，拍摄8个人物专访，宣传典型功臣事迹；区退役军人事务局配合区委组织部、区委宣传部，为12位老党员、革命老兵拍摄“红色记忆”口述史专题片，讲述红色故事；区委老干部局、区退役军人事务局、区档案馆、区关工委举办“记忆百年，老物件见证新时代”老物件展，组织辖区内退役军人、现役军人家属500余人观展。全年在辖区交通要道和公共场所设置双拥宣传牌、双拥宣传栏、悬挂双拥标语，完善拥军优属服务标志，在“天宁双拥”微信公众号推送信息91篇，常态化宣传双拥文化、政策法规和先进典型，扩大双拥宣传辐射范围。

【常州双拥广场获评省双拥示范基地】 12月，常州双拥广场被省双拥工作领导小组命名为第二批“江苏省双拥示范基地”。常州双拥广场（以下简称广场）位于雕庄街道凤凰新城环岛路，占地面积4.5万平方米，由天宁区打造的集国防教育、双拥活动、群众休闲娱乐于一体的综合性活动场所。广场以弘扬军民鱼水情为主题，以常州党建与红色文化主题教育馆为中心，由初心路、连心亭、同心林、凝心廊“四心”围绕，代表军民一心、党政一心。其中，“初心路”选取“半条被子”“淮海战役小推车支前”等8个代表性故事制作成路板铺设，展示双拥工作的起源、形成和发展；“连心亭”位于初心路尽头，象征军民同呼吸、共命运、心连心；“同心林”由驻区部队和共建单位共同栽种、共同培育，每棵树上都悬挂树牌，象征军民同心，并将全国爱国拥军模范“兵妈妈”朱立凤的光辉事迹、军地互办实事、军民道德讲堂等拥军举措展陈在树木间，表示军地合力；“凝心廊”通过展板展现地方与驻区部队相互支持的事例，展示天宁区双拥工作经验和做法。

（叶　怡）

12月，常州双拥广场被命名为第二批“江苏省双拥示范基地”

（区退役军人事务局 提供）

农 业

◆栏目编辑 陈 烨

综 述

【概况】 2021年，天宁区实现农林牧渔业总产值14.2亿元，其中农业种植业产值7.31亿元、林业产值0.08亿元、畜牧业产值0.99亿元、渔业产值4.94亿元、农林牧渔服务业产值0.88亿元，农林牧渔业（含农林牧渔服务业）增加值7.84亿元。全区耕地面积5.4万亩，（其中粮食种植面积1.56万亩），渔业面积1.03万亩，果品种植面积0.97万亩，蔬菜种植面积0.3万亩。全年新增中型拖拉机5台、无人植保机5台，完成年检年审小型拖拉机20台、中型拖拉机24台、收割机8台，全区农机总动力29209千瓦，农业综合机械化水平达80%以上。全区有常州市黄天荡蟹业生态示范园、常州市双丰（河蟹）现代农业产业园、常州市天宁区焦溪（翠冠梨）现代农业产业示范园3个市级现代农业产业示范园。年内，天宁区实施高标准农田建设，出台《2021年度天宁区级高标准农田建设项目申报指南》，建成区级高标准农田500亩（其中天宁区经济开发区200亩、郑陆镇300亩），落实专项建设补助53.92万元。稳定全区粮食种植面积，保障粮食安全，全年轮作休耕2000亩，粮食种植面积1.56万亩，其中水稻种植面积0.6万亩，全年粮食总产量达1300万斤。加快绿色食品创建，区农业农村局组织14个农民专业合作社申报绿色优质农产品18个（其中粮食绿色农产品2个），种植绿色优质农产品15830亩，占种植食用农产品面积的66%。是年，天宁区按照3万元/家的奖励补助标准，给予获评绿色优质农产品的14家农业企业、农民合作社42万元区级奖励补助。引进玲珑小黄瓜、水果椒、贝贝南瓜、水果玉米、五彩椒5个蔬菜新品种，引进花甜一号、红珍珠、博洋香瓜、翠梨甜瓜、风味五号、秋月、华山、夏清等瓜果新品种。组织农业领域安全生产专项检查，发现各类农业安全生产隐患9处，均督促整改到位。实施高素质农民培育，组织镇村农技员、水产合作社负责人、养殖大户到江苏农林职业技术学院、江苏省海洋研究所吕泗基地、连云港市赣榆区、盐城市射阳县系统学习水产养殖技术和林果种植病虫害防治技术，举办高素质农民培训班17期，培训2017人次。是年，“焦溪翠冠梨”获批国家地理标志证明商标，并入选“常州市十大农产品品牌提升行动计划”，常州技丰水产良种繁育场、常州花千谷生态农业观光有限公司、常州市明星水蛭科技有限公司入选市现代农业产业技术体系建设项目，常州市焦溪农业发展有限公司获江苏省第三届优质早熟梨品鉴活动银奖，常州市黄天荡螃蟹专业合作社获2021江苏最美绿色食品（大闸蟹）企业评选优秀奖，常州市焦溪二花脸猪专业合作社的焦溪“二花脸”入选2021年江苏农业品牌目录产品品牌。区农业农村局张聪撰写的《我国养殖中华绒螯蟹中铅残留现状及健康》获2021年常州市农业优秀科技论文二等奖，郑陆畜牧兽医站朱克林撰写的《引起牛呼吸道症状疾病病原的鉴别诊断与防制》和常州市技丰水产良种繁育场刘苗撰写的《鳜斑鳜及杂交鳜（鳜♀ × 斑鳜♂）的染色体组型研究》均获2021年常州市农业优秀科技论文三等奖。

（钱　寅　廖云峰）

【农产品质量监管】 2021年，天宁区加强农产品全程监管，实施食用农产品合格证行动，开展“治违禁、控药残、促提升”三年行动。落实各级主体责任，区与镇、镇与村层层签订农产品质量安全责任状，与农业生产资料店、农产品生产经营主体签订责任状、承诺书，发放告知书等各类资料1500份。区农业农村局开展农产品质量安全培训13次，发放宣传资料1200份。开展农产品质量安全专项整治行动，出动执法检查人员300人次，检查生产经营主体100余家（次），未发现农产品质量安全问题。完成农产品质量安全抽样5737批次，合格率99%。建成7个农产品质量安全服务站，720家农产品生产经营主体申请食用农产品合格证，涉及“查家湾”牌翠冠梨、“金爪玉脐黄天荡”牌清水蟹等40个农产品，全区累计有食用农产品合格证51.22万张。

（钱　寅　廖云峰）

2021年天宁区获评绿色优质农产品一览表

表13

序号	农民专业合作社	农产品	所属区域
1	常州市甜再来葡萄专业合作社	葡萄	天宁经济开发区
2	常州市武彩纷成旅游开发有限公司	大米	天宁经济开发区
3	常州市子溢蔬果专业合作社	翠冠梨、葡萄	郑陆镇
4	常州市焦店葡萄专业合作社	葡萄	郑陆镇
5	常州市金剑蜜梨专业合作社	翠冠梨	郑陆镇
6	常州市宝华果品专业合作社	焦溪翠冠梨	郑陆镇
7	常州市翟家果品专业合作社	翠冠梨	郑陆镇
8	常州查家湾生态林果专业合作社	焦溪翠冠梨、葡萄	郑陆镇
9	常州伟宇农业专业合作社	翠冠梨	郑陆镇
10	常州市良农果品专业合作社	焦溪翠冠梨	郑陆镇
11	常州市金大发稻麦种植农民专业合作社	大米	郑陆镇
12	常州市丹丹梨农业专业合作社	翠冠梨	郑陆镇
13	常州瑞土瓜果种苗专业合作社	南瓜、西瓜、甜瓜	郑陆镇
14	常州市三河口生态农业专业合作社	翠冠梨	郑陆镇

【农业保险覆盖面扩大】2021年，全区发生农业保险签单保费505万元，较上年增加62.24万元，赔款115万元，受惠农户383户（次）。落实精准防贫保险政策，与太平洋保险天宁支公司签订《天宁区精准防贫保险补充协议》，按照“农户申请、保险公司核实、镇级审核、区级复审”流程，赔付7户建档立卡低收入农户因疾病和意外事故费用1.7万元。

（李燕茹　常　峰）

林果业

【概况】2021年，天宁区果品栽培面积9731亩，主要以翠冠梨、夏黑葡萄、阳光玫瑰葡萄等品种为主，翠冠梨主要分布在查家村、粮庄村、舜北村、翟家村等，葡萄主要分布在石堰村、省岸村等，年产果品17840吨，总产值12894万元。其中，翠冠梨种植7071亩，亩均产量1850公斤，总产值9899万元；葡萄种植2660亩，亩均产量1678公斤，总产值2403万元。

（钱　寅　廖云峰）

【翠冠梨种植】2021年，天宁区种植翠冠梨7071亩，年产量13082吨，总产值9899万元；拥有翠冠梨品牌21个，其中，“焦溪翠冠梨”商标获国家地理标识商标专用权认证，专用权期限为2021年1月21日至2031年1月20日。“常溪”“查家湾”品牌被评为江苏省著名商标。年内，区农业农村局引进苏翠一号、玉露香、红早酥、秋月、华山、夏清、夏露、

3月27日，“焦溪翠冠梨”国家地理标识商标授权仪式在第四届查家湾梨花节开幕式上颁发　　（区农业农村局 提供）

宁霞等早、中、晚不同时段成熟的8个新品种梨，集中种植面积达35亩，打造以“焦溪翠冠梨”为依托、新品种梨为拓展、其他梨产品为补充、梨元素文创产品为升级的翠冠梨示范基地。6月，郑陆镇查家村委联合中国邮政集团有限公司常州市分公司，成立区域特色农产品项目常州焦溪翠冠梨基地，通过“团购群购+平台购+直播带货+网点展销”等组合模式，帮助梨农销售翠冠梨30吨，价值140余万元。

（钱　寅　廖云峰）

【葡萄种植】 2021年，天宁区种植葡萄2660亩，年产量4463吨，产值2403万元。葡萄种植主要集中在石堰村、焦溪村等，主栽品种有夏黑、醉金香、阳光玫瑰等。是年，常州市子溢蔬果专业合作社、常州市甜再来葡萄专业合作社、常州市焦店葡萄专业合作社、常州查家湾生态林果专业合作社种植的葡萄被中国绿色食品发展中心评为绿色食品。常州市甜再来葡萄专业合作社、常州查家湾生态林果专业合作社选送的葡萄获江苏省农业推广总站举办的“神园杯”比赛一等奖。

延伸阅读：

20世纪80年代初，焦溪开始引种葡萄。1984年，焦溪人奚康敏将300株巨峰葡萄苗从沈阳运至郑陆镇，由镇政府组织在查家湾舜山林果场试种。1985年，镇政府出台葡萄种植扶持政策，出资1.5万元购巨峰葡萄苗1万株，全镇每农户赠送1株试种，是年，石堰村马家头村民小组19户农户种植巨峰葡萄23.5亩。1986年，石堰村村民马建忠种植2.7亩，市场单价7.6元／公斤，亩均收入超8500元。20世纪80年代末期，焦溪葡萄专业技术研究所成立，聘请上海葡萄研究所所长单传伦为特邀顾问，开展葡萄种植研究与技术推广。1989年，焦溪葡萄专业技术研究所获江苏省巨峰丰产优质栽培推广奖。1990年、1995年巨峰葡萄被评为“江苏省优质果品”。1995年，石堰村获评市级“葡萄专业村”。1997年，郑陆镇引种藤稔葡萄，该品种颗粒大而饱满，色泽鲜艳，汁多味甜。是年，全镇葡萄平均亩产2200公斤，总产达355万公斤，总收入845万元，种植户户均收入7345元。2005年10月，石堰村成立石堰葡萄生产合作社，主要以夏黑葡萄为主；2006年6月，常州市焦店葡萄专业合作社注册“石堰牌”商标，并获无公害农产品认定。夏黑葡萄早熟无核，香味浓郁，皮紧粘果肉，可不吐皮，肉质细脆，甜美可口。2017年，“舜南”牌夏黑葡萄获评第十九届常州市名优农产品，常州市三河口生态农业专业合作社葡萄、常州市甜再来葡萄专业合作社葡萄、常州查家湾生态林果专业合作社葡萄通过“三品”（无公害农产品、绿色食品、有机农产品）认证。2019年，“常溪”牌葡萄获评常州市第二十一届名优农产品。

（钱　寅　廖云峰）

畜牧业

【概况】 2021年，天宁区按照“预防为主、防疫优先、应免尽免”原则和“镇不漏村、村不漏户、户不漏畜、畜不漏针”方针，组织开展春、秋两季重大动物疫病防疫行动，全年接种高致病性禽流感疫苗7.59万羽次、生猪口蹄疫疫苗1.2万头次、猪瘟疫苗1.19万头次、蓝耳病疫苗0.69万头次、犬类狂犬病疫苗6476只次。组织实施动物产地检疫，采取登门踏圈方式检疫生猪0.4万头，全年未有病猪流入市场。强化病死畜禽无害化处理监管，推行惠农宝App，实施病死畜禽“申报—收集—处理—理赔”一体化管理，全年累计无害化处理病死猪582头。组织开展兽药、饲料、饲料添加剂规范使用管理，按照养殖场规模，每月按抽检覆盖面25%、出县境生猪10%的比例进行瘦肉精检测，累计监测生猪364头次，未发现违规使用瘦肉精情况。推进畜禽养殖废弃物资源化利用，制定《常州市天宁区畜禽养殖废弃物资源化利用工作方案》，完成常州花千谷生态农业观光有限公司规模养殖场粪污处理设备提升改造，全年畜禽粪污产生量17011吨，资源化利用量16825吨，综合利用率达98.91%，8家规模养殖场粪污处理设备配套率达100%。

（钱　寅　顾春亚）

【“二花脸”猪养殖管理】 2021年，天宁区有国家级太湖猪（“二花脸”猪）保护区1个，为全国规模最大“二花脸”猪保护区；有市级生猪保供企业1家（常州市舜溪畜牧科技有限公司），生猪规模养殖场7家（常州市舜溪畜牧科技公司核心原种场、常州市舜溪畜牧科技公司核心扩繁场、二花脸林中度养殖场、二花脸马云强养殖场、二花脸李志芬养殖场、二花脸陆国金养殖场、二花脸钱紫文养殖场），存栏“二花脸”猪6017头（其中种公猪存栏29头、能繁母猪存栏500头），出栏7806头，保持总体稳定、小幅攀升，年收益4000万元。年内，“二花脸”猪遗传资源保护经费列入财政预算，完善和加强“二花脸”猪种质资源保护，提升“二花脸”猪纯种繁育能力和复壮生产水平。全封闭管理规模养殖场，实施“五统一”（统一管理、统一驳运、统一销售、统一供精、统一粪污处理）生物安全防控管理模式。常州市舜溪畜牧科技有限公司委托南京农业大学研究生工作站加强技术指导、血统培育和品种认定，补充完善种质资源基因库。组织开展“二花脸”种公猪备份场6个血统、12头种公猪的培育。是年，天宁区投入250万元专项资金，启动实施江苏省地理标志保护工程项目，在郑陆镇建立集纯种保护、提纯扩繁、开发利用、精品加工、品质提升于一体的焦溪“二花脸”地理标志保护示范核心基地，占地面积10056平方米。至年末，完成基地建设方案编制。

（钱　寅　顾春亚）

【蛋鸡养殖管理】 2021年，天宁区有蛋鸡规模养殖场1家（常州花千谷生态农业观光有限公司），为市级蛋鸡生产保供企业，拥有智能化、自动化鸡舍2幢，依托中粮集团自动化养殖技术，实现养殖温度、湿度、光照、喂食、引水自动调节，通过使用益生菌、中草药代替抗生素，实现全程绿色生态养殖，“乐百佳溯控无抗蛋”获评无公害农产品质量认证市级名优鸡蛋。至年末，常州花千谷生态农业观光有限公司存栏蛋鸡6.8万羽，年销售鸡蛋2000吨，年销售额1400万元。

（钱　寅　戴宇峰）

常州市舜溪畜牧科技有限公司“二花脸”猪核心原种场

（区农业农村局 提供）

渔　业

【概况】 2021年，天宁区完成水产种质资源普查，全区有水产养殖户218家，养殖面积10314.48亩，养殖产量3859吨，总产值49379万元。实施池塘生态化改造250亩，其中常州市天宁石堰农业开发有限公司130亩、常州市技丰水产良种繁育场120亩，常州市技丰水产良种繁育场和天宁区郑陆联创家庭农场创成市级美丽渔场，全区水产健康养殖比例达85%。加强渔业质量安全管理，全年累计出动工作人员101人次，检查养殖主体35家。开展2期水产品质量安全培训，300人次参训，发放《水产养殖用药明白纸》《水产健康养殖倡议书》各300份。区检察院、区农业农村局、公安天宁分局联合开展长江禁渔普法宣传，在横塘河完成省内首例渔业资源修复增殖司法放流；茶山街道、区农业农村局、公安天宁分局、东门水上派出所配合常州市农业综合行政执法支队对苏南运河支流大通河私设非法渔具行为开展联合执法，清理河道1000余米，收缴地笼网、渔簖等30余处。

（钱　寅　廖云峰）

【黄天荡清水蟹养殖】 2021年，黄天荡片区有养蟹户500余户，河蟹养殖面积7000余亩，产量1057吨，总产值1.16亿元。是年，天宁区在“黄天荡清水蟹”原有单一养殖基础上，引入醉蟹、蟹黄包等深加工产业，在传统销售基础上增加京东、天猫、抖音等网络平台销售，全年网络渠道销售额1345万元。12月，郑陆镇黄天荡村因清水蟹养殖被农业农村部评为“全国乡村特色产业亿元村”。

延伸阅读：

黄天荡清水蟹主要养殖区位于天宁区郑陆镇黄天荡村，其肉质鲜嫩、富有弹性，具有特殊甜味，外观具有四大特征：青背，蟹壳成青灰色，平滑而有光泽；白肚，贴泥的肚脐、甲壳晶莹洁白，没有黑色斑点；黄毛，蟹腿毛长而黄，根根挺拔；金爪，蟹爪金黄，坚挺有力，放在玻璃上能八足挺立，双螯腾空。2004年8月，黄天荡村牵头成立由15户养蟹户组成的黄天荡螃蟹专业合作社，采取“合作社+基地+农户”产业化运作模式，为社员提供产前技术培训、产中技术指导和产后销售服务，实行“六个统一”（统一购苗、统一指导、统一饲料、统一包装、统一商标、统一销售）管理，促进河蟹养殖规模扩大，保证河蟹养殖质量和销售质量。2014年，黄天荡螃蟹专业合作社建立“金爪玉脐”大闸蟹质量安全可追溯管理体系。2018年，R绒螯蟹、Z沼虾等8个水产品完成申报或续报“无公害农产品、绿色食品、有机农产品”。2019年，“黄天荡清水蟹”获评常州市第二十一届名优农产品，并被认定为国家地理标志证明商标，商标专用权期限为2019年2月21日至2029年2月20日。

（钱　寅　廖云峰）

【特色鱼种养殖】 2021年，天宁区特色鱼种主要以斑鳜、沙塘鳢为主。位于郑陆镇丰北村的常州市技丰水产良种繁育场作为农业农村部健康养殖示范场、省级良种繁育场、江苏省淡水水产研究所产学院合作基地，于2020年投入资金1200万元，启动占地面积为23.35公顷的智能水产育苗基地建设，建设科研区和繁育区，繁育长吻鮠、沙塘鳢、赤眼鳟、斑鳜等特色珍稀鱼类。基地采用自主研发的智能养殖专利技术，利用重力流理论，水流依次经过5个养殖池，自动调节水速、水温和含氧量，满足鱼苗在不同孵化环节生理需求，年繁育总量可达50亿尾，年生产鱼种总量150吨。2021年，天宁区参与江苏省沙塘鳢重点新品种创制项目、江苏省种业振兴揭榜挂帅项目——优质抗逆杂交鳜新品系选育与产业化应用。

（钱　寅　廖云峰）

农业产业现代化

【概况】 2021年，天宁区推进农业产业现代化，通过项目带动、创先评优等形式，助力新型农业经营主体成长。年内，实施郑陆镇水环境治理工程、美丽宜居乡村建设、郑陆镇农光一体分布式光伏发电、焦溪古镇保护与利用工程建设、季子文商旅农综合体——舜山康养小镇、丰北生态农业示范基地、年产300吨农产品果蔬方便食品及固体饮料、郑陆镇城镇污水管网覆盖工程、郑陆镇农村生活污水整治和农村黑臭水体治理9个市级农业农村领域重大项目，完成投资9.24亿元，完成计划投资的100.1%。全年申报农业农村发展项目3个（高效生态水产养殖基地建设、智能化蛋鸡养殖配套生产设施、武城村农副产品加工项目），争取省级财政资金236万元、市级财政资金9万元。加快“互联网+”农业发展，全年农产品电商销售额28073万元，同比增长16.34%。加速数字农业建设，配合市农业农村局完成农业农村大数据二期建设，规模设施农业物联网应用面积占比由2020年的1.86%增长至2021年的89.84%。

（钱　寅　廖云峰）

【郑陆农场建设】 2021年，天宁区持续推进郑陆农场转型升级，完成郑陆农场新一轮产业规划和现代农业开发区初步策划方案编制，解决郑陆农业产业碎片化、分散化弊端，完善产业布局；完成郑陆农场河综合整治工程，累计清淤4.3万立方米，砌筑生态挡墙1310米；完成郑陆农场虎鑫机配厂大棚房、侵占耕地等问题整治。发展“两业”（先进制造业和现代服务业）融合产业，实施新品种梨园喷滴灌工程和郑陆镇农光一体分布式光伏发电项目，利用经济作物喜阴特性，借助光伏发电设施下方空间，种植油用牡丹和芍药150亩；与市农业技术推广中心、常州九洲农文旅发展有限公司、蓝城房产建设管理集团有限公司等达成合作意向，共同推进未来农场、观光工厂建设。

（钱　寅）

【农业龙头企业】 2021年，天宁区按照省、市农业产业化龙头企业建设要求，培育重点农业龙头企业。全区有江苏科力农业资源有限公司、常州园外园食品有限公司2

家省级农业龙头企业，实现年销售额17328.63万元，同比增长7.95%；拥有常州市满堂红农业有限公司、常州市舜溪畜牧科技有限公司、常州花千谷生态农业观光有限公司、常州市技丰水产良种繁育场4家区级农业龙头企业，实现年销售额4320万元，同比增长84.9%。

（钱　寅　廖云峰）

【新型农业经营主体示范创建】 2021年，天宁区继续引导新型农业经营主体多元融合发展，加快发展规模适度的家庭农场和种养大户，鼓励涉农企业、家庭农场、种养大户和普通农户以土地、资金、劳动、技术、产品为纽带，开展多形式合作。开展新型农业经营主体示范创建，8月，郑陆联创家庭农场创成省级示范家庭农场；11月，郑陆嘉珏家庭农场、郑陆新蟹家庭农场、郑陆龙玉家庭农场、郑陆忱江家庭农场4家家庭农场和常州市翟家果品专业合作社、常州查家湾生态林果专业合作社、江苏苏合名优农产品专业合作联社、常州市黄天荡螃蟹专业合作社、常州市金大发稻麦种植农民专业合作社、常州市湟河生态养蟹专业合作社6家农民专业合作社入选市级“双百”示范主体（100家示范家庭农场和100家示范农民专业合作社）名录，上述10家企业累计获得市级财政扶持资金64万元。天宁区郑陆联创家庭农场、天宁区郑陆彩虹家庭农场、天宁区郑陆快乐家庭农场、常州市焦溪二花脸猪专业合作社4家2020年市级高质量发展示范单位通过2021年市级示范监测。10月，天宁区制定出台《天宁区区级示范家庭农场和示范农民专业合作社评定及监测办法》，阿仁家庭农场、岳军家庭农场、龙玉家庭农场、梨享田园家庭农场、萱芝园家庭农场、姜夏家庭农场、刘管家家庭农场、泽悦园家庭农场、三旺家庭农场9家家庭农场创成区级示范家庭农场，常州沙泉生态养殖专业合作社创成区级示范农民专业合作社。至年末，全区有各类农民专业合作社62家，其中国家级农民专业合作社4家、省级农民专业合作社2家、市级农民专业合作社7家、区级示范农民专业合作社4家；有家庭农场98家，其中省级示范家庭农场5家、市级优秀家庭农场6家、区级示范家庭农场9家。

（李燕茹）

【天宁区农产品供澳经贸合作】 8月1—3日，区委常委、副区长方力带领区农业农村局、区商务局、郑陆镇相关人员和常州市焦溪农业发展有限公司董事长一行5人赴澳门经贸洽谈。8月2日，区政府在澳门皇都酒店举办“共享天宁”农产品供澳经贸合作启动仪式暨焦溪翠冠梨供澳合作新闻发布会，让澳门各界了解天宁区特色农产品。发布会上，常州市焦溪农业发展有限公司与澳门企业代表泰丰国际（集团）有限公司、钱妈妈生鲜蔬果超级市场有限公司签订翠冠梨供澳合作协议，建立天宁—澳门长期稳定的商业合作网络和供销关系，推动天宁区农业产业发展与澳门旅游产业价值双向融合。是年，天宁区向澳门销售焦溪翠冠梨26吨。

（钱　寅）

8月2日，区政府在澳门皇都酒店举办“共享天宁”农产品供澳经贸合作启动仪式暨焦溪翠冠梨供澳合作新闻发布会　（区农业农村局 提供）

工 业

◆ 栏目编辑 陈 烨

工业经济运行

【概况】 2021年，全区有规模以上工业企业441家，产值超亿元企业（集团）122家，其中超百亿元企业1家、超30亿元企业3家、超10亿元企业9家、超5亿元企业20家。至年末，全区规模以上工业企业完成工业总产值757.53亿元，产品产销率达96.3%；工业企业实现纳税销售908.57亿元，同比增长18.4%；其中规模以上工业企业实现销售额728.33亿元，同比增长13.88%；规模以上工业企业实现利税46.69亿元，同比增长0.5%；规模以上工业企业实现利润32.53亿元，同比下降1.6%。是年，雕庄街道规模以上工业产值增幅位列全区第一，同比增长28%；郑陆镇位居第二，同比增长25.01%。从行业分类看，纺织、化工、生物医药、机械、建材、冶金6个行业分别完成产值141亿元、54.8亿元、84亿元、210.5亿元、6.1亿元、19.3亿元，同比分别增长7.53%、26.71%、24.79%、0.83%、10.76%、38.92%。

【工业投入】 2021年，天宁区实现工业投入同比增长24.4%，工业技改投入同比增长5.4%，技改投入占工业投入的59.7%。江苏武进不锈股份有限公司年产3500吨精密超长不锈钢管项目被列入省重大工业项目，总投资3.78亿元。全区7个项目列入常州市技术设备投入超亿元技术改造项目库，总投资15.5亿元，完成投资13.7亿元，分别是江苏武进不锈股份有限公司年产3500吨精密超长不锈钢管项目、常州汉韦聚合物有限公司汉韦绿色高性能光学胶膜制造项目、常州仁千电气科技股份有限公司5G通信器件产业基地项目、常州亚玛顿股份有限公司BIPV（光伏建筑一体化）防眩光镀膜玻璃智能化深加工建设项目、常州亚玛顿股份有限公司大尺寸高功率超薄光伏玻璃智能化深加工生产线项目、常州钜苓铸造有限公司智能柔性加工线技术改造项目和常州琉璃光生物科技有限公司年产10亿片面膜、5亿粒冻干片、500吨精华水项目。12月底，常州汉韦聚合物有限公司汉韦绿色高性能光学胶膜制造项目通过常州市重大项目办公室竣工验收。

（王 静）

常州汉韦聚合物有限公司外景　　（区工信局 提供）

【规模以上工业企业新增82家】 2021年，天宁区新增规模以上工业企业82家，实现产值48.61亿元，同比增长111.47%；实现利税5.10亿元，同比增长389.66.%；实现利润4.14亿元，同比增长651.57%。82家企业中，66家企业产值保持增长态势，其中江苏涵恒医疗科技有限公司、江苏中鑫富能能源管理有限公司、江苏霍利森电子科技有限公司、常州晶韬太阳能科技有限公司、江苏朗旭能源有限公司、常州智通能源有限公司、江苏特莱西医疗科技发展有限公司、常州市加豪制冷设备有限公司8家企业实现产值1亿元以上。

（刘　惠）

【工业星级企业】 2021年，天宁区拥有市级工业星级企业16家。其中，五星企业（入库税收1亿元及以上）5家，四星企业（入库税收5000万元及以上、1亿元以下）4家，三星企业（入库税收3000万元及以上、5000万元以下）7家。

（王郁文）

2021年天宁区市级工业星级企业一览表

表14

序号	企业名称	星级
1	常州华利达服装集团有限公司	★★★★★
2	上药集团常州药业股份有限公司	★★★★★
3	江苏涵恒医疗科技有限公司	★★★★★
4	常州四药制药有限公司	★★★★★
5	江苏武进不锈股份有限公司	★★★★★
6	常州通用自来水有限公司	★★★★
7	巨凝集团有限公司	★★★★
8	常州亚玛顿股份有限公司	★★★★
9	常州旭荣针织印染有限公司	★★★★
10	常州老三集团有限公司	★★★
11	常州兰陵制药有限公司	★★★
12	常州中南化工有限公司	★★★
13	亚东（常州）科技有限公司	★★★
14	常州金源铜业有限公司	★★★
15	常州恒丰特导股份有限公司	★★★
16	江苏康进医疗器材有限公司	★★★

工业转型升级

【概况】 2021年，天宁区围绕产业转型升级和经济提速发展需要，在纺织、机械、生物医药等行业，推动制造业转型升级。至年底，新增智能化改造企业110家，累计500家；新增两化融合贯标企业66家，累计116家；新增星级上云企业67家，累计204家；新增装备领域省级企业技术中心4家和市级企业技术中心7家，累计各级企业技术中心44家；新增省、市级服务型制造示范企业10家，累计20家；新增省级工业设计中心2家，累计6家；2家企业获评第三批国家专精特新“小巨人”企业，12家企业获评省、市级“专精特新”中小企业，国家、省、市各级专精特新企业累计20家。江苏唱游数据技术有限公司获评国家级信息消费示范项目。

（王郁文）

【企业智能化改造】 2021年，天宁区推进企业采用新技术、新工艺、新设备对生产设施、工艺条件及生产服务实施智能化、数字化改造，提升生产效率和产品质量。全年完成企业智能化改造110家，其中天宁经济开发区完成37家、郑陆镇完成43家、雕庄街道完成21家、茶山街道完成5家、兰陵街道完成2家、红梅街道和天宁街道各完成1家。推进智能制造示范车间培育，鼓励企业围绕设计、生产、管理、服务等环节加快智能化升级改造，提升企业智能制造水平，常州华利达服装集团有限公司规模化定制成衣智能制造车间、常州亚玛顿股份有限公司大尺寸超薄光伏玻璃智能制造车间获评江苏省智能制造示范车间；常州凯得新材料科技有限公司功能性聚乙烯薄膜智能化车间、常州莱森机械制造有限公司智能机加工车间、常州市东南电器电机有限公司水泵制造车间、常州市凯龙筛网有限公司筛网生产车间获评常州市智能制造示范车间。常州亚玛顿股份有限公司、常州华利达服装集团有限公司2家企业获得市级智能工厂认定。

（黄彩英）

【天宁区新增企业技术中心11家】 2021年，天宁区着重培育企业技术中心，推进以企业为主体、市场为导向、产学研深度融合的技术创新体系建设。常州纺兴精密机械有限公司、常州一步干燥设备有限公司、创志科技（江苏）股份有限公司、常州远东连杆集团有限公司4家企业获评省级企业技术中心；江苏远方动力科技有限公司、江苏曼淇威电气产品有限公司、亚东（常州）科技有限公司、江苏汉武智能科技有限公司、常州裕源灵泰面料科技有限公司、常州诺德电子股份有限公司、常州钢劲型钢股份有限公司7家企业获评市级企业技术中心。至年末，全区有国家级企业技术中心1家、省级企业技术中心21家、市级企业技术中心22家，形成国家、省、市三级全覆盖企业技术创新体系，涵盖新能源、高端装备制造、生物医药、新材料、新一代信息技术、轨道交通等多个新兴产业领域。

（崔晋华）

【天宁区新增市级以上“专精特新”企业14家】 2021年，天宁区有2家企业被工信部认定为第三批专精特新“小巨人”企业，分别是常州市华立液压润滑设备有限公司、常州纺兴精密机械有限公司。全区有9家企业被省工信厅认定为江苏省专精特新“小巨人”企业，其中常州远东连杆集团有限公司、创志科技（江苏）股份有限公司、江苏远方动力科技有限公司、常州佳尔科仿真器材有限公司、常州旭荣针织印染有限公司5家企业被认定为“小巨人”制造类企业，中质智通检测技术有限公司被认定为“小巨人”创新类企业，常州海图电子科技有限公司煤炭图像智能分析主板、江苏宇通干燥工程有限公司闭路循环溶煤回收喷雾干燥机和常州一步干燥设备有限公司中药浸膏喷雾干燥机3个产品被认定为专精特新产品。全区有3家企业被市工信局认定为常州市“专精特新”中小企业，分别是江苏佳尔科药业集团股份有限公司、常州远东连杆集团有限公司、常州恒丰特导股份有限公司。至年末，天宁区累计有各级“专精特新”企业20家，其中国家级2家、省级12家、市级6家。

（刘　惠）

【常州华利达服装集团有限公司获评国家级绿色工厂】 12月，常州华利达服装集团有限公司被工信部认定为国家级绿色工厂。该公司位于常州市天宁区茶山街道中吴大道599号，始建于1989年，占地面积8万平方米，建筑面积15万平方米，其中生产车间13.05万平方米。公司主要生产羽绒服外套和功能性运动休闲上衣，年产值3.37亿元，在全国服装行业排名第21位，在江苏服装行业排名前10强，是国际一线品牌全球供应商、国家出口免验企业、中国质量诚信企业、全国五一劳动奖章单位、全国就业先进集体。公司通过绿色技术研发创新，构建绿色生产、环保清洁、节能低碳、安全高效的绿色制造发展体系，取得质量体系、环境体系、职业健康与安全管理体系、温室气体核查陈述以及产品绿色足迹评价等证书；通过太阳能路灯及热水器建设、智慧能耗在线监控平台建设、蒸汽冷凝水回收、空调系统的智慧运行和管控、面料纸筒模板板材等回收再利用、电剪刀替代电热水裁剪棉花等一系列绿色改造项目，有效提高绿色发展水平。

（倪文菲　刘　惠）

【3家企业获评省级绿色工厂】 12月，常州船用电缆有限责任公司、江苏武进不锈股份有限公司、常州制药厂有限公司3家企业被省工信厅认定为江苏省绿色工厂。

常州船用电缆有限责任公司主要产品为35kV及以下船用电缆、海洋工程电缆、新能源电缆及其它特种电缆，属江苏省名牌产品，公司原材料、能源消耗低于同行业平均水平，单位产品主要污染物产生量、单位产品综合能耗排放量、单位产品能耗均领先于行业标准中的先进值。公司在可再生能源利用方面，建设容量3.127兆瓦的分布式光伏电站，承担近50%工厂用电；管理体系方面，在QES（质量管理体系、环境管理体系、职业安全健康体系）基础上建立并运行能源管理体系，投入约100万元实施循环水利用、高效照明、设备升级等节能节材技改项目；设备改造方面，投入31万元配备X射线荧光分析装置仪器，保证原料和产品无害化；环保排放方面，增加4套VOCs环保治理设施，对锅炉低氮改造，关键工序加装废气收集系统，控制有机废气排放。2021年，公司获评常州市市长质量奖。

江苏武进不锈股份有限公司从事能源、高端装备制造等行业市场用不锈钢无缝管、不锈钢焊接管和钢制管件产品的研发、制造，产品主要应用于事关国家安全和重大装备、高端装备制造的国内外大中型建设项目。2017年以来，公司持续开展节能低碳、环境保护工作，建立环境、能源、质量、职业健康安全等管理体系，并通过第三方认证。公司通过采购控制程序及绿色供应链管理制度，达到节能降耗减排目的，实现综合能源消耗逐年降低，持续优化单位产品能耗及碳排放强度指标。

常州制药厂有限公司是一家化学原料药、化学药制剂并重，科技研发、工业生产、营销贸易全面发展的综合性制药企业。公司产品涵盖心脑血管药物、解热镇痛药物、抗生素、维生素、保健品五大系列，32个产品入选2017版国家医保目录，产品出口50个国家和地区，是国际前十家最大仿制药生产企业原料药首选供应商。企业先后获各类专利100余项，其中发明专利50余项，多次获江苏省、常州市科技进步奖。公司通过实施一系列节能、节材、减排、减少有害物质使用等绿色改造项目，建设太阳能发电系统和太阳能热水系统，优化改造全厂配电系统，加强企业能源管理中心建设，实现能源消耗总量下降10%的目标。

（朱晓楠）

【2家企业获评省级工业设计中心】 2021年，为提升企业自主创新能力，发挥设计在工业经济转型升级中的重要作用，天宁区引导企业申报省、市级工业设计中心。年内，亚东（常州）科技有限公司、常州市新瑞得仪器有限公司获评省级工业设计中心，全区累计6家。工业设计以工业产品为主要对象，综合运用科技成果和社会、经济、文化、美学知识，对产品材料、功能、结构、质量、形态、包装以及生产工艺整合优化。

亚东（常州）科技有限公司始建于2014年，主要从事环保、功能型、工装、休闲、时装、工业等面料的设计、研发、生产和销售，以及提供高档面料研发与设计服务，拥有全套生产线4套，年生产能力5000万米，主要产品有规格型面料如灯芯绒、斜纹、提花、贡缎等，功能型面料如耐磨材料、抗菌材料、保暖发热纱、防水材料、吸湿快干材料等，部分产品出口美国、欧洲、日本等国家和地区，与优衣库、ZARA、H&M、Levi's、森马、雅戈尔、太平鸟等国内外众多知名品牌达成长期合作。2021年，公司产值10亿元。

常州市新瑞得仪器有限公司是南方测绘集团于2005年在常州投资的一家高新技术型企业。公司专注于技术密集型光机电一体化测量仪器开发、研制和生产，主要从事手持激光测距仪、电子数字水准仪和全站仪生产，产品均通过CMC（中华人民共和国制造计量器具许可证）认证，拥有自主品牌“星瑞达THINRAD”“新瑞得”。“十三五”以来，公司不断从外观设计、原材料、工艺等方面，通过人体工程学、美学、体验感等方面开发出契合市场需求新产品，提高企业经济效益及行业知名度。公司拥有注册商标2个、授权专利41项（其中发明专利8项、实用新型专利20项、外观设计专利4项），拥有软件著作权登记证9个。

（蒋芹侠）

纺织服装行业

【概况】 2021年，天宁区纺织服装行业受全球疫情影响，发展虽有所回暖，但增长动力仍然不足。全区有规模以上纺织服装企业79家，实现产值150.73亿元，同比增长6.98%，占全区规模以上工业产值的19.9%，较上年减少1个百分点，行业增幅低于全区工业总产值增幅10.8个百分点。全区有规模以上产值超亿元纺织服装企业22家，超10亿元3家，其中常州华利达服装集团有限公司产值超30亿元，常州旭荣针织印染有限公司、常州东奥服装有限公司产值超15亿元。

（刘　惠）

【常州华利达服装集团有限公司获评省级服务型制造示范企业】 6月，常州华利达服装集团有限公司被省工信厅评定为江苏省服务型制造示范企业，示范模式为供应链管理。该公司于1989年成立，主要产品为服装和汽车安全气囊制造，集研发、生产、加工、销售为一体，是一家拥有国内外7家工厂的跨国集团企业。公司坚持绿色生产、技改研发和转型升级，加大服务要素投入，实现“制造＋服务”转型，运用自动化设备、5G、工业互联网、云计算、大数据等技术搭建一体化管控平台，以生产自动化、管理信息化、物流智慧化、数据可视化、人员绩效化为目标，推进快速接单、快速打样、快速产线部署、快速生产、快速转款、快速出运、快速服务，形成从原材料到终端消费者全供应链过程，实现供应链在设计、制造、业务、物流等方面快速反应与协同。通过优化供应链，产品设计周期从50天缩减至14天，与同行业相比，平均缩短50%以上。

（蒋芹侠）

生物医药行业

【概况】 2021年，天宁区生物医药行业稳步发展，重点企业发展势头良好，全区有规模以上生物医药企业50家，实现产值83.96亿元，同比增长10.76%；受全球疫情和国家集中采购影响，生物医药行业产值增幅低于全区工业总产值平均增幅

7.04个百分点。是年，行业内21家企业年产值超亿元，其中常州制药厂有限公司、常州四药制药有限公司年产值超10亿元；产值增幅最大的企业是江苏涵恒医疗科技有限公司，增幅933.1%，主要产品有一次性使用采样拭子、一次性使用妇科刮板、一次性使用采样盒、一次性使用棉棒、一次性使用宫颈采样器和一次性使用无菌采样刷等。

（刘　惠）

【常州四药制药有限公司联合创新中心和产业化基地开工建设】 9月，常州四药制药有限公司联合创新中心和产业化基地开工建设。该基地主要用于神经系统及精神类药物、循环系统及心血管类新剂型药物及产品产业化研究，打造智能制造、新型产业化转型生产技术平台。基地引进干法制粒机、湿法制粒线、全自动高速压片机、全自动高效有孔包衣机、全自动铝塑包装线及塑料瓶包装线、液体制剂生产线等主辅设备，着力突破口腔速溶等新技术产品的生产技术瓶颈，从而实现路径清晰、程序可控、大批量连续式生产。项目占地面积4.17万平方米，总建筑面积4.2万平方米，总投资3亿元，预计2023年12月竣工投产。

（王　静）

新材料行业

【概况】 2021年，天宁区新材料行业加快转型升级和技术改造，行业效益较好。全区有规模以上新材料企业31家，实现产值54.82亿元，同比增长26.71%，利润增幅31.27%。是年，行业内9家企业年产值超亿元，其中常州亚玛顿股份有限公司年产值超20亿元，常州强力先端电子材料有限公司年产值超6亿元。

（刘　惠）

【常州汉韦聚合物有限公司绿色高性能光学胶膜制造项目竣工投产】 12月，常州汉韦聚合物有限公司绿色高性能光学胶膜制造项目竣工投产，总投资2.5亿元。该项目主要用于光伏太阳能封装膜材料及高端智能显示器全贴合封装膜材料研发和生产，建设15条胶膜生产线，以新型高性能太阳能光伏组件聚合物封装膜SPO、高清全贴合显示器封装膜材料LEI 2个核心产品为发展目标。

（王　静）

机械行业

【概况】 2021年，天宁区有规模以上机械行业企业163家，实现产值202.65亿元，同比增长25.19%，对规模以上工业总产值贡献率为26.75%，在全区所有行业中机械行业企业数量最多、产值规模最大。全区有46家机械行业企业产值超亿元，占产值超亿元以上工业企业的37.7%，其中江苏武进不锈股份有限公司年产值超30亿元。行业重点企业有常州恒丰特导股份有限公司、常州船用电缆有限责任公司、伊顿电力设备有限公司、常州旭尔发焊业有限公司、常州华艺建设工程有限公司等。

（刘　惠）

【3家企业装备通过常州市首台（套）重大装备认定】 11月，常州明杰重工科技股份有限公司生产核电核岛安全壳封头用ACP100型椭圆曲率瓣片成型模具、常州凯特工业机器人有限公司生产11-30T大型回转支架智能焊接机器人工作站、江苏怀业信息技术股份有限公司生产智能化应急救援通信调度设备（HY-CI1122）3台（套）装备通过常州市首台（套）重大装备认定。

常州明杰重工科技股份有限公司生产的核电核岛安全壳封头用ACP100型椭圆曲率瓣片成型模具，用于一次性成型制造核电核岛安全壳封头用ACP100型椭圆曲率瓣片。安全壳椭球封头是核电站独立核岛屏蔽结构件，承担着保护反应堆、蒸汽发生器等主要工艺系统设备安全，具有在事故状况下有效防止放射性物质外泄功能，是非能动安全系统中最重要设备。该模具具有成型精度高（压制瓣片与基准曲线偏差小于10毫米）、生产效率高（比分段点压生产效率提高15倍）、机械性能稳定等显著优点，解决高强度、高韧性、高屈服封头瓣片材料在压制过程中回弹系数控制难、材料内部组织易破坏、局部变薄等难题。该项目有效解决核电站安全壳椭球封头制造难题，保障世界级水平的ACP100反应堆安全，有效阻止核电站内部意外发生爆炸而产生核泄漏。

常州凯特工业机器人有限公司生产11-30T大型回转支架智能焊接机器人工作站，主要针对企业重型塔基旋转轴焊接生产线智能化改造。该项目是以焊接机器人为核心、集成度相对较高且多种智能机械设施同步运转的焊接智能化设备，整体工作站规划与客户需要和实际运用需求相结合。项目产品采用伺服运动控制技术，控制焊头移动以达到超高精度控制深度（焊接精度可控制在0.01毫米以内），同时减少噪音，减少机械磨损，无需气源；

使用 solidworks 设计系统，可以简便对样件模拟装配，精确模块尺寸，保证装配精度；采用变频器无级调速，调速精度高，对变位机实行远程操作，与操作机、焊接机控制系统相连，实现联动操作。

江苏怀业信息技术股份有限公司生产智能化应急救援通信调度设备（HY-CI1122），由应急救援通信指挥箱、单兵采集设备箱、视频布控箱三部分组成，采用同频组网技术，支持多跳中继，每个节点可随机移动，能够在救援现场快速组建专用通信网络，设备即开即用、自动入网，有效解决地下多层建筑场所、大型综合体建筑楼宇内部等特殊应急救援现场通信问题，为进场救援人员与现场指挥部之间创建稳定可靠通信通道，实现救援现场内外部音视频、数据信息实时传输，实现智能化、移动化、可视化指挥调度；并可通过 4G/5G 公网或卫星链路，与远程指挥中心实时汇报，实现上下级、前后端高效指挥沟通和协同作战。该关键部件具有操作简便、使用灵活、兼容性强等特点，可广泛应用于消防、公安、人防、电力、石油、交通等部门。

（崔晋华）

工业互联网产业

【概况】 2021 年，全区工业互联网平台建设加快推进，长三角基础制造业一体化工业互联网公共服务平台建设初显成效，常州找纱科技有限公司找纱供应链工业互联网平台和常州巨细信息科技有限公司纺织工业互联网平台获评省重点工业互联网平台，海汇数智科技有限公司亚东数字化工厂创新应用、国佳云为（江苏）信息科技有限公司“长三角”基础制造业一体化工业互联网公共服务平台创新应用、常州巨细信息科技有限公司巨细智能织造工业互联网平台创新应用 3 个案例被工信部评为 2021 年工业互联网平台创新领航应用案例。开展标识解析节点建设，3 月，全省首家纺织服装行业标识解析二级节点——华利达二级节点上线，508 家企业接入节点，标识注册量 6.9 亿次，解析量 2.5 亿次。推进企业开展两化融合贯标、星级上云、智能化改造，至年底，累计完成制造业智能化改造企业超 500 家，通过国家两化融合贯标企业 116 家，通过认定星级上云企业 204 家，有工业互联网生态企业 130 家（其中年内新增 24 家），实现开票销售 112.56 亿元。

（包佳康）

【工业互联网·常州市天宁区产业集聚区获评“江苏省新型工业化产业示范基地”】 7 月，工业互联网·常州市天宁区产业集聚区被省工信厅认定为第八批省级新型工业化产业示范基地。2017 年，天宁区率先在全市启动“百企先行，千企上云”行动，聚力打造工业互联网大厦、云制造先导中心、工业互联网科创中心等创新载体，长三角区域一体化工业互联网公共服务平台建成使用，常州华利达服装集团有限公司建设的华利达标识解析二级节点上线，引进航天云网 INDICS 平台、卡奥斯 COSMOPlat 工业互联网平台两大国家级双跨平台，培育海汇数智科技有限公司、国佳云为（江苏）信息科技有限公司、常州巨细信息科技有限公司、常州找纱科技有限公司等一批本土企业，初步形成“一横多纵百云”的天宁模式（“一横”即集解决方案案例、供需对接、数据处理等功能于一体的主平台，“多纵”即工业细分领域的 N 个子平台）。

（包佳康）

【2021 数字经济创新发展论坛在天宁开幕】 6 月 18 日，2021 数字经济创新发展论坛在天宁开幕。论坛作为 2021 世界工业与能源互联网暨国际工业装备博览会 15 项系列专题活动之一，国内外工业和能源互联网、国际工业装备领域数百名专家学者和业界精英围绕“数智引

6 月 18 日，中国工程院院士贲德（左一）、区长张凯奇（右一）共同为“常州市数字经济集聚区”揭牌

（区工信局 提供）

3月30日，全省首家纺织服装行业二级节点——华利达纺织服装二级节点上线　（区工信局 提供）

领·聚势未来”主题，把脉发展趋势，交流前沿理念，探讨创新技术，共谋合作发展，中国工程院院士贲德、海尔卡奥斯物联生态科技有限公司副总经理谢海琴、航天云网江苏公司技术总监李晔飞、西电综合能源服务有限责任公司副总经理朱静、博智安全科技股份有限公司副总裁王力分别作主题演讲。论坛活动上，天宁区发布“卡奥斯装备数智化服务平台、航天云网智能设计协同平台、万联网络“企企通”工程、长三角一体化工业互联网平台”4项重量级应用成果；集中签约9个重大项目、15个智能制造项目，9个重大项目签约投资52.3亿元，15个智能制造项目签约投资5695.48万元；常州市数字经济产业集聚区揭牌。

（王　喆）

【全省首家纺织服装行业二级节点上线】 3月30日，常州市举办纺织服装行业工业互联网标识解析高峰论坛暨华利达纺织服装二级节点上线仪式，全省首家纺织服装行业二级节点——华利达纺织服装二级节点上线，其作用类似于互联网领域的域名解析系统（DNS）。标识解析体系包含“根”节点、国家顶级节点、二级节点、企业节点4个层级。二级节点通过建设互联网标识解析体系，为外来品牌在中国生产提供可追溯、规避假冒伪劣商品安全标识，为纺织服装行业、企业、所有产品提供唯一身份证，从而促进数字化转型，实现降本增效。二级节点既要与国家顶级节点对接，又要为企业分配标识编码及提供标识注册、解析等服务，同时满足安全性、稳定性和扩展性等方面要求，是推动工业互联网应用发展和产业构建的核心环节。

（王　喆）

【常州亚玛顿股份有限公司通过省五星上云企业认定】 11月，常州亚玛顿股份有限公司（以下简称亚玛顿）通过省工信厅2021年全省“五星级”上云企业认定。“企业上云”是指企业通过高速互联网络，将企业基础系统、业务、平台部署到云端，利用网络获取计算、存储、数据、应用等服务，降低企业信息化建设成本，实现制造业全产业链和产品生命周期优化，提升制造业与互联网融合发展水平。2015—2021年，“亚玛顿”致力于企业智能化、数字化转型升级，公司针对各类数据采集难，生产、销售、财务等方面数据难以相互共享难题，利用云计算、物联网、大数据等新一代信息技术，通过信息化系统整合，所有车间生产数据实现实时监控、故障报警、远程诊断和无纸化信息传递，数据变更记录可追溯；通过智能检测设备采集数据，查看实时产量，检验实时情况、不良类型及不良内容分布情况等；通过GPS实时定位，查询产品运输物流信息。企业独有的云计算服务平台以车间管理为核心，延伸至工程数据管理、计划管理、生产管理以及生产成本核算，最大程度实现智能制造。

（王　喆）

【2家企业平台获评省重点工业互联网平台】 12月，常州找纱科技有限公司找纱供应链工业互联网平台、常州巨细信息科技有限公司纺织工业互联网平台获评省供应链级、行业级重点工业互联网平台。

常州找纱科技有限公司“找纱科技”供应链工业互联网平台主要服务于江苏、安徽、浙江、湖北、广东等纺织产业大省企业，为客户提供海量纱线信息，为平台企业产品撮合交易、全程跟踪，签约客户700余家。至2021年年末，平台有2万家纺织企业、1.2万家供货厂商、8000家采购厂商、3000家贸易商及物流服务商注册，线上货品数量累计4万种。

常州巨细信息科技有限公司是一家集研发与运营于一体的综合性科技型企业，以“纺织大数据”为核心概念，通过物联网技术、大数据云处理技术，解决纺织服装产业信息不对称问题。公司研发的纺织工业互联网平台主要服务涉及纺织智能织造系统、智能验布系统、数字化仓储、纺织圈 App、工业 App、纺织制造大数据中心、纺织供应链金融等，涵盖前道、织造、检验、仓库等核心环节，通过大数据驱动纺织产业精细化、智能化生产，挖掘商业模式和价值模型。

（王　喆）

【3 家企业案例获评工信部工业互联网平台创新领航应用案例】 参见开发区分目 P270 页【开发区 3 家企业案例获评工信部工业互联网平台创新领航应用案例】条目。

（王　喆）

重点企业选介

【江苏远方动力科技有限公司】 江苏远方动力科技有限公司是一家隶属于中国煤炭地质总局江苏煤炭地质局的高新技术企业，由常州远方活塞制造有限公司、常州顺安机电制造有限公司与无锡铃柯精密机械厂合并而成，公司产品覆盖柴油机零部件制造、农用机械轮毂和换热器翅片管等领域。公司重视产品研发和技术投入，对中速柴油机活塞材料和工艺有深入研发及制造能力，是国内最早研制生产中速柴油机薄壁球铁活塞的厂家之一；重视产品质量控制，通过 ISO 9001:2008 质量体系认证、ISO 14001:2004 环境管理体系认证、OHSAS18001:2007 职业健康安全管理体系认证和中国船级社（CCS）认证，2013 年通过 MANB-W 公司 L23/30-4 冲程柴油机活塞许可生产认证，是国内最早通过此项认证的公司。2021 年，公司实现纳税销售 7886 万元，同比增长 1.32%。

【常州船用电缆有限责任公司】 常州船用电缆有限责任公司前身为常州船用电缆厂，是一家集科研、生产、销售于一体的省级高新技术企业。公司主要产品为 35 千伏及以下船用电缆、舰船用电缆、海工电缆、矿用电缆、橡套电缆、新能源电缆及其它特种电缆，广泛用于船舶、舰艇、石油平台、煤矿、新能源、航空航天等行业。公司拥有 3 个注册商标，线缆年产量 15 万千米，年产值 15 亿元。2021 年，公司实现销售额 6.37 亿元，同比增长 14.94%。

【常州旭尔发焊业有限公司】 常州旭尔发焊业有限公司是中国船舶集团武汉铁锚焊接材料股份有限公司于 2014 年 3 月收购的全资子公司，占地 5.33 公顷。公司致力于焊接材料的研发、生产、销售与服务，主营实心焊丝、埋弧焊丝、各类碳素钢焊条等系列产品，广泛用于船舶、桥梁、建筑、石油化工、铁路车辆、锅炉压力容器、工程机械、矿山工程和金属钢结构等行业。2021 年公司实现销售额 6.52 亿元，同比增长 14.84%。

【常州一步干燥设备有限公司】 常州一步干燥设备有限公司是一家集研发、生产、经营、售后服务为一体的股份合作制企业，专业生产干燥设备、化工设备、制粒设备、环保设备及粉粒体工程设备，产品广泛应用于中西制药、食品、化工、农副产品、水产品、农药、饲料等众多领域，国内市场占有率 20%~30%，产品远销美国、伊朗、俄罗斯、香港、台湾等 60 余个国家和地区。企业曾获江苏省 AAA 重合同守信用企业、江苏省知名企业、江苏省民营科技企业、外贸自营进出口企业、AAA 资信企业等称号，通过 ISO 9001 质量体系认证和 ISO 14001 环境体系认证以及欧盟 CE 认证，“一步”商标连续 3 次获评“江苏省著名商标”“常州市知名商标”。2021 年，公司实现纳税销售 1.61 亿元，同比增长 25.90%。

【江苏涵恒医疗科技有限公司】 江苏涵恒医疗科技有限公司创建于 2018 年，是一家集研究、开发、生产于一体的一次性医疗器械企业，主导产品为一次性医疗采样拭子，如病毒采样拭子、宫颈采样拭子、咽喉采样拭子、鼻腔采样拭子、口腔采样拭子、指纹采集拭子、男性拭子、DNA 唾液样本采集器、口腔拭子 DNA 样本采集套装、基因检测采样盒、DNA 植绒采样拭子等。2021 年，公司实现纳税销售 7.97 亿元，同比增长 432.03%。

（朱锦峰）

商贸服务业

◆栏目编辑　陈　烨

综　述

【概况】 2021年，全区消费品市场呈现平稳发展态势，全年社会消费品零售总额460.15亿元，同比增长21.6%；批发零售住宿餐饮贸易额2109.02亿元，同比增长27.2%；新增规模以上批发零售住宿餐饮企业193家，累计968家。年内，区商务局组织重点商贸企业参与“黄金周”消费高峰期和“消费促进月”活动，开展商品促销，集聚人气，促进消费；鼓励商贸企业开展“云”办公，引导超市、便利店等零售网点开展网络销售，鼓励餐饮业加入网络团购业务，促进传统零售与网上零售协同发展；指导符合条件的商贸企业申报相关扶持资金，全年累计为商贸企业申请落实各类专项资金319万元。

（倪紫东）

【预付卡及烟卡管理】 2021年，天宁区规范商业预付卡购买和使用，调解商业预付卡纠纷，全年调解处理预付式消费投诉来电来访442次，调解成功率和满意率均为100%。年内，区纪委监委、区商务局、区市场监管局运用“双随机一公开”方式，对6家大型商场和超市开展预付卡联合检查12次，未发现公款购卡行为。区纪委监委、区商务局、区市场监管局和天宁烟草执法大队联合开展烟卡长效管理“月月查”行动，对205家烟酒店开展烟卡专项检查26次，发现问题4处，均督促整改到位。

（倪紫东）

【成品油市场管理】 2021年，区商务局对辖区内36家加油站（点）2020年度成品油零售经营许可证开展年检，其中34家加油站通过年检，2家加油站处于歇业状态。组织开展成品油零售经营批准证书到期换证审核检查，34家成品油零售经营企业完成换证。

（倪紫东）

7月29日，区商务局联合郑陆镇、区市场监管局、天宁烟草执法大队开展烟酒店违规发售烟卡及超额配售香烟专项检查（区商务局 提供）

2021 年天宁辖区内加油站一览表

表 15

序号	加油站名称	地址	经营项目	归属
1	江苏沪宁高速公路股份有限公司芳茂山加油站	郑陆镇花园村	汽油、柴油	天宁经济开发区
2	常州市东青加油站有限公司	郑陆镇和平村	汽油、柴油	天宁经济开发区
3	中国石油天然气股份有限公司江苏常州环城加油站	郑陆镇施家巷东白洋	汽油、柴油	郑陆镇
4	常州市便民加油站有限公司	郑陆镇武城村	汽油、柴油	郑陆镇
5	中国石化销售有限公司江苏常州郑陆加油站	郑陆镇常郑路 45 号	汽油、柴油	郑陆镇
6	常州市三河口加油站有限公司	郑陆镇牟家村	汽油、柴油	郑陆镇
7	常州市武进焦溪加油站有限公司	郑陆镇省岸村委省岸村	汽油、柴油	郑陆镇
8	常州市亿达加油站有限公司	郑陆镇丰北村	汽油、柴油	郑陆镇
9	常州市武进焦溪粮庄柴油经营部	郑陆镇粮庄村	柴油	郑陆镇
10	常州市平安加油站有限公司	郑陆镇焦溪村	汽油、柴油	郑陆镇
11	中海油华东销售有限公司常州中吴加油站	中吴大道 683 号	汽油、柴油	雕庄街道
12	中国石油天然气股份有限公司江苏常州南国加油站	312 国道朝阳段	汽油、柴油	雕庄街道
13	常州市东南开发区达协加油服务有限公司	劳动东路 500 号	汽油、柴油	雕庄街道
14	中国石化销售有限公司江苏常州青龙加油站	青龙街道亚新村	汽油、柴油	青龙街道
15	中国石油天然气股份有限公司江苏常州双杰加油站	竹林北路南侧、华阳西路西侧	汽油、柴油	青龙街道
16	常州市庆丰加油站有限公司	青洋北路 188 号	汽油、柴油	青龙街道
17	中海油华东销售有限公司常州东方西路加油站	东方西路 326 号	汽油、柴油	青龙街道
18	常州常顺石油制品有限公司	北塘河东路 28 号	汽油、柴油	青龙街道
19	中油常州加油站管理有限公司劳动路加油站	劳动中路 536 号	汽油、柴油	茶山街道
20	中国石化销售有限公司江苏常州京杭运河服务区加油站	新运河阳湖大桥西京杭运河常州服务区内	柴油	茶山街道
21	中国石化销售有限公司江苏常州新菱加油站	采菱路 43 号	汽油、柴油	茶山街道
22	常州市富强石油燃料供应有限公司	常锡路茶山桥西	汽油、柴油	茶山街道
23	中国石化销售有限公司江苏常州丽华加油站	丽华路	汽油、柴油	茶山街道
24	常州市南门加油站	茶山降子桥	汽油、柴油	茶山街道
25	中国石化销售有限公司江苏常州北环加油站	北环路锦绣花园南侧	汽油、柴油	红梅街道
26	中化道达尔油品有限公司常州第三加油站	红梅工业园旁	汽油、柴油	红梅街道

续表 15

序号	加油站名称	地址	经营项目	归属
27	常州长江石油有限公司	竹林南路	汽油、柴油	红梅街道
28	江苏省中油泰富石油集团有限公司常州加油站	桃园路 37 号	汽油、柴油	天宁街道
29	中油常州加油站管理有限公司关河路加油站	关河东路 2—4 号	汽油、柴油	天宁街道
30	中国石化销售有限公司江苏常州东郊加油站	常戚路新港路口	汽油、柴油	天宁街道
31	中国石化销售有限公司江苏常州兰陵联营加油站	常锡路 120 号	汽油、柴油	兰陵街道
32	中国石化销售有限公司江苏常州兰园加油站	兰陵广场兰陵路西侧	汽油、柴油	兰陵街道
33	常州市常禾加油站有限公司	和平中路 376 号	汽油、柴油	兰陵街道
34	常州常锡石油有限公司	中吴大道 1350 号	汽油、柴油	兰陵街道
35	常州市顺风加油站（歇业）	—	—	茶山街道
36	常州市便民加油站（歇业）	—	—	郑陆镇

【加油站和商业场所安全生产检查】 2021 年，区商务局牵头区应急管理局、区市场监管局、区住建局、天宁消防救援大队和相关街道，组建区加油站和商业场所安全生产专委会检查小组，采取“周周查”方式，对商贸流通行业开展隐患排查治理，累计开展联合检查 37 次，现场检查企业 149 家，发现安全隐患 398 处，督促属地街道整改落实。委托第三方专业机构对全区加油站（点）开展安全生产全覆盖拉网式检查，发现安全隐患 174 处，均督促整改到位，全年未出现安全事故。

（倪紫东）

12 月 29 日，区商务局开展商业场所安全生产和新冠肺炎疫情防控检查（区商务局 提供）

【菜市场长效管理】 2021 年，天宁区所辖菜市场 27 家，其中标准化菜市场 26 家，标准化达标率 96.3%；14 家菜市场获评区长效管理奖，优美文明摊位率达 90.3%。年内，辖区菜市场在常州市城市长效管理考评中，5 家菜市场累计扣 0.8 分，零扣分率达 96.27%；在国务院、省、市文明城市测评中，菜市场文明程度指数测评98.76分，位列全市第一。

（王照成）

批发与零售业

【概况】 2021 年，全区限额以上（指批发业年商品销售总额在 2000 万元以上含 2000 万元，同时年末从业人员在 20 人以上；零售业年商品销售总额在 500 万元以上，同时年末从业人员在 60 人以上）批发和零售业实现社会消费品零售额 112.18 亿元，同比增长 16.5%，占限额以上社会消费品零售总额的 78.32%。

（章丽华）

2021 年天宁区批发贸易业企业商品销售总额前 30 名一览表

表 16

序号	企业名称	序号	企业名称
1	常州市化工轻工材料总公司	16	弘烨（常州）金属新材料有限公司
2	常州市联众商贸有限公司	17	江苏优特钢供应链管理有限公司
3	上药集团常州药业股份有限公司	18	常州舜灵商贸有限公司
4	江苏智恒达机械科技有限公司	19	常州东吴信亿贸易有限公司
5	江苏鑫达成智慧工业有限公司	20	江苏双旺钢铁贸易有限公司
6	江苏乾腾新材料科技有限公司	21	常州铜物物资有限公司
7	常州市天之盈钢材有限公司	22	常州鼎酷电子有限公司
8	江苏岳洋通金属加工有限公司	23	常州方裕物资有限公司
9	常州科腾纺织品有限公司	24	江苏启海国际贸易有限公司
10	江苏塑盟科技有限公司	25	常州塑链科技有限公司
11	常州良诚金属材料有限公司	26	常州市聚商商贸有限公司
12	常州市醒之电气有限公司	27	江苏源众金属材料有限公司
13	佰鼎（常州）国际贸易有限公司	28	常州市赤峰商贸有限公司
14	常州美晶化纤新材料有限公司	29	常州市穗满国际贸易有限公司
15	常州对外贸易有限公司	30	常州品都金属材料有限公司

2021 年天宁区批发贸易业企业利税总额前 30 名一览表

表 17

序号	企业名称	序号	企业名称
1	上药集团常州药业股份有限公司	16	常州市和方标准件有限公司
2	常州市化工轻工材料总公司	17	江苏智恒达机械科技有限公司
3	江苏瑞踏金属材料有限公司	18	常州华利达服装集团进出口有限公司
4	常州市凯恩轴承有限公司	19	常州金和新材料科技有限公司
5	江苏益钒生物科技有限公司	20	常州市联谊贸易有限公司
6	常州市中环电器有限公司	21	常州鼎酷电子有限公司
7	常州老三集团进出口有限公司	22	常州市赤峰商贸有限公司
8	常州展悦贸易有限公司	23	常州市天之盈钢材有限公司
9	常州亚龙办公用品有限公司	24	江苏大娘商贸有限公司
10	常州市穗满国际贸易有限公司	25	常州曼淇威国际贸易有限公司
11	江苏鑫达成智慧工业有限公司	26	常州市张展物资有限公司
12	常州市创铁商贸有限公司	27	常州市川磷化工有限公司
13	常州市联众商贸有限公司	28	常州美晶化纤新材料有限公司
14	江苏岳洋通金属加工有限公司	29	常州能耀商贸有限公司
15	江苏震旦电气科技有限公司	30	常州科腾纺织品有限公司

2021年天宁区零售贸易业企业商品销售总额前20名一览表

表18

序号	企业名称	序号	企业名称
1	常州百货大楼股份有限公司	11	常州万仁大药房有限公司
2	常州新通信息科技有限公司	12	常州市信特超市有限公司
3	京东五星电器集团常州有限公司	13	江苏车云数字科技有限公司
4	江苏虫洞电子商务有限公司	14	常州海誓山盟品牌管理有限公司
5	常州关河大润发商业有限公司	15	常州市金屋洁具有限公司
6	常州欧尚超市有限公司	16	常州外汽常众汽车销售服务有限公司
7	常州奥保行汽车销售服务有限公司	17	常州海鹏润滑油有限公司
8	常州人寿天医药连锁有限公司	18	江苏同步信息技术有限公司
9	常州市普克制冷设备工程有限公司	19	常州汇润网络科技有限公司
10	常州金太阳至尊家电有限公司	20	常州中豪科技有限公司

2021年天宁区零售贸易业企业利税总额前20名一览表

表19

序号	企业名称	序号	企业名称
1	常州百货大楼股份有限公司	11	常州海誓山盟品牌管理有限公司
2	常州万仁大药房有限公司	12	江苏网博视界网络科技股份有限公司
3	京东五星电器集团常州有限公司	13	常州市南门加油站
4	常州市普克制冷设备工程有限公司	14	常州市东南开发区达协加油服务有限公司
5	常州关河大润发商业有限公司	15	常州市庆丰加油站有限公司
6	常州人寿天医药连锁有限公司	16	常州新通信息科技有限公司
7	常州汇润网络科技有限公司	17	常州市信特超市有限公司
8	江苏同步信息技术有限公司	18	常州迈普网络科技有限公司
9	江苏车云数字科技有限公司	19	常州中石油长江石油有限公司
10	江苏虫洞电子商务有限公司	20	常州冲霄装饰材料有限公司

餐饮业

【概况】 2021年，天宁区餐饮行业持续稳定发展，全区5800余家餐饮企业全年营业额56.85亿元，同比增长17.9%。3月，天宁辖区内19家餐饮企业获评常州餐饮行业诚信经营示范企业。10月，16家餐饮企业的家宴、菜品、点心分别获评常州地标美食名宴、常州地标名菜、常州市地标名点。

【16家餐饮企业获评“食美常州”地标美食制作技能大赛奖项】 2021年，天宁区5家餐饮企业的家宴获评常州地标美食名宴，9家餐饮企业的18道菜品获评常州地标名菜，3家餐饮企业的6道点心获评常州市地标名点。10月18日，为体现本味见长、博采众长、常推常新、服务见长的常州地标美食特色，由市商务局、市烹饪餐饮行业协会组织，江南农村商业银行出资的2021“食美常州”地标美食制作技能大赛在中吴宾馆举行，大赛设常州地标美食名宴、名菜、名点制作技能展示，全市114家餐饮单位参赛。经评选，听松楼花园酒店的盛宣怀家宴、文笔山庄大饭店的东坡宴、

禧瑞都大饭店的刘国钧家宴、好福记大饭店的滟龙宴、舜杰明都大酒店的焦溪古镇宴获评常州地标美食名宴；广缘大酒店的桑拿养身雪山鸡和兰陵熗鳝、卢记聚德园饭店的黄焖雪山草鸡和划水鱼圆、九洲环宇大酒店的青柠贵妃鸡和翅汤珍珠鱼圆、香缇湾饭店的香辣雪山草鸡和常州头道菜、椿庭大酒店的顶汤黄焖雪山草鸡和芥味明虾球、保纳酒庄饭店的银芽雪山鸡丝和菌香鱼圆、凯洲大饭店的小麻糕和紫金果、郑陆炮仗羊肉馆的吉祥羊肚雪山草鸡和羊羔、舜杰明都大酒店的手撕雪山鸡和香糟二花脸扣肉获评常州地标名菜；迎桂餐饮有限公司的加蟹小笼包和南瓜酥饼、大娘水饺集团有限公司的小笼包和花样小饺、园外园食品有限公司的小笼包和园外园汤团获评常州市地标名点。

【19 家餐饮企业获评常州餐饮行业诚信经营示范企业】 3 月，常州市烹饪餐饮行业协会为推进餐饮行业诚信建设，增强全行业信用意识和企业社会责任意识，扩大餐饮企业诚信品牌影响力，组织开展“常州餐饮行业诚信经营示范单位”评选活动。评选活动由企业自愿报名、各辖（市）区餐饮协会及商会推荐，对符合参评资格的各种经济类型的餐饮企业，按照公开、公平、公正原则，围绕遵纪守法、诚实守信、规范管理、优质服务、履行社会责任、接受社会监督 6 个方面开展评选。经评选，丽华快餐、常州饭店、福记饭店、富都戴斯酒店、九洲环宇大酒店、禧瑞都大饭店、听松楼花园酒店、舜杰明都大酒店、园外园食品有限公司、新紫金大酒店等 19 家餐饮企业被市商务局评为诚信经营示范单位。

（章丽华　陆俊如）

大型商场和超市

【概况】 2021 年，天宁区拥有大型超市 7 家、大型商场 1 家、商业综合体 4 家、家电大卖场 2 家，总营业面积 100.8 万平方米，年销售总额 51.7 亿元。

2021 年天宁区大型商场、超市一览表

表 20

序号	名称	地点	业态
1	常州关河大润发商业有限公司永宁店	常州市永宁北路 18 号	大型超市
2	常州关河大润发商业有限公司兰陵店	常州市兰陵北路 301 号	大型超市
3	常州关河大润发商业有限公司	常州市关河东路 58 号	大型超市
4	常州关河大润发商业有限公司天宁分公司	常州市天鹅湖花园 16 幢	大型超市
5	锦江麦德龙现购自运有限公司常州天宁商场	常州市龙城大道 1297 号	大型超市
6	易美惠商超综合体天宁店	常州市竹林南路 101 号	大型超市
7	于发行生鲜全球购商场	常州市天宁区富邦广场	大型超市
8	常州百货大楼股份有限公司	常州市延陵西路 1-7 号	大型商场
9	常州市九洲新世界资产管理有限公司	常州市兰陵北路 999 号	商业综合体
10	常州天宁吾悦商业管理有限公司	常州市东方西路 11 号天宁吾悦广场 10 幢	商业综合体
11	常州万都商业广场有限公司	常州市和平中路 388 号	商业综合体
12	常州弘阳商业管理有限公司	常州市中吴大道 1777 号弘阳上城 1 幢 4 号	商业综合体
13	常州市五星电器有限公司关河路分公司	常州市关河路 44 号	家电卖场
14	常州金太阳至尊家电有限公司	常州市和平北路 6 号	家电卖场

【第二届龙城嗨购节天宁区分会场活动】 6—12 月，天宁区围绕“品质生活·常享消费”主题，启动常州市第二届龙城嗨购节天宁区分会场活动，通过消费券发放、网络直播、老字号展会和汽车展销等形式，提速消费增长，提升经济活力。天宁区 3 家商业综合体、1 家大型商场的 395 个品牌被列入“龙城嗨购券”

名单，其中中吴弘阳广场参与商家66家、常州天宁吾悦广场参与商家91家、常州九洲新世界广场参与商家201家、常州购物中心参与商家37家。嗨购节期间，天宁区探索夜经济发展模式，在青果巷历史文化街区、天宁吾悦广场和九洲新世界广场举办夜市，促进夜间旅游、夜间餐饮、夜间娱乐。

（倪紫东）

【常州天宁吾悦广场】 常州天宁吾悦广场位于青龙街道东方西路11号，由常州新城紫东房地产发展有限公司投资，建筑面积42万平方米，设置购物中心、主题商业街两大区域。2019年10月开业，引入包括星轶影院、优衣库、永辉超市、星聚会KTV、苏宁易购、多奇妙乐园等在内的19家主力店，拥有万国美食、超强玩乐体验、儿童教培、潮牌、生活类大牌等300余个人气品牌。2021年，天宁吾悦开拓新业态，首家直营“蔚来”试驾中心入驻，“奥迪”江苏首家购物中心新能源城市展厅、“小鹏”“欧拉”等新能源汽车展厅相继开业。

【天宁区2家欧尚超市更名大润发超市】 5月，天宁区欧尚超市（兰陵店）和欧尚超市（永宁店）更名为大润发超市（兰陵店）和大润发超市（永宁店）。大润发超市（兰陵店）位于兰陵北路41号，占地面积3.4万平方米，主要经营生鲜食品、休闲食品、日用杂品、家用纺织、五金家电、文化体育用品等品类3万余种商品，2021年，大润发超市（兰陵店）全年销售额1.21亿元。大润发超市（永宁店）位于永宁北路18号，占地面积2万平方米，主要经营生鲜食品、休闲食品、日用杂品、家用纺织、五金家电、文化体育用品等品类3万余种商品，2021年，大润发超市（永宁店）全年销售额1.4亿元。

【麦德龙超市天宁店Plus会员店开业】 11月29日，麦德龙超市天宁店Plus会员店开业。麦德龙商业集团有限公司常州天宁商场位于常州龙城大道1297号，2007年2月6日对外营业，是一家大型零售批发超市，其商品超过2万种，其中食品类商品占40%，非食品类商品占60%，大部分商品由国内名牌企业和合资企业提供。食品类商品以时令果蔬、鲜肉、鲜鱼、奶制品、冷冻品、罐头、粮食制品、饮料、甜点为主，非食品类商品包括日常生活用品、办公用品、小型机械工具类等产品。2021年，麦德龙超市天宁店按Plus会员店要求，从门店设计、产品结构、包装、服务等实施全方位升级改造，新开设儿童乐园和咖啡吧。改造升级后，消费者需购买麦德龙Plus会员卡入店消费，会员卡年费199元。

【常州购物中心改造升级】 常州购物中心位于天宁街道延陵西路1号，地处市中心商业核心地段，是常州地区唯一一家定位于高端经典的综合性高级百货店，首开常州顶级百货先河。常州购物中心1993年11月开业，有8层楼面（地下1层、地上7层），总建筑面积5.8万平方米，拥有400余个行业标杆品牌，包括珠宝腕表、国际化妆护肤品、时尚综合服饰、高档儿童服饰、高端家电、鲜品超市、高级美食、美容私护等众多业态。2021年，商场新引进TOMMY HILFIGER汤米·希尔费格、IRO PARIS、斐乐、NBA等品牌83家，其中20个品牌为常州首店，全年完成销售额11.2亿元。是年，常州购物中心完成外立面改造，对其东、北立面1～6层幕墙、橱柜、出入口雨棚实施改造更新，主要更新原有铝板及石材，拆除原有雨棚，原有玻璃幕墙外表面增加装饰条等；经营内涵不断拓展，举办常州国际时装周、赫本艺术展、“敢·集”夜市等特色活动，组织店庆公益跑、“99”公益日、红领巾公益助学等公益活动，取得良好社会效益。

【京东五星电器集团常州有限公司关河路店】 京东五星电器集团常州有限公司关河路店（以下简称五星关河路店）位于天宁街道关河东路88号，面积7000平方米，是一家集销售家装、家电、家居于一体的连锁公司。五星关河路店原为常州市五星电器有限公司关河路分公司，2006年开业；2019年，因京东集团战略投资五星电器，成为京东集团旗下零售企业，负责京东电器线下直营门店的发展及运营，以满足用户对京东3C（“3C”指计算机、通信、消费电子产品）家电及关联品类的全渠道消费需求。2021年，五星关河路店参与常州市龙城嗨购节活动，活动期间成交订单438笔，成交额386万元。

【常州金太阳至尊家电有限公司文化宫店】 常州金太阳至尊家电有限公司文化宫店（以下简称金太阳文化宫店）位于天宁街道和平北路33号，地处地铁1号线文化宫站2号出入口处，是一家以经营空调、彩电、冰箱、洗衣机等全品类家电及手机、电脑等电子产品为主的企业，总建筑面积4753.46平方米。近年来，金太阳文化宫店推出小家电及“3C”类商品最快2小时送上门的“闪店送”、无接触视频导购等举措，满足现代消费者线上线下、不出门可购物、免费送货到家等购物需求。至2021年年末，金太阳文化宫店销售额（纯零售）6000万元，占常州金天阳至尊家电有限公司全年销售额的17%。

【常州九洲新世界广场】 常州九洲新世界广场位于兰陵街道兰陵北路999号，由九洲投资集团投资开发建设，总建筑面积15万平方米，商业建筑面积约10.8万平方米，是一家集购物、餐饮、娱乐为一体的商业综合体。2015年9月，常州九洲新世界广场开业，总层高6层；引进品牌200余个，其中45%首现常州。九洲新世界广场内每层楼面均设不同主题街区，其中一、二楼以时尚潮流馆为主，三楼魔幻森林打造亲子主题，四楼未来之城贯穿消费主体，五楼食酷门吸引顾客味蕾，六楼梦工场打造高端餐饮。至2021年年末，常州九洲新世界广场入驻商户162家，其中餐饮类有香港老饭店、海底捞、轩记等品牌，轻奢及服饰类有潮宏基、CK、BOY LONDON、VERO MODA、优衣库等品牌，休闲娱乐有幸福蓝海影城、奇迹健身、铜锣湾KTV等品牌，全年客流量约2340万人次，年销售额超6亿元，入库税收12615.6万元。

【常州万都广场】 常州万都广场位于兰陵街道和平中路388号，地铁1号线清凉禅寺站旁，由万都集团投资建设，总建筑面积20万平方米，商业建筑面积约11.7万平方米。2019年，天宁区跨境电商产业园落户常州万都广场，区域面积9700平方米，该广场成为集跨境电商园区、现代商务服务业、家居商场于一体的高端商务中心。至2021年年末，万都广场入驻企业199家，入库税收4618.7万元。

【常州弘阳广场】 常州弘阳广场位于兰陵街道中吴大道与长江路交汇处1777号，由弘阳集团有限公司投资建设，总建筑面积6.5万平方米，商业建筑面积约4.9万平方米，是一家集购物、餐饮、娱乐为一体的商业综合体。2018年9月，常州弘阳广场开业，总层高7层，其中地下1层、地上6层，西南侧建有智能化立体停车场。商场定位为增强型邻里中心，主打“家的外延”社区商业模式，以满足周边居民日常消费与居家服务。商场内有旋转餐饮街、1500平方米生态主题儿童乐园和“酷趣天空农场”等特色区域，拥有华为、屈臣氏、老凤祥、海底捞、必胜客、中健健身、万达影城等品牌。至2021年年末，弘阳广场入驻商户74家，入库税收1742.6万元。

【常州富邦广场】 常州富邦广场位于兰陵街道中吴大道1318号，总占地面积约3万平方米，总建筑面积12万平方米，商业建筑面积约7.24万平方米，商场设地下2层、地上4层，是一家集新零售、娱乐、古玩市场于一体的集聚中心。至2021年年末，富邦广场入驻于发行全球生鲜购等企业489家，入库税收1700.1万元。

（华文怡）

商品交易市场

【概况】 2021年，全区有各类商品交易市场42个，其中专业市场12个（建筑材料市场3个、科技信息品市场1个、生产资料市场4个、生活资料市场4个），农贸市场（菜市场）27个。12个亿元以上商品交易市场全年成交额549.07亿元，其中年成交额超1亿元、10亿元以下的商品交易市场6个，超10亿元至、100亿元以下的商品交易市场4个，超100亿元的商品交易市场2个。

（章丽华）

2021年天宁区成交额亿元以上商品交易市场一览表

表21

项目	单位	2021年	2020年
市场总数	个	12	15
其中：建筑材料市场	个	3	3
科技信息品市场	个	1	1
生产资料市场	个	4	5
生活资料市场	个	4	6

续表 21

项目	单位	2021 年	2020 年
亿元市场	亿元	549.07	498.56
其中：常州钢材现货交易市场有限公司	亿元	201.53	176.99
常州淮都金属城有限公司	亿元	207.37	172.33
常州万都国际陶瓷装饰置业有限公司	亿元	72.42	61.02
常州德嘉美吉特科技五金城有限公司	亿元	11.23	10.12
常州市朝阳综合市场服务中心	亿元	3.32	3.31
常州市红星美凯龙装饰家居用品市场	亿元	19.16	19.40
常州金桥机电五金市场管理有限公司	亿元	1.76	2.24
常州怡康五金机电市场有限公司	亿元	5.41	13.17
常州市路桥日用品商城有限公司	亿元	14.52	22.79
江苏九洲投资集团有限公司常州服装城分公司	亿元	7.07	6.75
常州银河湾电脑数码城有限公司	亿元	3.77	3.58
常州市苏南旧机动车交易市场管理有限公司	亿元	1.51	1.38

【常州钢材现货交易市场】 常州钢材现货交易市场位于雕庄街道友谊南路16号，占地面积10.67万平方米，是常州市重点钢材市场，先后获评“江苏省文明诚信市场”“江苏省商品市场50强”“常州市重点市场”“常州市平安市场”“常州市先进集体”等称号。1996年1月开业，主要交易品种为各种冷轧、热轧类工业板材，包括普冷、镀锌、酸洗、硅钢、普碳热卷、优碳热卷、花纹卷、中厚板，辅以板材的配套品种角钢、槽钢、H型钢等工业型材。至2021年年末，市场成交额201.53亿元。

【常州淮都金属城】 常州淮都金属城位于雕庄街道中吴大道669号，总建筑面积50万平方米，由中国万都（集团）房地产开发有限公司投资建设。淮都金属城是长三角区域超大规模金属钢材交易物流平台，主要经营建筑钢材、工业钢材、不锈钢制品、铝合金制品、金属制品等。至2021年年末，市场成交额207.37亿元。

【常州万都国际陶瓷装饰城】 常州万都国际陶瓷装饰市场位于雕庄街道中吴大道721号，市场建筑面积11万平方米，是万都集团打造的东南陶瓷城升级换代项目。该市场主要经营墙地砖、卫浴洁具等陶瓷类装饰材料以及石材、水暖五金配件等家居装饰材料，经营模式为批发零售、品牌直销、厂家代理，是新一代智能化多功能“一站式”大型国际家居装饰材料集散中心，先后获评“全国诚信示范市场”“江苏省文明市场”“服务业十强企业”。至2021年年末，市场成交额72.42亿元。

【常州红星美凯龙装饰家居用品市场】 常州红星美凯龙装饰家居用品市场位于红梅街道飞龙东路68号，占地面积6.14万平方米，是一家大型家居用品装饰市场。2001年3月开业，主要经营家具、建材装饰材料、家居五金等，开展场地租赁服务，先后获评“江苏省诚信示范街区”“江苏省文明单位”“常州市文明单位”。至2021年年末，市场成交额19.16亿元。

【常州金桥机电五金市场】 常州金桥机电五金市场位于天宁街道博爱路121号，市场营业面积1.2万平方米，是一家以工量刃具、装饰材料、水暖器材、低压电器、开关面板、工矿灯具、电线电缆、家用电器等零售批发为主的大型专业市场。1999年1月开业，实行分类分区经营，一楼主营各类电动工具、机械配件、卫浴厨房用品、水泵电机、阀门配件等，二楼主营开关面板、工矿灯具、低压电器、电线电缆、仪器仪表、办公用品等。市场坚持“始于消费者需求，终于消费者满意”服务理念，遵循“顾客至上、商品至优、价格至廉、竞争有序”经营方针，先后获评“江苏省文明市场”“放心市场”。至2021年年末，市场有商铺摊位300个，从业人员350余人，全年市场营业额1.76亿元。

【常州怡康五金机电市场】 常州怡康五金机电市场位于天宁街道关河中路68号，市场营业面积4.8万平方米，是一家大型五金机电专业市场，由江苏怡康控股集团有限公司投资建设。2006年4月开业，实行分类分区经营，一层主要经营轴承、橡胶、机床、液压件等五金机电类，二层主要经营灯具开关插座、电线电表、电热器材等电器产品类，三层主要经营各类工业电子产品及配件等电子产品类。至2021年年末，市场有商铺摊位700个，从业人员2000余人，全年市场营业额5.41亿元。

【常州市路桥日用品商城】 常州市路桥日用品商城位于天宁街道小河沿8号，建筑面积约5万平方米，是一家集零售、批发于一体的小商品市场。该市场前身由常州市路桥日用品商场有限公司经营管理，2001年1月1日开业，主要经营服饰、皮鞋、箱包、针织、日用百货、床上用品、花木等，为常州最早的小商品市场之一。2018年10月，由常州凯美日用品商城有限公司接管经营。至2021年年末，市场成交额14.52亿元，税收141万元。

【常州九洲服装城】 常州九洲服装城位于兰陵街道劳动西路198号，营业面积2万平方米，是一家以服装零售批发为主的大型专业市场，为常州第一家大型服装批发市场，由江苏九洲投资集团有限公司投资建设。1997年5月开业，经营十大类2万余种商品，实行分类分区经营，负一楼主营各类日用百货，一楼主营各类服装，二楼主营针织、箱包、鞋类、面料、床上用品等。1999—2004年连续六年获评江苏省样板市场，2001—2005年连续五年获评常州市重点市场。至2021年年末，九洲服装城有商铺摊位约1800个，从业人员4000余人，全年市场成交额7.07亿元。

【常州银河湾电脑数码城】 常州银河湾电脑数码城位于兰陵街道劳动中路21号，总建筑面积15万平方米，商业建筑面积约8万平方米，2009年9月开业。2018年，常州银河湾电脑数码城由经营电脑数码产品为主转型为集教育培训、文旅休闲于一体。2021年，商场入驻启蒙时光、万和欣宜等教育机构，负一楼及三楼改造升级为集亲子、健身、温泉、娱乐等于一体的禾沐家文旅广场。至2021年年末，常州银河湾电脑数码城入驻企业964家，市场成交额3.77亿元，入库税收2500万元。

【常州市苏南旧机动车交易市场】 常州市苏南旧机动车交易市场位于兰陵街道中吴大道1350号，占地面积3万平方米，营业面积3000平方米，为全市大规模旧机动车交易市场之一。2005年3月开业，主要经营旧机动车交易、汽车美容、汽车装璜、汽车出租、汽车零部件销售等，工商、物价、车管所等部门在市场内设立办事窗口，为车主提供评估、审核、办证等服务，并配备专业检测中心，确保交易车辆安全性能。至2021年年末，入驻商户50家，全年市场成交额约1.51亿元。

（华文怡）

商务楼宇

【概况】 2021年，天宁区有3000平方米以上楼宇130座，总建筑面积371万平方米，出租304.2万平方米，空置66.8万平方米。其中，建筑面积超10万平方米的商务楼宇5座，5万平方米到10万平方米的商务楼宇13座，1万平方米到5万平方米的商务楼宇52座。130座楼宇整体出租率82%，入驻企业7692家，全年实现税收16.99亿元。是年，根据商务服务、现代金融、文化创意和高新技术等产业特点，形成青果巷文商旅功能区、和平路金融功能区、互联网体验功能区、火车站商务办公区、东经120数字经济集聚区5个楼宇经济特色功能区和集聚圈。其中，青果巷文商旅功能区主要包括黑牡丹文创园、常州大酒店、购物中心、嘉宏世纪大厦；和平路金融功能区主要包括中银大厦、工行大厦、保险大厦、报业传媒大厦、巨凝财富中心、投资广场；互联网体验功能区主要包括万都广场、九洲新世界、银河湾数码城、华海城市广场、富邦广场；火车站商务办公区主要包括天宁时代广场、九洲环宇商务广场、大成大厦、天安城市广场；东经120数字经济集聚区主要包括秋广场、人才大厦、科技促进中心、工业互联网大厦。

（谈　薇）

【十大特色楼宇】 2月，区商务局按照“建筑面积不少于3000平方米、有明确的独立法人运营商企业且税源在区内、近两年无重大安全责任事故”的标准，开展“天宁十大特色楼宇”评选，经初审、复审、会审，中欧（常州）检验检测认证产业园、弘创大厦、菱港大厦、报业传媒大厦、凯信商务广场、九洲环宇商务广场、购物中心、九洲新世界商业广场、万都广场、华艺大厦获评“天宁十大特色楼宇”。是年，“天宁十大特色楼宇”实现纳税销售445.2亿元，纳税总额7.7亿元。

（谈　薇）

【兰陵街道新增税收超1000万元楼宇2座】 2021年，兰陵街道拥有商务楼宇25座，总建筑面积108万平方米，商业建筑面积约70万平方米，入驻企业4503家，入库税收2.95亿元。其中，新增入库税收超1000万元楼宇2座（常州富邦广场、常州万都广场），累计7座。至年末，常州富邦广场入驻企业489家，入库税收1700.1万元；常州万都广场入驻企业199家，入库税收4618.7万元。

（黄　涛）

电子商务

【概况】 2021年，天宁区有电子商务企业593家，全年实现网络零售额189亿元，同比增长18%；其中实物商品网络零售额152亿元，同比增长23%。是年，天宁区跨境电商产业园获评江苏省跨境电子商务产业园，新动力电子商务产业园获评江苏省电子商务示范基地（园区），常州丽华快餐集团有限公司、常州找纱科技有限公司、常州市柚米家居用品有限公司和常州市丹丹梨农业专业合作社获评2021—2022年度常州市电子商务示范企业。

（袁辰枢）

【天宁区跨境电商产业园获评省级跨境电子商务产业园】 5月，天宁区跨境电商产业园获评市级跨境电商产业园；11月，被省商务厅评为省级跨境电子商务产业园。2019年12月28日，天宁区跨境电商产业园建成开园，是一家集商务办公、企业孵化、人才培训、投融资、代运营等一站式综合性跨境电商园区。至2021年年末，该产业园围绕“一核多园”模式，完成万都商业广场跨境电商园区（一期）和常亮电子商务产业园（二期）园区建设，2个园区面积达2万平方米，累计引进和培育跨境电商企业38家。其中，万都跨境电商产业园入驻企业27家（纯电商企业8家，外贸公司8家，自营出口企业7家，其他配套企业4家），从业人员400余人；常亮跨境电商产业园入驻企业11家，以纯电商企业为主。是年，天宁区跨境电商产业园实现跨境电商销售额20.5亿元。

【常州首届跨境电商创新创业大赛在天宁启动】 4月22日，由区商务局、常州市国际贸易促进委员会主办的常州首届跨境电商创新创业大赛在工业互联网体验培训中心启动，以“培育跨境电商人才，推进综试区建设”为主题，构建新发展格局背景下政、企、校合作平台，为企业转型跨境电商、拓展国际市场提供人才和科技支撑。大赛设置亚马逊、eBay、Wish、虾皮4个平台组，涵盖汽摩配、服装、地板、家居等产业，全市108家企业、300余人次参赛，其中天宁区22家企业、60人次参赛。经孵化培训、实操运营、决赛路演，23家企业进入总决赛。

（谈　薇）

【“工厂开店·品牌出海”专项行动】 2021年，天宁区在郑陆镇开展“工厂开店·品牌出海”专项行动，普及深化跨境电商应用，推动企业进出口贸易提质增效，促进郑陆镇制造业、外贸、商贸流通等企业转型升级。至年末，郑陆镇规模以上企业在亚马逊平台注册9家，涉及汽摩配、服装、地板、家居、五金、医疗器械等行业，品牌包括顶呱呱彩棉、远东医疗、润达合金、瑞联包装等。

（袁辰枢）

4月22日，2021常州首届跨境电商创新创业大赛在工业互联网体验培训中心启动　（区商务局 提供）

开放型经济

◆ 栏目编辑　陈　烨

对外贸易

【概况】 2021年，天宁区完成进出口贸易总额211.5亿元，同比增长5.4%。其中出口贸易185.6亿元，同比增长4.8%；进口贸易25.9亿元，同比增长10.4%。常州对外贸易有限公司、常州华利达服装集团有限公司、常州旭荣针织印染有限公司、常州东奥服装有限公司和常州亚玛顿股份有限公司为天宁区2021年进出口总额五强企业。至年末，全区有国家级外贸转型升级基地1个、市级外贸转型升级基地1个、常州市进口交易中心3个；有江苏省重点培育和发展的国际知名品牌7个、常州市重点培育和发展的国际知名品牌11个，为区域外贸转型升级提供良好支撑。

（袁辰极　张丹青）

2021年天宁区对外出口贸易一览表

表22

所属地区	进出口总额（万元）	占全区比重	增速
天宁经济开发区	598177.3	28.3%	6.7%
郑陆镇	258224.8	12.2%	－9.6%
雕庄街道	224531.9	10.6%	6.6%
茶山街道	379319.1	17.9%	5.4%
红梅街道	76672.7	3.6%	8.0%
天宁街道	482933.6	22.8%	6.2%
兰陵街道	76298.8	3.6%	3.6%

2021年天宁区进出口金额20强企业一览表

表23

序号	企业名称	序号	企业名称
1	常州对外贸易有限公司	6	常州老三集团进出口有限公司
2	常州华利达服装集团有限公司	7	黑牡丹纺织有限公司
3	常州旭荣针织印染有限公司	8	江苏康华医疗器材有限公司
4	常州东奥服装有限公司	9	常州高悦国际贸易有限公司
5	常州亚玛顿股份有限公司	10	江苏佳尔科药业集团有限公司

续表 23

序号	企业名称	序号	企业名称
11	常州东恒印染有限公司	16	常州卓恒进出口有限公司
12	常州市穗满国际贸易有限公司	17	常州制药厂有限公司
13	常州强力先端电子材料有限公司	18	常州华利达服装集团进出口有限公司
14	常州市东南开发区恒丰织造有限公司	19	江苏浩万智能科技有限公司
15	小松（常州）铸造有限公司	20	常州市恒纶纺织有限公司

【国家外贸转型升级基地（服装）建设】 2021 年，天宁区国家外贸转型升级基地（服装）（以下简称“基地”）有企业 110 家，其中规模以上服装企业 78 家；建有天宁区纺织服装出口基地外贸风险信息服务平台、中国常州检验检测认证产业园公共平台，与全国各地纺织服装外贸基地、市场和集群建立联系，在贸易促进、国际产能合作等方面开展交流与合作，成为辐射华东地区集高端产业、科学管理、配套服务于一体的纺织服装出口中心。区商务局支持基地内外贸转型升级企业开展海关 AEO 认证（海关根据企业信用状况将企业认定为认证企业、一般信用企业和失信企业，认证企业分为高级认证企业和一般认证企业），常州华利达服装集团有限公司获评海关 AEO 高级认证企业。支持基地内企业开拓国际市场，创建自主出口品牌，至年末，常州艾贝服饰有限公司等 7 家企业品牌纳入江苏省重点培育和发展的国际知名品牌，常州华利达服装集团有限公司等 11 家企业品牌纳入常州市重点培育和发展的国际知名品牌。

（袁辰极）

招商引资

【概况】 2021 年，天宁区有外资企业 270 余家，港澳台资企业 140 余家。全年实际到账外资及港澳台资 23695 万美元，完成目标任务的 103%，同比增长 2.7%；新增协议注册外资及港澳台资 45268 万美元，完成目标任务的 141.5%，同比增长 5.1%。全年新注册设立项目 42 个、增资项目 13 个，新增总投资 11.25 亿美元。其中，总投资超亿美元项目 2 个，分别是玖心（常州）房地产开发有限公司、常州光裕房地产开发有限公司；协议注册外资 3000 万～10000 万美元以上项目 5 个，分别是常州璟德弘投资有限公司、一叶新能源（江苏）有限公司、尼西米（江苏）实业投资有限公司、常州市嘉隆房地产开发有限公司、江苏界达金属科技有限公司。是年，275 家外商及港澳台投资企业累计完成销售收入 259 亿元，完成纳税总额 22.1 亿元，完成进出口总额 8 亿美元。围绕“上海经贸周”“‘6·18’世界工业与能源互联网暨国际工业装备博览会”“科技经贸洽谈会”“深圳招商周”等重大经贸活动，通过基金招商、科技招商、代理招商、驻点招商以及“云出国”“云招商”等方式，累计签约项目 147 个，总投资 426 亿元，涉及工业地产、先进制造业、现代服务业、“三新”经济等类型。

（张　吉　侯鸣镝）

【招商活动】 参见“常州市天宁区政府”类目“政府重要活动”分目 P61 页同名条目。

【六大产业集群集聚招商】 2021 年，天宁区聚焦检验检测、智能驾驶及汽车零部件、新一代信息技术、工业互联网、跨境电商、网络视听游戏“六大产业”集群，挖掘产业集群竞争优势，推进产业集聚招商，招引优质产业链上下游企业 72 家，总投资超 16.5 亿元。至年末，“六大产业”集群集聚上下游生态企业 400 家，纳税销售突破 500 亿元，年均增长超 20%，入库税收 2.9 亿元。

检验检测产业集群。2021 年，检验检测产业集群新招引入驻企业 20 家，累计签约入驻企业 140 家（其中规模以上企业 47 家、高新技术企业 6 家），入驻率达 85%；全年实现销售额 120 亿元，同比增长 62.83%；纳税 1.5 亿元，同比增长 36.36%。年内，检验检测产业园（三期）1 号楼开工建设，占地面积 1.36 万平方米，建筑面积 6.49 万平方米；检验检测产业园（四期）规划方案编制完成，占地面积约 25 万平方米，规划建筑面积 26.9 万平方米。

智能驾驶及汽车零部件产业集群。10 月，位于天宁经济开发区北塘河东路北侧、太湖东路西侧的智能驾驶及汽车零部件产业园竣工，占地面积 18.73 万平方米，总建筑面积48.5万平方米，建有17栋生产厂房，配备人才公寓，生活设施配套齐全，集科研、办公、生产、商务、休闲娱乐于一体。该产业园区以智能制造为产业导向，累计引进智能驾驶核心零部件生产类、软件及解决方案类、平台研发检测类等企业90家，全年完成纳税销售超65亿元。

新一代信息技术产业集群。2021年，新一代信息技术产业集群累计招引入驻企业65家，年内新增规模以上企业5家，进入高新技术企业培育库企业7家；全年实现销售额35.1亿元，入库税收4379万元。是年，集群引进三水救生装备、常无通信、纬博信息、易兆信息、立天航空、凯航新材料等23个项目（含19个退役军人创业类项目），其中江苏易兆信息科技股份有限公司、常州森美特微电子有限公司、立天航空技术（江苏）有限公司3个项目申报龙城英才计划。

工业互联网产业集群。2021年，工业互联网产业集群新招引入驻企业24家，累计130家；全年实现销售额112.56亿元，入库税收9761.4万元。年内，集群引进江苏浩万智能科技有限公司、江苏迈步信息科技有限公司、江苏衣映互联科技有限公司等16个项目。7月，工业互联网·常州市天宁区被省工信厅认定为2021年江苏省新型工业化产业示范基地。

跨境电商产业集群。2021年，跨境电商产业集群引进常亮数字科技集团、橙品网络科技有限公司、一带一贸易有限公司、凯美瑞兴国际贸易有限公司等11家企业，累计入驻企业38家；全年完成纳税销售7.3亿元，入库税收377万元。11月，天宁区跨境电商产业园被省商务厅认定为2021年度江苏省跨境电子商务产业园。

网络视听游戏产业集群。2021年，网络视听游戏产业集群引进江苏蓝胤网络科技有限公司、常州万梦馆互动科技有限公司、东方如画（常州）文化传媒有限公司等11家企业，累计入驻企业15家；全年实现销售额15亿元，入库税收2700万元。7月9日，总投资30亿元的江苏常州网络视听游戏产业园开园。

（龚　可　张丹青）

【重大项目招引】 2021年，天宁区招引总投资3亿元以上项目12个，其中总投资10亿元以上重大项目7个，分别是东方侏罗纪项目、焦溪季子文旅综合开发项目、高端镍合金无缝管及组件项目、（长三角）金属交易智慧物流园项目、数字供应链研发运营中心项目、5G科创中心项目、华火竞合项目。年内，常州淮都金属城有限公司（长三角）金属交易智慧物流园项目纳入省重点入库项目；网博视频进出口溯源数字化产业基地、亚芯半导体材料、5G科创中心、雷尼尔模块式机床功能部件、凯成精密声学网纱研究生产、普诺迈流体抛光机、锦丰业异种金属拼焊材料、大恒油气回收综合利用技术和关键设备研究及产业化8个项目纳入市重点入库项目。

东方侏罗纪项目。位于常州市中华恐龙园旅游度假区东部，由恐龙园文化旅游集团股份有限公司投资建设，总投资61亿元。项目分2期建设：一期占地面积17.87万平方米，开发建设防灾避险主题文旅项目“恐龙星球”和“恐龙人城堡主题酒店”，2022年启动建设，预计2025年竣工；二期占地面积约6.13万平方米，开发航天主题文旅项目，拟于2025年启动建设，预计2028年竣工。

焦溪季子文旅综合开发项目。位于郑陆镇焦溪村，由江苏九洲投资集团和江苏舜宁投资集团有限公司投资建设，总投资60亿元。2020年11月开工建设，预计2024年竣工。2021年，投资8亿元，焦溪古镇申遗工作指挥部组织对焦溪古镇9.57万平方米遗产区实施历史文化遗存保护与整治，对41.5万平方米缓冲区进行文化旅游开发，建设焦溪季子文化传承基地，包括季子静思园、季子躬耕园、乡村创业学院、乡村文创园、多功能艺术中心和现代农业示范基地等。

高端镍合金无缝管及组件项目。由江苏武进不锈股份有限公司投资建设，总投资32.3亿元，计划用地30.43万平方米，建设生产车间、高端合金管件研发中心、不锈钢冷轧生产线、穿孔生产线，建成后将年产2万吨镍合金无缝管，年产3.5万吨高端镍合金、钛合金挤压管，年产600吨不锈钢无缝管、5万吨不锈钢管。

（长三角）金属交易智慧物流园项目。位于采菱河以东、312国道以南、凤凰路以西，由常州淮都金属城有限公司投资建设，依托京杭大运河内河码头，建设长三角金属交易智慧物流园，总投资20亿元。2021年1月开工建设，预计2025年竣工，建成后运输各类金属年吞吐量将达1000万吨。

数字供应链研发运营中心项目。位于天宁区虹阳路互联网+新经济产业园，由车联天下物流集团有限公司投资建设，总投资12亿元。该项目围绕“三中心三平台”（“三中心”指数字供应链建设车联网智能装备研发中心、产业数据中心、类金融服务中心，“三平台”指网络货运平台、运营数调平台、智慧仓储平台）六大板块，构建数字产业集聚经济生态环境。2022 年 6 月启动建设，预计 2025 年 12 月竣工。

5G 科创中心项目。位于青龙东路北侧、丁塘港路东侧，由常州豪柏智能科技有限公司投资建设，总投资 10 亿元。该项目规划建设研发中心楼、研发生产楼，围绕 5G 产业打造集产业服务、研发实验、测试认证、产品制造于一体的科技孵化器，运用“链条化 + 基金投资 + 资源整合 + 公共服务”四位一体孵化新模式，整合国内“政产学研金”创新要素，培育和孵化高成长型科创企业。2022 年 1 月启动建设，预计 2023 年 12 月竣工。

华火竞合项目。位于紫荆大厦内，由常州电竞体育发展有限公司投资建设，总投资 10 亿元。该项目计划以电竞（电子游戏比赛达到“竞技”层面的体育项目）为核心，以电竞场馆为载体，举办全国性电竞比赛，设立电竞俱乐部，组织电竞选手、电竞经纪人培训等。

（龚　可　张丹青）

2021 年天宁区总投资超 10 亿元以上签约项目一览表

表 24

序号	项目名称	总投资（亿元）	落地区域
1	东方侏罗纪项目	61	天宁经济开发区
2	焦溪季子文旅综合开发项目	60	郑陆镇
3	高端镍合金无缝管及组件项目	32.3	郑陆镇
4	（长三角）金属交易智慧物流园项目	20	雕庄街道
5	数字供应链研发运营中心项目	12	天宁经济开发区
6	5G 科创中心项目	10	天宁经济开发区
7	华火竞合项目	10	天宁经济开发区

【通用公正技术服务（中国）有限公司获评省级跨国公司功能性机构】 2021 年，通用公正技术服务（中国）有限公司被省商务厅认定为第十二批江苏省跨国公司功能性机构，被市商务局认定为市第二批市级区域性外资功能性总部。通用公正技术服务（中国）有限公司是瑞士通用公证行 SGS SA 投资设立的全资子公司，2018 年 7 月迁入天宁区，投资总额 1 亿元，注册资本 5000 万元，主要从事根据客户委托的检查、检验、检测、监督、研究和其他技术服务，以服务外包方式承接企业管理咨询服务，并提供相关技术和管理培训。作为 SGS SA 授权的财务管理中心，通用公正技术服务(中国)有限公司设立全球业务服务（GBS）团队，为 SGS 在中国附属公司通标标准技术服务有限公司及其上海、天津、青岛等子公司提供财务服务、数据服务等。2021 年，通用公正技术服务（中国）有限公司实现营业收入 1.26 亿元，税收 2600 万元。

（侯鸣镝）

外经工作

【概况】 2021 年，天宁区有 4 家企业开展对外及港澳台投资，全年对外及港澳台直接投资额 158.6 万美元，投资国家（地区）主要为越南和中国香港。备案境外投资项目（含增资）3 个，协议投资额 93.37 万美元，3 个协议投资地区均为中国香港。年内，区商务局依据省、市扶持政策，组织符合条件企业申报外经发展专项资金，组织外向型企业参加省、市各类投资合作推介会，联合中国信保常州办事处、江泰保险经纪有限公司等专业机构，跟踪服务区内企业境外投资计划，扩大海外投资保险覆盖面，为企业“走出去”提供资信服务和风险预警，推进对外及港澳台投资稳步发展。

【恒纶纺织（越南）有限公司】 恒纶纺织（越南）有限公司由常州市恒纶纺织有限公司、常州市双燕染织有限公司和境外企业好景创投有限公司在越南合资设立，占地面积 6.33 万平方米，员工 302 人，主要产品为针织牛仔布、针织染色布、功能性面料、针织牛仔纱等。2021 年，公司产值 4700 万美元，其中在越南本地销售 2800 万美元，出口东南亚地区 1900 万美元。

【服务外包】 2021年，天宁区利用常州市争创服务外包国家级示范城市契机，推进区内企业服务外包专业化、特色化发展。至年末，商务部服务外包业务应用系统内有天宁区服务外包企业75家，主要涉及检验检测服务、互联网营销推广服务、医药（中医药）和生物技术研发服务、云计算开发及应用服务等。全年完成服务外包执行额1.9967亿美元，同比增长16.2%；完成离岸服务外包执行额1.8553亿美元，同比增长29.4%。

恒纶纺织（越南）有限公司　　（区商务局 提供）

【中欧（常州）检验检测认证国际合作产业园获批2021年度省级服务贸易基地】 11月，中欧（常州）检验检测认证国际合作产业园（以下简称中欧产业园）获批2021年度省级服务贸易基地。中欧产业园（原中国常州检验检测认证产业园）于2016年5月19日成立，是一家对标国际、服务长三角、辐射全国的检验检测认证园区。中欧产业园整合检验检测机构，集聚国内外知名检验检测认证机构，构建检验检测规模集聚、成果有效转化、配套服务完善、产业良性互动的发展环境。至2021年年末，有120余家企业注册落户产业园，包括通标标准技术服务有限公司、英国天祥集团等外资企业，中国检验检疫科学研究院、中汽认证中心有限公司等国有企业，康派斯检测认证（江苏）有限公司、坛墨质检科技股份有限公司等民营企业，围绕轨道交通、智能装备、新一代信息技术、新材料新能源等常州市十大产业链，为智能制造企业提供精准技术支撑。是年，园区实现销售额120亿元，纳税1.5亿元。

（张　弦）

2021年天宁区服务外包情况一览表

表25

所属区域	服务外包执行额（万美元）	离岸服务外包执行额（万美元）
天宁经济开发区	9102.95	8089.13
郑陆镇	2200.00	1800.00
雕庄街道	2243.00	2243.00
茶山街道	2200.00	2200.00
红梅街道	1002.32	1002.32
天宁街道	2200.13	2200.13
兰陵街道	1019.11	1019.11
合计	19967.51	18553.68

房地产业

◆ 栏目编辑　章丽华

土地市场

【概况】 2021年，天宁区土地市场供需有度，地价整体平稳上升，全年成交住宅用地6宗，楼面均价16736元/平方米，同比上升31.16%；其中，1幅商住用地刷新常州市地价新高，3幅商住用地出让触发熔断。

【茶山街道1幅商住用地刷新常州地价新高】 4月29日，常州市自然资源和规划局公开出让5幅地块，涉及天宁区茶山街道1幅地块（采菱港地块）。该地块北起夏雷路，南至二十一米河，西起采菱支路，东至采菱港，用地性质为二类居住用地，1.5＜容积率≤2.0，建筑密度≤25%，绿地率≥35%，出让面积40131平方米，出让起拍价96320万元，楼面起拍价12001元/平方米；经66轮竞价，被常州市嘉茂置业发展有限公司以16.332亿元竞得，成交楼面价20348元/平方米，溢价率69.6%，创下常州楼面价新高。

【凤凰新城板块1幅涉宅用地出让】 6月12日，常州市自然资源和规划局公开出让6幅地块，涉及天宁区凤凰新城板块1幅地块（九洲钢材城西侧地块）。该地块位于雕庄街道，北起凤凰岛北路，南至劳动东路，西起菱溪路，东至优胜路，用地性质为二类居住和商办混合用地，1.0＜容积率≤1.8，建筑密度≤30%，绿地率≥35%，出让面积9.43万平方米，出让起拍价23.6亿元，楼面起拍价14259元/平方米；经17轮竞价，被太仓隆滏商务咨询有限公司（保利置业集团）以27亿元竞得，达到最高限价，成交楼面价16313元/平方米，可售住宅最高备案指导均价27900元/平方米，溢价率14%。根据投资建设协议，竞得方需自行持有地块内全部商业商务用房，10年内不得转让及分割销售。

【青龙板块2幅商住用地出让触发熔断】 7月12日，常州市自然资源和规划局公开出让6幅地块，涉及天宁区青龙板块用地2幅，总出让面积94071平方米，总起拍价21.97亿元，均触发熔断。其中，东风5号、6号地块北起东方西路，南至章东路，西起丽华北路，东至宗家塘路，用地性质为二类居住用地兼容商业用地，1.0＜容积率≤1.6，建筑密度≤30%，绿地率≥35%，出让面积43219平方米，出让起拍价97100万元，楼面起拍价14048元/平方米；吸引34家房企摇号，被徐州晟通置业有限公司以10.91亿元摇中，成交楼面价15777元/平方米，溢价率12.36%。青龙2-1地块北起竹林北路，南至紫林路，西起业丰路，东至龙锦路，用地性质为二类居住用地兼容商业用地，1.0＜容积率≤1.5，建筑密度≤30%，出让面积50852平方米，出让起拍价122600万元，楼面起拍价16077元/平方米；经27轮竞价，被苏州高新区新振建设发展有限公司以15.16亿元竞得，成交楼面价19875元/平方米，溢价率23.65%。

【青龙苑七期北侧商住用地出让触发熔断】 9月9日，常州市自然资源和规划局公开出让13幅地块，涉及天宁区青龙街道1幅地块（青龙苑七期北侧地块）。该地块北起长荣路，南至青龙苑，西起横塘河东路，东至洪丰路，用地性质为二类居住用地兼容商业用地，1.0＜容积率≤2.0，建筑密度≤25%，绿地率≥35%，建筑高度80米，出让面积35038平方米，出让起拍价7.96亿元，楼面起拍价11359元/平方米；吸引6家房企摇号，被中海宏洋地产汕头投资有限公司以9.86

亿元摇中，达到最高限价，成交楼面价 14070 元 / 平方米，溢价率 23.87%，这是继东风 5、6 地块和青龙 2-1 地块之后再遭熔断。

【兰陵街道清凉禅寺南侧地块低价出让】 11 月 1 日，常州 2021 年度第三批 9 幅限价地块竞拍，涉及天宁区兰陵街道 1 幅地块（清凉禅寺南侧地块）。该地块北起清凉禅寺边界，南至清凉西路，西起同济中学边界，东至和平中路，用地性质为二类居住用地兼容商业用地，1.0 ＜容积率≤ 2.3，出让面积 21432 平方米，出让起拍价 67900 万元，楼面起拍价 14770 元 / 平方米；被常州东南经济开发有限公司以 6.89 亿元竞得，成交楼面价 14989 元 / 平方米，溢价率 1%。该地块需配建不少于 55 户、总面积不少于 5337 平方米的安置房，建成后由天宁区政府以 14000 元 / 平方米回购。

（蒋云峰）

房地产开发

【概况】 2021 年，天宁区房地产开发建设规模进一步趋于平稳，全年房地产开发投资 169.9 亿元，同比增长 0.9%。至年末，全区在售楼盘 18 个，新开楼盘 6 个。

【礼著雅苑】 位于郑陆镇季子路北侧、大宁路西侧，紧邻季子公园旁，属郑陆镇核心区，地块北侧是郑陆镇大型商业集中区，集合金源商业广场和郑陆消费品综合市场。项目用地面积 37231 平方米，总建筑面积 65177.2 平方米，其中住宅建筑面积 43321 平方米，容积率 1.2，由常州龙辰置业有限公司开发建设，规划建设 7 幢 4 层毛坯叠墅、9 幢 5 ～ 8 层毛坯洋房。该项目前身为农田，2020 年 7 月经 1 轮竞价，被常州龙辰置业有限公司以 3.13 亿元拍得，楼面地价 7006 元 / 平方米。2021 年 7 月 30 日首次开盘，推出 6# 洋房和 8#~17# 楼叠墅总计 288 套房源，户型面积 93 ～ 290 平方米，备案均价 15911 元 / 平方米。至年末，成交 94 套，成交面积 12719.63 平方米，成交均价 15848.47 元 / 平方米。

【景玥雅苑】 位于劳动东路北侧、优胜路西侧，紧邻凤凰世纪广场，坐拥京杭大运河公园生态景观带。项目用地面积 9.43 万平方米，总建筑面积 22.6 万平方米，其中住宅建筑面积 15.32 万平方米，容积率 1.8，由保利集团和龙湖集团联合开发建设，规划建设 11 栋 7 ～ 11 层精装洋房、9 栋 20 层精装高层。该项目前身为九洲钢材城西侧地块，2021 年 7 月经 17 轮竞价，被太仓隆滏商务咨询有限公司（保利置业集团）以 27 亿元拍得，楼面地价 16313 元 / 平方米。12 月 26 日首次开盘，推出 5 栋 292 套房源，户型面积 108 ～ 174 平方米，精装交付。至年末，成交 48 套，成交面积 6616 平方米，成交均价 28043 元 / 平方米。

【兰陵雅苑】 位于中吴大道与兰陵北路交汇处，紧邻中吴大道，属常州主城区兰陵板块。项目用地面积约 1.02 万平方米，总建筑面积约 2.8 万平方米，其中住宅建筑面积 2.63 万平方米，容积率 2.8，由常州龙涛雅苑房地产开发有限公司开发建设，规划建设 1 栋 26 层、1 栋 22 层毛坯高层。该项目前身为常州市第二职业高级中学地块，2020 年 7 月经 18 轮竞价，被常州龙涛雅苑房地产开发有限公司以 1.67 亿元拍得，楼面地价 15807 元 / 平方米。2021 年 10 月 1 日首次开盘，推出 1 栋 84 套房源，户型面积 135 平方米、169 平方米，毛坯交付，备案均价 24380 元 / 平方米。至年末，成交 9 套，成交面积 1592.43 平方米，成交均价 22907 元 / 平方米。

【央庭雅苑】 位于龙城大道西侧、竹林北路北侧，紧邻翠竹公园。项目用地面积 56963 平方米，总建筑面积 163992 平方米，其中住宅建筑面积 112540 平方米，容积率 2.3，户型面积约 115 ～ 200 平方米，由路劲地产集团和美的置业集团联合开发建设。项目分两期开发建设，一期 1# ～ 6# 及一期地下车库，均为毛坯房，工期计划为 2020 年 12 月至 2022 年 12 月；二期 7# ～ 14# 楼及二期地下车库，其中 4 栋为精装房、4 栋为毛坯房，工期计划为 2021 年 1 月至 2023 年 6 月。该项目前身为董头村一期地块，2020 年 7 月经 42 轮竞价，被路劲地产集团以 17.31 亿元拍得，楼面地价 14395 元 / 平方米。2021 年 4 月 8 日首次开盘，推出 1 栋 85 套房源，户型面积 115 ～ 168 平方米，毛坯交付，备案均价 24597 元 / 平方米。至年末，成交 234 套，成交面积 32341.16 平方米，成交均价 25032 元 / 平方米。

【云翌花园】 位于劳动中路南侧、龙游路东侧，紧邻红梅公园、天宁宝塔，距离地铁 1 号线同济桥站步行 6 分钟。项目用地面积 46057 平方米，总建筑面积 144552.7 平方米，其中住宅建筑面积 103061.9 平方米，容积率 2.3，由鸿韵（江苏常州）实业投资有限公司开发建设，规划建设 5 栋 22 ～ 26 层高层、5 栋 8 ～ 10

层洋房，以及1栋商业及配套用房。该项目前身为棉麻厂地块，2020年4月27日经53轮竞价，被鸿韵（江苏常州）实业投资有限公司以17.15亿元拍得，楼面地价16190元/平方米。2021年3月12日首次开盘，推出8栋452套房源，户型面积143～230平方米，精装交付，备案均价30750元/平方米。至年末，成交505套，成交面积9万平方米，成交均价29800元/平方米。

【臻园】 位于青洋北路西侧、青龙西路北侧，紧邻紫荆公园，距离规划中的地铁5号线青龙站约1千米。项目用地面积55324平方米，总建筑面积146109.9平方米，其中住宅建筑面积97054.71平方米，容积率1.8，由龙信地产开发公司开发建设，规划建设精装住宅13幢、毛坯住宅3幢，有高层、洋房、叠加别墅三种业态，配套高端健身会所。该项目前身为青龙中学地块，2020年8月经58轮竞价，被龙信地产开发公司以16亿元拍得，楼面地价15800元/平方米。2021年8月11日首次开盘，推出7栋302套房源，户型面积125～320平方米，高层及洋房精装交付，叠墅毛坯交付，备案均价29934元/平方米。至年末，成交70套，成交面积12600平方米，成交均价27000元/平方米。

（符　俊）

房产市场

【概况】 2021年，天宁区严格执行“商品住房销售价格累计环比涨幅不超过5%”的常州市房地产市场调控要求，定期组织召开房地产调控政策宣贯会、交流会、推进会，建立新建商品住房签约备案报备制度。稳定新建商品住房供应，全年发放商品房预售许可证45张、现售备案证6张，办理合同数据修改64件、合同备案注销107件。加强存量住房交易监测监管，存量住房成交面积增加，价格指数总体稳定。年内，成立天宁区整治规范房地产市场秩序工作专班，制订《天宁区持续整治规范房地产市场秩序实施方案》，组织开展问题楼盘专项排查，全年收到商品房项目信访投诉98件，全部予以答复。

【商品房上市】 2021年，全区商品房上市149.13万平方米，同比上升3.78%；从月度走势看，上市量集中在3月、4月、9月、12月，月度上市量均维持在15万平方米以上，其中3月为上市峰值，达27.14万平方米。全区商品住宅房上市88.58万平方米，同比上升0.69%；从月度走势看，上市量集中在3月和9月，月度上市量均维持在10万平方米以上，其中3月为上市峰值，达17.35万平方米。

【商品住宅房成交】 2021年，天宁区商品住宅房成交69.56万平方米，同比下降33.55%。从月度走势看，商品住宅房成交量位列前三的是4月、5月、6月，分别为8.41万平方米、11.09万平方米、8.58万平方米，合计成交面积占总量的40.34%。从成交面积结构看，90～144平方米面积段房源为成交主力，成交套数占比78%。从成交项目看，沁兰雅苑、央著瑞庭、云樾里花园为主力成交项目，成交量最高的楼盘是沁兰雅苑，成交面积达13.12万平方米。

【成交价趋势】 2021年，天宁区新建商品房成交均价14626元/平方米，同比下降16.14%；月度成交均价位列前三的是4月、7月、9月，分别为20347元/平方米、18737元/平方米、18235元/平方米。新建商品住宅房成交均价22541元/平方米，同比增长0.1%；月度成交均价位列前三的是4月、5月、7月，分别为24275元/平方米、24657元/平方米、23531元/平方米。当年单价在2万元/平方米以上的商品住宅占比30%，比上年增长10个百分点。

【商品房库存量】 至2021年年末，天宁区商品房累计可售余量为254.33万平方米，环比上升0.42%，同比上升7.10%；其中商品住宅房累计可售余量为53.9万平方米，环比下降0.11%，同比上升51.23%。按照前12个月的月均销售速度，商品房累计可售余量的去化周期约为23.09个月，商品住宅房累计可售余量的去化周期约为9.26个月。

【二手房市场】 2021年，天宁区二手房交易面积79.24万平方米，同比下降22.59%；成交均价13438元/平方米，同比增长1.31%；成交金额106.48亿元，同比下降21.57%。其中，二手房住房交易面积71.74万平方米，同比下降25.10%；成交均价14331元/平方米，同比增长3.58%；成交金额102.81亿元，同比下降22.42%。

（符　俊）

房产管理

【概况】 2021年，区住建局加强物业管理、加装电梯、房屋安全隐患排查等工作，推动天宁城市建设。年内，天宁区制定出台《既有住宅加装电梯实施细则》《既有住宅加装电梯资金补贴及管线迁移费用等财政资金使用管理办法》，进一步规范和促进全区加装电梯工作。推进危旧房安全隐患排查，全年排查城市危旧房18704栋、291786户，建立隐患建筑清单，填报全省既有建筑安全隐患排查整治信息系统；排查农村自建房和其他各类农村房屋17613户，初判存在风险房屋10户。

【天宁区出台既有住宅加装电梯实施细则】 为改善既有住宅使用功能，12月，天宁区制定出台《天宁区既有住宅加装电梯实施细则》（以下简称《细则》），明确“经由本幢或本单元专有部分面积占比三分之二以上业主且人数占比三分之二以上的业主参与表决，经参与表决专有部分面积四分之三以上的业主且参与表决人数四分之三以上的业主同意”可申请加装电梯，通过初期指导、意见征求、初步审查、技术准备、公示、联合审核、施工验收及备案等环节组织实施电梯加装，并对加装电梯资金筹集、权属等内容予以明确规定。《细则》自2022年1月1日起实施，同时废止《天宁区既有住宅加装电梯实施方案（试行）》。

【天宁区出台既有住宅加装电梯财政资金使用管理办法】 12月，天宁区制定出台《天宁区既有住宅加装电梯资金补贴及管线迁移费用等财政资金使用管理办法》，明确通过审核的加装电梯项目，采取先建后补的原则给予财政资金补贴，对6层及6层以上住宅加装电梯给予补贴10万元/台，5层住宅加装电梯给予补贴9万元/台，4层及以下住宅加装电梯给予补贴8万元/台，尤其对符合加装电梯申请条件并出资的最低生活保障家庭，每户按核定的加装电梯实际出资金额给予财政资金补助，最高不超过8万元；管线迁移费用采取包干制结算方式，由区住建部门与管线施工单位按合同约定每年进行一次结算。该办法自2022年1月1日起实施。

【住宅小区物业管理】 2021年，区住建局持续推进物业管理规范化建设，新筹建业主委员会6个、物业管理委员会6个，备案业主委员会6个，全区累计96个业主委员会、48个物业管理委员会。继续加强住宅专项维修资金受理、审核管理，全年累计受理3943位业主申请使用专项维修资金，其中现场查勘维修项目3715个；受理申请材料3171件，准许使用维修资金维修项目2990个；收到使用维修资金维修项目结算材料2422件，下发结算划转通知书2481件。按照住宅小区长效管理考核办法，对全区180个住宅小区实施考核，发现问题320个，督促整改301个，整改率94%。是年，永宁雅苑、璞樾和山、荆溪人家等75个小区完成“阳光物业”平台试点推广，居民通过平台可在线享受缴费、报修、咨询等服务；红梅街道金安家园小区通过省级党建引领物业管理示范点验收。推进老旧小区物业市场化管理，至年末，丽华一村、工人新村、武进小区等11个小区实施市场化物业管理。

【天宁区率先实施新建成品住房交付标准样板房管理新规定】 10月，天宁区贯彻落实《关于加强我市市区新建成品住房销售管理工作的通知》精神，遵照“无样板房不允许开盘、样板房必须所见即所得、交付备案后样板房需保留3个月”要求，在沁兰雅苑、臻园项目现场举行新建成品住房交付标准样板房展示现场观摩会，观摩样板房装修工艺，设施设备、品牌材料等，规范新建成品住房销售行为，维护消费者合法权益，促进房地产市场平稳健康发展。至年末，沁兰雅苑、宸悦花园、臻园、央著瑞庭、华润国际花园、央庭雅苑、景玥雅苑、天珺花园8个项目完成交付标准样板房网上备案，有效保证商品住房实体交付与样板房一致、与合同契约一致、与政府公正备案一致，真正实现样板房“所见即所得”。

（符　俊）

9月17日，区住建局在弘阳广场开展维修资金服务进小区宣传活动
（区住建局　提供）

金融业

◆栏目编辑　陈　烨

银　行

【中国工商银行股份有限公司常州分行】 2021年，工商银行常州分行下辖营业网点101家、自助银行21家，拥有自助存取款设备819台。至年末，该行本外币各项存款余额1470.71亿元，较年初增加116.52亿元；本外币各项贷款余额1270.04亿元，较年初增加188.62亿元；不良贷款本外币余额1.87亿元，较年初减少4.57亿元，不良贷款率0.15%，比年初下降0.45%；全行总资产1542.98亿元，总负债1520.75亿元；全年实现营业净收入44.63亿元、净利润22.23亿元。

支持实体经济，紧盯基础设施、产业升级、绿色金融、城市更新、公共服务等领域融资需求，全年获批贷款项目64个，金额317.48亿元，实现投放187亿元。加大对制造业、民营企业金融支持力度，至年底，制造业贷款余额199.24亿元，非国有企业贷款余额333.38亿元，分别较年初增加16.06亿元、26.47亿元；人行降准口径普惠贷款余额113.99亿元，较年初净增47.25亿元；外币贷款余额1.7亿美元，较年初增加8330万美元。深化普惠金融服务，落实普惠业务零售化转型，全年建设普惠业务旗舰网点5家、标杆网点24家。深耕民营企业聚集行业的细分市场，推进数字供应链发展，全年数字供应链融资余额17.44亿元，较年初净增8.12亿元。执行普惠小微贷款延期还本政策，全年普惠小微非网络循环类贷款到期金额22.06亿元，实施延期还本900笔19.31亿元，全年普惠小微贷款延期率87.55%。加大对“三农”沃土市场资源投入力度，8月率先在省内系统成立乡村振兴办公室，在各支行网点组建专门服务团队，深入乡村市场对接企业需求；制定特色化方案，加快审批投放速度，壮大涉农贷款规模，至年底，涉农贷款余额186.19亿元，较年初增加28.02亿元。加快渠道优化，深化线上线下服务融合，提升网点运营效能；创新平台型团队、柔性团队等服务形式，并强化专业间协同联动。推进数字工行建设，提升分行研发能力，全年完成科技项目研发27个，其中对外客户合作项目13个。提升适老化服务能力，丰富“工行驿站”惠民服务设施，提供定制上门服务，推广“幸福生活版”手机银行，增强老年人金融服务体验。加强消费者权益保护，开展“暖阳行动”“骄阳行动”“我为群众办实事”实践活动、“存款保险”专题系列宣教等活动，宣传普及金融基础知识和风险防范技能。

（潘　尧）

【中国农业银行股份有限公司常州分行】 2021年，农业银行常州分行下辖营业网点125家、离行式自助银行11家，拥有自助存取款设备308台。至年末，该行本外币各项存款余额1571.35亿元，较年初增加125.69亿元；本外币各项贷款余额1112.21亿元，较年初增加199.52亿元；不良贷款本外币余额3.12亿元，不良贷款率0.27%；全行总资产1650.23亿元，总负债1632.34亿元；全年实现营业净收入44.64亿元、净利润20.05亿元。

服务实体经济。加大重点领域信贷投放，全年获批项目贷款40个、金额261.1亿元，实现投放124.2亿元。推动普惠金融发展，至年末，普惠贷款余额143.1亿元，较年初增加39.9亿元，完成全年目标；实施“一项目一方案一授权”新模式项目81个，授信总额72.4亿元，用信客户数4011户，用信余额57.6亿元。制造业贷款增量完成目标任务，战略新兴产业贷款余额、绿色信贷余额分别比年初增加45.03亿元、76.07亿元。

数字经营战略。加快手机银行推广，年底手机银行月均活跃客户突破百万户。加强校园、政务、医疗等智慧场景拓展，全年新增有效场景566个，场景月均活跃客户16.6万户；其中“家校通”累计签约上线学校223所，在“我的常州”App上线“常享付”电子钱包，为用户就医购药、公交出行、保险理赔等功能应用提供支付服务，全年累计绑卡2.35万张，开通电子账户7.22万户。加快线上信贷业务发展，上线苏浙皖“市场e贷”，联动常州企业征信服务有限公司推出“常信贷”产品，全年投放659户、3.9亿元；借助“金丝利·家”综合服务平台，发放“烟商e贷”1.03亿元。加强风险扫描预警和前瞻化解，不良贷款实现“双降”。推进电信网络诈骗专项治理，全年堵截各类欺诈风险214件，涉及金额4.17亿元。执行人民银行政策评价、反洗钱工作评价连续6年获评“A类”行。

推进网点适老化升级改造，开通绿色通道或“爱心窗口”，协助老年人办理业务，溧阳支行营业部、新北支行营业部获评2021年江苏银行业文明规范服务适老网点；对手机银行实施无障碍及适老化改造。

加强消费者权益保护，开展“金融知识普及月，金融知识进万家，争做理性投资者，争做金融好网民”宣传，组织线上线下活动128次。是年，农行常州分行被评为2021年度常州市现代服务业五星企业。

（吕红波）

【中国银行股份有限公司常州分行】2021年，中国银行常州分行下辖营业网点75家、自助银行80家，拥有自助存取款设备148台。至年末，该行本外币各项存款余额965.18亿元，较年初增加125.89亿元；本外币各项贷款余额870.77亿元，较年初增加117.41亿元；不良贷款本外币余额1.98亿元，不良贷款率0.23%；全行总资产1002.08亿元，总负债992.11亿元；全年实现营业净收入25.91亿元、净利润9.08亿元。

加大常州先进制造业和民营经济支持力度，服务重点项目。至年末，实现常州市重大产业项目营销跟进全覆盖，其中完成授信项目6个，年底授信余额10.04亿元。制造业贷款较年初新增21.42亿元，制造业贷款占比25.22%，较上年提升0.19个百分点；民营企业贷款较年初新增19.04亿元，增幅12.66%。

围绕“高新技术企业”“专精特新企业”“知识产权企业”等重点客群，创新产品和业务服务模式，以“线上+线下”融合推动，加快普惠金融、县域金融发展。普惠贷款较年初新增38.53亿元，增幅70.54%；推进惠农民生工程建设，支持乡村振兴战略，涉农贷款新增21.72亿元，增幅34%；绿色信贷贷款新增39.41亿元，增幅92.75%；战略新兴产业贷款新增7.72亿元，增幅127.84%。4月21日，与常州市知识产权局签署战略合作协议，全面启动知识产权质押融资银企对接活动，为常州科技型中小企业发展赋能。成立“护航外贸，E通全球”外贸党建联盟，服务全市开放型经济发展，为80余家企业办理累计29.96亿美元的便利化试点业务，为全市超3000户外贸企业提供跨境金融服务，国际贸易结算总量超140亿美元，跨境人民币结算量超240亿元，结售汇超76亿美元，三项份额稳居市场第一。发放贸易融资242.54亿元，为企业提供从结算到融资全方位服务。公司被评为2021年度常州市现代服务业五星级企业。

推进服务渠道建设。加强网点智能化建设，完成网点物理改造12家，打造战略场景特色网点11家；持续推进为民助老金融服务，打造适老网点样板2家。开展“3·15”金融消费者权益日、“2021年普及金融知识万里行”和“普及金融知识、守住‘钱袋子’”等宣传教育活动，增强社会公众的金融风险防范意识。

（王文婷）

【交通银行股份有限公司常州分行】2021年，交通银行常州分行下辖营业网点28家、离行自助网点23家，拥有自助存取款设备115台。至年末，本外币各项存款余额530.85亿元，较年初增加41.67亿元，增幅8.52%；本外币各项贷款余额430.92亿元，较年初增加60.78亿元，增幅16.42%；不良贷款本外币余额15582万元，较年初增加10974万元，不良贷款率0.36%；全行总资产556.68亿元，总负债547.11亿元；全年实现营业净收入12.49亿元、净利润9.04亿元。

支持重大项目和重点企业。与武进区政府签署总额160亿元合作协议，全方位对接区域内特色产业园区；为常州龙运建设发展有限公司、常州市晋陵投资集团有限公司、常州武澳投资发展有限公司等一批城市更新项目新增授信额度超30亿元；至年底，落地省、市重大项目15个，发放贷款51.88亿元。支持先进制造业，全年给制造业累计投放贷款45亿元，服务超160户企业。提升普惠金融服务实体能力，全面打造“普惠e贷”线上综合融资产品体系，实现线上标准产品与场景定制产品的“双轮驱动”；对接政府科技信贷风险补偿政策，灵活运用“人才贷”“高企贷”“苏科贷”“常科贷”等产品。小微企业综合融资成本稳中有降，全年普惠型小微企业贷款发放45.84亿元，平均定价4.13%，较上年平均定价下降0.34个百分点。助力乡村振兴，与溧阳市农业农村局、乡村振兴局签订五年框架合作协议，推进与乡村振兴扩面试点社渚镇全面合作。6月，发行常州地区首单公募乡村振兴债券——江苏先行控股集团超短期融资券，金额3.5亿元。与养殖业龙头企业江苏立华牧业股份有限公司开展全面合作，创新推出“公司+合作社+农户”的合作养殖模式，为江苏、安徽、山东近100户农户提供授信，支持新型农业主体和农民致富。

（何益舟）

【江苏银行股份有限公司常州分行】 2021年，江苏银行常州分行下辖营业网点30家、自助银行33家，拥有自助存取款设备69台。至年末，该行本外币各项存款余额747.42亿元，同比增长16.45%；本外币各项贷款余额685.17亿元，较年初增加102.04亿元，连续两年增量突破100亿元；不良贷款率0.48%，逾欠息率0.43%；全年实现营业净收入25.87亿元、净利润15.32亿元。

围绕常州产业规划，加大对“专精特新”企业、上市后备企业、高新技术企业等优质客户的信贷支持力度，在高铁新城、城市更新、工业地产等项目精准投放贷款。推广运用“苏银金管家”品牌，运用产品对外转账、落地限额、短信通知、理财购买等功能，落地多家企业“管家”业务。至年底，制造业贷款余额127.06亿元，较年初新增29.49亿元；民营企业贷款余额245.24亿元，较年初新增62.79亿元；普惠贷款余额61.85亿元，较年初新增18.68亿元，同比增长43.29%，高于各项贷款25.79个百分点；围绕“减污降碳、清洁能源、清洁交通、零碳建筑、低碳生活”五大领域，发展绿色金融业务，绿色信贷余额69.12亿元，较年初新增21.65亿元。推广“经营随e贷”特色产品，新增授信客户1761户、金额15.57亿元，总授信规模26.27亿元，贷款余额较年初新增12.11亿元。加强涉农特色产品推广运用，涉农贷款余额较年初新增15.25亿元，金融精准扶贫贷款余额较年初新增6.82亿元。11月24日，助力江苏科维控股集团有限公司发行全国首单“乡村振兴”海外债，发行利率创江苏银行备证增信历史新低。加强金融场景建设，先后完成市教育局管辖学校阳光食堂平台建设、市校外培训机构资金监管系统对接、市阳光物业平台支付对接、学校一卡通系统建设等项目实施，产品覆盖“天天理财”App等平台。

（周立筠）

【中信银行股份有限公司常州分行】 2021年，中信银行常州分行下辖营业网点8家、自助银行8家，拥有自助存取款设备19台。至年末，该行本外币各项存款余额353.57亿元，较年初增加18.07亿元；本外币各项贷款余额386.61亿元，较年初增加88.9亿元；不良贷款本外币余额0.28亿元，较年初增加0.1亿元，不良贷款率0.07%；全行总资产409.09亿元，总负债401.58亿元；全年实现营业净收入11.92亿元、净利润2.83亿元。是年，与市工信局签订战略合作协议，制订金融支持产业链行动实施方案，精选10条优势产业链开展金融支持。至年底，全行制造业贷款余额39.2亿元，较年初增加6.84亿元；绿色信贷余额20.44亿元，较年初增加18.6亿元；战略新兴产业贷款余额28.57亿元，较年初增加16.19亿元；普惠小微企业贷款余额36.96亿元，较年初增加9.53亿元，完成监管下达新增任务的297.81%，同比增长34.74%。灵活运用“商行+投行”服务模式，拿下股权类募集资金账户近20亿元，全年债券承销规模122.22亿元，市场份额15%左右，成为全国首家市场化发行破百亿的二级分行。零售管理资产时点余额206.34亿元，较年初增加30.45亿元；日均余额193.51亿元，较年初增加25.45亿元，同比增长15.14%。支付结算重点产品“e管家”存管资金时点余额突破2亿元，贵宾客户增量780户，私人银行客户增量74户。

（唐秋霞）

【中国工商银行股份有限公司常州天宁支行】 2021年，工商银行常州天宁支行下辖10家营业网点、1家自助银行，拥有61台自助存取款设备，126名在职员工。是年，支行突出资产拉动，加强重大项目贷款营销储备，融入地方经济发展大局；做实普惠金融，优化普惠金融业务发展渠道，推行网点普惠零售化转型，助力实体经济发展；强化存款攻坚，做大资金规模，探索批量争揽客户资金渠道，运用投债、项目贷款、按揭资源、产品配置等手段实现公司存款新突破。至年末，支行各项存款时点余额109.35亿元，较年初增加8.29亿元；各项贷款余额 82.73 亿元，较年初增加 6.8 亿元，其中普惠贷款余额 7.46 亿元，较年初增加 3.34 亿元。

（赵　丹）

【中国农业银行股份有限公司常州天宁支行】 2021 年，农业银行常州天宁支行下辖 19 家营业网点，拥有 47 台自助存取款设备，269 名在职员工。是年，支行提升服务实体经济质效，对接市、区两级融资平台，主动服务重大项目和战略性新兴产业，全年获批项目贷款 5 个，金额超 45 亿元。着力解决融资中的痛点、难点，全年新增普惠型小微贷款客户 188 户，发放贷款 3.85 亿元。支持居民消费升级，通过信用卡分期，助力品质消费，全年分期交易额 5.44 亿元，较年初增加 1.48 亿元，其中家装分期交易同比增加 0.44 亿元。结合“我为群众办实事”项目，各网点开展“爱心捐助”、服务升温工程、暖心上门服务、兑换残损币、助客户超期银票兑付等活动。有效堵截各类金融风险隐患事件 21 起，涉及金额 126 万元，支行综合营运部被市公安局评为 2021 年常州市单位治安保卫工作先进集体。至年末，支行各项存款时点余额 200.26 亿元，较年初增加 16.85 亿元；各项贷款余额 143.02 亿元，较年初增加 14.85 亿元；新开本外币对公结算账户 1336 户，新增个人有效客户 3.68 万户、掌银注册客户 4.22 万户、信用卡有效客户 6493 户。

（李文露）

【中国银行股份有限公司常州天宁支行】 2021 年，中国银行常州天宁支行下辖 10 家营业网点、10 家自助银行，拥有 14 台自助存取款设备，146 名在职员工。是年，支行持续推进普惠投放，对公普惠余额 6.66 亿元，较年初新增 2.62 亿元，对私普惠余额 5.02 亿元，较年初新增 2.27 亿元。推进信用卡业务，全年发放信用卡 1326 张；加强房贷发放，全年放贷 10.67 亿元。至年末，支行各项存款时点余额 76.88 亿元，较年初增加 4.04 亿元；各项贷款余额 108.08 亿元，较年初增加 7.3 亿元。

（尹红芳）

【中国建设银行股份有限公司常州天宁支行】 2021 年，建设银行常州天宁支行下辖 14 家营业网点，拥有 43 台自助存取款设备，152 名在职员工。是年，支行贯彻落实总分行党委决策部署，坚持稳中求进工作总基调，纵深推进新金融实践。至年末，一般性存款时点余额 106.28 亿元（其中对公存款 22.67 亿元、个人存款 83.61 亿元），较年初增加 5.31 亿元（其中对公存款增加 3.03 亿元、个人存款增加 2.28 亿元）；各项贷款余额 82 亿元，较年初增加 24 亿元（其中普惠金融贷款余额 10.99 亿元，较年初增加 2.82 亿元）；代销保险完成 1.77 亿元，代销基金完成销售额 2.77 亿元，实物黄金完成销售额 14.45 万克，信用卡客户净增 2488 户，个人手机银行活跃客户 78743 户；新增代发工资 0.01 亿元，其中大中型信贷户代发工资占比提升 14.29%；支行大中型“非贴现”贷款日均贷款新增 12.73 亿元，普惠客户 977 户，较年初新增 194 户；全年新增个人客户 2649 户，个人金融资产总量新增 3.2 亿元，个人住房贷款发放 6.8 亿元，个人消费贷款发放 0.4 亿元，信用卡分期交易额 3.1 亿元。

（徐红霞）

【交通银行股份有限公司常州天宁支行】 2021 年，交通银行常州天宁支行下辖 3 家营业网点、3 家自助银行，拥有 15 台自助存取款设备，40 名在职员工。是年，支行聚焦小微企业，利用线上产品解决小微企业融资难问题，新增线上贷

9 月 15 日，建设银行天宁支行开展普及金融知识宣传活动

（建设银行天宁支行　提供）

款 0.66 亿元，普惠两增贷款 1.4 亿元；新增代发工资客户 1250 户，新增企业手机银行签约 141 户，完成率 117.5%。至年末，支行各项存款时点余额 27 亿元，较年初下降 0.33 亿元；各项贷款余额 18 亿元，较年初增加 2.88 亿元。

（何益舟）

【中信银行股份有限公司常州天宁支行】 2021 年，中信银行常州天宁支行拥有 2 台自助存取款设备，17 名在职员工。是年，支行作为省分行辖区内唯一一家汽车金融专营机构，为 11 家 4S 店提供 2 亿元贷款，解决汽车经销商融资问题。至年末，支行新增首贷户 63 户，各项存款时点余额 23.54 亿元，较年初下降 0.52 亿元；各项贷款余额 79.1 亿元，较年初增加 36.2 亿元。

（周　珣）

【光大银行股份有限公司常州天宁支行】 12 月 22 日，位于新堂北路 368 号 2 幢 101—106 号的光大银行常州天宁支行开业，下辖 1 家自助银行，拥有 2 台自助存取款设备，13 名在职员工。2021 年，支行立足天宁、服务天宁，扶持制造型企业，支持普惠金融，围绕“五新”（坚持新思维、推进新治理、培育新生态、创造新价值、弘扬新风尚）要求，助推天宁社会经济发展。至年末，支行各项存款时点余额 15.31 亿元，各项贷款余额 14.82 亿元。

（薛嘉春）

【华夏银行股份有限公司常州天宁支行】 2021 年，华夏银行常州天宁支行下辖 1 家营业网点，拥有 2 台自助存取款设备，17 名在职员工。是年，支行克服利率下行影响，坚持存款立行为本，强化负债业务，扩大存款规模，开立监管户并落地监管资金 1 亿元，以投促承，稳步推进联合承销非公开定向债务融资。助力小微企业发展，普惠金融业务方面净增贷款 3621 万元；助力居民购房融资需求，全年投放按揭购房贷款 1.36 亿元。至年末，各项存款时点余额 15.66 亿元，较年初下降 1.2 亿元；各项贷款余额 16.92 亿元，较年初增加 2.72 亿元。

（卞　宁）

【平安银行股份有限公司常州天宁支行】 2021 年，平安银行常州天宁支行下辖 1 家自助银行，拥有 2 台自助存取款设备，13 名在职员工。至年末，支行各项存款时点余额 3.5 亿元，较年初增加 0.8 亿元；金融资产规模 22.2 亿元，较年初新增 5.2 亿元。

（周　峰）

【招商银行股份有限公司常州天宁支行】 2021 年，招商银行常州天宁支行下辖 2 家营业网点、2 家自助银行，拥有 4 台自助存取款设备，25 名在职员工。是年，支行围绕总行战略，在投行、商行、私行、金融科技四大板块，服务天宁区内企业，业务规模稳健增长。投行板块，招商银行联动招银资本，对重点企业江苏立华牧业股份有限公司进行股权投资；商行板块，招商银行对本市上市公司、拟上市公司、专精特新企业，给出最具竞争力价格，支持实体经济发展；私行板块，招商银行对资产 1000 万元以上客户，进行分层管理，总行给予投顾资源，为客户提供专业化财富管理业务；金融科技板块，招商银行为客户在现金管理、薪福通、办公系统、财务管理系统等方面提供差异化服务。至年末，支行各项存款时点余额 19.2551 亿元，各项贷款余额 9.9013 亿元。

（黄胜春）

【兴业银行股份有限公司常州天宁支行】 2021 年，兴业银行常州天宁支行拥有 3 台自助存取款设备，21 名在职员工。是年，支行参与普惠金融政策推广，重点扶持小微企业，支持地方实体经济发展，为民营企业提供融资 1.3 亿元，较年初增加 1.1 亿元；支持个体经营户及小微企业经营，投放经营贷款 1.062 亿元。支持居民安居及改善住房需求，全年投放按揭购房贷款 1.21 亿元。加大对地方政府支持力度，投资平台债券 2.6 亿元，债券投资规模合计 11.32 亿元。围绕反假币、反洗钱等主题开展宣讲活动，保护消费者权益。至年末，综合金融资产余额 20.43 亿元，金融资产较年初增加 3.11 亿元；各项存款时点余额 10.35 亿元，较年初增加 0.06 亿元，其中储蓄存款 4.73 亿元，较年初增加 0.65 亿元；各项贷款余额 14.22 亿元，较年初下降 1.4 亿元。

（夏　军）

【民生银行股份有限公司常州天宁支行】 2021 年，民生银行常州天宁支行下辖 1 家营业网点、2 家社区支行，拥有 6 台自助存取款设备，20 名在职员工。是年，支行集中资金和政策优势，加大对实体民营经济扶持力度；坚持以“支持地方经济，服务广大市民”为己任，参与天宁区城市改造项目及重大项目建设，与中国工商银行、中国农业银行、中国银行、中国建设银行等国有银行组建银团，获批 3 个贷款项目，金额 11 亿元，实现投放 5.7 亿元；推进小微金融战略，推出多项服务小微企业举措，实行“流水贷”等便民贷款方式，投放贷款 0.2 亿元，为符合条件的小微客户减免 3 个月贷款利息，促进小微企业发展。坚持开展普惠金融活动，深入周边社区开展反假反诈骗宣传，保护消费者权益。至年末，支行各项存款时点余额 21.39 亿元，较年初增加 2.21 亿元；各项贷款余额 43.02 亿元，较年初增加 4.97 亿元。

（应惠佳）

【南京银行股份有限公司常州天宁支行】 10 月，位于奥韵家园 2-3、2-5、2-8 号商铺的南京银行常州天宁支行开业，这是南京银行在常州设立的第 7 家网点，拥有 3 台自助存取款设备，21 名在职员工。2021 年，支行立足为实体经济发展提供综合金融服务理念，扶持和促进本地民营企业发展，支持普惠金融，为小微企业提供优质金融服务，改善小微企业和民生金融生态环境。至年末，支行各项存款时点余额 2.98 亿元，其中公司存款时点余额 2.45 亿元、储蓄存款时点余额 0.53 亿元；各项贷款余额 1.39 亿元；代销基金 0.01 亿元，国债 17 万元。

（陈雨鑫）

【江苏银行股份有限公司常州天宁支行】 2021 年，江苏银行常州天宁支行下辖 4 家营业网点、4 家自助银行，拥有 8 台自助存取款设备，71 名在职员工。是年，支行加大先进制造业重点项目储备落地，制造业贷款新增 2.49 亿元，科技型企业贷款新增 3.92 亿元；聚焦集群产业实体经济，推进绿色金融业务，节能环保绿色信贷新增 2.75 亿元；普惠小微金融业务扩面增量，普惠小微实贷余额新增 1.52 亿元；加强特色产品随 E 贷业务，随 E 贷余额新增 1.42 亿元。至年末，支行各项存款时点余额 54.63 亿元，较年初增加 4.34 亿元；各项贷款余额 79.99 亿元，较年初增加 22.43 亿元。

（顾　涛）

【江南农村商业银行股份有限公司常州天宁支行】 2021 年，江南农村商业银行常州天宁支行下辖 21 家营业网点、11 家自助银行，拥有 92 台自助存取款设备，214 名在职员工。是年，支行重点做好普惠金融，加大小微贷款投放力度，调整信贷结构，提高贷款风控质量，推广“阳光信贷”，助推乡村振兴。“阳光信贷”是支行未来三年“支农支小”重点工作，协助政府实施乡村振兴战略，改善农村人居环境，推动农民致富，促进农村经济发展。“阳光信贷”产品主要为个体户、家庭提供备用资金，线上操作，自助申请，手续简便，无中介合作，快速放款，全年累计拓展“阳光信贷”体验户 17639 户。至年末，支行各项存款时点余额 256.44 亿元，较年初增加 30.67 亿元，同比增长 13.59%；日均存款 234.65 亿元，较年初增加 29.31 亿元，同比增长 14.27%；各项贷款余额 121.12 亿元，较年初增加 20.69 亿元，同比增长 20.6%；日均贷款 116.44 亿元，较年初增加 26.03 亿元，同比增长 22.36%。

（章　柯）

【中国邮储银行股份有限公司常州天宁支行】 2021 年，邮储银行常州天宁支行下辖 1 家营业网点，拥有 2 台自助存取款设备，10 名在职员工。是年，支行围绕小型实体经济及“三农”客户做好服务，加强客户管理和维护，稳固存贷款业务，推进乡村振兴，满足“三农”客户需求。至年末，支行各项存款时点余额 2.06 亿元，较年初增加 0.3 亿元；各项贷款余额 4 亿元，较年初增加 0.85 亿元。全年实现业务总收入 1404 万元，完成年度收入指标的 102%，同比增长超 25%。

（巢　佳）

3 月 15 日，江南农村商业银行天宁支行开展金融知识宣传

（江南农村商业银行天宁支行 提供）

保险 证券

【中国人民财产保险股份有限公司常州市分公司】 2021年，中国人民财产保险常州市分公司下辖营业网点45个，有员工886人。至年末，该公司实现保费收入28.63亿元，同比增长4.98%，其中车险保费收入20.34亿元、非车非农保费收入6.93亿元、农险保费收入1.36亿元，支出赔款7.17亿元。公司总资产3.62亿元，承保单数178万单，为全市各类客户提供总计3.5万亿元风险保障服务。年内，公司与市医保局合力打造常州市“常相办”服务品牌，在辖（市）区经办服务机构设立7个医疗服务站，其中钟楼区社区医疗保障经办服务站纳入省医保局的“15分钟便民服务圈”示范点建设单位。提升融合共建和产品推广水平，与孟河镇政府成立“稻米共建”扶贫基地；在溧阳创新开办青虾地理标志被侵权损失保险；推广乡村振兴保产品，覆盖全市98个村，为18.44万人提供4.27亿元风险保障。是年，中国人民财产保险常州市分公司为保险机构中唯一获评市政府五星级明星企业。

（新 轲）

【中国人寿保险股份有限公司常州市分公司】 2021年，中国人寿常州市分公司下辖有团体保险、银保、个险机构46家，代理人4854人。全年实现保费收入43.53亿元，占常州市寿险市场份额的16.51%，其中实现寿险首年期交6.6亿元、短险保费3.1亿元；全年赔付金额3.03亿元，赔付案件10.1万件。至年末，公司总资产209.7亿元，承保长期保险17926件、短期保险412752件，为全市各类客户提供总计7372亿元风险保障服务。年内，开办企业团体系列保险、老年人系列保险、学生儿童保险等多款民生险种，覆盖全市近4000家企业、超过250万人群医疗救助、住院费用、意外赔偿等保障责任，理赔人数超37万人次。

（陆智威）

【中国平安人寿保险股份有限公司常州中心支公司】 2021年，平安人寿常州中心支公司下辖12家机构，有员工168人、代理人1868人。全年实现保费收入21.17亿元，占常州市寿险市场份额的7.82%，其中实现寿险首年期交4.82亿元、寿险续期交费16.35亿元；全年完成理赔结案12443件，理赔给付金额1.29亿元，其中重疾险理赔金额占比58.6%、医疗险件数占比89.3%。至年末，公司总资产143.26亿元，承保单数2.25万单，为全市44.02万客户提供36.6亿元人身险保障服务和24.2亿元重疾险保障服务。年内，依托科技平台，优化“赔付有诚意”服务，4288笔理赔案件在申请30分钟内极速闪赔结案，54名罹患重疾客户获得先赔服务，36名医疗险理赔客户住院期间通过智能预赔提前赔付，3287笔理赔案件在未提交发票等理赔实物材料情况下实现理赔。

（高青松）

【泰康人寿保险有限责任公司江苏常州中心支公司】 2021年，泰康人寿常州中心支公司实现保费收7.57亿元，同比增长8.26%，占常州市寿险市场份额的2.87%，其中新单保费收入1.57亿元；全年完成各类给付1.10亿元，个险、银保合计赔付0.37亿元，赔付率4.84%。是年，公司保全服务替代率98.85%，客户通过电子化渠道办理保全业务，实时显示赔付进度，全流程透明可视。公司持续与常州市第四人民医院开展“健保通”直付式理赔项目合作，与常州市武进人民医院对接“健保通”网络系统互联，对接完成后将为在武进人民医院就医的泰康客户实现免申请、零等待、出院即理赔“一站式”报销流程。

（刘 静）

【东海证券股份有限公司】 2021年，东海证券股份有限公司（简称“东海证券”）下辖分公司7家、证券营业部70家。全年实现营业收入14.28亿元，利润总额3.12亿元，实现归属母公司股东的净利润2.29亿元。

制定发布公司“十四五”规划。完善合规及全面风险管理体系建设，被评为A类A级证券公司。完成增资扩股，优化股权结构，注册资本由16.7亿元增至18.56亿元，巩固常州国资控制地位。整合区域资源，在企业上市、债券发行、股权投资等领域全方位服务常州实体经济发展。以文化建设夯实企业软实力，在中国证券协会组织的行业文化建设评价工作中位列B类。推进证券经纪业务财富管理转型，优化收入结构，财富管理体系从传统通道收费模式向买方服务收费模式转化，全年实现营业收入6.56亿元。加强业务各环节风险管控和主动性风险管理，稳步拓展业务资源，全年实现营业收入4.86亿元。

建立健全战略客户专项维护机制，推进“投资＋投行＋产业落地”的全周期综合金融服务模式。聚焦区域及行业优势，全年实现营业收入3.62亿元。新设衍生产品部，拓展低风险、非方向性投资，全年实现自营投资业务营业收入1.12亿元、资产管理业务营业收入0.59亿元。推进大集合和私募资管产品规范整改，超额完成新产品发行目标，其中海睿进取混合是江苏辖区内第一只参考公募基金进行改造的产品。

（邢若琼）

【东海期货有限责任公司】 2021年，东海期货有限责任公司（简称“东海期货”）下辖子公司1家、营业网点22家。全年实现营业收入119671.02万元，营业利润7668.58万元，同比增长30.52%；实现净利润6139.97万元，同比增长38.61%。至年末，公司总资产105.27亿元，总负债97.67亿元，在2021年期货公司分类评价中被评为A类A级。

期货经纪业务。全年公司期货经纪主营业务客户权益规模快速增长，全年日均权益（不含交易会员）77.47亿元，同比增长46.69%；其中机构客户日均权益55.45亿元，同比增长68.83%；商品期货成交量9347.09万手，同比增长5.63%；金融期货成交量113.63万手，期权成交量92.48万手，同比增长44.08%。

资产管理业务。通过内外资源贯穿运用和调整优化，年终产品募集规模5.63亿元，增长率12.35%。至年底，存续资管产品26支，实际受托资产5.47亿元。

风险管理子公司创新业务。取得短纤、纯碱2个贸易商厂库资质，大宗商品贸易实现销售收入9亿元；场外衍生品团队逐步成熟，成交名义金额169亿元。做市业务快速发展，峰值时做市品种10个，做市资金最高1.95亿元。

投教及投研服务。互联网投教基地获江苏证监局授牌江苏省证券期货投资者教育基地；与常州大学签约战略合作协议，成立东海常大金融工程实验中心，共建东海期货常大投教基地；与上海期货交易所、常州市资本市场协会共同组建常州期货及衍生品培训交流基地。服务常州实体企业，整合各方资源，与浦发银行、平安银行签约合作，为常州实体企业风险管理搭建制度建设、交易管理、人才培养、合作交流等服务平台；打造东海“龙城汇”品牌活动，先后组织常州塑化会议、常州资本市场论坛、常州绿建期货套保研究论坛、服务常州PVC沙龙等大型活动。全年公司“保险+期货”项目覆盖18个地区，投入公益资金395万元，结对帮扶8个重点帮扶县，其中云南墨江生猪“保险+期货”项目实现赔付439.86万元。

（高玉颖）

地方其他非银行金融机构

【常州许氏典当有限责任公司】 常州许氏典当有限责任公司位于关河中路38号，注册资本1000万元。经营范围为动产质押典当业务、财产权利质押典当业务、房地产（外省、自治区、直辖市的房地产或者未取得商品房预售许可证的在建工程除外）抵押典当业务、限额内绝当物品的变卖、鉴定评估及咨询服务、商务部依法批准的其他典当业务。2021年，实现典当总额1080万元，其中动产典当业务1010万元、房地产典当业务70万元；年末典当余额689万元。

（张玉红）

【常州宝祥典当行有限公司】 常州宝祥典当行有限公司位于延陵西路29号投资广场，注册资本13970万元。经营范围为动产质押典当业务、财产权利典当业务、房地产（外省、自治区、直辖市的房地产或者未取得商品房预售许可证的在建工程除外）抵押典当业务、限额内绝当物品的变卖、鉴定评估及咨询服务、商务部依法批准的其他典当业务。2021年，实现典当总额42718万元，其中动产典当业务9535万元、房地产典当业务33183万元；年末典当余额7452万元。

（莫丽平）

【常州德裕典当有限公司】 常州德裕典当有限公司位于罗汉路8号，注册资本1000万元。经营范围为动产质押典当业务、财产权利质押典当业务、房地产（外省、自治区、直辖市的房地产或者未取得商品房预售许可证的在建工程除外）抵押典当业务、限额内绝当物品的变卖、鉴定评估及咨询服务、商务部依法批准的其他典当业务。2021年，实现典当总额231.36万元，其中动产典当业务6.36万元、房地产典当业务225万元；年末典当余额230.4万元。

（孙霞娟）

【常州银信典当有限公司】 常州银信典当有限公司位于凯旋城12-1号，注册资本1500万元。经营范围为动产质押典当业务、财产权利质押典当业务、房地产（外省、自治区、直辖市的房地产或者未取得商品房预售许可证的在建工程除外）抵押典当业务、限额内绝当品的变卖、鉴定评估及咨询服务、商务部依法批准的其他典当业务。2021年，实现典当总额688.08万元，其中动产典当业务648.08万元、抵押贷款典当业务40万元；年末典当余额1349.12万元。

（林　凡）

【江苏信悦典当有限公司】 江苏信悦典当有限公司位于东坡雅居2-13号，注册资本3000万元。经营范围为动产质押典当业务、财产权利质押典当业务、房地产（外省、自治区、直辖市的房地产或者未取得商品房预售许可证的在建工程除外）抵押典当业务、限额内绝当品的变卖、鉴定评估及咨询服务、商务部依法批准的其他典当业务。2021年，实现典当总额30206万元，其中房地产典当业务29647.9万元、财产权利典当业务558万元、动产典当业务0.1万元；年末典当余额2720.4万元。

（高建英）

【常州金丰泰典当有限公司】 常州金丰泰典当有限公司位于延陵西路68号，注册资本3200万元。经营范围为动产质押典当业务、财产权利质押典当业务、房地产（外省、自治区、直辖市的房地产或者未取得商品房预售许可证的在建工程除外）抵押典当业务、限额内绝当物品的变卖、鉴定评估及咨询服务、商务部依法批准的其他典当业务。2021年，实现典当总额235.05万元，其中动产典当业务215.05万元、房地产典当业务20万元；年末典当余额1048.78万元。

（谭秋兰）

【常州德润典当有限公司】 常州德润典当有限公司位于蔷薇家园12-109号，注册资本3000万元。经营范围为动产质押典当业务、财产权利质押典当业务、房地产（外省、自治区、直辖市的房地产或者未取得商品房预售许可证的在建工程除外）抵押典当业务、限额内绝当物品的变卖、鉴定评估及咨询服务、商务部依法批准的其他典当业务。2021年，实现典当总额31087万元，其中动产典当业务110万元、房地产典当业务30977万元；年末典当余额3065万元。

（周玉兰）

【江苏中南典当有限公司】 江苏中南典当有限公司位于五角场东村11幢9号，注册资本3000万元。经营范围为动产质押典当业务、财产权利质押典当业务、房地产（外省、自治区、直辖市的房地产或者未取得商品房预售许可证的在建工程除外）抵押典当业务、限额内绝当物品的变卖、鉴定评估及咨询服务、商务部依法批准的其他典当业务。2021年，公司未开展业务，年末典当余额2824.81万元。

（顾　倩）

【常州市匍京典当有限公司】 常州市匍京典当有限公司位于延陵中路865号，注册资本4500万元。经营范围为动产质押典当业务、财产权利质押典当业务、房地产（外省、自治区、直辖市的房地产或者未取得商品房预售许可证的在建工程除外）抵押典当业务、限额内绝当品的变卖、鉴定评估及咨询服务、商务部依法批准的其他典当业务。2021年，公司未开展业务，年末典当余额为662.06万元。

（周　烨）

【南通融通典当有限公司常州分公司】 南通融通典当有限公司常州分公司位于金百商业广场8-108号，运营资本金500万元。经营范围为动产质押典当业务、财产权利质押典当业务、房地产（外省、自治区、直辖市的房地产或者未取得商品房预售许可证的在建工程除外）抵押典当业务、限额内绝当品的变卖、鉴定评估及咨询服务、商务部依法批准的其他典当业务。2021年，实现典当总额608.87万元，其中动产典当业务608.87万元；年末典当余额369.1万元。

（应　晶）

【易商新程（江苏）融资担保有限公司】 易商新程（江苏）融资担保有限公司位于青洋中路1号东22-308，注册资本5000万元。经营范围为贷款担保、票据承兑担保、贸易融资担保、项目融资担保、信用证担保等融资性担保业务，以及与担保业务有关的融资咨询、财务顾问等中介服务和自有资金投资。2021年，为85户个人提供融资担保643万元，年末在保责任余额2466.44万元。

（温芳明）

【平安普惠融资担保有限公司常州分公司】 平安普惠融资担保有限公司常州分公司位于和平中路388号1-2幢1902室，经营范围为融资性担保业务：贷款担保、票据承兑担保、贸易融资担保、项目融资担保、信用证担保；其他业务：诉讼保全担保、投保担保、预付款担保、工程履约担保、尾付款如约偿付担保等履约担保业务；与担保业务有关的融资咨询、财务顾问等中介服务；以自有资金进行投资、保险兼业代理、借贷咨询服务、债务融资咨询、信息咨询、商务信息咨询、企业管理咨询；信贷技术服务、技术应用成果输出、技术服务、技术转让、技术开发；受托对贷款逾期客户提醒、通知、追偿等服务。2021年，公司为16305户个人提供融资担保69157万元，年末在保责任余额49359万元。

（郭　超）

【江苏捷信融资租赁有限公司】 江苏捷信融资租赁有限公司位于劳动西路21号2幢1801室，注册资本2亿元。经营范围为融资租赁、向国内外购买租赁财产、租赁财产的残值处理及维修、租赁交易咨询和担保，以及从事与主营业务相关的商业保理业务。2021年，公司售后回租资产365万元。

（陈　捷）

【车联天下融资租赁（江苏）有限公司】 车联天下融资租赁（江苏）有限公司位于虹阳路2号，注册资本1亿港元。经营范围为融资租赁、租赁、向国内外购买租赁财产、租赁财产的残值处理及维修、租赁交易咨询和非融资性担保，许可项目为道路货物运输（不含危险货物）。2021年，公司直接租赁资产485.3万元，售后回租资产137.84万元。

（丁文倩）

【世和融资租赁（江苏）有限公司】 世和融资租赁（江苏）有限公司成立于2017年7月26日，位于常州市天宁区恒生科技园二区21幢2号楼，注册资本1亿港元。经营范围为融资租赁、租赁、向国内外购买租赁财产、租赁财产的残值处理及维修、租赁交易咨询和非融资性担保。2021年，公司未开展业务。

（王　艺）

【常州市天宁区百盛农村小额贷款有限公司】 常州市天宁区百盛农村小额贷款有限公司位于凤凰路9号，注册资本2.4亿元。经营范围为面向“三农”发放贷款，提供融资性担保。2021年，累计发放贷款7105万元，年底贷款余额4541.5万元。

（朱国伟）

【常州市天宁区九龙农村小额贷款有限公司】 常州市天宁区九龙农村小额贷款有限公司位于青龙苑三期C区31-32号，注册资本6600万元。经营范围为面向“三农”发放贷款，提供融资性担保，以及经过监管部门批准的其他业务。至2021年年末，贷款余额7503万元。

（潘剑平）

【常州市弘祺科技小额贷款有限公司】 常州市弘祺科技小额贷款有限公司位于新丰苑三期4幢1-2号，注册资本1亿元。经营范围为面向科技型中小微企业发放贷款、创业投资、提供融资性担保、开展金融机构业务代理、经监管部门批准的其他业务。2021年，累计发放贷款73918万元，年末贷款余额46万元。

（殷林霞）

【江苏月星互联网科技小额贷款有限公司】 江苏月星互联网科技小额贷款有限公司位于河海东路11号天宁区文化创意产业园二号楼108室，注册资本2亿元。经营范围为面向股东电子商务平台的客户和上下游企业发放贷款、开展创业投资、提供融资性担保、代理金融机构业务、经省金融办批准的其他业务。2021年，累计发放贷款1.54亿元，年末贷款余额1.25亿元。

（黄坚义）

【常州弘联商业保理有限公司】 1月4日，位于竹林北路256号的常州弘联商业保理有限公司成立，注册资本5000万元。经营范围为商业保理业务、供应链管理服务、国内贸易代理、以自有资金从事投资活动。2021年，公司未开展业务。

（蒋梦婷）

7月18日，车联天下融资租赁（江苏）有限公司筹集赈灾应急物资支援河南灾区　（区地方金融监管局 提供）

经济管理

◆栏目编辑　陈　烨

经济发展管理

【概况】 2021年，天宁区提升规划编制、高质量发展考核、重大项目推进、政府投资管理、现代服务业发展水平，统筹推进疫情防控和经济社会发展。围绕天宁区“十四五”规划，聚焦打造“长三角三新经济高地、现代化城乡治理样板”战略定位，完成《常州市天宁区国民经济和社会发展第十四个五年规划和二0三五远景目标纲要》《天宁区2021年国民经济和社会发展计划执行情况与2022年国民经济和社会发展计划草案的报告》。开展“重大项目”攻坚突破年活动，印发《天宁区2021年重点项目投资计划》，制定《2021年重大项目“攻坚突破年”活动实施意见》，焦溪季子文旅综合开发项目和（长三角）金属交易智慧物流园项目列入省重大项目。助推企业发展，评出“创星增效奖”单位66家、个人5名，为825家企业兑现产业高质量发展奖励资金7077万元，给规模以上服务业企业发放因疫情春节留常人员补贴26.6万元，全年为企业争取各类扶持资金2.66亿元。完善民生保障，牵头编制《天宁区关于推进城乡更新的实施意见》，向省、市争取老旧小区改造项目、棚户区改造项目、社区服务配套项目各类扶持资金2.71亿元；稳步落实动态补贴机制，向低收入群体发放价格补贴70.24万元，惠及8774人（户）/次。推进锡常协同发展先行区建设，在生态、产业、交通、文旅、配套政策上协同发展。制定《天宁区公共基础设施城乡一体化管护体制改革试点实施方案》，在郑陆镇启动农村公共基础设施管护体制改革省级试点。常州旭荣针织印染有限公司入围江苏省第三批产教融合试点。是年，全区实现地区生产总值888.4亿元，同比增长7.3%；第一产业实现增加值7.4亿元，同比下降2.3%；第二产业实现增加值228.2亿元，同比增长7.4%；第三产业实现增加值652.8亿元，同比增长7.4%，服务业增加值占地区生产总值的73.5%。常州市老工业基地调整改造工作（天宁为核心改造区）再获国务院重大政策措施真抓实干成效明显激励通报表扬；天宁区创成第四批江苏省大众创业万众创新示范基地，获全省政务诚信第一等次；区发改局获全省发改系统先进单位、市级推进“五大明

中欧（常州）检验检测认证国际合作产业园外景　（区发改局 提供）

星城市”建设先进集体。

（龚妮娜）

【高质量发展考核】 2021 年，区发改局根据全区重点工作，结合省、市考核内容，编制《2021 年度开发区、镇、街道高质量发展考核实施方案》《2021 年度区级机关单位服务高质量发展考核实施方案》，明确考核体系、考核内容、计分办法、成果运用等内容，对开发区、镇、街道采用绩效评价指标和个性指标相结合考核方式，对部门实行省市高质量发展指标任务、年度目标任务、重点工作目标及管理工作目标相结合综合考评方式。是年，考核结果纳入全区综合考核评价体系。

（杨之欣）

【重大项目推进】 2021 年，区发改局创新项目推进机制，制定《重大项目“攻坚突破年”活动实施意见》，印发《天宁区 2021 年重点项目投资计划》，建立“3315”（第一个“3”指按照项目管理类型，分招商在谈、重大产业、政府投资 3 个大类，确保服务跟踪到位；第二个“3”指按照项目建设进程，分储备、实施、后评价 3 个阶段，每个阶段各有侧重，项目跟踪更加精准；“15”指项目手续审批环节，分征地报批、两规调整、施工许可等 15 个重要节点，推动项目建设快批、快建、快达效）项目管理新模式，对项目实行全流程跟踪、全要素保障，助推重点项目建设。推进 21 个省、市重点项目建设，其中列入省重大项目的焦溪季子文旅综合开发和（长三角）金属交易智慧物流园完成投资 9.1 亿元，完成计划投资的 114%；实施市重点项目 19 个，完成投资 24.3 亿元，完成计划投资的 110%。推进 130 个区重点项目建设，总投资 1198.9 亿元，完成投资 259 亿元，新建项目开工率和竣工率均为 100%。

（李　曼）

【政府投资项目管理】 2021 年，区发改局严格规范政府投资行为，加强对政府投资项目计划管理、决策审批。编制《天宁区政府投资建设项目三年滚动计划（2021—2023 年）》，合理安排年度政府投资，全年列入政府投资计划项目 120 个，总投资 103 亿元，年度计划投资 58 亿元。按照《常州市天宁区政府投资建设项目管理办法》规定，严控政府投资建设项目审批环节，依托江苏省投资项目在线审批监管平台和常州市工程建设项目平台，规范项目审批流程，简化项目审批程序，健全项目评价机制，保障建设项目科学决策，全年完成 205 件政府投资项目立项审批。

（朱晓成）

【现代服务业发展】 2021 年，天宁区推动服务业经济发展，全区服务业总体呈现稳中有进良好发展态势，服务业增加值完成 652.8 亿元，占全区 GDP 的 73.5%，服务业投入增幅 4.6%，营业收入增幅 56.4%；年内新增规模以上服务业企业 36 家，全区累计 236 家。助推重点服务业项目建设，常州网博视频进出口溯源数字化产业基地、常州国家商用车智能驾驶研发认证中心、常州焦溪古镇文化旅游开发、中南高科—常州天宁科创智谷、中华纺织博览园（二期）5 个项目列入省服务业重点项目。推动先进制造业和现代服务业融合，加强企业培育，常州找纱科技有限公司获评市“三新”经济示范企业，江苏武进不锈股份有限公司、常州旭荣针织印染有限公司获评市级先进制造业和现代服务业融合标杆企业，常州华利达服装集团有限公司、黑牡丹纺织有限公司获评市级先进制造业和现代服务业融合示范企业，中质智通检测技术有限公司、江苏筑原建筑设计有限公司获评市级现代服务业领军企业，黑牡丹（集团）股份有限公司获评市级内资总部企业。是年，天宁经济开发区获评国家第二批先进制造业和现代服务业融合发展试点单位，为全省本批次唯一一家试点单位。加强各类服务业集聚区提档升级，中欧（常州）检验检测认证国际合作产业园获评市级现代服务业高质量发展示范区，江苏常州人力资源服务产业园、常州启迪协信科技园获评市级现代服务业集聚发展示范区。中欧（常州）检验检测认证国际合作产业园实现营业收入 120 亿元，纳税突破 1.5 亿元；江苏常州人力资源服务产业园实现营业收入 12 亿元，税收 0.4 亿元；常州启迪协信科技园实现营业收入 38 亿元，税收突破 1.2 亿元。

（葛文娜）

【社会信用体系建设】 2021 年，天宁区推进社会信用体系建设，加强政务诚信体系建设，主动公开政府信息 1763 条，及时办理依申请公开 22 件，市政府协办 17 件；主动公示行政许可、行政处罚信息 31571 条；建立“区—镇（街道）—便利站”三级信用信息自助查询体系，设置各类自助服务机器 16 台。加强企业信用管理，全年完成 15 家企业信用管理培训、5 家企业信用复核、110 家一般失信企业信用修复；联合区金融监管部门加强“信易贷”（全国中小企业融资综合信用服务平台）宣传，借助金融科技帮助挖掘中小微企业信用价值，化解企业“融资难”“融资贵”“融资慢”问题。深化行业信用监管，对相关市场主体实施分级分类差异化监管，出台《关于开展2021年度天宁区社会组织评估工作的通知》《关于进一步加强农产品质量安全信用评价管理工作的通知》等监管文件，推动政府采购、招标投标、行政审批、评优评先等事项中应用公共信用信息工作机构和第三方信用服务机构出具的信用报告。至年末，全区省级信用示范企业累计5家；新增市级信用示范企业2家，累计19家；新增市级信用贯标企业15家，累计194家。

（杨永前）

【农村公共基础设施管护体制改革省级试点】 2021年，根据中央、省、市要求，天宁区在郑陆镇启动农村公共基础设施管护体制改革省级试点，成立农村公共基础设施管护改革试点推进专班，领导、指导和协调全区农村公共基础设施管护工作；郑陆镇同步建立农村公共基础设施管护领导小组，领导、指导和协调全镇农村公共基础设施管护工作；市、区两级各配套300万元管护资金保障管护工作。专班通过调研郑陆镇21个村公共基础设施管护现状，形成12个行业管护清单。9月，印发《天宁区深化农村公共基础设施管护体制改革的实施方案》，分三年逐步开展12个行业试点工作；同月，印发《天宁区公共基础设施城乡一体化管护体制改革试点实施方案》，明确在农村生活垃圾处理、公路、水利3个重点行业，舜北村、新沟桥村、丰北村3个重点示范村，丰北居家养老中心、新沟村卫生室、郑陆中心幼儿园3个重点示范点开展试点，制定管护标准，落实管护任务，形成行业管护方案。

（张　丽）

【粮食安全保障】 2021年，区发改局围绕“严守耕地保护红线、保护耕地面积产量、兴建农田水利、提高生产技术水平、抓好粮食收储工作、完善粮食调控机制、发展粮食产业经济、维护粮食市场秩序、落实国家扶持政策”等核心指标任务，对镇、街道开展粮食安全责任制考核。经考核，镇、街道落实粮食安全责任制情况良好。5月，开展以“科技助力节粮减损，创新保障优粮供给”为主题的宣传活动和世界粮食日宣传活动，发放宣传资料300余份，接受咨询80余次。10月12日—11月11日，完成市委涉粮问题联动巡察组第五专项组对天宁区开展涉粮问题专项巡察，区发改局作为牵头部门，组织各涉粮职能部门召开天宁区涉粮问题专项巡察推进会，提供涉粮材料97盒344件，张贴《涉粮问题专项巡视公告》8份并告知本地种粮大户和经纪人21人。

（徐华娟）

财　政

【概况】 2021年，区财政局强化预算执行管理，提升资金使用效益，防范化解债务风险，全力保障高质量发展。是年，完成一般公共预算收入65.48亿元，较上年增收4.04亿元，同比增长6.6%；其中税收收入54.11亿元，同比下降3.1%，税收收入占一般公共预算收入的82.64%。政府性基金收入49.49亿元，国有资本经营收入1024万元。一般公共预算支出45.9亿元，较上年增加7.6亿元，同比增长19.85%，完成调整预算的92.66%。政府性基金支出72.47亿元，完成调整预算的98.67%。国有资本经营支出1024万元，完成调整预算的100%。

2021年天宁区财政收入统计表

表26

收入项目	金额（万元）	比2020年增长	收入项目	金额（万元）	比2020年增长
一、一般公共预算收入	654762	6.58%	耕地占用税	1018	35.28%
（一）税收收入	541101	-3.08%	契税	95211	-1.04%
增值税	193133	-5.11%	环境保护税	2763	18.98%
企业所得税(40%)	87418	3.17%	其他税收收入	4	23.36%
个人所得税(40%)	29693	0.84%	（二）非税收入	113661	102.76%
城市维护建设税	28395	-8.29%	专项收入	22399	-6.19%
房产税	25375	25.74%	行政事业性收费收入	9067	140.00%

续表 26

收入项目	金额（万元）	比 2020 年增长	收入项目	金额（万元）	比 2020 年增长
印花税	9128	11.71%	罚没收入	8575	113.24%
城镇土地使用税	11117	2.48%	国有资源有偿使用收入	73620	201.97%
土地增值税	57828	-18.68%	二、政府性基金收入	494872	26.93%
车船税	18	-11.17%	三、国有资本经营预算收入	1024	-48.81%

2021 年天宁区财政分项支出一览表

表 27

支出项目	金额（万元）	比 2020 年增长	支出项目	金额（万元）	比 2020 年增长
一、一般公共预算支出	458994	19.85%	资源勘探工业信息等支出	4269	-5.78%
一般公共服务支出	60817	11.49%	商业服务业等支出	2602	-0.19%
国防支出	698	-20.23%	金融支出	430	-38.40%
公共安全支出	19179	8.31%	援助其他地区支出	2051	1.64%
教育支出	83796	9.51%	自然资源海洋气象等支出	0	-100%
科学技术支出	14578	90.89%	住房保障支出	52035	76.50%
文化旅游体育与传媒支出	3161	4.43%	灾害防治及应急管理支出	2061	-10.20%
社会保障和就业支出	111194	40.43%	其他支出	1324	-50.96%
卫生健康支出	31250	34.76%	债务还本支出	4740	-56.91%
节能环保支出	5638	4.95%	债务付息支出	2863	24.70%
城乡社区支出	38682	-8.97%	债务发行费用支出	17	-29.17%
农林水支出	17450	20.30%	二、政府性基金支出	724740	21.81%
交通运输支出	159	-25.7%	三、国有资本经营预算支出	1024	—

【财政收入管理】 2021 年，天宁区加强一般公共预算收入指标管理，通过指标量化，压实镇、街道主体责任，实行税收属地管理模式；加强对重点项目、重点行业跟踪分析，推进跨部门协同监管，建立“党政领导、财税主责、部门共治、司法保障、社会协同、公众参与”的税收协同共治网络体系。依托市政务数据共享交换平台，实现各职能部门涉税数据共享，打通涉税信息渠道，实现“数据管税”；应用大数据技术分析重点税源，及时掌握企业涉税信息，精准反映税源全貌，提升财政收入分析和预测的准确性。推行非税收入收缴模式电子化改革，53 家区级单位启用财政电子票据。加强非税收入管理，盘活行政事业单位闲置资产，提高资产使用效率和实际收益。

【财政管理改革】 2021 年，天宁区全面落实预算绩效管理，健全绩效管理制度体系，优化绩效管理流程，建立绩效信息公开机制，将绩效目标管理与部门预算编制融为一体，严格控制预算追加。推进全省预算管理一体化系统实施，构建“制度 + 技术”管理机制，用系统化思维推进业务规范化。深化预决算公开，购买预决算公开管理系统云计算技术服务，审核公开数据，提升预决算数据准确度。加大财政资金统筹使用力度，制定出台《关于加强区级非税资金管理的通知》，清理区级行政事业单位 2021 年 6 月末以前的政府非税收入及暂存款，统筹部门各类非税资金 8734 万元，用于保障民生支出。

【财政资金助企】 2021 年，天宁区加大政策惠企力度，全面落实延长小规模纳税人减征增值税、小微企业普惠性税收减免、企业研发费用加计扣除、退还增值税增量留抵税额、延缓中小企业缴纳税费、清理规范涉企收费等一系列减税降费政策，全年为企业减免税费42.65亿元。围绕创新驱动战略，推进企业加大研发与核心技术投入，落实产业高质量发展措施，支持科技创新驱动发展，全年累计兑现促进产业高质量发展奖励资金5622万元。常态化落实财政资金直达机制，累计向中央、省争取资金59083万元（其中中央、省直达资金11281万元），同比增长83.7%，助力惠企业保民生。深化“政银企”合作，根据《常州市天宁区“园区保”融资业务实施办法》，区政府与中国银行、交通银行、江南银行等12家银行、2家信用担保公司共同开展“园区保”融资业务，双方按一定比例承担融资风险，区政府设立3000万元“风险补偿资金池”，各银行信贷投入6亿元，缓解中小企业融资抵押和担保难题。是年，47家企业通过“园区保”专属担保产品融资2.98亿元。

【民生社会事业财政投入】 2021年，天宁区各类民生社会事业投入36.05亿元，同比增长27%，占全区一般公共预算支出的80%。年内，天宁区投入4760万元保障困难群众基本生活，提高城乡低保、特困供养人员、困境儿童和残疾人“两项补贴”等社会保障标准；投入2163万元用于扶持低收入家庭子女就业、失业人员再就业，以及支持大学生创业、参加本市社会保险一年以内的企业在岗职工岗前职业技能培训补贴；投入4566万元用于退役军人管理保障；投入21400万元债券资金用于13所学校建设，义务教育阶段学生平均公用经费按省定标准上浮10%，公办幼儿园及普惠性民办幼儿园学生平均公用经费增长20%；投入4729万元用于基层医疗卫生机构定额补助，争取专项债券23400万元支持郑陆镇卫生院、红梅街道社区卫生服务中心改扩建，落实防疫物资、疫苗接种、隔离场所经费5980万元，保障基本公共卫生服务补助资金6245万元；投入2144万元用于养老机构、居家养老援助服务，支持420户困难老年人家庭适老化改造，发放尊老金1431万元，促进养老服务高质量发展。

【乡村振兴财政投入】 2021年，天宁区实施乡村振兴战略，投入2300万元支持郑陆镇美丽宜居乡村建设，提升改造5个行政村和9个自然村，打造9个美丽乡村旅游点位。保障粮食安全，贯彻落实稻谷补贴、耕地地力保护补贴、实际种粮农民一次性补贴政策，累计发放涉农补贴332万元；推进农业保险扩面提标，自2021年起，水稻、玉米、小麦三大主粮和油菜基础保险费由区财政全额承担，高效设施农业保险险种农户承担比例下调至5%，财政补贴比例提高至95%，增设羊保险、莲藕保险等险种。年内，兑现4个“一事一议”财政奖补项目补助资金60万元、3个现代农业发展扶持项目和1个农村村级集体经济发展扶持项目补助资金345万元。

【宜居家园建设财政投入】 2021年，天宁区加大宜居家园建设财政投入，向省财政厅争取专项资金3.1亿元，用于丽华一村、五角场西村等33个老旧小区改造，惠及群众2.4万户；向省财政厅争取专项债券1.4亿元，用于未来智慧城共享健身中心建设工程；天宁区投入17052万元完成竹林北路等7条精品道路建设，投入14928万元完成天宁城市共享停车场建设，投入270万元高标准推进11个“智慧安防小区”建设，投入29409万元支持焦溪古镇保护修缮，投入2824万元用于第十七届中国杜鹃花展览会开幕式、青果巷夜间文旅消费集聚区建设、全域旅游示范区创建、区图书馆日常运营等文化活动支出，丰富天宁群众文化生活，提升城区宜居品质。

【生态环境建设财政投入】 2021年，天宁区投入4823万元环保专项资金支持区域生态环境建设，主要用于市区劣V类水质整治工程、农村分散式生活污水处理设施建设工程、生活垃圾分类治理、大气污染热点网格精准溯源加密、雨污分流改造和片区接管工程等生态环境保护项目。天宁区向省财政厅争取乡村振兴专项债券3500万元，支持郑陆镇水环境治理，用于农村生活污水治理和黑臭水体治理。区国有企业加大生态环境保护方面投资力度，全年投入9738万元实施朝阳工业园周边地块环境整治、常州第四制药厂有限公司周边地块绿化、舜山山体修复、北塘河整治等生态环境保护修复工程。引进社会资本支持环境保护，常州中交建设发展有限公司投资8509万元，实施东园生态修复工程、新堂路及综合管廊等项目建设。

【地方政府性债务管控】 2021年，天宁区加强债务风险防范，把好政府投资项目审批关，落实政府投资项目资金来源，管控新增项目融资“闸门”。遏制新增隐性债务，控制全口径债务增长，落实融资审批制度，新增融资成本严格按规定执行，全年下达一般债券1.5亿元、专项债券17.82亿元，有效保障全区26

个重点项目建设。围绕隐性债务十年化解目标，拓宽化债资金渠道，压实郑陆镇、各街道、区国有公司年度化债责任，年内政府性债务率风险等级由红色转为橙色。强化债务监测，通过财政部监测平台、地方政府隐性债务综合监管系统间的联动配合、共享比对，对债务数据跟踪分析、动态监测，对突出问题进行风险预警提示，实现全口径债务动态监管。

【政府采购管理】 2021年，天宁区深化政府采购制度改革，根据《常州市公共资源政府采购领域采购活动负面清单》，强化采购人主体责任，建立信用承诺制度，采购过程中采购人、代理机构、中标人和评委签订信用承诺协议。落实政府采购促进中小企业发展各项要求，合理确定面向中小企业预留采购份额，严格执行价格评审优惠政策，按时公开政府采购支持中小企业信息。加强政府采购需求管理，采购单位在确定采购需求前，根据采购项目具体情况，开展不同形式需求调查，加强采购需求形成和实现过程内部控制和风险管理。巩固脱贫攻坚成果，推进“832平台”（全国832个国家级贫困地区网络销售平台）农副产品采购，全年“832平台”采购计划30.01万元，实际交易31.77万元，完成年初计划的105.86%。

【国企市场化转型】 2021年，天宁区持续深化国有企业改革，制定出台《天宁区国有企业改革发展三年行动计划（2021—2023年）》，明确天宁区国有企业改革方向与具体措施。根据三年行动计划中夯实中国特色现代企业制度基础的要求，区财政局完成辖区内6家全民所有制企业公司制改革。注重投资建设项目计划管控，印发《2021年度区管国有企业投资建设项目年度计划的通知》，严格按照年度计划落实投资项目，全年区管国有企业计划建设项目63个，年度投资54.71亿元。规范区属国有企业人员招聘管理和廉政建设，制定出台《区属国有企业人员招聘办法》《国企领导干部廉洁从业负面清单》，强化内部风险管控，严格责任追究。加强公司法务机构和队伍建设，提升公司重要决策法律审核质量。完善国有资产监管，利用国资信息化系统，构建全链条、全过程监管体系。健全国有企业重大项目审批流程，加强融资担保、对外投资、重点工作的审批和监督，全年召开国企领导小组会议5次，审批事项243件。

【国有资产管理】 2021年，天宁区强化行政事业单位国有资产管理，全面摸清行政事业单位资产底数，全区55家行政事业单位资产均纳入江苏省行政事业资产监管云平台管理，逐步实现对各类政府性资产全口径管理和使用周期管理。实行行政事业单位国有资产月报制度，加强资产信息系统数据分析利用。根据天宁区《贯彻落实政府过紧日子要求十条措施》，对单位闲置资产采取无偿调拨方式，优化资源配置，盘活存量资产，形成国有资产合理流动，全年累计调拨资产金额1719.43万元。

（盛　丽）

税　务

【概况】 2021年，区税务局进一步深化税收征管改革，严格风险管控，践行依法治税，落实各项减税降费政策及支持疫情防控和企业复工复产税费优惠政策，加强税费征管，服务“六稳”“六保”大局。全年组织税收收入90.92亿元，较上年减收2.5亿元，同比下降2.7%；其中计入一般公共预算收入的税收54.11亿元，较上年减收1.72亿元，同比下降3.1%。开展税收政策效应分析和税收经济分析，编写《天宁区建筑行业税收及征管情况分析》《1—9月天宁区与钟楼区税收收入比较分析》等文章，为领导决策提供服务。是年，区税务局获评常州市五一劳动奖状、常州市先进基层党组织等荣誉。

【税费征管】 2021年，区税务局加强增值税发票代开管理，清理代征点，清缴增值费发票和税款设备，建立代开发票内部控制岗位检查制度、代开作废红冲台账以及代开发票领、用、存日报表。加强土地增值税清算审核，按“应清算项目优先，可清算项目序时”原则完成项目摸排、计划制定，全年完成土地增值税清算审核项目14个，运用不动产单元代码对土地流转涉税环节实施全程链条式管理。强化反避税和跨境税源监管，完成51户次协定待遇资料审核、非居民企业汇缴数据审核、“走出去”企业数据填报等。完成“两税”（个人所得税和企业所得税）汇缴，经营所得个人所得税汇缴申报率98.75%，企业所得税汇缴申报完成率99.23%，汇缴退库1.62亿元。完成全区9.4万名纳税人汇算申报，7.5万人享受退税4000余万元。加强代开发票等现金税费征缴核查，核查市税务局下发6批及区税务局自行筛选的现金税费疑点数据7万条。实现“十税”（增值税、消费税、城建税、教育费附加、地方教育附加、房产税、城镇土地使用税、资源税、环保税、印花税）合并申报，优化办税流程，减轻办税负担，有效避免漏报、错报。开展税费数据维护，清理个人所得税基础数据6万条，维护城乡居民自然人社保费基础数据质量1.7万条。

【依法治税】 2021年，区税务局全面推进税收执法督察，加强内审疑点核查，完善风险管理工作机制，与镇（街道）及区财政局、区住建局、资规天宁分局等部门对接，了解房地产企业拍地、楼盘预售、房屋交付和建筑业项目涉税信息，对有风险点的房地产企业进行风险提醒，全年完成风险应对任务271户次，入库税收3.21亿元，直接入库成效占比、人均应对入库税款、任务完成率等指标均列全市第一。严格执行行政执法“三项制度”，全年公示执法信息5500项，采用执法记录仪记录实地核查90家纳税人百万版发票行政许可的执法过程。

【税收征管改革】 2021年，区税务局根据中共中央办公厅、国务院办公厅《关于进一步深化税收征管改革的意见》，从精简办税流程、提升税收征管数字化、优化税收执法方式等方面深化税收征管改革。继续推进“非接触式”办税缴费，进一步简流程、简材料、简方式，实现留抵退税当天申请、当天审核、当天退税、当天到账。强化税务、财政、住建、工信等部门间数据共享，加强税源联动管理、建筑安装工程项目管理和增值税发票管理。运用大数据深入分析天宁区税源管理现状，并结合征收管理难点、纳税服务痛点和个人所得税堵点，建立劳

10月，区税务局赴常州华利达集团有限公司开展“大调研、大走访、大交流”活动　（区税务局 提供）

务派遣行业相关指标分析模型，加强对劳务派遣行业的纳税指导，确保行业普遍遵从税法规定。落实“首违不罚”，根据《长江三角洲区域税务轻微违法行为“首违不罚”清单》，实施柔性执法，降低纳税人纠错成本，全年受理首违不罚事项2500件，2200户企业免于处罚；开展纳税人信用评议，全年完成30762家企业纳税信用年度确认，并对纳税信用扣分指标有疑问的企业实施信用复评和修复。

【便民办税春风行动】 2021年，区税务局持续开展“便民办税春风行动”，走访调研重点制造企业，精准对接企业转型升级发展涉税需求。推进“春雨润苗”专项行动，通过上门服务、集中辅导等方式讲政策、解难题，帮助企业用足用好税收优惠政策，缓解企业资金压力。发挥“三师”（注册会计师、注册税务师、律师）人才、“智优+”团队作用，为常州制药厂有限公司、常州市华立液压有限公司、航天云网研究院（江苏）有限公司、常州纺兴精密机械有限公司4家专精特新“小巨人”企业提供专场政策辅导，累计减免税额3520万元。建立“税务+工商联+商会+企业”四方联动响应机制，开展5次税收公益课堂讲座、6次纳税人之家活动，发放辅导材料3.6万份，发送政策短信10万条，累计辅导纳税人3万人次。

【“税法直播间”开播】 3月，区税务局依托“征纳沟通平台”，开设“税法直播间”，面向纳税人、缴费人直播宣传税收优惠政策。全年开展“企业研发费用税前加计扣除政策”“部分先进制造业增值税期末留抵退税政策”“个人所得税专项附加扣除”3期税收新政直播活动，通过政策讲解、问答互动、课程分享等，让纳税人、缴费人直观、便捷地获取税收政策和便民办税流程，累计参与企业1000余户次。

（杨　乐）

金融监督管理

【概况】 2021年，天宁区域内有市级银行业金融机构9家、区级银行业金融机构16家（年内新增南京银

行天宁支行和光大银行天宁支行)、地方金融机构20家(年内新增常州德润典当有限公司、江苏中南典当有限公司和常州弘联商业保理有限公司);有境内外上市企业6家、“新三板”挂牌企业累计24家,其中在板企业12家。全年金融业实现增加值93.34亿元,同比增长10.4%,占全区GDP的10.5%,GDP贡献度11%。

(周旭旻)

【上市企业培育】 2021年,天宁区全面推进企业股改上市。年内,引进1家香港主板上市企业(卡姆丹克太阳能系统集团有限公司),境内外上市企业累计6家;引进1家“新三板”挂牌企业(江苏易兆信息科技股份有限公司),“新三板”挂牌企业累计24家;推进IPO企业培育,创志科技(江苏)股份有限公司、江苏诚丰新材料股份有限公司2家企业报省证监局辅导;推进市级重点上市后备企业培育,入选市级“双百行动计划”重点后备企业14家,入选一般后备企业10家。落实企业股改上市奖励政策措施,全年兑现上市后备企业奖励资金610万元。鼓励上市企业通过增发、配股或发行债券等形式再融资,全年上市(挂牌)企业再融资30亿元。

(陈 阳)

【地方金融机构监管】 2021年,天宁辖区内有地方金融机构20家,其中小额贷款公司4家、融资担保公司2家、典当行10家、融资租赁公司3家、商业保理公司1家。全区地方金融组织注册资本累计14.19亿元,营业收入2.96亿元,利润总额0.92亿元。年内,区地方金融监管局运用地方金融机构业务信息系统开展线上检查,运用“双随机一公开”方式开展联合检查,多方式促进地方金融行业合规经营、良性发展;组织地方金融机构参加2020年度评级和年审,公布小额贷款公司监管评级情况、典当企业年审通过名单和正常经营融资租赁公司名单;结合安全生产监管与行业监管,组织安全生产检查20余次,督促企业落实安全主体责任,严守安全生产和疫情防控底线,全年未发生安全生产责任事故。

(丁蕾洁)

【金融业服务实体经济】 2021年,天宁区开展“天宁区金融创新座谈会”“政银企对接进板块进园区”等7场活动,向企业宣传金融政策,为企业纾困解难。区地方金融监管局牵头组建由各银行天宁支行行长带队的金融服务小顾问团队,组织金融服务小顾问团队,走企访企200余次,开拓首贷户466家,解决中小微企业融资需求21.63亿元。组织开展江苏省综合金融服务平台再推介活动5场,鼓励中小微企业在江苏省综合金融服务平台注册,获取信贷、担保、投资、租赁等金融服务信息,至年底,注册企业超6700户,累计解决企业融资需求超90亿元。

(周旭旻)

【非法金融活动防范】 2021年,天宁区学习和贯彻《防范和处置非法集资条例》《江苏省地方金融条例》,制定出台《2021年全区防范和处置非法集资工作要点》,召开专题会议3次,举办专题培训2场,落实防范非法金融活动政策措施;加强对非法金融活动风险排查和协调处置,组织防范非法金融风险专项检查3次,开展涉嫌非法集资风险集中排查2次,发动镇(街道)开展排查20余次,联合属地街道和相关部门对风险企业采用约谈、风险提示等办法处置。年内,在区政府门户网站开设“防范非法集资宣传”专题专栏1期,营造学法用法良好氛围,提高社会公众风险防范意识。

(倪金乔)

6月16日,区地方金融监督管理局开展“我为群众办实事,防非宣传零距离”防范非法集资宣传活动 (区地方金融监管局 提供)

市场监督管理

【概况】2021年，区市场监管部门围绕“为市场监管尽责、为天宁发展担当”主题，全力办好“群众关注的操心事”“企业关注的烦心事”，推动市场监管工作平稳发展，全年未发生区域性、行业性、系统性安全监管责任事故。年内，全区新增个体工商户10862户，市场主体累计10.69万户（其中个体工商户7.33万户、企业3.36万户）；有药品零售企业244家、医疗器械经营企业486家、食品销售单位6791家、餐饮单位5802家、食品生产企业37家；有在用特种设备（气瓶除外）18368台，其中锅炉53台、压力容器4788台、电梯8899台、起重机械3361台、场内专用机动车辆1263台、大型游乐设施4台。是年，区市场监管局被评为全省市场监管系统先进集体、2019—2021年度江苏省文明单位。

【证照审批服务】2021年，区市场监管部门根据省、市市场监管局《关于全面推进企业及个体工商户简易注销登记工作的通知》要求，以区市场监管局雕庄分局为试点，开展个体工商户依职权简易注销，全年简易注销个体工商户69户。根据《2020年常州市政务服务“一网通办”改革行动方案》及江苏省《行政许可事项标准化建设方案》，落实药品经营许可“受办分离”要求，药品经营许可申领由“筹建＋验收”合并为“开办”一步完成，许可提交材料由22件缩减至9件，承诺办结时间由26个工作日缩减至22个工作日。

【市场监管领域“双随机、一公开”监管】2021年，天宁区加强市场监管领域“双随机、一公开”监管，印发《天宁区市场监管领域部门联合抽查事项清单》《天宁区市场监管局“双随机、一公开”监管工作程序》，建立“组织、统筹、部署、落实、反馈、汇总”全链条闭环管理模式。年内，区市场监管部门通过试点使用省市场监管局“双随机、一公开”移动监管App，实现手机移动端实时录入“双随机、一公开”监管结果。全区25个部门在江苏省市场监管信息平台上建立“一单两库”（“一单”指随机抽查事项清单，“两库”指检查对象名录库、执法检查人员名录库），设置抽查事项208项、入库执法检查人员298人，设定企业名录库主体320584户。全年相关部门累计开展“双随机、一公开”监管250次，其中部门联合检查37次；检查各类市场主体2689户，其中部门联合检查643户，检查结果通过国家企业信用信息公示系统公示，查出问题均完成整改。是年，《常州市天宁区开展“双随机、一公开”监管取得积极成效》一文被国家市场监督管理总局网站全文刊载。

【市场主体信用监管】2021年，区市场监管部门加强全区涉企信息归集，建立平台应用情况月通报制度，全区27个部门向江苏省市场监管信息平台归集行政许可、行政处罚、抽查检查结果等涉企信息46810条。开展企业经营异常名录和严重违法失信企业名单管理，全年在国家企业信用信息公示系统中被列入经营异常名录（因未报送当年度报告、住所失联等）企业2910户，其中401户完成问题整改的企业被移出经营异常名录；7家市场主体完成信用修复，提前撤销行政处罚公示；吊销455家在“国家企业信用信息公示系统（江苏）”中未报送年度报告且连续两年未进行纳税申报企业的营业执照。开通8台年报咨询电话，通过平台宣传、点对点督促、查找失联企业等方式提升企业年报率，截至6月30日，全区企业年报率达93.7%，其中特种设备生产企业年报公示率100%、个体工商户年报率77.8%。

【质量强区建设】2021年，区市场监管部门开展“品质以人为本”“5·10”中国品牌日宣传活动，组织区内企业申报各类质量奖及质量发展项目，开展各类质量奖项评定。是年，常州市华立液压润滑设备有限公司获2021年市长质量奖提名，常州制药厂有限公司获质量信用AAA等次，常州市规划设计院、常州一步干燥设备有限公司、常州昊天新材料科技有限公司获2021年天宁区“区长质量奖”，常州工业及消费品检验有限公司（组织绩效奖、原创项目奖）、江苏武进不锈股份有限公司（原创项目奖）、常州中南化工有限公司（原创项目奖）获2021年天宁区“区长标准化奖”，黑牡丹纺织有限公司前织染浆丙班（蔡志忠染色组）、常州市李耿餐饮管理有限公司本部中央厨房管理团队、常州市华立液压润滑设备有限公司徐晓丹班组被评为2021年天宁区“质量管理先进班组”。年内，在规模以上服务业企业中推行“首席质量官”制度，组织2场首席质量官管理系统操作培训，至年底，“首席质量官”覆盖规模以上工业及服务业企业585家。全区8家能源管理体系认证企业申报质量强省资金，其中常州制药厂有限公司获江苏省质量强省资金能源管理体系认证奖励补助资金 10 万元，江苏·常州 e 谷数字广告产业园获江苏省质量强省广告业发展奖励补助资金 30 万元。辖区内 3 家企业主导或参与制修订国家标准 6 项，常州中南化工有限公司参与制定“工业用萘磺酸盐三元共聚物水煤浆添加剂”行业标准。是年，天宁区在全市质量工作考核中获优秀等次。

天宁区 3 家企业主导或参与国家标准制修订一览表

表 28

单位名称	标准编号	标准名称	主导或参与	制定或修订
常州工业及消费品检验有限公司	GB 31604.8—2021	食品接触材料及制品 总迁移量的测定	主导	修订
常州工业及消费品检验有限公司	GB/T 40244—2021	化学品 固液鉴别 流动性测定法	主导	制定
常州工业及消费品检验有限公司	GB 31604.52—2021	食品安全国家标准 食品接触材料及制品 芳香族伯胺迁移量的测定	参与	制定
江苏武进不锈股份有限公司	GB/T 40297—2021	高压加氢装置用奥氏体不锈钢无缝钢管	主导	制定
江苏武进不锈股份有限公司	GB/T 40317—2021	氧气管线用不锈钢无缝钢管	主导	制定
国网江苏省电力有限公司常州供电分公司	GB/T 14286—2021	带电作业工具设备术语	主导	修订

【检验检测认证与计量监管】 2021 年，区市场监管部门在全市率先开展产品认证（又称“CCC 认证”）获证企业监督检查，辖区内 38 家企业的 251 张“CCC 认证”证书均在有效期范围之内，企业产品标志标识规范。开展化工领域生产企业管理体系认证督查，被检查的 8 家化工生产企业均取得相关认证体系证书。扶持中欧（常州）检验检测认证国际合作产业园内企业发展，常州检验检测认证产业园有限公司、常州工业及消费品检验有限公司获批承建江苏省检验检测认证产业园管理技术标准创新基地，中欧(常州)检验检测认证国际合作产业园为全省首个以园区为承办单位的省级技术标准创新基地，建设周期两年。加强计量监管，举办“5·20”世界计量日沙龙活动，在全市率先开展“天宁区诚信计量示范单位”创建，开展节日市场计量监督检查，对超市、集贸市场、饭店等场所 112 件计量器具开展检查，未发现违规违法行为；联合区商务部门开展加油站计量检查，检查加油站 32 家，检查结果良好；全年开展计量抽样检查 125 批次，其中定量包装商品 95 批次、预包装商品 30 批次，抽检结果均合格。

【“计量执行官”制度推广】 2021 年，区市场监管部门完善计量管理体系，动态管理计量工作，在全市率先启动“计量执行官”制度推广试点，在常州政企通微信平台开发“计量执行官”管理模块，全区 76 家企业完成“计量执行官”管理模块电子注册，超额完成全市分步实施“计量执行官”制度的年度目标任务。

【特种设备安全监管】 2021 年，区市场监管部门全年受理特种设备注册登记 1642 台，检查特种设备生产和使用单位 347 家，排查并督促整改隐患 134 条。全年受理各类涉及特种设备生产、使用单位投诉举报 88 起，均得到解决。开展特种设备安全宣传培训，举办安全宣传咨询活动 9 场，宣传特种设备安全知识、使用特种设备发生危险时自救常识等，提升群众安全意识；举办企业特种设备安全使用培训 2 次，帮助企业强化安全责任意识，提高特种设备安全管理水平，降低安全风险隐患。指导辖区内企业参与 2021 年度省级电梯维修保养单位维保质量星级评定，江苏安恒电梯工程有限公司被评定为五星，常州市凯斯机电工程有限公司被评定为四星，江苏科曼电梯安装工程有限公司、常州市奥特电梯有限公司、常州市博盛电梯有限公司被评定为三星。开展电梯鼓式制动器专项整治，督促维保单位完成 1438 台电梯鼓式制动器拆解保养、238 台电梯鼓式制动器免拆解保养，更换 489 台电梯铁质等导磁材料松闸顶杆。开展起重机械“双限位”（同时安装两种不同形式的高度限位装置）专项整治，督促 676 家起重机械使用单位开展自查，至年底，均达到“双限位”要求。开展冶金起重机、快开门式压力容器、气瓶充装单位等重点领域隐患专项整治，发现并督促整改安全隐患 2 起。完善液化石油气瓶质量安全追溯系统，加强气瓶充装和检验程序、溯源监管，全年完成

21372只气瓶信息数据上传。

【特种设备安全管理“专业化+数字化”两化融合监管】 2021年，区市场监管部门根据省、市安全生产三年专项整治工作要求，在全区范围内开展“专业化+数字化”两化融合监管，落实特种设备安全主体责任。6月，天宁区确定将常州市第三人民医院作为“专业化+数字化”两化融合样板示范，同步在全区71家拥有20台以上特种设备使用单位推进“专业化+数字化”两化融合，由特种设备安全技术服务机构指导特种设备使用单位完成“三落实、两有证、一检验、一应急”（落实管理机构、责任人员和规章制度，特种设备有使用登记证、作业人员有上岗证，特种设备依法检验，建立事故应急预案）专业化改造，推进数字化管理，在特种设备安全监管信息化管理平台完成信息录入，实现特种设备在线动态管理。至年底，全区13家拥有20台以上特种设备使用单位完成“专业化+数字化”两化融合工作。

2月11日，区市场监管局开展食品安全快速检测

（区市场监管局 提供）

【食品安全监管】 2021年，区市场监管部门为经营范围涉及食品的2688户市场主体办理食品经营许可，变更355户市场主体的食品经营许可，注销566户市场主体的食品经营许可。年内，区市场监管部门加大食品安全监管力度，督促食品生产企业开展食品安全自查，企业自查率和报告率均达100%；组织食品生产企业食品安全管理员法规知识考试，考试覆盖率、合格率均达100%；开展食品生产企业现场检查47家次，督促整改问题72个。规范食品经营管理，推进小作坊提档升级，打造“阳光小作坊”，红梅长轩糕点小作坊、兰陵三鲜美食城卤菜加工场等8家小作坊获评省“名特优”小作坊。推进“安心菜场”建设，11家“安心菜场”完成食用农产品快检4.5万余批次。推进“阳光餐饮”建设，2440家单位通过“我的常州”App“阳光餐饮”模块实时直播后厨情况。推进农村自办家宴规范化管理，4月14日，区市场监管局郑陆分局为经营者庄浩的天宁区郑陆浩记家宴服务部颁发全市首份农村家宴服务部营业执照和食品经营许可证；在天宁区郑陆华明大酒店设立全市首家“民间厨师实训点”，为农村自办家宴从事餐饮制作的民间厨师实施统一培训和考核，全年累计有42名考核合格民间厨师获得农村家宴服务部营业执照和食品经营许可证。推进食品安全专项整治，开展“安心年夜饭”保障、节日食品专项检查、“不老药”专项排查、羊肉及肉制品紧急排查等专项行动；开展“一老一小”（“老”指老年人、“小”指未成年人）食堂第三方风险评估，推进学校食堂“五常”管理示范单位创建，21所学校食堂创成“五常”示范食堂，全区校园食堂量化等级优秀率达87.5%；检查食盐销售及使用单位1600家次，立案查处违法行为9起。开展食品安全法定检测7745批次，发现不合格食品143批次，对不合格批次采取整改、处罚等措施。加强冷链食品新冠病毒防控工作，开展“江苏冷链”小程序推广，指导餐饮、冷库等冷链从业单位注册申报进口冷链食品信息。至年末，沪宁高速公路常州芳茂山服务区和局前街创成常州市餐饮质量安全示范街（区），九洲新世界小吃风味街、红梅南路（光华路到浦前东路）创成常州市小餐饮集聚区提档升级试点区域。

【小餐饮备案公示卡发放】 2021年，区市场监管部门根据《江苏省人民代表大会常务委员会关于加强小餐饮管理的决定》（以下简称《决定》），率先在全市试点开展小餐饮备案制。根据《决定》规定，将经营面积60平方米以下小餐饮，由许可改备案，监管部门在小餐饮备案后一个月内开展首次监督检查，检查结果不符合法定要求的，可以撤销其备案。3月31日，区市场监管局红梅分局给个体工商户李文娇的天宁区红梅米丁小吃店发放全市首张小餐饮备案公示卡，全年累计发放小餐饮备案公示卡70张。

【药品医疗器械及化妆品安全监管】2021年，区市场监管部门严格疫苗监管，对区疾病预防控制中心、33个疫苗接种点开展现场检查，依法依规加强疫苗接收、储存、运输、分发和使用管理，确保疫苗在储运环节的质量安全。年内，邀请国家市场监督管理总局领导开展线上普法活动，线上、线下同步宣传《药品管理法》《医疗器械监督管理条例》《化妆品监督管理条例》等新修订的法律法规。开展药品零售企业现场检查256家次，医疗器械经营企业监督检查426家次，医疗机构现场检查101家次，完成药品抽样105批次，评价药品不良反应报告390例。开展含兴奋剂药品生产经营、药品流通、医疗器械质量安全等专项检查，与区卫健局联合开展医疗机构无菌医疗器械使用专项整治，与医保局天宁分局联合开展医保药店准入现场核查，发现问题均整改到位。4月，加强《化妆品监督管理条例》贯彻实施，以“安全用妆，美丽有法”为主题开展化妆品科普知识进校园、进社区、进商超宣传周活动。强化化妆品监管，针对化妆品进货查验、标签标识是否规范、是否存在自行配制行为等，开展现场检查62家次，上报化妆品不良反应报告50份。

【知识产权保护】2021年，区市场监管部门开展知识产权保护强企行动，组织重点企业申报知识产权类

12月28日，中国（常州）知识产权保护中心首个基层工作站落户郑陆镇签约仪式
（区市场监管局 提供）

项目，常州百货大楼股份有限公司获批立项建设江苏省“正版正货”承诺示范街区，江苏擎航知识产权服务有限公司获批立项建设江苏省高端纺织智能制造专利导航重点项目，常州四药制药有限公司设立知识产权保护工作联系站，郑陆镇设立中国（常州）知识产权保护中心首个基层工作站，全年完成知识产权贯标备案121家。推动知识产权维权援助体系建设，郑陆镇与中国（常州）知识产权保护中心签约，化解天宁区知识产权优势企业在知识产权创造、运用、保护、管理和服务方面难题。区市场监管局郑陆分局开展“知识产权百企行”活动，通过知识宣讲、企业走访、重点产业帮扶等形式，提升郑陆镇知识产权工作水平。至年末，全区新增发明专利授权331件、有效发明专利1989件，每万人有效发明专利量29.73件，专利综合指数为77.26；新增注册商标4404件。

【网络与市场消费环境监管】2021年，区市场监管部门加强市场消费环境监管，开展“春日3·15守护安全、畅通消费”“夏日3·15安全用妆、科学用妆”“秋日3·15拒绝预付卡套路、畅享高品质消费”“冬日3·15你消费我护航”系列活动，通过热点消费警示、违法违规曝光、投诉数据分析、放心消费展示等方式，帮助消费者理性消费，合法维权。3月，创新“3·15”消费维权形式，开展云维权直播活动，腾讯、优酷、凤凰等六大平台同步直播，区消费者协会工作人员就校外培训、盲盒消费、网红带货、预付卡等热点消费行为中注意事项、维权方式等与广大网友探讨交流，62万人在线收看，网友互动信息2700余条。开展放心消费创建活动，中国人寿保险股份有限公司常州市分公司获评省级放心消费创建示范单位，3家企业获评市级放心消费创建示范单位，13家企业获评市级放心消费创建先进单位，2家网店获评市级放心消费创建示范网店。加强网络市场监管，监测电子商务经营者3482户次，搜索监测网页3175次，责令整改问题30个。构建应对“职业索赔”行为工作机制，处理疑似“职业索赔”投诉举报115件，全年累计处理投诉举报12170起。

【商业秘密保护】 2021年，区市场监管部门加强商业秘密保护，提升企业商业秘密保护能力，打击侵犯商业秘密违法行为，全年走访20余家重点企业，发放《商业秘密保护应知应会》手册，通过召开企业法人座谈会和对企业高管、岗位负责人问卷调查形式，提高企业涉密人员对商业秘密保护的认知。4月21日，在区市场监管局、区法院、区检察院及公安天宁分局共同指导下，在凤凰生命科技园区成立常州市首个商业秘密指导站，在常州四药制药有限公司设立商业秘密保护示范点，全年开展商业秘密相关法律知识培训10余次，累计培训人员300余人。

【市场监管执法】 2021年，区市场监管部门进一步规范市场监管执法行为，制定出台《重大复杂案件集体讨论制度》《行政处罚案件审核暂行办法》《行政处罚案卷评查办法》《行政处罚裁量参考基准（一）》4项制度，全年立案查处469起案件，罚没款入库743.62万元，未发生行政诉讼败诉及行政复议改变案件。依法依规办理全市首例自然人被列入严重违法失信名单案件和全市首个《食品安全法实施条例》修订以来罚没款超30万元食品案件。开展“两反两保”（反垄断、反不正当竞争，保护知识产权、保护消费者权益）专项行动，查处某公司不正当有奖销售案件入选省市场监管局贯彻落实《规范促销行为暂行规定》专项行动典型案例，江苏源众金属材料有限公司销售不合格热轧带肋钢筋案入选2021江苏省民生领域案件查办“铁拳”行动典型案例。开展校外培训机构突击检查，查办一起非法向他人提供消费者个人信息行为案件。依据新修订的《市场监督管理行政处罚程序规定》，罚没合计金额5万元以下（不含5万元）案件审核权下放至基层分局，全年区市场监管局各分局累计办理案件458起。

（高琳琳）

物价管理

【概况】 2021年，天宁区按照省、市价格工作部署要求，突出政策落实、降本减负两大重点，履行价格调控和监管职能，规范收费管理，强化价格监管，开展日常市场价格检查、巡查，全年CPI（消费者物价指数）同比上涨1.5%，实现年度涨幅控制在3%的价格调控目标。稳步落实动态补贴机制，向低收入群体发放价格补贴总额70.24万元，惠及人数8774人。全年受理“12345”平台价格工单110件，办结率和满意率均为100%。

（王宇飞）

【价格调控】 2021年，天宁区根据《常州市价格调控目标责任分解表》任务要求，把价格调控目标责任落实到区教育局、区民政局、区财政局、区人社局、区住建局、区农业农村局、区商务局、区退役军人事务局、区市场监管局9个部门。落实市场保供稳价措施，在元旦、春节、中秋、国庆期间，关注和掌握猪肉供需、价格上涨等情况，对低收入群体发放价格补贴，推行平价商店营运模式，保障稳定“菜篮子”工程。区发改局对95家实施行政事业性收费和政府定价收费单位的收费数据审核、汇总和归纳，形成年度收费情况报告及收费情况统计，全年收费总额24534.98万元，同比下降29.68%。联合区教育局落实《常州市天宁区非营利性民办学校教育收费核定暂行办法》，完成正衡小学、德美复宁思幼儿园、旭阳幼儿园收费标准定价，完成娑罗巷鸿安幼儿园收费标准调价，完成37家中小学校课后服务费和伙食费调整备案，完成9家中小学校、幼儿园校服、床上用品收费备案。配合市发改委及市其他相关部门开展停车收费专项整治、殡葬业收费情况调查。

（王宇飞）

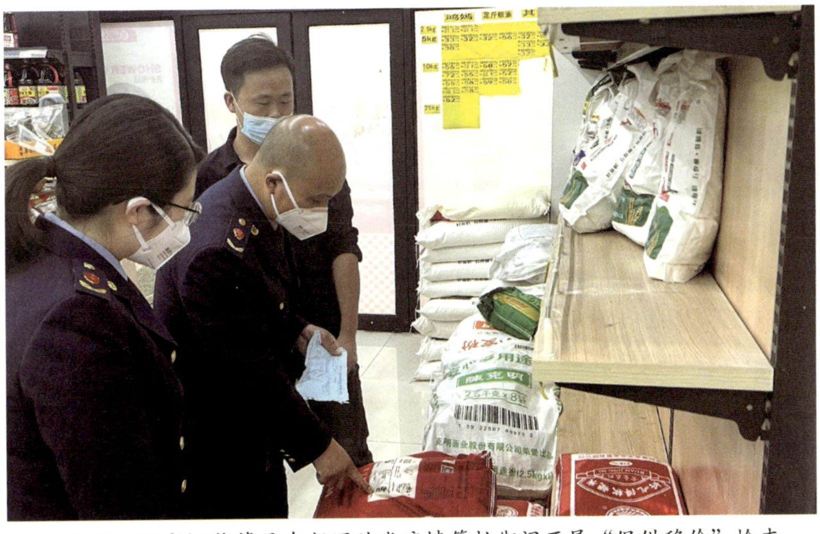

11月，区市场监管局在新冠肺炎疫情管控期间开展“保供稳价”检查
（区市场监管局 提供）

【价格监管】 2021年，区市场监管部门加强涉企收费监管，委托第三方开展涉企收费调查评估并形成阶段性评估报告。年内，对商场、超市、农贸市场等662家单位开展节日期间价格检查，重点检查经营者串通定价、捏造和散布涨价信息、明码标价不规范、价格欺诈等违法行为，全年处理价格投诉举报15起。开展食盐市场价格和不正当竞争行为专项检查，检查食盐经营单位23家，对存在未按规定明码标价、虚假宣传等问题且危害后果轻微的20家企业责令整改。参与全省治理涉企违规收费交叉检查，协助市有关部门开展殡葬业及停车场收费专项检查，检查已备案公共停车场81家、墓区3家，均未发现价格违法行为。检查28家教育培训机构收费、宣传、促销等行为，责令整改3家，立案查处4家。

（高琳琳）

审　计

【概况】 2021年，区审计局完成立项审计项目13个，发现问题138个，查出主要问题金额9.28亿元，出具审计决定1份，审计报告、审计要情等获领导批示15次，全年报送各类信息69篇，其中被“学习强国”学习平台录用3篇、《中国审计》杂志录用1篇、省审计厅微信公众号和网站录用14篇、市审计局微信公众号和网站录用19篇。是年，区审计局获评常州市文明单位、全市审计机关法律知识竞赛优胜集体、内部审计业务指导监督工作“优秀单位”，在全市审计综合考核中位列第一等次，获全市内部审计指导监督工作优秀奖。常州弘辉控股集团有限公司领导干部经济责任审计项目、天宁区2019年度本级预算执行和决算草案审计项目分别获常州市审计局优秀审计项目评比一、二等奖。

【重大政策落实情况跟踪审计】 5月，区审计局对雕庄街道党政领导干部任期经济责任开展审计，并对雕庄街道落实减税降费政策及“稳就业”相关政策情况开展延伸审计。围绕减税降费政策落实情况，比对分析雕庄街道辖区内2136家企业2018—2020年度总体纳税情况、各行业纳税情况等，审计结果表明：企业缴税总体呈下降趋势，在各种减税降费政策中免征、减半征收所得税执行效果明显。围绕“稳就业”相关政策落实情况，重点关注企业失业稳岗返还、以创业带动就业、职业技能提升行动等政策落实，审计结果表明：2018—2019年度雕庄街道有1341家企业符合“稳岗返还”条件，核定返还金额491.59万元；受理创业补助申请14家，带动67人就业；组织职业技能提升培训5次、247人次。

【财政预算执行和决算草案审计】 3月1日—4月30日，区审计局依法开展天宁区2020年度本级预算执行和决算草案审计，构建预决算执行情况、政府采购执行情况等数据分析模型，对全区45个一级预算单位（部门）预算执行情况开展审计，对政府债券发行使用情况、新冠肺炎疫情防控专项资金和城市长效综合管理资金开展专项审计。经审计，在国有资本经营预算管理工作推进、区本级政府综合财务报表编制基础管理、经济事项财务核算规范等方面存在问题，提出“全面提升预算管理水平、扎实推进绩效管理、深化政府会计制度改革”等建议。区政府办牵头区财政局等被审计单位，召开审计整改工作会议，统一整改方案、整改清单、整改报告，明确审计整改责任、要求和时限，确保审计发现问题全面整改落实。

【政府投资建设项目审计】 3月8日至4月30日，区审计局对2020年度部分政府投资建设项目管理情况实施专项审计调查，涉及基础设施建设、老旧小区改造和学校建设等方面，重点对纳入2020年区政府投资建设计划的12个新建（续建）工程项目的概算执行、基本建设程序履行和建设资金筹集使用管理等方面开展审计调查，审计调查金额13.77亿元；对4个竣工结算建设项目进行结算复审，复审金额1.28亿元。经审计，发现各建设项目责任主体在“基本建设程序履行、资金核算管理、工程现场签证、工程价款审核”等方面存在不足，提出“完善工作机制、加强建设资金使用管理、完善政府投资建设项目配套制度建设”等建议。9月24日至10月31日，区审计局对常州市东坡小学（一期）建设项目开展竣工决算审计，概算总投资16371.96万元。经审计，发现在“合同签订与执行、个别项目招投标和政府采购、基本建设财务管理、工程结算管理”等方面存在不足，提出“加强合同管理、招标采购管理、财务和结算管理”等建议。

【领导干部经济责任审计】 2021年，区审计局从经济责任审计项目入手，按照前期准备阶段、现场实施阶段、审计报告阶段实施审计全过程模块化管理，形成37个审计实施程序节点，以标准化模板呈现审计样本，将审计项目管理流程转化为可视化菜单管理模式。年内，开展7家单位主要负责人经济责任审计，在预算管理、合同管理、对外投资、财务管理、国有资产管理与使用等方面发现问题69个，查出主要问题金额7.44亿元，提出审计意见和建议22个，促进2930.10万元缴入区财政专户。推动区政府出台《常州市天宁区党政机关公务用车管理办法》《常州市天宁区政府投资非盈利性工程建设项目集中建设管理实施细则（试行）》等，编写的《关于常州市天宁区房屋征收与补偿办公室征收补偿款未缴入区财政专户管理等有关情况》等审计要情获区领导批示。

【自然资源资产审计】 2021年，区审计局按照中共中央办公厅、国务院办公厅《领导干部自然资源资产离任审计规定（试行）》要求，根据《常州市天宁区领导干部自然资源离任审计实施办法（试行）》，对雕庄街道领导干部自然资源资产开展任中审计，运用无人机技术察看农田、水域等情况，重点关注街道范围内自然资源和生态环境保护事项，审计发现“部分项目履行招投标程序不合规、部分污水收集处理设施运行维护不到位、化工专项资金未按规定核算”等问题，提出“强化生态环境工程建设管理、加强专项资金使用管理”等建议，督促领导干部切实履行自然资源资产管理和生态环境保护责任。

【内部审计指导监督】 2021年，区审计局制定出台《常州市天宁区审计局“以审代训”内部审计人员管理办法（试行）》，结合红梅街道、雕庄街道、区卫健局等单位经济责任审计项目，开展内部审计指导监督和审计评价，把被审计单位内审情况纳入审计监督评价范围，增强审计监督整体效能。9月，会同市审计局对郑陆镇内部审计工作开展现场调研指导，促进出台《郑陆镇内部审计管理办法》《郑陆镇领导干部经济责任审计管理办法》，完善内部审计工作机制，提高内审工作质效。12月，区审计局对全区13家内审单位开展专项检查，围绕组织保障机制、内审制度、基础管理工作、项目质量控制、审计整改及内审工作创新实践6个方面评分，要求各内审单位针对专项检查结果查漏补缺，完善组织机构、人员配备和工作机制等内审基础建设。

（孙　薇）

7月，天宁区召开审计整改工作会议　　（区审计局 提供）

统　计

【概况】 2021年，区统计局推进统计基层基础建设，加强经济运行监测预警和研判，发挥统计服务经济社会职能。开展“四上”企业（规模以上工业企业、限额以上批发零售和住宿餐饮业企业、资质以内建筑业企业和房地产开发经营企业、规模以上服务业企业）入库培育，全年入库“四上”企业329家。年内，完成“四上”企业年定报2015家，贸易限下抽样年定报70家，大个体年定报90家，服务业限下抽样年定报41家。加强部门横向沟通联系，在GDP统一核算、投资项目入库、能源监测、科技统计、“四上”单位新增、高质量发展监测等多个业务领域，协同建立部门间数据定期交互、业务动态交流工作机制，充分发挥部门协作效能。开展劳动力调查、住户调查、人口抽样调查、小微企业跟踪调查及服务零售结构调查等统计调查。做好区第四次全国经济普查收尾工作，汇编区第四次全国经济普查资料，发布《天宁区第四次全国经济普查公报》，启动区第五次经济普查调研。开展区第七次全国人口普查数据整理、发布和解读。是年，区统计局获评常州市第七次全国人口普查工作成绩显著集体、天宁区先进基层党组织。

【统计服务】 2021年，区统计局加强数据监测，开展“经济运行”“一市六区主要经济指标”“高质量发展体系”等数据专项监测和重点监测。指导上年新增466家统计调查对象建立健全原始记录、统计台账，不断规范统计工作流程，确保各项统计数据“应统尽统”。优化数据服务，发布《2020年天宁区国民经济和社会发展公报》，编制《天宁统计年鉴（2021）》，改版《月度统计信息》，分季出版《天宁区经济运行报告》，全面反映天宁区经济社会发展实际状况。强化信息分析，完成市级重点调研课题1篇，全年编写《统计信息》39期、《经济信息》14期、《统计运行情况分析》41期、《统计专报》7期、调研信息11篇，其中3期《统计运行情况分析》被省统计局网站录用，5期《统计专报》获区领导批示。

7月30日，副区长方力（左）、区统计局局长吴洪初（右）以在线访谈形式解读第七次全国人口普查数据　　（区统计局　提供）

【天宁区第七次全国人口普查数据发布】5月，区统计局向区委常委会、区政府常务会议专题汇报全区第七次全国人口普查工作开展情况，并在区政府网站、“锦绣天宁”微信公众号等媒体平台发布《天宁区第七次全国人口普查公报》。天宁区常住人口为668906人，与2010年第六次全国人口普查的625777人相比，10年累计增加43129人，增长6.89%；天宁区有家庭户50802户、633254人，集体户9949户、35652人，平均每个家庭户人口为2.52人。从性别构成看，性别结构相对均衡，常住人口中，男性334241人，占总人口的49.97%；女性334665人，占总人口的50.03%，人口性别比为99.87。从人口质量看，受教育程度普遍提高，人口素质提升，每10万人中具有大学文化程度的有25888人。从城乡结构看，城镇化率明显高于全市平均，常住人口中，居住在城镇609730人，常住人口城镇化率91.15%，比全市平均高出14.05个百分点。6月，通过区政府门户网站，以在线访谈形式，解读《天宁区第七次全国人口普查公报》数据，引导社会各界正确使用普查数据。根据第七次人口普查数据，开展“常州人口变动与经济高质量发展研究”课题研讨，论述常州人口结构转变对经济高质量发展影响，提出针对性建议。

【统计基层基础规范化建设】2021年，区统计局持续加强基层统计网络建设，提高统计源头数据质量，提升基层统计调查能力，常态化推进统计基层基础建设。年内，督促并指导镇、各街道严格按照统计规范化标准要求，在硬件设施、人员配备、统计管理、统计服务等方面不断完善提升；在全区推广统计电子台账，解决传统纸质台帐繁琐费时、保存和查阅难等问题；指导天宁街道推进统计基层基础规范化建设，7月通过市统计局基层基础规范化专项检查。开展统计联网直报单位规范化创建和检查验收，全年完成302家新增企业规范化验收，组织“回头看”抽查企业112家，未发现有违反规范化建设情况。

【统计法治建设】2021年，区统计局全面推进统计法治建设，举办“9·20”统计开放日活动，参与12月全国统计法治宣传月活动，通过张贴宣传海报、发放宣传品、现场咨询等方式，开展多形式统计法治宣传。8月，区统计局联合茶山街道制作统计法宣传漫画《漫说统计“贾不假”》，在“江苏统计”微信公众号上发布。发挥统计监督职能，常态化开展“双随机”执法检查、统计督查和专业数据核查，全年对40家企业开展“双随机”执法检查，对郑陆镇和红梅街道开展统计督查，对273家企业开展专业数据核查，针对检查中发现的问题，督促企业整改。

（高已婷）

国有公司

◆栏目编辑　陈　烨

常州天宁建设发展集团有限公司

【概况】 2021年，常州天宁建设发展集团有限公司（以下简称“天建集团”）围绕片区开发、项目建设、融资租赁、工业实体、文旅教育等板块，抓建设促提升，努力改善城乡面貌；抓资金促开发，奠定城乡更新基础；抓转型促创新，加快升级业务板块。7月，天建集团负责实施的董头村二期大板房项目（登记名为梅亭佳园项目）成为天宁区首个“红色工地”，形成“以项目建设抓党建、以党建促项目建设”良好互动格局。8月，天建集团被常州市委市政府授予推进“五大明星城”建设先进集体称号。是年，集团总资产达497亿元，同比增长12.5%；净资产超178亿元，同比增长8.12%；全年营业总收入突破37.96亿元，净利润2.09亿元。

【民生项目建设】 2021年，天建集团推进市政基础设施建设，翠竹公园景观提升工程完成建设，菱溪公园启动建设，竹林路、丽华路、劳动西路、劳动中路4条精品道路完成建设，中吴大道（长江路—兰陵路、龙游河—采菱港）大修工程启动建设，沪蓉高速公路青龙互通至焦溪古镇连接线工程（工业大道延伸段）、舜新路东段有序建设中。推进民生工程建设，龙游河景观节点提升工程完成建设，龙游河“美丽水岸”建设项目被评为江苏省美丽宜居城市建设专项类试点项目；局前街、麻巷、延陵路（天宁段）3条街巷沿街店招标牌升级改造、拆除清理违章破损广告、粉刷沿街建筑立面等工程竣工验收，桃园路、南园路等8个老旧小区周边提升整治工程（一期）启动实施。推进安置房建设，梅亭佳园、兰蕙佳园（大板房专项治理置换新建住宅商品房）、茶溪雅园完成主体施工；竹韵茗苑东区建设基本完成，西区启动绿化施工；大宁佳苑二期主体结构建设至10层。推进综合配套建设，凤凰新城青年人才公寓竣工交付，凤凰世纪广场主体封顶，常州君天青年人才公寓完成主体建设，常州市工业互联网高新企业数据中心启动建设。推进学校建设，北环小学、北环幼儿园建成交付，正衡教育集团（幼儿园、小学、中学）总部完成建设，红梅实验小学完成土建普通装修，光华学校康复大楼改扩建工程完成主体验收，教育小镇幼儿园完成土建普通装修、中小学教学楼完成主体封顶，茶山街道北侧地块规划幼儿园完成地下室结构施工，董头村地块规划幼儿园完成主体验收。9月，天建集团代建项目——常州市东坡小学（一期）建设项目获评常州市优质工程奖“金龙杯”。10月，由集团建设运营的全区首家人才公寓——凤凰新城青年人才公寓投用。

【融资融券】 2021年，天建集团推进债务管控，从严管控融资成本，年度新增融资综合成本较上年度下降0.09%；拓宽融资渠道，发行8亿元绿色期限债券，发行票面利率4.19%，创年内全国同级绿色企业债券票面利率最低，该笔债券也是天宁区首单绿色企业债券，为债券创新产品；全年完成各类融资104.87亿元，其中发行债券42亿元、新增银行贷款55.57亿元、完成隐性债务置换7.3亿元。

【片区开发首次引入社会资本】 2021年，天建集团创新启动片区开发模式，引入社会资本合作开发。年内，与中国核工业建设股份有限公司合作成立江苏中和东青建设发展有限公司和常州东青置业发展有限公司，推进总面积236万平方米、总投资60亿元的东青小镇项目综合开发；至年底，常州东青置业发展有限公司竞得东青馨苑、东青雅苑三期土地。12月，天建集团与中交联合体（由中交投资有限公司和中交第三航务工程局有限公司组成）合作成立中交高新（常州）城市开发建设有限公司，推进天宁省级高新技术产业开发区项目综合开发，负责项目的整体规划及设计、综合整治与提升、居住区更新、市政基础与公共配套设施工程、产业发展服务等；该项目东至新沟河，西至河丰路，南至申浦路与常焦线，北至舜山路，总面积约420万平方米，总投资42.06亿元。

【“正衡”教育品牌管理】 2021年，天建集团进一步规范“正衡”教育品牌管理，全力提升学校运行水平。年内，完成正衡幼儿园、正衡小学办学审批及定价，完成正衡中学调价；结合市场调查、第三方专业数据库数据及各公办、民办学校相关数据，形成正衡幼儿园、正衡小学的薪酬体系，完善正衡中学薪酬结构；落实正衡幼儿园、正衡小学开办及教师招聘、学生招生等工作。9月，正衡幼儿园、正衡小学迎来首届新生。

（崔梦佳）

常州弘辉控股集团有限公司

【概况】 2021年，常州弘辉控股集团有限公司（以下简称弘辉控股）根据《天宁区国有企业改革发展三年行动计划（2021—2023年）》，深化国企改革成果，以产业园区运营、资产管理、土地开发、基金投资、类金融等为主营业务，完成规模100亿元的天宁科创基金注册，面向合格投资者发行5亿元公司债券（第一期），取得常州弘联商业保理有限公司营业执照，与中国进出口银行江苏省分行达成融资合作；完成5宗土地上市，合计出让面积15.33万平方米；完成4500平方米孵化器装修改造，引进18家企业入驻办公；完成6个民生工程及基础设施建设项目，在建项目8个；新增人才交流大厦、公共卫生服务中心、黑牡丹科技园41幢3个资产项目，资产可租面积达68.86万平方米；建成全市首家共生型、枢纽型党建阵地“宁企汇”国企党建示范基地。12月，江苏天宁城市发展集团有限公司(以下简称天宁城发)完成注册，弘辉控股作为子公司注入天宁城发。至年末，弘辉控股下属集团有限责任公司38家，有限合伙企业14家。

【江苏天宁城市发展集团有限公司完成注册】 2021年，为做强做优做大国有资本和国有企业，增强国企竞争力、创新力，12月，通过股权划转、增资方式，将常州天宁中小企业服务有限公司变更为江苏天宁城市发展集团有限公司，注册资本25亿元。天宁城发是一家以建设开发、城市运营、基金投资、金融控股为主营业务的城市综合运营集团。至年末，天宁城发主营业务收入41.04亿元，净利润2.97亿元；总资产303.09亿元，净资产117.27亿元，资产负债率61.31%。

【江苏弘祺投资管理有限公司设立天宁科创基金】 8月9日，江苏弘祺投资管理有限公司设立常州市天宁科创投资合伙基金（有限合伙）（以下简称天宁科创基金），基金总规模100亿元，11月24日完成基金业协会备案。天宁科创基金下设常州市天宁数字经济投资合伙企业（有限合伙）、常州市天宁高端制造投资合伙企业（有限合伙）、常州市天宁文化创意投资合伙企业（有限合伙）、常州市天宁产业升级投资合伙企业（有限合伙）4个基金公司，其中常州市天宁高端制造投资合伙企业(有限合伙）和常州市天宁产业升级投资合伙企业（有限合伙）于12月6日完成基金业协会备案。至年末，天宁科创基金投资常州天使投资引导基金（有限合伙）、北京华力方元科技有限公司、创志科技（江苏）股份有限公司3个项目，认缴投资额3.45亿元。

【天宁创新投资基金完成9期资金募集】 2021年，天宁创新投资基金完成9期资金募集，累计募集资金12.93亿元。完成常州亚玛顿股份有限公司、百望股份有限公司、江苏诚丰新材料股份有限公司3个新增股权直投项目投资，合计出资8000万元。完成与无锡复星安健创业投资合伙企业（有限合伙）单项目基金（杭州安誉生物科技有限公司）合作协议签署和投资，出资1995.24万元。完成泰格尔科技有限公司、常州汉韦聚合物有限公司、常州吾德供应链有限公司、上海长三角产业升级股权投资合伙企业（有限合伙）、常州承树生物医药创业投资合伙企业（有限合伙）、度量衡（常州）智能交通产业投资中心（有限合伙）6个项目出资，出资9711.63万元。上述10个项目合计出资1.97亿元。收回投资常州市东霞房地产代理有限公司、江苏顺驰实业投资有限公司2个项目资金8829.97万元。2021年度收取基金管理费2585万元。

（张逸昕）

城乡建设

◆ 栏目编辑　章丽华

国土空间规划

【概况】 2021年，常州市自然资源和规划局天宁分局（以下简称资规天宁分局）围绕长三角一体化、苏锡常融合发展，优化全域国土空间开发保护格局，基本形成《天宁区国土空间规划（2020—2035年）》文本框架和图集，初步形成战略引领和刚性控制“一张图”。

【《常州市天宁区国土空间规划近期实施方案》编制完成】 5月，《常州市天宁区国土空间规划近期实施方案》经省政府同意并施行，方案实施期限为2021年1月1日至常州市天宁区国土空间分区规划获得批准时止。是年，资规天宁分局依据自然资源部、江苏省自然资源厅《关于加强近期国土空间规划实施管理的通知》等文件要求，以现行国土空间规划为基础，开展矛盾图斑一致性处理，落实预支空间规模指标、追加流量指标及“三条控制线”（城镇开发边界、永久基本农田保护红线、生态保护红线）等国土空间规划相关刚性管控要求，与编制中的国土空间规划及“十四五”规划相衔接，编制完成《常州市天宁区国土空间规划近期实施方案》（以下简称《方案》）。《方案》分析天宁区经济社会发展及土地利用现状，分解和布局各项土地指标，构建新增建设用地格局；坚持把发展经济着力点放在实体经济上，罗列重点建设项目清单，精准保障重大产业项目用地需求；加快特色田园乡村建设，实施魅力镇（街道）建设行动计划，建设美丽乡村和康居村庄；强化社会事业、民生工程建设，补齐城乡基础设施发展短板，提升百姓生活品质；加快与现行国土空间规划衔接，对建设用地管制进行分区。

【重点片区城市设计】 2021年，资规天宁分局以精品城市建设为目标，强化片区城市设计和综合开发，结合年度土地出让计划，分析研判重点片区宏观发展态势和自身发展条件，加强空间资源统筹协调，梳理特色城市格局肌理，明确总体风貌定位、空间形态布局、综合交通、公共开放空间系统、景观风貌系统等要求，开展城市门户、重要节点深化设计，落实涵盖开发强度、建筑高度、天际线、视线通廊、节点、界面等城市设计要素的管控要求，推进品质提升行动。是年，优化完善天宁区未来智慧城、凤凰新城、东北片高质量发展规划暨天宁区东北片总体城市设计编制成果，通过专家论证和成果转化，作为后续规划编制及建设审批的参考依据。强化规划设计对地块开发强度的控制引导，组织开展兰陵、茶山、三角场片区、青龙道口周边地区、青洋路和龙城大道交叉口5个片区城市设计编制，推进恐龙园东侧、紫荆公园东侧等地块控制性详细规划修改，完成郑陆镇、运河南侧摇树村等地块控制性详细规划修改，为精品城市建设和片区更新改造提供技术指导。

【专项规划编制】 2021年，资规天宁分局结合长三角一体化、苏锡常一体化等区域发展战略，对接常州市新北区、常州市经济开发区和无锡市（江阴市）等周边地区，共同编制《常州市东部协同发展规划》，完善“一核两翼”功能布局，提速天宁经济开发区东扩融合发展，提出“锡常澄一体化发展示范区”设想。年内，聚焦产业、文化、能源等热点问题，推动绿色低碳发展，破解天宁发展瓶颈，牵头完成《郑陆全域碎片化整理五年计划及近期实施方案》《常州市天宁区郑陆镇道路红线规划》《查家村村庄规划》《常州市天宁区能源利用规划》《寺墩遗址展示利用概念规划》等编制，推进空间格局进一步优化。

【《常州市天宁区能源利用规划》编制完成】 2021年，为全面贯彻新发展理念，实现碳达峰、碳中和目标，加快推动绿色低碳发展，促进能源清洁安全高效利用，提高人民居住品质，提升城市吸引力，资规天宁分局牵头编制全市首个区级能源利用规划——《常州市天宁区能源利用规划》，获区政府批复同意。该规划结合国土空间规划和片区城市设计，梳理和分析天宁供能现状，合理布局能源站规模与数量；利用区域内常规能源和可再生资源禀赋，在成片建设区根据用地布局与道路河道线网等因素合理划分集中供能区，结合公共基础设施集约化布置能源站，对能源站进出管线等方面合理预控。该规划对天宁区能源站建设具有指导作用，对区域内可再生能源资源量化分析、细化能源站能源供应技术路线等提出优化意见。

（蒋云峰）

城市更新

【概况】 2021年，天宁区加快城市更新进度，转变城市开发建设方式，以保留利用为主，严管大拆大建，加强修缮改造，注重功能提升，增强城市活力。是年，天宁区有序推进北环片区、东青集镇旧城改造，全年完成征收拆迁100万平方米；推进董头村（二期）、红庙头等地块棚户区改造，完成2500套棚户区住房改造目标；完成丽华一村、五角场西村等33个老旧小区改造，改造数量、面积居全市第一，惠及居民2.4万户；全年完成老旧小区加装电梯15台，累计交付使用加装电梯33台；完成竹林北路、丽华北路、劳动中路等7条精品道路建设，通过市级验收。

（华文怡）

【老旧小区改造】 2021年，天宁区完成33个老旧小区改造，总投资约8.3亿元，其中中央预算内资金、地方政府专项债券等资金约7.58亿元。33个老旧小区改造分4批次立项：其中，“天宁区老城厢内老旧小区改造（一期）工程”立项总投资8623万元，涉及麻巷公寓等10个小区及散居楼的79幢、2513户，总面积22.84万平方米；“天宁区老城厢内老旧小区改造（二期）工程”立项总投资23367.35万元，涉及桃园公寓等15个小区及散居楼的141幢、4909户，总面积53.71万平方米；“天宁区老旧小区改造工程”立项总投资4.3亿元，涉及7个小区、453幢、1.4万余户，总面积114.23万平方米；“红梅西村老旧小区改造工程”立项总投资8791.23万元，涉及1个小区、52幢、2155户，总面积16万平方米。33个老旧小区改造立足各老旧小区实际情况，围绕基础设施、小区环境、居住安全、物业管理、文化氛围、日常服务等方面实施改造。

（李　苏）

【棚户区改造】 2021年，天宁区棚户区改造新开工2500套，包括董头村二期地块、红庙头地块、前采菱地块等区域，完成棚改目标任务。至年末，红庙头地块4#、6#、7#楼施工至4层结平，1#、2#、3#、5#楼完成基础施工；董头村（二期）地块项目1～11幢主体结构施工，4#、7#、11#楼分别施工至16层、14层、15层结平，1#、5#楼施工至7层结平。

（姚国强）

【征收拆迁】 2021年，全区实施征收拆迁项目67个，其中新开征收拆迁项目26个、结转未完成项目41个；累计征收拆迁房屋2503户、106.73万平方米，其中住宅2372户、54.06万平方米，非住宅131户、52.67万平方米。年内，启动实施国

10月24日，北环新村大板房产权人抽取选房顺序号（区征收办 提供）

有土地上房屋征收项目16个，其中常州港华化工有限公司地块、小松（常州）铸造有限公司地块、张家岸地块、徐家横塔及周边地块、福利院西侧地块、丽华大板房周边环境整治项目、中吴大道北侧规划道路（花木路）、兰陵街道芳田村地块、杨家村周边地块9个征收项目完成签约，累计征收房屋1543户、54.4万平方米。启动实施集体土地上房屋拆迁项目10个，其中东青集镇（集体）、常焦线企业、后陈巷民房搬迁、横沟7队和8队房屋搬迁、焦溪古镇房屋搬迁、查家湾片区相关房屋搬迁、盛家头房屋搬迁、横沟企业搬迁8个拆迁项目完成签约，累计拆迁房屋893户、37.35万平方米。全年完成15个结转项目清结，累计清结67户、13.29万平方米。对中村地块、东青集镇、青果巷南侧刘氏宗祠及周边环境项目等6个项目中未签约的被征收人作出房屋补偿决定。办结中村地块、东青集镇、青果巷南侧刘氏宗祠及周边环境整治等8个项目行政诉讼案件65件，接待群众上访15批次、43人，答复来信来访1件、“12345”平台信访件8件，依申请公开政府信息29件。协助区信访局、相关街道、天宁建设发展集团有限公司处理东青集镇、中联大厦等涉及征收拆迁信访9起。5月，按照全市统一部署，落实“双碳”（碳达峰与碳中和）战略，改善常州市东部片区生态环境，实现节能减排目标，区政府研究制定《常州市广源热电有限公司房屋设备拆除及废旧资产转让方案》，通过公开、公平、公正方式选定资产处置单位，12月，常州市广源热电有限公司房屋及设备被拆除。完善“常州市天宁区房屋征收（拆迁）工作平台”，开发建设“预签约”和“补偿决定”模块，4月启用，全面掌握征迁项目各个环节和进度情况。是年，区征收办在常州市国有土地上房屋征收与补偿工作考核中位列第一。

（杨　菁）

【重点项目房屋征收】 2021年，天宁区启动实施丽华一村大板房周边地块环境综合整治项目，涉及住宅74户、非住宅2户，面积0.65万平方米；8月底，76户房屋均搬迁腾空。3月，启动实施茶山街道福利院西侧地块征收项目，涉及住宅223户、非住宅2户，面积5.27万平方米；6月，225户房屋完成征收。10月，完成丽华一村、北环新村、浦北新村大板房置换新建商品房抽签选房，1200余户大板房住户通过两轮抽签按序选定新房。

（杨　菁）

【既有住宅加装电梯】 2021年，天宁区有序推动辖区既有住宅电梯加装，年内修订《天宁区既有住宅加装电梯实施细则》，对实施对象范围、征求意见比例、管线迁移等作出明确规定，落实项目补贴和管线迁移费用，促进加装电梯工作提速增效。至年末，永宁花园、聚和家园、北直街小区、同济花园、丽宝第花苑等30个老旧小区及次新小区申请加装电梯，申请总量153台，年内完成交付使用电梯15台（丽宝第花苑小区2台、浦南广景苑小区1台、北直街小区1台、聚和家园小区2台、聚景苑小区1台、永宁花园小区3台、同济花园小区5台），正在施工8台，前期准备112台，交付使用量和申请量均为全市第一。

（潘翔俊）

【老旧小区安防智慧化改造】 2021年，公安天宁分局围绕“发案少、秩序好、社会稳定、群众满意”工作目标，在红梅街道红梅西村、天宁街道五角场东村等周边案件高发小区、技防薄弱地区，增补视频监控、AR全景、人脸识别、车辆抓拍、WiFi嗅探等安防感知设备1000余套；创新实施“老旧小区治安放心样本”改造工程项目，完成丽华新村（含二期）、武进小区、五角场东村、五角场西村、丽宝第花苑、桃园新村、工人新村第二社区、朝阳三村8个老旧小区智慧化改造，增设监控技防设施，实施智能化停车管理等。是年，完成智慧化改造的小区盗窃警情同比下降18.9%，盗窃案件破案率达89.7%，纠纷类警情同比下降21.1%，矛盾纠纷先期调解化解率达100%。“老旧小区治安放心样本”改造工程项目入选全市“2021年度创新区域社会治理重点项目”。

（刘菁珩）

【精品道路建设】 5月，区城管局按照《市政府办公室关于城市精细化管理工作专项行动方案（2020—2022年）的通知》要求，对竹林北路、丽华北路、劳动中路、劳动西路、迎宾中路、凤凰路、武青北路7条总长11.2千米的道路实施精品道路建设，累计出新及清洗建筑立面21.42万平方米，改造道路基础设施14.7万平方米，新增绿化面积9.5万平方米，打造景观节点23个，拆除违规广告200余处，安装空调遮挡0.3万平方米，整治店招1000余家、2.8万平方米，累计投入资金约1.5亿元。至12月，7条道路均完成精品道路建设，并通过市城管局验收。

（范　纯）

市政建设

【概况】 2021年，区住建局以提升城市品质为抓手，开展铁路沿线环境整治，全年开展巡查60余次，出动人员300余人次，清理防尘网、塑料薄膜、广告幕布等飘浮物450处，清除偷倒建筑垃圾5处，拆除影响铁路安全运行违章建筑200平方米。开展农村公路桥梁安全隐患排查整治，全年排查公路桥梁130座，完成歧上桥危桥改造。开展公路超限超载治理，完成4家重点货运单位称重、视频监控设施安装和接入市交通运输局监管平台工作。开展天宁区船舶碰撞桥梁隐患治理专项行动，对京杭运河通航安全隐患开展调查，建立“一桥一档”，完成青洋高架桥警示标志不全问题整改。开展天宁辖区内河港口码头环保问题整改，与天宁生态环境局建立工作联席会议机制，年内完成常州钢材现货交易市场有限公司和常州淮都金属城有限公司2家单位码头环保手续问题整改。完善《天宁区城市道路及公路养护管理考核办法》，至年末，开展现场考核72次，发现问题338个，处置巡查派单问题7671个，维修路面和人行道板14317平方米，整改路名牌、井盖、桥梁栏杆问题858个。严把道路挖掘许可证办理程序，全年核发道路挖掘许可证172张，供电开挖备案22项。是年，全区新增公共停车泊位1915个，新增接入“常州市智慧停车管理平台”系统停车泊位4200个。

【城市基础设施建设】 2021年，区住建局继续推进道路建设，完成横塘河东路（典前路—龙锦路）、青业路、庙湾村西路等24条道路的道路工程、附属市政工程、交通设施工程等；完成工业大道东延工程30%；启动中吴大道维修，推进玉松路、友谊路、光华路等24条道路的道路工程、附属市政工程、交通设施工程等；办理东南大道、狄墅路、湾塘路等32条道路前期项目建议书、可行性研究报告等手续。按照《老城厢复兴发展三年行动计划(2020—2022年)》要求，完成椿桂坊、轨道交通2号线沿线道路、香梅小学周边环境等8个项目立面和背街小巷整治；启动水韵绿城、文化宫广场及周边（文庙西园段）道路铺装、景观照明、立面整治改造。按照《江苏省城镇污水处理提质增效精准攻坚“333”行动方案》要求，完成346个点位“小散乱”排水整治和常州市北郊小学、常州市第二实验小学、区检察院等12家单位庭院排水整治，启动黄天荡村委区域污水管网建设，建成7个城镇污水处理提质增效示范达标区。

（符　俊）

【天宁城市共享停车场建设】 11月10日，位于常州市第二十四中学天宁分校操场地下的天宁城市共享停车场交付使用，总建筑面积43550平方米（其中地上422平方米、地下43128平方米），总投资2.3亿元，由天建集团下属的常州恒识建设工程有限公司负责实施。2020年6月，共享停车场开工建设，规划建设地下3层，设置停车位1220个（含20个无障碍车位、75个充电车位），并与常州市第二十四中学天宁分校原地下停车场、天宁区政府地下停车场以及常州开元名都大酒店地下停车场联通，7个人行道出入口通向龙锦路、业丰路、翰学路、新堂北路等路段，为前往天宁区政务服务中心、常州市第二人民医院天宁分院等方向办事人员解决停车难问题。共享停车场实行智慧停车管理，设计智慧停车管理系统、报警可视对讲系统、高清网络监控系统等，其中智慧停车管理系统引入“ETC快速缴费”功能，实现不停车电子缴费，车位引导系统和反向寻车系统可为车主提供停车、寻车服务。同时，扩建常州市第二十四中学天宁分校地下停车场，保障学校“地下接送系统”有效利用，缓解上下学时段学校周边交通压力。2021年11月，共享停车场竣工交付，这是天宁区首次利用存量建设用地地下空间扩建停车场，是集约化用地的一次成功探索。

（陶叶锋）

村镇建设

【概况】 2021年，天宁区深入实施乡村振兴战略，加快推进城乡全面融合，改善村镇环境面貌，提升农村现代化水平。年内，完成农村房屋安全隐患排查整治，启动天宁区现代化宜居农房和乡村风貌提升建设，完成10个美丽宜居村庄建设，全区37个规划发展村（自然村）均建成美丽宜居乡村，提前一年完成“2022年底全市所有规划发展村均建成美丽宜居乡村”建设任务。常州首个美丽乡村片区示范项目——黄天荡片区一期（丰北）美丽乡村示范项目揭牌，郑陆镇牟家村2个自然村袁家村、江家湾获评第八批次“江苏省特色田园乡村”。推进农村重大项目建设，以重大项目为载体，带动城乡融合发展，推进9个总投资64.29亿元农业农村领域重大项目建设，其中乡村整治项目3

个、产业融合项目6个，年内完成投资9.23亿元。7月28日，经国家农村改革试验区办公室备案，天宁区承担全国唯一城乡融合发展改革项目制试验任务。

（符　俊　李燕茹）

【牟家村2个自然村获评“江苏省特色田园乡村”】 2021年，天宁区按照“一环一轴三块九点”总体布局，通过土地综合整治、环境整治、水生态修复等措施，完成郑陆镇牟家村2个自然村袁家村、江家湾自然环境和水系田园建设与改造。2012—2018年，以“乡遇牟家”为特色主题，围绕“生产、生活、生态”三元素，挖掘乡村魅力，培育特色“牟家”品牌，打造全省首家村级博物馆、全省首个大型农村“法治文化公园”，以及村史馆、农博馆、汉韵雕塑艺术馆等；2019年，以国资民资同步、文化艺术同步、建设运营同步、产业生态同步模式，建设伊酷拉精灵农庄、公子居民宿、牟家集市等一批文农旅融合项目；通过农业专业合作社引进和培育特色农产品，带领村民种植特色“方形西瓜”和“拇指西瓜”，培育“翠康小蝴蝶”“来再甜”等瓜果品牌；搭建网络销售平台，实行线上线下同步销售，村集体收入和村民收入逐年提高，打造全面小康路的“牟家样板”。12月，经江苏省特色田园乡村建设工作联席会议验收，郑陆镇牟家村2个自然村江家湾、袁家村获评第八批次“江苏省特色田园乡村”。

【郑陆镇10个自然村获评“天宁区美丽宜居乡村”】 2021年，天宁区按照《江苏省村庄环境整治考核标准》要求，加快农村人居环境改善，以“河岸景观打造、道路场地优化、村庄面貌提升、景点设施完善”为重点，全面开展环境综合整治，累计改造总面积221.5万平方米，总投资2892.89万元。至年末，郑陆镇粮庄桥村4个自然村（刘村、魏家村、卜家村、粮庄桥）、三河口村2个自然村（陆家桥、东姚）、石堰村1个自然村（石堰村）、梧岗村1个自然村（姚家头）、董墅村1个自然村（西塘头）、丰北村1个自然村（蔡歧村）获评“天宁区美丽宜居乡村”。

（符　俊）

【黄天荡片区一期（丰北）市级美丽乡村示范项目建成开园】 参见郑陆镇分目P282页同名条目。

【舜山康养小镇乡村MALL项目主体结构封顶】 12月，舜山康养小镇乡村MALL项目（以下简称项目）主体结构封顶。该项目为省重大项目和重点文旅项目——舜山文旅小镇核心项目之一，位于常州、无锡、江阴三市交界处，毗邻焦溪古镇、黄天荡湿地度假区，由江苏九洲投资集团打造。项目包含村落式商业街区、生态购物村、景观稻田民宿、院落式文化餐饮，业态涵盖以焦溪古宴、地方特色美食为主题的文化餐饮，以季子文化、舜山文化、地方“非遗”为特色的沉浸式文旅体验，以及包含“主题乐园＋情景剧场”的温泉购物村等，打造商业即景点、融合季子和尧舜在地文化的沉浸式街区。

（李燕茹）

【农村人居环境整治】 2021年，天宁区启动新一轮农村人居环境整治提升行动，成立现代化城乡治理样板工作专班、全域美丽乡村建设专班、全域美丽天宁建设工作推进专班，重点推进农村“厕所革命”、生活污水治理、农业废弃物治理、水环境综合整治和“四清一治一改一管”（“四清”即清理常年积存垃圾、清理河塘沟渠、清理农业废弃物、清除无保护价值的残垣断壁，“一治”即加大乡村空间治理力度，“一改”指改变农民不良生活习惯，“一管”即提升长效管护水平）村庄清洁行动，全面改善提升农村人居环境。年内，完成10个美丽宜居乡村

7月，武城村牟家头农村人居环境整治后面貌　　（区住建局 提供）

建设、21座农村公厕建设、6条农村黑臭水体整治，完成30个自然村生活污水接管工程，农村生活污水治理率达70%以上，受益农户覆盖率达78%。联合区妇联开展“常州市美丽庭院示范村”建设，建成市级美丽庭院示范村1个、示范户6户。至年末，全区累计创成省级绿美村庄7个、省级特色田园乡村2个、有效保护传统村落及建筑组群6个。

（蒋蓁蓁　钱　寅）

【农村集体“三资”监管】 2021年，天宁区加强农村集体“三资”（资金、资产、资源）监管，强化常州市农村集体资产监管平台管理，全区65个农村集体经济组织完成在线支付19152笔、7.13亿元，资金支付实现全程动态监管。推进农村集体产权制度改革，完成10个行政村（粮庄村、三河口村、丰北村、董墅村、施家巷村、舜北村、翟家村、常青村、红菱村、红梅村）农村集体经济组织登记证变更。建立农村集体经济组织成员身份信息、农村集体资产数据库，至年末，全区有65个村级集体经济组织、145276名集体经济组织成员，资产总额44.58亿元。巩固农村集体产权制度改革成果，推进集体收益分配，2021年度实施股份分红8730万元，同比增长27%。是年，天宁经济开发区青松村被江苏省广播电视总台评为“江苏省新农村建设示范单位”。

（李燕茹　常　峰）

工程建设监管

【概况】 2021年，区住建局坚持以“监、帮、促”为理念，严格执行工程建设项目过程监管、竣工验收和备案制度，全年工程质量可控，安全态势平稳。至年末，正衡中学天宁分校（一期）、教育小镇幼儿园、金新科创园（二期）、天宁汽车产业园（一标段、二标段）、红梅实验小学、青龙街道社区综合治理服务中心、竹韵名居（一标段）7个项目被评为常州市优质结构工程奖；天宁汽车产业园（一标段、二标段）2个项目被评为常州市建筑工程标准化示范工地奖；雕庄街道社区综合治理服务中心、郑陆综合治理服务中心、诺德汽车高低压连接系统项目车间（一）、创志药物固体制剂设备、福北工业园、华利达服装科技产业园项目（二标段）6个项目被评为常州市“金龙杯”优质工程奖。是年，区住建局开展区管工地扬尘防治，严格落实建筑工地“六个百分百”（施工工地周边100%围挡、物料堆放100%覆盖、出入车辆100%冲洗、施工现场地面100%硬化、土方施工100%湿法作业、渣土车辆100%密闭运输）管理要求，全年签发扬尘管控整改通知书30份，约谈3个建设项目，办理扬尘豁免2次，向市建设行政执法支队移交扬尘管控执法案件5件。

【建筑工程质量与安全监管】 2021年，区住建局有建筑工程受监项目65个，建筑面积180万平方米；其中新增受监项目33个，建筑面积94万平方米。新增的33个受监项目中，公共建筑项目6个，建筑面积16万平方米；工业项目20个，建筑面积65万平方米；房地产项目2个，建筑面积13万平方米；装修改造项目5个。年内，区住建局加强建筑工程质量和安全监管，开展质量巡查261次、工程实体质量检测55次，发出质量整改通知书106份；开展安全检查129次，发出安全整改通知书115份；严格按工程竣工验收备案条件办理工程竣工验收备案手续，通过竣工验收项目24个，建筑面积80万平方米。

（符　俊）

城市管理

【概况】 2021年，区城管局以服务发展为己任，深化城管综合执法机制改革，加强精品道路建设、城乡生活垃圾分类治理、城市公园绿地建设和养护监管，推进美丽天宁全域环境大整治，提升城市管理科学化、精细化、智能化水平。是年，天宁区在2021年度常州市城市长效综合管理考核中位列全市第三，区城管局获评“常州市建设全国文明城市工作先进集体”“常州市推进五大明星城建设先进集体”，区综合执法大队被省住建厅授予“强基础、转作风、树形象”专项行动突出单位称号，区垃圾分类宣教室被评为“江苏省第一批生活垃圾分类示范教育基地”。

【城市管理行政执法】 2021年，区城管局继续深化基层综合行政执法改革，会同区司法局制定《常州市天宁区综合行政执法管理规定（试行）》，建立案件协作机制、保障监督机制和信息共享机制，区城管行政执法大队下派38人至街道综合行政执法局，增强一线执法力量，推动构建权责明确、精干高效、保障有力、监督到位、协调一致的综合执法体制。全年开展店招标牌、渣土运输、非机动车停放、乱张贴乱涂写、临街建（构）筑物、公共停车收费管理、绿化执法、儿童游乐设施占道设置等专项整治540余次。全年行政处罚案件累计立案4256

起，其中市容环境类案件1112起、园林绿化类案件76起、环境保护类案件400起、公安交通类案件2590起、市政管理类案件3起、物业管理类案件22起、城乡建设类案件46起、城市规划类案件7起；4256起行政处罚案件中，适用简易程序2933起、一般程序1323起。

【市容市貌管理】 2021年，区城管局以美丽天宁为建设目标，理顺城市管理体制，优化城市管理模式，86个全域环境大整治项目全部完成。年内，持续开展轨道交通2号线沿线环境整治，投入资金2650万元，出新及清洗2号线沿线房屋建筑立面14.8万平方米，更换落水管0.6万米，安装空调遮挡0.4万平方米，更新沿线店招227家、0.57万平方米，重点对延陵路的房屋建筑实施提档改造，打造白墙黛瓦的新中式风貌建筑。根据省住建厅关于特色街巷环境综合整治要求，对茶山街道朝丽路、天宁街道玉带路2条背街小巷实施环境综合整治提升，累计完成路面修复1.44万平方米，出新建筑物立面3.24万平方米，出新及提升围墙栏杆340米，更新店招店牌119家，修复井盖250个，改造停车设施1处，新增绿化面积425平方米，《朝丽路即将上新》被《人民日报》手机客户端报道。完成火车站南广场硬件提升，店招整治62家，广场铺装道板5000余平方米，建筑外立面出新及清洗2.05万平方米，围栏更新450米，改造出租车候车篷并搭建综合管理办公室用房，整合、规划相关停车区域，安装智能探头。探索应用数字城管智能化系统，在局前街、和平路开展市容环卫责任区试点，安装智能化探头，有效督促沿线商户履行市容环卫责任。

【公厕改造提升】 2021年，区城管局按照《常州市城市管理局关于下达2021年城市公厕提标改造任务的通知》要求，制定出台《2021年天宁区城乡厕所建设实施方案》，持续推进“厕所革命”，全年改造城市公厕8座、农村公厕21座，完善公厕无障碍设施，增设第三卫生间。加强公厕设施环境建设，新增19个公厕引导指示牌，公厕内增设3间环卫工人休息室，不断提升城市公厕建设水平和服务质量。按照《关于进一步推进常州市“公厕联盟”扩面工作的通知》要求，新增20家企事业单位、经营性商家加入“公厕联盟”，免费对外开放内部厕所，化解局部地区公厕数量不足问题。是年，天宁辖区内公厕均实行24小时全天候免费开放。

【行政执法队伍规范化建设】 2021年，区城管局巩固深化“强基础、转作风、树形象”专项行动，在基础建设、队伍管理、执法规范、履职督察方面加强城管执法队伍规范化建设，开展“凝精神、强素质、增体魄”体能竞赛，组织全区城管系统开展法律基础知识考试、体能测试及队列竞赛，做强“蓝盾先锋”城管品牌和“一队一品”中队品牌，树立城管队伍良好形象；严格落实行政执法公示制度、执法全过程记录制度、重大执法决定法制审核制度，建立“法律人才+驻队律师”工作机制，理清执法思路，研究法律对策，减少法律风险，全年开展法律咨询230次、法制审查51次、法制宣传培训40次，参与重大、复杂、疑难执法活动15次，提供法律援助2次。是年，郑陆、雕庄、青龙、红梅、茶山、天宁、兰陵中队创成全市城管执法队伍规范化建设5A级单位。

（范　纯）

5月，天宁城管执法大队节日期间对天宁禅寺周边秩序开展巡逻巡查
（区城管局　提供）

水　利

【概况】 2021年，天宁区以加速水利工程建设、加强水资源管理、提升防汛应急能力、改善城乡水环境

为基点，推进城乡水利一体化发展。年内，龙游河综合整治、焦溪古镇配套水利工程等36个水利项目纳入区“十四五”重点基础设施项目库。实施农村河道轮浚工程，畅通河网水系，提升河道引排能力，完成双桥浜、横塘浜、隆兴浜、隆兴浜支浜、窑墩浜、红卫河、陈河港、黄天荡大河金家荡支浜、黄天荡大河支浜、机器河、西大区河、小坝河、郑陆农场河13条河道清淤，累计清淤18.59千米、土方24.97万立方米；至年末，建成12条计44千米县乡级农村生态河道，覆盖率66.7%，列全市第一。推进智慧水利建设，9月，天宁区农村基层防汛预报预警体系建设项目通过竣工验收，累计新增水位监测站点25个、泵站视频监控站点5个，基本覆盖全区所有防汛重点区域；新建远程自动化控制泵站2座，建成区、镇（街道）两级防汛网络和视频会商系统9套，对辖区内水利工程实时监控和短信预警。组织水政巡查765人次（水上联合巡查12次），处理违法举报9起，封堵浅井4口。是年，聚和家园、东坡雅居、浦北公寓、红梅新村创成省级节水型小区，常州市第二实验小学创成省级节水型学校，常州市天宁节水综合园创成省级节水教育基地，常州旭尔发焊业有限公司创成省级节水型企业，常州旭荣针织印染有限公司创成省级水效领跑者，区法院和郑陆镇人民政府创成市级节水型机关，常州市局前街小学创成市级少年创客节水教育示范基地，常州旭荣针织印染有限公司创成市级“生命之水”主题教育示范园区。是年，区水利局汤劼被中共江苏省委、江苏省人民政府评为“2020年全省防汛抗洪工作先进个人”，周筱杰被江苏省太湖治理工程建设管理局评为“新沟河延伸拓浚工程作出突出贡献的个人”。

（钱　寅）

【水利工程建设和管理】 2021年，龙溪河南闸站移建、龙溪河北闸站改建完工，南溪小河（新沟河—龙溪河）完成60米灌注桩、小方桩和120米河道挡墙施工，西街街河（龙溪河—蔡庄桥）完成90米河道整治工程，龙溪河河道清淤及驳岸修复工程启动建设，投入135万元专项资金对郑陆镇农田水利工程设施提升改造，对郑陆镇老旧泵站、涵闸设备维修和出新。推进堤防除险加固工程实施，汛期前完成苏南运河堤防雕庄采菱段防渗应急处理和老大运河同济桥东北侧驳岸应急修复。推进天宁辖区易淹易涝地区排水设施改造，6月，天宁街道小季家村、荆溪村片区低洼地改造全面完成；12月，郑陆镇改耕圩泵站建成投运，新增排涝流量4立方米/秒，引水流量2立方米/秒。强化水利工程管理考评，对全区206.32千米河道、193座灌排泵站、73.79千米圩堤、26个行政村的田间工程实施考核，下达管护补助资金190.33万元。加强水利工程建设项目质量与安全监管，落实质量管理责任终身制，区水利局全年受理区级水利工程质量、安全监督申请18项，采取“政府+第三方”数字化、专业化监测，开展专项检查36次，下发质量、安全监督通报及意见27份。是年，完成国家、省级下发水土保持遥感图斑核查46个，发现并查处水土保持方面违法违规项目24个，完成水土保持方案审批47件。

（许　晨　钱　寅）

7月，区水利局在彩虹城社区开展节水宣传　（区农业农村局　提供）

【“河长制”推进河道治理】 2021年，天宁区聚焦“系统治水、联动护水、项目兴水、阳光管水”，大力推进河道治理，省级监控的地表水考核断面（以下简称“省考断面”）水质优Ⅲ类比例100%，全区建成市级“五好河道”3条（开发区和平河、雕庄街道前浪浜、青龙街道丁塘港）、市级小微水体示范村3个（开发区武城村，郑陆镇牟家村、郑陆镇查家村）、问题小微水体整治样板点2个（茶山街道群力村委李家村河塘、兰陵街道大徐家村内塘），治理问题小微水体52个，175个小微水体全部建立长效管护机制。以“河长+”为基础，建立区域内“农业+水利+环保+市监+公安+检察院+法院”水陆联合巡查执法机制、区域外“河长办+跨界河道+职能部门”跨界河道联防联控机制，出动执法人员1445人次，清理网簖、岸坡种植等问题362处，处理涉河举报8起，立案6起，行政处罚2人，刑事处罚2人，罚款12.4万元；与江阴市、新北区、武进区、钟楼区等地区建立22条联防联控机制的跨界河道，解决涉水问题20个。

（张　鑫　钱　寅）

8月，“河长＋检察长”协作机制启动仪式　（区农业农村局　提供）

2021年天宁区建立联防联控机制的跨界河道一览表

表29

序号	河道	所跨区域
1	新沟河〔含老新沟河（舜河）、澡河—五牧河、三山港〕	天宁区、无锡市江阴市、武进区、常州经开区
2	京杭大运河苏南段	天宁区、武进区、常州经开区、新北区、钟楼区
3	北塘河	天宁区、无锡市江阴市、新北区
4	澡港河	天宁区、新北区、钟楼区
5	老大运河市区段	天宁区、常州经开区、钟楼区
6	丁塘港	天宁区、常州经开区
7	澡港河东支	天宁区、新北区
8	白荡河	天宁区、钟楼区
9	关河	天宁区、钟楼区
10	南市河	天宁区、钟楼区
11	通济河	天宁区、钟楼区
12	黄昌河	天宁区、无锡市江阴市
13	芦蒲港	天宁区、无锡市江阴市
14	采菱港	天宁区、武进区
15	西横河（永汇河）	天宁区、无锡市江阴市、新北区
16	鸭塘河	天宁区、无锡市江阴市
17	五奎河	天宁区、新北区
18	串心河	天宁区、钟楼区

续表 29

序号	河道	所跨区域
19	水进口河	天宁区、无锡市江阴市
20	韩家河	天宁区、无锡市江阴市
21	大斜沟	天宁区、无锡市江阴市
22	杨塘河	天宁区、无锡市江阴市

【天宁区创成国家级县域节水型社会达标区】 2021年，天宁区启动国家级节水型社会达标区建设，先后编制《天宁区“十四五”节水规划》《节水型社会达标县工作方案》和《天宁区全民节水行动实施方案》，形成“政府主导、水利牵头、部门联动、全民参与”的“大节水”工作格局；围绕严格水资源管理“三条红线”（水资源开发利用控制红线、用水效率控制红线、水功能区限制纳污红线），建立严格水资源管理考核和节约用水工作联席会议制度，制定并严格落实用水定额标准、居民用水阶梯水价、节水“三同时”（建设项目的主体与节水措施同时设计、同时施工、同时投入使用）管理等制度，强化水资源论证，严格取水许可审批和水政执法，将节水落实到城乡建设、管理、消费各环节，实现从水源地到“水龙头”的全过程监管；实施农业水价综合改革，健全农业用水精准补贴和节水奖励制度，实施喷滴灌、U型渠等高效节水灌溉工程，完善供水计量设施和取水许可管理制度，高效节水灌溉率100%，农田灌溉水有效利用系数提高到0.688；聚焦高耗能、高耗水、重污染行业，通过节水技改、用水审计、清洁生产、水平衡测试等措施，加强节水载体建设，全区工业企业取水计量设施安装率100%，万元工业增加值用水量由2015年的11.94立方米/万元降低到2021年的9.73立方米/万元，降幅达18.5%；推进城镇节水，全面改造城镇非节水型器具，免费更换居民家庭仍在使用的非节水型器具，城市节水型器具普及率达100%；投入1.67亿元用于改造全区供水管网，供水管网漏损率9.74%；全面整治无证取水，累计封井42口，拆除取用河水设施5个；利用世界水日、中国水周，宣传普及节水护水知识，开展节约用水问卷调查，累计向群众发放节水宣传资料3万余份、宣传品2.4万余份。全区累计创成省级节水型居民小区39个、省级节水型企业10家、省级节水型学校7家、省级节水型单位2家、省级水效领跑者1家、省级节水教育基地1个、市级节水型单位60家、市级节水型学校22家、市级水效领跑者2家、市级节水型企业1家。7月，天宁区国家级县域节水型社会达标建设通过市级初验。11月，天宁区成为2021年度常州市唯一通过国家级县域节水型社会达标建设验收行政区。

（钱 寅 朱 斌）

交通运输管理

【概况】 2021年，天宁交通执法大队组织开展道路运输行政执法，全年路检路查各类道路运输车辆6260辆次，查处违章320起。年内，对辖区6.67千米国家和省干线公路、120.18千米农村公路开展安全巡查，对公路堆积物及公路安全隐患实施拉网式巡查，巡查里程1038.11千米，查处公路类违法违规案件10起，处理各类投诉467起，全年道路交通运输未发生重大安全生产事故。

【“两客一危”企业安全监管】 2021年，天宁区有道路客运企业8家，营运车辆863辆；道路危险品运输企业13家，营运车辆749辆。年内，天宁交通执法大队对“两客一危”（从事旅游的包车、三类以上班线客车和运输危险化学品的专用车辆）企业资质条件、安全生产责任制落实、从业人员、营运车辆及设备管理等开展安全检查，全年累计检查企业696家次，发现并督促企业整改一般问题隐患139项，暂扣1家企业道路运输经营许可证，吊销1家企业道路运输经营许可证。春运、“十一”等重要时间节点强化交通运输安全保障，对辖区内21家“两客一危”企业的安全管理执行、车辆管理、车辆安全设施、停车场管理、动态监控管理、风险防控方面开展安全专项检查，确保交通运输生产平稳有序。

【交通运输行政执法专项行动】 1月，天宁交通执法大队开展交通运输安全生产“百日行动”，出动检查组141个、执法人员674人次，检查客运和危险品运输企业172家次、车辆311辆，查处各类违章97起，

2 月，交通执法人员在青龙高速道口开展“打非治违”专项行动
（天宁交通执法大队 提供）

防范和遏制交通运输领域重特大安全生产事故发生。在“安全生产百日行动”和“安全生产月”活动中，累计发放宣传资料 356 份，接受咨询 387 人次。4 月和 9 月，开展道路运输“打非治违”（打击各类非法违法运输经营行为）专项行动，出动执法人员 570 人次、执法车辆 203 辆次，检查道路运输车辆 2581 辆次，查处违章行为 104 起，其中货运车辆违章 28 起、非法网约车和“黑车”非法营运 25 起、出租车违章 13 起，其他类型违章 38 起，严厉打击客运场站及重点地区非法网约车、“黑车”非法营运等违法违规行为。年内，开展机动车维修领域危险化学品使用安全专项治理行动，通过发放自查表、上门检查等方式，摸排了解辖区内 174 家维修企业使用危化品情况，查出涉及危化品使用的维修企业 46 家，督促企业整改隐患 11 项，上报江苏省危化品使用专项治理信息系统。开展“打非清零”（打击非法运营车辆，实现非法营运“黑名单”清零）行动，利用“非法营运智能化系统”开展分析研判和摸排调查，重点整治无经营许可或超越经营许可范围、无道路运输证件从事“两客一危”道路运输经营活动车辆，完成高频进出 G42 高速道口的江苏省籍 7 座以上和外省籍 10 座以上车辆核查任务。

（周燕琳）

道路交通治安管理

【概况】 2021 年，天宁交警大队以预防交通事故“减量控大”为主线，开展道路交通违法行为专项整治、道路交通隐患排查、交通安全宣传教育和农村交通管理，优化道路交通环境，保障辖区道路交通安全稳定。全年纠正处理交通违法行为 23.9 万起，其中查处酒后驾驶 436 起、无证驾驶机动车 1675 起、违法停车告知 8.23 万起；全区发生交通事故数量同比下降 5.6%，交通事故死亡人数同比下降 2.7%，未发生一次死亡 3 人以上重特大道路交通事故或危化品事故。是年，天宁交警大队获评“全国工人先锋号”“江苏省五四红旗团支部”，被市公安局记集体三等功；兰陵中队获评“江苏省青年文明号”；1 人被市公安局记个人三等功，27 人获市公安局嘉奖。

【道路交通违法行为专项整治】 2021 年，天宁交警大队通过高峰整治、午间突击、夜间集中纠违等形式，开展酒驾醉驾、超限超载、假牌套牌及非机动车违法行为整治，全年查获机动车违法行为 80483 起，其中现场处罚 17346 起；查获非机动车违法行为 150840 起、各类车型超限超载违法行为 1711 起；查获套牌车 4 辆、非法“加油车”67 辆。深化“研判＋核查＋执法”勤务执法机制，根据道路交通事故特点及研判预警提示，依托查缉精准布控系统和常州市道路交通集成指挥平台，查控重点违法车辆 51 人次、超载超员车辆 458 辆。联合区城管局常态化开展违停车辆专项整治，通过现场处罚、违停贴单、违法抓拍、移动抓拍等方式，全面整治辖区占道停车等违规行为，全年拖移违停车辆 1065 辆，处罚违停车辆 32198 辆。

【道路交通隐患排查】 2021 年，天宁交警大队为有效压降道路交通事故数量，重点梳理、集中排查导致伤亡事故发生的标志标线设置不合理、信号灯缺失等交通安全隐患 73 处，年内均整改到位。针对延陵路、晋陵路十字路口交通环境复杂现状，天宁交警大队科学安排警力，形成高峰集中站岗、平峰各点守岗工作模式，做到“拥堵不排除、交警不撤岗”。针对 232 省道常焦线东西向因封闭施工、车流积压缓行现象，采取“根据常焦线高峰实时流量合理延长绿灯放行时间、在平面交叉

11月9日，天宁交警大队联合青龙街道阳光龙庭社区开展“一盔一带”安全守护行动　　（天宁交警大队 提供）

口设置交通标志标线引导车流和行人各行其道、远程灯控抓拍识别道路违规车辆”等措施，有效缓解交通拥堵。

【农村交通管理】 2021年，天宁交警大队持续深化“两站两员”（“两站”指交通管理站、交通安全劝导站，“两员”指乡镇专职交通安全员、行政村安全协管员）建设，232省道三皇庙村路口劝导站建成投用；推进“农村道路交通安全管理信息系统”App使用，通过手机上传农村交通基础信息、工作动态，在线推送数据、发布预警等，全年录入信息3205条，常态化发布农村交通安全劝导提示。探索农村交通管理“微改造”模式，在江南农村商业银行郑陆支行、郑陆镇金源商业广场等12个区域增设停车位，缓解停车资源供需矛盾；优化民康路舜杰路口、常焦线申浦路等4个岔路口红绿灯设置，在朝阳路、郑陆法制广场安装防护栏，在三河口河横路金润发超市停车场安装非机动车隔离栏，确保非机动车及行人通行安全。年内，查处郑陆地区货车、面包车、农机车、摩托车等车辆逆向行驶、超速行驶、闯红灯、违法载人、酒后驾驶等各类交通违法行为17010起（机动车处罚4541起、非机动车处罚11995起、行人处罚474起），其中酒驾99起、醉驾39起、超员载客14起、货车超载413起，亡人事故数和死亡人数同比下降21.6%和25.4%。

【交通安全宣传教育】 2021年，天宁交警大队以预防和减少道路交通事故为目标，开展交通安全宣传活动，营造道路交通安全宣传氛围。年内，累计开展交通安全宣传“七进”（进学校、进企业、进单位、进驾校、进农村、进社区、进网络）活动103场，提升广大交通参与者法制意识、文明交通意识；联合社区、学校开展“一盔一带”安全守护行动，在江苏省常州高级中学、常州市第一中学、区政务服务中心等区域建设共享头盔投放点，全区累计12个，提升群众佩戴安全头盔意识；组织郑陆交警中队通过“交通安全宣讲团”进村入户等方式，到郑陆镇3所小学周边，向师生、家长、过往群众发放交通安全宣传资料，宣讲佩戴安全头盔的重要性，引导村民增强交通安全意识。

（江纹静）

生态环境

◆ 栏目编辑　潘劼飞

综　述

【概况】 2021年，天宁区坚持问题导向、目标导向，以“提气、降碳、强生态，治水、固土、防风险”为总体思路，全面加强生态环境保护，打好污染防治攻坚战，推动天宁生态环境高质量发展。年内，基本完成《天宁区“十四五”水生态环境保护规划》《天宁区“十四五”太湖综合治理规划》（含水平衡、磷平衡、河湖生态系统调查、环太湖有机废弃物研究4个专题）等规划及《常州市主城区（新北区、天宁区、钟楼区、经开区）区域水污染物平衡核算工作报告》编制。抓好中央和省级生态环境保护督察交办问题整改，散乱污问题、9家企业大气强化督查问题完成整改并销号，38件中央环保督察信访件完成市级销号，34个省级环保督察反馈意见问题按时序进度要求上报市各牵头部门销号，77件省级信访件分别完成市、区两级核查销号。开展生态文明宣传，在雕庄街道凤凰公园举办“6·5”世界环境日主题宣传活动，利用《常州日报》、常州电视台、“锦绣天宁”微信公众号等媒体宣传天宁区打好污染防治攻坚战成果。是年，天宁区在全市率先试行降尘考核，率先实现创新构建生活垃圾可回收物收集、中转、回收再利用的“点、站、厂”闭环体系，通过生态文明建设示范区省级现场核查；天宁生态环境局获评2019—2021年度常州市文明单位（标兵），天宁生态环境局党支部获评全市生态环境系统先进基层党组织，在全市生态环境系统支部分类达标定级考核中获第一名。

2021年，常州市自然资源和规划局天宁分局（以下简称资规天宁分局）深化集体经营性建设用地入市，制定出台《常州市天宁区农村集体经营性建设用地入市管理办法》《常州市天宁区农村集体经营性建设用地入市收益调节金征收和使用管理暂行办法》《常州市天宁区农村集体经营性建设用地入市净收益管理办法》，发放天宁区首本集体经营性建设用地不动产权证。完成农村不动产权籍调查成果验收及数据库导入，开展房地一体农村不动产登记发证，累计外业收件10856宗、录入登簿6790宗，基本实现“应登尽登”。推进绿色发展，在全省率先协同开展自然资源统一确权登记与河湖划界工作，试点开

5月29日，天宁区在雕庄街道凤凰公园举办“6·5”世界环境日主题宣传活动
（天宁生态环境局 提供）

展自然资源三维立体确权登记，配合省自然资源厅做好京杭大运河苏南段和新沟河自然资源统一确权登记，组织实施龙游河、北市河、前浪浜、凤凰浜、三宝浜和刘塘浜6条河流自然资源统一确权登记。强化选址意见书与规划条件前置把控作用，试点翠竹菜场地块、果品市场地块（丽华北路西侧、关河东路北侧）等项目带方案出让，逐步提高居住品质。是年，天宁区在全省率先试行“田（林）长制”，探索“田林长合一”一体化保护新模式，试点经验被省自然资源厅转发；率先完成违法用地“清零行动”整改任务，22宗历史违法用地和46宗新增违法用地100%整改到位；查家湾片区生态修复获全省首届最美生态修复案例（矿山生态修复类）称号。

（田　勇　蒋云峰）

【“打好污染防治攻坚战”年度目标任务完成】 2021年，天宁区为全面加强生态环境保护，打赢污染防治攻坚战，加快中央、省级环保督察问题整改，推动天宁高质量发展走在前列，制定《2021年天宁区深入打好污染防治攻坚战工作方案》，根据市对区相关指标，列出2021年“坚决打赢蓝天保卫战、推动绿色低碳发展转型升级、加快生态修复与保护、着力打好碧水保卫战、扎实推进净土保卫战、提升生态环境风险防控水平、深化生态环境治理体系和治理能力现代化、切实解决突出环境问题”八大类主要任务。年内，天宁区优化调整打好污染防治攻坚战指挥部办公室（以下简称攻坚办）组织架构，严格执行“领导+攻坚办+专员”工作机制，统筹推进工作进程，全年组织召开各类推进会、现场督察30余次。是年，全区污染防治攻坚战8大类307项目标任务完成306个，完成率99.7%。

（眭　光）

生态环境质量

【大气环境质量】 2021年，天宁区$PM_{2.5}$平均浓度33.2微克/立方米，同比下降9%，达到国家二级标准；空气质量优良天数266天，优良率76.7%，同比下降5.3%。1—12月，降尘浓度2.9吨/平方千米·月，达到“不高于3.8吨/平方千米·月”的年度目标；氮氧化物及VOC_S排放量较2020年分别削减8%、10%。

（眭　光）

【水环境质量】 2021年，天宁区省“水十条”考核断面（北塘河青洋桥断面、新沟河粮庄桥断面）优Ⅲ类水体比例100%，无劣Ⅴ类水体；延陵大桥、采菱港桥、天宁大桥、石堰桥4个出境断面水体总磷指标均为Ⅲ类，与上年同比未降类。

（顾文杰）

自然资源保护

【耕地保护】 2021年，天宁区开展永久基本农田试划，以全区稳定耕地总量2.65万亩为基数，按照稳定耕地87%作为保护任务，试划永久基本农田2.31万亩。开展永久基本农田研究，通过外业调研和内业梳理，将天宁区可恢复地类分为易恢复、可恢复、难恢复和不可恢复四类，摸排可划入基本农田资源，为后续永久基本农田核实整改补足做好资源准备。守住耕地红线，开展耕地卫片图斑整改，通过实地核查、内业梳理、举证，自然资源部下发的66个图斑完成整改46个。根据《区政府办公室关于严格土地监管坚决制止耕地“非农化”防止“非粮化”行为的通知》，列出天宁区“非农化”问题25个，年内均完成整改并通过常州市自然资源和规划局验收。是年，完成“十三五”耕地保护责任目标履行情况自查、2020年度耕地保护激励绩效自查，开展耕地后备资源调查评价资料下发、分析和收集工作。

【重大项目用地保障】 2021年，资规天宁分局结合“十四五”规划总体纲要，合理排定区域范围内林地、农用地转建设用地及土地征收时限和建设时序。年内，组卷报批征收10个批次，总面积21.47公顷；上报增减挂钩建新方案2个批次，总面积18.6公顷，其中农用地17.8公顷。推进建设项目使用林地报批，“常州天宁报批模板”受省林业厅肯定并在全省推荐使用；完成常州市城乡建设用地增减挂钩建新区2020年第4批次（19挂）建设用地使用林地报批，涉及使用林地面积15.88公顷（其中公益林0.02公顷、商品林15.86公顷）；完成开发区东侧医疗地块、舜过山消防水池报批，涉及使用林地面积0.36公顷（其中公益林0.12公顷、商品林0.24公顷）。是年，落实新增建设用地指标27.33公顷，增减挂钩指标18.6公顷，占补平衡补充耕地指标14.27公顷，落实异地购买增减挂钩转占补指标1.95公顷，协调购买补充耕地指标30公顷。全年完成4个市重点项目、13个区重点项目供地手续，累计供应土地47宗，供地面积171.2公顷，出让金总额110.6亿元。

【土地资源节约集约利用】 2021年，天宁区全面实行工业用地30年弹性出让制度，落实《天宁区关于改革创新工业用地供应制度的实施意见（试行）》要求，产业用地全部执行“双合同”（签订《土地出让合同》《项目投资协议》）制度。开展2021年度工业用地更新调查，完成天宁区926.67公顷低效用地再开发数据库编制，为“十四五”低效用地再开发规划编制提供数据基础。推进存量建筑盘活利用，建立区联席会议、联合审查制度，打通存量建筑盘活利用通道。开展批而未供地块处置工作，处置2008—2019年批而未供地块89.67公顷，年度目标完成率108%，提前完成市资规局下达的年度目标任务。推进闲置土地盘活利用，督促处置历史闲置土地2宗、7.77公顷。是年，天宁经济开发区土地节约集约评价在全省32个同类型开发区中排名第五，实现产城融合型转变。

【林业资源保护】 2021年，资规天宁分局推进《天宁区林地保护利用规划（2021—2035年）》编制，成立林地保护利用规划领导小组和工作小组，与编制单位衔接林地布局空间，结合过渡时期实施方案、国土三调数据、“一张图”数据，测算天宁区林地保有量，初步构建《天宁区林业保护利用规划》基本框架。是年，完成全区森林资源“一张图”年度变更，调出林地12.22公顷，调入林地13.27公顷，“一张图”林地面积由865.29公顷增长至866.34公顷。完成林地、草地、湿地数据融合，林地保留41.15公顷，草地保留64.54公顷，湿地保留0.04公顷，工作成果上报常州市自然资源和规划局。完成营造林年度工作任务，完成大明路、新堂路两侧成片造林6.07公顷，新沟河沿线成片造林0.6公顷。开展森林资源督查，整改森林督查遥感图斑14个，上报违法图斑1个（石堰山15号图斑，涉及毁林），剩余“非双林地”（第三次全国土地调查数据、“一张图”数据以外的林地）图斑上传情况说明或整改完毕。年内，加强林业有害生物防治和野生动物保护，持续开展美国白蛾监测和松材线虫防治，丰北村委南王村、梧岗村委马家头村通过省级绿美村庄创建市级审查。

【土地执法监察】 2021年，天宁区按照“属地管理、分级负责、全面覆盖、职责到人”原则，构建“横向到边、纵向到底、全覆盖、无缝隙”自然资源网格化监管体系，采用“天眼查+大脚板”立体巡查方式，遏制各类违法占地行为，在部级土地卫片执法检查、省厅土地卫片执法检查、农村乱占耕地建房整治专项行动中均未发现新增违法用地，全年未发生新增违法用地案件，所有违法用地均在第一时间巡查发现，并于初发状态处置完成。是年，资规天宁分局按照省委、省政府决策部署，开展违法用地“清零行动”，9月底，完成22宗历史违法用地和46宗新增违法用地整改，整改面积5.78公顷，其中耕地3.78公顷，在全市率先完成“清零行动”整改任务。持续开展违法用地三年综合整治行动，倒排时序，分步实施，10月，17宗违法用地全部整改到位，整改面积3.66公顷。开展乱占耕地建房专项整治，及时完成数据上报、整改核实，年内未新增乱占耕地建房问题。

【四级“田(林)长制”试点】 2021年，天宁区结合区域实际，建立健全森林、耕地等生态资源保护长效机制，在全省率先推行“田（林）长制”一体化保护体系。10月，区委、区政府制定出台《常州市天宁区田林长制实施意见》，按照“属地管理、分级负责、全面覆盖、职责到人”原则，明确各级党委和政府是落实“田（林）长制”责任主体，自然资源和规划（林业）、农业农村、生态环境等部门为辅，形成“政府领导挂帅、部门参与”的共管、共建、共治新格局。完善配套制度，编制田（林）长工作手册，规范田（林）长检查、协查、督查、考核和信息通报等行为；建立田（林）长会议制度，形成责任部门“田（林）长制”联席协调机制，强化指导和监督检查，协调解决重大问题；明确各级田（林）长责任区范围，向社会公告田（林）长名单，在责任区域显著位置设立田(林)长制公示牌，公开责任区域范围、耕地情况、森林资源概况等信息；强化考核落实，建立健全监督考核和责任追究制度，“田（林）长制”执行情况作为专项考核纳入政府高质量发展考核内容。是年，天宁区划分区、镇、村三级网格，在全区范围内实行四级“田（林）长制”，设立总“田（林）长”2名、一级（区级）田（林）长2名、二级（镇级）田（林）长18名、三级（村级）田（林）长26名，通过“两长合一”，构建全面保护、集约高效、监管严格、保障有力的保护管理新机制。

【中心城区存量资源调查】 2021年，资规天宁分局根据市资规局、市住建局联合出台的《关于促进存量建筑盘活利用的实施办法》，开展中心城区存量资源调查。是年，完成中心城区6个街道调查数据目录编制及内业数据整理，完成雕庄、茶山、红梅、天宁、兰陵5个街道外业数据补充，数据整合录入自然资源“一张图”，绘制发布产业空间地图，为重大项目招引“按图索地”提供用地指引。根据城市更新库项目分布、用地现状，按照工业、楼宇、城中村3种类型，形成含土地、建筑、经济、配套等属性的存量资源数据库及分析报告，并以五年为一个周期建立年度更新机制。开展《常州市天宁区存量资源盘活利用专项规划（2021—2025年）》编制，促进存量资源再利用。以天宁街道黑牡丹文化创意产业园、新棠酒店为试点，开展存量建筑盘活利用试点，年内完成新棠酒店、南城脚牡丹里文创园区、天宁区一心颐养中心3个项目临时功能改变，盘活存量建筑面积25112.75平方米。

【自然资源碎片化整理】 2021年，资规天宁分局联合郑陆镇政府，以5年为周期启动郑陆全域自然资源碎片化整理。是年，编制《郑陆全域碎片化整理五年计划及近期实施方案》，探索制定农村宅基地保障对象认定、农村宅基地管理、农村宅基地有偿使用、有偿退出、项目企业搬迁5项配套政策。通过规划编研，制定成片开发、区域控规、村庄规划方案，完成农居建设项目选址、风貌导则和户型设计。以查家湾片区为试点区域，开展宅基地整治，完成孙公桥、南头村31户农居评估、签约、腾空；整治低效工矿用地，对查家工业园33家企业开展评估、签约，涉及面积13余公顷；制定融资方案，由常州天舜建设开发有限公司作为主体，推进拆迁融资事宜。

（蒋云峰）

节能减排

【环境准入管理】 2021年，天宁生态环境局完善排污许可证管理，全年完成69家单位排污许可证首次申请、重新申请、变更申请审核；全区205家持证单位年度排污许可证执行报告提交审核率100%，重点行业年度排污许可证执行报告内容规范性审核率100%；按江苏省生态环境厅时序进度要求，完成70家单位排污许可质量审核。规范建设项目总量平衡，印发《关于加快申报全区建设项目主要污染物排放总量平衡源入库的通知》，组织开展2021年入库及减排项目摸排，全面测算已（拟）关闭及工程治理项目形成的减排量，优先用于本区域建设项目平衡，年内平衡项目41个，平衡二氧化硫3.82吨、氮氧化物18.14吨、烟粉尘9.08吨、挥发性有机物14.48吨。开辟重大项目环境影响评价审批“绿色通道”，全区130个省、市、区重大项目中，具备审批条件的全部完成审批；全年办理行政审批事项672个，其中建设项目环境影响评价文件审批62个、建筑工地夜间施工许可证核发161个，指导企业完成登记表网上备案449个。

（刘　田）

【清洁生产审核】 2021年，天宁区11家企业被江苏省生态环境厅列为省第十七批强制性清洁生产审核重点企业。是年，常州强力先端电子材料有限公司等11家企业按要求完成清洁生产审核信息公开，委托专业机构开展清洁生产审核技术咨询服务，对生产和服务过程开展调查和诊断，找出能耗高、物耗高、污染重的原因，提出降低能耗、物耗、废物产生以及减少有毒有害物料使用、产生和废弃物资源化利用方案，选定并实施技术经济及环境可行的清洁生产方案。至年末，11家企业的清洁生产审核报告全部编制完成并通过评估。

（刘　田）

【《常州天宁经济开发区污染物排放限值限量管理实施方案》启动编制】 2021年，天宁经济开发区根据江苏省生态环境厅关于“推进工业园区（集中区）污染物排放限值限量管理”要求，启动《常州天宁经济开发区污染物排放限值限量管理实施方案》编制，通过开展工业园区及周边大气、水环境质量监测以及主要污染物排放总量测算，实施以环境质量为核心、以污染物排放总量为主要控制手段的环境管理制度。年内，完成园区企业现场核查，确定污染物排放主要控制指标：水为4个管控单元（常州市江边污水厂、常州龙澄污水处理有限公司、常州东南工业废水处理厂有限公司、常州老三集团有限公司），大气为1个管控单元（天宁经济开发区），完成主要污染物允许排放量、实际排放量和园区碳排放总量计算。

（刘　田）

【能源结构优化】 2021年，区发改局牵头相关部门对辖区内油气输送管道企业开展管道日常巡查、隐患整改、第三方施工等安全生产检查4次，整体运行情况良好；联合区相关部门及国网江苏省电力有限公司常州供电分公司对居民小区开展电线私拉乱接排查整治4次，下发《重大安全隐患限期整改通知单》2份，年内完成整改。对2019年整改完毕的郑陆镇6处安全隐患开展“回头看”，年内隐患未反弹；郑陆镇丰北村3栋民房、开发区1栋民房与油气长输管道间距不足5米的风险隐患，年内完成整改。强化能耗双控措施，成立区能耗双控工作领导小组及区今冬明春能源电力保供工作领导小组，通过制定全区225家315千伏安以上工业用电企业有序用电方案、传达每日限电指令、形成能耗双控指示日报、不定时走访重点监测企业等形式，督促企业严格执行到位。区发改局牵头区科技局、区工信局、区财政局等相关部门，组建碳达峰碳中和工作专班，开展碳达峰水平专项考核，完成天宁区能耗总量控制、煤炭消费总量控制等各项指标。发展清洁能源，引导和利用城乡各类屋顶资源，发展“自用为主、余电上网”的分布式光伏发电项目25个，光伏装机量94.8兆瓦。是年，天宁区入选全国整县（市、区）屋顶分布式光伏开发试点名单。

（徐华娟）

【化工产业安全环保整治提升行动】2021年，天宁区稳步推进化工产业安全环保整治提升行动，全年完成3家化工企业关停验收。自2017年“减化”行动开展以来，上报关停化工企业65家，累计减少71.4%以上。结合危化品使用安全综合治理，落实化工企业安全生产主体责任，在企业自查自改基础上，组织专家对12家化工企业开展安全风险隐患排查治理，发现并整改一般隐患41条。6月底，完成江苏省化工产业安全环保整治提升攻坚行动工作平台问题隐患清单整改和危化品使用安全专项治理问题隐患清单整改，整改完成率均为100%。

（崔晋华）

【工业节能降耗】2021年，天宁区完成单位GDP能耗下降5.64%。其中，规模以上工业企业综合能耗消费量为34.32万吨标准煤，同比增长6.06%；黑牡丹纺织有限公司等10家重点用能单位综合能耗14.44万吨标准煤，同比增长9.14%。亚东（常州）科技有限公司、常州亚玛顿股份有限公司、常州钜苓铸造有限公司、常州宣胜金属科技有限公司4家企业完成节能技术改造，常州宣胜金属科技有限公司、常州旭尔发焊业有限公司、常州力拓塑胶有限公司、黑牡丹纺织有限公司4家企业完成能源审计。8月，对常州旭尔发焊业有限公司提高实心焊丝、电焊条生产制造能力的技术改造项目出具节能审查意见，督促企业高效利用能源。

（朱晓楠）

【区机关事务管理中心创成“国家节约型机关”】8月，区机关事务管理中心被国家机关事务管理局、中共中央直属机关事务管理局、国家发展改革委员会、财政部评为首批“国家节约型机关”。2021年，区机关事务管理中心根据《国家发改委关于印发〈绿色生活创建行动总体方案〉的通知》《关于印发〈节约型机关创建行动方案〉的通知》要求，推进节约型机关创建，实行能源消耗分户、分区、分项计量，建立能源资源计量器具台账，实时监测能耗平台。结合公共机构节能宣传周、低碳日、世界水日等系列活动，宣传介绍节约型机关创建行动内容和成效。推行绿色办公，联合常州恒益物业管理有限公司落实节能举措，天宁科技促进中心（天宁区行政中心）水、电、汽等能耗管理列入物业节能专项考核，加大节能、节水、环保等绿色产品采购力度。推进区级公共机构垃圾分类，设置有害垃圾、其他垃圾、可回收物三类垃圾桶，分类垃圾桶覆盖率100%。倡导“厉行勤俭节约、反对餐饮浪费”，鼓励区级机关食堂就餐人员按需点餐、合理打餐。

（钟　丹）

8月25日，区机关事务管理中心在天宁经济开发区管委会开展节能宣传
（区机关事务管理中心 提供）

环境治理

【大气污染防治】 2021年，天宁区推进VOC_S治理，11家企业完成低挥发性有机物原辅料源头替代，其中常州宝润涂料有限公司、常州佳尔科仿真器材有限公司、江苏邦杰防腐保温科技有限公司、常州市洁丽木业有限公司建成源头替代示范型企业；天宁经济开发区、郑陆镇工业集中区三河口分区、花园分区、和平工业园等园区及6个涉VOCs企业集群总计206家企业完成排查整治，全区40个挥发性有机物储罐完成治理，59家重点行业企业在夏季前完成挥发性有机物无组织排放治理，天宁区完成市下达的臭氧削减任务。深化重点行业污染治理，32台燃气锅炉低氮燃烧改造完成“回头看”，38台工业炉窑建立“一窑一档”管理台账，实施清单化管理；开展铸造行业深度治理，45家企业完成整治，3家企业搬迁关闭，1家企业取消铸造工艺。实施精细化扬尘管控，编制《2021年天宁区扬尘污染防治专项工作方案》，落实“双门卫”制度和建筑工地“六个百分百”要求，61个在建工地实现24小时监管，累计完成施工工地扬尘治理项目50个（含市直管工地）。推进生活源污染治理，200家餐饮单位完成油烟整治或回头看，23家重点单位安装在线监控系统，天宁吾悦广场、九洲新世界等城市综合体在线监控安装率95%以上。加强移动源污染防治，淘汰国三（国家第三环节机动车污染物排放规范）及以下排放柴油环卫车10辆；建立常态化路检制度，天宁交警、生态环境等部门联合开展柴油车排放路检路查抽测338辆次，秋冬季监督性抽测338辆次，入户监督抽测100辆次；抽测非道路移动机械129台次，检查80座油气回收设施，7家年销量5000吨以上加油站在线监控联网数据有效率达95%以上。做好重污染天气应急减排，帮扶指导163家涉气企业编制2021年秋冬季应急减排清单，实施差异化管控，一企一策，精准减排。开展重点区域排查整治，发挥热点网格精准溯源系统作用，严格报警、巡查、处置、反馈、复核闭环管理工作流程，年度总报警3582次，处理率100%。

（眭　光）

【水污染防治】 2021年，天宁区完成省考断面（北塘河青洋桥、新沟河粮庄桥）“十四五”达标保障方案编制和评审；完成《天宁区汛期防范水质下降应对预案》及“一断面一策”编制，通过入河排污口深度排查溯源分析、强化支浜泵站整治管控、开展临时应急处置等措施，保障汛期省考断面水质。开展“消劣奔Ⅲ”行动，制定京杭运河苏南段、三山港、丁塘港、采菱港等骨干河道整治方案，有序推进监测工作；市控龙游河张墅桥断面完成阶段性整治，增设曝气装置，提升水体自净能力；完成郑陆农场河河道整治及双桥浜、横塘浜清淤工程。常州郑陆污水处理有限公司、常州龙澄污水处理有限公司、常州东南工业废水处理厂有限公司按规定在进水口、出水口安装水量、水质自动监控设备及配套设施，并与省级监控平台联网，重点工业企业、县级以上工业园区、城市污水处理厂进出水全部实现水质水量在线监控；统筹开展主城区9条劣Ⅴ类河道排查溯源、方案编制及综合整治，完成35项河道整治工程项目。开展农村生活污水治理提升行动，完成30个自然村生活污水治理工程，推动农村生活污水治理向自然村延伸。是年，全区累计完成346个“小散乱”点位、12个区级单位庭院点位治理，结合老小区改造完成33个小区阳台排水雨污水管网改造106014米。

（顾文杰）

【土壤污染防治】 2021年，天宁区落实企业污染防治主体责任，常州东南工业废水处理厂有限公司、常州强力先端电子材料有限公司完成周边土壤及地下水状况监督性监测，常州制药厂有限公司、常州四药制药有限公司等8家企业完成环境风险隐患排查和厂区土壤、地下水自行监测，16家企业有序推进土壤和地下水自行监测及隐患排查报告编制。落实地块风险管控或治理修复，组织开展区域内污染地块及疑似污染地块开发利用情况执法检查，对发现问题提出整改意见；原常州天马集团有限公司及周边地块一、二标段完成污染水、污染土修复，常州市东方化工有限公司地块土壤修复有序推进，常州冠今化工有限公司地块土壤污染风险评估完成第二次专家评审。

（糜　泮）

【固体废物污染防治】 2021年，天宁区加强固体废物污染防治，持续推进5万吨危废处置项目、一般固废收集暂存项目，加快补齐固废处理能力短板。推进危险废物全生命周期系统运行管理，组织线上培训4批次、线下培训6批次，新系统启用率100%，重点企业视频联网率100%。规范危险废物环境监管，审核445家企业危废管理计划，审批跨省转移3家、应急处置5家，转移处置危废18393135吨。推进危险废物专项检查，检查企业390家（厂次），立案查处11个涉及危废环境违法行为。

（糜　萍）

【辐射污染防治】2021年，天宁生态环境局健全辐射环境风险隐患排查治理工作机制，完成《天宁区辐射安全事故应急预案》《天宁生态环境局辐射应急程序》修编。按照省、市生态环境部门统一部署，推进核与辐射安全风险隐患排查治理，全区核技术利用单位针对辐射安全与防护设施运行和管理、辐射事故应急响应和处理能力、国家核技术利用辐射安全管理系统数据准确性、法律法规执行及整改要求落实情况、废旧放射源和放射性“三废”管理情况开展自查；天宁生态环境局在审核各单位自查报告基础上，完成现场监督检查、辐射安全许可证发证前核查、工业射线探伤单位标准化建设试点工作、安全重点风险单位联合检查等工作。

（顾文杰）

【常州市农村黑臭水体治理试点示范区建设】2021年，天宁区完成天宁经济开发区铜勺河、郑陆镇陈家沟、牟家公寓东侧河、铁鹏公司北侧河、北塘河窑墩浜支流、草塘浜支流6条河道治理，成为可推广可复制农村黑臭水体治理样板。2020年9月，天宁区被常州市打好污染防治攻坚战指挥部办公室确定为常州市农村黑臭水体治理试点示范区，天宁生态环境局牵头组织开展周边水系连通、河道水文情况现场勘查，了解河流流通状况、河流底泥淤积等基础情况，开展河道周边污染源详查，判定河道污染主要成因，形成《常州市农村黑臭水体治理示范区试点实施方案》（以下简称《实施方案》）。2020—2021年，开发区和郑陆镇根据《实施方案》分别对6条河道黑臭水体开展控源截污、清淤疏浚、水生态修复、河岸景观整治、调水引流，并落实长效管护措施，有效改善农村河道的水环境质量。

（糜　萍）

【《天宁区降尘考核办法（试行）》实施】10月1日，《天宁区降尘考核办法（试行）》（以下简称《办法》）实施，天宁区成为常州市首个出台降尘考核办法的辖市（区）。《办法》按照“多超多缴、少超少缴、不超不缴”原则，将镇、街道、园区每月降尘监测数据作为考核基础数据，对月降尘量未能达到考核目标的镇（街道）扣罚降尘考核资金。其中，未按期缴纳降尘考核扣罚资金的镇（街道），当季度打好污染防治攻坚战考核“一票否决”；年度两次未按期缴纳降尘考核扣罚资金的镇（街道），年度打好污染防治攻坚战考核“一票否决”；降尘量连续3个月未能达到考核目标或连续2个月在全市降尘量排名后3位的，按规定对镇（街道）相关负责人予以约谈。

（眭　光）

2021年天宁区6条农村黑臭河道治理方案一览表

表30

序号	河道	治理方案
1	铜勺河	1. 控源截污（周边企业生活污水接管） 2. 清淤疏浚＋水生态修复（生态浮岛＋河道曝气） 3. 调水引流（加强与丁塘港水体交换） 4. 维护自然原型护岸 5. 加强长效管护
2	陈家沟	1. 控源截污（加强周边集镇片区生活污水治理） 2. 清淤疏浚＋水生态修复（生态浮岛＋河道曝气） 3. 河岸景观整治（建设复合型护岸） 4. 加强长效管护
3	牟家公寓东侧河	1. 控源截污（加强牟家村生活污水治理及西北区域企业接管） 2. 清淤疏浚 3. 水生态修复（生态浮岛＋河道曝气） 4. 河岸景观整治（建设复合型护岸） 5. 加强长效管护

续表 30

序号	河道	治理方案
4	铁鹏公司北侧河	1. 控源截污（周边生活污水治理，建设生态沟塘系统减少农业面源污染） 2. 清淤疏浚 3. 调水引流（加强水体西接中心河、东接申浦河） 4. 维护自然原型护岸 5. 加强长效管护
5	北塘河窑墩浜支流	1. 控源截污（周边陈家头和南城街生活污水治理，建设生态沟塘系统减少农业面源污染） 2. 清淤疏浚 3. 调水引流（加强水体与北塘河的水体交换） 4. 维护自然原型护岸 5. 加强长效管护
6	草塘浜支流	1. 控源截污（周边生活污水治理，建设生态沟塘系统减少农业面源污染） 2. 清淤疏浚 3. 调水引流（加强水体与草塘浜的水体交换） 4. 水生态修复（生态浮岛＋河道曝气） 5. 河岸景观整治（建设复合型护岸） 6. 加强长效管护

【农业面源污染治理】 2021 年，天宁区持续开展化肥农药用量零增长行动，推行种养结合、粪肥还田等绿色有机肥及迷向丝、诱虫板等高效植保药械，促进科学施肥用药，全年推广梨小食心虫迷向信息素 14500 根、应用黄板 5000 张、诱捕器 3900 套；化肥使用总量 657.8 吨，农药使用总量 37.75 吨，较 2020 年分别下降 28.58% 和 59.29%。控制农业源氨排放，在江苏科力农业资源科技有限公司开展氨排放试点。开展废旧农膜回收利用和农药包装废弃物回收，在郑陆镇羌家村建立 1 个省级“五有”（有固定防渗场地、有统一标牌、有专人负责、有废旧农膜储有量、有规范台帐）标准废旧农膜回收点位，回收处理废旧农膜 70.82 吨，处理回收率 97.5%；建立“两废”（农药包装废弃物、废旧农膜）回收点 15 个，回收农药包装废弃物 13.12 吨，回收处置率 100%。加大秸秆综合利用，综合利用主要农作物秸秆 4245 吨，利用率 97.21%。排查梳理国家地表水考核断面（以下简称国考断面）汇水范围内农田退水对水质影响较大的区域，梳理形成新沟河沿线村种植业布局清单，梳理出种植梨面积 2377.9 亩、种植葡萄面积 1055.76 亩、种植水稻面积 1194 亩。配合市农业农村局完成耕地土壤环境质量类别划分，天宁区 6 个评价单元均为优先保护类，涉及耕地面积 55544 亩，无安全利用类和严格管控类耕地。

（钱　寅　廖云峰）

【生活垃圾分类治理】 2021 年，区城管局围绕垃圾分类示范区创建要

10 月 7 日，全国劳模环卫工人黄峰团队在红梅公园南门开展垃圾分类宣传

（区城管局　提供）

求，制定下发《天宁区城乡垃圾分类工作实施方案》，全年建成垃圾分类达标小区60个，其中“两定一撤”（定时、定点撤单元门口的垃圾桶）小区22个、“四分类”（可回收物、有害垃圾、其他垃圾、厨余垃圾）试点小区5个，雕庄街道完成全域市场化垃圾分类。10月，按照新修订的《江苏省垃圾分类达标小区评价标准》要求，及时调整区级创建要求，改造原有垃圾分类亭22座，自行设计洗手池151只，配备冲洗水枪65把，达标小区均完成垃圾“四分类”和“两定一撤”目标任务，天宁区获评全省年度垃圾分类达标小区评估较好县区。普及可回收物回收，每月定期对小区开展可回收物回收人工服务和垃圾分类知识宣讲；至年末，可回收物闭环处理体系累计投放回收设备899套，回收生活垃圾可回收物1.4万吨，日回收量最高达72吨/天。

（范　纯）

环境监管

【专项环境执法工作】 2021年，天宁生态环境局在全市率先推出《天宁区生态环境网格化监管工作指导手册（试行）》，将基层生态环境网格单元工作任务细化为“即查型”，通过专题授课等模式提升生态环境网格化监管能力，打通基层网格单元“最后一公里”。年内，结合“双随机”、危险废物交叉检查、建设项目事中事后监管等月度任务，组织开展2020年生态环境部臭氧帮扶问题“回头看”、太湖安全度夏、大气协同管控、VOCs专项执法、入河排污口执法检查、涉水环境隐患排查、“利剑出鞘”专项行动、固废专项排查等40余个专项行动，出动执法人员6242人次，检查企业3121家次。

（张晓芬）

【环境违法行为查处】 2021年，天宁区持续加大环境违法行为打击力度，办理大案要案7起，结合“污染防治百日攻坚”“春夏攻坚”“合力攻坚”等专项执法行动，发布4批次、20个涉气典型环境违法案例。是年，立案调查环境违法案件70件，下达行政处罚决定书72件（行政处罚金额684.67万元），实施查封扣押10件，实施限产停产4件，移送公安机关行政拘留7件。

（张晓芬）

【环境信访问题调处】 2021年，天宁生态环境局累计受理环境信访269件，同比下降42%；信访中涉及三产类85件、工业企业类41件、河道水质类23件、工地噪声类8件、空气质量类86件、其他类26件，信访处理率、结案率均为100%。是年，全面推行开门接访、带案下访、入户走访、及时回访“四访工作法”，局领导每月定期开展信访接访，对影响较大的信访问题实施领导包案，对苗头性、倾向性问题开展事前排查，坚持经常排查与集中排查、全面排查与重点排查相结合，防范信访问题产生，对已办结的重点信访定期开展回访抽查，对重点区域加密抽查比例。

（周寒飞）

【生态环境领域安全生产工作】 2021年，天宁生态环境局与区应急管理局建立联动工作机制，针对重要设施环境安全等突出问题，联合制定印染、化工、工业涂装、医疗四大行业环境安全工作手册。是年，对全区204套企业治理设施开展环境安全执法检查，对发现问题的企业跟踪督促整改。开展停产化工企业环境安全回头看，聘请专家全面排查56家2017—2019年关停化工企业环境安全风险隐患，针对风险防范形成专项文本。强化环境应急管理，组织企业开展环境风险源排查、突发环境事件应急预案备案，常州市烨超化工有限公司开展突发环境事件应急演练。提升流域突发水污染事件应急准备和响应能力，启动重点河流“南阳实践”经验实施，郑陆镇启动重点河道风险管控预案编制。

（周寒飞）

【排污口专项整治】 2021年，天宁生态环境局开展7条入河（湖）排污口排查整治专项行动，排查疑似排污口269个、敏感区207个。根据监测、溯源结果，结合区域规划、整治工程量、长效管理等因素，按整治难易程度实施排污口“红黄蓝绿”分类整治，明确整治时限、路线、标准要求及具体落实单位。年内，完成28个排污口规范化整治，并试行排污口分类动态调整机制，形成权责清晰、监控到位、管理规范的排污口监管体系。

（周寒飞）

【涉磷企业调查整治】 2021年，天宁生态环境局根据《江苏省太湖流域涉磷企业调查工作方案》，部署开展涉磷企业调查整治。对照省生态环境厅污染源“一企一档”管理系统企业行业类别，将444家化工、纺织印染、食品加工、金属表面处理、涉磷固危废等可能涉磷的行业企业纳入排查范围，年内完成114家涉磷企业网上填报，占比26%；印发雕庄、青龙片区纺织印染行业涉磷企业整治工作方案，按时序推进整治任务；完成《天宁经济开发区涉磷重点行业企业排查整治实施方案》编制。

（顾文杰）

【环境监测监控能力提升】 2021年，天宁区进一步加强大气、水环境监测监控能力建设，石埝桥（北塘河）、横方桥（横塘河）、张墅桥（龙游河）3个水质自动监测站的监测数据接入常州市碧水保卫战污染防治攻坚平台；全区7家挥发性有机物重点监管企业完成VOCs在线监测安装；187家VOCs排放量10吨以下的中小型企业完成用电监控安装，监控点位1106个；更新大气监测国控站点（江苏省常州环境监测中心国控点）二氧化硫监测设备，并通过中国环境监测总站审核；加强省级工业园区（集中区）监测监控能力建设，完成《天宁经济开发区监测监控能力建设方案（初稿）》编制，计划新增空气自动监测站1座、恶臭监控点4个、空气微站36个。是年，天宁生态环境局印发《2021年天宁区生态环境质量监测方案》，排定地表水环境质量、噪声环境、农村环境质量、重点排污单位、土壤和地下水环境质量等五大类387项年度监测任务，重点开展考核断面及周边预警监测、支流支浜汛期水质预警监测、黑臭水体监测、农村生活污水处理设施进出水口监测、土壤重点监管单位监测、重点排污单位监测等。

（潘　婧）

生态建设

【生态产品价值实现机制试点】 2021年，天宁区开展自然资源领域生态产品价值实现机制省级试点，探索生态产品价值实现路径。是年，《天宁区生态产品价值实现机制试点方案》编制完成，郑陆镇开展生态修复、资源整合等提升生态产品价值基础性工作，修改完善《舜过山花千谷地质灾害隐患点治理与生态修复方案》，查家湾片区生态修复案例获评江苏省最美生态修复案例，累计恢复被损毁山体4万平方米，增加绿化植被面积8万平方米，涵养水源、净化空气、碳汇（通过植树造林、植被恢复等措施，吸收大气中的二氧化碳，减少温室气体在大气中浓度的过程、活动或机制）等生态功能不断提升；生态产品供给能力显著提升，建设用地实现增值溢价，季子文旅综合开发项目列入省重点项目清单。至年末，查家湾生态修复工程累计投资5.08亿元，经生态产品价值（GEP）初步核算，2021年查家湾生态资产价值5828万元，较2014年增值4700余万元，区域建设用地增值约12亿元。

（蒋云峰）

【生态文明建设示范创建】 2021年，天宁区确定“两年（2021—2022年）创成省级生态文明建设示范区目标，制定出台《常州市天宁区生态文明建设示范区创建实施方案（2020—2023年）》，围绕健全生态制度体系、巩固生态安全屏障、优化生态空间格局、壮大生态经济模式、构建生态生活方式、提升生态文化品质6个方面，列出责任清单，完善指标短板，统筹推进创建工作任务。12月，生态文明建设示范区建设指标达到省级生态文明建设示范区创建要求，通过省级现场核查。是年，郑陆镇黄天荡村被常州市生态环境局命名为市级生态文明建设示范村；常州市虹景小学根据“七步法”推进国际生态学校创建，优化生态教育环境，初步建成“七彩景苑”生态教育展示厅。2022年1月，天宁区被江苏省生态环境厅命名为第四批省级生态文明建设示范区，雕庄街道、青龙街道、红梅街道被命名为省级生态文明建设示范街道，郑陆镇丰北村被命名为省级生态文明建设示范村，实现区、镇(街道)生态文明建设示范全覆盖。

（田　勇）

2021年，常州市水质自动监测站横方桥站（天宁生态环境局 提供）

【翠竹公园改造提升】 翠竹公园始建于2003年，位于天宁区红梅街道，北起湾龙路，南至翠虹路，东侧为龙城大道高架，西侧为湾塘路。公园周边主要分布居住小区和学校，人群较为密集，由于年久失修，存在健身器材损坏、植被破坏严重、安全隐患较大等问题。2021年，翠竹公园改造提升项目被列入天宁区年度民生实事项目，由区城管局牵头，天宁创新建设集团负责改造施工，3月启动，6月完工，总投资2500余万元。公园原占地面积8.78公顷，改造后扩增至10.4公顷，改造重点突出强化入口、多维交通和特色植物三方面，其中新建天桥420米、萱草园2000平方米，竹园改造6000平方米，新增塑胶场地2500平方米、透水园路4000平方米，整个区域打造成"一廊、两区、多节点"总体架构，为周边居民提供文化、休闲、科普活动场所。

【园林绿化建设】 2021年，区城管局围绕创建国家生态园林城市、生态绿城建设目标任务，持续加强城市公园绿地建设，完善城市绿地系统，全年实施28项绿化工程项目，新（改、扩）建公园绿地45公顷，新建生态绿道13千米，新增景观节点30余处，实施龙游河生态绿道建设，将劳动中路、劳动西路、丽华北路、竹林南路打造成绿化精品道路，凤凰公园承办第十七届全国杜鹃花展，翠竹公园完成改造提升，实现市民"推窗见绿、出门进园"目标。1月1日起，区城管局承接市城管局3项绿化行政许可事权和收费事权。区绿化管理部门承接"砍伐及移植城市树木审批、临时占用城市绿化核准、改变绿化规划和绿化用地使用性质审批"3项行政许可事权。对3项行政许可涉及园林绿化赔偿费，由区级部门按照市物价局、市财政局《关于调整常州市市区园林绿化损坏赔偿费标准的通知》标准收取。3月，全国首个全民义务植树展览馆在横塘河湿地公园建成开馆；6月，成立常州市义务植树志愿者联盟，营造人人爱绿植绿护绿文明风尚。

（范　纯）

【生态环境损害赔偿】 2021年，天宁区推动生态环境损害赔偿制度落地实施，成立天宁区生态环境损害赔偿制度改革协调小组，明确生态环境损害赔偿范围、责任主体、索赔主体、损害赔偿解决途径，对"发生较大及以上突发环境事件，在国家和省级、市级主体功能区规划中划定的重点生态功能区、重点水功能区、禁止开发区、生态红线区发生环境污染、生态破坏事件，发生其他严重影响生态环境后果事件"三种情形之一的，依法追究生态环境损害赔偿责任。是年，天宁生态环境局上报生态环境损害赔偿磋商案件4件，通过线索交办、调查评估、赔偿磋商、司法确认、缴纳赔偿金等程序，4家企业完成生态环境损坏赔偿工作。

（田　勇）

2021年，天宁区横塘河湿地俯瞰图　　（天宁生态环境局 提供）

应急管理

◆ 栏目编辑 潘劼飞

应急管理机制建设

【概况】 2021年，天宁区完善应急管理机制建设，加强全区应急管理工作统一领导、指挥协调和防范应对。落实事故和灾害信息报告制度，区应急管理局印发《关于进一步加强全区生产安全事故、自然灾害类信息报告工作的通知》，参加国家、省、市生产安全事故、自然灾害类信息报告视频调度会议，确保灾情和应急处置情况信息畅通，全年发布气象灾害工作提示单18次。持续完善应急指挥中心硬件设施，累计投入40余万元用于采购视频会议设备（电视机、摄像头、话筒）、应急布控球（用于远程监控）、应急指挥箱（用于远程指挥调度），安装“应急宝”办公软件，用于现场信息、视频联络。是年，区应急管理局获评江苏省防灾减灾抗灾救灾工作先进集体、常州市推进“五大明星城”建设先进集体、常州市“安康杯”竞赛组织工作优秀单位、常州市安全生产执法大练兵先进集体。

【应急预案编制修订】 2021年，天宁区调整、优化全区应急预案编制修订，形成“覆盖面广、实操性强、含金量高”的“1+26”（1个突发事件总体预案+26个专项预案和部门预案）应急预案体系。是年，参照《常州市突发事件总体应急预案》《常州市突发事件总体应急预案管理办法》，完成《天宁区气象灾害应急预案》《天宁区防汛抗旱应急预案》《天宁区防台风应急预案》《天宁区城市突发性强降雨应急排涝抢险预案》《天宁区处置恐怖袭击事件应急预案》《天宁区处置森林火灾应急预案》修订。至年末，全区专项应急预案修订率达85%。

【应急救援队伍组建】 2021年，天宁区制定印发《关于加强全区应急救援队伍建设管理的实施意见》，构建“6+N”（综合、专业、基层、社会、专家、企业6个层面，健全若干支专兼职应急救援队伍）应急救援队伍，建立高效应急救援指挥体系，强化全区域综合应急救援能力。是年，天宁区建立综合性应急救援队伍2支，建立粮食和物资保障、建筑工程事故、扫雪除冰、抗洪抢险、危险化学品事故、森林火灾扑救、地震和地质灾害等专业型应急救援队伍14支，天宁经济开发区、镇、

3月22日，天宁区开展2021年森林火灾扑救实战演练

（区应急管理局 提供）

街道建立应急救援中队8支，村（社区）建立应急救援小分队122支；建立社会组织应急救援队伍2支（天宁区非常道救援队、天宁区曙光应急救援队）；区应急管理局与常州中交建设发展有限公司、常州市化工轻工材料总公司301库等企业共建救援备用力量7支。至年末，全区累计有专（兼）职应急救援人员约2500人，开展森林火灾扑救、扫雪除冰、防洪抗涝、疫情防控等应急演练12场，参与演练人员2000余人次。

（季芯伊）

安全生产监督管理

【概况】 2021年，区应急管理局制定出台《天宁区安全生产专家管理办法》，规范全区安全生产专家管理，发挥安全生产专家技术支撑作用，保障安全生产监督管理工作有效开展。围绕安全生产巡查、督导、重点工作清单、考核评价指标等内容，先后向区委常委会、区政府常务会议专题汇报10次。推进安全生产综合执法改革，与镇、街道签订《安全生产行政执法委托协议书》，构建“授权+委托+联合”安全生产执法格局。加强行政审批，全年累计受理化工（医药）企业应急预案备案211件，核发危化品经营许可证179件、烟花爆竹零售许可证20件、三类易制毒备案证明10件，评价报告备案35件，化工生产企业主要负责人安全生产履职情况报告备案33件，重大危险源定期运行情况报告备案2件，化工企业关闭处置方案备案2件。是年，全区发生生产安全责任事故8起，死亡4人，分别同比下降52.9%、55.6%；其中，工矿商贸类事故2起，死亡2人，均同比下降33.3%；交通运输类事故6起，死亡2人，分别同比下降57.1%、66.7%。

【安全生产专项整治】 2021年，区应急管理局聚焦重点领域，推进各项安全生产专项整治。开展危险化学品使用安全专项治理行动，根据《常州市天宁区危险化学品使用安全专项治理行动工作方案》，摸排危化品使用单位底数和风险状况，借助江苏省危化品使用安全专项治理平台，建立天宁区危化品使用台账和档案，累计审核通过危化品使用单位2257家。全年检查企业2289家，发现一般隐患问题2404个，均完成整改；发现重大隐患6个，均完成整改；立案查处14起，处罚金额58万元。推进工业企业安全生产风险报告工作，累计组织培训30场，参训企业1550家，参训员工3100余人；对照江苏省工业企业较大以上安全生产风险目录，核查辖区工业企业6335家，其中4221家无生产企业（停工停产、已搬迁、贸易等类型企业）在江苏省工业企业安全生产风险报告系统完成销号，2114家正常生产企业完成网上申报。至年末，全区410家规模以上工业企业完成风险报告，累计1914家工业企业（含规模以下企业）完成风险报告，报告重大风险3条，较大以上风险7894条。

【安全生产行政执法】 6—9月，区应急管理局针对全区冶金工贸、危险化学品等重点行业领域，组织开展“优化执法方式，提升执法效能”百日行动，按照“执法告知、现场检查、交流反馈”“企业负责人、安全管理人员、岗位操作员工代表全过程在场”“执法+专家”工作模式，累计检查企业142家次，查出安全生产隐患783条，安全生产行政处罚立案49起，罚款165.39万元。9—12月，开展安全生产执法大练兵，实施“实战练兵专项行动”“执法能力提升行动”“典型案件办理行动”“执法案卷质量行动”“现场执法点评行动”“‘一法三册’（《中华人民共和国安全生产法》《企业主体责任落实清单》《企业主要负责人安全承诺书》《安全生产典型案件警示教育手册》）服务行动”“执法文化营建行动”七大行动，重点打击企业忽视、轻视安全生产主体责任等违法犯罪行为，完成事前立案71起。是年，区应急管理局检查工贸企业292家，查出安全生产隐患1709条，下发责令限期整改指令书256份；检查化工企业32家，查出安全生产隐患123条，下发责令限期整改指令书32份。全年安全生产行政处罚立案176起，其中事前立案174起、事故立案2起，罚款总额551.46万元。

【“危污乱散低”出清提升行动】 2021年，区安全生产委员会办公室落实《常州市天宁区“危污乱散低”出清提升行动工作方案》要求，组织开展全区“危污乱散低”出清提升行动，发挥网格监管体系作用，实行镇（街道）、村（社区）两级联动，以“村社吹哨、部门确认”的方式，对河道、油气输送管道、电力设施、道路、铁路安全间距要求开展排查整治。至年末，全区累计排查“危污乱散低”企业（不符合产业政策和产业布局规划，未依法办理相关审批手续，污染物排放不达标，安全生产水平低下，低端低效产能落后的企业）238家，其中“危”类企业48家、“散乱污”类企业98家、“散低”类企业92家；完成整改236家，其中关停79家、提升106家、搬迁49家、转型2家。

【安全生产宣传教育】 6月，区应急管理局开展“落实安全责任，推动安全发展”主题月宣教活动，组织安全生产知识网络竞赛、安全生产宣传教育“五进”（进企业、进农村、进社区、进学校、进家庭）活动；举办“6·16”安全生产月咨询日活动，现场为安全生产宣传教育“五进”试点单位授牌，开展应急演练、有限空间体验、应急物资展示、安全事故警示教育等系列活动，发放安全生产方针政策、法律法规和应急知识、防灾避灾常识等宣传资料5000余份，摆放展板65块，接待咨询市民1500余人次。9月，区应急管理局印发《天宁区学习宣传贯彻新〈中华人民共和国安全生产法〉实施方案》，举办多场宣讲会，累计覆盖企业485家，发放2021年修订的《中华人民共和国安全生产法》单行本、宣传海报、重点解读折页等各类宣传资料3500余份。开展安全生产知识培训，针对一般生产经营单位、重点行业领域企业主要负责人和安全生产管理人员等重点人群，组织培训89场次，参训3979人次，培训合格率达91.45%。

（季芯伊）

防灾减灾

【防灾减灾能力建设】 2021年，天宁区聚焦交通、消防、森林防火等领域，补齐基础设施短板，提升防灾减灾能力。年内，累计投入350万元改造道路交通领域排查出的危桥1座，解除农村危桥安全隐患；投入230万元推进森林防火领域基础设施建设，实现舜过山防火灭火体系全覆盖；结合老旧小区改造完善消防设施配备，完成丽宝第公寓、五角场东村、五角场西村等35个老旧小区消防设施提升工程。结合“5·12”全国防灾减灾日，青龙街道以“防范化解灾害风险，筑牢安全发展基础”为主题开展宣传活动，发放防震减灾宣传手册1000余份，摆放展板30块，接待咨询市民500余人次；茶山街道按照普及风险应对方法、宣传安全防范知识要求，启动街道公共安全体验馆建设，增强全社会防灾减灾意识。严格执行《气象灾害应对工作提示》制度，区应急管理局履行气象预警相关职能，年内先后发布提示18次，指导镇（街道）、机关相关部门落实气象防御措施，保障人民群众生命财产安全。7月25日，第6号强台风“烟花”过境，区应急管理局发布气象灾害工作提示单1次，组织疏散可能受灾人员9人，全区未发生因灾人员伤亡和重大经济损失。12月22日21时46分，天宁区（北纬31°75'，东经120°）发生4.2级地震，区应急管理局累计出动查险人员80人次，重点排查危房、老旧小区、城中村和独居老人，防止发生次生灾害，全区未发生因灾人员伤亡和重大经济损失。

6月16日，区应急管理局在安全生产咨询日活动上为安全生产“五进”宣传试点单位授牌

（区应急管理局 提供）

【第一次全国自然灾害综合风险普查】 2021年，天宁区按照国家、省、市统一部署，推进第一次全国自然灾害综合风险普查。7月，印发《天宁区第一次全国自然灾害综合风险普查工作方案（试行）》，成立天宁区第一次全国自然灾害综合风险普查领导小组办公室，建立区应急管理局、区住建局、区农业农村局、资规天宁分局分工协作机制，围绕地震、地质、气象、水旱、森林火灾5种自然灾害，评估区域重点隐患和抗灾减灾能力；组织开展普查宣传，利用各类电子屏滚动播放标语75条，进村（社区）、进家庭发放宣传折页1000份，摆放展板50块，悬挂横幅50幅，开展普查宣传咨询活动16场次，服务群众1000余人次；借助第三方专业技术服务团队，开展普查业务培训、数据调查等。至年末，全区承灾体调查数据257条，综合减灾能力调查数据142条，历史灾害调查数据706条，

重大历史灾害调查数据24条，家庭减灾能力调查数据360条，均录入第一次全国自然灾害风险普查系统，初步完成普查数据调查并通过国家、省、市普查成果质检。

【朝阳花园社区创成全国综合减灾示范社区】 2021年，雕庄街道朝阳花园社区按照“全国综合减灾示范社区”创建标准和要求，成立综合减灾工作领导小组，制定《朝阳花园社区综合减灾防灾工作制度》，开创防灾减灾“六心”工作法（党建联心共管、制度顺心共建、服务贴心共享、文化开心共联、自治安心共建、敬老孝老共助），推进综合减灾示范社区创建；设立社区综合减灾科普馆，划分社区避难场所，绘制综合减灾避险路线示意图，完善社区综合减灾应急救助预案机制；结合“防灾减灾日”活动，开展防灾减灾宣传教育，向社区居民、辖区单位发放各类防灾救灾宣传资料，普及应急防护知识；开展防灾减灾综合应急演练，组织社区居民、社区工作人员、蓝天救援队队员、医护人员、消防队员、学生、志愿者等150余人参与演练，提升应急处置能力。11月，朝阳花园社区通过江苏省减灾委员会验收，创成全国综合减灾示范社区。至年末，全区累计建成“全国综合减灾示范社区”10个。

（季芯伊）

6月22日，自然资源领域安全隐患巡查　（资规天宁分局 提供）

【地质灾害防治】 2021年，资规天宁分局强化地质灾害隐患和风险双控管理，组织开展地质灾害隐患排查，年内未新增地质灾害隐患点，部分地质灾害隐患点（滑坡1处、崩塌6处）经治理，稳定性提高，危害程度降低，排查报告及排查结果通过市资规局论证和复核。开展地面沉降专业化监测，完成46个监测点巡查踏看、单程55千米野外监测，通过周期性、常态化野外监测获取年度地面沉降监测数据，并研究分析中心城区地面沉降肌理，提出防治方案和对策建议。推进地质灾害隐患点治理，资规天宁分局与江阴市自然资源和规划局、江阴市南闸街道、郑陆镇及相关村委开展多轮对接，探索编制全省首个跨市级行政区划地质灾害治理与生态修复方案及资源利用价值路径。是年，争取省级地质勘探资金62万元，舜过山花千谷地质灾害隐患点治理与生态修复工程于12月完成招投标，治理与修复工作全面启动。12月22日21时46分，天宁区发生4.2级地震，资规天宁分局及时分析研判卫东铸造厂隐患点自动化监测站数据，地震未对监测中的地质灾害隐患点造成影响，未发生边坡变形情况。

（蒋云峰）

【防汛工作】 2021年，天宁区汛情总体较为平稳。常州市汛期降雨量、降水日数均较常年偏多，主要河湖月平均水位普遍较常年同期值偏高，汛期降水量较常年偏多近4成，降水主要集中在7月、8月，占汛期总雨量的72%；梅雨期偏长，梅雨量较常年偏少10%，降水时空分布不均，呈过程性、间歇性、局地性等特点。梅雨期间（6月13日至7月11日），区水利局加强防汛物资储备，落实各类应急抢险救援队伍51支、781人；落实防汛物资储备，储备编织袋32.13万只、木材30立方米、橡皮舟5艘，提高防汛应急保障能力；开展汛前大检查，重点检查河道堤防、水利工程、涉水工程等度汛准备情况，下发防汛隐患整改通知书3份，汛前完成6处防汛隐患整改，整改率100%。受第6号台风“烟花”带来的强降雨影响，天宁区河道水位快速上涨，大通河站、芦蒲港站水位超过警戒水位。7月24日15时30分起，全区启动防台风三级应急响应；7月25日13时30分起，全区防台风应急响应提升至二级；7月28日14时起，解除防台风二级应急响应，启动防汛四级应急响应；8月3日16时起，解除防汛四级应急响应。受第14号台风“灿都”影响，9月12日21时起，全区启动防台风四级应急响应；9月14日21时起，解除防台风四级应急响应。汛期期间（5—9月），全区各级出动巡堤人员1568人次，派遣工作组42组（次），巡查堤防1274千米，撤退转移人员59人，消除广告牌等市政设施隐患52处，消除龙门吊、塔吊、围挡等建筑工地设施隐患20处。是年，天宁区受台风外围影响较小，未发生重大险情、灾情，未出现人员因灾伤亡情况。

（许 晨）

2021年，区消防救援大队开展社会单位消防安全检查

（区消防救援大队 提供）

消 防

【概况】 2021年，区消防救援大队落实消防安全责任制，完善消防安全责任体系，推动消防工作纳入经济社会发展总体规划。年内，完成疫情防控、防汛救灾、“消防安全百日攻坚行动”等各项中心工作，全年火灾事故、人员伤亡、火灾四项指标全面下降，切实做到火灾形势和队伍管理“两个稳定”。强化火灾隐患排查治理，区市场监管局、区发改局、区教育局、区民政局、区卫健局、区商务局、区文体旅局、公安天宁分局等部门先后组成60个检查组，对人员密集场所、校外培训机构、养老机构、群租房、文保单位建筑等重点区域开展联合检查120家次，消除隐患350条。提升战勤保障，制定和实施消防救援装备三年采购计划，全年投入92万元用于采购高空救援等器材，投入566万元用于购置宣传车、冲锋舟、抢险救援车等灾害事故处置救援专用装备。是年，区消防救援大队获评市级青年文明号，在市消防救援支队举办的各项练兵比武活动中，获一季度体能对抗赛第三名、二季度执勤岗位练兵比武竞赛第三名、三季度专职队比武竞赛总体第一名。

【灭火救援】 2021年，区消防救援大队接警2177起，出警2177次（含增援），出动指战员12332人次、消防车3076辆次，扑救各类火灾708起，处置灾害事故抢险救援588起，社会救助881起，抢救被困人员135人，疏散人员59人，抢救财产总价值1630.7万元。年内，处置“1·9”金三角市场大户区、“2·4”常州洁净塑料科技公司、“5·24”郑陆东青船底湾78号仓库、“5·31”高成天鹅湖、“6·29”郑陆工业大道18号家具厂、“7·29”鼎泰路工地内仓库、“8·7”艾尔母婴护理服务公司、“11·3”江苏康进医疗器材有限公司、“11·7”潘家村坍塌、“12·7”黑牡丹科技园等火灾及抢险救援任务。

【消防安全隐患整治】 2021年，区消防救援大队加强全区消防安全形势分析研判，牵头撰写区级消防安全评估报告2次，督促镇（街道）撰写消防安全评估报告16次，提请区政府召开研究解决消防安全重点问题会议2次。年内，组织消防安全重点单位和消防技术服务机构学习贯彻《社会消防技术服务管理规定》，发动区消防安全重点单位监督技术服务机构执业活动，对4家执业不规范、维保质量不符合规定的消防技术服务机构予以行政处罚。6月，组织开展全区消防设施损坏及生命通道堵塞问题整治，整改高层小区消防安全隐患35处、老旧小区消防安全隐患29处，增设停车位2109个。7月，开展防火门专项检查，排查全区340家单位、68029扇防火门，张贴防火门标签14000余张。为加强对各类电气火灾安全事故的科学预防和有效控制，在全区推广安装电气火灾监控设备111套、简易喷淋80套、独立式烟感910个、电梯限位器349个，建成电动车智能充电桩207个（处）。是年，区消防救援大队检查单位2353家，督促整改火灾隐患4977处，下发责令改正通知书1710份、行政处罚决定书184份、临时查封决定书52份，责令“三停”（停止施工、停止使用、停产停业）单位33家，对2家重大火灾隐患单位挂牌督办，年内均整改销案。

【消防防控基础建设】 2021年，区消防救援大队进一步理顺消防工作机制，明确天宁经济开发区、镇、各街道综合执法局为属地消防安全管理机构。强化消防安全网格化管理，消防安全管理纳入全区网格化社会管理综合服务体系，全年开展网格化消防安全管理员、网格员消防安全培训3200余人次，镇（街道）、村（社区）网格化管理工作达标率100%。推动微型消防站建设，年内建成微型消防站212家，雕庄街道菱溪社区微型消防站创成市级示范点。全面提升重点单位微型消防站灭火实战业务能力，10月，组织开展全区首届微型消防站比武竞赛，80位区消防安全重点单位微型消防站队员参加，天宁街道、茶山街道、郑陆镇获团体前三名。落实社会单位消防安全主体责任，社会单位消防安全管理系统“单位监管模块”上线运行，分片区召开社会单位消防安全管理系统应用现场会，至年末，全区563家消防安全重点单位、大型商业综合体、省级以上文物古建筑接入社会单位消防安全管理系统。

【消防救援综合应急能力建设】 2021年，天宁区对标“全灾种、大应急”需要，加强关键力量建设，提升消防救援综合应急能力。针对辖区灾害事故类型，围绕“高低大化”（高层建筑、地下建筑、大型商业综合体、石油化工企业）等场所开展“六熟悉”（熟悉辖区交通道路、消防水源情况，熟悉消防安全重点单位数量、分布和分类情况，熟悉消防安全重点单位建筑结构和使用情况，熟悉消防安全重点单位重点部位情况，熟悉消防安全重点单位内部消防设施和消防组织情况，熟悉辖区主要灾害事故类型和处置对策、基本程序）和实战演练，并编制灾害事故处置预案。按照《国家综合性消防救援队伍基层建设纲要（试行）》要求，开展“全员岗位大练兵”“灭火救援作战训练安全管控”专项活动，规范灭火救援、执勤训练等日常行政管理，提升消防救援人员单兵作战和协同作战能力。加强与公安、消防、民政、卫健、生态环境、住建、应急、交通等部门信息资源共享和沟通交流，建立健全“六联”（联席会议研究、联处火灾隐患、联合执法查处、联宣防火安全、联处重大事故、联训业务技能）协作机制，提升快速反应和应急处置能力。是年，区消防救援大队累计组织开展综合性应急演练4次、执勤备战检查23次、无预案实战演练26次、战评会36次，组织制定各类预案、重点单位资料卡248份，参加演练单位623家。

【消防宣传教育】 2021年，区消防救援大队深入推进消防宣传“五进”和“消防安全第一课”活动，发挥消防志愿者、消防主题公交车、消防主题公园等社会资源作用；组织开展“5·12”防灾减灾日、安全生产月、“119”消防宣传月系列活动，发放、张贴火灾防范宣传海报5万份。针对全区企事业单位、学校及校外培训机构、养老院、群租房、高层建筑、施工工地等13类重点场所开展分类培训指导，召开重点单位例会、现场会、警示约谈会31次，集中培训21期，参训人员12000人次。结合消防救援站“六熟悉”和“防火巡查”工作，入企、入户宣讲消防安全知识。根据单位消防安全管理人、消控室值班员、微型消防站人员等重点群体和工作特点，分类开展针对性消防安全培训，全年开展“百名指挥长”消防安全宣讲活动4次，社区消防安全宣讲122次，企业消防安全培训56次。督促指导社会单位开展火灾扑救、逃生疏散等培训演练，提高群众自防自救能力，营造消防安全群防群治氛围。

（王　嘉）

6月7日，菱溪社区微型消防站消防宣传活动

（区消防救援大队 提供）

科 技

◆ 栏目编辑　潘劼飞

科技项目

【概况】 2021年，天宁区组织申报科技计划项目66项，立项37项，其中省级立项2项，为省重点研发计划（产业前瞻及关键技术）类项目，获科技经费670万元；市级立项35项，含农业项目4项、社会发展项目9项、应用基础研究项目1项、领军型创新人才5项、引进外国人才专项2项、科技成果转化培育1项、工业科技支撑13项，获科技经费1191万元；全年争取各级各类科技经费支持4134.64万元。是年，天宁区5个项目获2020年度江苏省科学技术奖，其中一等奖1个、三等奖4个；常州赛得能源科技有限公司周行博士获评省“双创”创新人才，常州汉韦聚合物有限公司吴一弦团队获评省“双创”创新团队。

【“0.5秒大测程高精度激光伺服全站仪的研发”项目获省重点研发计划（产业前瞻及关键技术）类项目立项】 8月，常州市新瑞得仪器有限公司承担的“0.5秒大测程高精度激光伺服全站仪的研发”项目获省重点研发计划（产业前瞻及关键技术）竞争项目立项，获项目经费120万元。该项目将研发基于单码道绝对编码测角与高精度密珠轴系结构相结合的高精度测角系统，有效提高其测量精度和速度；研发测角系统细分算法优化，伺服电机控制系统，实现测角系统精度0.5秒、测量速度小于5000赫兹目标；优化高精度测距系统中测距电路、光学系统结构，达到有棱镜模式下测程3500米、分辨率0.1毫米目标；构建基于物联网技术的激光伺服全站仪分布式远程操作、监控系统，实现实时通信、远程操作、多机协同等功能。

【“ArF光刻胶关键原材料、技术及配方研发”项目获省重点研发计划（产业前瞻及关键技术）类项目立项】 8月，“ArF光刻胶关键原材料、技术及配方研发”项目获省重点研发计划（产业前瞻及关键技术）类项目立项，获项目经费550万元。其中，常州强力先端电子材料有限公司承担1项子课题，获项目经费180万元。常州强力先端电子材料有限公司将开发模拟计算方法用来筛选结构，并探索模拟计算结果与实体产品测试结果的关系，完善模拟计算方法，分类建立模拟计算体系；开发超纯化处理技术，探索超滤材质、孔径、滤液浓度和压力等对产品提纯的影响；探索绿色有机合成工艺，使用绿色化学原料生产体系、绿色催化剂和绿色溶剂，研究绿色合成工艺对合成时效性和环保性的影响。

【“超薄玻璃物理钢化及超薄光伏组件制造技术及装备”项目获江苏省科学技术奖一等奖】 1月，“超薄玻璃物理钢化及超薄光伏组件制造技术及装备”项目被省政府授予“2020年江苏省科学技术一等奖”。该项目由常州亚玛顿股份有限公司、常州大学、江苏大学、常州工业职业技术学院联合攻关研发，针对气浮式超薄玻璃物理钢化中的关键难题，发明小间距温度梯度场内液体流动特性原位观测方法及装置，创新多相流超薄玻璃物理钢化技术，研制出成套超薄玻璃物理钢化工艺和装备，突破2毫米极限厚度玻璃物理钢化技术瓶颈，实现厚度1.1～2毫米超薄玻璃物理钢化加工批量生产。超薄双玻组件性能国际领先，产品推广至美国、日本等20余个国家。

【4个项目获江苏省科学技术奖三等奖】 1月，天宁区4个项目被省政府授

予“2020年江苏省科学技术三等奖”。常州市宏大电气有限公司“基于机器视觉的织物智能整花整纬关键技术及应用”项目，创新研发国际首创基于机器视觉的全幅扫描整花技术，实现纺织品后整理过程中解决织物图案及花型变形的重大技术突破。江苏骠马智能装备股份有限公司“中高端乘用车节能环保柔性智能化涂装生产线研发及产业化”项目，研发并运用静电喷涂机器人轨迹优化与变量喷涂技术、柔性自动化输送技术、智能化控制系统，实现智能化控制系统平台高度整合。常州旭荣针织印染有限公司“低能耗冷转移印花深度开发关键技术及其产业化”项目，对冷转移印花深度开发关键技术进行研究，极大提升产品附加值。江苏中煤地质工程研究院有限公司“地下工程钻孔护壁新型泥浆材料的研发与应用”项目，针对松散砂等复杂地层地下工程钻孔护壁重大技术难题，研制出护壁性能非常优越的聚合物型无固相泥浆及交联低固相泥浆材料与施工工艺新技术，工程推广应用效果显著。

【32个项目获市创新创业大赛奖项】 2021年，天宁区组织52家企业参加常州市创新创业大赛，32个项目获奖，其中二等奖6个、三等奖13个、入围奖13个。区科技局获市创新创业大赛科技管理部门优秀组织奖，常州市天宁高新技术创业服务中心获市创新创业大赛平台与机构优秀组织奖。

（吴曙艳）

2021年天宁区部分获市创新创业大赛奖项项目一览表

表31

序号	项目名称	企业（团队）名称	组别	奖项
1	柔性工业机器人传感器与自动控制系统的研发及产业化	常州凯特工业机器人有限公司	成长型 科技型中小微企业组	二等奖
2	便携式微创手术系统	锐志微创医疗科技（常州）有限公司	成长型 科技型中小微企业组	二等奖
3	无人集聚缝制工作站（自主抓取、视觉识别）	常州智谷机电科技有限公司	成长型 科技型中小微企业组	二等奖
4	高渗海水鼻腔喷雾器	常州今人医疗科技有限公司	成长型 科技型中小微企业组	二等奖
5	先进聚合物材料与光学膜绿色制造	常州汉韦聚合物有限公司	成长型 科技型中小微企业组	二等奖
6	旋转设备预测性维护系统	常州辉途物联网科技有限公司	成长型 科技型中小微企业组	二等奖
7	一种制备磷酸铁锂前驱体关键装置的研发	江苏先锋干燥工程有限公司	十百千创新型 企业组	三等奖
8	0.5秒大测程高精度激光伺服全站仪的研发	常州市新瑞得仪器有限公司	十百千创新型 企业组	三等奖
9	新型环保靛蓝泡沫染色关键技术研发	黑牡丹纺织有限公司	十百千创新型 企业组	三等奖
10	土壤污染监测及溯源技术产品的开发	坛墨质检科技股份有限公司	成长型 科技型中小微企业组	三等奖
11	5G超高清云游戏PaaS平台	江苏视博云信息技术有限公司	成长型 科技型中小微企业组	三等奖
12	基于国产化芯片的软件无线电多模单兵手持终端	江苏怀业信息技术股份有限公司	成长型 科技型中小微企业组	三等奖

续表 31

序号	项目名称	企业（团队）名称	组别	奖项
13	年产 100 万米 X-Signal 触控膜项目	江苏软讯科技有限公司	成长型 科技型中小微企业组	三等奖
14	红外阵列成像系统	常州元晶电子科技有限公司	成长型 科技型中小微企业组	三等奖
15	智慧文旅数字化平台	江苏唱游数据技术有限公司	成长型 科技型中小微企业组	三等奖
16	人工智能视频版权审核发行系统	江苏网博视界网络科技股份有限公司	成长型 科技型中小微企业组	三等奖
17	数字孪生 3D 云平台	江苏龙冠影视文化科技有限公司	成长型 科技型中小微企业组	三等奖
18	邦邦智能辅助移动机器人训练之星	江苏邦邦智能科技有限公司	初创型 科技型中小微企业组	三等奖
19	智慧交通系统应用的车载毫米波探测与通信一体化传感器	朱宇光	众创团队组	三等奖
20	中药固体制剂高效全自动干燥成套装备的研发	常州一步干燥设备有限公司	十百千创新型 企业组	入围奖
21	智能喷雾干燥机多技术协同设计与网络化服务	江苏宇通干燥工程有限公司	十百千创新型 企业组	入围奖
22	新一代基于多技术融合的全智能综合人车查验平台	江苏汉武智能科技有限公司	十百千创新型 企业组	入围奖
23	高精度比色高温计	常州思捷光电科技有限公司	成长型 科技型中小微企业组	入围奖
24	农产品果蔬冻干机	江苏博莱客冷冻科技发展有限公司	成长型 科技型中小微企业组	入围奖
25	水果类农产品无损检测分级分选设备研发和产业化	常州柯勒玛智能装备有限公司	成长型 科技型中小微企业组	入围奖
26	聚乙烯燃气管道熔接接头安全的非线性超声检测技术研发	常州海石智能装备有限公司	成长型 科技型中小微企业组	入围奖
27	云机智能化全伺服高精极微金属拉丝装备	常州鼎天电工机械有限公司	成长型 科技型中小微企业组	入围奖
28	基于云平台的智慧停车管理系统的开发	常州智慧停车管理股份有限公司	成长型 科技型中小微企业组	入围奖
29	烟花爆竹安全生产 AI 建模与数据可视化事故防控系统	常州市瑞德信息科技有限公司	成长型 科技型中小微企业组	入围奖
30	室内活体检测项目（毫米波雷达）	德心智能科技团队	众创团队组	入围奖
31	基于碳汇交易与 CCER 管理的碳金融平台	基于碳汇交易与 CCER 管理的碳金融平台团队	众创团队组	入围奖

产学研合作

【概况】 2021年，天宁区加强科技创新和示范引领，推进产学研深度融合。年内，组织企业代表团赴湖南大学开展产学研合作对接洽谈，签订产学研合作协议18个；邀请湖南大学、中国药科大学、北京航空航天大学等高校院所专家，聚焦产业关键技术创新需求和产业发展共性难题，与企业开展“一对一”对接，对接技术需求98项。6月，组织参加2021常州国际创客周活动，达希（江苏）新材料科技有限公司与常州工业互联网大厦签订入驻协议，泰格尔科技有限公司与常州市天宁智能制造投资基金合伙企业签订投资合作协议。是年，天宁区与东南大学、北京化工大学、中国药科大学等高校建立合作关系，组织产学研活动4场，累计签订产学研合同60项。

【区政府与江苏省产业技术研究院签订合作补充协议】 11月，区政府与江苏省产业技术研究院（以下简称省产研院）签订合作补充协议，探索打造省产业技术研究院（常州天宁）创新综合体。该项目以天宁先导中心4号楼为首期项目落地承载地，建设省产研院在常州地区的综合办公交流空间，挂牌成立省产研院常州创新服务中心。天宁区将以创新服务中心为抓手，推动省产研院体系内专业研究所、重大项目、企业联合创新中心、研发型企业等各类创新资源向先导中心集聚，打造常州地区创新综合体。

【天宁开展常州开放创新合作共赢活动周合肥专场活动】 10月，常州市启动“名城名校合作行·创新创业赢未来”活动，天宁区组织党政企代表团赴安徽省合肥市开展产学研活动。期间，代表团拜访中科院合肥物质科学研究院，参观全超导托卡马克核聚变实验装置、稳态强磁场实验装置2个国家大科学装置；拜访中国科学技术大学，参观国家重大科技基础设施——同步辐射国家重点实验室；参加龙城英才合肥推介会，签约常州奥比利智能科技有限公司——中科院合肥物质科学研究院智能机械研究所“复杂电子产品诱导装配系统的联合研发”等4个产学研项目。

（吴曙艳）

10月20日，天宁区企业代表团与中国科学技术大学国家同步辐射实验室专家教授进行产学研对接交流　（区科技局 提供）

科技创新载体

【概况】 2021年，天宁区深入实施创新驱动发展战略，成立创新政策完善、创新平台提升专班，推进创新平台载体建设。年内，有序推进天宁高新技术产业开发区创建，申报材料获省发改委、省商务厅、省自然资源厅、省生态环境厅批复。建设企业联合创新中心，与江苏省产业技术研究院深化合作，成立江苏武进不锈股份有限公司企业联合创新中心、省产业技术研究院常州创新中心。航天云网数据研究院通过省独立研发机构中期检查；常州亚玛顿股份有限公司获评市级企业研究院，该公司的省级企业重点实验室获省绩效评价良好；江苏省化学品安全评估与消费品化学风险控制公共技术服务中心省级公共服务平台获省绩效评价优秀。是年，全区新增市级科技企业孵化器2家、市级众创空间1家，新增省级工程技术研究中心3家、市级工程技术研究中心14家。至年末，全区累计有科技企业孵化器14家（国家级2家、省级7家、市级5家），科技企业加速器6家（省级1家、市级5家），众创空间16家（国家级1家、省级9家、市级6家），工程技术研究中心137家（省级27家、市级58家、区级52家）。

2021年天宁区新建工程技术研究中心一览表

表32

序号	工程技术研究中心名称	承担单位	级别
1	江苏省轨道交通智能控制系统工程技术研究中心	江苏明伟万盛科技有限公司	省级
2	江苏省口服固体智能化工艺工程技术研究中心	创志科技（江苏）股份有限公司	省级
3	江苏省化纤纺丝组件及喷丝板工程技术研究中心	常州纺兴精密机械有限公司	省级
4	常州市智能图像处理技术工程技术研究中心	常州海图电子科技有限公司	市级
5	常州市改性新膜材及其衍生产品工程技术研究中心	常州琉璃光生物科技有限公司	市级
6	常州市精密光电薄膜工程技术研究中心	江苏软讯科技有限公司	市级
7	常州市智能网联测试工程技术研究中心	中质智通检测技术有限公司	市级
8	常州市空天复材成型工程技术研究中心	常州凯汀精密机械有限公司	市级
9	常州市智能化服装缝制单元工程技术研究中心	常州智谷机电科技有限公司	市级
10	常州市长三角区域一体化工业互联网平台工程技术研究中心	国佳云为（江苏）信息科技有限公司	市级
11	常州市5G超高清云游戏PaaS平台工程技术研究中心	江苏视博云信息技术有限公司	市级
12	常州市机器人焊接应用工艺工程技术研究中心	常州凯特工业机器人有限公司	市级
13	常州市金属表面强化热处理工程技术研究中心	常州鑫润丰东热处理工程有限公司	市级
14	常州市特种金属基复合材料工程技术研究中心	泰格尔科技有限公司	市级
15	常州市高效连续性智能微反应装置工程技术研究中心	常州瑞曦生物科技有限公司	市级
16	常州市智慧城市规划大数据工程技术研究中心	常州市规划设计院	市级
17	常州市智能生态建筑设计工程技术研究中心	江苏筑原建筑设计有限公司	市级

【江苏武进不锈股份有限公司企业联合创新中心成立】 10月，江苏武进不锈股份有限公司与江苏省产业技术研究院签订联合共建协议，成立企业联合创新中心（以下简称联创中心）。联创中心依托江苏武进不锈股份有限公司自身研发创新能力，发掘企业内部技术需求；依托省产业技术研究院人才、技术优势，整合国内外相关领域各类创新资源，共同开展产业关键技术、共性技术和前沿技术研发；与省产业技术研究院建立良性转换机制，推动江苏武进不锈股份有限公司及产业链上下游企业与外部创新资源合作开展应用研发及集成创新，提升江苏武进不锈股份有限公司及产业链上下游企业竞争力。

【2家科技企业孵化器获市级认定】 12月，常州武澄科技企业孵化器、江苏常州网络视听游戏产业孵化器被市科技局认定为市级科技企业孵化器。常州武澄科技企业孵化器由常州武澄科技创业服务有限公司运营，以“科创服务＋持股孵化＋产品投资”为运营模式，为新材料、先进制造、医疗器械、电子信息等行业科技型企业提供孵化服务。江苏常州网络视听游戏产业孵化器由江苏网博视界网络科技股份有限公司运营，配套建有视频内容安全保障平台、视频进出口平台、网络游戏出版服务中心等技术服务平台，引进专利事务所、会计事务所、财税服务机构等中介机构，以网络视听、数字发行、影视制作、海外输出、游戏等产业为主要方向，对小规模文化创意(科技)企业进行孵化，促进天宁区文化创意（科技）上下游企业集约化、专业化发展。

【1家众创空间获市级认定】 12月，常州强力先端众创空间获市级认定。该众创空间位于郑陆镇舜贤路66号10幢4层，面积1800平方米，由常州强力先端电子材料有限公司建设，委托常州强力科技产业园有

限公司运营，属新材料领域专业化众创空间。该众创空间依托常州强力先端电子材料有限公司绿色涂装技术研发中心，采取“创业孵化+市场开拓+创业辅导+创业投资+科技服务+产学研”服务模式，围绕无溶剂喷涂核心原材料及施工工艺研究和开发，吸引产业链上下游企业入驻，建设发展载体，支撑创业企业发展，打造国内一流专业特色鲜明的绿色涂装材料孵化创业平台。至2021年年末，该众创空间入驻项目和企业9个，成功孵化企业1家。

（吴曙艳 陈 琦）

10月27日，天宁区高新技术企业科技税收优惠及财务评审相关政策讲解培训会（区科技局 提供）

科技创新创业

【概况】 2021年，天宁区贯彻落实市、区两级创新发展大会精神，成立常州市天宁区创新委员会，制定出台《天宁区关于创新驱动高质量发展的实施意见》《天宁区创新驱动高质量发展工作实施方案》，修订《天宁区关于促进产业高质量发展的若干措施》，推动创新政策落地落实。年内，全区新增高新技术企业82家（含到期重新申报）、科技型中小企业174家，新增省、市级企业研发机构28家，认定常州市高新技术产品224个，2家企业入选苏南国家自主创新示范区潜在“独角兽”企业。全年完成高新技术产业产值311.34亿元，占规模以上工业产值的41.1%；高新技术企业享受所得税减免1.5亿元，科技型企业享受研发经费税收优惠9.28亿元；区政府兑现2021年科技创新奖励资金1643万元。

【高新技术企业增至246家】 2021年，天宁区成立高新技术企业培育专班，推进创新主体能力提升，全区115家企业进入省高新技术企业培育库；组织168家企业开展高新技术企业申报和到期重新申报，其中82家企业被认定为高新技术企业，全区累计高新技术企业246家，涵盖新材料、生物与新医药、先进制造与自动化、电子信息、资源环境、高新技术服务等领域。是年，246家高新技术企业全年投入研发经费15.51亿元，实现销售收入294.94亿元、净利润19.15亿元，完成产值275.96亿元，占规模以上高新技术产业产值的88.64%。

2021年天宁区新增（含到期重新申报）高新技术企业一览表

表33

序号	企业名称	所属区域	备注
1	常州玖翔电子有限公司	天宁经济开发区	首次认定
2	常州辉途物联网科技有限公司	天宁经济开发区	首次认定
3	江苏智允数字科技有限公司	天宁经济开发区	首次认定
4	常州韦斯佰瑞电子科技有限公司	天宁经济开发区	首次认定
5	常州琉璃光生物科技有限公司	天宁经济开发区	首次认定
6	常州凯得新材料科技有限公司	天宁经济开发区	首次认定

续表 33

序号	企业名称	所属区域	备注
7	常州茂华信息科技有限公司	天宁经济开发区	首次认定
8	江苏软讯科技有限公司	天宁经济开发区	首次认定
9	常州明杰五金制造有限公司	天宁经济开发区	首次认定
10	常州市威博称重设备系统有限公司	天宁经济开发区	首次认定
11	常州天瑞新材料科技有限公司	天宁经济开发区	首次认定
12	常州市新高绝缘材料有限公司	天宁经济开发区	首次认定
13	江苏源坤电子科技有限公司	天宁经济开发区	首次认定
14	常州元晶电子科技有限公司	天宁经济开发区	首次认定
15	常州市金艾联电子科技有限公司	天宁经济开发区	首次认定
16	铭创（江苏）幕墙新材料有限公司	天宁经济开发区	首次认定
17	江苏太阳臣干燥科技有限公司	郑陆镇	首次认定
18	江苏常衡德宇电气有限公司	郑陆镇	首次认定
19	常州市飞碟游艇有限公司	郑陆镇	首次认定
20	江苏姚氏环保技术有限公司	郑陆镇	首次认定
21	常州志皓精密管业有限公司	郑陆镇	首次认定
22	常州市龙城粉体设备有限公司	郑陆镇	首次认定
23	常州市神杰干燥设备有限公司	郑陆镇	首次认定
24	常州市华星机械有限公司	郑陆镇	首次认定
25	常州市环康医疗器械有限公司	郑陆镇	首次认定
26	江苏烁源新材料科技有限公司	郑陆镇	首次认定
27	江苏宇阳医疗器械有限公司	郑陆镇	首次认定
28	常州市九洲干燥设备有限公司	郑陆镇	首次认定
29	绿砼（江苏）建筑科技有限公司	郑陆镇	首次认定
30	常州新舜干燥工程有限公司	郑陆镇	首次认定
31	常州润弘新能源有限公司	郑陆镇	首次认定
32	常州市双马医疗器材有限公司	郑陆镇	首次认定
33	国润环保工程（常州）有限公司	郑陆镇	首次认定
34	常州市春来制药机械有限公司	郑陆镇	首次认定
35	常州润凯干燥科技有限公司	郑陆镇	首次认定
36	常州广威新材料科技有限公司	郑陆镇	首次认定
37	江苏星干干燥设备有限公司	郑陆镇	首次认定
38	常州协宇聚氨酯设备有限公司	郑陆镇	首次认定

续表 33

序号	企业名称	所属区域	备注
39	常州东木橡塑制品有限公司	雕庄街道	首次认定
40	常州平锦电器制造有限公司	雕庄街道	首次认定
41	常州洛源智能科技有限公司	雕庄街道	首次认定
42	常州市康高医疗器械有限公司	雕庄街道	首次认定
43	江苏德威系统集成有限公司	雕庄街道	首次认定
44	常州艾泰自动化科技有限公司	雕庄街道	首次认定
45	常州市久成电子设备有限公司	雕庄街道	首次认定
46	常州英科尔翰林电子科技有限公司	雕庄街道	首次认定
47	常州市优策电子科技有限公司	茶山街道	首次认定
48	江苏今视缘智能科技有限公司	红梅街道	首次认定
49	常州启冉软件有限公司	红梅街道	首次认定
50	江苏优盾通信实业有限公司	天宁街道	首次认定
51	江苏中煤地质工程研究院有限公司	天宁街道	首次认定
52	常州鼎天电工机械有限公司	兰陵街道	首次认定
53	江苏灵动飞扬科技有限公司	天宁经济开发区	到期重新申报
54	常州市达蒙砂轮制造有限公司	天宁经济开发区	到期重新申报
55	常州市北洋建材有限公司	天宁经济开发区	到期重新申报
56	伊顿电力设备有限公司	天宁经济开发区	到期重新申报
57	常州汉威信电子科技有限公司	天宁经济开发区	到期重新申报
58	常州盛天传动件有限公司	天宁经济开发区	到期重新申报
59	江苏远瀚建筑设计有限公司	天宁经济开发区	到期重新申报
60	常州诺宇机电设备有限公司	天宁经济开发区	到期重新申报
61	常州市青龙装饰制品有限公司	天宁经济开发区	到期重新申报
62	常州市隆龙升经编机械有限公司	天宁经济开发区	到期重新申报
63	常州海图电子科技有限公司	天宁经济开发区	到期重新申报
64	常州科翔物联技术有限公司	天宁经济开发区	到期重新申报
65	常州海威尔机器人科技有限公司	天宁经济开发区	到期重新申报
66	常州万联网络数据信息安全股份有限公司	天宁经济开发区	到期重新申报
67	江苏金陵干燥科技有限公司	郑陆镇	到期重新申报
68	常州欧爱欧履带有限公司	郑陆镇	到期重新申报
69	江苏圣曼干燥设备有限公司	郑陆镇	到期重新申报
70	江苏神力医用制品有限公司	郑陆镇	到期重新申报

续表 33

序号	企业名称	所属区域	备注
71	江苏省范群干燥设备厂有限公司	郑陆镇	到期重新申报
72	常州钜苓铸造有限公司	郑陆镇	到期重新申报
73	江苏康进医疗器材有限公司	郑陆镇	到期重新申报
74	常州强力先端电子材料有限公司	郑陆镇	到期重新申报
75	江苏宣胜金属科技有限公司	郑陆镇	到期重新申报
76	江苏邦杰防腐保温科技有限公司	郑陆镇	到期重新申报
77	常州市华立液压润滑设备有限公司	郑陆镇	到期重新申报
78	江苏吉春医用器材有限公司	郑陆镇	到期重新申报
79	常州贺利氏微创医疗器械有限公司	雕庄街道	到期重新申报
80	常州市东南电器电机有限公司	茶山街道	到期重新申报
81	常州市宏大电气有限公司	茶山街道	到期重新申报
82	常州纺兴精密机械有限公司	茶山街道	到期重新申报

【2家企业入选苏南国家自主创新示范区潜在“独角兽”企业】 11月，常州汉韦聚合物有限公司、江苏视博云信息技术有限公司2家企业入选苏南国家自主创新示范区潜在“独角兽”企业（在江苏省注册的，具有独立法人资格，无不良信用记录的硬科技企业；获得过投资且尚未上市；成立5年之内且估值不小于0.5亿美元或3亿人民币，或成立5～9年且估值为1亿～10亿美元）。常州汉韦聚合物有限公司是一家创新型科技企业，以国际发展前沿与国家重大需求为发展导向，专业从事先进聚合物材料创制与应用、以及研发与生产。江苏视博云信息技术有限公司是一家国内具有领导地位的互动视频云平台系统服务商，在国内率先提出“云流化”概念，通过技术创新填补国内云计算领域底层核心技术空白，公司始创团队源自清华大学，研发团队人数占员工总数的60%，拥有软件著作权30余项，已申请专利60余项，所有知识产权皆为企业自研开发。

【常州汉韦聚合物有限公司获第十届中国创新创业大赛三等奖】 12月，常州汉韦聚合物有限公司“先进聚合物材料与光学膜绿色制造”项目获第十届中国创新创业大赛全国总决赛成长组三等奖。该项目由吴一弦、高正明担任研发领队，配备能力强、经验丰富、搭配合理的技术人才，通过对先进聚合物及绿色制造工艺的关键核心技术攻关，实现采用国产聚合物为基础原材料，创制出高性能太阳能光伏组件用封装胶膜（SPO）。10月，该项目获第九届“创业江苏”科技创业大赛暨第十届中国创新创业大赛江苏赛区总决赛一等奖，晋级全国总决赛获成长组三等奖。

（吴曙艳）

2021年，常州汉韦聚合物有限公司车间场景　（区科技局　提供）

教 育

◆ 栏目编辑 潘劼飞

综 述

【概况】 2021年，区教育局落实立德树人根本任务，围绕“优质均衡、普及普惠、贯彻双减、提质增效”总目标，聚焦教育“高水平、高均衡、高质量”发展，推进“教育党建品牌引领、学位资源供给建设、义务教育优质均衡、集团办学品牌打造、学前教育普惠发展、教育综合改革创新、学生身心健康守护、人才队伍培养提优、校园安全服务保障”九大工程，不断推进天宁区教育事业高质量发展。全年新建、改（扩）建学校27所，新增学位4380个；获评省基础教育类教学成果奖2个、市基础教育前瞻性改革项目5个。开展天宁区首届“辛勤耕耘奖”评选，表彰82位在班主任岗位上工作30年的师德模范。强化“一校一品”党建品牌创建，创成1个省级、6个市级党建品牌项目；持续打造“天宁星课堂”党建品牌，全年发布线上星课堂24期，与线下星课堂融合推进。成立5个幼教联合党支部，向无党支部的幼儿园派驻党建指导员，实现学前教育党组织全覆盖。是年，天宁区获评“江苏省义务教育优质均衡发展区”“江苏省学前教育普及普惠区”“江苏省幼小衔接实验区”和2021年辖市（区）人民政府履行教育职责督导评价第一等次，区教育局获评“江苏省脱贫攻坚暨对口帮扶支援合作先进集体”“江苏省教育系统关心下一代工作先进集体”“全市抗击新冠肺炎疫情先进集体”“全市推进‘五大明星城’建设先进单位”。

（虞新伟）

【天宁区通过“县域学前教育普及普惠”督导评估省级认定】 9月，经县级自评、市级初核、省级评估，天宁区通过“县域学前教育普及普惠”督导评估省级认定。江苏省县域学前教育普及普惠督导评估于2020年启动，旨在推动县级人民政府履行发展学前教育责任，提高学前教育普及普惠水平。2020—2021年，天宁区以“幼有所育、幼有善育、幼有优育”为目标，通过强保障、建机制、提质量，推动学前教育优质普及普惠发展。深化学前教育改革，坚持公办为主的多元办园机制，普惠性幼儿园覆盖率高于省定标准；推进集团化办园机制改革，采用一体化办学、结对共建、项目合作等

9月14日，天宁区人民政府履行学前教育职责情况介绍会

（区教育局 提供）

模式组建9大学前教育集团，幼儿园集团化覆盖率100%。规范学前教育发展，强化各级党委、政府及有关部门监管责任，建立健全教育部门主管、相关部门分工负责监管机制。保障学前教育经费，设立学前教育专项经费，制定《天宁区学前教育发展专项资金使用实施细则》，保障学前教育各类专项支出；落实学前教育生均公用经费，改善幼儿园办园条件，制定《天宁区幼儿园建设（2019—2022年）行动计划》，新建幼儿园全面执行省级优质园标准。强化师资队伍建设，完善并落实幼儿园教师工资福利待遇保障政策，分级分类开展学前教育教师培训，提升幼儿教育能力。拓宽学前教育内涵，全面实施幼儿园课程游戏化，推进幼儿园课程实施符合幼儿身心发展规律和学前教育规律。

（施亚芳）

【天宁区获评“江苏省义务教育优质均衡发展区”】 7月，天宁区被省教育厅认定为“江苏省义务教育优质均衡发展区”。2019年11月，天宁区向省教育厅申报省义务教育优质均衡发展县（市、区）评估。2020—2021年，天宁区深化集团办学，优化“一体化”“联盟式”集团办学模式运行机制，成立局前街小学教育集团、第二实验小学教育集团、博爱教育集团、解放路小学教育集团，初中学校与市实验初级中学、市第二十四中学、正衡中学结对，促进各学校主动发展；构建区域整体推进集团办学模式，实现集团办学全覆盖，形成学校整体办学水平提升有效策略和经验；建设并均衡配置教育资源，优化区域教育布局结构与资源配置，通过特级校长交流任职、骨干名师驻点帮扶等交流轮岗机制，实现优势互补、资源共享；创新教师编制配备，推进教师“区管校聘”管理体制改革，加大人才资源倾斜，加强教师队伍建设，引领教师专业成长，为区域义务教育优质均衡发展提供人才支撑。2020年3月，省教育评估院组织专家开展申报材料评审，形成视整改情况是否进现场评估的评审意见；10月，开展整改材料评审，形成第一次整改材料评审意见；2021年4月，开展第二次整改材料评审，形成进现场考察评审意见；5月26—28日，省教育评估院组织省义务教育优质均衡发展县（市、区）评估专家组现场考察天宁区，以核查问题清单为重点，围绕义务教育资源配置、政府保障程度、教育教学质量、社会满意度、特色创新项目5个方面，实地查看学校12所（小学9所、初中2所、九年一贯制学校1所），随机访谈62人（校长12名、教师26名、学生24名），推门听课32节，评估专家组认为，天宁区各项指标达到义务教育优质均衡发展要求。

（江　华）

【天宁区获评“首批江苏省幼小衔接实验区”】 5月，天宁区获评“首批江苏省幼小衔接实验区”。是年，天宁区学前教育管理中心、区教育局教育科、区教师发展中心、区政府教育督导委员会办公室、试点校（园）五位一体，协同推进幼儿园与小学（以下简称幼小）衔接工作，通过问卷调查、一对一访谈、小范围座谈、实地走访、现场诊断等方式，摸清摸准幼小衔接现状，并根据天宁实际调整《幼儿园入学准备指导要点》《小学入学适应指导要点》，为幼小科学衔接提出详细、可操作指导建议。学前、小学教研员牵头负责区域内幼小衔接教研工作，探索幼小科学衔接主题活动和课程体系。小学打造班级活动区，开展一体化时空建设，通过系列化游戏活动和任务驱动，自主研发实施期初活动；注重国家课程校本化实施，实现学校教育生活时序再构、新时序下课程模块再构、新课程模块下教学方式再构以及学生综合评价体系再构。幼儿园以自主入园为切入点，有机渗透身心准备、生活准备、社会准备、学习准备四大要点；小学一年级规划幼小衔接节点课程，有针对性地设计与实施报名、入学和毕业等相关幼小衔接主题活动。是年，天宁区承办市级幼小衔接工作推进会2次，组织区级幼小衔接工作推进会1次，报送幼小衔接信息67篇。

（施亚芳）

【学校建设】 2021年，天宁区持续推进“更好的教育”建设专班工作，多部门联动推进学校项目建设。至年末，新建、改（扩）建的德美幼儿园、青竹幼儿园、东青幼儿园、北环幼儿园、北环小学和三河口高级中学宿舍楼投入使用。原常州市第三毛纺厂地块幼儿园、东风村委地块幼儿园、火车站南广场地块幼儿园、郑陆中心幼儿园、正衡教育集团（幼儿园、小学、初中）5个项目完成建设。常州市正行中学、教育小镇（一体化项目）、正衡中学天宁分校、怡康小学、红梅实验小学、清凉小学、光华学校、董头村地块幼儿园、茶山街道北侧地块幼儿园9个项目有序推进。天宁区实验幼儿园分园、未来智慧城（教育一体化项目）2个项目开工建设。常青小学、第二实验小学老校区改造、舜新幼儿园3个项目办理前期

常州市北环小学投入使用　　（区教育局 提供）

建设手续。

（徐　敏）

【天宁教育小镇建设】 天宁教育小镇位于青龙街道，东至华阳路，西至青洋路，南至竹林北路，北至华龙路，总占地面积11.8万平方米，总建筑面积14.88万平方米，总投资10.57亿元，由天建集团下属的常州天隆建设实业有限公司负责代建。项目总体规划建设幼儿园、小学、初中各1所，幼儿园规划建设班级15个，小学、中学规划建设班级各36个，分别拟与上海安生教育集团、常州市局前街小学教育集团、常州市第二十四中学开展集团合作办学，并配建青少年活动中心。2020年12月，教育小镇开工建设。至2021年年末，幼儿园完成室内精装修和外立面工程，中学和小学教学楼完成主体封顶，青少年活动中心2#、4#、5#楼完成主体封顶。预计2022年12月竣工验收，预计2023年投入使用。

（刘阳明）

【天宁区未成年人成长指导中心新址启用】 8月，天宁区未成年人成长指导中心（以下简称中心）建成并投用。中心新址位于常州市武青北路19号新丰大厦4楼，面积463平方米，内设活动室、阅览室、咨询室、督导室、绘画心理辅导室、沙盘心理咨询室、家庭心理辅导室和综合活动区，配备专职教师2名、兼职心理咨询师、治疗医生58名，拥有志愿者135名，全年接受网络、电话、现场咨询206人次。是年，中心针对家庭教育问题，挑选168门省、市、区级专家课程“送课进学校”，举办普及家庭教育新理念讲座1600场、普惠3.5万人次，开设各类读书会76场、参与1520人次；针对知行障碍问题，依托医生团队开展治疗性团体辅导20场，受惠学生114名；针对督导培训问题，在龙锦小学试点教师个案督导及沙盘培训，提升教师心理咨询综合能力和心理素质；针对孩子多动症咨询偏多案例，开学季把孩子、教师、家长三方请到“中心”，通过咨询和评估判断，指导教师认识和处理此类孩子的方法，全年举办6场注意力训练读书会，120人次参加。

（曹　烨）

【师资队伍建设】 2021年，天宁区开展教育系统师德专题教育“六大行动”（“大主题”学习行动、“大政策”宣讲行动、“大警示”教育行动、“大先生”选树行动、“大家访”服务行动、“大治理”专项行动），持续加强师德师风建设。年内，开展中小学事业编制教师、幼儿园员额管理教师等招聘活动，累计招录各类教师194名。加大师资培育力度，通过“名教师工作室”“青年教师英才培养”“乡村骨干教师培育站”“青年教师跟岗锻炼”“优秀教师城乡牵手”等项目，推动教师专业水平提升。开展优秀教师牵手结对交流、年轻教师校际结对交流、分联盟合作交流、区内行政调配、城乡校际联盟合作交流、跨联盟校际交流等轮岗交流活动，全区158名义务教育学校专任教师轮岗交流，占符合交流条件专任教师总数的17.6%，集团核心校与郑陆片区成员校互派17名骨干教师轮岗交流，促进全区师资优质均衡发展。是年，全区新增省“苏教名家”1人、正高级教师3人、省特级教师1人、“龙城十佳校长”1人、“龙城十佳教师”2人、“龙城十佳乡村教师”1人、“龙城十佳班主任”1人市特级教师后备人才3人、市教学能手23人、市教坛新秀33人，2人获评省教育系统先进个人，9人获评常州市“师德标兵”“师德模范”。

（胡　陶）

【教育科研】 2021年，天宁区深化“基础教育综合改革实验区”“国家级信息化实验区”建设，推进“新教学”“互联网+”“新基础教育”等项目研究、推广和应用，开展新课程培训、项目专题性研讨等各类教科研活动160余场。年内，承办全国“新基础教育”学生骨干研修班、全省“新教学”实验区项目现场推进会、全省小学英语教学观摩研讨会、全市“四仪”示范教育观摩会，持续辐射区域优质办学经验。至年末，“新教学”等项目有各级各类公开课171节、研究课358节，开发资源包204个，大单元案例32个，形成论文96篇。是年，天宁区教师发展中心被评为江苏省教科研工作先进集体；2个项目获评江苏省基础教育教学成果一等奖，1个项目获评江苏省基础教育教学成果二等奖，4个项目获评常州市教育科学优秀成果奖，3个项目获评全市首批教育信息化建设示范项目。天宁区教师在2021年度市级以上学科竞赛中，江苏省基础教育学科教学基本功竞赛获一等奖2个、二等奖4个，评优课比赛获一等奖7个、二等奖5个；常州市基础教育学科教学基本功竞赛获一等奖14个、二等奖4个，评优课比赛获一等奖9个、二等奖5个。

（史柏良）

【校园安全】 2021年，区教育局贯彻落实省政府《关于加强中小学幼儿园安全风险防控体系建设的实施意见》，推进校园安全保卫工作。年内，全区各学校按标准聘用专职保安员，配齐配足安防器械8件套；设置校门口硬质防冲撞设施、校园周界报警系统、一键报警系统，校园监控覆盖主要场所。至年末，全区校园封闭化管理100%，一键式紧急报警、视频监控系统与属地公安机关联网率100%，专职保安员

2021年，正衡幼儿园儿童在校园内游戏　　（区教育局　提供）

配备率100%。是年，常州市东坡小学、常州市天宁区清凉新村幼儿园、常州市天宁区凯斯幼儿园3家单位创成“常州市平安校园”，全区累计有省级平安校园21家、市级平安校园57家，市级以上平安校园占比达90%以上。提升全区学校食堂食品安全管理水平，开展学校食品安全管理拉网式排查4次，7所学校获评第三批天宁区学校食堂“五常”管理示范单位。

（朱永伟）

学前教育

【概况】 2021年，天宁区有幼儿园47所，其中省、市级优质幼儿园43所，普惠性幼儿园覆盖率99.05%；在园幼儿19434人，其中省、市优质幼儿园在园幼儿18652人，占比95.97%；教职工2506人，其中专任教师1491人；全区有省、市课程游戏化项目幼儿园6所，省、市幼小衔接实验校（园）6所。是年，天宁区加快幼儿园主动发展，推进区域、片区、园本三级教研联动，34个幼儿园实施新一轮主动发展项目，全年新增省优质幼儿园1所、市优质幼儿园2所、市STEM项目（Science科学、Technology技术、Engineering工程、Mathmatics数学）幼儿园2所、市前瞻性教学改革项目1个，雕庄中心幼儿园采菱园区、香缇湾大风车幼儿园、天隆金梅幼儿园通过省优质幼儿园复审，42个幼儿教育案例（微视频）在第三届“幼芽杯”江苏省幼儿教育案例（微视频）活动中获奖，其中一等奖4个、二等奖16个、三等奖22个。

（施亚芳）

【幼儿园主动发展】 2021年，天宁区推进学前教育普及普惠进程，持续促进幼儿园主动发展。年内，举办集团化推进幼儿园主动发展项目中期评估研讨会，彩虹幼儿园教育集团、红梅幼儿园教育集团、丽华第三幼儿园教育集团、实验幼儿园教育集团对主动发展项目开展全面中期评估，进一步调整和深化项目研究方向和内容，助推园所可持续发展。4月，开展幼儿园前瞻性教学改革实验项目遴选，北环幼儿园“支持儿童全息互动创想游戏的园本

课改实践”被市教育局确定为常州市基础教育学校品质提升建设暨前瞻性教学改革实验项目。5—6月，围绕34个游戏化项目（区级立项）中期深度论证，先后在彩虹幼儿园、郑陆中心幼儿园召开“天宁区课程游戏化区域推进之环境与资源建设”现场交流研讨会，向全区幼儿园园长和骨干教师开放现场活动。

（施亚芳）

【3所幼儿园获评省、市优质幼儿园】 7月，常州市天宁区天成幼儿园、常州市天宁区旭阳幼儿园被市教育局评为常州市优质幼儿园；11月，常州市天宁区华润幼儿园被省教育厅评为江苏省优质幼儿园。天成幼儿园为普惠性民办幼儿园，占地面积4619平方米，学校秉承“爱与成长”办园理念，弘扬中华文化，遵循幼儿发展规律，以游戏课程为核心，培养懂礼、有爱、善思、创新、有担当的现代儿童。旭阳幼儿园为普惠性民办幼儿园，占地面积2760平方米，学校秉承“沐浴阳光释放天性”办园理念，弘扬“享受童年的快乐感受成长的幸福”办园宗旨，以“打造儿童本位优质园”为办园目标，培养健康快乐有朝气、阳光自信有灵气、探究合作有胆气、和谐发展有志气的幼儿。华润幼儿园为普惠性民办幼儿园，占地面积1.27万平方米，学校围绕宋庆龄提出的“把最宝贵的东西给予儿童”教育理念，让每个幼儿享有健康快乐童年。

（施亚芳）

【2所幼儿园获评市STEM项目幼儿园】 2021年，天宁区青龙中心幼儿园青竹分园、天宁区郑陆中心幼儿园获评常州市第二批STEM项目幼儿园。青龙中心幼儿园青竹分园将“信启智”特色与STEM理念相结合，从环境支持、丰富路径、创新实践入手，以儿童兴趣需要为中心，把STEM教育中注重问题探究、关注儿童经历、注重全面发展理念与实践相融合，逐步探索适合本园发展的探究之路。郑陆中心幼儿园运用“做中学”理念开展科学教育活动，将科学领域研究与STEM教育理念相结合，尊重幼儿好奇、好问、好探索的年龄特点，以大自然和生活中真实事物与现象作为科学探究内容，激发探究兴趣，体验探究过程，打造“探索、发现、创造”课程文化。至年末，天宁区累计创成常州市STEM项目幼儿园3所。

（施亚芳）

九年义务教育

【概况】 2021年，天宁区有小学33所、初中5所、九年一贯制学校2所，在校学生51440人，专任教师3055人，专任教师中具备研究生学历201人、本科学历2715人。全区小学适龄儿童入学率和小学义务教育年巩固率均为100%，初中义务教育年巩固率和初中毕业生升学率均为100%。是年，天宁区建立“五育并举”（德、智、体、美、劳）长效机制，营造健康向上育人环境。加强思政课程理论与实践研究，推进习近平新时代中国特色社会主义思想进教材、进课堂、进头脑，构建大中小学思政课一体化建设联盟，常州市华润小学、常州市第二十四中学天宁分校被评为“常州市中小学思政育人特色学校”。加强学生品格提升工程建设，全年新增省、市级中小学生品格提升工程项目6个，常州市兰陵小学完成省级中小学生品格提升项目现场展示。提升学生体质，举办天宁区小学生田径运动会，完成2次全区中小学生视力筛查，为在校儿童、青少年建立视力健康电子档案；12月，在常州市体质健康抽测中，被抽测的五年级学生体质获全市体质总评第一。提高艺术教育水平，组织开展全区中小学生舞蹈、民乐、器乐比赛，常州市朝阳新村第二小学合唱队代表常州市参加江苏省艺术展演获一等奖，

11月23日，朝阳新村第二小学获江苏省中小学生艺术展演活动一等奖
（区教育局 提供）

年内获评“全国中小学中华优秀传统文化传承学校”。夯实劳动教育、食育教育，天宁区在2021年常州市劳动教育研讨活动中以《弘扬劳动精神丰富劳动实践》为题分享经验，10所学校获评常州市劳动教育、食育示范学校，百名老师、千名学生获评劳育、食育优秀教师、优秀学生，常州市华润小学“劳动教育”特色文化建设项目接受省级视导调研获好评。深化STP（指向儿童人格发展的家校共育区域推进研究）项目研究，加强区域内家庭教育指导师、心理健康师队伍建设，完善家庭教育、心理健康教育课程体系，依托区未成年人成长指导中心公益服务能力，开展线上线下家庭教育200余场，受众家长5万人次，10所家长学校被评为“2021年度天宁区特色家长学校”，区家长学校总校被评为“江苏省合格家长学校总校”。

（周　莉）

【学校主动发展】 2021年，天宁区大力发展素质教育，持续推进学校主动发展，解放路小学、雕庄中心小学、第二十四中学天宁分校被确认为2021年常州市主动发展示范校。是年，区教育局召开局前街小学、丽华新村第二小学、清凉小学、丽华新村第三小学、朝阳桥第二小学、北郊小学、青龙实验小学、东坡小学、虹景小学新一轮三年主动发展规划论证，进一步明晰学校发展方向，提升规划有效性。开展全区中小学生品格提升工程建设项目遴选，博爱小学、紫云小学、解放路小学、浦前中心小学、香梅小学、延陵小学研究项目获评省、市级中小学生品格提升工程项目。组织、指导中小学开展研究性学习，在2021年常州市中小学研究性学习优秀成果评选中，天宁区获特等奖2个、一等奖2个、二等奖4个、三等奖6个。

（潘海波）

【义务教育“双减”改革】 7月，中共中央办公厅、国务院办公厅印发《关于进一步减轻义务教育阶段中小学生作业负担和校外培训负担的意见》（以下简称“双减”），天宁区着力“五个聚焦”，多措并举，多方联动，开展义务教育“双减”改革。聚焦“减量不减质、减负不减效、减压不减趣”工作理念，成立“双减”工作专班，定期召开“双减”工作推进会，建立“双减”工作调研机制和通报机制，利用电视台、微信公众号宣传区域“双减”工作推进情况。聚焦课堂教学，落实减负提质，在课堂教学中“减”讲授时间，“增”学习效率，基本实现“小学书面作业不出校门，初中作业基本不带回家”。聚焦课后服务，创新实施“1+X”课后服务（“1”为学业指导，“X”为主题社团活动），是年，全区小学生参加课后服务比例达91.4%，初中生参加课后服务比例达98.9%，95%以上教师参与课后服务，课后服务满意率达98%以上。聚焦服务机制，各学校建立弹性工作制度，“减”在校工作时间，“增”在校工作效率，为长期做好课后服务提供保障；发挥区未成年人成长指导中心作用，利用家庭、学校、社会资源，尝试构建“同心”家校社合作圈，将家长引入协同教育场域。聚焦校外培训机构规范治理，本着“只减不增、有序规范”原则，开展校外培训机构专项治理，至年末，天宁区原有学科类校外培训机构完成注销或转型，压减率达100%。

（潘海波）

【6个项目获评省、市品格提升工程项目】 2021年，全区中小学加强德育研究，优化建设方案，提炼理念思路，形成德育工作合力，6个项目获评省、市中小学生品格提升工程项目。5月，常州市紫云小学、常州市浦前中心小学、常州市香梅小学、常州市延陵小学、常州市解放路小学5所学校的项目被市教育局确定为2021年常州市中小学生

2021年，解放路小学“双减”课后服务课程　　（区教育局 提供）

6月3日，博爱小学新生入队仪式在恽代英纪念馆举行

（区教育局 提供）

品格提升工程项目；7月，常州市博爱小学的项目被省教育厅确定为2021年江苏省中小学生品格提升工程项目。

常州市紫云小学“英雄中队创建：云娃理想信念涵育行动”项目，以“红色教育”为主题，通过环境营造，让学生在文化浸润中涵养红色品格；开展联盟活动，让学生在文明实践中赓续红色精神；推动学科融合，让学生在综合融通中探寻红色密码。

常州市浦前中心小学“惜物养德：小学生‘朴·前’品格涵育的实践探索”项目，通过“习中华‘俭’文化”课程、“节俭智慧”主题活动、“惜物游学”活动，组成“朴·前”课程体系，实现“惜物以养正、惜物以成习、惜物以磨志、惜物以爱人”育人目标。

常州市香梅小学“生活挑战100项：小主人品格涵养工程”项目，以学生“个人生活”为基础，探索构建劳动教育课程模块与内容体系，改革多元评价，探索家庭生活劳动教育新策略。

常州市延陵小学“扬东坡文化，育‘乐’品少年”项目，以“东坡文化”为抓手，打造特色书香校园物化环境，以“传承文明，开辟未来”为办学理念，培养人格健全、思维活跃、个性鲜明、素质全面的儿童。

常州市解放路小学“‘院士梦工厂’：创新品格涵育工程”项目，立足“解放”办学理念和科技教育为主体的特色文化，通过场景构造、课程设计、场域搭建、评价激励，培养有远大志向、有求真热情、有坚强意志、有合作精神的“解放儿童”。

常州市博爱小学“厚植儿童家国情怀的博学敦仁实践”项目，通过“五爱”课程融创行动、“五彩”社区体悟行动、“五享”牵手共育行动等培育实践方式，培育有“责·仁”的博爱阳光少年。

（马　月）

【5个项目获评市基础教育前瞻性改革实验项目】 2021年，天宁区5个项目被市教育局确定为2021年常州市基础教育学校品质提升建设项目暨前瞻性教学改革实验项目。

常州市正衡中学“指向学生发展核心素养的‘五线融合’课堂教学实践研究”项目，基于马扎诺人类学习行为模式，以大情境、问题串、任务链为抓手，将认知线、知识线、情境线、问题线、任务线五线融合，探索核心素养落地的有效方法，实现新背景下教与学方式转型升级。

常州市焦溪初级中学“涵育乡愁的乡土诗歌教育的研究与实践”项目，通过创设情境、开发课程、主体参与、自我体悟、多元评价方式，让学生在品读和创作乡土诗歌过程中发现美、体味美，以乡土诗歌教育为载体，激发学生热爱家乡、记住乡愁的情感；以发展学生核心素养为目的，实现学生个体生命成长价值；以主题实践活动为依托，丰富课程实施方式；以提升办学品位为基准，推进学校文化建设向纵深发展。

常州市北环路小学“数字赋能，构建‘智慧+’校园生活新样态”项目，以数字赋能，构建线上线下混合学习模式，智能追踪描绘学生画像，利用实证破解学生评价零散、虚浮等问题，通过智慧管理、智慧学习、智慧教研、智慧服务、智慧评价等方面建设，打造校园生活新样态。

常州市焦溪小学“‘依学而教’——增强学生课堂获得感的实践研究”项目，尝试立足学科核心素养的课堂转化，采用“析例—化类—选向”实践研究行动策略，建构“依学而教、多元互动、动态生成”的课堂教学展开逻辑，发掘“即时性课堂动态资源”价值，并以此作为教学重要节点，依托“课堂中新的生长元”推进教学，形成指向学生核心素养养成的课堂新生态。

常州市紫云小学“基于适性发展理念作业设计的实践创新”项目，从作业设计真实问题出发，挖掘有助于切实解决问题的成功经验，挖掘影响作业设计关键因素，积累作业设计前测数据，构建反映作业设计的评价指标体系，促进学校教学质量提升和内涵发展。

（潘海波）

【1个项目获评江苏省“一校一品”党建文化品牌项目】 6月，常州市博爱教育集团联合党总支申报的“博爱‘大先生’：守初心，塑师魂，担使命”党建项目入选第三批江苏省中小学校“一校一品”党建文化品牌项目。该项目在推动原有青年党员、团员教师队伍建设基础上，结合党建工作总体要求，采取经验型教师引领、跨学科教师互助、活动项目实施等方式，以党员、团员、少先队员共建、共创为抓手，紧扣“大先生”精神内核，形成“博爱‘大先生’：守初心，塑师魂，担使命”党建文化品牌项目。项目以教师发展为核心，与学生品格提升工程紧密结合，在博爱教育集团教师队伍中塑造托举他人、生命自觉、抱团成长的发展意识和团队精神，形成“五讲”（讲信仰、讲道德、讲童心、讲学识、讲仁爱）教师团队。在党支部引领下，全体教师以红色精神滋养教育初心、以工匠精神淬炼专业技艺、以责任担当诠释师者仁心，争做有情怀、有格局的博爱“大先生”。

（蔡一凡）

【3所学校获评市新优质学校】 2021年，常州市第二十四中学天宁分校、常州市紫云小学、常州市北环路小学获评常州市新优质学校。常州市第二十四中学天宁分校以“和”为校训，遵循“和而不同、悦己达人”教育哲学，秉承“人文情怀、和悦育人”办学理念，致力于培养具有“家国情怀、健全人格、成就自我、服务社会”新时代和雅学子和“学高身正、睿智敏行”和美教师。常州市紫云小学秉持“教育从儿童立场出发”教育理念，整体架构“项目工程”，以“适性作业”“英雄中队”“幼小科学衔接”等项目涵养师生上善气质，汇智“帮帮团”“青年教师成长营”等团队，聚力于学校可持续发展。常州市北环路小学着力构建“仁行”文化新时空，打造“数字化”校园生活新样态，发展“智慧教师”新团队，提升国家课程品质，赋能丰富校本课程，绘制红色德育图谱，建设一所“有内涵、有特色、有活力”高品质现代化学校。至年末，天宁区累计创成常州市新优质学校15所。

（潘海波）

【1所学校获评全国中小学中华优秀传统文化传承学校】 11月，常州市朝阳新村第二小学入选第三批全国中小学中华优秀传统文化传承学校，传承项目为民族民间音乐。朝阳新村第二小学秉承“关爱生命，快乐发展”办学理念，自1996年以来，艺术课程体系全校普及、全学科渗透。学校组建“艺术教育工作室”，着力打造和培养师资队伍，提升学校艺术教育品味和实效；构建艺术课程体系，形成具有校本特色的传统文化教育途径和策略，开设校本艺术类课程26门，成立学生社团10个、教师社团3个；依托省级立项课题《以“民乐”为载体的传统文化教育研究》，挖掘整理民乐传统文化要素，形成“民乐文化”课程体系和评价机制，制定各年级“器乐”学习指导纲要及达标手册，形成以“民乐”为载体的传统文化教育教学方式、途径和策略，促进学校特色发展和学生个性发展。至2021年年末，学校教师在国家级、省级、市级期刊及各级各类论文评比活动中发表论文5篇，获奖2篇；学校艺术团队在省、市、区“中小学艺术展演”中获一等奖30余次；学生多次登上常州市龙城少儿春晚、常州电视台，彰显学校艺术教育特色和品质。是年，学校获评“常州市艺术展演突出贡献奖”。

（杨　波）

【2所学校获评常州市思政育人特色学校】 12月，常州市华润小学和常州市第二十四中学天宁分校被市教育局评为常州市首批思政育人特色学校。常州市华润小学立足“思政+”思维，打造全息化思政育人环境（一种浸润式育人环境的建构，通过联合家庭、学校、社会力量，联通校内与校外时间，推进德智体美劳五育并举，让学生身心始终浸润在思政育人环境中，最终实现一种全员育人、全程育人、全面育人），构建以全学科课程、校本课程及省品格提升工程项目为主，网状互联、融合共生课程体系，探索以“五个研修层级、四大教研主题、三种研修方式”为核心“5·4·3”式全学科协同教研机制，思政育人理念全面嵌入教育教学生活，运用“8星”评价体系，从学生知情意行各方面有向反馈（针对学生的知、情、意、行4个方面，进行有导向、有目标、有针对性的反馈），形成自身主动发展、“三全”育人新路径。常州市第二十四中学天宁分校通过锻造思政教师队伍，推进学校思政课程建设，

6月，华润小学庆祝中国共产党成立100周年　（区教育局 提供）

确定学校思政课程教育哲学，构建学校思政课程框架，设计思政课堂教学范式；建设“和美”社团，开展“红领巾义卖”“志愿者服务”“模拟法庭”“模拟招聘”等实践活动；开发学科育人课程资源，构建学科协同育人机制，确立“大思政”课程理念，在课程教学中实现知识传授、价值引领和能力培养有机统一，实现各学科协同育人。

（马　月）

【文明校园创建】 2021年，天宁区各学校坚持立德树人，围绕“六好”（思想道德建设好、领导班子建设好、教师队伍建设好、校园文化建设好、校园环境建设好、活动阵地建设好）标准，开展文明校园创建活动，全面提高校园文明程度。是年，通过自主申报、材料审核、现场考评，常州市东青实验学校、常州市局前街小学、常州市第二实验小学、常州市博爱小学、常州市解放路小学被省委教育工委评为2019—2021年度江苏省文明校园；常州市光华学校、常州市青龙实验小学、常州市朝阳新村第二小学通过常州市文明校园（标兵）创建工作现场考评；常州市东青实验学校、常州市局前街小学、常州市第二实验小学、常州市博爱小学、常州市解放路小学、常州市兰陵小学、常州市雕庄中心小学、常州市三河口小学、常州市丽华新村第二小学、常州市丽华新村第三小学10所学校通过常州市文明校园创建工作现场考评。

（虞新伟）

普通高中教育

【概况】 常州市三河口高级中学是一所四星级高中，位于郑陆镇三河口下塘村25号。2021年，学校有39个教学班、2195名学生；教职工157人，其中，专任教师154人，常州市特级教师后备人才1人，市、区学科带头人及骨干教师36人；2021届高考本科以上达线435人，达线率73.2%，其中文科最高分551分，理科最高分549分，艺术最高分545分。9月起，常州市三河口高级中学由天宁区管理移交常州市教育局管理。

（张建新）

【三河口高级中学管理体制调整】 2021年，为贯彻落实国家、省、市深化教育体制机制改革要求，常州市进一步推进教育管理体制改革，全面谋划城区普通高中教育市级统筹实施方案，推动中心城区普通高中管理体制改革。7月12日，市政府召集天宁区政府、市委编办、市教育局、市财政局、市人社局、市自然资源和规划局、市住建局等单位，专题研究常州市三河口高级中学管理体制调整有关事宜。8月26日、8月30日、9月3日，常州市三河口高级中学管理体制调整领导小组办公室会同市、区、镇、校四方召开推进会，协调管理体制调整过程中存在问题及学校发展亟须解决的实际困难。9月起，常州市三河口高级中学管理体制调整为常州市教育局管理。

（张建新）

特殊教育

【概况】 常州市光华学校是天宁区教育局管辖的唯一一所特殊教育学校，位于晋陵南路8号，实行九年一贯制教育，有9个教学班，在籍学生259名，在职教师29名。学校坚持“五育并举”育人原则，全面实施素质教育，通过对智障学生品德塑造、文化基础知识教育、身心康复治疗、社会适应能力和职业技能培养，科学提升智障学生核心素养，逐渐形成“教育教学、康复训练、职业培训”一体化办学模式。2021年，光华学校立足教育发展新理念，探求特殊教育发展新思路，推进“5G加持下的送教上门”“融合教育阳光工程”“培智学校网络课程生活适应三百课”等项目研究，为学生提供更多生活实践岗位，发挥天宁区光

10 月，光华学校学生获第十一届全国残运会奖牌 5 枚

（区教育局 提供）

华成长支持中心公益培训职能，让教育效能助力每个特需学生都有人生出彩机会。

（霍莉萍）

【江苏省第八届智障教育发展研讨活动在天宁召开】 12 月 28 日，江苏省基础教育前瞻性教学改革实验项目《培智学校网络课程“生活适应三百课”的实践研究》暨江苏省第八届智障教育发展研讨活动在常州市光华学校通过网络视频召开，全省各培智学校（机构）领导、中层干部和骨干教师参加。此次研讨活动以课堂教学展示、微课说课展示、专家（点评）讲座等形式，构建省内校际交流合作、共谋发展平台，探索“互联网 +”背景下培智学校生活适应课堂教学，促进省内特殊学校教育内涵发展。活动期间，江苏省第八届智障教育微课大赛获奖名单公布，常州市光华学校获优秀组织奖，学校微课作品获评一等奖 2 个、二等奖 3 个、三等奖 1 个。

（霍莉萍）

【融合教育发展】 2021 年，天宁区有融合教育资源中心 21 个，天宁户籍残疾学生在特殊教育学校就读 220 人，在普通学校随班就读 96 人，送教上门学生 39 人。是年，天宁区进一步提升资源教师（为随班就读特需儿童提供支持性教育服务的专业化教师）融合教育能力，区特殊教育指导中心先后组织骨干教师参加省、市级专业培训 6 次，250 人次受训；召开天宁区融合教育研讨活动 12 次，600 余人次参与，解决融合教育共性及个性问题；巡回指导教师、资源教师、学科教师依据国家“普特课标”（普通教育课程标准、特殊教育课程标准）调整学科教学内容，为特殊需要学生制定一生一课、一人一案，实现课程融合，满足个性需求。是年，常州市虹景小学、常州市广化幼儿园、常州市天宁区天隆和记黄埔幼儿园通过常州市优质融合教育资源中心材料评审。12 月，江苏省特殊教育发展工程建设项目专家组对天宁区特殊教育开展调研，通过材料审核、现场查看、深入访谈，认为天宁区特殊教育工作有温度、有高度、有特色。

（施亚芳）

【光华学校学生获第十一届全国残运会奖牌 5 枚】 10 月 22—29 日，第十一届全国残运会暨第八届全国特奥会在陕西省宝鸡市举办，常州市光华学校 4 名学生参加游泳比赛项目，获得 1 块金牌、2 块银牌、2 块铜牌。其中，吴诗慧获特奥会女子 16 ～ 21 岁组 50 米自由泳比赛金牌，冯金垚获特奥会男子 16 ～ 21 岁组 50 米蛙泳比赛银牌，倪恺获男子 12 ～ 15 岁组仰泳比赛银牌，王彦钧获特奥会男子 12 ～ 15 岁组 50 米自由泳、50 米蛙泳比赛铜牌，并获道德风尚奖。

（霍莉萍）

社会教育

【概况】 2021 年，天宁区有区老年大学 1 所、区老年大学分校 7 所、社区培训学院 1 所、镇（街道）社区教育中心 7 所、居（村）民学校 119 家。是年，天宁区社区培训学院获评江苏省“智慧助老赋能银龄”社区教育专项行动先进集体；“幸福 + 智慧助老行动”项目入选江苏省 2021 年社区教育、老年教育特色品牌培育项目；雕庄街道“众人拾遗传承与发展基地”获评 2021 年江苏省社会教育学习体验基地；天宁区雕庄剔筠轩艺术工作室获评第三批社区教育省级“名师工作室”；茶山街道椿熙堂老年社会服务发展中心入选 2021 年度江苏省“养教联动”基地立项名单。

（邱沁玥）

【江苏省社会教育学习体验基地建设】 12月，“众人拾遗传承与发展基地”被江苏省社会教育服务指导中心认定为“2021年江苏省社会教育学习体验基地”。该基地位于凤凰西路光华桥下雕庄历史文化陈列馆，依托常州留青竹刻文创体验基地，把非物质文化传承和保护作为社区教育重要内容，通过开设“竹筠里的春天”“留青竹刻传习讲堂”等活动传承留青竹刻技艺，传播弘扬“非遗”文化，其互动式、体验式学习模式获居民认可与好评，推动社区教育内涵建设深化发展。至年末，累计举办各类活动500余场，接待学生、居民学习参观上万人次。

（邱沁玥）

学校选介

【常州市第二十四中学】 常州市第二十四中学创办于1929年，前身是私立武进初级中学、常州市第四初级中学,1970年更名为常州市第二十四中学，是一所传统与现代融合的公办初中。学校位于常州市罗汉路9号，占地面积2万平方米，建筑面积2.08万平方米。至2021年年末，学校有29个班级、1425名学生；有教职工135人，其中专任教师129人，高级教师占比47%。学校被列入省“四有”好教师重点培育团队，拥有江苏省特级教师1名、常州市学科带头人9名、常州市骨干教师18名、市名师工作室领衔人2名，市名班主任8人，其中特级班主任3人。学校厚植文化底蕴，坚守教育本真，先后获评全国空军招飞优质生源中学、江苏省文明校园、江苏省教学创新优秀学校、江苏省教科研先进学校、江苏省青少年科技教育先进学校、江苏省初中课程建设特色学校、江苏省“十三五”科学教育综合示范学校、常州市首批义务教育新优质学校、常州市文明单位标兵、常州市主动发展示范校、常州市科普教育基地、常州市思政育人特色学校。学校秉持“养正·尚雅”之校训，建设“尚雅课程”,语文学科为省级课程基地，4个学科为常州市学科教研基地，7个教研组先后被评为市优秀教研组；打造科技教育、艺体教育特色，培育“雅正少年”。2021年，二十四中学教育集团下属2所分校跨入市新优质学校行列。探索“协商式走班教学”“互联网+时代课堂教学范式研究”,高效落实“双减”政策，以“(5+2)²”模式探索课后服务新样态，2021年学生获省级以上各类奖项197人次。

（赵　佳）

【常州市实验初级中学】 常州市实验初级中学创建于1997年，是由原常州市第二十一中学和第二十七中学合并组建而成的公办初中，位于常州市博爱路154号，占地面积27142.25平方米，校舍建筑面积31417.24平方米。至2021年年末，学校有26个教学班、1213名学生；有教职工99名,其中专任教师95名，专任教师全部拥有本科以上学历，研究生学历占16.8%，中学高级职称占45.3%，市级以上五级梯队骨干教师、名班主任占50.5%。学校在创建教育品牌、提升学校内涵、追求办学美誉、改善教育设施、建设特色课程、提高教学质量、培育办学特色、锤炼教师队伍等方面取得丰硕成果，先后获评江苏省首批示范初中、江苏省最具影响力初中、江苏省文明校园、常州市优质初中、常州市新优质学校、常州市主动发展示范校。2013年，学校组建常州市实验初级中学教育集团，成员校分别是常州市实验初中天宁分校、江苏省常州体育运动学校、常州市焦溪初级中学、常州市武进区遥观初级中学，形成“一体四翼”办学格局，2020年，获评常州市集团化办学先进集体。2021年9月，获评2021年度全国青少年人工智能活动特色单位。

（吴　吉）

【常州市正衡中学】 常州市正衡中学始建于1925年，原名私立冠英初中，是一所有近百年历史的民办初中。学校现位于常州市清凉东路48号，在建新校区位于劳动东路南侧、友谊路东侧、光华路北侧、雕庄路西侧，占地面积64118平方米，计划于2022年9月投入使用。至2021年年末，学校有54个教学班、2563名学生；有教职工234人，其中专任教师206人，专任教师中研究生学历49人、市级五级梯队教师51人。学校先后获评全国青少年校园篮球特色学校、江苏省中小学心理健康教育特色学校、江苏省诗教先进单位、江苏省优秀中学生文学社、江苏省中学少先队工作示范学校、江苏省培育和践行社会主义核心价值观活动先进单位、常州市集团化办学先进集体、常州市青少年科学教育特色学校、常州市书法特色学校、常州市法治工作先进学校、常州市法治工作示范学校。学校开设40余门社团活动，培养学生多方面才能，正衡“艺术节”“科技节”“国风秀”“体育节”四节联动，促进学生全面发展。

（刘　晟）

文化·旅游

◆ 栏目编辑　高振渊

综　述

【概况】 2021年，天宁区有文化和旅游行业单位58家，其中A级以上旅游景区6家，非国有博物馆4家，星级酒店5家，旅行社36家。年内，加强群众文化阵地建设，区、镇（街道）、村（社区）三级公共文化服务网络逐步完善，全区有1个区级文化馆、1个区级图书馆，有7个镇（街道）文化馆分馆、8个镇（街道）图书馆，有124个村（社区）基层文化服务中心；全区累计馆藏图书60万册，报纸期刊150余种。是年，深化“锦绣天宁”文化惠民品牌建设，举办首届美术展、摄影大赛和各类文艺活动400余场次，参与160余万人次。创作文艺类原创作品22件，3件原创作品获首届常州市公共文化“青果奖”。推进江苏省全域旅游示范区创建，制定出台《天宁区旅游业加快发展三年行动计划（2021—2023年）》，8月，青果巷文旅消费集聚区获评第一批省级夜间文化和旅游消费集聚区；10月，青果巷历史文化街区获评江苏省省级旅游休闲街区。持续推进文物保护修缮和焦溪古镇联合申遗，18个项目入选常州市第五批市级非物质文化遗产名录，承弼故居、小是家院、南街35～36号3个院落完成修缮，南街南下塘风貌提升工程基本完工，东街东下塘、西街西河头风貌提升工程、市政配套工程有序推进。

7月3日，全省广场舞大展演天宁区分会场展演在奥体天宁全民健身中心举行
（区文体旅局 提供）

【文体旅经营场所安全生产检查】 2021年，区文体旅局加强对文体旅经营场所的安全生产管理，开展火灾隐患整治、旅游包车专项整治、文化和旅游场所客流超载整治、大型节庆演艺活动整治、危险化学品专项整治等活动，协同区消防救援大队、区市场监管局、区应急管理局等部门，采取明察暗访、随机抽查、“回头看”检查、交叉检查等方式，对天宁辖区景区景点、星级宾馆、网吧、歌舞娱乐场所等重点文体旅经营场所开展安全生产检查，累计开展安全生产专项检查90次，出动检查人员200人次，检查文化和旅游企业300家次，消除安全隐患20条，全年未发生安全责任事故。

（路　洁）

群众文化

【概况】 2021年，天宁区以旅游为载体，以文化、体育为纽带，深化“锦绣天宁”文化惠民品牌建设，在第十七届中国杜鹃花展览会上举办“百花争鸣”汉秀主题巡游、

“春天花会开”器乐情景演绎等各类文艺活动20场次，观众50万人次；举办“百年华诞绘党恩，锦绣天宁绽新姿”天宁区首届美术展，260余件作品参展，5万人次观展，5件作品获评“天宁美术奖”，10件作品获评“提名奖”；举办“初心映山红、同庆一百年”摄影大赛，2000余件作品参展，评出获奖作品70件；围绕庆祝中国共产党成立100周年主题，艺术家们挖掘和利用天宁历史文化、名人文化、运河文化等资源，把身边人、身边事作为创作素材，创作文艺类原创作品22个，描绘天宁风土人情，寄托对家乡热爱和对美好生活向往。

4月21日，美术爱好者在参观天宁区首届美术展作品

（区委宣传部 提供）

2021年天宁区文艺原创作品一览表

表34

序号	作品类别	作品题目	创作人(单位)
1	朗诵	党在我心中	王晓菲
		我们是居民的健康守门人	区文化馆
2	音乐快板	龙城盛景在天宁	蒋　敏
		特色科室谱新篇	区文化馆
3	舞蹈	平凡的我们	区文化馆
		刻	郑洪旭
		吉祥	青龙街道龙之舞舞蹈队
		奔跑的青春	区文化馆
		英雄赞歌	郑陆舜之韵舞蹈队
		唱支山歌给党听	青龙街道龙之舞舞蹈队
		幸福桃花开	郑洪旭
4	器乐	海峡情思	唐　涵
		欢庆	区文化馆
5	歌曲	国画	刘　旭　夏威夷
		这片热土	孙盈盈
6	小品	苗爸相亲	蒋　敏
		特殊婚礼	蒋　敏　王睿怡

续表 34

序 号	作品类别	作品题目	创作人（单位）
7	情景剧	情系书苑	区文化馆
		春天到万家	区文化馆
8	音诗画	情在运河	区文化馆
9	音乐剧	食堂风波	蒋 敏
10	故事	最后的秋白	钱静芸

【文化惠民系列活动】 2021年，区文体旅局依托区文化馆开展文化惠民系列活动，全年开设广场舞、声乐、围棋、太极拳等各类公益培训班22个班次、650余课时，参加培训约2万人次；开设舞蹈、声乐、器乐、书法等公益小课堂线上培训56期、线上艺文同赏9期；开展“建党百年，戏曲下乡”等主题文化惠民演出46场，丰富群众精神文化生活。2—10月，在区文化馆一楼展厅举办“翰墨丹青颂党恩，不忘初心重晚情”书画摄影等展览10场，展出书画作品200幅、摄影作品500件，8000余人次观展。

【2家“秋白书苑”建成投用】 2021年，天宁区推进公共文化服务阵地建设，探索“政府＋街道＋企业”三方合作共建新机制，建成“秋白书苑”桃渚馆和天宁吾悦馆。

9月，位于天宁区新丰苑4～10号的秋白书苑桃渚馆建成投用，面积500平方米，由常州市图书馆、天宁区青龙街道、桃渚（常州）文化管理有限公司合作共建，内设图书区、餐饮区、桌游区、绘画区等区域，藏书约1万册，为市民提供“阅读＋活动＋餐饮”等服务。通过现代化借阅设备，与常州图书馆及其他秋白书苑借阅系统连通，市民可以互通借还。是年，区文体旅局与街道以政府购买服务方式，每月在“秋白书苑”桃渚馆定期开展“党群交流日”“经典共读时”“文化共享月”等主题活动，融文明实践、文化熏陶、爱心公益等睦邻服务于一体，普惠周边群众。

12月，位于天宁吾悦广场负一层的秋白书苑天宁吾悦馆建成投用，面积600平方米，由常州市图书馆、天宁区青龙街道、常州文化城有限公司、天宁吾悦广场合作共建，是全市第一家入驻城市综合体的秋白书苑，服务范围覆盖天宁区、常州经济开发区6所学校及周边社区40余万名居民。该书苑藏书8000余册，以少儿图书为特色，设置图书借阅区、少儿阅读区、文化活动区、文创用品区、书画绘作区、手工陶艺体验区、休闲区及特色咖啡厅等功能区，同时常州文化城有限公司配套建设经营面积400平方米、1万种图书的销售专区，形成集公共图书馆、实体书店、文化综合服务功能于一体的共享活动中心。

【3件文艺作品获首届常州市公共文化“青果奖”】 12月，由刘旭、夏威夷创作，常州市解放路小学合唱队演唱的童声合唱歌曲《国画》；由郑洪旭创作，郑洪旭、陈梦华表演的双人舞《刻》；杨猛创作的书法《恽寿平题画诗二首》3件作品获首届常州市公共文化“青果奖”。在首届“青果奖”评选活动中，全市有370件原创作品参选，区文化馆组织报送的歌曲《国画》《这片热土》、小品《特殊婚礼》、舞蹈《刻》、故事《最后的秋白》进入决赛，其中3件文艺作品获评“青果奖”。

延伸阅读：

“青果奖”是常州市首次设立的市级公共文化政府奖项，其前身为已举办20余年的常州音乐舞蹈新作品大赛和小戏小品曲艺大赛等群众文化原创赛事，设音乐、舞蹈、戏剧（含小戏和小品）、曲艺、美术（含美术和书法）等门类。“青果”亦为“千果”，寓意常州群众文艺繁盛发展、欣欣向荣。

（王晓菲　姚海燕）

文化遗产保护

【概况】 2021年，天宁区有市级以上文物保护单位82处，占全市各类文物保护单位的23%，其中全国重点文物保护单位6处、省级重点文物保护单位21处、市级重点文物保护单位55处。是年，区文体旅局持续推进文物保护修缮工程，完成澄西抗日民主政府旧址、意园、大成二厂竞园、东坡书院旧址4处市级文保单位保护修缮；完成雕庄街道、

9月17日，大成二厂旧址内的竟园完成修缮　（区委宣传部 提供）

金融商务区、天宁高新区核心区文物区域评估，张太雷旧居、逸仙中学旧址、北夏墅学校旧址、恽代英住地旧址、澄西抗日民主政府旧址入选江苏省革命文物名录（第一批）。开展非物质文化遗产（以下简称“非遗”）项目资料及“非遗”项目代表性传承人挖掘、整理、申报和评审，18个项目入选常州市第五批市级“非遗”名录，21人被评为常州市第四批市级“非遗”项目传承人。

【18个项目入选常州市第五批市级“非遗”名录】 2021年，区文体旅局贯彻“保护为主、抢救第一、合理利用、传承发展”方针，推动“非遗”保护，支持和鼓励传承人开展传习活动。4月，市政府公布第五批市级“非遗”名录，全区有民间文学、传统体育游艺和杂技、传统美术、传统技艺、传统医药、民俗六大类18个项目入选市级“非遗”名录。

2021年天宁区新增第五批市级“非遗”名录一览表

表35

序号	项目名称	类别
1	焦丙与焦溪的传说	民间文学
2	舜的故事	民间文学
3	延陵季子的传说	民间文学
4	查家拳	传统体育、游艺和杂技
5	兰陵民间吉祥字图案	传统美术
6	戈裕良叠石（山）技艺	传统技艺
7	黄石半墙营造技艺	传统技艺
8	焦溪“二花脸”猪养殖技艺	传统技艺
9	焦溪糍团制作技艺	传统技艺
10	焦溪腊肠制作技艺	传统技艺
11	焦溪米酒制作技艺	传统技艺
12	焦溪羊肉烧制技艺	传统技艺
13	焦溪油酥饼制作技艺	传统技艺
14	青果巷虾饼制作技艺	传统技艺
15	郑陆脚踏糕制作技艺	传统技艺

续表 35

序号	项目名称	类别
16	茂林风伤敷疗方	传统医药
17	两顿头筵席	民俗
18	常州东坡宴	民俗

【20 人被评为常州市第四批市级“非遗”项目代表性传承人】 9 月，区文体旅局挖掘、整理天宁特色传统文化，启动常州市第四批市级“非遗”项目代表性传承人申报，全区累计 24 名传承人参加申报。12 月，经市级专家评审委员会审核评定，高文元、何金兴等 20 人被授予常州市第四批市级“非遗”项目代表性传承人，授予人数位列全市第一。

2021 年天宁区获评第四批市级“非遗”项目代表性传承人一览表

表 36

序号	项目名称	传承人	类别
1	常州东坡宴	龚剑锋	民间文学
2	兰陵民间吉祥字图案	顾维宪	传统美术
3	常州梨膏糖制作技艺	钱春美	传统技艺
4	常州梨膏糖制作技艺	王胜利	传统技艺
5	郑陆脚踏糕制作技艺（焦溪）	何金兴	传统技艺
6	焦溪糍团制作技艺（焦溪）	高文元	传统技艺
7	焦溪腊肠制作技艺（焦溪）	莫跃技	传统技艺
8	焦溪米酒酿造技艺（焦溪）	翟彩伊	传统技艺
9	青果巷虾饼制作技艺	高利波	传统技艺
10	焦溪羊肉制作技艺（焦溪）	承志南	传统技艺
11	常州戈裕良叠石（山）制作技艺	毛国平	传统技艺
12	常州戈裕良叠石（山）制作技艺	薛焕炳	传统技艺
13	焦溪黄石半墙营造技艺（焦溪）	奚正明	传统技艺
14	焦溪“二花脸”猪养殖技艺（焦溪）	顾岳清	传统技艺
15	焦溪油酥饼制作技艺（焦溪）	是小燕	传统技艺
16	留青竹刻	袁新民	传统技艺
17	红友酒酿造技艺	张森明	传统技艺
18	常州朱普生骨伤疗法	朱　鼎	传统医药
19	两顿头筵席（焦溪）	徐凤英	民　俗
20	查家拳（焦溪）	查仁国	传统体育

【天宁区第四批“非遗”项目名录评定完成】 10 月，区文体旅局组织开展区第四批“非遗”项目名录评定，邀请省、市相关专家成立评审委员会，对初步收集的 6 个“非遗”项目及新增的 10 位“非遗”项目代表性传承人资料，经过文本整理、视频拍摄、专家评审，确定常州过年蒸馒头习俗、毗陵望族家规训示习俗、常州金银器打制技艺、常州马脚爪制作技艺、丝弦古琴艺术（常州）5 个项目和 8 名传承人入选。

（王晓菲　任涵恬）

2021年天宁区第四批区级“非遗”项目名录一览表

表37

序号	“非遗”项目	类别	区级传承人
1	常州过年蒸馒头习俗	民俗	李中达 林瑞梅
2	毗陵望族家规训示习俗	民俗	朱炳国 陈建萍
3	常州金银器打制技艺	传统技艺	郑滋洁
4	常州马脚爪制作技艺	传统技艺	邱志仙 陆卫国
5	丝弦古琴艺术（常州）	传统音乐	黄亚寒

【澄西抗日民主政府旧址完成修缮】2021年，郑陆镇投资153.69万元，对澄西抗日民主政府旧址实施修缮。澄西抗日民主政府旧址位于郑陆镇翟家村委东吴下桥25号，始建于民国早期，原为竹林庵庵堂。2008年2月26日，被市政府列入市级重点文物保护单位。澄西抗日民主政府旧址占地面积385平方米，存有两进砖木结构硬山式平房，坐北朝南，第一进五开间133.3平方米，第二进四开间135平方米，第一、第二进之间有天井，面积71.7平方米，天井东西两边各有一侧厢，面积45.2平方米。8月17日，由常州兴业古典园林有限公司按照江苏天开古建筑设计有限公司设计方案，对年久失修的澄西抗日民主政府旧址房屋启动修缮，按原有建筑形制、材料、工艺要求，对房屋屋面、墙体、地坪和木结构实施修缮，采取揭顶为主、落架修缮为辅的方法，消除安全隐患，提高文保建筑安全等级。10月16日，澄西抗日民主政府旧址完成修缮，内设“澄西荣光”展览馆，馆内拥有100件展品，以视频、多媒体导览、互动体验等方式，再现澄西人民浴血奋战的光辉历史。

（陈　琦）

10月16日，澄西抗日民主政府旧址完成修缮　（郑陆镇　提供）

焦溪古镇保护申遗

【概况】2021年，天宁区持续推进焦溪古镇保护利用和江南水乡古镇联合申遗，《焦溪古镇遗产价值及申遗文本报告》完成编纂，《常州市焦溪古镇保护条例》正式颁布实施，南街南下塘风貌提升、管网改造、景观优化等工程基本完成，舜溪中路、南北闸站等市政工程竣工交付，承越故居与承氏宗祠分别完成“焦溪记忆馆”“鹤峰书院”布展工程。

【《焦溪古镇遗产价值研究及申遗文本报告》定稿】4月，《焦溪古镇遗产价值研究及申遗文本报告》基本定稿，焦溪申遗工作指挥部专程向中国文化遗产研究院世界文化遗产中心汇报，得到肯定。2019年，焦溪申遗工作指挥部委托东南大学城市与建筑遗产保护教育部重点实验室教授李新建团队和东南大学建筑设计研究院有限公司，共同开展焦溪古镇遗产价值研究及申遗文本报告撰写，经史料收集、现场调研、专业测绘、分析研究，在中国文化遗产院专家指导下，历经多轮修改完善，于2021年完成《焦溪古镇遗产价值研究及申遗文本报告》撰写，累计15万字。该报告从焦溪古镇遗产的辨认、历史沿革、纳入“江南水乡古镇”必要性、“江南水乡古镇”突出普遍价值研究、申报遗产要素、完整性与真实性陈述、保护和申遗工作建议7个方面，系统阐述焦溪古镇历史文化价值，为焦溪古镇进入江南水乡古镇序列提供理论依据和价值支撑。

【《常州市焦溪古镇保护条例》正式施行】 5月1日，《常州市焦溪古镇保护条例》（以下简称《条例》）正式实施，为保护焦溪古镇和古镇申遗提供法律依据。该《条例》是常州市第一部古镇保护地方法，包括总则、规划与管理、维护与修缮、传承与利用、法律责任和附则六章三十五条，主要围绕焦溪古镇的保护范围、保护对象、保护措施等内容，聚焦历史文化遗产全面保护和传承利用，重点对焦溪古镇管理体制、构建科学保护管理制度、完善保护责任人制度、推动历史文化遗产传承和合理利用、违法行为处罚等方面作出具体规定。《条例》颁布实施后，区文体旅局、郑陆镇及焦溪村委（社区）在学校、有关广场开展《条例》宣传活动，焦溪古镇申遗工作指挥部印制《条例》2000余册，分发到相关单位和全镇居民，营造人人知法守法的良好氛围。

【焦溪古镇3个历史院落保护修缮】 2021年，区政府根据东南大学建筑研究设计院设计方案，投资约600万元，对南街35～36号、南下塘小是家院、承弼故居3个重点院落实施修缮。

南街35～36号为三间四进院落建筑，院落面积310平方米，始建于清末，距今150余年。第一进建筑为三开间，仅留存北侧一间，尚有屋顶；第二进建筑已倾颓，只留墙基、阶石、磉板等建筑遗迹；第三进、第四进建筑为两层楼房。修缮工程对第一进缺失的两开间房屋实施修复，恢复传统形制；第二进仅存残墙和局部铺装，因缺乏修复依据，将其作为遗址展示；对第三、第四进房屋实施墙体局部、房屋木构架、木门窗修复，保留原有样式。至年底，修缮工程基本完工。

小是家院位于焦溪南下塘17号，占地面积383平方米，始建于清末，距今150余年。原建筑为四进院落，第一进房屋毁于20世纪50年代，仅留存南山墙，木构件被烧毁；第二进原屋倒塌后，2018年由村民重新搭建砖木房屋；第三进房屋为木结构残损不全的废弃楼厅；第四进倒塌后仅存部分黄石墙。根据现场勘察和历史资料分析，该院落历史情况和改造经历不明，采取对第三进房屋墙体加固、更换破损木构件、恢复木门窗等修缮，对第一、第二、第四进房屋进行环境提升，保留院落内残存边贴木构件和房屋石山墙建筑，对山墙遗迹修缮加固，并使用钢木棚保护，融入院落景观。至年底，修缮工程基本完工。

承弼故居（承氏公房）位于南下塘20、21、25号，建筑面积695平方米，院落面积185平方米，始建于清中期，距今230余年，为承家第21代孙承弼所建，晚清及民国期间为承氏家族公房。原建筑为五间四进院落，第一进存留面阔五间、进深七步架，总体构架和后门之牌楼门保存较为完整，门窗洞口损坏严重；第二进木构架被烧毁，仅留边贴；第三进原为五间，北侧两间已不存在，南侧三间保存稍好；第四进已无存留。修缮工程依据承氏宗谱中晚清地籍图实施院落恢复，对第一进房屋，重点修缮砖细牌楼门，修复损坏门窗洞口的补配构件；对第二进房屋，依据残存阶沿石和边贴残损木构架，修复山墙和木构件；对第三进房屋，依据留存南侧三开间形制，修复缺失的北侧两个开间；对第四进房屋，依据焦溪传统大宅形制，恢复成二层凹形厅楼，与屋后的溪南草堂相融合，再现五间四进焦溪传统大宅。至年底，修缮工程基本完工。

【南街南下塘周边历史建筑风貌提升】 2021年，区政府投资约900万元，对焦溪古镇南街南下塘三元桥周边（三元桥1-4、南街北端1-3-5多处建筑）、唐宅周边（南下塘112号、113号、114号、115号、118号、130号）、“国家公房”（房屋在早期由乡政府或事业单位出资建造，后经营权曾转让，但产权及相关财产处置权仍归国家）周边（南街北端沿河11区段、15区段、16区段、17区段、18区段）历史建筑风貌实施整治提升，拆除严重影响古镇风貌的20世纪90年代砖混结构住宅楼3座、总计260平方米，采用传统材料和传统工艺织补（建造）建筑物825.2平方米，清理保留黄石墙和石灰墙，修缮保留木门窗、木构件，更换屋面破损瓦件，再现南街传统商街风貌。至年末，南街南下塘周边历史建筑风貌提升整治工程完工。

【焦溪古镇市政基础设施改造】 2021年，区政府投资2.27亿元，整治改造焦溪古镇南街、南下塘舜溪中路、舜河路和老舜河、西街街河、南溪小河。南街、南下塘舜溪中路原水泥路面恢复黄石铺装，面积5000余平方米；老舜河景观带铺装石板路1500余平方米，管线埋设3000余米，所有杆线入地，增设雨污管网5600余米，绿化面积1万余平方米，补植风格多样植物80种，移植吉野樱72株，安装亮化灯456个。5月，焦溪古镇申遗工作指挥部根据南京师范大学教授王根富考古团队考古勘探报告建议，启动老舜河、西街街河、南溪小河历史水系恢复工程，年内完成河道疏浚247米，清除淤泥6000余立方米，恢复河道历史风貌。

【老舜河4座石桥建设】 2021年，焦溪古镇申遗工作指挥部根据焦溪古镇申遗要求，按照东南大学建筑设计研究院、市政设计院设计方案，在老舜河复建宝善桥，移建一见桥、先生桥，仿建望虞桥。宝善桥、一见桥、先生桥3座石桥通过异地采购老桥石构件，采用老材料、老工艺、老形制方式复建和移建，望虞桥采用钢筋混凝土结构、石材做旧贴面工艺建设，4座石桥累计造价约455万元。

宝善桥位于龙溪河与老舜河交汇处，为单拱石桥，孔径6米，桥长21.4米，桥宽3米，造价153万元，8月完工。

一见桥位于菖蒲郎沟，为单孔石桥，孔径5.8米，桥长20.3米，桥宽3.15米，造价143万元，12月完工。

先生桥位于老舜河中段，为平板石桥，单跨5.9米，桥梁净跨径5.3米，桥长14.9米，桥宽3米，造价74万元，6月完工。

望虞桥位于老舜河与菖蒲郎沟交汇处，为三孔拱桥，最大孔径6米，桥长24.4米，桥宽5.6米，造价85万元，10月完工。

【承越故居与鹤峰书院完成布展工程】 1月，承越故居、鹤峰书院布展工程基本完工。

承越故居位于南下塘26～29号、31号、32号，为清咸丰年间进士承越旧宅，占地面积530平方米，房屋坐东朝西，前后四进。2020年8月，承越故居启动布展，展厅面积775平方米，采用不破坏建筑结构、可移动展架方式布展，以“焦溪记忆馆”为主题，设置“文明溯源”“世族风华”“商贸繁盛”“特色建筑”“民风民俗”5个板块，全面展示焦溪古镇山水人文与历史文化。

鹤峰书院位于焦溪古镇南下塘9号，为清中期建筑，原为承氏宗祠，占地面积530平方米，房屋坐东朝西，前后三进。2020年8月，鹤峰书院启动布展，展厅面积300平方米，按鹤峰书院前后三进设置展厅，第一进简介鹤峰书院、承越生平，悬挂文人字画；第二进还原原书院场景，开展国学教育活动，以展板形式介绍鹤峰书院和焦溪当地书院历史沿革；第三进设置小舞台，可举办小型活动，墙上以展板形式展现菊花诗社历史沿革。

（张　静）

文旅产业

【概况】 2021年，天宁区域内有国家A级以上旅游景区6个，其中国家级AAAA旅游景区2个、国家级AAA旅游景区2个、国家级AA旅游景区2个；有星级酒店5家，其中四星级酒店2家（常州九洲环宇大酒店、明都大饭店）、三星级酒店3家（常瑞宾馆、椿庭大酒店、舜杰明都大酒店）；有省级旅游休闲街区1家（青果巷历史文化街区）、省级夜间文旅消费集聚区1家（青果巷夜间文旅消费集聚区）、省工业旅游区2家、省四星级乡村旅游区（点）2个、市级乡村旅游重点村2家；有A级以上旅游厕所34座。10月29日，青果巷历史文化街区被省文旅厅认定为首批省级旅游休闲街区；12月9日，长三角工业互联网旅游体验区被省文旅厅评为江苏省工业旅游区；11月，丰北村入选市级乡村旅游重点村。

2021年天宁区获评江苏省工业旅游区一览表

表38

序号	单位名称	地址	区域
1	黑牡丹科技园（工业旅游区）	龙锦路510号（园区）	青龙街道
2	长三角工业互联网旅游体验区	竹林北路256号天宁科技促进中心	青龙街道

2021 年天宁区获评国家 A 级以上旅游景区一览表

表 39

序号	单位名称	级别	地址	区域
1	红梅公园	国家级 AAAA 旅游景区	丹青路 28 号	天宁街道
2	天宁禅寺 / 天宁宝塔	国家级 AAAA 旅游景区	罗汉路 1 号	天宁街道
3	常州三杰纪念馆	国家级 AAA 旅游景区	张太雷纪念馆（清凉路子和里 3 号） 恽代英纪念馆（晋陵中路 500 号） 瞿秋白纪念馆（延陵西路 188 号）	茶山街道 天宁街道
4	常州革命烈士纪念地	国家级 AAA 旅游景区	兰陵北路 315 号	兰陵街道
5	东坡公园	国家级 AA 旅游景区	延陵东路水门桥堍	天宁街道
6	戈小兴中外烟标烟具博物馆	国家级 AA 旅游景区	双塔步行街 92 号	天宁街道

2021 年天宁区获评省四星级乡村旅游区（点）一览表

表 40

序号	单位名称	级别	地址	区域
1	锦涛生态园	四星级	郑陆镇徐家村	郑陆镇
2	牟家农业旅游观光园	四星级	郑陆镇牟家村	郑陆镇

2021 年天宁区获评市级乡村旅游重点村一览表

表 41

序号	单位名称	级别	地址	区域
1	牟家村	市级	郑陆镇牟家村	郑陆镇
2	丰北村	市级	郑陆镇丰北村	郑陆镇

【省级全域旅游示范区创建】 2021 年，天宁区推进省级全域旅游示范区创建，制定出台《天宁区旅游业加快发展三年行动计划（2021—2023 年）》《天宁区旅游发展专项资金管理办法》；健全体制机制，成立创建省级全域旅游示范区工作领导小组、天宁区旅游市场监管队伍、旅游巡回法庭，为全域旅游示范区创建提供组织保障；完善公共服务体系，建成天宁旅游集散和服务中心，完成全域旅游大数据中心（天宁区全域旅游监测指挥平台、天宁文旅云小程序）建设，开通天宁旅游专线直通车，建成“1+N”（“1”指区级旅游服务中心，“N”指 N 个二级旅游服务中心）旅游咨询服务架构；持续推进“厕所革命”，全年建设改造旅游厕所 19 座，其中建成 AAA 级旅游厕所 11 座、AA 旅游厕所 6 座，数量位列全市第一；加强旅游交通体系建设，建设天宁大道，打通城乡连接主干路网，加快推进河横路、中心河路、舜平路等道路建设，打通乡村旅游路网建设，建成便捷、畅达的旅游交通网络；树立全域旅游品牌形象，制定乡村旅游、民宿、智慧景区等地方标准，以“锦绣天宁”为品牌，完成旅游全域导览图、宣传手册设计、印制和投放；印发《天宁区建立全域旅游联合营销机制实施意见》，通过抖音、微信等多渠道开展宣传营销；推进旅游人才建设，天宁区与江苏理工学院、南京师范大学合作成立天宁区旅游人才实践教学基地，建立 7 名专家组成的智库，柔性引进旅游人才 3 名；建立全域旅游创建台账，开展旅游现场预检，推进

存在问题整改，迎接2022年省全域旅游示范区创建验收。

【天宁区旅游公共服务体系规划编制】 2021年，天宁区强化旅游公共服务体系建设，区文体旅局委托南京师范大学编制《常州市天宁区旅游公共服务体系规划（2021—2025年）》（以下简称《规划》）。《规划》把旅游公共服务体系建设分为重点建设期（2021—2022年）和提升完善期（2023—2025年），设规划总则、规划背景、发展基础、对标找差、总体思路、重点工程、近期行动计划、保障体系八大方面。重点建设期内构建以“系统化、品质化、人性化、智慧化、规范化、特色化”为特征的高质量旅游公共服务体系，塑造“畅游天宁”旅游公共服务品牌，打造全域旅游示范区创建亮点工程，将天宁区建成长三角旅游公共服务的示范区。同时，《规划》对旅游集散与咨询服务体系建设、旅游休闲道路建设与提升、旅游交通服务优化与提升、智慧旅游建设、厕所革命持续推进、全域旅游氛围营造、旅游惠民便民与服务提升、旅游公共安全保障网格建设8个重点提出26项提升措施。

（任涵恬）

【青果巷文旅消费集聚区创成省级夜间文旅消费集聚区】 8月，经省文旅厅认定，青果巷文旅消费集聚区成为第一批省级夜间文化和旅游消费集聚区。青果巷夜间文旅消费集聚区位于城市中心，东至丽华北路，南临老运河，西连晋陵中路，北达关河路，占地5.2平方千米，由天宁街道负责建设，累计投入约8亿元，打造集居住、商业、文化、旅游等功能于一体的集聚区。青果巷文旅消费集聚区以青果巷历史文化街区为核心，以大运河天宁段为脉络，串联文旅综合体1个（常州购物中心）、省级历史文化街区2个（青果巷历史文化街区、前后北岸历史文化街区）、国家AAAA级景区2个（天宁禅寺、红梅公园）、全国重点文保单位4个（大运河、瞿秋白故居、近园、常州唐氏民宅），商户总数462个，营业面积19.06万平方米，拥有“龙城夜未央·越夜悦天宁”“青果熙市”夜市等活动品牌。青果巷夜间文旅消费集聚区全天开放，夜间营业商户中有文化类商户232个，营业面积9.6万平方米，占夜间营业商户的50.37%；夜间游览面积12.37万平方米。2021年，集聚区接待游客超800万人次，夜间游客数量超440万人次，营业收入超14亿元，其中夜间营业收入7.6亿元，占总营业收入的54.3%。

（刘　珂）

【5个文旅项目入选省重点文旅项目】 2021年，经省文旅厅认定，天宁区季子文商旅农综合体（舜山康养小镇）项目、中华纺织博览园、文化内容进出口平台项目、焦溪古镇保护与利用工程、常州青果巷历史文化街区5个项目入选省级重点文旅项目。

季子文商旅农综合体（舜山康养小镇）项目位于郑陆镇查家湾，占地面积约73万平方米，核心区占地面积约32.7万平方米，总建筑面积50万平方米，由常州九洲农文旅发展有限公司实施，总投资30亿元。该项目围绕传承和弘扬季子文化，采取一二三产业融合、文旅融合、产教融合、古今融合、康养融合的城乡融合发展模式，重点规划建成“一心二环三区多点”（“一心”即季子文化展示中心，“二环”即查家湾道路环和水系环，“三区”即农业示范片区、乡村文创片区、国际康养片区，“多点”即季子静思园、季子躬耕园、乡村创业学院、乡村文创园、多功能艺术中心和爱德森国际康养社区等）产业格局，塑造长三角首个“乡村美好生活集群”。项目于2020年开工。

中华纺织博览园项目位于原大成三厂旧址，总建筑面积33.6万平方米，由常州桑麻文化博览园有限公司实施，总投资21亿元。中华纺织博览园集“运河长廊、纺织博览、文物保护、名家藏馆、服饰秀演、传习体验、创客空间、园艺观赏、时尚购物、精品酒店”于一体，依托中华纺织文化元素，借助京杭大运河、历史文保建筑、近现代纺织工业遗存和常州历史文化名人等天然资源，植入文化长廊，以廊为线串联起“历史·现在·未来”文旅消费体验物理空间。该项目于2020年开工，年内完成文物保护区修缮、工业遗存区改造，项目建成后将成为以纺织文化为主题的体验式城市综合体。

文化内容进出口平台项目位于苏南智城东侧，占地面积约13万平方米，总建筑面积47.7万平方米（其中地上建筑面积约33.3万平方米、地下建筑面积14.4平方米），由江苏网博视界网络科技股份有限公司实施，总投资30亿元。该项目以建设数字音视频内容对外交易平台为核心，聚集人工智能、大数据、数字媒体版权保护、影视创作等相关领域优秀企业，为海内外客商提供数字内容交易相关服务平台，建成后将拥有登记中心、翻译中心、审核中心、密保中心、创作中心、交易中心、结算中心、数据中心“八

11月16日，保护修缮中的焦溪古镇现状（陆仕银 摄 郑陆镇 提供）

大中心”的全新业态。该项目于2019年开工，计划建造38幢科技研发产业楼，建筑面积约7.3万平方米；建设7幢商务办公楼，建筑面积约22.8万平方米；建设1个国家级数据中心，建筑面积约3.2万平方米。至2021年年末，完成精装工程、室外工程综合验收，建成数字内容数据平台，实现“数字化内容交易平台”的大数据运营支撑。

焦溪古镇保护与利用工程项目位于郑陆镇焦溪古镇片区，东至新沟河，南至原市永益化工公司，西至常焦线，北至红卫河，核心区面积约9.57万平方米，由焦溪古镇保护发展有限公司实施，总投资约30亿元。2019年12月，天宁区启动焦溪古镇保护利用项目，计划用3～5年时间，按照“保护优先，适度利用”原则，对古镇遗产要素和街巷风貌按照申遗价值标准进行精细规划和设计，通过保护修缮、风貌提升、业态活化、基础设施改造等措施，确保古镇完整性和原真性，还原江南水乡古镇历史风貌，满足申遗要求。同时对古镇周边区域高标准规划、分步实施，通过基础设施配套、环境改造提升、适度利用等措施，在确保与遗产区风貌一致基础上，做优山水人文环境，推进文旅融合，拓展文创产业，打造文化深厚、环境优美、产业先进、安居乐业的江南水乡古镇。

常州青果巷历史文化街区项目东起和平路，西至晋陵路，南到东下塘，北至古村巷，规划用地面积12.47万平方米，由常州市晋陵投资集团有限公司实施，总投资33.2亿元。青果巷历史文化街区围绕“打造一批文化特色鲜明的国家级旅游休闲城市和街区”总目标，按照“全国一流名士博物馆群落、一站式微度假文化酒店集聚地、复合式文旅商街区”特色定位，深入挖掘集运河文化、名士文化、红色文化、古建文化、“非遗”文化、民俗文化于一体的“青果文化”专属IP（品牌所独有的知识产权），精心策划印记、艺趣、风尚、雅韵、栖居等五大业态版块，融文、旅、宿、餐、学、创、演、娱于一体，提升整个街区的场景感、体验感，打造名副其实的中国历史文化名街及文化旅游消费集聚地。至2021年年末，该项目完成织补建筑、修缮工程、景观及市政工程。

【“天宁文旅云”上线】 2021年，天宁区为进一步提升游客对天宁的文旅体验，满足新一代消费群体个性化旅游需求，并更好宣传天宁区特色旅游文化，“天宁文旅云”小程序于12月在微信平台上线。“天宁文旅云”设游天宁、品文化、享美食、宿天宁4个板块，为游客发布吃、住、行、游、购、娱、休闲等文旅信息和咨询服务，游客可通过扫描游客集散中心、景区景点、旅游景观道、星级饭店等游客密集场所二维码实现定位、导航、导游、导览、投诉评价等智慧化服务。是年，通过“天宁文旅云”可获取天宁禅寺、红梅公园、青果巷历史文化街区等13个旅游景点和区文化馆、区图书馆、瀚霆古典艺术博物馆、戈小兴中外烟标烟具博物馆等13个文化场馆介绍，并提供周边人气餐饮和优质酒店信息供游客参考。全年累计用户量233人，总访问量627人次。

（任涵恬）

体 育

◆ 栏目编辑 高振渊

群众体育

【概况】 2021年，全区拥有区级体育社会组织13个、各类社会体育指导员2343名，每万人拥有社会体育指导员51名，国民体质合格率达96%。2月12日—3月12日，区文体旅局组织150名健身气功爱好者，参加由省体育局、省卫健委主办的“迎新春抗疫情”江苏省首届健身气功·八段锦网络公开赛。年内，举办三级社会体育指导员培训班，参训人员134名，均获得三级社会体育指导员证书；组织200名一线社会体育指导员参加市级以上技能培训，新增一级社会体育指导员3人、二级社会体育指导员25人。是年，区文体旅局举办“天建杯”羽毛球混合团体赛、全国百城千村健身气功展示、“体彩杯”乒乓球比赛、钓鱼比赛、广场舞比赛等群体赛事活动，打响“锦绣天宁”运动品牌；郑陆镇举办门球联赛、篮球联赛、“毅行”、职工运动会等，强化“郑·运动”品牌；雕庄街道举办为期1个月的街道运动会，巩固“多彩雕庄·乐活新城”运动品牌；青龙街道举办“脉动青龙”文化体育节、风筝节、健身气功展示等活动，强化“脉动青龙”运动品牌。9月，区文体旅局被国家体育总局表彰为2017—2020年度全国群众体育先进单位。

【天宁区举办全省广场舞大展演活动】 7月3日，由省体育局主办、区文体旅局承办的全省广场舞大展演天宁区分会场展演在奥体天宁全民健身中心举行，活动以“颂歌献给党，永远跟党走，幸福舞起来”为主题，组织区、镇（街道）、社区（村）三级联动万人参与。活动现场，千人齐跳《没有共产党就没有新中国》《最美的歌儿唱给妈妈》《跟党走》3支广场舞，庆祝中国共产党成立100周年。

【2021省老年人体育节常州市天宁区分会场启动式暨优秀健身项目展示】 4月13日，在兰陵九洲新世界广场举行，来自郑陆镇、各街道的9个团队、100余名健身爱好者参加。健身团队展示抖空竹、太极拳剑、可乐球、健身球操、时尚走秀、秧歌、扇舞等12个健身项目，天宁区爱乐合唱团用红歌向中国共产党成立100周年华诞献上最诚挚的祝福。

【2021“体彩杯”天宁区乒乓球比赛】 12月4—5日，由区文体旅局主办的“体彩杯”天宁区乒乓球比赛在兰陵小学九洲乒乓球馆开赛，

5月28日，天宁区在焦溪体育公园举办广场舞大赛，东方飞扬艺术团表演舞蹈《梦回大地》 （区委宣传部 提供）

区机关和镇（街道）18 支参赛队伍、124 名运动员参赛。团体采用五局三胜制，天宁公检联合队、红梅街道代表队分别获机关团体和基层团体一等奖；单打采用三局两胜制，天宁公检联合队沈国金、天宁法院秦瑾、兰陵街道钱晨、天宁教育丁旻芷分别获机关男子、机关女子、基层男子和基层女子单打冠军。

【区文体旅局获评 2017—2020 年度全国群众体育先进单位】 9 月，区文体旅局获评 2017—2020 年度全国群众体育先进单位。全国群众体育先进单位每四年评选一次，主要表彰致力于全民健身公共服务体系建设、提高全民身体素质和健康水平、不断满足广大群众日益增长的体育健身需求、为群众体育事业作出贡献的集体和个人。2017—2020 年，区文体旅局落实全民健身国家战略，推动全民健身与全民健康深度融合，国民体质合格率达 96%；开展多样性、多层次、多元化群众喜闻乐见的全民健身系列比赛和活动，区、镇（街道）两级开展全民健身日启动仪式暨系列比赛活动，持续举办广场舞、抖空竹、健身操、乒乓球、羽毛球、足球、篮球等系列比赛活动；改造提升紫荆公园体育健身设施，建成总长 1.2 千米的智能健身步道——星空漫步道；雕庄街道全民健身中心（游泳馆）建成投用；凤凰新城环岛路 14.7 千米慢行健身步道和骑行道系统建设贯通，环岛路沿线马拉松主题公园有序推进。

（姚海燕）

竞技体育

【概况】 2021 年，区教育局为推进天宁区田径项目发展，在常州市第二实验小学教育集团紫云小学举办 2021 年天宁区小学生秋季田径运动会，设置跑、跳、投掷、三项全能等 13 个比赛项目，27 所学校、533 名运动员、60 名裁判员参赛。是年，天宁区青少年竞技体育水平不断提升，在各级各类竞技比赛中取得优异成绩。4 月，天宁区代表队获常州市小学生游泳冠军赛团体总分第一名；天宁区羽毛球代表队获 2021 年常州市中小学生羽毛球锦标赛团体总分第二名，在 20 个小项中获 8 金、2 银、2 铜。7 月，常州市焦溪初级中学获常州市龙城大联赛传统武术展演一等奖。11 月，雕庄中心小学获 2021 年常州市奔跑吧少年足球锦标赛男子组第一名。12 月，常州市第二实验小学教育集团获常州市中小学生柔道锦标赛团体总分第一名及道德风尚奖，紫云小学获团体总分第二名，凤凰新城实验小学获团体总分第三名。推动体育特色学校创建，在 2021 年常州市校园足球示范校、试点校年度督查评估暨常州市体育传统特色学校（足球类）评选中，天宁区获评 2021 年校园足球示范校督查评估一等奖 5 个、二等奖 2 个，试点校督查评估一等奖 1 个、二等奖 3 个、三等奖 7 个，2022 年校园足球示范校 7 个、试点校 11 个。

10 月，天宁区 2021 年小学生秋季田径运动会在紫云小学举行
（区教育局 供稿）

【东青实验学校获“省长杯”女子足球六连冠】 5 月 12 日—6 月 26 日，常州市东青实验学校女子足球队参加在盐城大丰足球基地举行的 2021“省长杯”卡尔美江苏省青少年校园足球联赛小学精英训练营女子甲组比赛，全省有 16 支代表队参赛。东青实验学校女子足球队经过与宜兴丁二小学（7∶0）、扬州宝应实验小学（3∶0）、苏州张家港凤凰实验小学（3∶0）的角逐进入半决赛，半决赛以 1∶0 战胜宿迁人民路小学，决赛以 5∶1 战胜南通张骞第一小学，赢得 2021 年“省长杯”小学精英训练营女子甲组冠军，这是自 2016 年以来第六次获“省长杯”冠军。常州市东青实验学校足球项目起步于 1994 年，学校加强课堂教学研究，推进足球大课间、足球四季专项活动和社团活动创新发展，实

现校园足球普及与提升，学校先后获评“全国青少年校园足球特色学校”“江苏省体育传统项目学校”“江苏省校园足球后备人才示范校”“常州市校园足球示范校”。

【解放路小学“小海豚”游泳俱乐部获常州市小学生游泳冠军赛团体第一名】 4月24日，2021年常州市小学生游泳冠军赛在常州奥体游泳跳水中心举行，比赛按运动员出生年份分为：2008—2009年组、2010年组、2011年组、2012年组、2013年及以后组，388名运动员参赛，常州市解放路小学“小海豚”游泳俱乐部获市团体总分第一名。常州市解放路小学是江苏省游泳传统学校，长年普及和推广游泳项目，有1个室内游泳馆，可满足学生日常训练；校游泳俱乐部每年暑期开展面向社会、为期40天的集训，符合条件的学生都可报名学习游泳。

【第二实验小学教育集团柔道队获常州市中小学生柔道锦标赛团体第一名】 12月，2021年“奔跑吧·少年”常州市中小学生柔道锦标赛在常州市业余军体学校举行，常州市第二实验小学教育集团柔道队获团体第一名。常州市第二实验小学于2013年9月与常州市柔道协会合作开设少儿柔道项目，成立柔道项目推广和研究小组，制定柔道社团章程，撰写柔道社团计划、课时计划，建立社团学生档案，组建“一本·柔道”社团。2016—2021年，“一本·柔道”社团学生参加由市教育局、市体育局、市业余军体学校、市柔道协会联合举办的“常州市中小学生柔道锦标赛”，获得六届团体第一名。

（马　月）

体育设施及体育产业

【概况】 2021年，天宁区推进体育产业协调、绿色、开放、共享发展，完善体育产业类别，形成涵盖体育综合体（奥体天宁全民健身中心）、体育装备产业园、体育服装、体育用品制造、体育休闲等多类别综合型体育产业发展路径。优化全区公共体育设施布局与建设，利用城市规划、老小区改造提升、文旅重大项目建设、重大赛事等契机，加快布局健身路径、智能步道等体育基础设施建设。至年末，全区拥有区级全民健身中心1个、镇（街道）级全民健身中心8个、中小型体育场地30个、村（社区）体育公园18个、社会足球场地15个、全民健身路径点862个、健身器材6690件，人均体育场地面积4.48平方米，“城市社区10分钟体育健身圈”覆盖率达100%。

【天宁区公共体育设施建设】 2021年，天宁区全方位拓展公共体育场地设施建设渠道，丰北美丽乡村水上运动基地正式运营，龙游河健身步道、雕庄街道全民健身中心（游泳馆）、青龙街道横塘河皮划艇基地建成投用，凤凰新城马拉松公园、东青共享全民健身中心建设持续推进。是年，全区新建环岛路社区体育公园1个，新增全民健身步道18.5千米，更新健身路径、器材102件。

中赛（丰北）水上运动基地位于郑陆镇丰北村，面积超13万平方米，总投资1500万元，由常嘉集团下属常州广信置业发展有限公司联合中赛（常州）体育发展有限公司出资建设，在美丽乡村建设基础上对原有鱼池、河道实施水质生态化改造，引入常州皮划艇基地、特种水产基地，以赛艇、皮划艇、滑板为水上运动特色项目，融合多元化体育元素，打造功能型、教育型、赛事型、沉浸活动型全方位体育运动基地，在全省首创“美丽乡村+

7月12日，市委书记陈金虎（右四）考察丰北村鱼达人水上运动基地
（区委宣传部　提供）

水上运动”发展模式。7月，水上运动基地项目竣工投用，接待水上运动爱好者超2万人次。

龙游河健身步道位于龙游河两岸沿线，由区政府出资2000万元，在龙游河沿线建设12.2千米健身步道，步道两侧增添100余个非机动车停车位，新建口袋公园、小游园，增加绿化面积10万平方米，使龙游河步道成为居民散步、休闲、健身、交流的“网红打卡地”。

雕庄街道全民健身中心（游泳馆）位于天宁区优胜路和凤凰岛北路交叉口，占地面积28000平方米，建筑面积28405平方米，总投资11337万元，由常州市晋陵投资集团有限公司出资建设。馆内建有1个8道50×21米标准游泳池，首创全市街道级活动中心游泳馆。6月，雕庄街道全民健身中心(游泳馆)建成投用。

青龙街道横塘河皮划艇基地位于横塘河湿地公园内，由中赛(常州)体育发展有限公司出资约1000万元，建设长2000米皮划艇赛道，购置皮划艇等设备。2020年10月1日，正式对普通市民开放。至2021年年末，基地举办FITFAM（非盈利性志愿者组织）水上联谊赛、赛艇穿越大运河常州站比赛，以及天和光能赛艇团建、桨板瑜伽大联盟、万科赛艇团建等16场活动，累计500余人参加。

【紫荆公园智能健身步道】 2021年，天宁区紫荆公园智能健身步道累计有30万人次参与健身锻炼。该智能健身步道位于紫荆公园内，总里程1200米，由原普通健身步道加装智能设备升级而成，2020年8月投入使用，为常州市第二条、天宁区首条智能健身步道。该步道由6个智能工作站、3块智能互动大屏、2块起终点指示牌、11块能耗指示牌组成，健身者通过手机下载“铁人全民智道”App，可在沿途智能互动大屏和手机上即时获取健身数据和运动量科学指导；步道上设置红、黄、蓝三色标线，形成“彩虹步道”，增加市民运动趣味。

【青龙街道社区卫生服务中心运动健康指导门诊】 2021年，由常州市体育局牵头，区文体旅局在青龙街道社区卫生服务中心运动健康指导门诊（以下简称青龙中心运动健康指导门诊）开展慢性病人群运动干预项目，主要针对超重肥胖、2型糖尿病和血脂异常3种慢性病人群，通过医疗及运动专家的专业体质检测、身体技能评估等方式，为慢病患者“量身定制”运动方案，开展运动监测，帮助市民养成科学合理生活方式和锻炼方式，防治和预防慢性病发生、发展。是年，青龙中心运动健康指导门诊对43名康复志愿者实施康复运动干预，康复运动是以哑铃、弹力带为主的抗阻训练，指导患者自行在家进行快走、慢跑、跳绳、骑行、广场舞等有氧运动，经过为期3个月康复运动干预，志愿者的高血压、糖尿病等各项指标和症状均获得较为明显改善。

【天宁区入选省级体育消费城市试点单位】 8月，经省体育局认定，天宁区入选省级体育消费城市试点单位。年内，区文体旅局与常州大学专家智库合作，编制《天宁区全民健身实施计划（2021—2025年）》，推进省级体育消费城市试点单位创建；推进体育产业全新发展，形成体育综合体（奥体天宁全民健身中心）、体育装备产业园、体育服装、体育用品制造、体育休闲等多类别综合型体育产业发展路径，并探索数字体育、在线健身、线上培训等新业态，建设线上线下融合的体育消费体验馆、智慧健身房等新试点，发展“互联网+体育服务”消费模式；全面优化全区公共体育设施布局与建设，利用城市规划、老小区改造提升、文旅重大项目建设、重大赛事等契机，加快布局健身路径、智能步道等体育基础设施，全方位拓展场地设施建设渠道，推动基层体育场地设施建设。2021年，全区体育产业总规模35亿元，体育产业增加值13亿元，占全区GDP的1.3%；体育消费总规模约23亿元，城乡居民人均体育消费约3400元。

（姚海燕）

卫生健康

◆ 栏目编辑　章丽华

综　述

【概况】2021年，天宁区有区属医疗卫生机构248家，其中区级公共卫生服务机构3家（卫生监督所、疾病预防控制中心、妇幼保健计划生育服务中心）、镇卫生院2家（郑陆镇卫生院、焦溪卫生院）、社区卫生服务中心7家（雕庄、青龙、茶山、红梅、天宁、兰陵、北环）、社区卫生服务站29家、村卫生室19家、门诊部71家、个体诊所85家、企事业单位医务室（卫生站）32家。全区有政府办基层医疗机构8家（郑陆镇卫生院，焦溪卫生院，雕庄、青龙、茶山、红梅、天宁、兰陵6家街道社区卫生服务中心），其中郑陆镇卫生院为二级医院。全区医疗用房建筑面积13万余平方米，编制床位数1044张，实际开放床位994张。全区有卫生技术人员2332人，其中执业医师（含执业助理医师）1098人、注册护士896人，政府办基层医疗卫生机构有执业医师（含执业助理医师）869人、执业护士285人。年内，郑陆镇卫生院改（扩）建、雕庄街道社区卫生服务中心异地新建、红梅街道社区卫生服务中心改（扩）建工程持续推进，焦溪卫生院及焦溪卫生院三河口院区改（扩）建全面完工，兰陵街道社区卫生服务中心（九洲院区）建成投用，紫云苑社区卫生服务站完成升级改造。兰陵街道社区卫生服务中心疼痛科被列为省级基层特色科室创建单位，焦溪卫生院糖尿病科、青龙街道社区卫生服务中心中医整脊科、天宁街道社区卫生服务中心中医呼吸科、红梅街道北环社区卫生服务中心中医伤骨科创成市级基层特色科室，全区拥有市级以上基层特色科室15个，实现市级基层特色科室全覆盖。是年，全区基层医疗机构总诊疗366.3万人次，门急诊350.1万人次，住院3677人次，出院患者3667人次，乡镇卫生院（街道社区卫生服务中心）开展手术171例，区属医疗机构床位使用率67.06%，医疗收入5.23亿元，其中政府举办的基层医疗机构医疗收入3.18亿元。

2021年天宁区镇卫生院、街道社区卫生服务中心基本情况一览表

表42

序号	医疗机构名称	性质	地址	负责人	编制床位数（张）
1	郑陆镇卫生院	政府办	郑陆镇常郑路87号	孟兴旺	160
2	焦溪卫生院	政府办	郑陆镇焦溪怡心路16号、郑陆镇三河口三河路200号	戴金大	60
3	雕庄街道社区卫生服务中心	政府办	劳动东路626号	许　锐	150
4	青龙街道社区卫生服务中心	政府办	竹林北路220号	姚宇光	150
5	茶山街道社区卫生服务中心	政府办	茶山街道清凉新村135-1号、光华路208-1号	叶秋琴	—
6	红梅街道社区卫生服务中心	政府办	竹林南路20号、健身北路688-1号	徐定南	114
7	天宁街道社区卫生服务中心	政府办	武青北路19号	陈小伟	—

续表 42

序号	医疗机构名称	性质	地址	负责人	编制床位数（张）
8	兰陵街道社区卫生服务中心	政府办	兰陵街道水岸人家商铺 1-3、2-2 号、新世界花园 31-1 幢	戴金大	—
9	红梅街道北环社区卫生服务中心	非政府办	红梅街道北环新村 48 幢西、红梅街道晋陵中路 576 号奥韵家园商铺 1-8 号	孙泰陵	—

2021 年天宁区社区卫生服务站基本情况一览表

表 43

序号	医疗机构名称	性质	地址	负责人
1	雕庄街道采菱社区卫生服务站	政府办	采菱公寓 62-104	钱艳华
2	雕庄街道朝阳花园社区卫生服务站	政府办	朝阳花园社区内	朱东亮
3	青龙街道青龙苑社区卫生服务站	政府办	青龙苑二期商品房 93 幢 14-17 号	朱双琴
4	青龙街道紫云苑社区卫生服务站	政府办	紫云苑 9-1 号	常丽娟
5	青龙街道景秀世家社区卫生服务站	政府办	景秀世家 1-27 号	王　峰
6	红梅街道红梅东村社区卫生服务站	政府办	红梅东村文化站楼下西一室 4-5 号	瞿志钢
7	红梅街道红梅西村社区卫生服务站	非政府办	红梅西村 42-43 号、红梅西村 58-1 号	李梦娜
8	红梅街道九龙雅苑社区卫生服务站	政府办	九龙雅苑小区 2-1 号	吴义胜
9	红梅街道北环南村社区卫生服务站	非政府办	尚东花园商铺 96 号	阎蕴君
10	红梅街道翠竹新村社区卫生服务站	非政府办	翠竹新村 62 号	谢沧波
11	红梅街道金百国际社区卫生服务站	政府办	金百花园 12 幢 1 楼	吴义胜
12	红梅街道锦东社区卫生服务站	政府办	润德半岛 12 幢	吴义胜
13	红梅街道香缇湾社区卫生服务站	非政府办	香缇湾花园 8-9 号、10 号、11 号、12 号	孙泰陵
14	红梅街道锦绣社区卫生服务站	非政府办	锦绣路 18 号	陈锡厚
15	茶山街道丽华一村社区卫生服务站	非政府办	丽华一村菜场内	张红芬
16	茶山街道丽华二村社区卫生服务站	非政府办	丽华二村虹园内 1 楼、4 楼	向　东
17	茶山街道朝阳一村社区卫生服务站	非政府办	丽华路 14 号朝阳贸易市场一二楼	赵雅静
18	茶山街道朝阳三村社区卫生服务站	非政府办	朝阳三村 88 幢旁	林　芸
19	茶山街道清凉新村社区卫生服务站	非政府办	清凉东路新城金郡 16 号商铺	章文华
20	茶山街道常春村社区卫生服务站	非政府办	同济花园商铺 1-3 号、1-4 号	杨军农
21	兰陵街道劳动新村社区卫生服务站	非政府办	劳动中路 52-5 号、7 号、9 号、11 号	曹秉悟
22	兰陵街道劳动新村第二社区卫生服务站	非政府办	光华路 260 号	张仁棣
23	兰陵街道浦南南村社区卫生服务站	非政府办	浦南南村 8 幢底层	王连昌
24	兰陵街道世纪华城社区卫生服务站	非政府办	世纪华城 12-1 号至 12-6 号	李　军
25	天宁街道青果巷社区卫生服务站	非政府办	青果南苑 3 幢 102 号	孟建茹
26	天宁街道兆丰花苑社区卫生服务站	非政府办	延陵中路 346-6 号	谢维健
27	天宁街道舣舟亭社区卫生服务站	非政府办	元丰巷 27 号	刘　斌
28	天宁街道青山路社区卫生服务站	非政府办	青山湾 9-10 号	喻小菱
29	天宁街道怡康花园社区卫生服务站	非政府办	怡康机电广场 1 号楼 121 号商铺	蒋超群

【医疗卫生信息化建设】 2021年，天宁区基层卫生健康信息化推进有序，与江南农村商业银行签订《“智慧医疗”项目框架合作协议》，在区卫健系统开展财务统管平台建设并实施“智慧医疗”项目，投放门诊综合自助机18台，实现群众就医自助办理预约、挂号、缴费。启用常州市居民健康卡一卡通，实现市级医疗机构与基层医疗机构之间医疗费用通存通用，推动诊间支付。在全市率先完成基层医疗卫生机构电子票据改革，患者缴费后，可自行在江苏政务网下载打印电子票据，便利群众获取、保存诊疗票据。全面启动智慧医学影像云建设，年内实现影像数据标准化存储与统一管理，居民可在手机端查询影像检查报告，并与医生工作站调阅、互认检查结果。

【卫生惠民项目实施】 2021年，区卫健局坚持以人民健康为中心，推进卫生惠民项目实施。全年实施慢病综合管理12660人，免费孕前优生健康检查310对，免费唐氏筛查2648人，完成孕前和孕早期妇女增补叶酸1058人。加快推进家庭医生工作室建设，年内新建家庭医生工作室5个，全区累计41个；浦前村委家庭医生工作室创成省星级家庭医生工作室。全年家庭医生签约居民23万余人，签约率36.26%；重点人群（糖尿病、高血压等慢性病患者，0～6岁儿童，老年人，孕产妇，重型精神病患者等）签约18.9万余人，签约率77.66%，其中“点单式”签约人数占重点人群签约人数的15%以上。是年，天宁区“体医融合”（体育运动与医疗卫生资源融合）家庭医生签约服务获评江苏省家庭医生创新服务模式。

【“区管院用”人事制度改革持续深化】 2021年，区卫健局继续深化“区管院用”人事制度改革，动态管理专业技术高级岗的统筹使用，基层医疗机构高级岗比例提高至15%，公共卫生机构高级岗比例提高至20%，全区医疗卫生系统累计新增专业技术高级岗位30个，打通基层卫生人才职级晋升通道。探索实施系统性人才交流培训新机制，落实基层医疗卫生机构中青年骨干进修培训5年计划，首批8名骨干接受“6个月三甲医院+3个月区属政府办基层医疗机构+3个月行政部门+短期管理集训”的“633+1”轮转进修，推动基层医疗水平和管理水平“双提升”。搭建多级人才交流通道，全年选派6名骨干医生赴陕西省安康市旬阳市支医、20余名业务骨干医生赴三甲医院进修。年内，3名业务骨干医生获评区级“领军人才”，6名基层医疗机构骨干医生获“康益基金”奖励，6名基层医疗机构骨干医生获“青苗基金”奖励。

【爱国卫生】 2021年，天宁区进一步巩固和提升“国家级健康促进区”建设成果，以健康创建为抓手，开展第33个爱国卫生月系列活动，开展城乡环境卫生集中整治活动149次，科普宣传活动119次，发放宣传资料2万余份，健康干预3万余人；开展“世界无烟日”活动10场，发放资料2000余份，干预3000人；巩固农村户厕改厕成果，对完成改建的农村户厕加强质量巡查与指导监督。至年末，郑陆镇翟家村、郑陆镇三皇庙村、郑陆镇舜北村、郑陆镇武城村、雕庄街道水岸社区、青龙街道龙湖郦城社区、茶山街道天鹅湖社区、红梅街道锦绣东苑社区、天宁街道文笔塔社区、兰陵街道荡南村创成省级健康村（社区）。

（周心怡）

【健康教育宣传】 2021年，天宁区各医疗卫生机构举办健康教育讲座49次，受益群众2865人次；开展健康咨询58次，涉及新冠肺炎疫情防控、慢性病防控、健康生活方式养成等方面，受益群众4535人次；

5月20日，区疾控中心在翠竹中学开展“珍惜盘中餐，粒粒助健康”营养健康讲座 （区卫健局 提供）

利用各单位电子显示屏、公众号发布健康信息，覆盖地区群众14762人；发放各类宣传资料26908份，覆盖地区群众40247人；开展健康科普进社区（乡村）、进学校、进企业（机关）活动42次，通过讲座、健康咨询、展板（宣传栏）、海报、折页、电子屏、短视频等途径开展宣传教育，受益群众62281人次。开展“职业病防治法宣传周”活动，以“共创健康中国，共享职业健康”为主题，走进企业开展职业病防治法宣传3场。开展青少年烟草流行监测，完成烟草流行检测905人次；开展居民健康素养监测调查，完成健康素养调查有效问卷330份，并开展“烟草烟雾危害控制”“儿童青少年眼健康知识”“新冠病毒疫苗接种”等宣传。是年，区疾控中心组织拍摄的《一支疫苗的旅行》宣传短视频在2020中国健康科普大赛预防接种主题作品中获三等奖，在“成大杯”江苏省新媒体健康科普大赛视频类作品中获三等奖，被中国健康报社评为“生命英雄·免疫英雄”优秀案例;《防疫道路千万条，接种疫苗第一条》《防治疟疾》图文信息分获省卫健委、省爱卫办健康科普作品征集大赛图文类三等奖、优秀奖。

（徐　滔）

新冠肺炎疫情防控

【概况】 2021年，区卫健局严格把控应急状态和常态化新冠肺炎疫情防控，对标省卫健委下发的疫情防控能力清单，全面提升各项防控能力。年内，新配置3辆救护车，新建新冠肺炎疫苗冷库2个，区疾控中心招录7名专业人才到疫情防控一线科室，各基层医疗卫生机构开展新冠肺炎疫情防控应急演练，完成全区重点人群检测、规模性筛查、重点行业监测等任务，累计检测核酸样本25万余份。全面推进新冠疫苗接种，重点人群实现“应接尽接”。定期深入基层医疗机构、民营医疗机构、集中隔离点等场所开展“四不两直”检查（不发通知、不打招呼、不听汇报、不用陪同接待，直奔基层、直插现场），查找漏洞并即时整改到位。落实重大活动疫情防控指引要求，做好区党代会、中高考、杜鹃花节、人大政协换届等重大活动疫情防控和医疗保障工作，累计抽调防疫人员27人、医务人员86人。

【疫情防控平战结合体制机制建设】 2021年，天宁区持续完善新冠肺炎疫情防控“平战结合”机制体制建设，制定出台《区新冠肺炎疫情防控指挥部综合协调组实体化运作机制》《关于调整天宁区新冠肺炎疫情防控指挥部“外防输入”联防联控机制的通知》等文件，立足常态化疫情防控和应急处置相结合，做好疫情处置“平急转换”，坚持“人、物、环境”同防，聚焦进口冷链、社区防控等重点环节，持续夯实完善全区疫情防控体系。年内，区卫健局统筹整合辖区医疗卫生资源和专业力量，定人定岗定责，制定《天宁区卫生健康系统新冠肺炎疫情防控应急工作机制》，成立10个工作专班、108人的流调队伍，以及60人的现场处置专班、70人的消杀队伍和700人的核酸采样队伍，依托区疾控中心PCR（基因扩增）实验室，单日核酸检测能力为1800管，以10∶1混采每日可检测近2万人。4月，区疾控中心检验科选拔2人加入常州市卫生应急检测突击队，为提升实验室检测综合能力提供人才支撑。

【新冠肺炎疫情处置】 11月，兰陵街道出现新冠肺炎疫情，区卫健局联系专家组开展流行病学调查，对新冠阳性感染者开展调查研讨10余次，排摸密接人员105人、次密接人员297人。疫情防控期间，按照“三区两通道”（“三区”即清洁区、污染区和半污染区，“两通道”即医

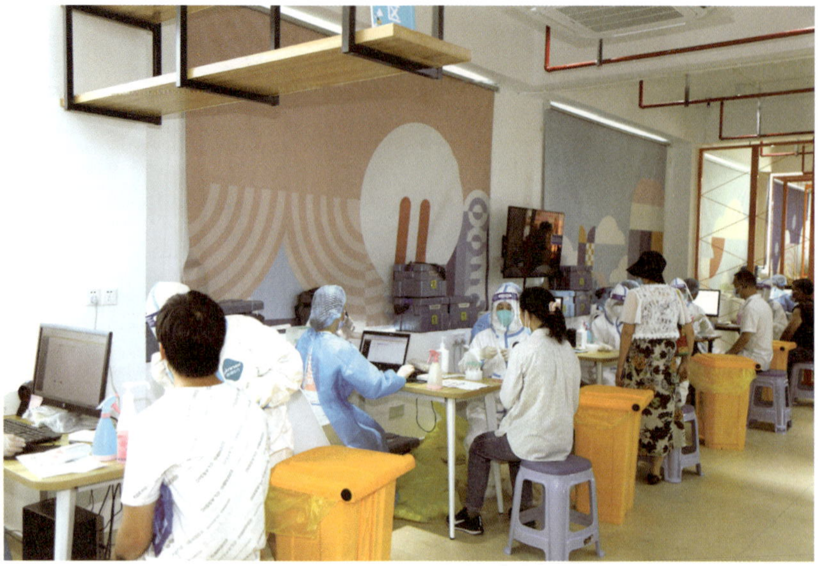

8月6日，雕庄街道开展核酸检测演练　　（区卫健局 提供）

务人员通道和病人通道）要求设置集中隔离点，严格密接、次密接人员管控，对密接和次密接人员实行应转尽转、应隔尽隔；核酸检测采样、登记、转运各流程实行定点定位、定岗定责，累计完成核酸检测24万余人次；出动14辆转运车辆和300余名医务人员，接送1173人次群众就医，累计提供电话、微信、短信医疗咨询1.4万余次。指导医疗机构规范开展核酸采样，规范核酸采样点、医学隔离观察点医疗废弃物收集与消杀，累计督查医疗机构50家，责令整改16家，完成涉疫场所消杀69次，消杀面积达17.5万平方米。保障学校平稳安全开学，每周对10%的中小学教职工及学生开展核酸检测抽检。

2021年，天宁区全面开展新冠病毒疫苗接种　（区卫健局 提供）

【核酸检测演练】 2021年，天宁区根据国家核酸检测组织实施能力验收规范，首创“四个一”（一张表、一张图、一个库、一套流程）核酸检测模式，确保在24小时内完成天宁辖区核酸检测任务，实现“早发现、早隔离、早诊断、早治疗”。按照采样点设置规范技术要求，全区设置采样点567个、采样台2243个、样本归集点159个，每个采样点确立“1+4”（“1”即确定1名点位长，全面统筹负责；“4”即设立健康筛查、安保维稳、核酸采样、后勤保障4个工作组）队伍保障模式，累计配备各类人员4634人。通过开展业务培训、应急演练等方式，提升工作人员管控、采样、转运、检测等全链条能力建设。编制核酸检测实施方案，明晰各工作组职责、采样场所与点位布局，建立完善的上下互通、多方协作、群防群策应急处置机制。

8月6日，雕庄街道在朝阳村享乐园、朝阳花园社区党群服务中心、菱溪社区党群服务中心、采菱社区党群服务中心、青年党员young空间开展核酸检测应急演练，设置5个采样点、36个核酸采样台，抽调雕庄街道社区卫生服务中心、焦溪卫生院医护人员75人、志愿者150人，用时14个小时，采集样本37847份，圆满完成核酸采样应急演练任务。

【新冠病毒疫苗接种】 2021年，天宁区全面开展新冠病毒疫苗接种，成立新冠病毒疫苗接种工作领导小组，制定《天宁区新冠病毒疫苗接种工作方案》，区卫健局主动对接镇（街道）、各行业主管部门，提供专业技术保障，确保接种点设置到位、人员摸排到位、组织发动到位、安全接种到位。对照《中华人民共和国疫苗管理法》和新冠病毒疫苗接种工作规范，组织岗前业务培训超800人次，确保医务人员持证并考核通过后方可上岗。抽调市级医疗机构和民营医疗机构医务人员120余名，配齐配强疫苗接种专业技术力量。定期开展疫苗接种技术督导和专项检查，要求各接种点严格做好健康申报、“三查七对一验证”、疫苗冷链全流程管理和异常反应处置，确保疫苗接种工作安全、合法、依规。11月，启动加强免疫接种和3～11岁儿童新冠病毒疫苗接种，联动镇（街道）、机关各部门共同推进重点人群“应接尽接”“应加强尽加强”，建立全人群免疫屏障。是年，全区累计设置新冠病毒疫苗预防接种门诊7个、集中接种点8个和临时接种点28个。全区18周岁以上首针接种54.3万人，接种率96.3%；全程接种52.07万人，接种率92.37%；加强针接种11.91万人，接种率22.88%。12～17岁首针接种45521人，接种率137.94%；全程接种38815人，接种率117.62%。3～11岁首针接种5.3万人，接种率91.21%；全程接种4.15万人，接种率71.53%。

（周心怡）

2021 年天宁区新冠疫苗集中接种点一览表

表 44

接种点名称	接种点地址	所属区域
郑陆全民健身中心接种点	舜杰路 3 号	郑陆镇
焦溪卫生院	焦溪怡心路 16 号	郑陆镇
雕庄菱溪名居集中接种点	菱溪名居 3 号商业楼	雕庄街道
青龙奥体接种点	翰学路与龙锦路交岔路口	青龙街道
汽车客运站接种点	竹林西路 51 号汽车客运站原 1 楼售票大厅	红梅街道
三堡浜集中接种点	三堡浜路 8 号	茶山街道
富邦广场接种点	中吴大道吴家庄 9 号富邦广场地下 1 层	兰陵街道
青果南苑接种点	青果南苑 1-114 号 3 楼	天宁街道

公共卫生

【概况】 2021 年，区卫健局持续推进“放管服”改革，医疗机构放射诊疗资质预评价由“审批制”改为“备案制”，深化“线上＋线下”一体化服务模式，全年办结各类卫生行政许可 820 余件。持续推进全省医疗卫生行业“信用＋综合监管”试点工作，建立涵盖机构信用承诺书公示、诚信自查及等级评估等信息的“数字档案”。聚焦危害群众健康的突出问题，开展职业健康风险隐患排查、重点领域专项检查等各类专项行动 26 次，监督检查各类单位 10.7 万余户次，监督覆盖率 100%。打击非法行医 43 户次，立案查处违法案件 39 起。开展尘肺病治理专项行动，对全区 55 家企业开展职业健康专项监督检查，开展职业病危害项目申报等培训 3 场，培训企业 300 余家。成立天宁区第三届预防接种异常反应调查诊断专家组，由区疾控中心、各基层医疗机构等单位 67 人组成，扩大了专家学科范围和人数，提高疑似预防接种异常反应调查、诊断能力。依据《常州市母婴保健技术专项监督检查工作方案》，对全区医疗机构开展母婴保健技术专项督查，提高母婴保健技术服务机构人员持证上岗率，规范全区母婴保健技术开展，保证服务质量和安全。

【基本公共卫生服务】 2021 年，天宁区以 0～6 岁儿童、孕产妇、老年人、慢性疾病患者等人群为重点，规范开展 14 类、55 项基本公共卫生服务，按 64.13 万名常住人口落实人均不低于 96 元基本公共卫生服务项目资金，资金总额约 6200 万元。年内，区卫健局、区财政局、区审计局等部门加强预算执行管理，强化项目资金专账管理、专款专用，组织开展基本公卫经费专项监督检查 5 次，检查基层医疗卫生机构 36 家，提高项目资金使用效益。至年末，全区累计建立居民电子健康档案 57.92 万份，建档率 90.32%；适龄儿童免疫规划疫苗常规接种率保持在 95% 以上；加强孕产妇管理，早孕建册 3492 人，早孕建册率 89.75%；产后访视 3856 人，产后访视率 97.92%；管理高血压患者 73045 人，管理糖尿病患者 23885 人，规范化管理率分别为 66.98%、65.45%；管理严重精神障碍患者 1715 人，规范化管理率 93.41%；65 岁及以上老年人健康体检 6.59 万人，老年人健康管理率 75.21%；中医药健康管理人群覆盖率 65% 以上。是年，天宁区在全市基本公共卫生服务项目绩效考核中位列第一名，居民对公共卫生服务项目的知晓率和满意率均达 96% 以上。

（周心怡）

【公共卫生监督】 2021 年，区卫健局严格各类卫生许可证发放和延续，全年新办公共场所卫生许可证 348 件、延续 204 件，新办放射诊疗许可证 10 件、校验 38 件，开展放射诊疗建设项目职业病危害预评价 14 件，建设项目职业病防护设施竣工验收 10 件。全年开展卫生监督检查 1.3 万余户次，责令整改 500 余户，行政处罚 55 起(其中公共场所 33 起、医疗机构 8 起、无证行医 11 起、职业卫生 3 起)，累计罚没金额 118.55 万元，较上年增长 126.59%；至年末，55 起行政处罚案件办结 47 起，移送郑陆镇综合执法局 3 起，移送公安机关 1 起，申请法院强制执行 1 起。

新冠肺炎疫情防控期间，区卫生监督所建立新冠肺炎疫情防控专项督导检查和日常督导检查相结合机制，对医疗机构、集中医学隔离观察点、新冠疫苗接种点、公共场所等重点场所和重点环节，开展常态化疫情防控督查指导1.3万余户次。完成常州市和天宁区两会、第十七届中国杜鹃花展览会、中高考等重大活动卫生监督保障工作。开展医疗美容、依法执业、预防接种、公共场所通风卫生等专项检查27次，对7家医疗机构给予不良行为记分，对1939家公共场所开展量化分级管理（A级单位3家、B级单位406家、C级单位1530家）。完成国家“双随机”抽查任务347家、省“双随机”抽查任务138家，监督完结率100%，立案查处22起；对57家公共场所（单位）公共用品用具监督抽检，累计抽检样品162件，合格样品139件，合格率85.8%。开展“职业病防治法”宣传周、“安全生产月”等集中宣传5次，组织各行业监管对象开展法律法规及卫生知识专题培训10场。以三级监督网络为基础，全区各基层医疗机构卫生监督协管员使用“天宁卫监”App完成日常监督信息填报14770次，上报公共场所无证无照线索384条，开展各类宣传和培训241次。是年，区卫生监督所获评全市抗击新冠肺炎疫情先进集体。

【游泳场所“放心游”项目】 2021年，区卫生监督所依托“天宁卫监”微信公众号，创新搭建“放心游”信息公示平台，全区19家游泳场所率先推广使用“一店一码”，商家和消费者通过扫描店内二维码，即可获取游泳场所卫生许可证、卫生检测报告、从业人员健康合格证明，以及定时的水质卫生快检记录等信息，卫生监管部门、消费者和商家三方能实时、动态获取相关卫生信息，提高卫生监督执法效率与风险监测预警能力。

【“信用＋综合监管”省级试点持续推进】 2021年，区卫生监督所持续推进医疗卫生行业“信用＋综合监管”省级试点，依托自主研发的“信用＋综合监管”系统，建立涵盖机构信用承诺书公示、诚信自查、等级评估及结果公示等信息的“数字档案”，将评价与信用等级公示融合。年内，完成247家机构信用等级评价、90家职业卫生用人单位分类分级监督管理，把企业信用承诺书和信用等级通过“天宁卫监”微信公众号向社会公示，强化机构首责意识，保障社会公众的知情权、参与权和监督权，实现由政府“一元单向管理”向政府、市场、社会和公众“多元交互共治”转变。

（屈　蕾）

【传染病防控】 2021年，天宁区传染病诊疗机构网络正常运行率100%，及时报告率100%。辖区医疗机构报告传染病总数7021例，其中住址在天宁区的传染病数2131例；无甲类传染病报告，乙类传染病报告数为588例，丙类传染病报告数为693例，甲乙类传染病发病率191.507/10万人次，同比下降30.92%。肿瘤核实报告病例3061人，心脑血管核实报告病例3976人，肠道门诊登记就诊腹泻病人2058例，对腹泻病人中的疑似病人、重点人群实施检索620例。开展重点人群肺结核筛查70238人，管理肺结核病人135人。组织钉螺调查545450平方米，完成常住人口血吸虫病血液检查1200人次、流动人口血液检查200人次。年内，新报告艾滋病感染者和病人45例，在管艾滋病感染者和病人419人，符合治疗标准开展抗病毒治疗402人，治疗率95.94%，接受抗病毒治疗感染者和病人治疗成功率98.59%（350/355人次），阴性配偶

2021年，区卫生监督所开展“放心游”游泳场所监督检查

（区卫健局　提供）

检测率 100%（28/28 人次）。开展医疗机构 VCT（艾滋病自愿咨询监测）和 PITC（医疗卫生机构主动提供的 HIV 检测咨询服务）、65 岁以上老年人 HIV 检测早期发现工作，累计检测 37.38 万人次，占常住人口的 55.88%。

（徐　滔）

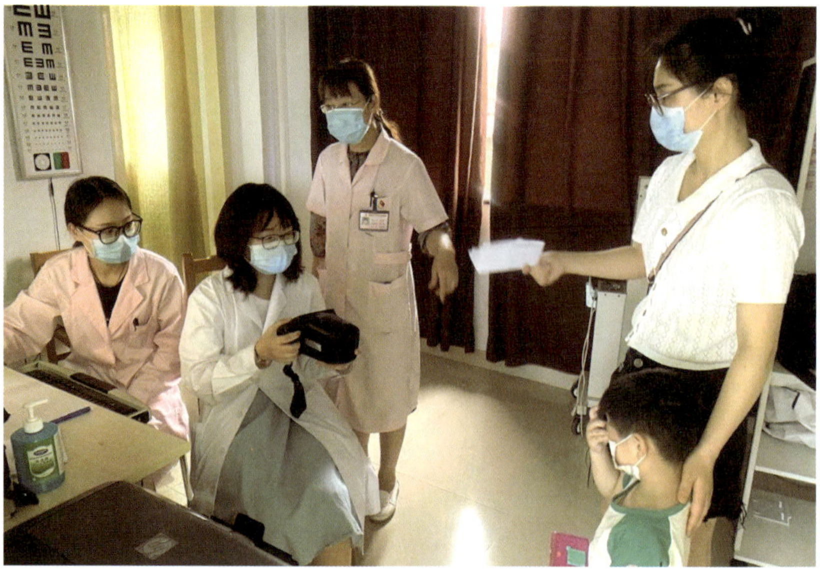

6 月 21 日，妇计中心开展全区托育机构和部分托幼机构儿童入园健康检查　（区卫健局 提供）

【妇幼卫生服务】 2021 年，天宁区活产婴儿数 3938 人。孕产妇早孕建册率 89.75%，产前筛查率 99.69%，产后访视率 97.92%，孕产妇系统管理率 95.81%；新生儿疾病筛查率 99.97%，乙肝表面抗原阳性产妇所生活产儿免费注射乙肝免疫球蛋白率 100%；属地孕妇及住院分娩产妇艾滋病、梅毒和乙肝检测率均为 100%，感染艾滋病、梅毒和乙肝的孕产妇及所生儿童采取预防母婴传播干预措施比例均为 100%；0～6 岁以下儿童健康管理 34208 人，健康管理率 97.41%。年内，区妇保计生中心对辖区内 6 家助产机构、3 家爱婴医院开展母婴保健技术专项复核检查，检查合格率 100%；对辖区各级各类机构（市级医疗机构、镇卫生院、社区卫生服务中心、村卫生室、社区卫生服务站、民营医疗机构）开展妇幼健康质量督查指导 487 次；全区 7 家签发出生医学证明机构全年累计签发出生医学证明 4807 份，当年出生首次签发率 96.84%。完成托幼机构从业人员健康体检 2717 人，对 105 名在岗保健老师开展卫生保健知识培训，对 40 名新上岗卫生保健人员开展技能培训，对辖区内 6 家托育机构开展卫生保健工作现场指导 92 次，实施招生前卫生保健评价。6 月和 11 月，两次接受江苏省孕优项目室间质控，均获“优秀”等次。12 月，天宁区被省卫健委通报“孕优项目上报数据及时、室内质控规范操作地区”。

【生殖健康管理】 2021 年，天宁区开展适龄妇女“两癌”检查 28548 人，查出宫颈高级别病变 36 例、浸润癌 2 例、原位腺癌 1 例、微小浸润癌 1 例、卵巢癌 1 例；查出乳腺原位癌 5 例、浸润性导管癌 18 例、浸润性小叶癌 1 例，对所有病例实施追踪、随访。全年进行婚前医学检查 1816 人，为 310 对计划怀孕夫妇免费开展孕前优生健康检查，评估高风险 61 例，针对每例高风险个体开展有针对性指导。

【儿童眼睛保健】 2021 年，区妇幼保健计划生育服务中心为全区 33995 名 0～6 岁儿童提供眼保健服务，眼保健和视力检查覆盖率 96.80%；为辖区 46 家托幼机构 19998 名在园儿童视力筛查并建立视力健康档案，眼健康档案建档率 99.67%。区妇计中心眼保健门诊为辖区卫生院、社区卫生服务中心转诊高危儿开展视觉功能评估 508 人次，为 2428 名儿童开展屈光发育筛查。开展眼科特色门诊（眼视光门诊），由市第三人民医院专家坐诊，建立从筛查到诊断、治疗、配镜、随访“一站式”服务模式，形成全程化儿童眼健康管理体系。对辖区视力异常儿童给予专业视力检查、视觉评估，全年门诊接诊视力异常儿童 1227 人次。

（朱　莉）

中医中药

【概况】 2021 年，天宁区继续推进中医药服务建设，全区 54 家基层医疗卫生机构（2 家卫生院、7 家社区卫生服务中心、28 个社区服务站、17 个村卫生室）均提供中医药诊疗服务。年内，兰陵街道社区卫生服务中心（九洲院区）建成投用，新院区中医科面积 500 平方米，设置中医诊室 3 个、中医理疗室 5 个。青龙街道投资 400 余万元，加强青龙苑和紫云苑 2 个社区卫生服务站中医馆建设，中医馆内设中医内科、针灸科、推拿科、中医整脊科等科室，推进中医药服务进社区。

【基层医疗卫生机构星级中医馆建设】 2021年，天宁区加强基层医疗卫生机构中医馆服务能力等级建设，加强科室设置、人员配备、中医药服务、中医药健康管理等项目建设。至年末，青龙街道社区卫生服务中心、红梅街道社区卫生服务中心、兰陵街道社区卫生服务中心和天宁街道社区卫生服务中心被市卫健委评审达到四级中医馆标准，其中青龙街道社区卫生服务中心中医馆被市卫健委评审达到五级中医馆标准，向省中医药管理局推荐；郑陆镇卫生院、茶山街道社区卫生服务中心被市卫健委评审达到三级中医馆标准。

【中医药服务拓展】 2021年，天宁区拓展中医药服务内涵，全区中医医疗机构严格落实新冠肺炎防控各项措施，安排中医药人员进驻辖区各集中隔离点，为集中隔离点的隔离人员和工作人员提供中草药6900副。依托媒体平台，开展中医药宣传，举行中医药科普巡讲65场次，发放宣传材料3000余份，提高居民对中医药科普知识认知度和普及率。开设“岐黄校园行——中医药文化活动”公开课6场，开展健康咨询、义诊活动30场次。推广中医健康养生操，组织5名社区人员参加市卫健委、市体育局组织的八段锦师资培训，取得社会指导员证书。

（周心怡）

3月，兰陵街道社区卫生服务中心（九洲院区）中医馆投入使用

（区卫健局 提供）

医政医疗

【概况】 2021年，天宁区继续探索紧密型及共建专科型医联体建设，继续深化与常州市第二人民医院紧密型医联体建设，选派8名基层骨干人才赴常州市第二人民医院行政科室学习行政管理知识，为基层储备复合型管理人才。是年，郑陆镇卫生院与中医院建立专科共建型医联体，构建分级诊疗双向转诊制度。至年末，全区8家专科共建型医联体累计上转病人79460人次，住院下转209人次。

【医疗质量管理】 2021年，区卫健局加强医疗质量监管，依托医疗质量控制小组开展医疗质量核心制度落实情况督导，专项督导限制类医疗技术审批情况。年内，继续开展“民营医院管理年”活动，加大民营医疗机构医疗质量监管力度，全年督查民营医疗机构240家、816户次，出动监督员1800人次，对9家民营医疗机构“技术开展备案人员调整备案不及时、超范围开展限制性医疗技术”等问题实施处罚并督促整改，累计罚没10.1万元。

【医学科研与教育】 2021年，各基层医疗卫生机构遴选15名全科骨干医生，实行市级医院专家名师指导制，由市级医院专家定期下基层授课指导，完成第三期慢性病首席医生培训。选派2名社区卫生服务中心副主任参加全省基层医疗机构中心主任培训班，选派1名社区卫生服务中心负责人参加全省基层医疗卫生机构中心主任提高班，选派2名骨干全科医生到市第一人民医院、市第二人民医院参加骨干全科医师培训，选派2名乡村医生到市第一人民医院、市第二人民医院参加务实进修。全年举办省、市级继续教育培训班5期，培训380余人次，卫技人员继续教育学分达标率100%。

【天宁—旬阳医疗卫生对口帮扶】 2021年，区卫健系统第四批支医小队6人到陕西省安康市旬阳市开展医疗卫生对口帮扶，组织开展门诊医疗、教学查房、疑难病会诊、病历书写指导、中医浮针治疗、预防保健业务指导、重点人群体检等业务，参与当地新冠肺炎疫情防控及指导。对口帮扶期间，累计诊疗

250人次、急诊30人次，参与手术18人次、会诊25人次，中医浮针治疗10人次；为甘溪、城关、吕河3个乡镇300余位65岁以上老年人开展健康体检和健康宣传教育；为3个乡镇的村（社区）群众及学校学生800人次接种疫苗，参与当地医院及村（社区）核酸检测500人次，节假日为1200人次接种新冠疫苗；开展义诊1场、学校口腔健康讲座1次，学生体检约800余人。

（周心怡）

驻区三级医疗机构

【常州市第一人民医院】常州市第一人民医院（以下简称一院）是一所集医疗、教育、科研为一体的三级甲等综合性医院。一院设本部、钟楼2个院区，本部位于局前街185号，医院占地面积7.5万平方米，建筑面积约32万平方米，实际开放床位2732张。至2021年年末，医院拥有职工3848人，其中，正高职称311人、副高职称605人，享受国务院特殊津贴15人，有突出贡献的省级中青年专家9人，市首席专家2人，省“双创博士”5人。医院全年诊疗245.81万人次，年出院病人134769人次，手术63642台次。全年获科研立项157项，其中国家级11项、省级16项；获江苏医学科技三等奖1项、中国康复医学会科学技术奖三等奖和山西省科技进步一等奖各1项、省医学新技术引进奖5项；发表SCI论文216篇。医院国家级博士后工作站招收进站博士后13名，建立医院医教研协同院士创新中心，完成UKeMED项目远程教学58场、培训2场。夯实基础质量，开展“品管圈”竞赛活动，获全国一等奖1项。10月，医院创成中国老年学和老年医学学会肿瘤康复实践基地，病理科临床基因病理扩增实验室成为“国家卫健委病理质控评价中心（PQCC）区域中心示范实验室”。开设创伤中心病房，开放床位43张，全年累计开展“达芬奇机器人”手术746台，其中心胸外科手术数量居省内第一。药学服务创新，医院通过“全国临床合理用药示范基地”评审和“全国PCCM区域示范中心”认证，与新北区薛家卫生院呼吸病房建立常州首个联合病房医联体。提升医疗卫生应急能力，完成核酸单采检测48.4万余人次、混采36.6万余人次；接管常州奥体新冠疫苗接种点，累计完成新冠疫苗接种2万人次，发热门诊通过省级示范发热门诊现场评审。

【常州市第二人民医院】常州市第二人民医院（以下简称二院）是一所集医疗、教学、科研、预防、急救为一体的三级甲等综合性医院。二院设城中、阳湖、金东方3个院区及市二院天宁分院，本部位于兴隆巷29号，占地面积约3.8万平方米，建筑面积6.56万平方米，核定床位1800张。2021年，医院获市级以上科研立项39项，其中国家自然科学项目（青年项目）1项、国家自然科学项目（地区基金）1项、获工信部与国家卫健委的“5G+医疗健康”项目1项。放疗科、肿瘤科由省临床重点专科建设单位评为省临床重点专科，消化内科被评为省临床重点专科，病理科、血管外科、营养科、输血科及风湿免疫科被评为市临床重点专科，医学检验科通过ISO 15189医学实验室质量和能力现场评审。创建南京医科大学智慧医院研究所，建立以智慧医疗、智慧服务、智慧管理的智慧医院建设体系，全年智慧医生接诊病人10.9万人，智慧门诊开立医嘱687万余条，完成门诊结构化电子病历114万余份。推进信息化智能化应用研究，《“5G+AI”在高血压和糖尿病患者健康管理中的应用研究》课题通过工信部、国家卫健委联合组织的“5G+医疗健康”应用试点项目申报。是年，为支援南京市、扬州市新冠肺炎疫情防控工作，医院抽调20名医护人员组成支援南京核酸采样队，抽调10名医护人员组成支援扬州核酸采样队，抽调8名医生组成支援扬州医疗队，并组建约300人的预备支援队伍。11月，常州出现本土新冠肺炎疫情，医院派出46名医护人员组成市政府核酸采样队、20名医护人员组成兰陵街道核酸采样队开展核酸采样，并派出2名医师支援常州市第七人民医院（黄码医院）工作。

【常州市第三人民医院】常州市第三人民医院（以下简称三院）是一所集医疗、科研、教学、预防于一体的三级甲等传染病医院。2021年，作为常州市传染病专科联盟成员单位，牵头举办相关学术会议，线上建立“龙城发热与感染论坛”“苏南抗感染论坛”“龙城感染云查房”等感染性疾病诊治交流平台。眼科基层特色科室市级孵化中心全年为天宁区、新北区累计75052名中小学生以及新北区27115名幼儿开展近视防控筛查，在常州市中央花园幼儿园建立常州首个“眼健康校园基地”，与兰陵街道社区卫生服务中心签订“1+1+X”（即一位居民签约一个家庭医生服务团队，配备各类上级医院优质资源）家庭医生合作协议。与上海市仁济医院自2017年4

月建立“同肝共济”专科联盟合作以来，累计完成手术248例，其中2021年完成28例，会诊病例超100人次。2021年，完成传染病网络直报3182例，其中甲类传染病14例、乙类传染病1531例、丙类传染病221例、其他传染病1416例。作为“艾梅乙”（艾滋病毒、梅毒、乙肝病毒）阳性产妇分娩定点医院，收治乙肝病毒阳性产妇93人、梅毒感染产妇7人、艾滋病毒阳性产妇4人，均按规范实施母婴阻断。全年获得市级课题立项4项、市卫健委课题4项，获得横向课题（市级层面相关单位委托研究课题）3项，在中文核心期刊上发表论文12篇，获常州市医学新技术引进二等奖2个。作为常州市新冠肺炎救治定点医院，新冠肺炎疫情防控期间实施“一院两区”管理，即全院分为新冠肺炎收治管控院区和普通诊疗院区，12号楼设为新冠肺炎确诊患者的独立收治院区。11月2日，常州出现本土新冠肺炎疫情，三院第一时间启动新冠肺炎防治应急预案，接收3名确诊患者及1名无症状感染者，11月25日最后一例新冠阳性感染者治愈出院。

【常州市中医院】 常州市中医医院（以下简称中医院）是一所集医疗、科教、急救、预防、保健于一体的综合性三级甲等中医医院。中医院设本部、中医院南院、常州市口腔医院3个院区，本部位于和平北路25号，占地面积3.56万平方米，建筑面积12.67万平方米，实际开放床位1500张。2021年，院内医疗资源优化调整，完善各类设施设备，整修扩建传统中医诊疗中心、针灸科、心内科、皮肤科，开设精神心理疾病门诊、失眠联合门诊、肾病科营养门诊等13个专病门诊，新增整脊科门诊及心血管内皮功能检测门诊。围绕救心救脑救命，开展各类新技术新项目25项，进一步提升危急重症救治能力。骨伤科、心病科、妇产科获第四届“艾力彼中国中医院最佳专科”称号，8个省级中医重点专科接受复核评审，6个专科申报省级中医重点专科。全面实施“361”人才工程，举办名老中医师带徒拜师仪式，省内外25位老中医和71名医师结成师徒；制定《常州市中医医院高层次人才引进办法（暂行）》，引进硕士70名、博士3名，引进胸外科、精神科等紧缺性人才3名，江苏省博士后创新实践基地招收脱产博士后1名。完成2个国家级临床重点专科实验室和1个分子病理诊断实验室前期论证，通过市卫健委批复；申春悌全国名老中医药专家传承工作室通过验收，完成11个常州市名中医工作室基层工作站建设。全年新增国家自然科学基金项目1项、省级课题9项、市级课题11项。10月，举办世界孟河医派传承创新高峰论坛暨世界孟河医派发展联盟启动仪式，从孟河医派临方炮制、骨伤科、肾病科、肺病科、中医妇科、康复科、中医儿科等多学科角度，介绍孟河医派学术传承在各学科的新进展、新理念，推进孟河医派文化在世界范围内的交流互鉴。年内，承办常州市第三届中医药文化节，主办中医院第五届“夏季养生节”和“冬季膏方节”，通过资深省市名医义诊、中医文化知识展示、中医药特色体验、制作原创视频等形式，弘扬中医药文化，冬病夏治贴敷治疗12173人次。

【常州市儿童医院】 常州市儿童医院（南通大学附属常州儿童医院）是一所集医疗、教学、科研、康复、保健于一体的三级乙等儿童专科医院和全国爱婴医院。2021年，新增小儿血液科、消化科、ICU、泌尿外科、康复科5个市级重点专科，新增眼睑肿物、皮肤肿物、口腔黏液腺囊肿等7个日间手术病种，进一步提升服务能力。建立电子医师授权技术档案，制定《常州市儿童医院技术目录》，规范开展限制类医疗技术，完成巨结肠根治技术、先天性心脏病介入封堵术、ECMO（体外膜肺氧合）、鼻科内镜技术、咽喉内镜技术5项限制类医疗技术的审核评估、准入和备案，有序推进新生儿腹膜透析技术、食道超声引导肺动脉瓣狭窄球囊扩张等36项医疗新技术。作为常州市儿科专科联盟牵头单位，年内新增泰兴市妇幼保健院为专科共建型医联体单位，共建医联体单位——安家镇卫生院和洛阳镇卫生院被确定为常州市基层医院特色专科。推进互联网医院建设，10月28日，首开皮肤科等在线互联网诊疗服务，至12月31日，互联网医院注册人数达3778人，问诊114人次，开出电子处方76人次，处方药品配送到家24人次。与复旦大学附属儿科医院建立远程医疗合作体系，针对多学科、疑难复杂病例，开展远程会诊和培训，全年有11例病例实行远程会诊。与南通大学签约成立博士工作站，与常州市卫生职业高等技术学校签约招收儿科护理班，先后举办南通大学脑科学领域教育与医学融合发展研讨会、南通大学公共卫生学院学术研讨会等。推进公益慈善项目化运作，全年累计救助困难患儿15例，救助金额28万元。是年，医院新增医疗技术专利28项，发表SCI论文7篇，获高层次卫生人才“六个一工程”拔尖人才科研项目立项1项、省级新技术引进奖项4项、市级奖项15项，1人获评市卫生健康青苗人才。

（黄义均）

【常州市德安医院】 常州市德安医院是一所集医疗、预防、康复、教学、科研、司法鉴定于一体的三级专科医院，是江苏省第一家获得司法鉴定机构法医临床领域双认可的国家级司法鉴定机构、省康复专科联盟常务理事单位、省精神专科临床康复技能培训基地、省精神专科医院质控成员单位、市工伤康复定点医疗机构和心理卫生中心、家庭暴力鉴定中心、市精神科质控中心主任单位、市精神专科联盟理事长单位、市精神病防治康复技术指导中心，以及南京医科大学、徐州医科大学等医学院校教学实习单位。至2021年年末，拥有职工729人，其中卫技人员644人，实际开放床位1211张，设置39个业务科室和3个教研室，其中国家级司法鉴定所1所、市级临床重点学科1个、市级临床重点专科2个，有国家标准化心脏康复中心1个。2021年，医院门诊就诊98664人次，年出院7792人次，人均住院天数40.1天。全年收治城市困境和肇事肇祸精神病人105人次，接收强制医疗对象3人，接诊一到六级荣誉军人876人次，肿瘤患者治疗慈善发药惠及4140人次。创设医院与社区共建“德康驿站”模式，在全市建立13个服务点，全年精神病防治医生下社区开展技术指导267次，精神、肢体、儿童康复师开展指导190次，社会防治科开展督查指导56次。全年医院获得1项市级科技类奖项，2人入选市级人才培养工程，申报3项科研立项和1项社科课题，11项医学继教项目通过评审，60余篇论文公开发表，并成为市第一人民医院精神专业规范化培训协同基地。协助做好新冠肺炎疫情防控工作，先后组织56名医护人员前往上海、南京、扬州等地，以及常州市第三人民医院（新冠肺炎救治定点医院）、疫情隔离点，参与核酸采样、院感指导、心理辅导、接驳转运等；开通24小时心理援助热线，与“12345”常州政务服务便民热线、“96111”常州市未成年人指导心理热线、“12355”常州市青少年心理危机干预热线对接，做好疫情防控期间市民心理疏导；主持编写《养老机构应对新冠肺炎疫情心理健康指导问答》，作为专业服务指南在全省印发。是年，德安医院获市民政局年度综合考核先进单位、市反恐工作先进集体、市五四红旗团支部等荣誉，多名医务工作者获江苏民政温暖使者、市“十佳护士长”“优秀护士”、市民政局优秀共产党员、优秀党务工作者等荣誉称号。

（崔小艳）

【常州市武进医院】 武进人民医院是一所集医疗、教学、科研、预防于一体的三级乙等综合医院和国家级爱婴医院。医院设本部、南院、高新区3个院区，本部位于永宁北路2号，占地面积约16万平方米，开放床位1540张，拥有职工2200名。医院设置临床和医技科室45个，有内科、外科、妇产科等20个临床一级诊疗科目、3个医技一级诊疗科目，肿瘤科为江苏省重点专科，心内科、心胸外科、影像科等16个科室为常州市临床重点专科，中医科为第一批常州市综合医院示范中医科，心内科为常州市临床重点学科共建单位，中心实验室通过国家卫健委评审验收，卒中中心被国家卫健委脑卒中防治工程委员会授予“高级卒中中心”称号，胸痛中心通过国家级标准版胸痛中心认证。房颤中心通过“中国房颤中心”认证。医院建有满足临床科研需求的现代化实验室，药物临床试验机构(GCP)完成国家药品监督管理局备案。

【中国人民解放军联勤保障部队第九〇四医院（常州院区）】 中国人民解放军联勤保障部队第九〇四医院（常州院区）原为解放军第102医院，以精神、心理、神经专科为特色，是一所集医疗、教学、科研、预防、保健于一体的综合性医院。医院位于和平北路55号，编制床位130张，实际开放床位500张，设置门诊部、精神病中心、内科、普通外科、骨科、药械科、医学影像科、检验病理科、理疗科、特诊科、经济管理科、质量控制科、信息科、营养科、心理科、麻醉科、制剂室等科室，拥有核磁共振扫描仪、64排螺旋CT机、全身伽马刀、大型高压氧舱、血管造影仪（DSA）、脑电地形图检测仪等医疗设备，承担驻江苏、浙江、安徽、上海三省一市所有陆、海、空数十万名部队官兵精神、心理疾病预防、治疗和康复任务，为驻地19个团以上部队（含5个干休所）官兵和老干部提供医疗保健服务。2018年11月，由原常州第102医院、原无锡第101医院，原苏州第100医院共同组建成立中国人民解放军联勤保障部队第九〇四医院，设置常州、无锡、苏州3个院区。

（资料来源医院官方网站）

社会生活

◆栏目编辑　凌建蓉

居民收入与消费

【城镇居民人均可支配收入增长 8.7%】 2021 年，城镇居民人均可支配收入 65270.7 元，比上年增加 5278.9 元，同比增长 8.7%。其中，工资性收入 40881.1 元，同比增长 8.5%；经营性收入 8799.4 元，同比增长 8.1%；财产性收入 5469.4 元，同比增长 8.7%；转移性收入 10120.8 元，同比增长 10.3%。

【城镇居民人均消费支出增长 20.5%】 2021 年，城镇居民人均消费支出 38971.5 元，比上年增加 6629.3 元，同比增长 20.5%。其中，食品、烟酒支出 10314.5 元，同比增长 16.1%；衣着支出 2713.4 元，同比增长 28%；居住支出 7984.2 元，同比增长 10.1%；生活用品及服务支出 2614.5 元，同比增长 26.1%；交通和通信支出 5674.9 元，同比增长 19.4%；教育、文化、娱乐支出 5971.9 元，同比增长 29.7%；医疗保健支出 2516.6 元，同比增长 35.5%；其他用品和服务支出 1181.5 元，同比增长 49.1%。

【居民耐用消费品拥有量】 2021 年，每百户居民拥有家用汽车 47 辆，其中，城镇居民拥有 42 辆，同比增长 8%，农村居民拥有 65 辆，同比增长 18%；拥有电冰箱（柜）103 台，其中城镇居民拥有 103 台、农村居民拥有 105 台，与上年持平；拥有洗衣机 108 台，其中，城镇居民拥有 107 台、农村居民拥有 115 台，与上年持平；拥有空调 243 台，其中，城镇居民拥有 242 台、农村居民拥有 245 台，与上年持平；拥有彩色电视机 198 台，其中，城镇居民拥有 197 台，同比增长 1%，农村居民拥有 202 台，同比下降 1%；拥有洗碗机 8 台，其中，城镇居民拥有 7 台，同比增长 40%，农村居民拥有 11 台，同比增长 10%；拥有移动电话 231 台，其中，城镇居民拥有 226 台，同比增长 3%，农村居民拥有 280 台，与上年持平；拥有计算机 85 台，其中，城镇居民拥有 89 台，同比增长 1%，农村居民拥有 66 台，同比增长 2%。

（章丽华）

人口与家庭服务

【概况】 2021 年，天宁区户籍育龄妇女 155823 人，其中已婚育龄妇女 116709 人；办理生育服务联系单 3056 份（其中一孩 1962 份、二孩 1094 份），再生育申请对象 39 例；农村计划生育家庭奖励扶助 5904 人，持独生子女父母光荣证退休兑现一次性奖励对象 632 人；符合市级计划生育公益金扶助 24 人，符合区级计划生育公益金扶助 227 人。是年，天宁区创成常州市首家国家级“暖心家园”示范点、常州市首家省级“家庭健康服务中心”，建成省级普惠托育机构 1 家、市级生育关怀基地 1 家，区计划生育协会获得江苏省“家庭健康保险工作测评”三等奖，区计划生育协会选送的 3 个视频作品入选全国“孕妈萌宝小鸟餐”100 例优秀案例。

【人口状况】 2021 年，天宁区常住人口 67.48 万人，较上年增加 0.59 万人，同比增长 0.88%。其中，城镇人口 61.67 万人，城镇化率 91.39%。全区户籍人口 48.50 万人，较上年增加 0.19 万人，同比增长 0.39%。其中，男性 23.43 万人，同比增长 0.14%；女性 25.07 万人，同比增长 0.63%。全年出生 2620 人，人口出生率 5.4‰；全年死亡 3614 人，死亡率 7.5‰。人口自然增长率 -2.1‰。

【3 岁以下婴幼儿照护服务】 2021 年，区卫健局把天宁区普惠托育

服务机构试点布局纳入《天宁区“十四五”医疗卫生设施空间布局规划》，结合新建社区落实6个普惠型幼儿托育机构布点；至年末，全区建成4家普惠托育服务机构，其中1家被纳入江苏省普惠民生实事项目。推动社会力量参与普惠托育服务项目，帮助辖区内6家托育机构向国家发改委申报“社会力量参与普惠托育服务项目”，在全市率先获得国家普惠专项行动中央预算内投资560万元。区卫健局联合区应急管理局、区消防救援大队、区卫生监督所等部门开展托育机构卫生保健、安全生产工作督查，促进托育服务规范健康发展。联合区教育部门举办“2021年托幼（育）机构卫生保健保育技能竞赛”，组织辖区内托育机构60名从业人员参加。举办第二届天宁区托育机构工作人员职业技能培训，提升托育机构从业人员职业技能及素养。

【幸福家庭建设】 2021年，天宁区作为省级“幸福家庭建设示范区”，实施“未来之星”梦想摇篮体验项目，启动线下小规模“科学育儿进社区”活动，在“健康天宁”微信公众号开设“线上亲子小课堂”47场，举办“孩子沉迷游戏怎么办”家长沙龙、“儿童防霸凌”法治讲座等公益活动，帮助辖区内流动、单亲、留守、困难家庭青少年提升自我防护能力。通过“留心留人”新市民健康促进项目，开展送“健康知识”进企业、进社区等流动人口主题活动40余场，举办“天宁区计生特殊家庭帮扶项目沟通技巧与心理关爱能力提升培训班”，“护航添翼”特殊家庭心理援助、“早发早治，事半功倍”解读体检报告志愿服务、“防诈骗”宣传讲座等系列活动。5月28日，承办市级“健康常州·家家幸福”——幸福家庭主题活动献礼中国共产党成立100周年活动，展示天宁区幸福家庭建设成果。

5月28日，天宁区承办市级“健康常州·家家幸福”——幸福家庭主题活动献礼中国共产党成立100周年活动 （区卫健局 提供）

【计划生育特殊家庭帮扶】 2021年，天宁区继续做好国家“暖心家园”计生特殊家庭帮扶项目，以解决计划生育特殊家庭需求为目的，依托春晖俱乐部，开展“春晖爱心义诊”活动、“绿色点亮生活”绿植种植培训、“益家人来敲门、齐欢乐度佳节”活动、“巧编五彩绳、粽情迎端午”端午节活动、“悠悠茶香、乐享生活”茶艺沙龙活动等；向60周岁以上计划生育特殊家庭成员发放中医理疗服务卡，计划生育特殊家庭成员凭卡可到户籍所在地的社区卫生服务中心享受中医适宜技术服务；发动社会爱心力量，为全区12位有需求的计划生育特殊家庭成员提供免费胃镜检查服务。9月，区卫健局代表常州市接受国家卫健委办公厅开展的落实特殊家庭联系人制度等“三个全覆盖”专项行动调研。

【青龙街道横塘社区创成常州市首个省级家庭健康服务中心】 2021年，天宁区在青龙街道横塘社区打造常州市首个省级家庭健康服务中心，全年面向儿童、青少年、育龄人群及中老年开展健康指导和公益服务约20场次。其中，面向儿童开设“音乐启蒙律动操”“党史绘本诵经典”课堂；面向青少年开展“我是小红军——重走长征路”户外公益活动、“美德少年养成记”活动；面向育龄人群开设“婴幼儿护理讲座”“产后修复瑜伽课程”；面向中老年人开设“成年人健康管理课程”“老年人公益讲座”活动等，普及健康知识，倡导健康生活方式。

（周心怡）

就业创业

【概况】 2021年，天宁区继续落实就业优先策略和积极就业政策，推进各项就业创业工作。是年，全区新增城镇就业13200人，失业人员再就业9500人，城乡就业困难人员再就业2498人，城镇登记失业率1.27%。组织创业培训609人，扶持成功创业3698人，实现创业带动就业14950人，开展补贴性职业技能培训11114人。开展“就业援助月”活动，为5户天宁户籍低收入农户劳动力建档立卡，提供岗位推荐、就业指导、技能培训、创业帮扶等服务。举办第五届“天宁杯”职业技能大赛和第四批“天宁工匠”评选活动，24名选手分别获评茶艺师、织布工、美容美发、雕刻工（留青竹刻）4个组别优秀参赛选手，常州纺兴精密机械有限公司加工中心工段副工段长杭海飚、常州旭荣针织印染有限公司染整厂总厂长王存山获评纺织类“天宁工匠”，常州润源电力建设有限公司工程业务部副主任周章平获评电力类“天宁工匠”。至年末，全区有市级大学生创业载体6家，市级创业孵化基地8家，省级创业孵化示范基地4家（常州市天宁高新技术创业服务中心、常州新动力创业中心、常州启迪协信科技园、常州市检验检测认证创业孵化基地）。

6月26日，常州市茶艺职业技能竞赛系列赛暨第五届“天宁杯”职业技能大赛在江苏省常州技师学院举行　　（区人社局 提供）

【重点群体就业】 2021年，天宁区通过政策援助、技能援助、岗位援助方式，帮助就业困难群体再就业，全年援助困难群体就业2498人。实施政策援助，向4965名就业困难人员发放灵活就业社保补贴1795万元。实施技能援助，开展就业困难人员就业创业及培训意愿调查2800人次，组织292名有就业意愿人员参加家政服务、育婴员、茶艺等免费就业创业培训。实施岗位援助，开发安置就业困难人员公益性岗位128个，帮助99名就业困难人员再就业。举办爱心助残、退役士兵、大龄帮困等专场网络招聘会4场、现场招聘会9场，帮助就业困难人员再就业。开展“就业直通车”进校园活动，举办公益性高校毕业生招聘会11场，提供应届高校毕业生就业岗位4781个。至年末，全区离校未就业高校毕业生就业率95.79%。

【就业创业扶持】 2021年，区人社局全面落实新冠肺炎疫情防控期间减负、稳岗、扩就业等政策，为全区9877家不裁员、少裁员企业发放稳岗补贴1408.99万元，助力企业纾困发展。支持自主创业，全年向148人核发小额担保贷款5480万元。扶持大学生就业创业，为8名大学生创业提供担保贷款累计156万元。核定享受开业补贴、大学生创业者社保补贴、创业租金补贴、创业带动就业补贴136人次，58.22万元。

【公共就业服务】 2021年，天宁区举办规模以上民营企业、现代服务业、小微企业等各类招聘会68场次，其中现场招聘会32场，服务用工企业930家，发布岗位信息17750条，服务求职者4859人；网络招聘会36场，服务用工企业1194家，发布岗位信息20872条，服务求职者1981人。年内，区人社局联合常州人力资源服务产业园管理委员会，依托常州人力资源服务产业园集聚的各类知名人力资源服务机构，自主开发“智汇常州”人力资源服务共享平台，以人力资源服务项目为载体、服务机构为供给方，集成网上人力资源供求信息系统、人才测评系统、职业指导系统、远程面试系统等，促进人力资源服务创新发展。至年末，“智汇常州”人力资源服务共享平台有注册企业750家、个人1221人，录入招聘信息1033条、个人求职信息903条。

【职业技能培训】 2021年，天宁区实施“市、区、镇（街道）、村（社区）”四级联动就业技能培训模式，推动职业技能培训进企业、进乡村、进社区。年内，组织城乡劳动者就业技能培训3900人，其中新生代农民工职业技能培训575人，争取市级培训补贴资金186.47万元。实施“政校企”联合培训，联合常州技师学院、江苏省武进职业教育中心校等职业院校，为黑牡丹纺织有限公司、常州华利达服装集团有限公司、常州市华立液压设备有限公司等13家企业开展“订单定向定岗”式高技能人才培训，累计培训高技能人才1369人，其中“企业新型学徒”460人。实施职业技能提升行动，开展以工代训岗位技能提升培训7951人次，争取市级以工代训补贴238.53万元。全年受理初级专业技术职称申报1600人次，获得初级专业技术职称450人。

（万楚钰）

劳动监察与仲裁

【概况】 2021年，区人社部门加强劳动监察与仲裁，全年受理、处置各类投诉、举报案件918件，调查工伤案件1803件。劳动人事争议案件立案1190件，结案941件，按期结案率100%。指导开发区、镇、各街道巡回仲裁庭、劳动人事争议调解中心开展简易劳动争议案件调处，全年处理劳动争议案件311件。联合区法院、区司法局、区总工会建立劳动争议多元协作化解机制，每季度召开一次联席会议，有效保障劳动者合法权益。组织巡回审判、“老娘舅”观摩仲裁庭审、普法宣传等活动，让劳动保障法律法规深入企业、深入群众，营造“人人学法律，企业懂法律”氛围。着力化解劳资纠纷，构建“劳动维权联合机制”“劳动维权站点机制”“劳动维权巡回机制”“劳动维权网络机制”四项劳动争议调解机制。1月，《常州市天宁区积极探索多元机制提升劳动纠纷调撤率》被《江苏人力资源和社会保障工作简报》刊载。

【劳动保障监察执法】 2021年，区人社部门加大劳动者权益保护，全年受理举报、投诉案件918件。其中，责令存在劳动保障违法行为的115家企业限期改正；作出行政处罚6件，罚金3万元；作出行政处理9件，涉及金额64.6万元，99名职工合法权益得到保护；以涉嫌拒不支付劳动报酬罪移送公安机关1件，向法院申请强制执行15件。全年接办“12345”政府公共服务热线转办件1053件，处理人力资源和社会保障部案件线索194件、市根治欠薪案件线索61件，涉及农民工4940人，帮助追讨、协调处置工资金额6929万余元。现场协调处理群体性劳资纠纷5起，涉及劳动者500余人。加大劳动保障违法行为联合惩戒力度，公布劳动保障重大违法行为5件，列入拖欠农民工工资黑名单2件。开展企业用工执法检查，累计检查各类用人单位270家，发现拖欠职工工资、未依法为职工缴纳社会保险等问题12个，均依法限期改正。聘用164名建筑工人为劳动监察领域民间信息员，分批开展劳动保障法律法规培训，提前预警欠薪情况，切实维护农民工合法权益。

【农民工工资支付保障专项行动】 2021年，区人社部门根据市根治欠薪领导小组统一部署，通过交叉执法检查方式，开展根治欠薪夏季、冬季专项行动，对建筑工程项目“开立农民工工资专用账户、建筑工人实名制管理制度落实情况、按月足额支付农民工工资”等开展专项检查，全年累计检查辖区内建筑工程项目123个，督促整改欠薪问题5个、工资支付保障制度落实不到位问题3个，全区基本实现农民工工资无拖欠。是年，天宁区在常州市保障农民工工资支付工作考核中获评A级。

【劳动争议调解】 2021年，天宁区构建劳动争议调解“四项机制”，遵循“先预防、重调解、后仲裁”原则，区、镇（街道）、村（社区）、企业建立四级劳动纠纷调处网络，镇（街道）各联合调处中心设立调解室，配备63名调解员，为节约司法资源和诉讼成本、减少群众跑路、提高调解效率搭建平台。构建“人社＋综合体”劳动争议调解对接模式，区人力资源和社会保障局

5月，全市首家大型城市商业综合体劳动争议调解委员会在天宁吾悦广场揭牌成立

（区人社局 提供）

劳动人事争议仲裁院联合区司法局、青龙街道，在天宁吾悦广场建立全市首家大型城市商业综合体劳动争议调解委员会，为商铺经营单位及员工提供法律法规咨询、劳动纠纷调处等服务。推行网上调解劳动争议，申请人通过“常州人社”微信公众号或“常州人社”客户端，登录网上劳动争议调解服务平台，选择就近镇、街道调解中心调解员或区劳动人事仲裁委调解员为其维权，调解员直接在手机客户端操作受理、调解、结案，所有调解信息汇入区劳动关系运行监测平台，调解申请被受理后10个工作日内处理完毕。至年末，全区劳动争议网上综合调解率达47.61%。

【工伤管理】 2021年，天宁区结合普法进基层、“安全生产月”咨询日等活动，发放《工伤保险政策指南》《工伤保险宣传提纲》等宣传资料5000余份，组织工伤保险业务知识培训5场，参训1100余人次，为辖区企业和职工提供工伤保险相关法律、政策咨询服务，提高职工防范工伤意识，降低工伤风险隐患。开展工伤案件调查，经审核，对工伤事实清楚、证据材料充分、权利义务明确的案件，采取快速认定方式；对情况复杂或存在争议的案件，启动调查程序，强化办结时限，在保证案件事实清楚、证据充分的基础上，出具工伤认定文书，缩短工伤认定周期，帮助工伤职工尽快获得医疗救治和经济补偿。打造“初筛—程序简化—帮助对接—全程追踪”的工伤康复服务圈，帮助工伤职工最大限度恢复和提高身体功能及生活能力、劳动能力，减轻工伤职工家庭护理负担，促进工伤职工重返工作岗位，全年工伤职工康复32人。建立劳动关系矛盾预防化解联动机制，畅通工伤职工权利救济渠道，维护工伤职工合法权益。年内，区人社局收到工伤认定申请1803件，结案1780件；工伤行政复议11件，行政诉讼41件，较2020年增加40.5%。

（万楚钰）

社会保险

【概况】 2021年，区人社局坚持稳中求进工作总基调，落实社会保险任务指标，全年新增企业养老保险参保1.16万人，净增参保职工4825人；全区累计参保企业1.71万户，参保职工20.75万人，养老保险基金收入22.91亿元；当年纳入社会化管理企业退休人员11.8万人。区机关事业单位养老保险参保单位184家，在职参保5410人，退休4065人，基本养老金月发放额约2800万元，养老金发放率持续保持100%；全年向省归集职业年金收入9095.66万元，核定机关事业单位职工养老保险待遇210人次。全区城乡居民基本养老保险参保累计0.6万人，其中享受城乡居民基本养老保险待遇人员约2.3万人，基本实现应保尽保。全区基本医疗保险参保累计39.69万人，企业失业保险参保累计18.04万人，工伤保险参保累计18.26万人，生育保险参保累计15.28万人。

【社会保险征缴扩面】 2021年，区人社局牵头调整全民参保工作领导小组，制定《天宁区全民参保提质增效工作方案》，将全民参保提质增效工作纳入对开发区、镇、各街道高质量考核，压实各地各部门责任，推动社会保险征缴扩面全覆盖。加强扩面分析研判和精准管理，密切关注关停并转、减员较多、基数申报异常等企业，通过与税务、财政、市场监管等部门综合施策，比对相关参保数据，及时掌握社保扩面、基金征缴进展，加强社保缴费基数申报管理；对申报工资明显偏低、与实际工资不符的1463家单位、4875名劳动者，采取先行调整社保基数措施，保障劳动者基本权益。年内，天宁区企业职工养老保险实现省级统筹，养老保险基金预算改革和责任分担机制同步实施。

【社会保险待遇提高】 2021年，天宁区城乡居民基础养老金发放标准由每人每月300元提高至每人每月350元，惠及全区2.3万名领取基础养老金人员。调整9792名养老年龄段被征地农民养老保障待遇，由每人每月900元增至每人每月950元。提升企业、机关事业单位退休人员养老保障，完成全区4073名机关、事业单位退休人员养老金调整，全区机关、企事业退休人员养老金实现十七连涨。年内，天宁区按照“自主申报、先缴后补、按月核验、按季发放”原则，针对从事灵活就业并在天宁区按规定缴纳社会保险费的就业困难人员、离校两年内未就业的高校毕业生，补贴标准按灵活就业后缴纳的养老保险费、医疗保险费的50%给予补贴，就业困难人员灵活就业社保补贴期限最长不超过3年（以初次核定其享受社会保险补贴时年龄为准）。是年，天宁区向4965名就业困难人员发放灵活就业社保补贴1795万元。

【失业保险】 2021年，天宁区为提高失业人员生活保障水平，体现失业保险民生底线作用，根据市人社局、市财政局、市医保局联合印发的《关于调整常州市区失业保险金发放标准的通知》要求，明确从7月起，市区失业保险金发放最低标准由1350元/月提高到1410元/月，失业人员在领取失业保险金期间参加市本级职工基本医疗保险的缴费基数为4533元。至2021年年末，天宁区失业保险参保人数18.04万人，较2020年增加3.49万人，领取失业金人数869人。

（万楚钰）

【工伤保险】 2021年，天宁区参加工伤保险的对象为企事业单位和个体工商户，全区累计有18.26万人参保；参保费用根据行业类别不同，实施不同的基准费率，一类至八类工种的参保费根据职工工资总额的0.2%、0.4%、0.7%、0.9%、1.1%、1.3%、1.6%、1.9%交纳，保费每两年调整一次。

（汪　欣）

【企业职工养老保险实行省级统筹】 2021年，企业职工基本养老保险基金由省级统一集中管理，实行“收支两条线”全额缴拨，统收统支。年内，天宁区全面落实《省政府关于规范企业职工基本养老保险省级统筹制度的意见》，做好新旧规则衔接转换，理顺各类业务操作规程、经办流程，适应省级统筹模式下基金征缴、窗口经办等相关工作。配合市人社局做好前期社保数据梳理转换，确保企业职工养老保险省级统筹制度在区级经办环节平稳运行。根据省人社一体化信息平台要求，升级维护区政务服务中心人社经办窗口设备软硬件，优化配置企业职工养老保险省级统筹系统模块权限，开展养老保险省级统筹政策和新系统操作培训，制定并印发省人社一体化信息平台网上办理操作指南、业务经办问答等宣传手册5000余份。是年，全区在省人社一体化信息平台办理各类业务1.8万余件。

【“社保面对面”直播厅开设】 2021年，区人社局为进一步发挥人力资源和社会保障政策惠企惠民效应，以办事企业和群众关心的人社政务服务为切入点，围绕新冠肺炎疫情造成的招聘求职难、出门返岗难、社保办理无法有效开展等问题，开设“社保面对面”直播厅，邀请业务骨干在线直播宣讲社保政策和人社政务服务内容及经办流程等，提升社保政策知晓率和认知度。10月13日，“社保面对面”直播厅揭牌仪式在兰陵街道工人新村第一社区举行，市社保中心6名业务能手被聘请为直播厅首批主讲人，市社会保险基金管理中心主任彭伟中作为首场直播活动嘉宾，围绕社保涉老服务事项、退休职工发挥余热等主题与网友开展互动，吸引在线观看1500人次。12月2日，“社保面对面”直播厅第二场活动在区人力资源市场大厅举办，市社保中心副主任唐晓霞以“家门口办好事，打通人社政务服务最后一公里”为题，围绕社保基数申报、城乡居民基本养老保险等主题与网友开展互动，在线观看700人次。

（万楚钰）

10月13日，市社会保险基金管理中心主任彭伟中（左）在“社保面对面”直播活动中宣讲社保政策　（区人社局 提供）

住房保障

【概况】 2021年，天宁区扎实做好住房保障各项工作，棚户区住房改造开工2541套，其中前采菱地块294套安置房完工、董头村（二期）地块1352套和红庙头地块852套安置房完成主体结构封顶、摇树村项目货币化安置43户。推进老旧小区改造、公房维修等工程，全年完成33个老旧小区改造，改造面积206.78万平方米，投入资金8.3亿元，获得上级资金3.1亿元，其中中央预算内资金2.31亿元；完成浦前北路4号楼大修、141项零星项目维修，累计投入维修资金24万元；全年收缴公房租金65万元，办理公房承租

2021年，青果巷新棠酒店人才公寓外景　　（区住建局 提供）

人变更10户。

【人才公寓建设】 2021年，天宁区深入实施人才强市战略，优化人才创新创业发展环境，通过新建、改造、市场收购和租赁等形式，推进人才公寓建设，发挥住房在吸引和聚集人才方面的作用。至年末，957套君天文化青年公寓实施主体施工，晟宇总部大楼99套人才公寓和汽车智能零部件产业园区400套人才公寓主体结构竣工验收，常州青洋塑业科技有限公司70套人才公寓实施内外墙装修。是年，全区累计交付使用人才公寓965套，其中福阳公寓180套、凤凰创业中心青年公寓425套、琉璃光产业园55套、格雷斯精选酒店167套、和平假日酒店138套。

【住房租赁补贴分配】 2021年，天宁区加快保障性住房实物配租及租赁补贴发放，全年新增公共租赁住房288户，完成公共租赁住房年审4323户，取消246户保障资格，实现“应保尽保、应退尽退”。启用新版江苏住房保障系统，公共租赁住房年度复核实现“不见面审核”。是年，天宁区根据《常州市政府关于完善住房保障政策的实施意见》，为符合条件的147名新就业大学生发放住房租金补贴75.69万元。

（符　俊）

医疗保障

【概况】 2021年，天宁区有医保定点单位343家，其中医疗机构132家、药店211家。是年，医保天宁分局将6865名困难人员纳入医疗救助范围，给予基本医疗保险待遇，其医疗费用先由基本医疗保险、大病保险基金按规定支付，剩余个人自付部分实施医疗救助，救助比例达70%以上；落实城乡居民大病保险政策，大病保险政策范围内最低报销比例达60%。至年末，全区基本医疗保险参保39.69万人，其中职工基本医疗保险参保26.54万人、城乡居民基本医疗保险参保13.15万人；职工基本医疗保险政策范围内住院医疗费用基金支付比例达85%以上，城乡居民基本医疗保险政策范围内住院医疗费用基金支付比例达70%以上。

【医保天宁分局“三定”方案出台】 2月，根据《常州市医疗保障局天宁分局职能配置、内设机构和人员编制规定》，医保天宁分局核定行政编制5名，内设综合科和医保监管科。医保天宁分局于2020年6月成立，为市医保局派出机构，正科级建制；下设市医疗保障管理服务中心天宁分中心，作为市医保中心分支机构，隶属医保天宁分局管理。根据市医保局授权，医保天宁分局负责天宁辖区内医疗保障行政管理工作，主要职能是协同市医保局贯彻执行医疗保障制度政策，组织实施参保扩面，配合参与医疗保障基金预算、决算工作，加强医疗保障基金监督管理，强化定点医药机构管理，完善医疗保障经办服务。医疗保障管理服务中心天宁分中心主要承担辖区内基本医疗（生育）保险、长期护理保险、大病保险、医疗救助等业务经办和相关管理服务工作。

【医保公共服务】 2021年，天宁区完善医保经办服务体系，提升医保公共服务质效。年内，医保天宁分局通过优化办事流程、增设服务网点、完善信息网络、延伸服务触角等措施，推进“就近通办、一窗通办”，中国人民财产保险股份有限公司常州市天宁支公司郑陆营业部建成“15分钟医保服务圈”市级示范点。落实医疗保障管理体制改革要求，承接区人社局医保参保类业务，全年完成医保参保类业务23378件。提高医疗保障基金使用效率，新增异地就医联网结算药店16家，满足参保人员合理用药需求。实行辖区内定点零售药店分级分类管理，优选8家Ⅲ类药店，开通各险种个人账户医疗保障、门诊慢性病、特定病药品和“双通道”管理的国家谈判药品等医疗保障服务项目；优选40家Ⅱ类药店，开通各险种个人账户医疗保障、门诊慢性病医疗保障服务项目，为参保人员提供更专业、更便捷、更高效的医疗保障服务。

【医保基金监管】 2021年，医保天宁分局贯彻落实《医疗保障基金使用监督管理条例》，加强打击欺诈骗保宣传，组织开展医保政策集中培训2次，327家定点医药机构参训，营造全社会“不敢骗、不能骗、不想骗”氛围。健全行政执法监管体系，整合监管力量，成立以辖区医疗机构、连锁药房和软件服务商为代表的区医疗保障基金监管专家库；坚持垂直管理和属地管理相结合，实现案件管理、检查方式、协议管理、举报奖励、内控管理和智能监控“六统一”。开展基金源头治理，通过医保智能审核、实地稽查和自查自纠等方式，逐步形成日常检查、专项检查、重点检查等相结合的检查制度，全年检查辖区内定点医药机构343家，根据《常州市基本医疗保险定点医疗机构服务协议》《常州市基本医疗保险定点药店服务协议》，处理违规医药机构29家次，涉及金额315万余元，暂停2家药店医保定点资格，发布打击欺诈骗保典型案例11例。

（庄先华）

社会救助

【概况】 2021年，天宁区按标准向2441名城乡低保对象、低保边缘对象、临时救助对象、困境儿童、城乡特困人员发放救助金2507.05万元、“两节”（春节、元旦）补贴79.12万元、价格临时补贴55.53万元；向4145名重度残疾人发放残疾人“两项补贴”2400.56万元。实行低保动态管理，开展困难家庭经济状况复核认定，全年办理低保停保313户、380人，停发保障金12.55万元；调整低保家庭410户，调减金额6.46万元。按照《关于全面开展低收入人口认定工作的通知》要求，围绕原建档立卡低收入农户、2018年以来申请低保未确认和动态管理退出低保的对象、残疾人家庭、无劳动力或弱劳动力家庭、有重病患者或慢性病人家庭、遇到急难事项或意外事故家庭六类对象，摸底排查全区低收入人口22795人，为低收入人口认定工作奠定基础。年内，区民政局出台《天宁区城乡特困人员照料护理工作实施办法》，明确集中供养特困人员照料服务由供养机构提供；分散供养特困人员采取自主选择照料服务方式，由区民政局委托第三方照料服务机构实施，并签订落实“四方照料协议”（“四方”指区民政局、镇（街道）、第三方照料机构、供养对象）。

【救助标准提高】 2021年，天宁区城乡居民最低生活保障标准由每人每月900元提高至每人每月940元。城市特困人员基本生活标准按照每人每月1945元执行，对分散供养并符合条件领取城乡居民社会养老保险金的城市特困人员实行差额发放；农村特困人员基本生活标准由每人每月1170元提高至每人每月1222元。根据《市政府办公室关于印发常州市居家养老援助服务实施意见的通知》要求，特困人员照料护理实行“分类定标、差异服务”，依据特困人员生活自理能力和服务需求评定照料护理等级，按照全护理300元、半护理200元、全自理200元（半护理为部分能自理的人员，全自理为完全能自理的人员）标准提供照料服务。全年为1384户（其中城镇居民1206户、农村居民178户）低保家庭发放生活保障补贴2102.63万元，为223户低保边缘家庭发放一次性生活救助金40.14万元，为遭遇突发事件、意外伤害、重大疾病或其他特殊原因导致基本生活陷入困境家庭的280人发放临时救助金25.97万元，为45名城市特困人员（城市“三无”老人）及49名农村特困人员（含农村五保户）发放救助供养经费175.46万元。

【社会救助领域审批权限下放至镇（街道）】 2021年，天宁区全面推进社会救助领域“放管服”改革，推行社会救助事权下放。7月，按照省民政厅、市民政局工作部署，制定出台《天宁区社会救助领域审批权限下放工作方案》，将城乡居民最低生活保障、特困人员救助供养、低收入家庭认定、困难群众临时生活救助4项社会救助领域审批权限下放至镇（街道），通过分离社会救助审核审批职能和监督管理职能，压缩审批层级时限，简化工作程序，促进简政放权。年内，区民政局组织开展社会救助领域审批权下放工作业务培训6场，解读社会救助对象的认定范围、标准、程序，96人参训；通过经济状况比对、审批流程核查及入户走访等方式，对镇（街道）审批的各类对象按不低于四类保障家庭总数的20%开展不定期抽查核对；公开咨询电话，主动接受社会公众对社会救助及补贴对象审核审批工作的监督、投诉和举报。至年末，镇（街道）行政审批服务中心认定城乡低保32户、36人，城市特困人员7人，农村特困人员1人，低保边缘10户、19人，临时救助89户、167人。

【1家超市获评市五星级慈善超市】 2021年，茶山街道朝阳新村第二社区慈善超市获评常州市五星级慈善超市。是年，区民政局指导朝阳新村第二社区慈善超市高质量、高标准建设，引进常州市天宁区宏德志愿者服务中心为慈善超市合伙人，通过改革创新运营机制增强慈善超市活力，解决募集能力弱、运行成本高、自我经营能力低等普遍性问题，服务内容和运营模式从单一性向多样性转变；通过制定和落实慈善超市标准化建设实施办法，提升慈善超市服务与管理水平；创新服务社会模式，以慈善月活动为契机，结合腾讯“99公益日”慈善捐助活动，联合区慈善分会发起环卫女工暖心包计划，募集资金5100元，为30名天宁区环卫女工发放暖心包。10月，朝阳新村第二社区慈善超市规模、环境卫生、人员管理、活动开展等方面均达到五星级慈善超市标准，通过市慈善总会、市民政局考评。至年末，全区有慈善超市21家，其中五星级慈善超市1家、四星级慈善超市1家、三星级慈善超市19家。

（姜　玮）

社区建设

【概况】 2021年，天宁区78个社区、44个村依法完成第七届居民委员会、第十二届村民委员会换届选举。选举产生新一届居民委员会班子成员432人、村民委员会班子成员214人，村（居）民委员会主任均由村（社区）党组织书记兼任。年内，全区投入1200万元，提升改造茶山街道富强新村社区等5个社区综合服务设施，总面积5000平方米；强化社工队伍建设，招聘录用35名社区专职工作者；加强社会工作专业人才队伍建设，新增民办社工专业服务机构1家（美益家社会工作服务中心），引进社会工作领域高端人才3人。围绕“同心共筑和美家园”社会工作宣传周主题，全年开展社会工作队伍和专业服务宣传展示系列活动52场。年内，中共中央政治局常委、国务院总理李克强考察富强新村社区养老、托幼等生活服务，充分肯定天宁区社区服务业发展；雕庄街道菱溪社区成为全省基层政权建设和社区治理工作会议现场参观点；郑陆镇董墅村、雕庄街道朝阳花园社区、青龙街道新丰苑社区、茶山街道富强新村社区、红梅街道翠竹南区社区、兰陵街道工人新村第一社区获评常州市平安法治和谐示范点；红梅街道翠竹南区社区、茶山街道华润国际社区、雕庄街道朝阳花园社区、天宁街道文笔塔社区、兰陵街道九洲新世界社区、青龙街道紫云苑社区创成市级全科社工服务示范窗口。

【城乡社区可持续营造行动】 2021年，天宁区持续推进“城乡社区可持续营造行动”，引导社区居民、社会组织等主体自觉参与社区公共事务。年内，依托天宁区社区营造学院，定制开发专业课程体系，涵盖社区营造理论与方法、居民骨干发现与培养、社区社群组建与引领等10项专题培训和项目实训，累计开展专题培训、项目研讨、参访学习活动30场，100余名社会工作者全程参与。结合城乡社区地域特色和优势，实施环境美化、空间营造、文化形塑、能人挖掘等社区营造项目，重点推进社区“自组织”培育、熟人社区营造，形成社会组织参与式陪伴、社工人才专业化指导、居民骨干网格化引领的多元社区营造机制。全年累计实施社区营造项目110个，形成“采绘印记”“睦邻园”等社区营造示范场景，打造红梅街道“好邻居，益起来”“社区能人培力计划”，青龙街道“你约我帮”，雕庄街道“楼道里的邻里情”“童乐议事

12月，青龙街道开展“你约我帮”社区活动　　（区民政局　提供）

会”等社区营造品牌项目。是年，天宁区“‘政居务分离＋社区营造’赋能社区治理创新”项目获评江苏基层社会治理创新成果奖，“‘政居务分离＋营造学院’共建和谐社区共同体”项目获评市高质量民政事业发展创新成果，天宁区打造现代化城乡治理“善治样本”经验被《中国社会报》、民政部《社区》杂志、新华社客户端等媒体报道。

【社会工作服务站建设】 2021年，天宁区推动基层社会工作服务站专业化建设，制定出台《关于推进镇（街道）社会工作服务站建设的实施方案》，明确建设要求和时间进度安排。3月，召开基层社会工作服务站建设专题推进会，部署社会工作服务站（室）建设，要求镇（街道）建立业务工作协调机制，定期梳理和研究民生服务相关事项；建立联动服务机制，做到“全科受理、专业服务”无缝衔接；建立资源调配机制，统筹各方资源推动社会工作服务站建设。至年末，全区建成镇（街道）社会工作服务站7家、村（社区）社会工作服务室49个，实现镇（街道）级社会工作服务站全覆盖。是年，郑陆镇、雕庄街道、红梅街道社会工作服务站运营项目入选常州市首批乡镇（街道）社会工作服务站试点项目。

（郑　晨）

社会组织管理

【概况】 2021年，天宁区有登记在册社会组织666家，其中社会团体459家、民办非企业单位206家、基金会1家；553家社会组织完成网上年检，审定合格541家，基本合格12家。是年，天宁区制定出台《关于设立天宁区社会组织公益创投扶持资金的方案》，举办天宁区第四届“天建杯”公益创投活动，扶持28个助老扶幼、助残济困、社区治理等领域公益服务项目，投入资金100万元。全区12个社会组织公益服务项目入选2021年常州市促进社会组织参与社会服务项目，兰陵街道尤辉雷锋科技服务站《以科技服务赢得群众满意》获评2021年江苏省社区社会组织高质量发展案例。翼创社工服务协会《他乡变故乡——楼道“微”治理 改善“大”民生》、阳光龙庭社区芝麻社会服务协会《逍遥爸妈的幸福计划——随迁父母社区服务计划》获评2021年江苏省社区社会组织优秀项目案例。

【天宁区社会组织综合党委成立】 2021年，天宁区成立社会组织综合党委，作为区属社会组织党建工作领导机构，组织关系隶属于中共常州市天宁区委非公有制企业和社会组织工作委员会，由区民政局党组负责日常工作指导，负责托底管理不适合属地管理和行业主管部门不能归口的社会组织以及没有业务主管单位的社会组织的党员教育培训。至年末，全区建成社会组织党组织18家，有党员91人。年内，天宁区社会组织依托区社会组织党建服务中心开展社会组织党员教育轮训，邀请高校党史专家、学者、社会工作领域领军人才授课，全年开展“融益天宁”专题党建活动9场，培训社会组织党员210人次、社会组织骨干72人次；建设“党建强、服务强”的社会组织发展“双强共同体”，形成“曙光行动”“红情绿意，党建助残”“红色引领·益路同行”等10个“党建＋公益”社会组织服务品牌。是年，区社会组织党建服务中心获评江苏省社会组织党建工作示范点。

【社会组织等级评估】 2021年，天宁区深化社会组织规范化管理，开展区属社会组织等级评估，提高社会组织公信力。区社会组织发展中心开展社会组织等级评估培训，30家社会组织负责人及相关人员参加培训。区民政局按照社会组织不同类型分类，从基础条件、内部治理、

6月，天宁区社会组织党组织在溧阳市牛马塘村开展“融益天宁”党建活动
（区民政局 提供）

工作绩效和社会评价4个方面，对30家参评社会组织实行综合考察，18家社会组织获评AAA级。是年，天宁区雏鹰成长指导中心通过省民政厅评估，获评AAAAA级；天宁区优胜村思齐志愿者协会、天宁区朝阳花园社区志愿服务协会、天宁区斜桥巷社区共建共驻服务社、天宁区虎头鞋协会、天宁区瑞文心理工作室通过市民政局评估，获评AAAA级。至年末，全区累计有AAAAA级社会组织1家、AAAA级社会组织28家、AAA级社会组织107家。

（郑　晨）

民政专项事务

【概况】 2021年，天宁区为全区2893户困难群众发放食用油、大米等慈善物资2893份，总计价值42.33万元；开展慈善助孤助残活动，为全区108名困境儿童申请慈善助孤助残金32.4万元。践行社会主义核心价值观，发扬“互帮互助”精神，向陕西省旬阳市捐赠慈善救助资金15万元。成立未成年人保护工作领导小组，建立困境儿童信息库，建设“儿童关爱之家”，加强未成年人保护。全年累计办理结婚登记2497对，离婚登记801对，婚姻登记合格率100%。加强路名规范管理，组织开展不规范地名清理整治，及时清理属于法规中应更名范畴的“大、洋、怪、重”等不规范地名，全年申报历史路名16条，通过审批6条。加强殡葬服务管理，促进殡葬服务行业规范有序发展。

【未成年人保护】 2021年，全区有7.4万名未成年人，占常住人口的10.7%，其中391名困境儿童纳入救助保障范围。年内，天宁区成立未成年人保护工作领导小组，构建“政府主导、民政牵头、部门联动、社会参与、共同关爱”的儿童福利格局。区委政法委、区民政局、区教育局等部门联合建立困境儿童信息库，以村（社区）为排查单元，采取进村入户、座谈走访、问卷调查等形式，摸排困境儿童底数，了解困境儿童家庭监护、政策保障、社会关爱和自我发展情况，形成问题清单，有效保障困境儿童生存、发展、安全等权益。区民政局联合区妇联组织开展青少年“四送”（送家风故事、送家教服务、送法治安全、送社会关爱）活动，受益人数1210人。投入资金20万元，委托第三方运营机构在雕庄街道清溪村、茶山街道富强新村社区建立“儿童关爱之家”，围绕家庭教育指导、学习教育帮扶、心理健康等7个方面，开展关爱儿童主题活动18场，服务儿童500人次，形成儿童关爱服务品牌8个，雕庄街道清溪村创成省级“儿童关爱之家”。

【婚姻登记跨省通办试点】 2021年，天宁区实行内地居民婚姻登记跨省通办试点，试点时间自2021年6月1日起至2023年5月31日止。跨省通办业务办理类型为结婚登记双方均非本市户籍的婚姻登记当事人，可以凭一方居住证和双方户口簿、身份证，到居住证发放地婚姻登记处申请办理结婚登记，或者自行选择到一方常住户口所在地办理结婚登记。6月1日，全市首对“跨省通办”结婚登记在天宁婚姻登记处办理；至年末，全区办理跨省结婚登记74对、跨区域结婚登记192对。

【红色地名申报】 2021年，根据江苏省民政厅关于“弘扬红色文化，宣传红色地名”要求，区民政局联合区文体旅局开展红色地名申报活动。根据镇（街道）及相关部门推荐，梳理全区范围内纪念革命斗争重大事件和纪念革命烈士红色地名，挖掘其中知名度高、革命历史文化价值独特的红色地名内涵，筛选出张太雷纪念馆、恽代英纪念馆、常州市革命烈士陵园3处红色地名。是年，张太雷旧居和张太雷纪念馆、恽代英住地和恽代英纪念馆、常州市革命烈士陵园3处地名入选江苏省首批100个红色地名名录，郑陆镇牟家村入选常州市首批红色地名名录。

【殡葬管理】 2021年，天宁区进一步推进殡葬改革，制定出台《天宁区殡葬服务收费专项整治工作方案》，规范和加强殡葬服务收费管理，促进殡葬事业健康有序发展。年内，围绕群众较为关切的殡葬服务项目、服务收费标准和腐败问题易发多发的重要岗位和关键环节，组织镇（街道）对全区5个公益性骨灰纪念堂、2个经营性公墓、1个经营性塔陵、2个公益性公墓等殡葬服务机构开展服务收费查纠；按照“杜绝增量、消化存量”专项整治原则，冻结现有墓区范围，停止所有扩建工程，停止超标墓出售，公益性公墓不再对外销售。组织开展“绿色清明，文明祭扫”主题宣传活动，宣传殡葬改革、移风易俗相关政策，发放宣传手册8000余份，引导群众了解殡葬政策，自觉参与和支持殡葬改革。是年，全区拆除违建墓穴242个，取缔非法殡仪服务点2处。投资80余万元完成青龙街道龙福宫纪念堂烟尘净化处理系统提升改造，通过全省殡葬系统为民办实事项目验收。

（姜　玮）

养老事业

【概况】 2021年，天宁区有养老机构24家，床位4283张；其中护理型床位3465张，占养老机构总床位的80.9%。是年，天宁区围绕提升“一老”服务主题，累计为4.3万名60周岁以上老年人提供居家助医、助餐、助洁等服务。茶山街道富强新村社区、天宁街道舣舟亭社区、雕庄街道菱溪社区、泰和之春小区4个居家养老服务站点和兰陵街道丽宝第适老化中心完成提升改造。扩大居家上门援助服务对象，由原来为90岁以上老年人提供居家上门服务拓展至为80岁以上老年人提供居家上门服务。投入252万元，为420名困难老年人家庭实施室内无障碍改造、卫生间如厕洗澡安全改造、居家环境改善等适老化改造。推进老年人精神关爱项目，茶山街道同济桥社区、雕庄街道采菱社区、青龙街道青龙苑北区社区3个试点社区完成常州市老年人心理关爱项目调查、筛查和评估，4月接受国家项目办督导；新增申报郑陆镇丰北村、天宁街道舣舟亭社区和兰陵街道九洲新世界社区3个老年人心理关爱项目试点。发挥基层老年协会规范化建设的成果和效能，依托辖区16个“心灵茶吧”阵地，开展各类主题活动，茶山街道富强新村社区心灵茶吧通过市级验收。开展“实施积极应对人口老龄化国家战略，乐享智慧老年生活”为主题的敬老月系列活动，累计开展各类慰问和敬老活动112场次，参加人员1.32万人，慰问1.9万余人。承办5场银龄公益大讲堂，宣传健康知识，普及健康教育。落实养老机构常态化疫情防控举措，适时对全区24家养老机构实行封闭管理，620名从业人员中590人接种新冠疫苗，全部从业人员每月核酸检测率100%。是年，茶山街道富强新村社区创成全国示范型老年友好型社区，茶山街道陈锡厚、红梅街道李纯敖获评市级“十佳老有所为人物”，兰陵街道朱琴华获评市级“十佳孝星”，张鹤良等10人获评区级“十佳老年道德模范”。

（周心怡　钱轶栋）

9月，红梅街道养老服务中心图书室　　（区民政局　提供）

【户籍老年人口】 2021年，天宁区60周岁以上的户籍老年人口13.16万人，占户籍总人口的27.14%，同比增长2.57%；其中，60～64周岁31562人，65～69周岁34764人，70～79周岁44004人，80～89周岁18126人，90～99周岁3080人，100周岁以上59人。全年为全区21470名80岁以上高龄老人发放尊老金1431.47万元。

（周心怡）

【“康益行”医养融合项目突出专病管理】 2021年，区卫健局持续推进“康益行”医养融合项目，结合基层医疗机构专病管理特色，依托家庭医生签约试点“家庭病床”，突出疾病预防控制和健康管理，以“健康镜”专病健康管理为特色，整合市、区两级优质医疗资源，对签约人群开展居家上门医疗和社区康复服务，组建专业评估团队，对服务全流程和疾病预防控制效果进行评估。是年，“康益行”医养融合项目签约服务1560人。

（周心怡）

【“智慧助老”行动】 2021年，区卫健局联合区发改局、区教育局等部门印发《关于老年人智能技术专项普及培训工程实施方案》，摸排了解属地老年人在智能技术应用上的难点，重点对突发事件应急响应状态下老年人出行及健康保障、日常就医、消费、交通、视频聊天等方面制定培训计划，逐月实施；每月在“健康天宁”微信公众号上公布培训课程安排，解决辖区老年人在运用智能技术方面遇到的困难，帮助老年人跨越“数字鸿沟”；组织社区工作人员参加常州市老年人运用智能技术专项普及师资培训，全年累计开展老年人运用智能技术专项普及项目培训339场，惠及8981人次。1月，青龙街道彩虹城社区接受省老龄办“智慧助老”行动调研；12月，天宁区代表队在常州市第一届老年达人运用智能技术大赛中获二等奖。

（周心怡）

【医养结合机构服务质量提升】 2021年，天宁区有医养结合机构15家，其中“两证”（医疗机构执业许可证和养老机构备案证）齐全的医养结合机构14家，注册管理的护理院4家。年内，区卫健局组织辖区医养结合机构参加由国家卫健委老龄司举办的医养结合机构服务质量提升行动网络培训。开展老年友善医疗机构创建，通过在门急诊大厅、挂号收费处等场所设立老年人服务专窗，建立良好的老年友善环境、硬件设施、建筑标识等，促进老年健康服务体系建设，更好满足辖区老年人健康需求。至年末，全区1家护理院、5家基层医疗卫生机构创成市级老年友善医疗机构。

（周心怡）

【养老服务能力提升】 2021年，区民政局推动天宁区养老机构服务向标准化和特色化转型，持续开展养老机构精细化服务提升行动，提高养老机构管理服务质量，规范养老机构运营秩序。推进养老机构“双随机、一公开”监管，全年组织开展养老机构安全督查5场次，发现电气设备维护不到位、电瓶车充电处存在触电和火灾隐患、安全出口不畅通等安全隐患25处，年内全部整改到位。组织510名养老护理从业人员参加常态化养老护理知识培训，全面提升养老从业人员技能水平；组织7名养老机构从业人员参加常州市第十六届职工职业技能竞赛暨养老护理职业技能竞赛，常州市天宁区同泰爱心护理院董晴晴获三等奖。是年，同泰爱心护理院董晴晴、安信颐和（常州）养老服务有限公司蒋晨在省委宣传部和省民政厅联合开展的“最美养老护理员”评选活动中获评江苏省“最美养老护理员”。

（钱轶栋）

【区级养老机构等级评定】 2021年，天宁区加强养老服务质量监管，建立以质量和效益为导向的养老服务机构发展机制，组织开展养老机构等级评定。10月，10家养老机构参加区1～2级养老机构等级评定，经区民政局评定，汉盛爱心护养院、康平老年公寓、快乐老年公寓、同济老年公寓、翠竹静新老年公寓获评1级养老机构，金鼎护养中心、祥福老年公寓、红梅爱心护理院获评2级养老机构；6家养老机构参加市级3～4级等级评定，经市民政局评定，人慈颐养中心、红日家园老年公寓、秋彤护养中心、丽华老年公寓获评3级养老机构，安信颐和（常州）养老服务有限公司、同泰颐养园获评4级养老机构。

（钱轶栋）

【养老机构消防安全标准化管理达标创建活动】 2021年，区民政局根据《常州市养老机构消防安全标准化管理达标创建工作方案》要求，组织辖区养老机构开展消防安全标准化管理达标创建活动，联合区消防救援大队召开全区养老机构消防安全标准化管理达标创建现场会，对消防安全标准化管理达标创建工作进行宣讲和动员。24家养老机构对照《常州市养老机构消防安全管理标准化创建考评标准》，落实消防安全责任，制定应急疏散预案，加强消防设施设备管理制度化建设，开展消防演练、消防宣传教育培训、防火检查和巡查等，提升养老机构消防安全自我管理水平。是年，安信颐和（常州）养老服务有限公司、常州市人慈颐养中心、天宁区同泰颐养园通过常州市养老机构消防安全管理标准化示范创建验收。

（钱轶栋）

开发区·镇·街道

◆ 栏目编辑　高振渊

天宁经济开发区

【概况】 江苏常州天宁经济开发区(以下简称“开发区”)地处常州市中心城区东北部,是2006年8月经国家发改委和江苏省政府批准成立的省级开发区。开发区管委会位于常州市天宁区北塘河东路5号,管辖面积55.39平方千米,行政区域包含青龙街道、雕庄街道和郑陆镇东青片区。开发区交通便捷,区位优越,功能完善,环境优美,紧邻沪蓉高速青龙道口和青洋路高架出入口,距离常州奔牛国际机场30分钟车程,横塘河湿地公园、紫荆公园、凤凰公园、古运河等风光带分布其中。2021年,开发区围绕“三新”经济(新产业、新业态、新商业模式)产业方向,加大工业互联网、检验检测认证、智能驾驶、通信技术、网络视听游戏、新一代信息技术等新兴产业集聚培育力度,统筹推进改革、发展、稳定各项工作。是年,开发区全社会固定资产投资同比增长7.5%,一般公共预算收入19.2亿元,同比增长11.7%。辖区内有工业企业1193家,完成产值236.7亿元,同比增长11%;新增规模以上工业企业81家,累计179家,完成产值201.2亿元,同比增长9.5%,占开发区工业总产值的86%。服务业企业2938家,其中规模以上服务业企业106家,营业收入107.7亿元,占开发区服务业营业收入的75%;社会消费品零售总额66.33亿元,同比增长23.3%。外贸进出口总额59.8亿元,外资实际到账1.7亿美元。年内,新增高新技术企业30家,累计102家,完成产值124亿元,同比增长10.1%;新增上市公司1家(卡姆丹克太阳能系统集团有限公司),累计4家;新增新三板挂牌企业1家(江苏易兆信息科技股份有限公司),累计7家。是年,开发区获省、市、区各项荣誉185项,其中,被国家发改委评为国家级“两业”融合试点单位,开发区经发局被省工信厅评为全省工信系统先进集体,开发区团工委被共青团省委授予江苏省五四红旗团委(团工委),

6月,工业互联网产业园云制造先导中心6栋办公研发楼建成交付　　(天宁经济开发区 提供)

"扫黄打非"工作领导小组办公室被省扫黄打非工作领导小组评为全省扫黄打非先进集体，武城村党总支被市委组织部评为常州市五星级村（社区）党组织、市先进基层党组织，武城村党总支书记江小明被省委、省政府评为全省脱贫攻坚暨对口帮扶支援合作先进个人，青松村党总支书记陈建伟被市委、市政府评为全市抗击新冠肺炎疫情先进个人。

【开发区特色园区建设】 2021年，开发区坚持新发展理念，聚焦"三新"经济产业发展，重点打造检验检测认证、工业互联网、网络视听游戏、通信技术等特色产业园区。中欧（常州）检验检测认证国际合作产业园是江苏省首批9家国际合作园区之一，是国家检验检测高新技术服务业集聚区、省生产性服务业集聚区，累计集聚企业132家，销售额突破100亿元，同比增长42%。年内，产业园召开全国检验检测认证职业教育专家论坛，世界500强企业倍科电器有限公司签约落户。工业互联网产业园云制造先导中心6栋办公研发楼交付投用，航天云网数据研究院（江苏）有限公司、海汇数智科技有限公司两大国家级平台签约入户，累计集聚企业130家，销售额超100亿元，同比增长20%。7月9日，江苏常州网络视听游戏产业园开园，阿塔云数据中心、华火竞合（常州）电竞体育发展有限公司等14家企业签约入驻，累计招引企业30余家，实现销售额20亿元。通信技术产业园（二期）开工建设，建成退役军人创业园，累计招引企业68家，实现销售额35亿元。

【开发区招商"招大引强"工程】 2021年，开发区制定出台《天宁经济开发区招商引资重大项目突破引荐和实施的奖励办法》，在项目落户、经营贡献、高管人才、转型升级等方面加大对落户项目的奖励与支持。围绕构建壮大"三新"经济产业集群，持续优化产业链图谱和招商目录，着力引进一批龙头型、旗舰型产业项目。全年重点引进落户项目94个，累计总投资219.4亿元；其中，东方侏罗纪项目投资61亿元，常州数字经济产业园项目投资30亿元（3亿美元），网电苏交科数据中心项目投资10亿元，华火竞合（常州）电竞体育项目投资10亿元，5G科创中心项目投资10亿元，卡姆丹克新能源上市公司总部项目投资3亿元，市级区域性SGS（测试、检验和认证机构）总部项目投资3亿元。

11月30日，卡姆丹克太阳能系统集团有限公司落户开发区数字经济产业园（天宁经济开发区 提供）

【重点项目建设】 2021年，开发区落实全市"重大项目强化攻坚年"活动要求，明确工作重点，卡紧时间节点，破解问题难点，推进重点项目建设。是年，开发区5个项目被列为市重点项目，完成投资14.5亿元，完成年度计划的103%；50个项目被列为区重点项目，完成投资118亿元，完成年度计划的111.3%，投资额较2020年增长27.8%。其中，中交智荟港（一期）、国创未来新能源汽车检测中心、聚芯芯片半导体芯片设计、三只熊康复器材生产等17个新建项目开工率100%，国创未来新能源汽车检测中心、倍科电器家电产品创新研发检测认证中心、宇锐医药药物研发实验室项目、远方动力高性能铸铁铸造搬迁技改项目等8个项目实现当年开工、当年竣工。

【5个市重点项目】 2021年，汉韦绿色高性能光学胶膜制造项目、常州雷尼尔精密机械总部（高精传动部件研发生产）项目、5G科创中心产业园项目、难熔金属靶材产业化生产项目、江苏常州网络视听游戏产业园配套景观绿化工程项目被列入市重点项目。

汉韦绿色高性能光学胶膜制造项目位于和电路北侧，由常州汉韦聚合物有限公司投资建设，总投资2.5亿元。租用常州弘辉控股有限公司标准厂房1.7万平方米，购置15条胶膜生产线，生产高性能光学胶膜。2019年10月开工建设，2021年12月竣工。

常州雷尼尔精密机械总部（高精传动部件研发生产）项目位于青洋北路东侧、洋歧路北侧，由江苏雷尼尔智能科技（集团）有限公司负责实施，总投资1.4亿元。占地面积约2万平方米，总建筑面积5.2万平方米，拟建1栋7层的生产车间、1栋2层的研发楼及其他配套基础设施，生产高精密直线传动装置、高端回转及主传动功能部件。2021年12月开工建设。

5G科创中心产业园项目位于青龙东路北侧、丁塘港西路东侧，由常州豪柏智能科技有限公司负责实施，总投资10亿元。占地面积2.4万平方米，总建筑面积10.44万平方米，拟建2栋11层办公楼（建筑面积51453平方米）、2栋9层研发办公楼（建筑面积11528平方米）、2栋4层办公楼（建筑面积8155平方米）。2021月12月开工建设。年内，豪栢投资控股的深圳成腾科技有限公司、深圳创扬科技有限公司等5G产业优质龙头企业签约入户5G科创中心产业园。

难熔金属靶材产业化生产项目位于弘智路以东、福阳路以南，由亚芯半导体材料（江苏）有限公司投资建设，总投资3亿元。占地面积3.4万平方米，总建筑面积6.3万平方米，包括研发中心车间、钨板车间、热处理车间、焊接车间及设备用房等建筑。购置包括气相沉积生产线、坯料高压水切割线、真空高温处理生产线、坯料轧制生产线、真空热处理炉等（不涉及危险化学物质及易燃易爆气体生产和存储），生产超高纯金属靶材产品。2020年10月开工建设。

江苏常州网络视听游戏产业园配套景观绿化工程东起北塘河段沪蓉高速西侧，南至太湖东路，西至印山风华地块东侧，北起东支河段河海东路，面积12万平方米，由天宁经济开发区负责实施，总投资5582.25万元。2021年11月开工，实施土方工程、绿化工程、园建工程、配套设施、安装工程等。竣工后能补齐江苏常州网络视听游戏产业园配套设施薄弱短板，全面提升园区发展品位，提高产业集聚的综合承载能力，打造环境优美、功能齐全的现代化产业园区。

7月9日，江苏常州网络视听游戏产业园正式开园

（区委宣传部 提供）

【开发区企业科技创新】 2021年，开发区坚持创新驱动，持续加速动能转换，发展质量实现重大提升。常州亚玛顿股份有限公司被省工信厅评为省五星级上云企业，超薄（厚度≤2毫米）高效减反增透光伏玻璃被工信部认定为制造业单项冠军产品，江苏怀业信息股份有限公司被省科技厅评为苏南国家自主创新示范区潜在“独角兽”企业，常州汉韦聚合物有限公司、江苏视博云信息技术有限公司被省生产力促进中心评为省潜在“独角兽”企业，常州海图电子科技有限公司被省工信厅评为省专精特新“小巨人”企业，常州远东连杆集团有限公司、常州旭荣针织印染有限公司、江苏远方动力科技有限公司被省工信厅评为省级“小巨人”企业（制造类），中质智通检测技术有限公司被省工信厅评为省级“小巨人”企业（创新类），常州远东连杆集团有限公司技术中心被省工信厅、省发改委、省科技厅、省财政厅、省税务局评为省级企业技术中心，航天云网数据研究院（江苏）有限公司被省工信厅评为省生产性服务业优秀服务机构，中欧（常州）检验检测认证国际合作产业园被省商务厅评为第二批江苏省服务贸易基地，常州找纱科技有限公司和常州铂林热处理有限公司被省工信厅认定为省“两化”融合（升级版）贯标试点企业，常州凯特工业机器人有限公司、铭创（江苏）幕墙新材料有限公司、常州智谷机电科技有限公司等10家企业被市科技局认定为市瞪羚企业，常州莱森机械制造有限公司、常州凯得新材料科技有限公司的功能性聚乙烯薄膜智能化车间被市

工信局认定为市智能车间，江苏巨星铭创幕墙有限公司、常州市隆龙升经编机械有限公司、江苏源普控制设备有限公司等27家企业通过省发改委“两化”融合管理体系贯标，常州智谷机电科技有限公司、常州铂林热处理有限公司等27家企业获批省级星级上云企业，常州找纱科技有限公司被市发改委评为市“三新”经济示范企业，常州市步云工控自动化股份有限公司入选市支持智能制造服务商发展项目和省级首台（套）重大装备奖励项目拟支持企业名单，黑牡丹纺织有限公司、江苏汉武智能科技有限公司、常州亚玛顿股份有限公司、常州市达蒙砂轮制造有限公司被市工信局评为市服务型制造示范企业，常州旭荣针织印染有限公司、黑牡丹纺织有限公司被市发改委评为第一批市级先进制造业和现代服务业融合示范企业，中欧（常州）检验检测认证国际合作产业园、江苏常州人力资源服务产业园、常州启迪协信科技园生产性服务业集聚示范区被市发改委评为第一批市级现代服务业集聚发展示范区，中质智通检测技术有限公司被市发改委评为第一批市级现代服务业领军企业，常州鑫润丰东热处理工程有限公司、常州海图电子科技有限公司、常州琉璃光生物科技有限公司等10家企业的工程技术研究中心被市科技局评为市级工程技术研究中心，江苏怀业信息股份有限公司的智能化应急救援通信调度设备（HY-CI1122）、常州明杰重工科技股份有限公司的核电核岛安全壳封头用ACP100型椭圆曲率瓣片成型模具、常州凯特工业机器人有限公司的11-30T大型回转支架智能焊接机器人工作站被市工信局认定为市首台（套）重大装备及关键部件，江苏汉武智能科技有限公司被市工信局认定为市级工业设计中心。

年内，开发区25个项目入围常州市“双创”大赛决赛，其中5个项目获二等奖、11个项目获三等奖。常州市新高绝缘材料有限公司、常州辉途物联网科技有限公司、常州凯得新材料科技有限公司等71家企业申报高新技术企业，申报数为历年之最，其中30家企业被认定为高新技术企业。常州海航新材料有限公司、圣塔菲医疗科技（常州）有限公司、一览科技（常州）有限公司等39家企业获市人才计划项目支持，江苏视博云信息技术有限公司、常州元晶电子科技有限公司、江苏怀业信息技术股份有限公司等17家企业获市科技支撑计划支持，江苏明伟万盛科技有限公司获省级工程技术研究中心项目立项，中欧（常州）检验检测认证国际合作产业园申报国家级孵化器、省级加速器，新一代信息技术产业园申报市级孵化器。全年入选省双创人才3名、龙城英才项目35个。

【开发区新增高新技术企业30家】 2021年，天宁经济开发区30家企业被全国高新技术认定管理工作领导小组认定为高新技术企业，累计102家。

2021年天宁经济开发区新增30家高新技术企业一览表

表45

序号	企业名称	地址	建筑面积（平方米）	产值（万元）
1	常州玖翔电子有限公司	天宁区龙城大道616号	3000	3655
2	常州辉途物联网科技有限公司	天宁区虹阳路2号	1647.54	2731
3	江苏智允数字科技有限公司	天宁区北塘河路8号恒生科技园二区	865	9775
4	江苏优盾通信实业有限公司	天宁区青洋北路11号	340	1950
5	常州琉璃光生物科技有限公司	天宁区北塘河东路15号	63604.73	27939
6	常州凯得新材料科技有限公司	天宁区弘礼路3号	15000	8500
7	常州茂华信息科技有限公司	天宁区竹林北路256号天宁科技促进中心	230	190
8	江苏软讯科技有限公司	天宁区和平工业园蓝天路158号	18447	5110.2
9	常州明杰五金制造有限公司	天宁区和电路2号	18000	7682
10	常州市威博称重设备系统有限公司	天宁区常州检验检测产业园3号楼	10423.45	3631

续表 45

序号	企业名称	地址	建筑面积（平方米）	产值（万元）
11	常州天瑞新材料科技有限公司	天宁区龙锦路 508 号	3500	1000
12	江苏灵动飞扬科技有限公司	天宁区虹阳路 2 号	1400	3848
13	常州市达蒙砂轮制造有限公司	天宁区郑陆镇花园村委周塘桥 124 号	10500	7200
14	常州市北洋建材有限公司	天宁区郑陆镇工业集中区	19825	9245
15	伊顿电力设备有限公司	常州外向型农业综合开发区横塘河西路 1 号	30000	76160
16	常州汉威信电子科技有限公司	天宁区青龙街道青洋北路 143 号	2836.2	2068
17	常州盛天传动件有限公司	天宁经济开发区桐家工业园	13950	16532
18	江苏远翰建筑设计有限公司	天宁区竹林北路 256 号天宁科技促进中心	2500	14000
19	常州诺宇焊接科技有限公司	天宁区青洋北路 1 号	1270	1200
20	常州市青龙装饰制品有限公司	天宁区青龙街道青洋北路 227 号	20000	3300
21	常州市隆龙升经编机械有限公司	天宁区郑陆镇和平村委钱家头 104 号	9222.94	5500
22	常州海图电子科技有限公司	天宁区北塘河东路 17 号	4500	8500
23	常州科翔物联技术有限公司	天宁区青洋北路 77 号	928.66	600
24	常州海威尔机器人科技有限公司	天宁区青洋北路 1 号	4500	8500
25	常州万联网络数据信息安全股份有限公司	天宁区北塘河东路 5 号	570	552
26	常州市新高绝缘材料有限公司	天宁区郑陆镇武城村	7000	3320
27	江苏源坤电子科技有限公司	天宁区福阳路 95 号	3000	3000
28	常州元晶电子科技有限公司	天宁区青洋北路 11 号	1200	1000
29	常州市金艾联电子科技有限公司	天宁区青洋北路 1 号 22 幢	500	814
30	铭创（江苏）幕墙新材料有限公司	天宁区郑陆镇和平村委西陈家头 116 号	5643	16500

【倍科电器有限公司落户中欧（常州）检验检测认证国际合作产业园】 4月8日，倍科电器（中国）有限公司中国区总部落户中欧（常州）检验检测认证国际合作产业园，总投资5000万元，租赁面积5000平方米，其中2600平方米为创新研发实验室。倍科电器中国区总部在园区设立产品认可实验室，为国内及亚太地区近百个供应商提供全面的家电产品测试和检验，并开展家电产品研发与销售。2021年，实现销售额3.3亿元。

【全国检验检测认证职业教育专家论坛在天宁区召开】 7月20日，由天宁区人民政府、全国检验检测认证职业教育集团主办，天宁经济开发区管委会、中欧（常州）检验检测认证国际合作产业园、中检邦迪（北京）智能科技有限公司、常州工程职业技术学院、EWG1990仪器学习网承办的2021全国检验检测认证职业教育集团年中理事会暨检验检测认证职业教育专家论坛在中欧（常州）检验检测认证国际合作产业园召开，常州市人民政府、中国国际检验检测创新中心、全国检验检测认证职业教育集团、国家市场监督管理总局认可与检验检测监管司行业监测处、天宁区委、天宁区政府、天宁经济开发区管委会等单位领导出席。论坛收到围绕推进检验检测行业发展与高等教育深度融合、总结职教集团相关工作经验探讨未来发展方向、推进质量强国建设、教育强国建设等方面交流文章35篇。活动邀请来自中国检验检测学会、中国化工教育协会、国家市场监督管理总局等单位机构的16位专家进行主旨演讲，共同探讨行业现状及发展趋势，探索检验检测人才培养有效路径。活动现场，中国国际检验检测创新中心主任、全国检验检测认证职业教育集团理事长李新实与常州工程职业技术学院党委书记王光文为“全国示范性职业教育（联盟）培育单位”揭牌；职教集团（TIC）产业学院、江苏省绿色品质智能检测产教融合集成平台、全国检验检测认证实训就业基地举行揭牌仪式，并对新加入常州市检验检测标准认证协会的理事会员单位授牌，为检验检测标准认证专委会专家颁证。

（颜华鳞）

【常州市检验检测标准认证协会成立】 9月17日，常州市检验检测标准认证协会第一次会员大会召开，会议审议并通过各项规章制度、管理办法以及协会LOGO，推选常州市建筑科学研究院集团股份有限公司为会长单位，其董事长杨江金任会长；推选常州市疾病预防控制中心、通标标准技术服务（常州）有限公司、坛墨质检科技股份有限公司、江苏省水文资源勘测局常州分局、常州检验检测认证产业园有限公司为副会长单位，其主要负责人唐宏兵、朱眺茵、方燕飞、王雪松、张超任副会长。至年末，协会累计吸纳会员单位43家。9月30日，常州市检验检测标准认证协会成立仪式在中欧（常州）检验检测认证国际合作产业园举行，常州市检验检测标准认证协会与中国检验检测学会达成合作意向，设立“中国检验检测学会科技创新服务站”。

延伸阅读：

常州市检验检测标准认证协会是由常州市建筑科学研究院股份有限公司、常州检验检测认证产业园有限公司等多家检验检测认证行业相关机构发起并自愿结成的区域性、行业性、非营利性社会组织，致力于促进行业内部自律和管理，搭建交流平台，进一步发挥检验检测认证产业作为新兴服务业态的引领作用，推进产业在结构布局、核心竞争力、创新能力等方面的提升，服务常州经济高质量发展。

（张逸昕）

9月30日，常州市检验检测标准认证协会成立仪式在中欧（常州）检验检测认证国际合作产业园举行 （天宁经济开发区 提供）

【开发区获批国家级“两业”融合改革发展试点】 2021年，经国家发改委评估，天宁经济开发区获评国家发改委“两业”融合发展试点单位，成为江苏省唯一获评国家级“两业”融合试点区域。近年来，开发区以新兴产业推动“两业”融合，放大“三新”经济规模，做大做强检验检测认证、工业互联网、智能驾驶、网络视听、新一代信息技术、跨境电商等新兴产业，推动制造业服务化和服务业制造化；以重点园区推动“两业”融合，加快推进汽车零部件产业园、通信技术产业园（二期）、金新科创园、中交智荟港、工业互联网科创中心、5G科创中心等园区载体和标准厂房建设，推动土地集约利用，实现企业集聚发展，加速孵化“两业”融合企业；以龙头企业推动“两业”融合，发挥黑牡丹（集团）股份有限公司、常州旭荣针织印染有限公司、常州亚玛顿股份有限公司、江苏武进不锈股份有限公司、常州四药制药有限公司、航天云网科技发展有限责任公司、国佳云为（江苏）信息科技有限公司、常州找纱科技有限公司、常州巨细信息科技有限公司、江苏视博云信息技术有限公司等重点龙头企业带动作用，推动传统制造业与工业互联网相结合、智能制造业与现代服务业相结合，打造“两业”融合发展新路径；以转型升级推动“两业”融合，发挥辖区传统制造业企业集聚优势，加速向“微笑曲线”（制造业的产业链中附加值更多体现在研发和销售两端，而处在中间的制造环节附加值最低）两端延伸，全面推动制造业服务化，不断释放经济增长效应。

【亚玛顿股份有限公司超薄光伏玻璃获评制造业单项冠军产品】 2021年，常州亚玛顿股份有限公司超薄（厚度≤2毫米）高效减光增透光伏镀膜玻璃被工信部认定为制造业单项冠军产品。常州亚玛顿股份有限公司位于青龙东路639号，占地面积5000平方米，员工800人，其中各类科技人员250人，拥有国内外先进检验检测设备超100台（套）。公司主要研发、生产和销售太阳能玻璃、超薄双玻组件、光伏电站业务、电子玻璃及显示器系列产品。2021年，公司主营产品销售收入20亿元，税收3500元。

【东方侏罗纪项目签约落户开发区】 10月9日，在中国常州科技经贸洽谈会开幕式上，总投资61亿元的东方侏罗纪项目签约落户开发区。该项目位于常州市河海东路以北、沪宁高速以南、恐龙城已建区以东、青洋路以西，规划面积约100万平方米。其中，98万平方米位于天宁经济开发区辖区内，2万平方米位于新北区三井街道辖区内。该项目拟建设恐龙星球、亚特兰蒂斯和多家主题度假酒店、企业创智总部以及高品质未来社区、公办学校、社区服务中心等，高标准打造“长三角休闲度假中心”重点文旅产业。项目分2期进行，一期拟于2022年6月开工，建设大型防灾避险教育研学基地“恐龙星球”和“恐龙人城堡酒店”；二期拟于2025年9月开工，把“航天”主题融进大型室内游乐、主题酒店和潮玩购物之中，打造世界级旅游目的地。项目建成后，对推动天宁区旅游度假区文化内涵和城市形象提升、促进产业结构优化和劳动力就业、助推区域经济高质量发展起到积极作用。

（颜华鳞）

【开发区3家企业案例获评工信部工业互联网平台创新领航应用案例】 11月24日，工信部公布《2021年工业互联网平台创新领航应用案例入围名单》，亚东集团的亚东数字化工厂创新应用、国佳云为（江苏）信息科技有限公司的“长三角”基础制造业一体化工业互联网公共服务平台创新应用、常州巨细信息科技有限公司的巨细智能织造工业互联网平台创新应用3个案例入选工业互联网平台创新领航应用案例名单。

亚东数字化工厂创新应用由海汇数智科技有限公司开发，借助卡奥斯工业互联网的技术优势，利用大数据、物联网、5G等核心技术实践经验，为亚东集团搭建数字化平台，实施核心信息化系统升级，通过企业ERP系统数据流，建立业务子系统流程规范，开展数字化生产管理、数字化质量管理、数字化监控等数字化、智能化方面的信息化建设，对产品工艺设计、样品试制、批量生产主业务流程以及设备管理、能耗管理、质量管理、生产管控四大核心领域进行数字化转型，助力企业效益提升。

“长三角”基础制造业一体化工业互联网公共服务平台创新应用由国佳云为（江苏）信息科技有限公司开发，为企业轻量化解决数字化转型需求，聚焦汽车零部件、纺织等区域特色行业，研发设计垂直行业特色子平台，与平台综合可视化、设备资产管理、轻量ERP系统、能耗管理系统、工单管理、WMS（仓库管理软件）仓储管理等工业SaaS（Software-as-a-service，软件即服务）套件联动，推动区域经济、块状经济实现提质增效和转型升级。

巨细智能织造工业互联网平台创新应用由常州巨细信息科技有限公司开发，围绕纺织织造，建立从原料、前道、织机监控、布匹检验、仓库管理等环节的一体化、数字化生产管理系统，有效解决传统纺织企业粗放式生产管理方式中资源浪费大、生产数据时效性差、订单排产缺乏依据、管理层无法实时掌控生产情况、各生产环节协同性弱等问题。

（王　喆　颜华鳞）

【开发区基础设施建设】 2021年，开发区加快基础设施建设，完成征收拆迁面积20万平方米，打通东扩融合发展大动脉，“五横五纵”路网体系建设完成90%，大明路、智慧大道、东青和平路验收通车。高质量完成东青片区升级改造，累计拆除民房3200余户、企业200余家，约170万平方米；东青幼儿园改扩建工程竣工验收，占地面积7.2万平方米的未来智慧城初中、小学、幼儿园、全民健身中心一体化项目开工建设。安置房建设快速推进，汤家头地块7.86万平方米安置房主体完工，苹果郡西侧地块3.66万平方米安置房10月开工建设，苹果郡东侧、东青雅苑（二期、三期、四期）安置房建设有序推进，投用后可安置居民7600余户。

【开发区全域环境整治】 2021年，开发区推进全域社会综合治理，12类56项污染防治攻坚战年度目标任务全部完成，8个综合网格平台采集数据15349条，上报事项

3517条（安全隐患类2994条、普通事件类523条），服务走访9686人。全年受理市长、区长信箱信访件8件、阳光平台信访件56件、来电来访74件，回复率100%，接待群众来访151批479人次。落实安全生产专项整治三年行动方案，排查企业、居民住宅、学校、养老院等重点单位1400家次，整改隐患1200条；举办各类消防、安全生产主题培训20场、应急演练40场，强化安全发展理念，增强全民安全意识。开展"危污乱散低"专项整治，累计排查企业456家次，关闭30家。全年累计投入管护资金500余万元，开展环境整治活动155场次，参与1887人次，清理生活垃圾18150吨，清理村内河塘沟渠、排水沟168处，清理残垣断壁27处。创优路、永武路、长青路建成精品道路，实现推窗见绿、移步成景。东青宋塘村人居环境示范点建设继续推进，投入30万元，改造污水沟塘为健身篮球场，改善村容村貌。武城村开展全域环境整治，提升村庄、大明路沿线环境面貌；累计投入430万元，整治水域环境，并利用16.6公顷水域养殖龙虾、螃蟹等经济农产品，增加村级集体经济收入。

【开发区民生保障提升】 2021年，开发区坚持以民为本，全年新增就业1660人，新增企业职工基本养老保险645人，完成武城村14个生产组累计233人即征即保工作，为31855人次发放退地保障金4108万元，为45名低收入人员发放补助金44.5万元，为3名困境儿童发放补助金7.15万元，为221名困难残疾人发放"两项补贴"180余万元，为35名优抚定补对象发放补贴84万元，为108名60周岁以上农村籍退役军人发放补贴38.5万元，为40名计划生育特殊家庭发放特别扶助金34.5万元，为1240名农村独生子女发放扶助金119万元，为8362名80岁以上老年人发放尊老金47万元，为356名城镇居民办理基本医疗保险，为13850名居民提供家庭医生签约服务（签约率75%），为3455名重点人群提供家庭医生签约服务（签约率86%），为2008名适龄妇女免费开展"两癌"筛查。年内，投入资金60余万元，开展博爱送万家活动，重点走访慰问因病致贫及生活困难群众，累计受益3512人。推进新冠病毒疫苗接种，全年完成首针接种16023人，首针完成率125%；完成第二针接种13107人，完成率102.4%。

（颜华鳞）

郑陆镇

【概况】 郑陆镇地处常州市天宁区东部，东邻江阴市南闸镇，南连常州经济开发区横山桥镇，西接潞城街道与青龙街道，北与江阴市临港新城接壤。镇政府位于常州市天宁区郑陆镇镇南路19号，行政区域面积88.93平方千米，辖26个行政村、4个社区。至2021年年末，有户籍人口69458人，常住人口92115人。郑陆镇是常州市九大中心镇之一，由原焦溪、三河口、郑陆和东青4个镇合并而成，扼常州东门要道，交通便捷，东临沪宁高速公路横山桥道口，西邻常州青洋路高架道口，232省道、朝阳路穿境而过。郑陆镇是苏南乡镇工业发源地之一，形成以不锈钢管、高分子医疗器械、干燥设备、环保新能源为支柱的工业产业体系，是省级不锈钢管优质产品示范基地、中国干燥设备之乡、高分子医疗器械之乡。境内有列入江苏省文物保护单位、距今4500年的新石器时代崧泽文化和良渚文化的寺墩遗址，有中华道德始祖舜帝和距今2500年的常州人文始祖季札为代表的圣贤文化，有以顾克明、高晓声为代表的现代名人文化，有列入中国历史文化名村名录的焦溪古村文化，有以黄天荡清水蟹、"二花脸"猪、焦溪羊肉、葡萄、翠冠梨等名特农产品为代表的美食文化。2021年，郑陆镇获评常州市新时代文明实践试点先进单位、2020年度常州市平安镇；郑陆镇牟家村获评"学习强国"进家庭示范点；丰北村获评美丽家园省级示范点、常州市美丽庭院示范村、第二批常州市乡村旅游重点村；黄天荡村再次获评全国乡村特色产业亿元村，是天宁区唯一获此荣誉的乡村。

2021年郑陆镇村（社区）基本情况一览表

表46

村（社区）	户数（户）	户籍人口（人）	集体经济收入（万元）	书记	主任	地址
石堰村委	709	2277	522.1	朱加林		郑陆镇石堰村委石堰村461号
焦溪村委	1095	3446	1007.3	刘元兴		郑陆镇焦溪村委常焦路焦溪路段18号

续表 46

村（社区）	户数（户）	户籍人口（人）	集体经济收入（万元）	书记	主任	地址
省岸村委	688	2411	388.6	高永伟		郑陆镇省岸村委省岸里 5 号
横沟村委	1026	3598	303.7	翟才军		郑陆镇横沟村委沈家村 28 号
舜南村委	742	2605	207.3	陈文伟		郑陆镇舜南村委陈家村 10 号
查家村委	560	2122	406.3	顾相才		郑陆镇查家村委曹家湾 1 号
粮庄桥村委	679	2228	459.1	魏　国		郑陆镇粮庄桥村委魏家村 58 号
舜北村委	1006	3397	242.5	汪卫峰		郑陆镇舜北村委塘铁桥 120-1 号
翟家村委	585	2068	284.7	吴　钧		郑陆镇翟家村朝阳路东
三河口村委	1297	3778	360.5	夏伟东		郑陆镇三河口村东姚村 498 号
丰北村委	1003	3079	274.6	刘　宇		郑陆镇丰北村委谈墅村 280 号
梧岗村委	899	2831	464.1	孙　波		郑陆镇河丰路 19 号
牟家村委	653	2196	1104.6	牟云龙		郑陆镇牟家村 169 号
新沟桥村委	1122	3590	496.1	徐亚红		郑陆镇新沟桥村委徐家村 112 号
宁河村委	1248	3597	484.4	刘洪林		郑陆镇常河路 382 号
徐家村委	830	2833	232.2	韩霄鸿		郑陆镇徐家村委
董墅村委	783	2544	559.4	陈奇峰		郑陆镇常郑路 137 号
施家巷村委	994	3051	435.6	范燕峰		郑陆镇施家巷村委
三皇庙村委	1812	5739	461.7	江金南		郑陆镇三皇庙村委宗家头 28 号
黄天荡村委	1308	4052	347.2	沈建清		郑陆镇黄天荡村委承家村 105 号
羌家村委	1357	4138	229.1	程静华		郑陆镇羌家村委北巷 106 号
焦溪社区	534	1053	—	李文峰		郑陆镇焦溪舜溪中路 16 号
河口社区	437	751	—	徐文国		郑陆镇牟家村 164 号
郑陆社区	779	1805	—	冯国庆		郑陆镇邮电东路 2 号
武城村委	—	—	—	江小明		郑陆镇大明北路武城村民委员会
花园村委	—	—	—	黄洪清		郑陆镇花园村委胡家带 38 号
东青村委	—	—	—	潘镇安		东青村委戚家弄 6 号
青松村委	—	—	—	陈建伟		青松村委船底湾 66 号
和平村委	—	—	—	周良华		和平工业园
东青社区	—	—	—	蒋凯东		长青苑西区 19-1

说明：2019 年 1 月，东青村、和平村、武城村、青松村、花园村 5 个行政村和东青社区纳入开发区统一管理

【经济发展】 2021 年，郑陆镇全社会固定资产投资同比增长 7.1%；全口径财政收入 13.97 亿元，同比增长 19.69%；一般公共预算收入 8.80 亿元，同比增长 29.5%。郑陆镇以工业经济为主导，有工业企业 2000 余家，总产值 230 亿元，同比增长 26%；其中，规模以上工业企业 172 家，产值 205.3 亿元，同比增长 25.01%。辖区内有规模以上服务业企业 10 家，营业收入 3.14 亿元；限额以上批发零售企业 27 家，销售额 33.95 亿元；新增“四上”企业 53 家，累计 274 家；新增高新技术企业 34 家，累计 102 家；实际利用外资 0.24 亿美元，实现进出口总额 25.8 亿元人民币。重大项目攻坚突破，统筹推进 32 个省、市、区重大

项目建设，其中省级重点项目2个（常州江南运河舜山舜水保护利用项目、常州武进不锈关键特种合金管材项目），市级重点项目3个（季子文化传承基地乡村MALL项目、常州不锈能源装备用关键特种管材项目、凯成精密声学网纱研发生产项目），区级重点项目27个，完成投资34.42亿元；中南高科·常州天宁科创智谷（一期）等15个重点项目竣工投产，工业互联网高新企业数据中心等8个重点项目开工建设。完善精准招商政策体系和工作机制，制定出台《郑陆镇招商引资考核实施办法》《郑陆镇重大项目招商引资奖励意见》，围绕高新区“一首位三支柱”（“一首位”即招引先进材料产业放首位，“三支柱”即招引高端装备制造、新一代信息技术、生命健康与医药3个支柱产业）产业布局，新签约项目27个，总投资98.2亿元。其中，超30亿元人民币项目（江苏武进不锈股份有限公司年产2万吨高端装备用高性能不锈钢无缝管项目）1个，3000万美元外资项目（江苏界达轻量化零部件研发生产项目）1个。科技创新动能不断积蓄，全年新增发明专利62件，高新技术企业专利覆盖率80%，每万人发明专利授权数达38.9件，位列全区第一梯队。科技成果转化和人才队伍建设力度持续加大，实施产学研合作项目6个，获批龙城英才计划5个；改造人才公寓210套，引进高端人才5名。江苏武进不锈股份有限公司完成超5000万元科技成果转化项目，与省产业研究院合作共建联合创新中心，参与制定国家标准2个；江苏宇通干燥工程有限公司、常州一步干燥设备有限公司通过省“专精特新”产品认定，常州市华立液压润滑设备有限公司获评工信部第三批专精特新“小巨人”企业，建成市级工业设计中心；常州武澄科技创业服务有限公司建成市级科技企业孵化器，常州强力先端电子材料有限公司创成市级众创空间；新增省星级上云企业25家，累计60家；完成制造业智能化改造40家，常州市凯龙筛网有限公司创成市智能示范车间；新增“两化”（信息化和工业化）融合贯标企业29家，累计48家，年内江苏武进不锈股份有限公司创成市“两业”融合标杆企业，常州市华立液压润滑设备有限公司、常州华艺建设工程有限公司创成市服务型制造示范企业。提升发展空间承载能力，累计出让工业用地6宗13.26公顷，其中集体经营性建设用地入市4宗2.26公顷；完成高新区创建范围、舜新家园三期安置地块、焦溪古镇等7个项目18万余平方米拆迁清结，涉及民房456户、企业6家。全面落实粮食、生猪等重要农产品稳产保供任务，完成高标准农田建设300亩，粮食种植面积1.3万亩，其中水稻种植面积4565亩，“二花脸”种公猪备份场投入使用，生猪出栏7806头。推进农业品牌建设，“焦溪翠冠梨”商标获批“国家地理标志证明商标”，举办“美味‘郑’当时”丰收美食节，不断提升品牌知名度和影响力。发展绿色农业，建立省级“五有两废”（“五有”即有固定防渗场地、有统一标牌、有专门机构或人员负责、有废膜储有量、有规范台账，“两废”即废旧农膜、农业包装废弃物）回收点，完成16个农产品绿色食品申报，600家农产品经营主体被纳入质量平台监管。郑陆农场通过省级示范家庭农场验收，申报市级“双百”示范合作社、家庭农场4家。农村改革纵深推进，“三资”监管向村民小组延伸，产权交易实现不见面线上交易，全年完成线上交易4宗，成交金额60.9万元。

2021年，江苏武进不锈股份有限公司焊管车间场景　（郑陆镇 提供）

【社会事业】 2021年，郑陆镇落实民生保障和补助救助政策，全年新增就业2045人，办理征（退）地农民进社保4796人，为2559名90周岁及以上老年人发放居家养老援助服务补贴288.97万元，为2839名80周岁以上老年人发放尊老金188.45万元，为6名“三无”老人发放生活保障经费14.26万元，为161户低保家庭195人发放低保救助金187.24万元，为325户困难家庭提供临时救助48.75万元，为1093名残疾人发放“两项补贴”560.57万元，为391名优抚对象发放物价补贴394.98万元，镇慈善协会为因病致贫家庭发放慈善救助金47.75万元。为退役士兵办理社保接续，郑陆镇退役军人服务站创成全国示范型退役军人服务站，常州强力电子新材料股份有限公司创成省级“戎耀之家”郑陆镇退役军人服务站。加快基础设施建设，工业大道朝阳路至焦溪古镇路段建成通车，迎宾中路精品街改造、丰收河南路开工建设，南闸站改建工程交付投用，改耕圩排涝站改建工程、龙溪河北闸站主体工程完工，黄昌河圩堤加固工程开工建设，郑陆、焦溪垃圾中转站实施改造，提升垃圾收集转运容器化、机械化和密闭化水平。提高医疗卫生服务水平，郑陆镇卫生院建成江苏省第二批农村区域性医疗卫生中心，达到国家级“优质服务基层行”推荐标准；焦溪卫生院计划免疫门诊建成运行，三河口分院完成服务功能提升改造，三皇庙村卫生室创成市甲级村卫生室；全年建立居民健康档案99305份，建档率88.70%；家庭医生签约居民54456人，签约率45.90%；重点人群签约43918人，签约率81.25%；12周岁以上人群新冠疫苗全程接种率达95%。教育事业有序推进，三河口高中完成管理体制调整，被纳入市教育局统一管理，郑陆中心幼儿园改扩建工程竣工。古建筑修缮继续推进，小是家院等8个历史院落、澄西抗日民主政府旧址完成修缮。历史文化发掘展示，寺墩遗址片区发展规划启动编制，寺墩遗址考古工作持续推进，季子文化展示中心建成开放。

【社会治理】 2021年，郑陆镇打造“全镇域、智能化、大联动”网格化社会治理新模式，依托67个综合网格、17个专属网格和84名网格长、377名专兼职网格员，累计采集基础信息15.3万条，走访服务56.5万次，巡查上报事项8.7万件。全年受理阳光信访平台信访件61件、“12345”市长热线投诉1600件、省长信箱信访件5件、市长信箱信访件12件、区长信箱信访件4件，接待个人访118人次、集体访123人次，处置率100%。改造升级镇审批服务综合执法一体化平台，实现数据互联互通共享，联动指挥派单1500余件，办理率84%；全年立案查处各类案件67件，罚没入库22.12万元；构建“管家式”企业服务体系，提供企业开办、人社、医保等260项服务。开设政务服务便利站2个，打造便民服务中心示范点2家，推出“一件事”套餐办、“提前服务”等便民措施，落细落实“一门进、一站式、一窗办”，擦亮“满意服务365”招牌。依法办理区、镇人大代表建议59件、区政协委员提案3件，办结率100%。开展2020—2022年三年安全生产专项整治，重点推进工业企业安全生产风险报告制度和危化品使用安全专项治理，开展安全督导检查100余次，发现安全隐患1000条，均完成整改。环境整治成效明显，关停3家化工企业（常州市建连化工有限公司、常州东南鹏程化工有限公司、常州市武进三河口树脂有限公司），改造工业炉窑25台，综合治理涉VOCs产业集群6个、企业154家、挥发性有机物储罐12个、医疗行业废气排放34家，年处理2万吨一般工业固废收集中心完成建设。完成“水十条”省、市考核断面达标整治，整治劣V类河道4条，治理小微水体48个。加快农村生活污水治理，郑陆污水处理厂一期改建项目完成招标，新建管网51.1千米、污水处理设施27套，覆盖49个自然村。持续深化土壤环境管理，6个关闭遗留超标地块完成分类调查，紧扣存量违法用地图斑“清零”、违法用地增长“归零”目标，整改国土违法图斑16宗、1.6万平方米。开展群租房专项整治，全镇171户群租房登记率100%，发现重大安全隐患3项，安全隐患整改率100%。切实保障群众饮食健康安全，新增“阳光餐饮”企业（单位）243家，获评江苏省“名特优”食品小作坊3家、常州市“名特优”示范食品小作坊2家、常州市餐饮质量安全示范店（食堂）5家。

【基层党建】 2021年，郑陆镇党委下属党组织208个，其中党委12个、党总支17个、党支部179个，党员3692名。年内，发展党员80名，其中“两新”组织发展党员29名，新建“两新”组织党支部5家（其中企业4家、社会组织1家）。开展“我为天宁‘十四五’开局献一计”专题讨论会32场，参与1000余人次，收集“献一计”40余条。成立5个疫情防控临时党支部，发动363名党员志愿者成立党员先锋岗，深入防疫一线开展疫情防控。是年，郑陆镇查家村书记顾相才获评江苏省优秀共产党员，郑陆镇梧岗村书记孙波获评常州市优秀党务工作者，郑陆镇行政审批局党支部获评常州市先进基层党组织，牟家村获评常州市“五星”级村（社区）党组织，10名党务工作者获评区优秀党务工作者，11名党员获评区优秀共产党员。开展作风督查14次，发现问题12个，发出作风纪律专项督查情况通报2期。召开党风廉政专题会议12次，对重点领域重要部门关键岗位工作人员主动约谈96人次，问责党员干部3人，处分3人，问责党组织1个，查处群众身边腐败和作风问题8起9人，处分6人。

（陈　琦）

【郑陆镇第四届人大代表选举】 9—12月，郑陆镇根据《中华人民共和国全国人民代表大会和地方各级人民代表大会选举法》和上级部署要求，组织开展镇第四届人大代表选举。2021年，参加镇人大代表选举的登记选民79391人，参加投票（含委托投票）选民78992名，参与率99.49%。12月1—3日，151名镇人大代表正式候选人与选民见面，选民参加见面率98%。12月9日，郑陆镇47个选区完成新一届镇人大代表选举，选出镇第四届人大代表107名。其中，基层代表（含一线工人、农民、专业技术人员）84人，占比78.50%；妇女代表39人，占比36.45%；党政领导干部6人，占比5.6%；企业负责人12人，占比11.20%；非中共党员34人，占比31.78%，符合省、市人大代表会议对代表整体结构的比例要求。代表年龄结构更趋合理，其中，35岁以下人大代表24人，占代表总数的22.43%；36岁至55岁人大代表72人，占代表总数的67.29%；56岁以上人大代表11人，占代表总数的10.28%。代表中新的社会阶层代表人士32人，占代表总数的29.91%；社区工作者6人，占代表总数的5.61%；连任人大代表37人，占代表总数的34.58%。代表受教育程度不断提升，具有大专以上文化程度的人大代表83人，占比达77.57%。

（陈文玮）

【郑陆镇15个重点项目竣工投产】 2021年，郑陆镇15个重点项目竣工投产。

鑫润丰东精密件智能化生产技术改造项目由常州鑫润丰东热处理工程有限公司负责实施，总投资1.5亿元，购置金属件强化智能化生产线，年处理发动机部件180万件、离合器部件100万件、高铁和地铁齿轮5000件、高铁能量吸收器2000件。该项目10月竣工，达产后年产值将达1.5亿元。

中南高科·常州天宁智谷（一期）项目由常州锦麒科技产业园运营管理有限公司负责实施，总投资1.94亿元，总建筑面积5万平方米，建设标准厂房15栋，用于新兴产业园区管理服务和科技孵化。该项目12月竣工，至年底，累计26家企业入驻。

吉科提高塑料包装膜和流延机生产能力技术改造项目由常州市吉科涂塑机械有限公司负责实施，总投资5000万元，外购原材料POE粒子、PVC粉料、钢材、板材等原材料，购置流延线12条、吹膜线6条、搅拌机12台、分切机4台、粉碎机2台、烘房2间、分卷机4台、环保设备4套等设施，用于提高塑料包装膜和流延机生产能力。该项目9月竣工，达产后年产值将达5000万元。

京林医疗提高注射器胶塞生产能力技术改造项目由常州京林医疗器械有限公司负责实施，总投资3500万元，购置橡胶成型机2套、油压冲床1台、橡胶捏炼机1台、模具52个、环保设备1套等设施，用于生产注射器的胶塞等其他医疗产品。该项目12月竣工，达产后年产值将达1.8亿元。

东腾金属热处理技术升级改造项目由常州市东腾金属热处理有限公司负责实施，总投资3000万元，改善注射器橡胶活塞生产能力。该项目9月竣工，达产后年产值将达4000万元。

科源高端阀门技术改造项目由江苏科源阀门制造有限公司负责实施，总投资4800万元，购置加工中心15台机械加工设备，新增年产2万台高端阀门生产能力。该项目5月竣工，达产后年产值将达7000万元。

华毅细胞培育器材生产项目由常州市华毅生物技术有限公司负责实施，总投资8000万元，租赁房屋4015平方米，购置注塑机15台、硫化机5台、密炼机1台、开炼机1台、压延机烘箱1套、真空等离子清洗机10台、超声波焊接机5台等设备。该项目5月竣工，投产后形成年产30万个“细胞工厂”（培育贴壁细胞的盒子）、100万个细胞培育皿、100万个细胞培育板和100万个细胞培育瓶生产能力，年产值将达4000万元。

敦煌彩印提高医用透析纸生产能力的技术改造项目由常州敦煌彩印有限公司负责实施，总投资3000万元，购置柔板印刷机15台、复卷机10台、涂胶机10台、凹版印刷机2台、复合机1台等。该项目9月竣工，投产后形成年产3000吨医用透析纸、3亿只医用包装袋、3000万只纸盒、800万只外箱、2000吨吸塑膜的生产能力，年产值将达5000万元。

银丰塑业年产6000吨共挤吸

塑膜项目由常州银丰塑业科技有限公司负责实施，总投资3050万元，租赁常州市中友食品有限公司房屋面积1781平方米，外购原材料塑料粒子，购置吹膜机4台、拌料机3台、分切机3台、打包机1台、环保设备1套等。该项目10月竣工，投产后形成年产6000吨共挤吸塑膜生产能力，年产值将达3500万元。

艾达制冷提高热塑压力软管生产能力技术改造项目由艾达制冷科技（常州）有限公司负责实施，总投资3000万元，外购原材料PA塑料粒子，购置数控车床31台、普通车床1台、压缩机2台、干燥机2台、钻床2台、锯床3台、攻丝机1台、喷砂机1台、烧结炉（电炉）2台、加热炉（电炉）2台、检测设备3套、超声波清洗机3台、编织机11台、混料机1台、粉碎机1台、剪线机1台、焊机7台、弯管机3台、空压机2台、喷粉生产线1条、抛丸机2台、切管机1台、数控中心2台、旋压机1台、液压机5台、压装流水线1台、废气处理设备2套等。该项目10月竣工，投产后形成年产制冷用热塑压力软管50万米、软管接头300万只、视液镜100万只、压力容器30万只、接线柱10万只、阀门20万只生产能力（不含铸造），年产值将达4000万元。

双马提高一次性医疗器材生产能力技术改造项目由常州市双马医疗器材有限公司负责实施，总投资4000万元，购置注塑机6台、模具15台、模具监视器15台、吸料塑包设备7台（套）、滚印机7套、注射器组装机8套、注射器摆放机5台，环保设备等。该项目9月竣工，投产后形成年产10亿支一次性医疗器材生产能力，年产值将达2.2亿元。

康进提高一次性医疗器材生产能力技术改造项目由江苏康进医疗器材有限公司负责实施，总投资3200万元，购置注塑机20台、夹子装置自动组装机2套、吸塑包装机3台、模具10套、集中供料系统20套、净化设备2套等。该项目10月竣工，投产后形成年产1000万只静脉营养输液器生产能力，年产值将达3.2亿元。

振兴提高一次性医疗器材生产能力技术改造项目由常州市振兴医疗器材有限公司负责实施，总投资3100万元，购置冲床10套、炼胶机10套、模具30个等设备。该项目10月竣工，投产后形成年产20亿支一次性医疗器材的生产能力，年产值将达3亿元。

嘉瑞提高电器支架生产能力的技术改造项目由常州嘉瑞电器有限公司负责实施，总投资3200万元，购置激光板切割一体机1台、激光焊接机1台、数控折弯机1台、加工中心5台、包装机器人3台、数控冲床5台、3D打印机1台等。该项目10月竣工，投产后形成年产120万台电气支架生产能力，年产值将达1.5亿元。

爱巢年产300吨果蔬方便食品及固体饮料项目由爱巢生物科技（常州）有限公司负责实施，总投资6000万元，租赁常州市白云生物科技有限公司房屋面积1100平方米，外购原材料冷冻果蔬，购置冻干流水线4条、冻干研发设备1套、粉碎机2台、浓缩设备1台、精滤设备1台、储存罐3个（储存酸奶和咖啡液）、冷藏保鲜速冻设备4套、包装机2台、水处理设备1套、清洗设备1套、除湿设备1套、消毒灭菌设备1套、净化系统1套等。该项目9月竣工，形成年产300吨农产品果蔬方便食品及固体饮料的生产能力，年产值达3000万元。

【郑陆镇8个重点项目开工建设】2021年，郑陆镇8个重点项目开工建设。

凯成精密声学网纱研发生产项目位于中心河路西侧、丰收河南路北侧，由常州市凯龙筛网有限公司负责实施，总投资3亿元，占地面积3.33万平方米，其中建设精密声学网纱生产车间24835平方米、办公楼2700平方米等建筑。该项目3月开工，建成后主要生产、研发声学网系列网纱，产品广泛应用于各类电子声学设备的防护、调音等。

工业互联网高新企业数据中心项目位于朝阳路西侧、舜中路北侧，由江苏舜宁投资建设有限公司负责实施，总投资3.54亿元，占地面积15545平方米，总建筑面积4万平方米，其中地上建筑面积3万平方米、地下建筑面积1万平方米。该项目分两期建设，一期建设1幢7层建筑面积24882平方米生产研发楼及建筑面积5000平方米地下车库，二期建设2幢5层5810平方米生产研发楼。一期10月开工投用后将推动传统产业转型升级，培育壮大新兴产业持续赋能。

凯悦危废处置及收集暂存项目位于朝阳路东侧、丰收河南路北侧，由光大舜宁固废处置（常州）有限公司负责实施，总投资1.453亿元，占地面积2.33万平方米，新建厂房面积1.4万平方米，购置废矿物油处理装置、废活性炭再生处理装置、含铜废液铜及镍回收装置、废乳化液处理装置、废酸废碱处理装置、废包装桶破碎及相应的辅助配套设施等。该项目3月开工，预计2022年年底竣工，建成投用后可形成年处置废矿物油5000吨、废乳化液

15000吨、废酸9000吨、废碱8000吨、含铜废液5000吨、表面处理废液5000吨、退锡废液3000吨、废包装桶6500吨（200升及以上15万只，200升以下100万只）、收集暂存其它危废5000吨。

益民干燥桨叶机项目位于中心河东侧、舜湖路北侧，由江苏益民干燥工程有限公司负责实施，总投资5000万元，占地面积8320平方米，新建车间5431平方米，购置剪板机2台、卷板机2台、折弯机2台、电焊机10台、氩弧焊机10台等设备。该项目9月开工，建成投产后可形成年产干燥桨叶机30台(套)生产能力。

坚正5G基站连轴器项目位于东塘路南侧，由常睿科技有限公司负责实施，总投资6000万元，利用自有土地1.33万平方米，建设2万平方米厂房，购置5G基站连轴器生产设备。该项目9月开工，建成投产后可形成年产3600万个连轴器生产能力。

大宁佳苑（二期）项目位于季子路北侧、常焦线东侧，由常州市东南经济开发有限公司负责实施，总投资7.1亿元，占地面积3.93万平方米，建设9幢905套住宅用房、商业用房、公建配套用房等，总建筑面积13.1万平方米，其中地上9.9万平方米、地下3.3万平方米。该项目9月开工，预计2022年底竣工。

沪蓉高速公路青龙互通至焦溪古镇连接线工程项目位于工业大道，由常州市天宁创新投资发展有限公司负责实施，总投资6.6亿元，新建全长8.34千米、红线宽度30米道路，以及地下管网改造迁移、架空线迁移等配套设施工程。该项目3月开工，投用后从沪蓉高速公路青龙出口互通直达焦溪古镇。

郑陆镇卫生院改扩建工程项目位于工业大道北侧、常焦线东侧，由郑陆镇人民政府负责实施，总投资3.3亿元，占地面积2.2万平方米，新建综合楼35468.19平方米，其中地上11层26007.26平方米、地下2层9460.93平方米；配套建设食堂3层14907.19平方米、垃圾房38.64平方米、地下污水处理站57.16平方米等。该项目8月开工，投用后可新增床位200张。

【郑陆镇新增高新技术企业34家】 2021年，郑陆镇34家企业被全国高新技术认定管理工作领导小组办公室认定为高新技术企业，全镇累计102家。

2021年郑陆镇新增34家高新技术企业一览表

表47

序号	企业名称	地址	建筑面积（平方米）	产值（万元）
1	常州市九洲干燥设备有限公司	天宁区郑陆镇查家村	50616	929
2	江苏康进医疗器材有限公司	天宁区郑陆镇董墅村常郑路56号	269730	30806
3	江苏宣胜金属科技有限公司	天宁区郑陆镇梧岗村委冯家尖505号	66600	17800
4	江苏邦杰防腐保温科技有限公司	天宁区郑陆镇三河口东姚村706号	6660	3756
5	常州欧爱欧履带有限公司	天宁区郑陆镇黄天荡村	29304	8167
6	江苏金陵干燥科技有限公司	天宁区郑陆镇三河口常河路501号	11988	7410
7	国润环保工程（常州）有限公司	天宁区郑陆镇黄天荡187号	3500	4832
8	常州市华立液润滑设备有限公司	天宁区郑陆镇牟家村舜平路8号	53280	43500
9	江苏吉春医用器材有限公司	天宁区郑陆镇东白洋98号	22934	20251
10	江苏太阳臣干燥科技有限公司	天宁区郑陆镇焦溪工业园	5328	1107
11	常州市飞碟游艇有限公司	天宁区郑陆镇梧岗村溪河西路19号	41821	3342
12	江苏姚氏环保技术有限公司	天宁区郑陆镇工业园区东白洋100号	12127	5410
13	常州志皓精密管业有限公司	天宁区郑陆镇丰北村委谈墅298号	398268	3812
14	常州市华星机械有限公司	天宁区郑陆镇常河路26号	19980	4176
15	江苏烁源新材料科技有限公司	天宁区郑陆镇三河口冯家尖501号	14652	31818

续表 47

序号	企业名称	地址	建筑面积（平方米）	产值（万元）
16	绿砼（江苏）建筑科技有限公司	天宁区郑陆镇舜山路 55 号	78588	11500
17	常州新舜干燥工程有限公司	天宁区郑陆镇牟家村	1200	210
18	江苏常衡德宇电气有限公司	天宁区郑陆镇羌家村委 114 号	3300	2500
19	常州市神杰干燥设备有限公司	天宁区郑陆镇省岸工业园	1200	268
20	常州市星干干燥设备有限公司	天宁区郑陆镇焦溪工业园区	46000	3500
21	江苏圣曼干燥设备工程有限公司	天宁区 232 省道旁	15000	3200
22	江苏神力医用制品有限公司	天宁区常郑路 20 号	19980	13000
23	江苏省范群干燥设备厂有限公司	天宁区常河路 18 号	32634	5000
24	常州钜苓铸造有限公司	天宁区朝阳路 726 号	60000	32000
25	常州市春来制药机械有限公司	天宁区粮庄桥 43 号姚荡里	2546	748
26	常州润凯干燥科技有限公司	天宁区河丰路 2 号	2500	1900
27	常州广威新材料科技有限公司	天宁区朝阳路	2500	800
28	常州协宇聚氨酯设备有限公司	天宁区郑陆镇三皇庙村常州飞达院内	200	1800
29	常州润弘新能源有限公司	天宁区 232 省道旁	3330	56000
30	常州市双马医疗器材有限公司	天宁区三河路 220 号	23551	16200
31	常州市华立液压润滑设备有限公司	天宁区舜平路 8 号	56610	44500
32	常州市龙城粉体设备有限公司	天宁区新沟桥	7500	4000
33	常州市环康医疗器械有限公司	天宁区常河路 22 号	124542	8000
34	江苏宇阳医疗器械有限公司	天宁区东塘路 1 号	21312	20000

【常州武澄科技创业服务有限公司获批市级科技企业孵化器】 12 月，常州武澄科技创业服务有限公司被市科技局认定为常州市科技企业孵化器。常州武澄科技企业孵化器位于郑陆镇武澄工业园区舜山路 5 号，成立于 2013 年 3 月，由常州武澄科技创业服务有限公司运行管理。该孵化器有可自主支配孵化场地 8500 平方米，服务团队成员 5 人，以“科创服务 + 持股孵化 + 产品投资”为运营模式，为中小微创新企业成长和个人创业提供低成本、便利化、全方位、开放式的综合服务平台。孵化器拥有有效知识产权 47 件，其中发明专利 3 件、软件著作权 3 件。至 2021 年年末，在孵企业 11 家，毕业企业 1 家，累计帮助 3 家企业获得投融资。

【常州强力先端电子材料有限公司创成市级众创空间】 参见“科技”类目“科技创新载体”分目 P208 页【1 家众创空间获市级认定】条目。

【江苏佳尔科药业集团股份有限公司获评省质量信用 AA 级企业】 5 月，江苏佳尔科药业集团股份有限公司被省市场监督管理局、省发改委认定为省质量信用 AA 级企业。该公司始建于 1993 年，位于天宁区郑陆镇三皇庙村委胡庄头 302 号，占地面积 10.6 万平方米，员工 306 人，工程技术人员占 40%，助理级以上质量相关专业技术人员 35 人。公司是专业从事甾集体类原料药及中间体研发、生产与销售为一体的生物医药企业，建有“江苏省高端甾体药物及中间体工程技术研究中心”，先后通过 ISO 14001 环境管理体系认证、GB/T 28001 职业健康安全管理体系认证、中国药品 GMP 认证、美国 FDA、日本 PMDA 现场检查，获得欧盟 COS 注册证书，公司 4 次获评常州市药品生产企业质量安全信用 AAA 级企业，2017 年获省科技厅颁发的高新技术企业证书，2018 年黄体酮产品获得常州市高新技术产品认定证书，2020年获得常州市天宁区区长质量奖。至2021年年末，公司拥有发明专利15项，90%产品销往欧美国家。

【常州一步干燥设备有限公司获省级企业技术中心认定】 11月，常州一步干燥设备有限公司被省工信厅、省发改委等5个部门认定为省级企业技术中心。该公司始建于1995年，位于天宁区宁河路18号，占地面积5万平方米，建筑面积3.8万平方米，职工200余人，科技研发人员58人，专业机械设备200余台（套），是一家设计制造各种干燥设备、混合机、制粒机、粉碎机等制药机械、食品机械、化工机械的专业型企业。公司技术中心拥有3500平方米实验检测中心，与沈阳化工研究院、上海化工研究院、清华大学、大连理工大学、南京理工大学、中国药科大学、江南大学等开展产学研合作，每年至少按销售收入的5%投入新产品研发、检测分析、新产品中试。至2021年年末，公司拥有自主知识产权40项、发明专利7项、实用新型专利27项、外观专利1项、软件著作权5项，其中真空干燥机获江苏省优秀专利奖、中药浸膏喷雾干燥机获中国制药装备行业协会科技创新二等奖。公司28大类、200余种产品广泛应用于中西制药、绿色食品、化工、环保新材料、生物工程等领域，产品远销美国、德国、日本、俄罗斯等国家和中国香港、中国台湾等地区，全年销售收入1.73亿元，利税1500万元。

【常州市华立液压润滑设备有限公司获评国家级专精特新“小巨人”企业】 常州市华立液压润滑设备有限公司位于常州市天宁区郑陆镇牟家村舜平路8号，始建于1984年，占地面积12万平方米，建筑面积7万平方米。该公司是国家高新技术企业、省五星上云示范企业、省“两化”融合示范企业、省级技术中心和省级工程研究中心、AAA级重合同守信用企业、市长质量奖先进单位和全国重型机械工业协会液压润滑设备分会副理事长单位，“华润”商标为中国驰名商标。公司拥有各类先进生产、检测设备800余台（套），员工400人，其中技术研发人员占12%，拥有发明专利6项，是专业生产润滑成套设备、研发新型机械工业技术的机械制造服务型高新技术企业，市场占有率连续16年保持国内润滑设备行业第一名。公司主要产品有润滑液压系统、过滤器冷却器、压力管道及容器、换热器（级间冷却器、后冷器、油冷却器、水冷凝汽器、油雾分离器）和其他润滑设备配套产品，客户遍布西门子、通用电气、法液空、米其林、三菱、埃利奥特、中石化、电力等行业公司。2021年，公司销售收入4.05亿元，利税1800万元。

【郑陆镇新增发明专利62件】 2021年，郑陆镇新增发明专利62件。

2021年郑陆镇新增62件发明专利一览表

表48

序号	企业名称	专利名称
1	常州东方三环电气有限公司	紧凑型变压器及装配其的变电站
		变压器油箱
		SCB变压器及基于该变压器的封闭式变电站
2	常州海特赐仁传动科技有限公司	具有下压起点检测功能的校直机
		花键螺母生产用工作台吹清装置
3	常州赫尚赫机械有限公司	用于加工销轴的高精度设备
		销轴及装配其的销轴车床
		机械设备的销轴轴套组件及销轴耐磨试验方法
4	常州金鹰医药包装有限公司	医药复合硬片包装的喷码设备
		医药复合膜的自动整理包装设备
		医药复合硬片的防压的运输包装设备
5	常州市福佑电子有限公司	基于定位夹紧的蜂鸣器生产用点焊装置及方法
		电子蜂鸣器加工用输送机构
		蜂鸣器生产加工的绕线机

续表 48

序号	企业名称	专利名称
6	常州市恒鑫包装彩印有限公司	酒盒包装防伪标签的压紧设备及压紧方法 酒盒包装印刷用流水线传输固定装置 酒类包装纸板箱体及其包装固定方法
7	常州市坚力橡胶有限公司	橡胶轧辊及其装配的机床 氯丁橡胶压辊的加工装置及其生产加工方法
8	常州市翔波机械制造有限公司	自动升降的阀门加工用焊接装置 阀门生产的密封性检测设备 阀门生产加工的防漏检测装置
9	常州市信宝电源设备有限公司	EPS 应急电源监控系统电池 工业电力 UPS 应急电源及其供电方法 具有监控功能的 UPS 不间断电源装置
10	常州市一新干燥设备有限公司	高速离心喷雾干燥机加工用数控钻床 盘式干燥机加工用车削机床及其车削方法 空心圆盘干燥机的钣金冲压机构及其冲压方法
11	常州威远电工器材有限公司	扁平漆包线生产加工用缺陷监控装置 漆包线表面漆膜厚度在线检测系统 漆包线漆膜破损在线检测装置及检测方法
12	常州亿米基电站辅机有限公司	实现快速开启或关闭的电动执行器 死区可调的直行程电动执行器
13	常州尊铮机械设备有限公司	蜂鸣器生产用高温声波测试装置 电子蜂鸣器加工用切脚机 用于蜂鸣器生产的测试装置
14	常州市名流干燥设备有限公司	半导体干燥机用打磨膏输送机构
15	常州华欧涂装工程有限公司	高效的磁钢喷涂用输送设备
16	常州天马粉体科技有限公司	工件壳体用除尘输送设备
17	常州市飞利达医用制品有限公司	吸塑纸包装下压系统及纸盒封装机 吸塑纸输送系统及带有吸塑纸输送系统的包装机
18	常州市创佳干燥科技有限公司	新能源电池用干燥机上料装置
19	常州市恒迈干燥设备有限公司	半导体晶圆干燥用送料装置
20	常州市迅隆电器有限公司	便于操作的转向器用传动链拆节设备及拆节方法
21	常州宏双纺机有限公司	纺织输送设备
22	常州市通达医疗器材有限公司	医用品包装输送装置
23	常州艾布纳机械有限公司	模块式特种砂浆生产设备

续表 48

序号	企业名称	专利名称
24	常州强力先端电子材料有限公司	光固化组合物及其应用 芴类引发剂、其制备方法、具有其的光固化组合物及其在光固化领域的应用 α-氨烷基酮光引发剂、其制备方法和应用 多官能度氧杂环丁烷类化合物及其制备方法 感光性树脂组合物作为可 LED 固化 OCA 的用途 光固化性粘接剂在偏振板制作中的应用 含有可聚合基团的芴肟酯类光引发剂、其制备方法及应用 常光固化树脂组合物及其应用 肟酯类光引发剂、制备方法、感光性树脂组合物及应用 双-三苯基硫鎓盐化合物及其应用 芴类光引发剂、其制备方法、包含其的光固化组合物及其在光固化领域中的应用 混杂型光引发剂及其制备方法和应用
25	常州市锐康涂料有限公司	防腐涂料及其制备方法
26	常州中南化工有限公司	环保水煤浆添加剂及其在水煤浆掺废制备工艺中的应用 环保型水煤浆添加剂及其在煤化工超细磨高浓度煤浆制备工艺中的应用

【焦溪翠冠梨获批国家地理标志证明商标专用权】 1月，经国家知识产权局公示，焦溪翠冠梨获批国家地理标志证明商标专用权，专用权期限为2021年1月21日至2031年1月20日。焦溪翠冠梨在郑陆镇地域范围内种植，地理坐标为北纬31°52′18.83″至31°47′17.65″，东经120°01′32.60″至120°09′58.19″。该区域地势低洼，土壤肥沃，土层深厚，土壤耕层pH值平均为7.2，变幅在6.0～8.0之间；土壤有机质含量大于1.20%，全氮大于0.105%，速效磷27.9ppm，速效钾127.3ppm，有机质含量丰富。焦溪翠冠梨1999年培育改良成功，形成皮薄、核小、肉嫩、味香、无石细胞的特定品质和特有水果风味，成熟的焦溪翠冠梨口感鲜甜、皮色翠绿。至2021年年末，郑陆镇翠冠梨种植面积达7071亩，亩产1850千克吨，总产值9899万元。

延伸阅读：

1997年，原武进县焦溪镇政府推进农业产业结构调整，引进优质翠冠梨品种。1999年，翠冠梨培育改良成功，形成果大皮薄、肉白皮翠、鲜甜脆嫩、核小味香的特点，甜度达12～16度，集中于每年7月25日至8月10日上市。2003年，焦溪翠冠梨在常州市第五届农产品博览会上被评为“名优农产品”，2005年，获常州市知名商标证书。2013年，翠冠梨在全国果品评选中被专家誉为“果品之王”。2018年，“大美焦溪翠冠云端——常州翠冠梨产业线下产品推介会”亮相京东集团亦庄总部，焦溪翠冠梨品牌在京东“中国特产·天宁馆”上线，促进农业增效、果农增收。“常溪”牌翠冠梨获评常州市第二十届名优农产品。2019年，天宁区与南京农业大学中国梨产业首席科学家张绍龄开展合作，成立张绍铃专家工作室和焦溪翠冠梨专业合作总社，在全国范围内率先制定翠冠梨种植技术标准，本地梨农亩均利润突破1万元。同年，“常溪”牌翠冠梨获评常州市第二十一届名优农产品。2020年，焦溪（翠冠梨）现代农业产业示范园创成常州市翠冠梨产业示范基地，常州市焦溪农业发展有限公司、常州市丹丹梨农业专业合作社选送的翠冠梨获评江苏省第二届优质早熟梨银奖。

【黄天荡村获评全国乡村特色产业亿元村】 11月，郑陆镇黄天荡村被农业农村部评为“全国乡村特色产业亿元村”。黄天荡村位于郑陆镇东北部，全村水陆交通便捷，总面积5.43平方千米，其中水域面积233.33万平方米，占总面积的43%；有28个村民小组、11个自然村，住户1265户，人口4088人。黄天荡村委发挥区域内水域面积广、水质好的优势，2004年8月，牵头成立由15户养蟹户组成的黄天荡螃蟹专业合作社，采取“合作社+基地+农户”产业化运作模式，为社员提供产前技术培训、产中技术指导和产后销售服务，实行“六个统一”（统一购苗、统一指导、统一饲料、统一包装、统一商标、统一销售）管理，扩大河蟹养殖规模，保证河蟹养殖质量和销售质量。黄天荡清水蟹先后获评“国家地理标志证明商标”“绿色食品”“常州市名优农产品”“常州市知名商标”等。黄天荡村从单一螃蟹养殖，逐步发展醉蟹、蟹黄包等深加工产业，产品销售在传统销售基础上增加电商、直播带货等网络平台销售。至2021年年末，黄天荡片区养蟹户达500余户，河蟹养殖面积7000余亩，产量1057吨，销售额1.16亿元。

【黄天荡片区一期（丰北）市级美丽乡村示范项目建成开园】 7月12日，位于郑陆镇东南部的黄天荡片区一期（丰北）市级美丽乡村示范片区建成开园，投资6500万元（其中政府资金1500万元、社会资本5000万元），面积3.85平方千米，水域面积占总面积的35%以上。该片区立足水文化，推进一、二、三产深度融合，打造“产业旺、文化兴、村民富、环境美”的美丽乡村示范片区。其中，“老高的鱼庄”集垂钓中心、露营基地、生态采摘、水产养殖基地、摄影基地等功能于一体，展示水美丰北优美环境；水上运动中心依托原生态的十里黄家浜，建设常州市游艇俱乐部、皮划艇标准赛道等，打造承接全国皮划艇专业赛事、培训皮划艇专业选手的水上运动中心和国家级水上运动基地；以特色农业为抓手，发展莲藕、鸡头米、斑鳜“丰北三宝”特色农产品，促进村民创收致富；智能水产育苗项目依托技丰水产良种繁育场，与苏州大学开展产学研合作，建设科研区、繁育区，重点繁育长吻鮠、沙塘鳢、赤眼鳟、斑鳜等特色鱼类珍稀品种，采用智能养殖专利技术，实现每立方米产卵存活量4倍增长，预计每年可实现销售收入3000万元。同时，丰北村传承古村文脉，通过改造闲置农房重修水龙局，建设初心学堂、水美汇客厅，设置党建展示区、书籍借阅区、团体活动区、会议区等功能区，为人们增长相关知识和休闲旅游打开窗口、提供平台。

7月，黄天荡片区美丽乡村丰北（中寨）水上运动基地（郑陆镇 提供）

【郑陆联创家庭农场通过省级验收】 9月，郑陆联创家庭农场通过省农业农村厅省级农场验收。联创家庭农场位于郑陆镇丰北村，占地面积23.95万平方米，有水产养殖标准化池塘17个，面积22万平方米；主要养殖中华绒螯蟹，面积14670平方米，年产量40吨。5月，农场引进“长江二号扣蟹”优质蟹种加以培育，年内产量3750千克，产值30万元。该农场以廖庆平家庭为经营单位，一家4人均为农场工作人员，并长期雇佣丰北村村民1人。2021年，农场销售收入实现370万元，农场成员人均净收入17万元。

【郑陆镇卫生院被确认为江苏省第二批农村区域性医疗卫生中心】 11月，郑陆镇卫生院被省卫健委确认为江苏省第二批农村区域性医疗卫生中心。郑陆镇卫生院是集医疗、预防、保健、康复与健康教育于一体的二级综合医院，位于常郑路87号，占地面积36630平方米，总建筑面积20000平方米，其中业务用房面积14202平方米，曾获评“江苏省示范乡镇卫生院”“江苏省健康促进单位”“江苏省家庭医生签约服务模式创新单位”“常州市中心卫生院”等。该卫生院下辖东青院区及9个村卫生室，建有3家“江苏省示范村卫生室”、2家“中医阁”；

有在岗职工207人，其中卫生技术人员186人（高级职称48人、中级职称63人、外聘高级职称专家17人）。医院住院部设置骨科、内科、外科、妇产科4个病区，开放床位101张；门急诊临床科室设置内科、外科、妇产科、预防保健科、儿科、口腔科等21个科室；医技科室设置放射科、检验室、心电图室、B超室、体检中心等13个科室，拥有CT、DR、彩超、电子高清内窥镜、全自动生化分析仪等诊疗设备8台，为郑陆镇居民及周边乡镇20.83万人口提供医疗、预防、保健等服务。2021年，郑陆镇卫生院门急诊27.71万人次，收治住院病人1433人次，业务收入5575.02万元。

（陈　琦）

雕庄街道

【概况】 雕庄街道地处常州市天宁区东南部，东连常州经济开发区丁堰街道，南接武进区湖塘镇、常州经济开发区遥观镇，西至采菱河，与茶山街道隔水相望，北靠老京杭大运河，与天宁街道、丁堰街道为邻。街道办事处位于常州市天宁区中吴大道700号，行政区域面积11平方千米，管理4个社区、3个行政村。至2021年年末，户籍人口1.77万人，常住人口3.65万人。街道区位优势明显，交通便捷，中吴大道、劳动东路、大明路、青洋路高架穿城而过。辖区内有以杜鹃花为主题的凤凰公园，有正衡中学、凤凰新城实验小学、市儿童医院等教育医疗资源，拥有国家级"非遗"留青竹刻。街道经济以工业、商贸服务业为主导，形成高端装备制造、纺织服装、生物医药、现代物流四大支柱产业。是年，老工业基地调整改造工作再获国务院办公厅真抓实干督察激励表扬，街道获评江苏省冬训工作示范街道、江苏省国防动员工作先进单位、江苏省百家红色精品退役军人服务站，朝阳村获评全国巾帼文明岗，朝阳花园社区创成全国综合减灾示范社区、省级垃圾分类达标小区，采菱社区获评常州市优秀校外教育辅导站，水岸社区青年党员公益联合会获评常州市"先锋90后"青年党员集体。

2021年雕庄街道村（社区）基本情况一览表

表49

村（社区）	户数（户）	户籍人口（人）	集体经济收入（万元）	书记	主任	地址
团结村委	0	610	—	顾继峰		团结南路23号
清溪村委	493	1561	—	周　斌		清溪人家小区13幢
朝阳村委	264	939	—	姚志帼		离宫东路52号
朝阳花园社区	856	2380	—	高晓燕		离宫东路66号
菱溪社区	1767	4765	—	汤亚平		菱溪名居小区10幢
采菱社区	2172	3504	—	李　强		采菱公寓62幢
水岸社区	2355	5934	—	张毅超		水岸花语小区8幢

说明：至2021年年末，团结村委所有居民住宅全部拆迁，尚有户籍人口610人

【经济发展】 2021年，雕庄街道全社会固定资产投资42.3亿元，同比增长7.5%；一般公共预算收入10.1亿元，同比增长2%。辖区内有规模以上企业422家，其中规模以上工业企业74家，实现销售额259.85亿元，常州金源铜业有限公司、常州老三集团有限公司、常州制药厂有限公司3家重点企业实现销售额193.78亿元，占规模以上工业企业销售额的74.57%；规模以上商贸业企业315家，年内新增116家，实现营业额582.67亿元，同比增长56.03%；规模以上服务业企业20家，营业收入9.87亿元，同比增长8.7%；房地产企业9家，实现销售12.41亿元；建筑业企业4家，实现产值11.73亿元，同比下降15.4%。新增高新技术企业8家，累计23家；新增发明专利35件。全年进出口总额22.45亿元，同比增长6.6%；实际到账外资4581万美元，同比增长11.6%。街道有省重点项目1个、市重点项目3个、区重点项目24个，总投资46.78亿元，同比增长18.85%，其中10个新建项目全部开工，开工率100%。4月，举办"半岛花开·科创未来"凤凰新城产业创新合作推介会，签约阿兹海默症早期诊断及筛查、智能婴幼儿体征监测平台、乳酸菌平台技术开发、高性能铝基碳化硅复合材料研发、能源智能制造与数字化解决方

案、二代测序分子诊断试剂产品开发、太阳能光伏膜、欧冶云商平台、新材料合作开发、生物合成技术研发10个项目。全年完成征收（收购）民房310户、企业34家，累计建筑面积21.26万平方米。是年，常州华利达服装集团有限公司获评工信部2021年度绿色工厂、江苏省服务型制造示范企业、江苏省“两化”融合管理体系（升级版）贯标试点企业，常州制药厂有限公司获评江苏省“小巨人”企业（制造类），创志科技（江苏）股份有限公司获评2021年度江苏省企业技术中心、江苏省“专精特新”小巨人企业。

【社会事业】 2021年，雕庄街道新增城镇就业1451人、失业人员再就业898人、就业困难人员再就业184人，为121人办理就业困难社保优惠补贴，为96人次发放生活保障金10.05万元，为2411名困难残疾人发放生活补贴77.98万元，为9户低保家庭发放救助金12万元，为350位失地农民（年老社员）发放生活补贴199.23万元，为1500位老年人提供居家养老援助服务，为4155名60周岁及以上老年人购买安康关爱险，成建制接收531名小集体人员社保转入（原先由市社会保险基金负责发放，现由街道财政承担资金来源并发放）。全年受理住房申请6户（廉租房2户、公租房4户），受理租赁住房年审68户（租金补贴26户、实物配租42户）。办理城镇居民基本医疗保险548人，建立健康档案33510份，建档率91.64%；家庭医生签约居民13121人，签约率35.88%；重点人群签约8722人，签约率85.9%；为2071位育龄妇女开展免费“两癌”筛查，91人参与无偿献血。完成雕庄街道、团结村、清溪村、朝阳村、朝阳花园社区、菱溪社区、采菱社区、水岸社区8个退役军人服务站建设，其中街道退役军人服务站获评“江苏省红色精品退役军人服务站”“常州市优秀退役军人服务站”，完成常州市双拥广场建设。10月，承办2021运动龙城大联赛常州社区运动会雕庄分站赛暨“多彩雕庄·乐动新城”雕庄街道第四届全民健身运动会，500余名运动员参加21个项目比赛。开设“非遗”公益大课堂，开展微盆景制作、少年巧手制作留青竹刻、中级茶艺师培训等活动，为辖区居民免费传授留青竹刻、茶艺、堆花团子、旗袍盘扣等“非遗”技艺，受众521人次。提升政务服务质效，街道为民服务中心新承接医保、住建等16项民生类政务事项，累计承接141项市、区下放的政务事项；推进政务服务体系标准化建设，完成街道为民服务中心、朝阳花园社区便民服务中心、万都政务服务便利站示范点建设；深化“一件事”政务服务改革，社会救助“一件事”标准化服务指南和改革经验在全区推广；开设24小时自助服务区，落实政务自助一体机全流程办件，实现“秒批秒办”；推进“一网通办”建设，探索异地通办、帮办代办、网上办、自助办、指尖办等创新工作。加强社会组织本土化培育，雕庄街道社会工作服务站成为全区唯一获得2021年常州市公益创投大赛5万元专项资金扶持的站点；采菱社区“‘邻聚里’让社区更温暖”项目获江苏省基层治理与服务创新案例，“翼创”社工服务协会项目“他乡变故乡——楼道微治理改善大民生”获评2021年江苏省社区社会组织优秀项目案例称号，采菱社区“五治融合，凝聚社区共同体意识”获市社区治理案例一等奖；朝阳花园社区获评常州市“全科社工”服务示范窗口，优胜思齐志愿者协会和朝阳花园社区志愿服务协会获评AAAA级社会组织，朝阳花园社区志愿服务协会、优胜思齐志愿者协会、清溪青励助学协会、雕庄街道联益西格玛社会组织发展中心获评

4月21日，雕庄街道举行凤凰新城产业创新合作推介会
（雕庄街道 提供）

2021年天宁区优秀社会组织，14篇社区建设信息被省级以上媒体报道。

【社会治理】 2021年，雕庄街道40个全要素综合网格平台全年采集信息39080条，上报事项3500条（安全隐患类3448条、普通事件类52条），服务走访32966人次；通过第三方对网格内居民随机民意抽查，4个社区、3个行政村群众满意率达87.45%。推进多元参与矛盾化解机制，未发生"民转刑"案件。全面提升环境质量，对照区深入打好污染防治攻坚战八大类60项目标任务，全年完成41项任务，完成率68.33%；组织大气污染防控专项整治100余次，巡查整治烧烤店200家次；开展"危污乱散低"出清提升行动，制定印发《雕庄街道"危污乱散低"出清提升行动实施方案》，全年组织开展专项检查124次，常州市艾彼德纺织整理有限公司、常州市朋源针织印染有限公司、常州市华科纺织有限公司、常州市东南朝阳机械厂4家企业被列入出清提升名单；巡查渣土车300余辆，处罚渣土车带泥行驶、抛洒滴漏、未经核准、夜间施工等情况33起；完成一河一策实施方案修编，利用河道管理软件常态化开展App巡河，更新10块京杭大运河河长制公示牌，通过省2017—2020年河长制评估，前浪浜被评为2021年市级"五好河道"。加强市容市貌管理，全年拆除违章建筑6户4028平方米，整治非机动车违规停放问题40起，拖移违停车辆330余辆，处罚291起，街道全域增设非机动车停车位4826个；凤凰南路（中吴大道—河滨东路）、离宫路（青洋中路—凤凰南路）店招店牌统一出新约900平方米，外立面出新约2000平方米。开展安全生产执法检查，街道配合天宁消防救援大队、区应急管理局等部门检查企业58家次，村、社区巡查企业102家次，排查安全隐患586条，整改隐患560条，对12家企业开展立案查处；投资10余万元更换8个村（社区）微型消防站消防器材，维修雕庄菜场消防主机、泵房等设施，为清溪村、朝阳花园社区、菱溪社区、水岸社区配备4台微型消防车辆。

【基层党建】 2021年，雕庄街道党工委下属党组织105个，其中党委8个、党总支6个、党支部91个，党员1721名，其中年内发展党员48名。在第十七届中国杜鹃花展览会期间，以"初心映山红，同庆一百年"为主题，在凤凰公园设置"红色旋律""红色集市""红色剧场""红色初心"四大板块，开展同庆中国共产党成立100周年活动32场，吸引5万人次参与，其中"红色初心"板块"我入党的那一年"项目成为全省网红打卡点，被《人民日报》《新华日报》《江苏先锋》专题报道。年内，"全国中小城市学常州"特展馆建成开馆，常州党建与红色文化主题教育馆累计接待各级参观单位1032家、党员干部群众5.2万余名。推进作风建设，开展街道机关、村（社区）食堂违规公款吃喝整治，元旦、春节期间加强廉政短信提醒，检查街道机关部门、村（社区）、办事大厅工作作风7次，通报作风问题2次，约谈提醒村（社区）书记、机关中层干部65人次；协助区第三纪检监察室办理违纪案件1件、信访澄清1件；召开雕庄街道领导干部警示教育大会，观看警示片《尺寸》。是年，常州华利达服装集团有限公司"平凡人"党建特色做法入选全国非公企业党建工作"最佳实践"，天宁区青年党员公益联合会获评市"先锋90后"群体，"正底色、young青春"党员创业扬帆行动获市委组织部专项资金扶持，菱溪社区和采菱社区获评市首批村社区党群服务中心"点亮工程"示范阵地和市五星社区；菱溪社区党总支书记、居委会主任汤亚平获评江苏省优秀党务工作者，采菱社区党委书记、居委会主任李强获评江苏省防疫先锋，朝阳花园社区党总支书记、居委会主任高晓燕获评常州市优秀党务工作者、常州市抗击新冠肺炎疫情先进个人，水岸社区党支部书记、居委会主任张毅超获评常州市优秀共产党员。

【长三角金属交易智慧物流园入选省重点项目库】 2021年，经省发改委批准，长三角金属交易智慧物流园入选省重点项目库。长三角金属交易智慧物流园位于采菱河以东、312国道以南、凤凰路以西，占地面积27.3万平方米，总建筑面积40万平方米，设置综合办公区（6万平方米）、钢材交易区（18万平方米）、仓储加工区（16万平方米）、港口装卸区、露天堆场区等功能区，由常州淮都金属城有限公司负责实施，总投资20亿元，打造信息、金融、物流三大服务平台体系，形成金属材料、金属制品加工以及直接与需求市场接轨的产业链纽带。1月，项目开工建设，至年末，除16号楼外，其余17幢建筑全部封顶。

【雕庄街道3个项目列入市重点项目】 2021年，经市发改委批准，大恒油气回收综合利用技术和关键设备研发及产业化项目、淮都金属智慧物流园项目、四药联合创新中心和产业化基地项目被列入市重点项目。

大恒油气回收综合利用技术和关键设备研发及产业化项目位于雕庄街道劳动东路北侧、常遥路东侧，占地面积 3.07 万平方米，由江苏大恒环境技术研究有限公司负责实施，总投资 3 亿元。3 月，项目开工建设，建设研发大楼、厂房等 4.6 万平方米，购置激光切割机、自动焊接机器人，定制设备组装生产线、5 轴联动加工中心等设备，打造油气回收、煤层气采集与应用、医药有机溶剂回收技术专业领域国家级实验室。

淮都金属智慧物流园项目位于雕庄街道凤凰路西侧、中村路南侧，总占地面积 3.86 万平方米，总建筑面积 20.7 万平方米，由常州淮都金属城有限公司负责实施，总投资 11.6 亿元。项目分两期实施：一期占地面积 2.85 万平方米，建筑面积 15.2 万平方米，投资 8.5 亿元；二期占地面积 1.01 万平方米，建筑面积 5.5 万平方米，投资 3.1 亿元。1 月，项目一期开工建设，项目采用“互联网 +”钢贸新模式，依托欧冶云商电子交易平台，打造集资讯、交易结算、物流仓储、加工配送、金融中介、技术与产业特色服务等功能于一体的生态型钢铁服务平台。

四药联合创新中心和产业化基地项目位于雕庄街道中吴大道 567 号，总占地面积 4.17 万平方米，总建筑面积 4.2 万平方米，由常州四药制药有限公司负责实施，总投资 3 亿元。项目分两期实施：一期建设新药研发车间、综合制剂车间、仓库等；二期引进国内外先进干法制粒机、湿法制粒线、全自动高速压片机、全自动高效有孔包衣机、全自动铝塑包装线及塑料瓶包装线、液体制剂生产线等设备 20 台（套）。9 月，一期开工建设。

【雕庄街道新增高新技术企业 8 家】 2021 年，经全国高新技术认定管理工作领导小组办公室认定，常州市康高医疗器械有限公司、常州市久成电子设备有限公司、常州东木橡塑制品有限公司、常州平锦电器制造有限公司、江苏德威系统集成有限公司、常州艾泰自动化科技有限公司、常州英科尔翰林电子科技有限公司 7 家企业为高新技术企业。年内招引冠奕达防爆电器有限公司 1 家高新技术企业入驻，街道辖区累计高新技术企业 23 家。

常州市康高医疗器械有限公司始建于 2006 年，位于常州市天宁区凤凰路 38 号采菱科技园内，建筑面积 0.35 万平方米。公司致力于国内及国际医疗器械产品研发和生产，用现代化技术及工艺制造一类外科手术医疗器械。2021 年，实现产值 0.2 亿元。

常州市久成电子设备有限公司始建于 2003 年，位于常州市天宁区团结路 11 号（雕庄厂区），建筑面积 3.03 万平方米。公司专注于医疗吻合器耗材、电外科耗材、手术器具产品开发、生产和销售，产品包括一次性水冷不沾镊、一次性使用高频电刀笔、随弃式电粘极板、一次性电刀清洁片、延陵电刀、延陵组织闭合器械、吻合器系列等产品，产品的市场综合占有率约 2%。2021 年，实现产值 0.41 亿元。

常州东木橡塑制品有限公司始建于 2003 年，位于常州市天宁区劳动东路 355 号，建筑面积 0.3 万平方米。公司主要从事橡塑制品制造、加工及销售。2021 年，实现产值 0.26 亿元。

常州平锦电器制造有限公司始建于 2011 年，位于常州市天宁区凤凰路 40 号，建筑面积 0.2 万平方米。公司主要从事数字视频监控系统制造、电子元件制造、集成电路芯片制造和货物进出口业务。2021 年，实现产值 0.12 亿元。

江苏德威系统集成有限公司始建于 2005 年，位于常州市天宁区凤凰路 38 号，建筑面积 0.4 万平方米。公司专业从事计算机软硬件研发、销售，智能化咨询、规划、设计、实施、运维，集成及软硬件开发。2021 年，实现产值 0.6 亿元。

常州艾泰自动化科技有限公司始建于 2013 年，位于常州市天宁区青洋中路 1 号，建筑面积 0.12 万平方米。公司主要从事在线自动化设备生产。2021 年，实现产值 0.09 亿元。

常州英科尔翰林电子科技有限公司始建于 2010 年，位于天宁区凤凰路 38 号采菱科技园内，建筑面积 0.2 万平方米。公司主要从事智能化仪表系统研究开发，是国内电动车智能仪表系统的引领者之一。2021 年，实现产值 0.13 亿元。

冠奕达防爆电器有限公司始建于 2011 年，位于常州市天宁区凤凰路 19 号，建筑面积 0.69 万平方米。公司主要从事防爆产品开发、研制和生产。2021 年，实现产值 0.25 亿元。

【凤凰新城青年人才公寓建成投用】 10 月，位于青洋北路西侧、西岐路北侧的凤凰新城青年人才公寓建成投用，是天宁区首个智慧人才公寓。该人才公寓由常州天宁建设发展集团有限公司承建，总投资 2 亿元，建造 2 栋 400 余套高层公寓。根据不同群体需求，公寓设计 30 平方米的单人间、双人间、四人间 3 种房型，配备桌椅、床、衣柜、独立空调、热水器、网络等设施；在公共区域配有集体食堂、健身房、洗衣房、咖啡厅、便民超市、药店、菜鸟驿站以及休闲会客区和创客空间。公寓实施智能化管理，配备人脸识别门禁系统、高空抛物检测系统、智慧门锁，住户通过“中梁慧寓”App可在线申请房屋设施报修、房租水电缴纳、房屋清扫保洁等。是年，常州华利达服装集团有限公司、常州康喜乐嘉服务有限公司、上海行程企业管理有限公司、中梁控股集团等企业 122 位人才成为公寓首批住户。

【凤凰路创成市级精品道路】 12 月，经市城管局验收，凤凰路创成市级精品道路，累计投资约 1000 万元。凤凰路北起中吴大道，南至河滨路，全长约 1 千米，宽 20 米，为双向四车道混合型道路，道路周边企业密集，车流量大，道路破损严重，摊贩占道经营等问题突出，成为城市管理难点，年内被街道列入重点民生改造项目。7 月，街道按照市级精品道路建设要求，修复破损道路，更换损坏道板，斑马线和道路沿线 5000 余平方米建筑外墙用蓝、绿、黄、红四种颜色涂料统一修补、美化，绿化带安装景观树池及主题造型小品，增加小鹿、熊猫、风车、蝴蝶等绿化小景，与周边幼儿园相呼应；行道树实施夜间亮化，草坪制作发光字，整体提升绿化美观程度；安装智能摄像头及智能窨井盖 100 套，加强城市市容管理；安装非机动车智能充电桩 40 个，解决电瓶车充电难问题；安装非机动车停车栏杆 150 米，提供非机动车停车位 650 个。

【第十七届中国杜鹃花展览会】 4 月 16 日至 5 月 16 日，由天宁区主办的“初心映山红，同庆一百年”第十七届中国杜鹃花展览会在凤凰公园举办，吸引全国 15 省（市）的 50 余个城市和单位，以及德国的中欧园艺协会、QM 公司和乐海公司参展，25 万余株（盆）杜鹃花、约 60 万平方米绿化景观带共筑十里杜鹃花海，迎接八方来客。此次花展超越“室内布展”固定模式，将花展与城市景观、城市道路建设相结合，设置室内和室外 2 个展区。室内展区位于环岛路，在老厂区旧址设置“中国馆”和“欧洲馆”两大主题展馆。其中，中国馆占地面积 4000 平方米，以“天清地宁、写意国鹃”为主题，以“水”为衬，4 个景点的 207 盆精品杜鹃花与水相映成趣；欧洲馆占地面积 2000 平方米，以“穿越世界四大洲的高山杜鹃之旅”为主线，采用来自德国的高山杜鹃花装饰花园餐厅、婚礼殿堂等，让人近距离感受美好花样生活。室外展区把雕庄街道辖区内的大运河、城市道路、居民社区等城市场景作为展示空间，设置“一园、四区、多点”空间布局。“一园”即凤凰公园主会场，建设常州精品园，内设接待中心、山地庭院、花溪岩石、醉红坡等配套建筑及景观，实现花与城、花与旅、花与人的深度融合。“四区”即“多彩常州”“梦创家园”“红色旋律”“印象江南”4 个区域，“多彩常州”由常州 7 个辖市（区）布展，结合区域特色，融入茶艺、阳湖文化、江南园林、西瀛门、特色产业等常州元素，展现“国际化智造名城、长三角中轴枢纽”城市形象；“梦创家园”由重庆、浙江金华、山东日照、湖北荆门等历届承办过全国杜鹃花展和作为杜鹃花栽培基地的 8 个城市及相关单位布展，运用高山杜鹃、毛鹃、金钱松、川茶树等 30 余种优质花卉树木，塑造鲜花盛开、蝶飞蜂舞、春意盎然的花园式景观，展示杜鹃花园林应用和栽培最新成果；“红色旋律”由北京、上海、浙江嘉兴、贵州遵义、江西井冈山、安徽六安、贵州毕节等国内 10 个红色城市布展，以上海石库门、嘉兴红船、遵义会议会址、井冈山红旗等中国革命历史上的标志性建筑和重大事件为背景，

4 月 16 日，第十七届中国杜鹃花展在凤凰公园开幕

（雕庄街道 提供）

布置各类精品杜鹃花，唱响最美映山红，传承红色精神；“印象江南”邀请杭州、南京、苏州、无锡、南通、扬州等11个长三角城市布展，展区灰瓦、白墙、青石板与各色杜鹃相呼应，展现江南水乡独特风貌。“多点”即在环岛路沿线设置38个室外展园，数量和造园水平均超往届。花展期间，雕庄街道以花为媒，组织产业推介会、高峰论坛、大学生设计大赛、杜鹃苗木展销会等活动，将情景表演、摄影展出等10余项活动贯穿其中，参观人数超100万人次，抖音发布视频累计获7.9亿次观看和点赞。

【“花开有声·艺心向党”艺术党课被央视报道】 6月27日，雕庄街道凤凰实验小学举办“花开有声·艺心向党”艺术党课，通过朗诵、互动展演、音乐微党课等“艺术+”形式，全面、立体展示“常州三杰”革命故事和奋斗精神，把党史学习教育贯穿于瞿秋白《赤潮曲》《国际歌》等作品故事中，400余人现场观看。6月28日，央视CCTV-1《晚间新闻》栏目以《艺术党课让党史学习教育深入人心》为题，系统报道凤凰新城“花开有声·艺心向党”艺术党课。

【“七一”建党百年“映山红”党建文化节】 6月，雕庄街道党工委组织开展“映山红党建文化节”活动，围绕“初心映山红”“青春映山红”“幸福映山红”“先锋映山红”四大主题，开展“十百千”(“十大活动庆百年”“百名先锋办百事”“千名党员诉心声”）系列活动，参与党员1750名。其中，“十大活动庆百年”，串联常州党建与红色文化主题教育馆、青年党员young空间、万都党群服务中心等8个党建阵地，开展“初心映山红·寻宝老常州”、党员先锋红色故事汇、留青竹刻红色义卖、“奋斗百年路·启航新征程”等系列活动；“百名先锋办百事”，街道党工委围绕环境美化、智慧安防、养老服务、便民设施等八类事项，排出百件民生实事清单，帮助解决民生实事106件；“千名党员诉心声”，开发“铭记初心使命，激发奋进力量”小程序，1000余名党员线上打卡，话初心，晒幸福，礼赞中国共产党成立100周年，憧憬未来美好生活。

【雕庄街道获评省国防动员工作先进单位】 1月，雕庄街道被省委、省政府、省军区评为江苏省国防动员工作先进单位。2019—2021年，街道深入贯彻落实习近平强军思想，开展“不忘初心，姓军为民”军民道德讲堂系列活动，制作老兵故事“红色回忆录”、创新“抗疫·立志·奋斗”微视频党课，讲述退役军人奋斗在各个岗位的感人事迹，营造立足岗位做贡献、撸起袖子加油干浓厚氛围。落实“书记每年述武装搞课题、人武部部长每季排计划督落实、民兵连长每月报进展强训练”制度，抓好应急队伍、专业队伍、特殊队伍三类民兵队伍实战化编组。投入100余万元，高标准建设街道武装部和民兵连部阵地，建成防汛抗洪连部。与属地消防中队共建共享民兵应急器材库，选优配强专职武装干部，在全市军地防汛抗洪联演比武考核中获第一名。

（薛晨阳）

青龙街道

【概况】 青龙街道位于天宁区东北部，东邻郑陆镇和常州经济开发区潞城街道，南接天宁街道，西与红梅街道相连，北至江阴璜土镇。街道办事处位于常州市天宁区河海东路9号，行政区域面积24.04平方千米，管理9个社区、5个社区工作站。至2021年年末，户籍人口53109人，常住人口101621人。街道区位优势明显，交通便捷，沪蓉高速青龙道口、青洋路高架北延段均位于街道辖区，地铁2号线在辖区设三角场站（原常青站）、紫云站等站点。境内生态环境优良，东经120°经线穿境而过，全市最大的湿地公园横塘河湿地公园和以市花月季花为主题的紫荆公园坐落境内。拥有全市首家紧密型医联体常州市第二人民医院天宁分院，汇聚常州市第二十四中学天宁分校、常州市龙锦小学、常州市第二实验小学、常州市机关幼儿园等一批优质教育资源，天宁科技促进中心（天宁区行政中心）亦坐落于此。2019年，自街道与天宁经济开发区分设以来，在经济方面主要负责常州启迪协信科技园、新动力产业园、文化体育产业园、勤丰蔬菜科研场及“四下”企业（规模以下工业企业，资质以外建筑业企业，限额以下批发、零售、住宿、餐饮业企业，规模以下服务业企业）服务管理。是年，青龙街道获评江苏省生态文明建设示范街道、江苏省文明单位。

2021年青龙街道社区（工作站）基本情况一览表

表50

社区（工作站）	户数（户）	户籍人口（人）	集体经济收入（万元）	书记	主任	地址
青龙苑南区社区	1687	2611	1846	戴宏坚		青龙苑南区18栋
青龙苑北区社区	2963	3770	579	朱明波		青龙苑北区社区B-17号
紫云苑社区	1923	3994	300	钱卫荣		紫云苑小区9-1号
新丰苑社区	1778	2403	443	陆建国		青龙街道新丰苑社区服务中心
青竹苑社区	4097	4724	1015	张建勋		新堂北路青竹苑社区16-1号
彩虹城社区	5378	6881	—	王云霞		彩虹城2幢乙单元二楼
阳光龙庭社区	5856	7079	—	姚志燕		阳光龙庭商铺105号
横塘社区	3628	9275	—	顾　波		香溢紫郡36-2-302
龙湖郦城社区	3272	3618	—	叶　丹		龙湖郦城32号商铺西侧
福成北塘社区工作站	650	2500	667	吴　展	—	河海东路19号
东风社区工作站	978	1547	2481	曹志刚	—	润泽东方尚院4-11商铺
常青社区工作站	432	1107	1500	曹国兴	—	青龙西路76号
三里社区工作站	386	1315	316	李文琪	—	三里村58号
亚新社区工作站	260	676	293	徐　凯	—	亚新村委五里头258号

【经济发展】 2021年，青龙街道各项主要经济指标稳中有进，全社会固定资产投资同比增长10.8%，一般公共预算收入18亿元，同比增长12.1%。辖区有工业企业2532家，产值272.1亿元，同比增长12%；规模以上工业企业118家，产值164.8亿元，同比增长6%；新增高新技术企业31家，累计95家，产值100亿元，同比增长22%；服务业企业3957家，营业收入413亿元；规模以上服务业企业165家，营业收入107.7亿元；社会消费品零售总额64.8亿元。新签协议注册外资3.31亿美元，实际到账外资1.7亿美元。鼓励辖区企业重视知识产权保护，年内新增发明专利68件。推进园区提档升级，常州启迪协信科技园、新动力产业园累计引进企业35家。征收拆迁持续推进，完成征收拆迁10万平方米，支付企业拆迁补偿款7.74亿元。其中，青龙苑南区南侧地块及横塘河西路延伸段地块完成拆迁，97家签约企业完成腾空拆房，城投合作优购房地块、青龙苑六期等地块企业完成权证注销，青龙2-2号、2-3号地块、金三角2号地块（轨道）项目20家企业完成签约。推进土地出让，全年出让地块4个、16.25公顷，土地出让金收入37.31亿元。其中，东风5号、6号地块总占地面积43291平方米，被徐州晟通置业有限公司以10.91亿元竞得；青龙2-1地块总用地面积50878平方米，被苏州高新区新振建设发展有限公司以15.16亿元竞得；青龙苑六期安置地块总用地面积3.34万平方米，被常州弘儒房地产开发有限公司以1.38亿元竞得；青龙苑七期北侧地块总用地面积35038平方米，被中海宏洋地产汕头投企有限公司以9.86亿元竞得。

【社会事业】 2021年，青龙街道深化社会保障服务，全年新增城镇就业800人，城镇失业人员再就业1200人；全年累计发放灵活就业补贴247.31万元、最低生活保障金24.3万元、困难残疾人“两项补贴”238.64万元、临时救助款13.2万元、年老社员保障金2468万元、参保人员养老金1333万元、社保补贴1030万元、居家养老援助款39.4万元、尊老金83.3万元；为符合条

9月19日，横塘社区举办“月满中秋”民生公益集市活动
（青龙街道 提供）

件的计划生育家庭发放扶助金32.7万元、特扶金72.5万元，为持“独生子女父母光荣证”退休人员发放一次性奖励金17.28万元（市、区两级），为23户失独家庭发放慰问金3.5万元；为1178名居民办理城镇基本医疗保险，为8568名60周岁及以上老年人购买安康关爱保险；为20197名居民提供家庭医生签约服务，签约率37.5%；为18200名重点人群提供家庭医生签约服务，签约率76.73%；完善8300余名企业退休人员信息库。丰富文体活动，以“悦享青龙”“脉动青龙”品牌为主线，举办“写春联送祝福”主题活动，完成“社区天天乐”“送戏下乡”等活动45场次；开展趣味运动会、羽毛球赛等体育活动30场次，参与居民群众27万人次；为辖区体育活动场所更换体育健身器材15件。加强疫情防控，全面压实属地管理责任、部门监管责任和企事业单位主体责任，强化联防联控、群防群控、闭环管控，严防疫情输入扩散，累计入户调查53749人次，落实入境管理人员98人次，居家健康管理2795人；建成启用青龙奥体新冠疫苗接种点、天宁吾悦新冠疫苗临时接种点，累计接种新冠疫苗23.9万针（次）；开展紫云苑社区全员核酸检测应急演练，完成核酸采样4782份。

【社会治理】 2021年，青龙街道全面提升全要素网格化治理水平，85个综合网格平台累计输入全要素网格化事务92065条，信息采集总量60405条，服务走访83556人次，办结各类事项6232件。推进矛盾纠纷化解，调处各类矛盾纠纷167起，其中办结信访件166件次，办结率100%；处理劳动争议案件119起，涉及工人856人、金额1283万元。污染防治扎实推进，污染防治攻坚战8大类、53大项、91小项目标任务全面完成。坚持打好蓝天保卫战，制定重点企业错峰生产计划，完成黑牡丹（集团）股份有限公司、灵泰药业股份有限公司和青龙塑料制品有限公司3家重点企业“一企一策”方案编制及大气问题整治，完成产业集群18家纺织印染企业排查及污染问题整治、10家企业挥发性有机物无组织排放治理；推进碧水保卫战，完成横塘河（恒福桥—龙锦路）清淤工程，启动紫云浜劣Ⅴ类河道水质整治和青龙桥河道疏浚工程；切实解决环境突出问题，7件中央环保信访事项整改销号，17件省级环保信访事项完成整改。落实安全生产责任，完成79家冶金等工贸重点领域企业和53家危化品经营储存企业安全生产专项整治，发现并整改安全隐患728条；组织开展“厂中厂”专项检查，检查企业68家，发现并整改“厂中厂”企业安全隐患427条；试点开展生态环境保护与安全生产联动，推进重点企业安全评价和安全风险辨识，完成12家企业安全评价和15家企业风险辨识。加强城市长效管理，开展市容专项整治48次，查处、教育、整改流动摊贩占道经营行为2000余起，整治天宁吾悦广场周边非机动车乱停放行为713起，拖车713辆，处理404起；拆除各类违法建筑77起、2698平方米，整治金新农贸菜场周边环境脏乱差现象，拆除原有垃圾房，清理垃圾18车，实施地面硬化48平方米，补种绿化200余平方米，规范机动车停车位36个，拆除不符合要求店招店牌24块，面积达3102平方米。开展渣土专项整治52次，查处未履行市容环卫责任案6起，年内均完成整改；查处抛洒滴漏污染道路行为13起，查处未经核准处置建筑垃圾6起。加强安置小区管理，常态化开展安置小区物业管理监督考评30余次，处理涉及物业管理矛盾纠纷200起，全年投入安置小区维修费用1580余万元。

【基层党建】 2021年，青龙街道党工委下属基层党组织116个，其中党委8个、党总支12个、党支部96个，党员2517人。年内，聚焦机关党建，街道“一办六局”加强“凝心领航”“为民服务先锋”“亲民执法先锋”“平安守护先锋”“亲商助企先锋”“美丽宜居先锋”“阳光财富先锋”7个行动支部建设，将品牌效应转化为基层治理实效；创新“两新”组织党建，打造“一路三圈”青洋路党建引领高质量发展示范路，建成以党建引领、国企示范、辐射民企和外企的“宁企汇”国企党建阵地；加强社区党建，深化“金哨子”“红色引擎”等特色品牌，加强“红色物业”共驻共建，青韵雅苑小区获评全省党建引领物业管理服务工作示范点。全年在“学习强国”学习平台发布信息31篇，在“锦绣天宁”微信公众号发布信息45篇，在“你好青龙”街道微信公众号上推送各类信息393条。推进精神文明建设，组织“身边好人”“最美志愿者”“最美常州人”等先进典型的推荐报送和宣传，选树“天宁好人”6人、“新时代好少年”典型人物3人。深化中央八项规定精神贯彻落实，坚决纠正“四风”问题，综合运用单位自查和聘请第三方督查等方式，下发《作风通报》9期，诫勉谈话2人，主动约谈95人；落实专项督查，聚焦“三资”集体资产规范管理、失地农民辅助保障金发放、残疾人“两项补贴”、困难帮扶救助领域和群众反映集中问题等方面，持续整治群众身边腐败问题、不正之风；深化廉政教育，依托“清鉴晓筑”廉政园地、横塘社区廉政文化“新地标”、社区廉政图书室等廉政阵地，开展廉政主题教育活动。

【青龙街道新增高新技术企业31家】2021年，青龙街道31家企业被全国高新技术认定管理工作领导小组办公室认定为高新技术企业，街道辖区累计高新技术企业95家。

2021年青龙街道新增31家高新技术企业一览表

表51

序号	企业名称	地址
1	常州玖翔电子有限公司	天宁区龙城大道616号
2	常州辉途物联网科技有限公司	天宁区虹阳路2号
3	江苏智允数字科技有限公司	天宁区北塘河路8号恒生科技园二区
4	江苏优盾通信实业有限公司	天宁区青洋北路11号
5	常州韦斯佰瑞电子科技有限公司	天宁区青洋北路143号
6	常州琉璃光生物科技有限公司	天宁区北塘河东路15号
7	常州凯得新材料科技有限公司	天宁区弘礼路3号
8	常州茂华信息科技有限公司	天宁区竹林北路256号天宁科技促进中心
9	江苏软讯科技有限公司	天宁区和平工业园蓝天路158号
10	常州明杰五金制造有限公司	天宁区和电路2号
11	常州市威博称重设备系统有限公司	常州检验检测产业园3号楼
12	常州天瑞新材料科技有限公司	天宁区龙锦路508号
13	江苏灵动飞扬科技有限公司	天宁区虹阳路2号
14	常州市达蒙砂轮制造有限公司	天宁区郑陆镇花园村委周塘桥124号
15	常州市北洋建材有限公司	天宁区郑陆镇工业集中区
16	伊顿电力设备有限公司	天宁区横塘河西路1号
17	常州汉威信电子科技有限公司	天宁区青龙街道青洋北路143号
18	常州盛天传动件有限公司	天宁经济开发区桐家工业园

续表 51

序号	企业名称	地址
19	江苏远翰建筑设计有限公司	天宁区竹林北路 256 号天宁科技促进中心
20	常州诺宇焊接科技有限公司	天宁区青洋北路 1 号
21	常州市青龙装饰制品有限公司	天宁区青龙街道青洋北路 227 号
22	常州市隆龙升经编机械有限公司	天宁区郑陆镇和平村委钱家头 104 号
23	常州海图电子科技有限公司	天宁区北塘河东路 17 号
24	常州科翔物联技术有限公司	天宁区青洋北路 77 号
25	常州海威尔机器人科技有限公司	天宁区青洋北路 1 号
26	常州万联网络数据信息安全股份有限公司	天宁区北塘河东路 5 号
27	常州市新高绝缘材料有限公司	天宁区郑陆镇武城村
28	江苏源坤电子科技有限公司	天宁区福阳路 95 号
29	常州元晶电子科技有限公司	天宁区青洋北路 11 号
30	常州市金艾联电子科技有限公司	天宁区青洋北路 1 号 22 幢
31	铭创（江苏）幕墙新材料有限公司	天宁区郑陆镇和平村委西陈家头 116 号

【青龙街道“创驿 120”服务品牌发布】 6 月 18 日，青龙街道“创驿 120”服务品牌项目发布仪式在青龙街道 1 号会议室举行。“创驿 120”，寓意“以科技创新为第一驱动力，营造服务和政策两个良好环境，零距离为企业服务”，旨在为企业提供创新创业驿站，让企业落户扎根青龙街道区域。“创驿 120”服务品牌以实施常态化服务为主要方向，构建“驿企惠（落实惠企政策）”“驿路学（深化人才引培）”“驿行人（营造双创氛围）”“驿金经（解决融资难题）”“驿企营（助力市场开拓）”5 个特色服务子品牌。年内，开展 11 场线上线下主题活动，吸引 263 家企业、5687 人次参加活动，累计为企业争取各类发展资金 1000 余万元。帮助常州智谷机电科技有限公司申报市工程技术研究中心；帮助江苏左右环保装饰材料有限公司申报“龙城英才”创业类项目 1 个；协助 50 余家企业申报高新技术企业，其中常州市金艾联电子科技有限公司、常州凯得新材料科技有限公司等 31 家企业被认定为高新技术企业；协助智谷机电科技有限公司、江苏达米拉网络科技有限公司等 26 家企业申报省星级上云企业；协助常州凯得新材料科技有限公司创成市级智能车间。

【青龙街道创成省级生态文明建设示范街道】 9 月，青龙街道被省生态环境厅命名为江苏省生态文明建设示范街道。2019—2021 年，青龙街道按照生态文明建设示范街道要求，坚持水岸同治理念，累计投资 708 万元，完成章家浜、横塘浜、亚新浜、贺家塘河、青峰浜 5 条河道劣Ⅴ类水质消除；高标准推进“生态绿城”建设，以玫瑰湖景区、水利枢纽主题景区、紫荆公园景区为核心开展“三心”联动，构筑区域生态绿肺；完成广源热电地块周边整体拆迁，天宁经济开发区成为全省第一个实现“区域零排放”开发区；青龙潭水利风景区创成主城区第一个国家级水利风景区，横塘河绿地、横塘浜绿地等一批绿化改造提升工程完成，3 年累计新增公共绿地 400 万平方米，街道人均公共绿地面积为 24.8 平方米。

【青龙街道 16 个村级股份经济合作社完成股份分红】 2021 年，青龙街道 16 个村级股份经济合作社（东风、常青、三里、亚新、高士、紫云、华严、桐家、青龙、羊头桥、福成、北塘、勤丰、新丰、勤业、青峰）根据《青龙街道关于村级股份经济合作社收益分配的指导意见》，结合各村集体经济组织收益情况，率先在天宁区村级股份合作社中开展股份制分红，核清 16 个村量化净资产 12.7 亿元，界定股份分红成员 33986 人，量化成员股平均每人 2.56 万元。

2021 年青龙街道 16 个村级股份经济合作社股份分红一览表

表 52

序号	村级股份经济合作社	净收益（万元）	分红金额（万元）	成员人数（人）	每人每股分红（元）
1	东风村	2137.98	328.20	3282	1000
2	常青村	0.04	321.57	1952	900
3	三里村	11.28	54.54	1818	300
4	亚新村	46.97	50.25	1675	300
5	高士村	1238.30	431.17	1233	占股本金的 15%
6	紫云村	42.45	55.50	2775	200
7	华严村	58.10	50.46	2523	200
8	桐家村	147.01	49.58	1540	200
9	青龙村	86.58	54.53	2046	200
10	羊头桥村	124.04	57.40	2870	200
11	福成村	287.75	53.04	1326	400
12	北塘村	46.74	68.88	1722	400
13	勤丰村	423.10	98.08	2452	400
14	新丰村	16.56	28.92	1446	200
15	勤业村	100.68	48.42	2421	200
16	青锋村	72.07	30.66	1533	200

【青龙街道完成 1916 户拆迁安置户优购房选房】 2021 年，青龙街道完成洋头村、青龙村、桐家村、华严村、福北社区、东风村、常青村、三里村、亚新村、勤业村、青锋村、勤丰村 12 个原自然村的房屋拆迁安置户优购房选房。安置优购房位于青龙苑 7.2 期、青竹苑二期 B、怡安家园、海华家园、花语江南小区，拆迁安置采用“货币补偿＋优惠购房”方式，累计安置拆迁 1916 户。1—9 月，街道成立分房工作组，按照公开、公平、公正原则，以抽签选房方式，分 5 批次完成优购房选房 2924 套。其中，原洋头村、原青龙村、原桐家村、原华严村及福北社区 257 户拆迁户安置在青龙苑 7.2 期，累计 376 套；原东风村、原常青村、原三里村和原亚新村 945 户拆迁户安置在海华花园，累计 1542 套；原勤业村、原青锋村、原勤丰村 470 户拆迁户安置在青竹苑二期 B 地块，累计 694 套；常青调剂市场地块、1-8-9 地块、丁莫村、仲家塘、原东风村、原常青村、原亚新村及青龙苑南侧地块 207 户拆迁户安置在怡安家园，累计 275 套；水投 1 号地块 37 户拆迁户安置在花语江南小区，累计 37 套。

【青龙街道安置房大产权证办理工作启动】 2021 年，青龙街道根据《关于决胜高水平全面建成小康社会补短板强弱项的若干措施》要求，启动安置房产权证办理，涉及青龙苑南区、青龙苑北区、青龙苑七期、新丰苑、青竹苑、紫云苑、都家苑、常青中心村、仲家塘、景秀世家 10 个小区，累计 17527 户、52581 名居民。至年末，青龙苑（七期）完成大产权办理，新丰苑小区、景秀世家小区完成土地出让。

【常州市第一中学天宁分校建设】 常州市第一中学天宁分校（正行中学）位于龙锦路以东、横塘浜路以南、后曹路以西、青龙西路以北，总用地面积 65581.54 平方米，总建筑面积 66119 平方米（其中地上建筑面积 53406 平方米、地下建筑面积 12713 平方米），总投资 4.25 亿元。该项目由常州市教育局和常州市第一中学投资建设，设计办学规模 36 个班级，2020 年 11 月开工。

至2021年年末，完成主体施工，投用后可新增高中学位1800个。

【青竹幼儿园建成开园】 9月1日，位于青丰路9号的青竹幼儿园建成开园，占地面积7900平方米，教学楼建筑面积9700平方米，户外活动面积4000平方米，设置18间教室和幼儿美术、科学探索、职业体验、阅览等专用活动室，投资5455.88万元，由常州弘辉控股集团有限公司于2019年9月启动建设，2021年5月竣工验收。该幼儿园以“信息化启智教育”为办园特色，把信息资源和多媒体手段运用到幼儿园各领域并渗透到幼儿游戏之中，注重幼儿智力培育，培养“智动、乐动、灵动”儿童。是年，幼儿园招收学前儿童260名。

【微电影《传承》获评2021年江苏省社会主义核心价值观主题微电影二等奖】 11月，由青龙街道拍摄的微电影《传承》，在省委宣传部、省委网信办主办的2021年江苏省社会主义核心价值观主题微电影（微视频）征集展播活动中获短片类二等奖。微电影《传承》片长4分钟，以常州市优秀党务工作者、常州市三八红旗手、阳光龙庭社区党总支书记、居委会主任姚志燕家庭“三代基层服务员”红色家风传承故事为蓝本，讲述姚元兴（常州市郊区青龙大队党支部原书记）、姚仁清（常州市郊区青龙村卫生室原医生）、姚志燕三代人扎根基层、不畏风浪、接续奋斗、为民服务的感人故事。

【东方尚院信访案件有效化解】 东方尚院项目位于天宁区章东路与章青路交叉口，由常州市天宁区恒阳置业有限公司（以下简称恒阳公司）开发建设，占地面积34900平方米，建筑面积76780平方米，其中住宅6栋，建筑面积72490平方米。2014年，1～5号住宅楼完成建设并交付使用，6号楼未能建设。恒阳公司因项目资金问题，将东方尚院住宅1、3、5号楼部分国有土地使用权和6号楼国有土地使用权向中信银行申请抵押贷款，后因无力偿还贷款，导致1、3、5号楼346户交付业主无法办理产权证，原计划安置于6号楼的26户被拆迁户40套安置房未能交付。2021年7月9日，由区委政法委、青龙街道办事处、区信访局、青龙派出所等相关单位成立常州市天宁区恒阳置业有限公司资产清算工作小组，聘请江苏常武律师事务所、江苏正则人和会计师事务所协助开展清算。经清算工作小组申请，天宁区法院受理，同意恒阳公司通过“执转破”方式（执行案件移送破产审查制度）进入破产程序，并指定清算工作小组为破产管理人，后续跟进恒阳公司破产案件。常州市人民政府召开联席会议，原则同意6号楼按原规划办理建设和施工手续，由常州弘辉控股集团有限公司筹措续建资金负责建设。

（刘吴煜）

茶山街道

【概况】 茶山街道地处常州市天宁区东南部，东连雕庄街道，南邻湖塘镇，西接兰陵街道，北靠天宁街道。辖区面积10平方千米，管理15个社区、6个行政村。至2021年年末，户籍人口9.04万人，常住人口13.05万人。境内有国家文物保护单位、中国共产党早期重要领导人之一的张太雷烈士故居，有省级文物保护单位、常州市保存体量最大、最为完整的早期纺织业建筑遗存——大成三厂民国建筑群，有始建于明代弘治年间的市级文物保护单位——晋陵白氏宗祠遗址。作为江苏省常州健康养老服务业集聚区的核心区域和大健康类企业集聚区，街道辖区内累计拥有大健康类企业37家，全年实现税收1.07亿元。是年，街道获得江苏省第七次全国人口普查工作成绩显著集体、全省第三批智慧健康养老示范街道、全省残疾人群众性文化体育活动进基层试点等省级以上荣誉称号；富强新村社区获评全国示范性老年友好型社区；同济桥社区成为国家老年人心理健康关爱项目试点单位，并被中国计生协认定为全国计生特殊家庭帮扶“暖心家园”示范点；清凉新村第三社区被评为江苏省健康社区。

2021年茶山街道村（社区）基本情况一览表

表53

村（社区）	户数（户）	户籍人口（人）	集体经济收入（万元）	书记	主任	地址
朝阳新村第一社区	2321	5306	—	何　斌		天宁区东城明居2幢
朝阳新村第二社区	2860	6551	—	丁　峰		天宁区朝阳三村53-1幢

续表 53

村（社区）	户数（户）	户籍人口（人）	集体经济收入（万元）	书记	主任	地址
丽华新村第一社区	3377	5910	—	陆金龙		天宁区丽华一村菜场 2 楼
丽华新村第二社区	2536	5989	—	陈　琳		天宁区华新南路 64 号
丽华新村第三社区	2461	5852	—	顾丽娟		天宁区华新南路 36 号
人民家园社区	1630	4014	—	潘玉成		天宁区和平国际花苑 3 幢乙单元旁
清凉新村第一社区	2188	5445	—	张红军		天宁区新城金郡花园 139 号
清凉新村第二社区	1661	4076	—	阎珏汝		天宁区清凉新村 50 幢丙单元北
清凉新村第三社区	1878	4510	—	邵　玲		常州市红梅南路 999-401 号
同济桥社区	1552	3857	—	杨　芸		天宁区劳动中路 417 号银河湾明苑 37-129 号
富强新村社区	997	2458	—	缪　逸		天宁区新乐花园 5 甲 101 室
清凉东村社区	2402	4093	—	姜黎黎		天宁区清凉东村 15-1 号
新城逸境园社区	1440	3504	—	孙　菁		天宁区新城逸境园 19 幢物业 2 楼
华润国际社区	3820	9954	—	巢　纲		天宁区华润剑桥澜湾 26 幢东首
天鹅湖社区	1327	3438	—	鲍　莉		天宁区高成天鹅湖商铺 13 幢 2 楼
群力村委	698	1741	250	张建良		常州市光华路前湫村 188 号
丽华村委	1184	3432	456	周国峰		常州市采华路 30 号
富强村委	1110	2574	899	贲秋菊		常州市中吴大道 1126 号
常春村委	639	1635	98	叶曙清		常州市龙游路 12 号
勤丰村委	1068	2896	780	王荣庆		常州市丽华北路 11-2 号
红梅村委	1341	3140	811	严月红		天宁区红梅村委摇树村 55-1 号

【经济发展】 2021 年，茶山街道全社会固定资产投资同比增长 7.2%，一般公共预算收入 8.1 亿元，同比增长 2%。辖区内有规模以上企业 110 家，其中，规模以上工业企业 17 家，完成产值 70.68 亿元，同比下降 2.2%；规模以上服务业企业 21 家，完成营业收入 8.32 亿元，同比增长 55.5%；规模以上批零住宿餐饮企业 72 家，实现销售额 7.33 亿元，同比下降 4.2%。社会消费品零售总额 23.82 亿元，同比增长 21%。实现进出口总额完成 37.93 亿元，同比增长 5.4%。重点项目建设稳步推进，11 个区级重点项目中，续建项目 6 个，新建项目 5 个，累计完成投资 31.4 亿元。高质量发展成效明显，常州纺兴精密机械有限公司获评国家专精特新“小巨人”企业，常州华利达服装集团有限公司创成国家级绿色工厂，商业综合体“万象城”奠基动工，中华纺织博览园纺织博物馆和名人馆完成建设，集人才教育、商务培训、会展住宿、餐饮娱乐功能于一体的月星酒店建成投用，超级格乐利雅怀旧式情景主题项目签约落户，采菱港西侧地块以楼面价 20348 元 / 平方米出让成交，刷新常州市土地出让单价记录。征收拆迁有序推进，全年实施征收拆迁项目 6 个，其中新开征收拆迁项目 2 个（摇树村、丽华一村大板房周边环境综合整治）、结转未完成项目 4 个（灯芯绒厂北侧、高成天鹅湖南侧、龙游河沿线、张太雷故居三期），涉及住宅 297 户、面积 48330 平方米，涉及非住宅 4 户、面积 10800 平方米。常州福利院西侧项目开创当年开工、当年清结、当年具备出让条件的征收项目记录。

【社会事业】 2021 年，茶山街道新增就业岗位 1500 个，帮助就业困难人员再就业 562 人，开展补贴性职业技能培训 1300 人，支持成功自主创业245人。落实帮扶纾困惠民政策，累计发放低保救助金、临时生活救助、低保边缘金、困境儿童救助、慈善救助等各类保障资金631.7万元，为“三无”老人、高龄老人发放各类补贴援助642.75万元，为残疾人发放“两项补贴”419.4万元，为各类优抚对象累计发放各类抚恤和生活补助金48.41万元；为有送餐需求的老人累计送餐4万人次，连续5年为600位90周岁以上老人、困难老人、特殊家庭发放助浴、理发、健康体检等关爱大礼包；为1120名居民办理城镇基本医疗保险，为37186名居民建立健康档案，建档率91.3%；为20503名居民提供家庭医生签约服务，签约率50.33%；为16220名重点人群众提供家庭医生签约服务，签约率84.44%。全年受理住房保障事项1545件，其中受理住房申请84户、租赁住房年审1461户。3月25日，中共中央政治局常委、国务院总理李克强视察富强新村社区，对多元化社区服务体系给予肯定。完善“一老一小”服务体系，打造全龄化社区服务新样板，同济桥社区被中国计生协认定为全国计生特殊家庭帮扶“暖心家园”示范点，并成为国家老年人心理健康关爱项目试点单位，富强新村社区获评全国示范性老年友好型社区，街道创成江苏省智慧养老示范街道。落实“外防输入、内防反弹”常态化疫情防控措施，新建三宝浜新冠疫苗接种点，完成华润国际社区1.2万人核酸检测采样演练，配合兰陵街道完成3次全员核酸检测以及亚朵隔离酒店志愿服务。持续优化营商环境，推进“一门、一窗、一网、一次”改革，全年为民服务中心综合窗口提供政务服务2.1万件次；探索“新生儿一件事套餐办”服务，办理新生儿服务事项126件次；建立帮办、代办服务机制，为居民及企业提供审批帮办、代办服务80余次。完成丽华一村（含朝阳四村）、朝阳三村（含飞天小区）老旧小区整治改造，同济花园小区加装电梯8台，马家村完成立面改造出新，丽华北路、劳动中路建成市级精品道路，朝丽路提升整治工程完工。

【社会治理】2021年，茶山街道招录网格员16人，累计143人，159个综合网格平台上报网格事项18616条，走访服务96722人次，处理事项18616条。通过第三方对网格内居民开展随机民意抽查，6个村委、15个社区群众满意率为87.38%。全年累计受理办结来信来访181件，接待来访33批次203人次。6个村委、15个社区均建立“平安前哨”工作站，银河湾明苑小区建成“智慧安防小区”。打好蓝天保卫战，深入推进VOCs治理，排查整治制造行业、印刷行业、汽修行业、燃气锅炉等单位VOCs排放，查出问题12个，均完成整改，全年街道辖区空气质量综合排名位列全区镇（街道）第一。打好碧水保卫战，完成龙游河、三宝浜劣V类水质整治，完成3座城乡厕所改扩建，持续推进“小散乱”排水、阳台和庭院排水整治，龙游河沿线创成污水处理提质增效达标区。打好净土保卫战，和平美景、朗诗兢园、新城金郡等11个小区创成省级垃圾分类达标小区，人民家园、同济花园等7个小区创成市级、区级垃圾分类达标小区，原常州市勤丰纺织印染公司地块完成土壤、地下水污染物分类调查，巩固土壤安全。开展安全生产监督检查，检查各类生产经营单位726家，排查并整改隐患689条；打击安全生产领域违法行为，立案处罚14起，处罚金额累计29.95万元。成立茶山街道社会工作服务站，探索“政府资金支持、专业团队服务、社会民众受益”运营模式，为儿童、残疾人、老年人等弱势群众提供社会救助，引导村（社区）开展社会工作服务，提升基层社会治理水平。推进“全科社工”服务示范窗口建设，同济桥社区创成市级示范窗口。

【基层党建】2021年，茶山街道党工委下属党组织179个，其中党委1个、党总支22个、党支部156个，党员5032名，其中年内发展党员57名。街道党工委推进党建与文化深度融合，围绕“运河党校”“思源广场”“一心小屋”等场所，结合城市形态更新、老旧小区改造、龙游河水环境整治等民生实事，新建“润心苑”“古树新亭”等党群服务阵地10个，建设“龙游河党建生态引领带”。组建“安信颐和离退休功能型党支部”，成立2个“两新”组织党支部（中共常州金科房地产开发有限公司支部委员会、中共常州市天宁区宝贝盛宴托育中心支部委员会），不断提升新兴领域党建水平。村（社区）“两委”完成换届，6个村委、15个社区“两委”班子累计正职21人（其中女性14人），大专及以上学历21人，平均年龄42.8岁；班子副职42人（其中女性28人），大专及以上学历42人，平均年龄38.8岁。优化村、社区工作人员薪酬体系，由“三岗十八级”调整为“五岗十八级”，进一步激发村（社区）工作人员干事创业积极性和主动性。优化“宜人茶山”微信公众号，增加“党史专题讲座”“我为群众办实事专题巡礼”“我们一起打疫苗”等栏目，全年累计发布信息173期300余条。持续推进身边好人、美德少年等先进典型选树，陈顺、蔡嘉生获评“最美常州人”。坚持党风廉政建设与经济社会发展同研究、同部署，确定6个作风建设创新攻坚项目，新建群力“廉园”、华润“清风廉韵”阵地，制定出台《安全生产工作责任职责任务清单》《公有资金投资零星工程建设项目管理办法》，举办建党百年廉洁书画展，形成作风建设联动效应。试行第三方监督员制度，聘请20名作风建设百姓监督员，不定期对街道机关、村（社区）到岗情况、工作情况开展明察暗访4次。运用“纪检+”联动机制，加大对尊老金、低保救助、安全生产、工程建设、停车场、养老机构等领域整治力度，查处形式主义、官僚主义3起4人，处分3人；查处群众身边不正之风问题4起5人，处分3人。针对市委提级巡察反馈问题，坚持问题导向、对单销号，38个问题均完成整改。

【茶山街道新增高新技术企业1家】 2021年，常州市优策电子科技有限公司被全国高新技术认定管理工作领导小组办公室认定为高新技术企业，茶山街道累计高新技术企业7家。常州市优策电子科技有限公司位于丽华北路79号，成立于2012年，生产及办公面积1200平方米，总资产600万元，员工40人。企业致力于各种智能化电子测试、测量仪器的研究与开发，拥有14项实用新型专利和1项发明专利，主要产品有电子元件参数测试仪器系列、直流电阻测试仪器系列、耐压测试仪器系列、网络变压器和高频变压器测试系列、电机测试仪器系列、偏流源测试系列以及汽车线束测试系列等。2021年，完成纳税销售1940万元，实现税收125万元。

【茶山街道11个区级重点项目建设】 2021年，茶山街道有区级重点项目11个，其中续建项目6个、新建项目5个，总投资138.1亿元，年计划投资31.5亿元，年内完成投资31.4亿元，完成年计划的99.7%。

6个续建项目分别是龙运天城项目、刘塘浜地块项目、名力C地块项目、劳动中路南侧和龙游路东侧（DN030229-01）地块项目、清凉小学改造项目、龙游河文化休闲旅游提升工程项目，年计划投资24亿元，年内完成投资25.6亿元，完成年计划的106.7%。

龙运天城项目位于丽华北路东侧、劳动中路南侧，由常州天宸房地产开发有限公司负责实施，总投资38亿元。项目规划用地面积10.85万平方米，总建筑面积33.52万平方米，其中地上建筑面积23.86万平方米（高层住宅建筑面积21.52万平方米、商业用房建筑面积0.19万平方米、配套设施2.15万平方米），地下建筑面积9.66万平方米。项目分三期实施：一期面积11.82万平方米，建设住宅楼10幢以及幼儿园、菜场和养老中心，2019年1月开工，2021年10月竣工交付；二期面积4.97万平方米，建设住宅楼5幢，2019年3月开工，2021年11月竣工交付；三期面积6.77万平方米，建设住宅楼8幢，2019年3月开工。是年，该项目实现营业收入25.55亿元，纳税4474万元。

刘塘浜地块项目位于光华路北侧、采菱支路东侧，由常州亿泰房地产开发有限公司负责实施，总投资23亿元。该项目规划用地面积7.77万平方米，总建筑面积22.9万平方米，规划建造19幢高层住宅，2018年8月开工，2021年5月竣工交付。是年，该项目实现营业收入3.15亿元，纳税3523万元。

名力C地块项目位于采菱村以西、丽华北路以东、劳动中路以北、老京杭大运河以南，由常州桑麻置业有限公司负责实施，总投资17.71亿元。项目规划用地面积11.33万平方米，总建筑面积30.81万平方米。项目分三期实施：一期面积3.86万平方米，建设别墅19幢，2018年5月开工，2021年5月竣工交付；二期建筑面积23.28万平方米，建设商业综合体及办公用房，2019年11月开工；三期建筑面积3.67万平方米，规划建设商业街区，2020年4月开工。是年，该项目实现营业收入3.2亿元，纳税1.39亿元。

劳动中路南侧和龙游路东侧（DN030229-01）地块项目由鸿韵（江苏常州）实业投资有限公司负责实施，总投资27亿元。项目规划用地面积4.61万平方米，总建筑面积14.6万平方米，建设10幢高层住宅，2020年8月开工。

清凉小学改造项目位于清凉新村内，由常州天宁建设发展集团有限公司负责实施，总投资1.13亿元。项目规划用地面积1.49万平方米，总建筑面积1.9万平方米，其中地上建筑面积1.5万平方米、地下建筑面积0.4万平方米，主要建设教学楼、综合楼、体育馆、食堂、门卫、连廊等。2020年12月开工。

龙游河文化休闲旅游提升工程项目由常州天隆建设实业有限公司负责实施，总投资4.38亿元。项目主要提升改造龙游河（京杭运河老线段—大通河）及其支流刘塘浜、三宝浜河道沿线两侧景观，包括文化业态提升工程5.15万平方米、绿化提升工程22.5万平方米、照明工程16.4万平方米，同步实施景观小品、公厕、茶室、驿站、围栏、管线等附属工程。2020年6月开工。

5个新建项目分别是茶山街道北侧幼儿园项目、天宁区实验幼儿园分园项目、悦丰苑项目、茶溪雅园项目、华润B地块项目，年计划投资7.5亿元，年内完成投资5.79亿元，完成计划投资的77.2%。

茶山街道北侧幼儿园项目位于茶山街道办事处北侧，为普惠性幼儿园，由常州天宁建设发展集团有限公司负责实施，总投资6329.2万元。项目规划用地面积5672平方米，总建筑面积11584平方米，主要建设1幢3层、局部4层综合楼，主要功能为教学用房、生活用房、活动用房以及其他辅助功能用房等，同步实施道路及场地、水、电、气等综合配套设施。2020年11月开工，投用后规划设置9个班级。

天宁区实验幼儿园分园项目位于东南道路东侧、菱支路西侧、勤丰路南侧，由区教育局负责实施，总投资6658.19万元。项目规划用地面积9572平方米，总建筑面积12107.54平方米，主要建设1幢3层综合楼，用于幼儿教学、生活、各种活动等，综合配套设施同时建设。2021年6月开工，投用后规划设置18个班级。

悦丰苑项目位于东南道路西侧、二十一米河北侧，由常州晋陵山河置业有限公司负责实施，总投资5.05亿元。项目规划用地面积2.25万平方米，总建筑面积6.84万平方米，建设4幢高层住宅，2020年12月开工。

茶溪雅园项目位于劳动中路南侧、东南道路西侧，由常州运河南岸置业有限公司负责实施，总投资4.5亿元。项目规划用地面积1.52万平方米，总建筑面积4.55万平方米，建设3幢高层住宅，2020年11月开工。

华润B地块项目位于和平中路东侧、富盛二路南侧、富盛一路西侧、夏雷路北侧，由华润置业（常州）有限公司负责实施，总投资16亿元。项目规划用地面积4.19万平方米，总建筑面积16.94万平方米，其中商业建筑面积1252平方米、住宅建筑面积11.31万平方米，2021年3月开工。

【常州纺兴精密机械有限公司获评国家级专精特新“小巨人”企业】 常州纺兴精密机械有限公司（常州喷丝板厂）位于常州市天宁区茶山街道采华路1号，1993年12月由常州喷丝板厂有限公司与常兴科技香港有限公司合资成立，占地面积12000平方米，建筑面积8800平方米，拥有员工260名。公司专注研发生产化纤行业关键零部件喷丝板50年，形成企业独特的喷丝板制造技术25项，主导产品是圆形孔喷丝板，补齐国内化纤纺丝喷丝板产品短板，新型纤维素纤维喷丝板和聚酰亚胺三叶形微孔喷丝板均为国内首创。公司产品有熔融纺纺丝喷丝板、干法纺纺丝喷丝板、湿法纺纺丝喷丝板、复合纺纺丝喷丝板及复合纺丝组件、非织造布用喷丝板、纺丝组件、铸带头组件、专用配件八大标准系列，拥有有效专利31项，4个研发项目获得江苏省纺织工程学会技术创新奖。产品在国内市场占有率在85%以上、国际市场占有率在35%以上。2021年，公司纳税销售1.25亿元，入库税收1214万元。

【常州华利达服装集团有限公司获评国家级绿色工厂】 参见“工业”类目“工业转型升级”分目P121页同名条目。

【中华纺织博览园纺织博物馆和名人馆建成】 9月，位于丽华路与劳动路交汇处的中华纺织博览园纺织博物馆和名人馆建成，占地面积16.13万平方米，建筑面积35.43万平方米，由常州桑麻文化博览园有限公司及其子公司常州桑麻置业有限公司共同开发建设，总投资21.16亿元，建设周期五年(2019—2023年)。该项目通过新建文化休闲楼，修缮省级文保建筑（原大成三厂卫生所、空置仓库、三方厅、老厂门）等工业遗存，结合大运河文化，建设纺织博物馆、名人馆和弘阳大成商业综合体。纺织博物馆面积6000平方米，设置科普馆、锦绣馆、常州馆、临展馆、文创馆五大主题展馆，其中科普馆、锦绣馆和常州馆为常设展馆，通过2000余件纺织服饰藏品及文献资料，展示纺织产业发展、大运河工业文化。名人馆面积1200平方米，设置多功能厅、查济民夫妇生平展览区等区域，展示常州历史名人和风土人情。

【常州市福利院西侧地块完成征收清结】 2月22日，常州市福利院西侧地块征收项目启动。该项目东至常州市福利院，南至劳动中路，西至龙劳路，北至古运河，占地面积2.87万平方米，总建筑面积52666.07平方米，征收房屋225户。其中，住宅223户，建筑面积42802.57平方米；非住宅2户，建筑面积9863.5平方米。9月27日，被征收住户和企业100%签约腾空，完成全部产权注销并具备出让条件，开创“当年启动、当年清结、当年具备出让条件”的征收项目记录。

【茶山街道2个老旧片区完成改造】2021年，茶山街道启动丽华一村片区（含朝阳四村）和朝阳三村片区（含飞天小区）老旧小区改造，涉及200幢住宅楼、6669户居民，面积34.56万平方米，主要对居住安全、基础设施、社区环境、物业管理、文化氛围、党建布置、日常服务7个方面实施改造，累计投入改造资金1.68亿元。其中，丽华一村片区（含朝阳四村）改造涉及109幢住宅楼、3894户居民，面积15.15万平方米，投入改造资金9002万元；朝阳三村片区（含飞天小区）改造涉及91幢住宅楼、2775户居民，面积19.41万平方米，投入改造资金7812万元。至年末，累计修缮2个片区老旧小区房屋200幢，新增停车位1360个、电动自行车充电口2000个、垃圾分类亭10个，同时开展适老改造、雨污分流、道路修整、消防提升、弱电入地等工程，全面提升小区居住环境。12月，2个片区老旧小区完成改造，街道聘用物业公司对小区实施物业管理。

【丽华一村大板房及周边拆迁安置户完成商品房选房】2021年，茶山街道完成丽华一村及周边拆迁安置户商品房选房。丽华一村大板房拆迁户置换的住宅商品房位于董头村二期梅亭佳园3#、4#楼，有256套房屋，其中65平方米房屋120套、75平方米房屋120套、90平方米房屋16套，供240户大板房拆迁安置户选择。10月22日，在区征收办主持、区公证处全程监督公证下，丽华一村大板房240户产权人在常瑞宾馆按选房顺序号现场选房，其中113户选择65平方米房源、116户选择75平方米房源、11户选择90平方米房源。5月，丽华一村大板房带动丽华一村18栋、37栋59户居民住宅拆迁；12月5日，丽华一村大板房周边的18栋和37栋被拆迁户完成置换的住宅商品房选房。

【朝丽路提升整治工程完工】12月，朝丽路提升整治工程完工，获评全国背街小巷提升整治百佳工程。朝丽路始建于20世纪90年代，全长约900米，是丽华一村连接朝阳四村、丽馨苑等老小区内部道路，道路基础设施陈旧，行道树茂密失修，停车位严重不足，乱停车现象突出，居民通行困难。11月，茶山街道启动实施朝丽路提升整治工程，投入改造资金570万元，更换人行道板6100平方米，路面铺设沥青8250平方米，修复井盖250个，铺设地下管线3000米，整理空中飞线300米，改造提升绿化面积325平方米，修剪行道树120棵，新砌破损围墙500米，刷新建筑物外立面2万平方米，整治店招店牌116家，设置停车位108个，引进智慧停车系统规范停车管理，加强道路交通秩序管理；并把路口旧厂房改造成“回音、回念、回家、回答、回溯、回信、回暖”的柒回露天记忆馆，把原休闲广场地面划成“跳房子”游戏的格子，全方位美化朝丽路人居环境，提升辖区居民生活品质。

【龙游河环境综合整治工程完工】龙游河南接新运河，北至京杭大运河，东连采菱港，是主城区重要水系之一，全长6.1千米，包括龙游河（3.4千米）、三宝浜（1.3千米）、刘塘浜（1.4千米）3个河段，涉及沿岸5个行政村和9个社区。为解决龙游河两岸环境脏乱差、河道抗洪排涝能力差、河水污染严重问题，2019年11月，天宁区启动龙游河环境综合整治，总投资约5亿元。围绕“水清、路通、景美、功能配套”目标，开展无证建筑拆除、房屋征收、清淤截污、岸坡景观、生态步道业态综合整治。2021年12月，龙游河环境综合整治工程完工，累计拆除无证建筑142处，征收民房22户、企业10家，河道清淤7.15万立方米，栽种绿植6.83万平方

10月22日，丽华一村大板房拆迁户现场选房　　（茶山街道　提供）

2021 年，完成整治改造后的龙游河及周边老旧小区（茶山街道 提供）

米，新建 400 平方米口袋公园，修整健身步道 12.2 千米，新建桥梁 6 座，翻新原有桥梁 14 座，实现水清、河畅、岸绿、路通目标，形成社区游园、运动健身、桥梁景观等多元化、共享型、复合类文化旅游休闲业态，龙游河沿线 7 万余名群众得益受惠。

【茶山街道“平安前哨”建设】 2021 年，茶山街道完善“大数据 + 网格化 + 铁脚板”社区治理机制，构建基层社会治理新格局，累计投入 130 余万元，在 6 个村委、15 个社区建立“平安前哨”工作站。“平安前哨”工作站是在原警务室或网格工作站基础上，按照外观标识、硬件标准、力量配置、职责要求、运作机制“五统一”标准实施改造提升，统一配置接待室、调解室、宣传室等场所，组建由社区民警 + 辅警 + 专职网格员组成的工作队伍，制定社区民警和网格员任务清单，联合开展信息采集、风险排查、人员管控、服务群众等工作，形成共建共治工作合力，推进社区治理与风险防范化解，成为基层治理第一阵地、维护稳定第一防线、风险防控第一前哨、服务群众第一窗口。是年，6 个村委、15 个社区“平安前哨”工作站累计巡查走访 509 人次，发现食品药品安全、寄递物流安全、网格隐患、小区消防安全等问题线索 76 条，解决群众诉求、化解矛盾纠纷 193 件。

【银河湾明苑建成“智慧安防小区”】 10 月，经区委政法委和公安天宁分局认定，同济桥社区银河湾明苑小区建成“智慧安防小区”。银河湾明苑小区始建于 2011 年，有 8 幢高层、23 幢别墅，累计 1936 户、2923 名居民。3 月，街道在银河湾明苑小区实施智慧安防小区建设试点，投入约 150 万元，在原有视频监控、智能门禁等智能设备基础上，安装电梯监控、高空抛物监控、地下室监控、道路监控、出入口监控，所有设备连接物业监控中心，各类信息数据与天宁公安中电信息平台、区网格指挥中心对接，实现平台共享、视频共通、通信共联，形成防范、管理、服务、研判、预警、宣传“六位一体”智慧治理格局。

【同济桥社区获评全国计生特殊家庭帮扶“暖心家园”示范点】 2021 年，经中国计生协验收，同济桥社区获评全国计生特殊家庭帮扶“暖心家园”示范点。2019 年，同济桥社区试点实施中国计生协“暖心家园”项目，建立“暖心家园”计生特殊家庭专享交流阵地，开展形式多样、内容丰富的主题公益活动，为计生特殊家庭提供心理慰藉、健康体检、节假日慰问等关爱服务。2019—2021 年，同济桥社区开展“3+1”（3 名春晖专属志愿者结对帮扶 1 个计生特殊家庭）“暖心家园”志愿服务，每年为 574 户计生特殊家庭提供服务。“暖心家园”与全区计生特殊家庭结对，每年为每户计生特殊家庭提供不少于 10 次服务。实施“三大类”关爱帮扶，落实国家计生特殊家庭扶助政策，实行入住养老机构、提供助老服务等养老保障政策倾斜和优先优惠；落实“家政服务、购物上门、陪医助浴”等关爱帮扶项目，做好“走访慰问、结对帮扶、爱心救助、法律援助、健康体检”等实事，每年为每户计生特殊家庭提供不少于 12 次帮扶；开展心理疏导、情感调适服务，每周六瑞文心理工作室的心理医生为计生特殊家庭提供心理疏导。举办“幸福花、春晖情”系列活动，每月围绕 1 个主题，开展计生特殊家庭迎新会、生日会、家庭风筝节、趣味运动会、厨艺展示、春日踏青、端午品香粽、健康讲座义诊、文艺晚会、留青竹刻体验、书画活动、绿植插花、蛋糕烘焙等活动；每年为 203 户计生特殊家庭对象发放洗衣卡、助浴理发卡、摄影照相卡、健康体检卡、关爱陪护卡等大礼包。开展生育关怀行动和“春晖暖心”系列活动，累计开展上门走访、发放慰问品、赠送生日蛋糕等活动812人次。

【同济桥社区成为国家老年人心理健康关爱项目试点单位】 2021年，经市卫健委批准，同济桥社区成为国家老年人心理健康关爱项目试点单位。2020年11月，同济桥社区启动实施老年人心理健康关爱项目，对65岁以上常住老年居民摸排登记，在老年人心理关爱项目信息管理系统录入老年人525名，438名老年人接受调查评估；根据平台问卷调查评估标准，心理健康一般人群423人，临界人群12人，高危人群3人。同济桥社区发挥社会组织瑞文心理工作室作用，采取个案形式开展心理健康咨询辅导，对2名临界人群开展个案治疗5次，对15名一般人群开展“关注自我，从心开始”心理沙龙活动16次，对40余名一般人群开展“最美不过夕阳红”“关爱老年人心理健康”等健康讲座9次。通过个案心理健康咨询辅导治疗，2名老年人心理状态恢复正常。

【富强新村社区创成全国示范性老年友好型社区】 10月，经国家卫健委、全国老龄办认定，富强新村社区创成全国示范性老年友好型社区。富强新村社区位于中吴大道南侧，东至张墅桥，西邻红梅南路，南靠离宫路，辖区面积22万平方米，下辖富强新村、刘国钧职教宿舍、中吴雅苑、新乐花园4个住宅小区，常住人口4503人，户籍人口2458人，老年人占户籍人口的23%。2018年，富强新村社区启动适老化改造，以“居住宜老、设施为老、活动便老、服务助老、和谐敬老”标准，对小区内公共环境、基础设施配套、养老服务体系等方面进行适老化改造提升。2018—2021年，茶山街道累计投入1200万元，对12栋住宅楼、64个单元进行无障碍改造，楼道内增设扶手和座椅，方便老年人出行；利用椿熙堂养老服务工作站、街道社区卫生服务中心，为老人提供助餐、居家和健康教育等服务；安排专业心理咨询师为老年人提供心理慰藉服务，关注老年人心理健康；为3户独居、空巢老人家庭实施适老化改造，安装智能晾衣架，打造适老化卫浴间和厨房，调整老旧线路布局，改善独居、空巢老人居家环境；对小区健身广场、休闲长廊、绿化景观等实施翻新改造，新增机动车停车位60个；引入市场化物业管理，促进富强新村社区的老小区管理实现良性循环。

【龙游河党建生态引领带建设】 2021年，茶山街道党工委针对龙游河沿线人群多元、需求多样等特点，探索“党建＋治水”服务模式。结合服务人群需求，利用原常州自来水公司水塔，取“饮水思源铭党恩，不忘初心再出发”之意，打造“初心永不变·‘河’你在一起”主题彩绘。在龙游河沿线核心点位新建思源广场，设置“一心小屋”党群服务驿站，驿站内有雨伞、急救包、微波炉、手机充电器等便民服务设施，为环卫工人、快递小哥提供休憩场所；配有便捷式投影、音响等生活娱乐设备，为周边居民群众生活提供便利；并提供垃圾钳、红马甲等党员志愿服务工具，打造集劳动者驿站、志愿者服务站、龙游河河长站于一体的多功能党群服务站。年内，街道党工委联合属地村（社区）、“两新”组织，建立区域化党建联盟，通过设岗定责，鼓励党员群众参与绿地养护、河道治理、生态宣讲、公益轮值等服务，建设人人有责、人人尽责、人人享有的龙游河治理体系。

（倪文菲）

红梅街道

【概况】 红梅街道地处常州市天宁区西北部，东至青龙西路、丽华北路，南靠沪宁城际铁路，西邻新藻港河，北接龙城大道为界。街道办事处位于常州市天宁区竹林南路14号，行政区域面积10.5平方千米，管理19个社区、5个行政村。2月5日，经区政府审批，光明村委村级建置撤销。至2021年年末，户籍人口10.1万人，常住人口14.2万人。境内聚集沪宁城际铁路常州站、常州客运中心、地铁1号线等城市交通枢纽资源。绿地覆盖率达88%的翠竹公园坐落街道辖区翠虹路1号，是秋冬季节观赏落羽杉的绝佳之地。拥有常州市天宁区红梅中心幼儿园、常州市红溪实验幼儿园、常州市第三中学、常州市翠竹中学、常州卫生高等职业技术学校等优质教育资源。街道经济以商贸、批零为主导，飞龙东路汇聚红星美凯龙国际电脑家电装饰城、易美惠商超综合体，时代广场、交银大厦、凯信商务广场等特色楼宇点线成面。是年，翠竹南区社区党委获评常州市“五星”级村（社区）党组织。翠竹南区社区被评为2021年度常州市平安法治和谐示范点。

2021 年红梅街道村（社区）基本情况一览表

表 54

村（社区）	户数（户）	户籍人口（人）	集体经济收入（万元）	书记	主任	地址
红梅新村社区社区	2748	6357	—	杨秋燕		红梅新村中心区域 73 号
北环南村社区	3639	3979	—	钱玉亚		尚东区商铺 69 号 3 楼
凯旋城社区	3090	2030	—	宋文娟		凯旋城 9 幢 3 楼
金梅花园社区	2323	2362	—	李　萍		金梅花园 18 幢 101 室
锦绣东苑社区	2356	3636	—	王春芳		锦绣东苑 29 幢 3 楼
北环新村社区	4447	8021	—	王海英		北环新村 49 幢对面
永宁路社区	1573	1942	—	高　敏		聚景苑 15 幢东 2 楼
盛世名门社区	2523	4665	—	俞　杨		盛世名门花苑 1 幢乙单元 1 楼
金百花园社区	3481	3352	—	柯　萍		金百花园 12 幢 2 楼
红梅假日社区	2067	2406	—	陶金芳		聚缘雅居 11 幢 101 室
红梅西村社区	3009	5017	—	潘　杰		竹林南路 4 号
虹景社区	5024	4921	—	王　雄		虹景花园 47 幢西面 1 楼
翠南社区	6593	11828	—	杨　静		翠竹新村 14 号
新堂社区	2720	5175	—	谭蕴朴		翠苑公寓 13 幢
聚博花园社区	2488	4020	—	张　楠		聚博花园 21 幢 3 楼
翠北社区	3280	6227	—	张翠华		永宁北路 200-18 号
锦绣花园社区	3435	4962	—	孔　琦		嘉盛苑 5 号楼 1 楼
红梅东村社区	3492	5746	—	杨建茹		红梅东村 28-1 幢
香缇湾社区	1899	1936	—	吴祝霞		香缇湾花园 9 幢乙单元 103 室
红菱村委	2889	3039	3034.22	周建军		天宁区健身北路 688 号
竹林村委	1311	2074	438.84	周炳海		飞龙东路 30-1 号
卫星村委	623	1438	983.76	高　璐		飞龙东路 423 号
胜利村委	401	971	618.62	陶育才		润园商铺 6-108 号 4 楼
林园村委	568	1694	657.35	王秋英		竹林南路 4 号

【经济发展】 2021 年，红梅街道主要经济指标稳中有进，全社会固定资产投资 18.78 亿元，同比增长 7%；一般公共预算收入完成 3.78 亿元，同比增长 0.17%。辖区内有规模以上企业 128 家，其中，规模以上工业企业 7 家，实现产值 5.63 亿元，同比增长 20%；规模以上服务业企业 32 家，实现营业收入 15.14 亿元，同比增长 10.2%；规模以上批零住餐企业 72 家，实现销售额 34.73 亿元，同比增长 13.4%。社会消费品零售总额 81.03 亿元，同比增长 20.5%；进出口企业 51 家，实现进出口总额 7.06 亿元，同比增长 4.9%；外资实际到账 2138 万美元。竹林农贸市场改造、海鲨湾海鲜会馆建设、你好酒店改造升级、北环

社区卫生服务中心移址搬迁4个产业改造项目总投资1.22亿元。利用常运集团所属客运大楼4层总计1.2万平方米载体，打造常亮电商产业园，江苏常亮数字科技有限公司等10余家企业集体签约入驻。至年末，常亮电商产业园、胜利工业园累计引进各类企业17家。全年新增发明专利5个、高新技术企业2家，常州同维佳业新材料科技有限公司完成省“两化”融合贯标试点，江苏酷点信息技术有限公司、常州公路运输集团有限公司、常州路航智能交通信息服务有限公司、常州乔森交通科技服务有限公司4家企业获评省三星上云企业。7个区级重点项目完成投资19.1亿元，完成计划的105.52%，其中5个续建项目（昌赫铂雅花园、董头村地块、红梅街道社区卫生服务中心改扩建、红梅实验小学改扩建、翠礼峰天玺）有序推进，2个新建项目（董头村地块二期、董头村幼儿园）顺利开工。火车站北广场周边地块清结攻坚，项目签约率99%。11月，启动前王村、潘家塘及周边地块征收，签约率99.45%，腾空率99.17%。6月23日，红梅街道零星税源委托代征办公室撤销，原代征事务由区行政审批中心集中办理。

【社会事业】 2021年，红梅街道助力居民就业创业，新增城镇就业2479人，支持自主创业220人。社会救助保障到位，街道辖区内有低保家庭314户、发放低保救助金409.4万元；低保边缘57户、125人，发放救助金10.26万元；“同一片蓝天下”慈善助孤救助24名重残儿、1名孤儿，发放救助金7.5万元；慈善助学救助8人次（本科2人、大专6人），发放救助金5.2万元；“情暖龙城”慈善助困发放救助金26万元，为226户困难家庭发放米、油等物资。完善多层次养老保障体系，为24958名60周岁及以上老人购买安康关爱险，为46979名80周岁以上老年人发放尊老金234.89万元，为90周岁及以上老年人发放居家养老援助服务补贴84.88万元，5个村委养老年龄段被征地农民养老保障待遇提高至1600元/月，城乡居民养老保险基本养老金提高至350元/月，为64人办理居民养老保险。老年服务持续优化，为有助餐需求的老年人提供助餐服务，5个助餐点（红梅新村社区、北环新村社区、虹景社区、翠竹南区社区、红梅东村社区）月均助餐2136份；为辖区内123户困难老年人家庭实施适老化改造；完成2021人次老年人运用智能技术专项普及培训；采用政府购买服务方式，在翠竹南区社区建成幸福红梅综合养老服务中心，设置康复器具租赁室、老年棋牌室、日间照料中心、老年阅览室、老年助餐食堂、初心茶座、老年书画室、道德讲堂以及老年谈心室等功能室，全年为老年人提供服务2000余人次。开展卫生惠民服务，全年为1093名居民办理城镇基本医疗保险，为34469名居民签约家庭医生，签约率39.84%，为27563名重点人群签约家庭医生，签约率86.45%。落实住房保障工作，享受住房租金补贴的居民687户、82.14万元，其中享受廉租房租金补贴的居民352户、22.52万元，享受公租房租金补贴的居民335户、59.62万元；享受实物配租的居民782户，年内新增享受实物配租的居民6户。双拥工作不断深化，走访重点优抚对象97户，发放价值4.85万元慰问品，对农村籍退役士兵、老复员军人发放春节慰问金5600元，对企业退休“两参”（参战、参核）人员发放春节慰问金24.83万元。完成农村产权制度改革资料归档，10月，聘请第三方专业机构，对4436件农村产权制度改革资料实施整理、扫描，形成117盒农村产权制度改革档案，移交区档案馆保管。文体活动丰富多彩，新增健身场地1个、150平方米，街道辖区累计有健身场地146处、9200平方米，健身场地覆盖所有村（社区）；以庆祝中国共产党成立100周年为契机，开展“幸福红梅·梅香四季”文体系列活动，开展“乐一乐”“晒一晒”“唱一唱”“比一比”活动12次，2.5万人次参与活动；举办“传统+创新”主题文化服务活动430场，惠及26万余人次；与常州开放大学合作，开展“送课进社区”活动9场，“学习苑”开展培训讲座500余场，受众8万人次；开展终身学习周活动40项，2500人次参与活动。社区治理不断优化，成立街道社会工作服务站，启动“十百千”计划，全年培育理发能人200人、应急救护能人356人、调解能人120人，为特殊困难群体开展帮办代办服务753人次。引导社会组织参与社会服务项目，龙城春晓志愿者协会“尊重生命·关爱生命”提升老年人生命质量、亿点爱社会工作服务中心“守护爱的记忆——老年认知症干预服务”、金百花园社区家务协会“邻聚力”培育计划、益聚力社会工作服务中心“让阳光照进长者心田”4个项目入围天宁区第四届“天健杯”公益创投项目，分别获5.5万元、4万元、5万元、2.5万元项目扶持资金。

【社会治理】 2021年，红梅街道完成101项污染防治攻坚战目标任务，

11个小区创成生活垃圾分类“两定一撤”省级达标小区，2个公厕完成改造。落实河长制管理制度，街道级河长全年巡河216次，村（社区）级河长巡河480次，累计清理河道约1200米、垃圾约25吨，双桥浜、横塘浜实施清淤及生态修复工程，红梅新村小区内河通过区级“五好河道”验收。开展非机动车专项整治36次，出动人员150人次，拖移非机动车307辆、“僵尸车”4辆，开单处罚258辆次。拆除新建违章建筑38处、580平方米，拆除存量违章建筑24处、726平方米。开展餐厨废弃物专项整治90次，出动270人次、90车次，督促辖区300余家餐饮单位建立健全餐厨垃圾管理制度，当场教育告知50起，立案2起，罚款500元。实施老旧小区改造工程，总投资8795.53万元，其中红梅西村老旧小区改造涉及52幢、179个单元、2155户居民；武进小区年内完成改造。全面推广出租房“红黄绿”动态分级管理，完成836户出租房评分，12户挂黄牌出租房实现“黄改绿”，1户挂红牌出租房实现“红改黄”。落实安全生产工作职责，开展辖区物流企业、工业企业、加油站、大型商业场所、瓶装燃气站点等安全生产专项整治，排查物流企业100余家、加油站3座、大型商业场所4个，实现排查全覆盖，发现并整改安全隐患329条。强化电动车违规充电治理，入户发放居民家庭火灾防控安全告知单3万份，清理公共区域内堆放可燃杂物113处，增加安装电动自行车集中充电桩3处。开展竹林南路、竹林北路沿街店面市容整治，发放温馨告知书200余份，拆除电子显示屏38处，清理门窗玻璃乱张贴83处。深化网格综合治理，171个全要素网格全年上报事项30537件，办结30530件，办结率99.98%；通过第三方对网格内居民随机民意抽查，19个社区群众满意率为88.6%。加强矛盾纠纷化解，全年接收、处理各类信访件160件，其中部门信箱（原区长信箱平台）信访件22件、阳光信访系统内信访件138件，同比下降17.5%，及时受理率、按期办结率100%；全年调处各类矛盾纠纷1089件，纠纷排查率、调解率、调解成功率均为100%，未发生民事纠纷转化为刑事案件和非正常死亡案件。红梅新村社区、虹景社区、翠竹北区社区、翠竹南区社区、锦绣东苑社区建立“平安前哨工作站点”，翠竹南区社区被评为2021年度常州市平安法治和谐示范点。推进社区矫正，成立红梅接茬帮教关爱工作站，对71名社区矫正对象系统管理，辖区内196名刑释人员帮教率100%，重新犯罪率为零。注重普法教育，全年累计开展普法活动40余次，发放各类宣传资料2800份，解答群众咨询220次。

【基层党建】 2021年，红梅街道党工委下属234个党组织，其中党委5个、党总支26个、党支部203个，党员5949名，年内发展党员40人（其中“两新”组织4人、医疗教育系统6人、基层一线干部10人），发展入党积极分子22名。开展“我为群众办实事”活动，完成老旧小区改造、竹林路精品道路建设、消防安全整改等20个重点民生项目。举办庆祝中国共产党成立100周年主题党日活动20余场，为830名老党员颁发“光荣在党50年”纪念章，1名党员获市“两优一先”表彰，37名党员获区级“两优一先”表彰，2名党员、8个先进基层党组织获区“百年初心先锋印记”奖项，翠竹南区社区党委获评常州市“五星”级村（社区）党组织。完成村（社区）“两委”换届，选举产生村（社区）正副职51人，提拔1名“90后”和1名“85后”年轻社工担任社区正职，“两委”班子人员知识结构更趋合理，平均年龄较上届降低10岁。制定出台《红梅街道干部“选育管用”三年规划》，选拔村（社区）后备干部37名、机关“一办六局”后备干部23名。街道纪检部门开展作风纪律明察暗访7次，受理信访举报5件，对反映不实信访举报印发失实澄清2份，下发纪律检查建议2份；全年办理违纪案件8件，给予党内警告处分4人、严重警告处分1人，开除党籍2人，免予处分1人，给予诫勉谈话1人。

【红梅街道新增高新技术企业2家】 2021年，常州启冉软件有限公司、江苏今视缘智能科技有限公司被全国高新技术认定管理工作领导小组办公室认定为高新技术企业，红梅街道累计高新技术企业4家。

常州启冉软件有限公司位于天宁时代广场A座1201室，2014年成立，办公面积240平方米，总资产77.5万元，员工15人。公司致力于企业管理软件的研究与开发，拥有3项实用新型专利、25项软件著作专利，主要产品为启冉工贸ERP管理系统软件等。2021年，完成纳税销售261.7万元，实现税收7.67万元。

常州今视缘智能科技有限公司位于天宁时代广场A座1303室，2019年成立，办公面积1200平方米，总资产779.37万元，员工35人。公司致力于青少年近视防控智能眼镜的研究与开发，拥有1项发明专利、3项外观专利、20项实用新型专利，主要产品为近视防控智能眼镜、叶黄素脂益生菌、防蓝光眼镜等。2021年，完成纳税销售222.44万元，实现税收2.17万元。

【红梅街道2个区级重点项目开工】 2021年，红梅街道董头村地块（二期）、董头村幼儿园2个区级重点项目开工，总投资17.01亿元。

董头村地块（二期）位于天宁区龙城大道西侧、横塘浜南侧，占地面积66647平方米，建筑面积16万平方米，总投资16.30亿元，由常州运河南岸置业有限公司开发建设。该项目规划建设住宅楼11幢、面积117320.8平方米，建设商业用房1786.23平方米和公建配套用房40806.61平方米。2020年12月3日开工建设，至2021年年末，完成总体工程量的80%。

董头村幼儿园位于竹林北路以北、青龙道路以南、庙湾村西路以东，占地面积2820.01平方米，建筑面积1.2万平方米，总投资7100万元，由常州天隆建设实业有限公司实施。该项目规划建设地上4层，面积8429.34平方米，设置教室18间、各类活动室29间、餐厅1间；地下1层，面积3673.05平方米，设置地下停车场。2021年5月8日开工建设，至2021年年末，完成总体工程量的75%。

【社区矫正“心”家园项目建设】 4月，社区矫正“心”家园项目被列入2021年度区级创新区域社会治理重点项目。5月20日，区司法局红梅司法所与常州市胜名社会服务中心签订社区矫正“心”家园项目合作协议，启动社区矫正“心”家园项目建设。社区矫正“心”家园把心理矫治应用于社区矫正中，通过街道、村（社区）矫正工作人员、心理咨询师及社区矫正对象家庭成员等多元配合，对罪行轻微、主观恶性不大的未成年犯、老病残犯，以及罪行较轻的初犯、过失犯等矫正对象开展心理辅导，形成融法律约束、道德引导、亲情感化、心理疏导于一体的多元化社会力量参与的矫正格局。2021年，社区矫正“心”家园采取测评建档、定期授课、精准施策、个别帮扶方法，对12名矫正对象开展心理辅导，使矫正对象乐观面对现实、面向未来，消除矫正对象对抗情绪，降低再次犯罪风险，年内帮助4名矫正对象重新融入社会生活。

【红菱村委钱家村环境综合整治】 11月，红菱村委钱家村环境综合整治工程完成，有效改善和提升城中村群众居住环境和生活质量。钱家村位于飞龙东路北侧，东靠润德半岛，北与锦绣南苑交界，占地面积约6700平方米，建筑面积约8000平方米，总户数40户，常住户籍人口21人，流动人口149人。3月，红菱村委投资130万元，对钱家村环境实施提升改造，拆除12间违章临棚，清理旧电动车13辆、乱堆放30余处、乱张贴涂写20余处，修建被火灾烧毁的房屋顶棚60平方米，出新40栋民房外立面，整修危墙80米，统一整修8户沿街商铺店招，设置遮阳雨棚200米，改造电缆线路500米，新建40平方米衣服晾晒区和60平方米电动自行车充电区，整修路面500平方米，绿化100平方米，建成150平方米全民健身路径，配套完善120米健身文化墙和新时代文明实践站宣传栏，修建1间20平方米多功能活动室，出租房实行“红黄绿”动态分级管理，其中挂黄牌32户、绿牌5户。

【新堂社区武进小区智慧安防小区建设完工】 11月，红梅街道新堂社区武进小区智慧安防建设项目完工。武进小区建于1985年，东邻庙湾路，西依飞龙东路，南靠横塘浜河，北至新堂北路，总建筑面积11万平方米，有住宅楼61幢、162个单元，居民1716户、5280人，小区周边店铺174个。2020年，武进小区被常州市作为2020年社会治理重点老小区改造项目和天宁区民生实事项目，同年11月，街道按照智慧安防要求，改造整修消防通道出入口1个，安装监控溯源、人脸识别、周界报警、车辆识别、高空抛物五大智慧安防系统，安装各种监控探头、周界报警器，汽车出入口安装智能车闸，各类信息数据与天宁公安中电信息平台、区网格指挥中心对接，形成防范、管理、服务、研判、预警、宣传“六位一体”智慧治理格局，提高老旧小区安全防范能力，增强物业管理智能化水平，实现小区防范密、发案少、秩序好的治理新态势。

【竹林农贸市场改造完工】 5月，竹林农贸市场改造完工并投入使用。竹林农贸市场始建于2002年，位于竹林北路28号，占地面积4250.7平方米，建筑面积2360.5平方米，设有摊位117个，年营业收入80万元，资产和管理均归属红梅街道竹林村委。2020年12月，竹林村委以农贸市场整体招租形式引入改造资金，江苏臻选物业管理有限公司中标，投入250万元，整治市场外围停车场，合理规划停车位置，增设监控探头，安装车辆出入智能道杆，促进车辆有序停放；翻新废旧非机动车车棚，改善非机动车乱停乱放状况；改造市场内部环境，内设2个区域，其中，蔬菜、水产、肉类区域面积700平方米，设摊位40个；生鲜超市区域面积700平方米，摆放生鲜和日用品，满足周边13个小区居民群众日常生活需求。竹林村委投入6万元，改造市场水、电线路和消防设施等基础设施。

【竹林路建成市级精品道路】 6月，竹林路精品道路改造基本完工，通过市城管局验收。竹林路西起关河路，东至青洋路，总长5千米，贯穿翠竹公园、紫荆公园、横塘河湿地公园。4月，街道投资约2.5万元，对道路、人行道板和侧石破损处实施修补和重新铺装，清除树穴杂草，平整树根拱起；开展沿街商铺店面广告整治，清理玻璃门窗乱张贴，拆除电子显示屏38处。

【红梅街道11个小区创成省级垃圾分类达标小区】 2021年，红梅街道累计投入65万元，在11个小区开展“四分类”及“两定一撤”省级垃圾分类达标小区创建，设置垃圾定时投放点组合箱62组、240升垃圾桶160只，改造垃圾分类亭11个、洗手池34个，配置工具箱15个，投放有害垃圾收集袋150个；街道综合行政执法局联合社区、物业公司和江苏绿之鑫环保科技有限公司开展垃圾分类宣传活动80次，发放宣传手册7500余份，在小区设置垃圾分类宣传信息栏15个、宣传信息牌430个、宣传展板350张，在鼎泰花园、东方明珠、晋陵北苑3个小区设立宣教室，开展垃圾分类培训45次，400余人次参与，小区群众对创建省级垃圾分类达标小区知晓率、参与率分别为90%、80%，垃圾分类投放准确率达80%。11月，经省住建厅委托第三方验收，永宁星座、聚景苑、东方明珠、九龙雅苑、晋陵北苑、鼎泰花园、翠园世家、金泽家园、嘉盛苑、红梅假日花园、奥韵家园11个小区创成省级垃圾分类达标小区。

【北环新村大板房拆迁安置户完成商品房选房】 10月，红梅街道北环新村大板房拆迁安置户完成商品房选房。安置的商品房位于龙城大道西侧、横塘浜南侧董头村（二期）地块，登记名为梅亭佳园，其中65平方米156套、75平方米275套、90平方米101套，供514户大板房拆迁安置户选择。10月24日，在区公证处全程监督公证下，产权人在常瑞宾馆按选房顺序号现场选房，其中149户选择65平方米的房型，271户选择75平方米的房型，96户选择90平方米的房型。

5月26日，竹林农贸市场完成改造后投用　　（区委宣传部 提供）

【常州红石榴家园天宁工作站建成】 2021年，红梅街道贯彻落实中央民族工作会议精神，在翠竹新村14号建立常州红石榴家园天宁工作站(以下简称工作站)。工作站面积1200平方米，有工作人员18人，其中民警2名、辅警4名；设置“警务专窗”“红石榴专窗”，为少数民族同胞提供户籍和居住证办理、就业、创业、教育、养老、清真食品补贴发放等民生服务和法律法规咨询服务，并帮助辖区内少数民族同胞解决生产生活、入学就医等各类困难和需求。工作站内设颐养空间、阅览时光、初心驿站、民族讲堂、暖心港湾5个功能区，创设“民族文学”“民族书画”“民族舞蹈”“交流集市”“幸福议事社”5个文体类群众社团，开展民族政策宣讲，举办民族团结座谈会、民族才艺、民风民俗展示和民族趣味运动会等活动，帮助少数民族同胞更好融入天宁，促进民族大团结。年内，工作站召开民族团结座谈会5场次，举办民族政策宣讲活动20场次，帮助少数民族同胞解决房屋维修、物业纠纷、邻里关系等问题30余起。

【常州首个眼健康科普体验馆建成】 5月，位于常州爱尔眼科医院内的常州首个眼健康科普体验馆（以下

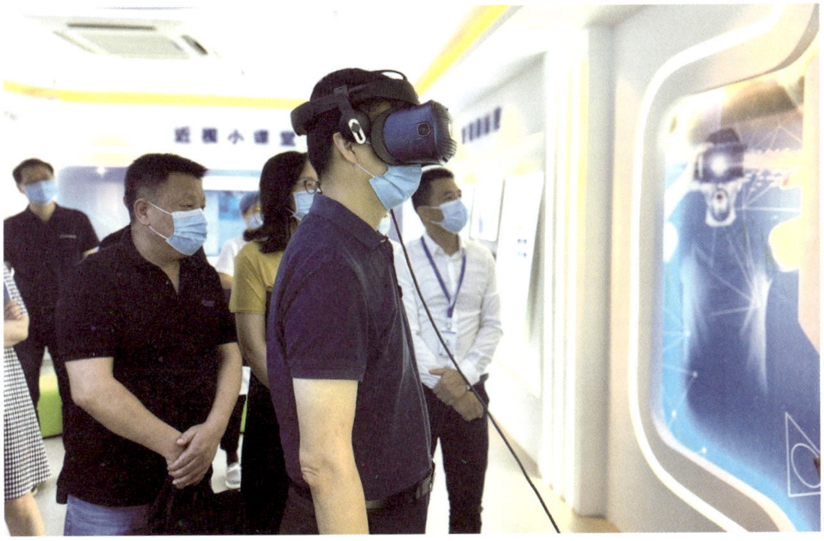

9月15日，区人大常委会委员视察调研常州爱尔眼科医院近视模拟、趣味VR等互动设施　　（红梅街道 提供）

简称“科普馆”）建成开放，面积150平方米，投资约30万元。科普馆内设科普宣教区、科普近视模拟体验区、趣味互动体验区、科技感受体验区、视力检测体验区，配备VR（Virtual Reality，虚拟现实）互动设备1组、电脑2台、4K显示电视3台、眼健康科普互动道具9组、眼健康智能产品数个，设置趣味互动科普展示场景3个、眼健康检测设备及模拟区1个、3D裸眼互动墙1组、眼健康科普小课堂等，以寓教于乐的方式为青少年普及眼健康科学知识，引导青少年科学护眼。科普馆免费向常州市民开放，原则上每周末定期举办“我是眼科小医生”职业体验活动，至年末，累计组织活动35场，650户家庭参与。是年，科普馆被评为“常州市科普教育基地”“天宁区青少年科普教育实践基地”。

（洪　佳）

天宁街道

【概况】 天宁街道地处常州市中心主城区，东临常州经济开发区，西接钟楼区，南依老京杭大运河，北至沪宁铁路。街道办事处位于常州市天宁区晋陵中路511号，行政区域面积8.3平方千米，管理15个社区、1个行政村。至2021年年末，户籍人口87531人，常住人口77847人。境内有“东南第一丛林”天宁禅寺、“常州第一园林”红梅公园、苏轼居所藤花旧馆、“江南名人第一巷”青果巷、前后北岸历史文化街区、古运河风光带、恽代英纪念馆、吕思勉故居等人文景观；拥有常州市第一人民医院、第二人民医院、中医院、中国人民解放军联勤保障部队第九〇四医院（常州院区）等三甲医院；聚集江苏省常州高级中学、常州市第一中学、常州市第二十四中学、常州市局前街小学、常州市博爱小学等优质教育资源；和平北路金融特色街汇聚常州市50余家金融机构；汇聚以万仁大药房为代表的丰润医药大厦、以常州对外贸易有限公司为代表的常州外贸大厦、以常州美莱美容医院为代表的青果南苑医美大厦等数栋特色商贸楼宇；地铁南北1号线和东西2号线在文化宫交会。街道经济以商贸服务业为主导，服务业经济总量稳居全区镇（街道）第一。是年，街道获评“第五批全国‘扫黄打非’进基层示范标兵”、江苏省省级夜间文化和旅游消费集聚区建设单位，前后北岸社区建成江苏省第二批“红石榴家园”，杨志安获评“江苏好人”，孙中华、许亚萍获评“常州好人”，奚学玲等7人获评“天宁好人”。

2021年天宁街道村（社区）基本情况一览表

表55

村（社区）	户数（户）	户籍人口（人）	集体经济收入（万元）	书记	主任	地址
北直街社区	1801	5105	—	陈笑云		北直街小区44幢-1
博爱路社区	1679	4720	—	丁李萍		聚和家园13幢乙单元北侧2楼
椿桂坊社区	2571	7151	—	梅舒燕		国泰新都六幢1楼
青果巷社区	2300	5524	—	周文静		荆溪人家3-8号
前后北岸社区	2352	6938	—	唐　洁		局前街118号

续表 55

社区（村）	户数（户）	户籍人口（人）	集体经济收入（万元）	书记	主任	地址
青山路社区	2313	4461	—	佘俊芳		青山湾花园 12 幢 1 楼
通济桥社区	1621	4828	—	陆光洁		通济村 14 幢 1 号 2 楼
文笔塔社区	1387	3535	—	卞文娟		御翠园售楼处 2 楼、3 楼
五角场社区	2160	5399	—	丁燕玲		香梅花园 9 幢 1 楼
小东门桥社区	1826	4760	—	蒋英英		小东门路 106 号
斜桥巷社区	2373	6516	—	袁琴娣		三家村 8 号
新丰街社区	2246	5974	—	王　娟		丽景花园 1- 甲 -103 室
怡康花园社区	4361	9088	—	冯菊英		怡康花园 15- 甲 -101 室
舣舟亭社区	2491	6498	—	徐　敏		桃园路 7 号
兆丰花苑社区	2233	5512	—	吴忠鑫		月馨苑 1 号楼 1 楼
解放村委	438	1522	130.4	高慧芬		延陵中路新港桥堍

【经济发展】 2021 年，天宁街道全社会固定资产投资同比增长 6.9%，一般公共预算收入 8.18 亿元，同比下降 15.76%。辖区内有规模以上企业 207 家，其中规模以上工业企业 3 家，产值 7.12 亿元，超亿元企业 2 家（常州通用自来水有限公司、常州市新瑞得仪器有限公司）；规模以上商贸业企业 128 家，实现营业额 486.05 亿元，同比增长 26.4%；规模以上服务业企业 49 家，营业收入 28.13 亿元，同比增长 13.9%，占全区规模以上服务业营业收入的 15.34 %；社会消费品零售总额 156.65 亿元，同比增长 21.3%，占全区社会消费品零售总额的 34.05 %；外资实际到账 1100 万美元。全年净增发明专利 77 件，新增高新技术企业 2 家，累计 6 家。重点项目建设稳步推进，5 个区重点项目（南广场地块项目、陆家村地块项目、怡康小学改扩建项目、老旧小区改造一期项目、老旧小区改造二期项目）投资 20.5 亿元；5 个区重点产业项目（隽新鼎武中医医院、文化宫地下商业街、优麦思探索乐园及科普基地、购物中心地铁连接口改造工程、武青路智慧农贸市场）投资 1.65 亿元。楼宇经济持续提升，3 层及以上商务楼宇 64 座，总建筑面积 112.33 万平方米；入驻企业 1824 家，入驻面积 88.23 万平方米，入驻率 78%；全年楼宇税收 6.2 亿元，同比增长 4%。

【社会事业】 2021 年，天宁街道新增就业 3326 人，失业再就业 208 人，扶持创业 150 人，创业带动就业 315 人。落实各项惠民政策，为 90 周岁及以上老人发放居家养老援助服务补贴 92.07 万元，为 80 周岁以上老年人发放尊老金 278.71 万元，为 17 名特困老人发放供养经费 16 万元，为 301 户、359 名低保对象发放生活保障金 436.88 万元，为 464 名困难残疾人发放“两项补贴”233.95 万元；为 47 户低收入家庭办理住房租金补贴，为 373 户住房保障对象完成公共租赁住房年审；为 1762 位居民办理城镇基本医疗保险；为 37128 位居民建立健康档案，建档率 91.4%；为 15668 名居民签约家庭医生，签约率 38.57%；为 12718 名重点人群签约家庭医生，签约率 82.5%；为重点优抚对象发放春节慰问金 2 万元，为 4 名年满 60 周岁农村籍退役士兵发放生活补助金 1.1 万元及价格补贴 800 元，为企业退休“两参”人员发放春节专项慰问金 15.5 万元及“社区为民服务费”1.9 万元。持续推进老旧小区改造，围绕“因地制宜、突出重点”原则，分两期完成 24 个老旧小区改造，桃园新村小区完成省级宜居示范居住区改造，元丰苑小区建成休闲活动场所，北直街小区增设少儿活动中心和老年活动中心。提升为民服务能力，在街道为民服务中心设置“畅通办专窗”，培育“畅通办专员”队伍；设置 24 小时政务自助服务区，添置“畅通办”自助机，探索“不午休”“不打烊”政务服务模式，全年服务 1.75 万人次；在大运河便民驿站、九洲环宇大厦、天宁街道职工活动中心建立政务服务

6月28日，天宁街道举办“一张船票走大运”庆祝中国共产党成立100周年纪念活动（天宁街道 提供）

便利站，为周边居民、企业提供导办、政策咨询、帮办、代办等服务，累计服务1500人次。“益家人”社会组织发展培育中心有社会组织67个，其中公益类、服务类、互助类50个，文体类17个。打造“人文青果·出彩主城”文旅品牌，围绕“人文青果·出彩主城”主题，开展“美在夕阳·乐在重阳”“童心向党·守望花开”“呵护青苗·相伴成长”“一张船票走大运”“绿书签行动”等活动，参与1.5万人次。紧扣庆祝中国共产党成立100周年契机，开展“秋白读书节”“心有四史·音而有光”系列活动、“月满中秋夜·爱上老城厢”中秋诗会文艺会演等，参与1000人次。发掘辖区各类文化体育人才，培育二级、三级社会体育指导员12人，10人组队参加天宁区健身秧歌比赛，获优胜奖。

【社会治理】 2021年，天宁街道接报警情10686条，同比下降1.5%，提起公诉144人。深化网格综合治理，14个综合网格、24个专属网格平台全年采集数据212394条，走访服务185849人次，处理事项22650条，通过第三方对网格内居民随机民意抽查，15个社区、1个村委调查满意率为90.1%。全年接待来访118批次、293人次，受理各类来信来访133件，办结132件，办结率99.2%。街道城管处理各类媒体舆情、上级交办信访件、“12345”热线投诉等累计3438件次，受理行政处罚案件617件，处理市、区考评中心巡查整改问题2042处，受理各类违章搭建举报263件次，累计拆除违章搭建705.47平方米。全面开展“散乱污”企业排查整治，取缔“散乱污”企业4家，整治20余家，推进6家重点餐饮单位安装油烟在线监控。开展建设工地集中整治，严格施工工地现场扬尘管控，督促施工工地执行“六个百分百”制度。加强河道环境监督管理，建立健全河道管理长效保护机制，联合区水政监察大队、水上派出所、保洁公司，清理北塘河“三无船只”（无船名船号、无船舶证书、无船籍港），净化水环境。持续开展城市环境大整治大提升行动，小季家村、荆溪村完成低洼地区雨污排水系统整治，解放村完成1座公厕建设，南市河通过区级“五好河道”验收，12个小区创成省级垃圾分类达标小区，7个小区创成市级垃圾分类达标小区。实施重点行业安全生产专项整治，开展安全生产督查73家次，发现并整改安全隐患88处，排查防火门11275扇，发现隐患52处，整改50处，整改率96%。

【基层党建】 2021年，天宁街道党工委下属党组织265个，其中党委8个、党总支17个、党支部240个，党员5677名。开展庆祝中国共产党成立100周年献礼活动，开发常州“三杰”（瞿秋白、张太雷、恽代英）办公类文创产品3个，拍摄《利社会利国家利天下》党建宣传片，撰写《“重新开放，恽代英生平事迹展等你来打卡”》微信推文1篇。8月，在“百年风华”全市党员教育全媒体作品创作大赛中，《“常州三杰”系列学习办公用品》获“文创产品”类二等奖，《利社会利国家利天下》获“微视频”类三等奖，《“重新开放，恽代英生平事迹展等你来打卡”》微信推文获“新媒体作品”类三等奖。“七一”前夕，开展“一张船票走大运”打卡活动，以党建打卡、红色夜市、沉浸式党建小剧场等形式，进一步挖掘红色文化内涵。放大“红色青果”效应，结合庆祝中国共产党成立100周年及老城厢历史变迁，邀请抗美援朝老兵、民俗文化专家、三杰纪念馆馆长等参与录制老城厢红色记忆口述节目，“红色青果电台”获评全市基层党建优秀案例称号。开展党史学习教育“我为群众办实事”实践活动，着力做好小区绿化景观提升、养老基础设施建设、老旧小区电梯加装等“民生微实事”

30余件，相关工作被人民网、新华网、“学习强国”学习平台等多家媒体报道。全年举办领导干部读书班4次，街道党工委累计开展理论中心组学习22次，基层党支部组织集中学习130次、交流研讨96次、实地参观学习44次，宣传报道被新华网等国家媒体录用15条，被《现代快报》等省级媒体录用107条，被《常州日报》等市级媒体录用114条，被“学习强国”学习平台录用信息34条，被掌上道德讲堂录用27条，街道“i尚主城区”微信公众号推送各类信息438条。

【天宁街道2个“飞地招商”项目列入市级重点项目】 2021年，天宁街道的雷尼尔精密智造产业园项目、大恒油气回收综合利用技术和关键设备研发及产业化项目被市发改委列为市重点项目。2个项目作为“飞地招商”（把“飞出地”的资金和项目放到行政上互不隶属的“飞入地”的工业园区）项目，分别落户天宁经济开发区、雕庄街道，通过规划、建设、管理和税收分配等合作机制，实现互利共赢的持续或跨越发展的招商模式。

【天宁禅寺和青果巷历史文化街区入选第九批中国华侨国际文化交流基地】 2021年，经中国侨联认定，天宁禅寺和青果巷历史文化街区入选第九批中国华侨国际文化交流基地。

天宁禅寺位于常州市天宁区罗汉路1号，始建于唐永徽年间，在美国纽约设有天宁禅寺下院观音寺。天宁禅寺古建筑群及佛教文化特色鲜明，在海内外享有一定知名度，是中外侨胞来常观光首选目的地。天宁禅寺协助市、区侨联热情接待侨胞客商开展亲情中华各类文化交流活动，年平均接待中外侨胞上万人次。2017年12月，天宁禅寺被省归国华侨联合会、省文化厅授予“中华文化海外交流基地”“省侨联文化交流基地”称号。

青果巷历史文化街区位于常州老城区中部偏南地段，是常州古老街巷之一，始建于明万历九年(1581)。青果巷紧邻世界遗产大运河最古老段，有“江南名士第一巷”之称，拥有赵元任、周有光、盛宣怀、刘国钧、谢稚柳、李宗恩等一批侨情资源，有新侨海外留学生在此创业创新。至2021年年末，累计接待海外华侨50余批次、3000余人次。

【“芯巢”超维众创空间创成】 2021年，天宁街道把位于元丰桥8号的原公安天宁分局大楼打造成“芯巢”超维众创空间，建筑面积5000平方米，由常州忑彧创业投资有限公司投资运营，主要从事龙城英才、青年创业企业孵化。至年末，该众创空间拥有专业孵化人员2名，入驻科技创新型企业9家，完成税收70万元，常州首家脱口秀“有点意思”工作室举办60期节目，受众超5000人次。

【天宁街道新增高新技术企业2家】 2021年，江苏中煤地质工程研究院有限公司、江苏优盾通信实业有限公司被全国高新技术认定管理工作领导小组办公室认定为高新技术企业，辖区累计有高新技术企业6家。

江苏中煤地质工程研究院有限公司（原常州市基础工程公司）始建于1985年，位于延陵中路22号，占地面积13.33万平方米，建筑面积约1000平方米，是一家以工程勘察、水工环测技术服务为主、以基础施工为辅的企业。公司主要为有关企业提供建设工程勘察、工程测量、钻探劳务，测绘地理信息，水土保持，生态环境调查，地质灾害防治，土地规划等全过程技术服务

10月16日，中国侨联和省侨联在青果巷举行“中国华侨国际文化交流基地”授牌仪式 （天宁街道 提供）

和地基基础工程施工。2021年，完成产值6527.2万元，纳税409.42万元。

江苏优盾通信实业有限公司始建于2012年，位于青洋北路11号，办公用房占地400平方米，是一家专门从事公安指挥中心控制台、执法办案中心审讯系统产品研发和生产的高新技术企业，主要产品有公安、司法单位使用的高品质控制台、指挥台、监控操作台、研判工作台、一体化审讯台、受讯椅、智能卷宗管理系统、警用装备管理系统等系列产品。2021年，实现销售额1600万元，纳税80万元。

【天宁街道老旧小区改造工程】 2021年，天宁街道围绕“因地制宜、突出重点”原则，立足各老旧小区实际情况，对25个老旧小区及散居楼实施基础设施、小区环境、居住安全、物业管理、文化氛围、日常服务等方面改造。改造工程分2期进行：一期工程于4月开工，7月完工，涉及10个小区及散居楼的79幢、186个单元、2513户，总建筑面积约22.84万平方米，立项总投资8623万元；二期工程于8月开工，12月完工，涉及15个小区及散居楼的141幢、382个单元、4909户，总建筑面积53.71万平方米，立项总投资23367.35万元。

天宁街道25个老旧小区及散居楼改造情况一览表

表56

	序号	名称		所在社区	建筑面积（万平方米）	楼栋数（幢）	单元数（个）	户数（户）	小区建成年份
一期	1	桃园新村		叙舟亭社区	7.66	27	66	880	1998年前
	2	元丰巷14弄1幢		叙舟亭社区	0.32	2	2	79	1998年前
	3	三家村		斜桥巷社区	2	11	23	298	1998年前
	4	中山公寓		斜桥巷社区	1.2	3	8	64	1998年前
	5	娑罗家园		前后北岸社区	2.91	4	10	220	1999年
	6	麻巷公寓1号、2号、3号、4号、68号		椿桂坊社区	1.47	5	14	132	1998年前
	7	椿桂坊大楼		椿桂坊社区	2.3	7	17	252	1998年前
	8	升仙弄41幢、91幢、92幢、93幢、94幢		椿桂坊社区	1.49	5	14	181	1998年前
	9	元丰桥		椿桂坊社区	2.1	8	19	241	1998年前
	10	椿桂坊社区散居楼	椿桂路教工95幢、96幢	椿桂坊社区	0.6	2	6	72	1998年前
			桃园路11号	椿桂坊社区	0.4	1	3	54	1998年前
			和平北路15号	椿桂坊社区	0.19	1	1	28	1998年前
			灵官庙弄	椿桂坊社区	0.2	3	3	12	1998年前
	合计				22.84	79	186	2513	
二期	1	迎春花园		前后北岸社区	4.8	9	24	672	1998年前
	2	桃园公寓		叙舟亭社区	7.5	21	61	623	2000年
	3	北直街		北直街社区	10.52	26	89	1246	1988年

续表 56

	序号	名称		所在社区	建筑面积（万平方米）	楼栋数（幢）	单元数（个）	户数（户）	小区建成年份
二期	4	北直街社区散居楼	勤俭村	北直街社区	1.9	4	9	116	1990 年
			王家村	北直街社区	2.84	4	10	138	1993 年
	5	前后北岸社区散居楼	中山苑	前后北岸社区	1.445	5	11	117	1998 年前
			南方大厦	前后北岸社区	2.59	2	5	51	2000 年
			天成苑	前后北岸社区	1.5	3	6	68	2000 年
			春源大厦春锦园	前后北岸社区	1.9	4	7	103	2000 年
			县学街 37 ～ 43 号、55 ～ 59 号、87 号	前后北岸社区	1.48	6	18	85	1998 年前
			化龙巷 118 ～ 120 号	前后北岸社区	0.25	2	2	26	1998 年前
			马三埠 105 ～ 113 号	前后北岸社区	0.5	1	5	50	1998 年前
			多宝大厦	前后北岸社区	0.9	1	1	80	1998 年前
	6	博爱花苑		博爱路社区	2.3	5	17	226	1991 年
	7	博爱公寓		博爱路社区	1.3	4	12	100	1999 年
	8	北太平桥（热工宿舍）、北太平桥 39 号		博爱路社区	1.2	5	10	142	1980 年
	9	西园村		博爱路社区	2.8	9	15	171	1980 年
	10	西园路 22 ～ 31 号		博爱路社区	1.2	4	10	126	1983 年
	11	元丰苑		椿桂坊社区	3	10	26	280	1999 年
	12	新元丰苑		椿桂坊社区	2	8	20	218	2000 年
	13	博爱路 149 ～ 155 号		前后北岸社区	0.55	3	4	91	1998 年前
	14	新丰街社区散居楼	博爱路 53 号	新丰街社区	0.14	1	4	36	1998 年前
			和平里	新丰街社区	0.19	1	6	36	1998 年前
			博爱弄	新丰街社区	0.41	1	3	48	1998 年前
			北太平桥 32 ～ 36 幢、40 ～ 46 幢	新丰街社区	0.49	2	7	60	1998 年前
	合计				53.705	141	382	4909	

【天宁街道职工活动中心建成投用】 11月，经市总工会验收，天宁街道职工活动中心（以下简称活动中心）建成投用。活动中心位于香溢俊园小区12-1幢，投资230万元，面积1248平方米，分设3层。1层设置休息区，为环卫、外卖、快递等户外劳动者提供休息、茶水服务；2层设置台球室、培训室、微课堂、阅室览等功能区域；3层设置舞蹈、瑜伽、健身、乒乓、棋牌等功能区域，满足职工多样化活动需求。“活动中心”除对街道职工开放外，还定期向周边小区老年人免费开放，运营管理由常州市台球协会专人负责，街道对其活动和管理情况实施日常考核。

【“替宁办”政务服务品牌建设】 2021年，天宁街道立足政务服务新要求，以企业和群众办事需求为导向，打造受企业、群众欢迎的基层政务服务品牌“替宁办”。“替宁办”进一步推行帮办代办服务体系，对重大项目，建立项目专办员、代办员制度；针对老年人、残疾人等特殊群体，基层网格员、社工提供一对一上门帮办代办服务；在为（便）民服务中心建立帮办代办专窗，提供引导、政策咨询、网上办理等服务。

【五角场东西村2个老旧小区建成智慧安防小区】 11月，五角场东村、西村2个老旧小区完成综合整治改造和智慧安防小区建设。五角场东村建于1998年，有住宅楼17幢56个单元、655户；五角场西村建于1970年，有住宅楼17幢、41个单元、598户。2月，天宁街道投入282万元，对五角场东村、西村2个小区开展环境综合整治，对小区基础设施、环境、居住安全、物业管理、文化氛围、日常服务等实施改造；同时加强智慧安防建设，更新防盗单元门84套，加装智慧门禁84套、人脸识别系统6套、数据处理平台1套，采集的信息数据录入“智慧社区管理平台”，并同步推送给区公安机关、物业公司和社区居委会，实现平台共享、视频共通、通讯共联，形成防范、管理、服务、研判、预警、宣传“六位一体”智慧治理格局，为风险源头管控和隐患排查提供数据支撑。

（刘　珂）

兰陵街道

【概况】 兰陵街道地处天宁区西南部，东至和平中路，南接武进区湖塘镇，西邻钟楼区永红街道，北枕老京杭大运河。街道办事处位于常州市天宁区中吴大道1287号，行政区域面积4.81平方千米，管理12个社区、3个行政村。至2021年年末，有户籍人口47559人，常住人口约74500人。兰陵街道区位优势明显，交通物流条件良好，辖区内形成“四横四纵”路网体系，轨道交通1号线清凉寺站、茶山站位于境内，规划中的3号、4号线径走腹地，全市轨道交通控制中心坐落辖区内。九洲新世界广场、弘阳“生活+”商业广场、万都广场、富邦广场等25座楼宇载体分布辖区各主干道节点，中凉亭汽摩配市场、南方汽配市场、苏南旧机动车交易市场位于境内中吴大道两侧。常州市唯一传染病防治三级甲等医院——第三人民医院坐落境内，辖区内有兰陵中学、同济中学、兰陵小学、广化幼儿园等10所学校，涵盖幼儿园、小学和初中。常州老南门历史遗存中，保留有省级文物保护单位清凉禅寺，及丫叉铺、茶亭、中凉亭、白荡等一批历史地名，全国重点烈士纪念建筑物保护单位、民政部烈士纪念建筑物管理工作先进单位——常州烈士陵园位于辖区中心位置。是年，兰陵街道获评全省基层党员冬训工作示范街道，尤辉获评全国学雷锋支援服务“四个100”先进典型。

2021年兰陵街道村（社区）基本情况一览表

表57

村（社区）	户数（户）	户籍人口（人）	集体经济收入（万元）	书记	主任	地址
浦前社区	1108	2696	596	邹　枢		驴场头105号浦前工业园内
九洲新世界社区	2019	4512	—	陈　燕		九洲新世界花苑小区10幢甲单元东侧
乾盛兰庭社区	1304	2978	—	邱　伟		乾盛兰庭小区5幢乙单元1楼
天安河滨社区	1423	3250	—	周　润		天安河滨花园小区2幢东侧

续表 57

村（社区）	户数（户）	户籍人口（人）	集体经济收入（万元）	书记	主任	地址
工人新村第一社区	1557	3323	—	居诗舟		工人新村南 8 幢
工人新村第二社区	1918	4248	—	毛佳敏		水岸人家小区 9 号楼 2 楼
浦南社区	1385	3209	—	宋华斌		浦南新村 11 幢北侧 2 楼
浦北新村社区	2013	4395	—	刘　平		晋陵南路 237-1 号
浦陵社区	1636	4069	—	赵　超		江南经典小区 1 幢底楼
国泰名都社区	1710	3939	—	张美林		国泰名都小区 8 幢 201 室
世纪华城社区	678	1632	—	陈婷霞		世纪华城小区 12 幢北 1 楼
上城社区	811	1824	—	吴红琴		弘阳上城 21 幢 1 楼
复兴村委	504	1188	307	袁旭东		复兴路 1 号
荡南村委	667	1826	401	潘　立		中吴大道 1530 号
茶山村委	1757	4470	334	杨　诚		中吴大道 1258 号

【经济发展】 2021 年，兰陵街道经济运行总体保持稳定，全社会固定资产投资同比增长 6.8%，一般公共财政预算收入 4 亿元，同比下降 9.3%。街道新增市场主体（国有企业、集体企业、私营企业、外商投资企业、个体工商户）2003 家，新增规模以上企业 18 家。全年招引企业 401 家，其中工业企业 121 家、批发零售业企业 136 家、服务业企业 144 家，实现税收收入约 198 万元。辖区有工业企业 246 家，其中，规模以上工业企业 14 家，产值 12.13 亿元，同比增长 4.5%；高新技术企业 2 家，产值 2.77 亿元，同比增长 5.5%；规模以上服务业企业 27 家，营业收入 9.5 亿元，同比增长 10%；重点服务业（信息传输、软件和信息技术服务业、租赁和商务服务业、水利、环境和公共设施管理业、居民服务、修理和其他服务业）企业营业收入 8.3 亿元，同比增长 3.7%；社会消费品零售总额 98.36 亿元，同比增长 21.4%。进出口企业 62 家，全年进出口总额 7.60 亿元，同比增长 10%。实行重点楼宇重点培育，25 座楼宇入驻企业 4503 家，入库税收 2.95 亿元，同比增长 11.5%；入库税收超千万元楼宇 7 座，其中九洲新世界广场入库税收超亿元。重点项目建设稳步推进，3 个区级重点项目中，房地产续建项目华润紫云府竣工交付，红庙头大板房安置项目和龙涛兰陵郡房地产项目稳步推进。全年新增发明专利 11 件、“四上”企业 18 家，常州栢舟物联科技有限公司、常州艺享优蓝艺术培训有限公司获省三星级上云企业认定，帮助 51 家企业获各级各类扶持资金 580 万元、融资贷款 200 万元。企业服务中心梳理汇总涉企事项 51 项，为企业代办营业执照、税务登记、项目备案等代办事项 85 件，完成 62 家企业工商执照地迁出工作。

【社会事业】 2021 年，兰陵街道新增城镇就业 1514 人，享受失业保险 74 人，就业困难认定人员 215 人，享受社保补贴 582 人，扶持 43 名离校未就业高校毕业生就业创业，申报省、市级大学生创业项目 3 个，高校毕业生就业扶持率达 100%。落实民生保障和补助救助政策，为 182 名 90 周岁及以上老人发放居家养老援助服务补贴 55.58 万元，为 2867 名 80 周岁以上老年人发放尊老金 193.34 万元，为 184 户低保家庭、236 人发放低保救助金 259.39 万元，为 48 户困难家庭提供临时救助金 9.4 万元，为 7 位城市特困人员发放基本生活费 16.33 万元，帮助 35 名残疾人申领残疾人证，为 13983 位居民提供家庭医生签约服务，签约率 39.9%，为 12520 名重点人群提供家庭医生签约服务，签约率 90.5%，为 3589 名育龄妇女免费提供“两癌”筛查。完成住房保障年审复核 75 件，受理住房保障申请 24 件，完成住房保障家庭信息变更 7 件。实施适老化改造 116 户，组织 1090 人次老年人进行智能技术运用专项普及培训。坚持拥军优属、

2021年，入库税收超亿元的九洲新世界广场外景　（兰陵街道　提供）

共建互助，全年走访共建互助单位16次，慰问优抚对象182人，接受政策咨询54人次，帮扶家庭困难退役军人4人次，扶持退役军人就业2人次。为民服务中心窗口全年办件总量13697件，“一件事”套餐办767件，其中“个体工商户开办”722件、“个体工商户开办＋开业”45件、全区通办事项就业失业登记证办理4件。10月16日，央视新闻联播以《政府精准服务，助力高质量发展》为题，报道街道深化“放管服”经验做法。

【社会治理】2021年，兰陵街道根据各村、社区实际情况，重新调整划分93个综合网格、14个专属网格，调整专职网格员7名，累计有专职网格员85名、网格长94名；107个网格累计采集上报有效信息13774条，走访服务117594次，处理事项13592条；通过第三方对网格内居民随机民意抽查，12个社区、3个村委群众满意率87.5%。全年受理市长、区长信箱信访件28件，受理阳光信访平台信访件67件、来电来访18件，回复率100%；排查信访隐患13起，接待群众来访140批次、1770人次，均妥善处置；街道、村（社区）两级各类调解组织排查化解纠纷475件，调解率98.2%，“一门式”信访接待大厅建成省级满意窗口。持续加强法治建设，全年接待法律咨询113人次，受理调解公安机关移交至人民调解组织的矛盾纠纷（民事案件及刑事案件中的民事赔偿部分）34件，常态跟进（监督管理、教育帮扶、组织公益劳动）社区矫正33人，街道司法所依托工人新村第一社区开设“兰陵法轩”（法律宣讲）直播间，工人新村第一社区被江苏省全面依法治省委员会办公室评为全省“援法议事范例”。深化扫黑除恶专项斗争，开展线索摸排24次，未发现涉黑涉恶等行业乱象；全面打击通信网络诈骗、非法集资、黄赌毒、食品药品环境违法犯罪等，开展不定期集中清查整治行动6次。深化生态环境保护，浦北公寓、水岸人家等7个小区开展省级垃圾分类达标小区创建，设置风采墙7处、垃圾分类宣讲室1处，投放封闭式垃圾分类箱12组、固定式“两定一撤”垃圾分类亭6组，开展垃圾分类宣传活动30余次；大徐家村内塘完成“小微水体”整治，被评为天宁区“小微水体”示范点；开展串心河河道综合整治，水质检测结果达到IV类，被评为天宁区“五好河道”；常州市东岗印务有限公司、常州市百顺文化传媒有限公司等5家公司实施VOCs治理设施升级改造，VOCs排放浓度和去除效率均实现达标；协调涉及VOCs排放企业、喷漆汽修企业等8家单位实施“错峰生产”；市第三人民医院、常州溢达服装有限公司、常州君悦制衣有限公司、常州市服装一厂有限公司4家单位开展低碳锅炉治理“回头看”，各单位均按要求达到氮氧化物排放标准。开展市容秩序动态专项治理，取缔流动摊贩45处，规范店外经营12处，拖移违停非机动车416辆，拖移清理“僵尸车”24辆，拆除违章搭建33处1478平方米、大型户外广告17处、违规店招店牌16处、机动车停车场私装地锁270余处，施画非机动车停车线4万米。严守安全生产监管红线，组织11家规模以上企业、33家规模以下企业开展安全生产风险评估，297家规模以下工业企业完成安全生产隐患整改，摸排危化品使用单位362家，未发现安全隐患问题；检查辖区防火门13202扇，发现并整改安全隐患35处；与高层小区物业公司及沿街商铺签订消防安全承诺书225份，组织消防演练30余次；检查住宅楼院142栋，督促整改消防安全隐患94处。

【基层党建】2021年，兰陵街道党工委下属党组织159个，其中党委3个、党总支16个、党支部140个，党员3869名。年内，街道围绕干部综合能力和服务能力双提升主线，完善干部培训轮训制度，全年举办“社工成长营”“菁英论坛”“兰陵大讲堂”“基层党建及社会治理”等各类专题培训班37场次，受训约1000人次，其中《“红色记忆·见证辉煌”党员冬训课堂》微课视频被市委宣传部表彰为二等奖第一名。完成村（社区）“两委”换届，“两委”成员大专以上学历占比69.5%，平均年龄由55岁下降至49岁，女性比例由39%提至44.3%。围绕庆祝中国共产党成立100周年主题，开展“六个一百”（“百年树人”读书分享、“百花齐放”红歌会演、“百年辉煌”成就展览、“百年传承”党建打卡、“百尺竿头”红色宣讲、“百里挑一”先锋模范）系列庆祝活动26场，1200余人次参与活动；为612名老党员颁发“光荣在党50年”纪念章；21名党员和11个党组织获评区级“优秀共产党员”“优秀党务工作者”“先进基层党组织”，其中浦北社区刘平获评“常州市优秀党务工作者”，天安河滨社区党总支获评“常州市先进基层党组织”。结合党史学习教育，与中国剪报社联合编纂《常州三杰名言300句》党史学习教育资料，成为街道辖区内各级党组织开展党史学习教育首选资料。加强村（社区）党群服务中心建设，重点打造工人新村第一社区“民情茶座”、天安河滨社区“红色直播厅”和上城社区“弘锋领”等基层党建品牌，有关经验做法被央视CCTV-1、《人民日报》等报道9次，被“交汇点”新闻客户端、“江苏党建网”“学习强国”学习平台等省级媒体报道42次。11月，街道出现新冠肺炎疫情，选派50余名党员干部进驻2个封控小区，成立封控区临时党支部，引领100余名居民党员在封控小区就地转化为志愿者，连续奋战14天，协助完成5轮全员核酸检测任务，协调解决就医问题139个，分发政府保障物资六批14360份，日均转运快递外卖物资超3000件。年内，街道开展作风督查14次，发现违反工作纪律问题线索1条，予以政务立案1人，约谈12人次；开展私车公养、挂证取酬、违规借贷整治，未发现违纪违规问题。

9月13日，国泰名都社区党员指导居民学习使用智能垃圾箱

（兰陵街道 提供）

【兰陵街道新增高新技术企业1家】 2021年，常州鼎天电工机械有限公司被全国高新技术认定管理工作领导小组办公室认定为高新技术企业，兰陵街道累计有高新技术企业2家。

常州鼎天电工机械有限公司位于天宁区荡南工业园10号，成立于2014年9月，注册资金1100万元，是一家专业从事拉丝设备研发、设计、制造和销售的企业，拥有实用新型专利17项、发明专利1项。该公司生产的拉丝机设备在业内有一定知名度，尤其是自主研发的细微及超微线拉丝机，其拉丝直径为Φ0.098，仅为一根头发直径的十分之一，技术工艺处于世界领先水平，产品广泛运用于电磁线、微细电子线、微细同轴电缆线、光伏线、医疗、航空航天、电子通信等领域。是年，公司总产值5000万元，销售额4500万元。

【兰陵街道社区卫生服务中心（九洲院区）建成投用】 3月30日，位于兰陵街道新世界花园31-1幢的社区卫生服务中心（九洲院区）建成投用，总投资1098.74万元，总建筑面积3478平方米，主楼为4层，其中负一层建筑面积1000平方米，设置DR（数字高频移动式X射线摄影系统）、口腔CT检查室、健康宣教室、职工活动室；1层为全科诊疗服务区域，设有全科诊室、急诊抢救室、西药房、输液室、动物咬伤门诊、慢病管理中心，并配备身高体重仪、自助血压计、血脂血糖检测仪、眼底照相机、动脉硬化检测仪等便民服务设施；2楼为中医馆、中西医结合治疗疼痛门诊（市二院疼痛科专家定期坐诊）、口腔科、检验科和B超室，中医馆内设有奚向东名中医工作室、中医专家诊室、中医治未病科、中医全科、理疗室、牵引室、中药房、中医药文化展示区；3层为妇女保健服务区，设置孕妇建卡、产后康复服务区，开展乳腺疏通保健、女性盆底功能筛查与治疗、腹直肌分离康复治疗等服务。是年，兰陵街道社区卫生服务中心开展公共卫生服务66424人次，门诊诊疗106300次。

【兰陵街道职工活动中心建成投用】12月，经市总工会验收，位于兰陵街道弘阳上城小区21幢1～2层的职工活动中心（以下简称活动中心）建成投用，总投资296.56万元，建筑面积1200平方米，设置职工培训区、体育健身区、休闲娱乐区三大区域。其中，职工培训区面积275平方米，配备桌椅、音响等设施设备；体育健身区面积150平方米，配备跑步机、有氧设备椭圆仪、动感单车等健身运动设备；休闲娱乐区面积135平方米，配备台球桌、乒乓球桌、棋牌桌等器材，并提供茶饮、图书杂志阅读服务，满足兰陵辖区职工体育健身、文化娱乐、读书学习、休闲交流等各项需求。

【同济中学地下停车接送中心建成投用】8月，常州市同济中学地下停车接送中心通过常州市建设工程管理中心验收。同济中学位于常州市天宁区劳动西路19号，校园建筑面积3.4万平方米，设置18个班级，拥有1600名学生和120名教职员工。为解决家长接送学生和教职员工上下班时学校周边交通拥堵问题，2020年11月，兰陵街道投资1270万元，启动同济中学地下停车接送中心建设。地下停车接送中心总用地面积6584平方米，总建筑面积3781平方米，主要建设地下一层停车场及设备用房，设置停车位115个。地下停车接送中心建成投用后，家长接送学生平均时间比地面接送缩短5分钟，有效缓解学校周边交通压力。

【浦北新村大板房拆迁安置户完成商品房选房】10月，兰陵街道浦北新村大板房拆迁户完成住宅商品房选房。安置的住宅商品房位于和平路西侧、夏雷路南侧红庙头地块，登记名为兰蕙佳园，有2#、4#、6#和7#楼的509套房屋供456户大板房拆迁安置户选择。其中，65平方米房屋54套,75平方米房屋270套，90平方米房屋162套，105平方米房屋23套。10月17日，428户产权人（28户产权人放弃）在华润小学大礼堂通过抽签确定各自选房顺序；21日，兰陵街道建设局会同区征收办、常州天宁建设发展集团有限公司在常瑞宾馆向产权人介绍置换新建商品房户型、楼层、位置情况；23日，在区公证处全程监督公证下，456户产权人代表在常瑞宾馆按选房顺序号现场选房，其中，43户选择65平方米房源，247户选择75平方米房源，145户选择90平方米房源，21户选择105平方米房源。

【工人新村第二社区完成老旧小区改造】2021年，兰陵街道投资8905.19万元，对建于20世纪80年代的工人新村第二社区实施改造，涉及99幢、房屋215个单元、2166户，总建筑面积17.39万平方米，主要围绕小区适老化、环境卫生、停车设施、安全设施、基础设施等实施改造和加固修缮。年内，单元入口和公共区域铺设无障碍坡道400平方米，安装楼道扶手8600米，增设休闲凳椅118张，改造老年活动场地14处、3997平方米，新增彩色混凝土场地2444平方米、健身活动器材10套，铺设彩色混凝土停车位1910平方米，新建非机动车车棚196.2平方米，新增非机动车充电桩21处、机动车充电桩7处，新安防监控探头、车辆识别系统，安装各类标识335处，改造道路路面31172平方米、侧石5481米，低压供电弱电线路全部入地，改造工舍路、小区道路、居民住宅雨污水管和连接管累计46317米，新增消火栓4个，清理乱搭乱建面积1620平方米。11月，工人新村第二社区老旧小区改造完工。

【兰陵街道2个自然村及周边地块征收】2021年，兰陵街道杨家村、芳田村地块因汛期淹水、房屋存在安全隐患等问题，启动对2个自然村及周边地块征收。杨家村东靠兰陵尚品花园小区、南连欣达苑小区，西接兰陵北路，北至欧尚超市，占地面积10187平方米。其中，住宅35户、建筑面积9763.27平方米，非住宅2户、建筑面积409.40平方米。芳田村东至晋陵南路，南连浦南南村，西接兰陵尚品花园小区，北靠浦陵南路，占地面积15060平方米。其中，住宅31户、建筑面积13726.09平方米，非住宅3户、建筑面积5645.11平方米。7月5日，征收房屋签约率100%；7月20日，2个地块建筑物拆除；9月，56户被征收户参加抽签选房。安置房小区位于龙涛兰陵郡小区，有82平方米、107平方米、122平方米和137平方米4种户型供被征收户选择。

（黄　涛）

人物·荣誉栏

◆栏目编辑　潘劼飞

新任区级领导

【倪云泽】 1974年8月出生，男，汉族，江苏常州人，省委党校研究生学历，1998年6月加入中国共产党，1993年8月参加工作。2021年7月任常州市天宁区委常委、统战部部长，同年11月同时任区政协党组副书记。1993年7月毕业于常州无线电工业学校无线电技术专业，8月被分配到常州市郊区区委办公室机要室任机要员。1997年10月任常州市郊区区委办公室机要服务中心副主任（1995年9月至1998年7月在江苏省委党校函授学院经济管理专业在职大专学习）。2002年4月至2003年3月因区划调整没有任职。2003年3月任常州市天宁区委办公室信息调研科科长、机要服务中心主任，同年8月任常州市天宁区委宣传部副部长（2001年8月至2003年12月在中央党校函授学院经济管理专业在职大学学习）。2004年8月任常州市天宁区委办公室副主任。2005年8月任常州市天宁区委组织部副部长（至2010年9月）。2007年10月同时任常州市天宁区委区级机关工委书记（2007年9月至2010年7月在江苏省委党校社会学专业在职研究生学习）。2010年7月任江苏常州天宁经济开发区党工委委员、管委会副主任，青龙街道党工委副书记、办事处副主任。2012年2月同时任常州市天宁区青龙街道政协工委主任。2013年5月任常州市天宁区商务局局长、区政府外事办公室主任、招商服务中心主任。2015年7月同时任江苏常州人力资源服务产业园管委会副主任。2016年7月同时任江苏常州天宁经济开发区党工委副书记、管委会副主任。2016年11月任江苏常州天宁经济开发区党工委副书记（至2021年11月）、管委会主任（2017年7月至2018年1月挂任北京生产力促进中心副主任；2019年11月至2021年7月对口帮扶陕西旬阳，任旬阳县委常委、副县长）。

【周海鹏】 1977年2月出生，男，汉族，江苏常州人，大学学历，历史学学士，公共管理硕士，2002年1月加入中国共产党，2002年8月参加工作。2021年7月任常州市天宁区委常委、江苏常州天宁经济开发区党工委书记。2002年7月毕业于南京师范大学南通师院本科班法政经管系历史学（师范）专业，8月被分配到常州市委党史工委、市方志办秘书处任科员。2007年6月任常州市委党史工委、市方志办秘书处副处长（主持工作）（2006年2月至2008年12月在上海交通大学国际与公共事务学院公共管理专业在职学习，获公共管理硕士学位）。2010年4月任常州市委办公室秘书处副处长。2012年3月任常州市委办公室信息处处长，同年12月任常州市委办公室信息党刊处处长（至2014年11月）。2014年10月任常州市天宁区天宁街道党工委副书记、办事处主任（至2019年3月）。2019年1月同时任常州市天宁区天宁街道党工委书记。2020年1月晋升为一级主任科员。

【吴小红】 1981年6月出生，女，汉族，江苏常州人，研究生学历，法学硕士，2019年10月加入中国国民党革命委员会，2006年8月参加工作。2021年11月任常州市天宁区政府副区长、民革常州市委副主委（兼）、民革天宁区基层委主委。2006年8月毕业于苏州大学法学院宪法与行政法学专业，分配到常州市天宁区法院任书记员。2009年8月任常州市天宁区法院助理审判员。2012年7月任常州市天宁区法院立案审判庭庭长助理，同年12月任常州市检察院民事行政检察处副处长。

2015年3月任常州市检察院民事行政检察处处长。2018年3月同时晋升为四级高级检察官。2019年4月任常州市检察院第六检察部主任、四级高级检察官，同年5月任常州市检察院检委会专职委员、四级高级检察官（2018年6月至2019年6月挂任常州市武进区检察院副检察长）。

【陈　忠】 1970年10月出生，男，汉族，浙江诸暨人，中央党校大学学历，1998年12月加入中国共产党，1989年9月参加工作。2021年1月任常州市天宁区政府党组成员、区委政法委副书记（兼），常州市公安局天宁分局党委书记、局长，同年2月同时任常州市天宁区政府副区长。1989年7月毕业于常州市第三职业高级中学应用电子技术专业，9月分配到常州市继电器总厂工作（1992年12月江苏省高等教育自学考试委员会（南京师范大学）汉语言文学专业在职大专毕业）。1992年12月先后任常州市公安局新民警集训队民警、防爆大队四中队民警。1995年7月先后任常州市公安局八科办事员、科员。2000年3月任常州市公安局技侦支队三大队副大队长（2002年8月至2004年12月在中央党校函授学院法律专业在职大学学习）。2005年12月任常州市公安局行动技术支队五大队大队长（2006年9月副科）。2009年12月任常州市公安局行动技术支队七大队大队长。2010年6月任常州市公安局督察支队副支队长（副科）。2012年4月任常州市公安局技侦支队副支队长（正科）。2014年7月任江苏省公安厅技术侦察总队技术反制科科长。2015年8月任江苏省公安厅网络安全保卫总队网络特侦支队副支队长。2017年9月任常州市公安局技术侦察支队支队长。

【周爱娟】 1970年3月出生，女，汉族，江苏常州人，省委党校研究生学历，法学学士，1993年11月加入中国共产党，1994年8月参加工作。2021年7月任常州市天宁区政府党组成员、副区长。1994年6月毕业于苏州大学政治系思想政治教育专业，8月分配到常州市郊区区委统战部工作。1997年3月到常州市郊区区委组织部工作。1998年8月任常州市郊区区委组织部组织科副科长，同年12月任常州市郊区区委组织部干部科副科长。2000年9月任常州市郊区区委组织部干部科科长。2001年8月同时任常州市郊区区委组织员（副科级）。2002年4月至2002年7月因区划调整没有任职。2002年7月任常州市天宁区委组织员（副科级）（至2003年12月），同年12月同时任常州市天宁区委组织部干部科科长。2003年12月同时任常州市天宁区委老干部局副局长。2004年12月任常州市天宁区茶山街道办事处副主任（2002年9月至2005年7月在江苏省委党校区域经济学专业在职研究生学习）。2006年10月任常州市天宁区兰陵街道党工委委员、办事处副主任。2007年10月任常州市天宁区区级机关事务管理局局长。2010年2月任常州市天宁区委新经济社会组织工委书记，同年4月同时任常州市天宁区委组织部副部长。2013年5月任常州市天宁区天宁街道党工委副书记、办事处主任。2014年10月任常州市天宁区天宁街道党工委书记（2018年10月晋升为副处职级）。2019年1月任常州市天宁区纪委副书记，同年3月同时任常州市天宁区监委副主任，同年6月套转为四级调研员。

【杨康成】 1971年2月出生，男，汉族，江苏常州人，大学学历，历史学学士，1992年5月加入中国共产党，1993年7月参加工作。2021年7月任常州市天宁区政府党组成员、副区长。1993年6月毕业于苏州大学历史系档案学专业，同年7月分配到武进县人事局工作。1997年6月任武进市机关、事业单位工人技术等级考核中心副主任。1999年9月任武进市档案局(馆)副局(馆)长。2001年1月任常州市武进区（市）档案局（馆）党组成员（至2009年8月）、副局（馆）长（2005年6月至2005年12月、2006年12月至2009年4月借调武进区拆迁安置工作指挥部）。2009年7月任常州市武进区委农工办副主任，同年8月同时任常州市武进区政府农村集体资产管理办公室副主任。2010年9月任常州市武进区郑陆镇党委副书记、镇长人选，同年12月当选常州市武进区郑陆镇镇长。2015年7月任常州市天宁区郑陆镇党委副书记、镇长。2016年5月任常州市天宁区郑陆镇党委书记。2019年10月晋升为一级主任科员。2020年1月晋升为四级调研员。2021年5月任常州市天宁区委研究室主任（至2021年9月）、区发改局党组书记（至2021年9月），同年6月同时任常州市天宁区发改局局长（至2021年9月）。

【李　军】 1973年7月出生，男，满族，辽宁岫岩人，省委党校研究生学历，1997年4月加入中国共产党，1998年8月参加工作。2021年11月任常州市天宁区政府党组成员、副区长。1998年7月毕业于哈尔滨理工大学工业技术学院机械工程系机电一体化专业，8月分配到常州市郊区区委宣传部《市郊大地》编辑部工作。2000年12月任常州市郊区区委宣传部《市郊大地》编辑部主任。2002年4月到常州市天宁区委组织部工作，同年8月到常州市天宁区政府办公室工作（2000年9月至2002年12月在中央党校函授学院经济管理专业在职大学学习）。2003年6月任常州市天宁区政府办公室综合科副科长，同年12月同时任常州市天宁区政府办公室督办科科长。2004年9月任常州市天宁区政府办公室综合科科长。2004年12月任常州市天宁区政府办公室副主任。2007年10月同时任常州市天宁区政府侨务办公室主任（至2008年12月）。2008年4月任常州市天宁区政府党组成员、区政府办公室主任（2009年9月至2012年7月在江苏省委党校行政管理专业在职研究生学习）。2013年5月任常州市天宁区雕庄街道党工委副书记、办事处主任（至2015年2月）。2015年1月任常州市天宁区雕庄街道党工委书记，同年7月同时任常州市天宁区雕庄街道人大工委主任（至2016年6月）。2019年10月晋升为一级主任科员。2020年1月晋升为四级调研员。

【康　林】 1976年9月出生，男，汉族，江苏常州人，大学学历，法律硕士，2006年8月加入中国共产党，1997年8月参加工作。2021年11月任常州市天宁区法院党组书记、副院长、代理院长。1997年8月毕业于苏州大学法学院经济法专业，同年8月分配到常州市中级法院刑事审判庭第一庭任书记员。1998年1月任常州市中级法院刑事审判庭第二庭书记员。2000年6月任常州市中级法院刑事审判庭第二庭助审员。2005年6月任常州市中级法院刑事审判庭第二庭审判员。2007年6月任常州市中级法院少年案件综合审判庭庭长助理（2007年12月获南京师范大学法律硕士学位）。2009年6月任常州市中级法院少年案件综合审判庭副庭长。2014年8月任常州市中级法院少年和家事综合审判庭副庭长。2017年1月任常州市中级法院司法鉴定处处长（2017年2月至2019年12月援疆，任新疆乌恰县法院副院长）。2020年2月任常州市中级法院行政装备处处长，同年5月同时任常州市中级法院审务保障中心主任。2021年2月晋升为一级主任科员。

【赵　鑫】 1977年7月出生，男，汉族，河南固始人，大学学历，法学学士、法律硕士，1998年4月加入中国共产党，1999年8月参加工作。2021年11月任常州市天宁区检察院党组书记、副检察长、代理检察长、三级高级检察官。1999年8月毕业于西南政法大学法律系法学专业。同年8月分配到常州市检察院先后任科员、书记员、助检员（2006年4月至2006年7月在江苏省检察院公诉二处挂职）。2006年10月任常州市检察院民事行政检察处副处长（2007年12月获南京大学法律硕士学位）。2009年4月任常州市检察院民事行政检察处处长（2011年6月至2012年6月挂任常州市武进区检察院党组成员、副检察长）。2015年4月任常州市天目湖地区检察院检察长。2019年6月任溧阳市检察院党组书记、副检察长、代理检察长、三级高级检察官。2020年1月任溧阳市检察院党组书记、检察长、三级高级检察官。

（孔静玉）

全国先进个人

【钟　山】 常州市天宁区委组织部常务副部长、老干部局局长、离退休干部工委书记、四级调研员，2021年12月被中共中央组织部、人力资源和社会保障部授予全国先进老干部工作者称号。

1968年11月出生，男，江苏靖江人，大学学历，中共党员。2015年起钟山便从事老干部工作，6年来，他全力当好全区老干部的“贴心人”，推动老干部工作与全区发展合力同行。注重党建引领，服务管理、发挥作用等工作齐头并进，推动老干部工作纳入全区综合考核范围，实现老干部工作有领导重视、有力量保障、有督促考评。指导协调镇（街道）组建离退休干部党支部，实现选优配强班子和工作经费、活动场地“双保障”。推进待遇落实精准精细，实行有针对性的服务管理；加强老干部工作部门和主管单位领导与老干部联系，形成工作合力。打造“银霞天宁”系列老干部工作品牌，参与拍摄天宁“红色记忆”专题片并在江苏卫视播出。

（孙志扬）

【许术易】 常州市天宁区文化体育和旅游局局长，2021年9月被国家体育总局授予2017—2020年度全国群众体育先进个人称号。

1981年10月出生，男，江苏常州人，大学学历，中共党员。许术易始终秉承“体育即民生”的理念，团结带领全区体育系统，不断完善工作机制，提升产业基础，健全体育设施；深化体育产业政府主管部门的“放管服”改革，进一步释放体育产业发展的巨大潜能；综合运用财政政策、金融政策和产业政策，推动体育产业高质量发展。2021 年，天宁区有全民健身路径点 862 个、健身器材 6690 件，人均体育场地面积 4.48 平方米，“城市社区 10 分钟体育健身圈”覆盖率 100%。

（路　洁）

【高　琪】 常州市天宁区劳动人事争议仲裁院副院长，2021 年 12 月被人力资源和社会保障部授予岗位练兵明星称号、被江苏省人社厅授予江苏省技术能手称号。

1980 年 10 月出生，男，江苏常州人，大学学历，中共党员。高琪以政策通、业务精、作风硬为工作理念，秉持练兵比武强技能、倾情服务为群众原则，不断提升服务能力和水平。他在代表江苏省参加人社窗口单位练兵比武技能大赛全国总决赛中表现突出，通过“看懂算清”“争分夺秒”“实战演练”“擂台比拼”和“群雄逐鹿”5 个环节角逐，被人力资源和社会保障部授予岗位练兵明星称号，被省人力资源和社会保障厅授予江苏省技术能手称号。

（汪　欣）

【李承霞】 常州老三集团有限公司工会主席、妇联主席、服装制作工、高级技师，2021 年 2 月被中华全国妇女联合会授予全国三八红旗手称号，2021 年 10 月被中央文明办评为中国好人。

1979 年 12 月出生，女，安徽巢湖人，初中学历。李承霞是老三集团一名普通纺织女工，刻苦钻研学习缝纫制作技术，由辅助工逐渐成长为一名优秀技术型服装制作工，诠释出匠人精益求精的精神。她不怕苦不怕累，虚心求教，取人所长补己所短，使自己的技术不断提高，在全公司竞赛中名列前茅，成为服装挡车工标兵。她配合机修工开展技术革新，提高产品质量。她作为技术能手，对新员工请教的问题悉心讲解，在她的带领和指导下，车间里涌现出很多操作能手。2012 年，当选常州市第十五届人大代表；2017 年，当选常州市第十六届人大代表；2018 年 1 月，当选第十三届全国人大代表；2018 年，当选中国工会第十七次全国代表大会代表。她先后获全国劳动模范、全国针织行业服装职业技能大赛优秀奖、全国五一劳动奖章、江苏省五一劳动奖章、江苏省劳动模范、江苏好人、最感动你的新常州人（十佳）、常州市优秀农民工、常州市五一劳动奖章、常州市劳动模范等荣誉。

【尤　辉】 共青团十八届中央委员会委员、常委，共青团常州市委员会兼职副书记，常州市天宁区兰陵街道尤辉雷锋科技服务站站长、团支部书记。2021 年 3 月被中央宣传部、中央文明办评为 2020 年度全国学雷锋支援服务“四个 100”先进典型。

1980 年 12 月出生，男，江苏常州人，大专学历，中共党员。尤辉是标准的“80”后，2003 年大学毕业后便利用工作之余免费为居民维修电脑，还带领一群志同道合的青年成立了“雷锋科技服务队”。在尤辉精神感召下，越来越多的热心人参与到志愿服务中来，并成立“尤辉雷锋科技服务站”。他们坚持“不收一分钱、不吃一顿饭、不收一次礼”的“三不”原则，全心全意为人民服务。作为尤辉雷锋科技服务站站长，尤辉坚持十多年免费为居民维修电脑，累计志愿服务时间达 2 万余小时，先后获省、市、区百佳好事实事、常州市十大杰出青年、江苏省优秀共产党员等荣誉称号。

（潘劼飞）

全省先进个人

【林金锡】 常州亚玛顿股份有限公司董事长，2021 年 4 月获评江苏省劳动模范。

1959 年 11 月出生，男，江苏丹阳人，大学学历。林金锡于 1996 年创建亚玛顿科技有限公司，2006 年创建亚玛顿光伏玻璃有限公司（常州亚玛顿股份有限公司），2011 年公司在深交所中小板上市。他作为技术负责人，带领并组织专家进行光伏发电涂层技术研发，率先研发出“高效增透减反光伏镀膜玻璃”，该技术拥有 15 项发明专利，获常州市科技进步二等奖、江苏省科技进步三等奖，被评为国家重点新产品。2012 年，他带领公司技术团队，研发生产出厚度≤ 2 毫米的超薄物理钢化玻璃，使公司成为世界技术实力最强的超薄钢化玻璃供应商，目前这项技术已拥有 13 项专利，并于 2014 年被列入江苏省战略性新兴产业专项资金重大项目支持计划。2014 年，他被评为常州市劳动模范。

【颜亚南】 常州恒丰特导股份有限公司绞线工，2021 年 4 月获评江苏省劳动模范。

1990 年 4 月出生，女，江苏东海人，初中学历。颜亚南 2012 年 2 月参加工作以来，在绞线工这个平凡的岗位上兢兢业业、任劳任怨，从一名普通学徒工成长为公司技术骨干。2018 年 6 月，公司成立绞合导体外径稳定攻关小组，她带领小组同事通过多次试验与论证，最终得出可行性方案：减小绞合节距及模具紧压，使绞合导体的外径波动控制在0.003毫米之内，为公司攻克困扰多年的技术难题，产品通过日本住友株式会社验收，为公司赢得高要求客户的认可。她先后获评常州市五一劳动奖章、常州市劳动模范。

【何小中】 伊顿电力设备有限公司设备设施课课长、助理工程师，2021年4月获评江苏省劳动模范。

1979年10月出生，男，江苏武进人，大专学历，中共党员。何小中长期工作在断路器、环网柜、中低压配电柜等生产管理核心技术岗位，在经验积累和探讨基础上摸索出的“一松二垫三调四加”工作法，有效解决1000屏VS1开断路器弹跳问题。个人自主研发的节能项目产品为公司年节约成本200余万元，并获国家重点新产品证书、省优秀新产品（金牛奖）、省质量信得过产品等25项专利和证书。他先后获评江苏省五一劳动奖章、江苏省文明职工、常州市劳动模范、常州市五一劳动奖章、常州市十佳文明职工。

【季卫东】 中共常州市天宁区委办公室副主任，天宁区房屋征收与补偿办公室主任，2021年4月获评江苏省先进工作者。

1966年11月出生，男，江苏常州人，大学学历，中共党员。季卫东历经多岗位锻炼，先后担任区委政法委副书记、兰陵街道办事处主任、区安监局局长。自2013年他主管条线工作以来，连续七年带领部门条线考核名列前茅，个人先后多次立功受奖，连续多年年度考核获评优秀公务员。他始终坚定理想信念，牢记初心使命，有着共产党人“信仰坚定、心系群众、勇于担当、创新奉献”的精神风貌，先后多次在各级企事业单位、市委党校和天宁大讲坛上宣讲中共十九大精神和中国共产党党史，为干部职工传授群众工作方法和维护社会稳定工作经验。他先后获评常州市五一劳动奖章、常州市劳动模范、天宁区最美奋斗者。

（屠　晶）

【陈　刚】 常州市天宁区红梅街道党工委副书记，2021年10月被省委、省政府授予全省脱贫攻坚暨对口帮扶支援合作先进个人称号。

1978年5月出生，男，江苏宜兴人，大学学历，中共党员。2017年10月，陈刚响应组织安排，赴陕西省安康市旬阳县挂职锻炼，主要负责苏陕协作与经济合作以及招商引资工作。挂职期间，他按照省市区要求深入推进苏陕扶贫协作，参与制定2018年、2019年旬阳县与天宁区扶贫协作和经济合作工作方案，精准聚焦脱贫攻坚暨对口帮扶支援合作，不断研究和破解苏陕扶贫协作和经济合作工作难题和困惑，在两地党政交流、资金管理、产业协作、人才交流、劳务协作、携手奔小康等方面取得实实在在业绩，切实提高当地贫困人口受益度，得到两地干部群众认可。

（汪　欣）

【江小明】 常州市天宁区郑陆镇武城村党委书记、村委会主任。2021年10月被省委、省政府授予全省脱贫攻坚暨对口帮扶支援合作先进个人称号。

1972年9月出生，男，江苏常州人，大专学历，中共党员。江小明以聚焦产业兴旺、生态宜居、乡风文明、治理有效、生活富裕为目标，探索创新“党建+”工作模式。依托流转土地、河塘进行农产品种植和特色水产品养殖，“五丈河大米”品牌获“绿色食品A级认证”，带领村民开启增收致富新通道。打造“学习型”“服务型”基层党组织，带领“两委”班子成员致力于服务武城村5.07平方千米内5200名常住人口；深化基层党组织联动机制，拓展“红色朋友圈”，武城村完成由内而外的全面提升和改变，先后获评江苏省优秀校外教育辅导站、江苏省健康村、常州市先进基层党组织、常州市五星级村党组织，被《组织人事报》农村党建专刊报道点赞。

（潘劼飞）

【汤　劼】 常州市天宁区农业农村局（水利局）综合科（政策法规科）科长，2021年5月被省委、省政府授予2020年全省防汛抗洪工作先进个人称号。

1980年1月出生，男，江苏常州人，大学学历，中共党员。汤劼积极推进天宁区农村基层防汛预警体系建设，组织踏勘全区河道、泵站实际情况，推动建成水位监测站点25个、视频监控站点5个、远程自动化控制泵站2座、各板块两级防汛网络和视频会商系统9套，组织建立起全区防汛综合数据库和业务应用系统。2020年，在天宁区防汛二级应急响应启动期间，他坚守岗位，密切跟踪全区雨情及水情最新进展，及时总结、分析全区防汛抗灾工作薄弱环节，研究提出有针对性的对策建议，累计撰写各类统计汇报材料12篇，防汛信息21条，为上级决策提供参考意见。2020年，在梅雨期长（历史第三）、降雨量远超常年（往年汛期的1.42倍、梅雨期的2.83倍）情况下，天宁区未发生重大险情、灾情，未出现人员因灾伤亡情况。

（钱　寅）

【汤亚平】 常州市天宁区雕庄街道菱溪社区党总支书记、居委会主任，2021年6月被中共江苏省委授予江苏省优秀党务工作者称号。

1974年1月出生，女，江苏常州人，大专学历，中共党员。汤亚平从事基层工作28年，她扶持青年党员创业，“党代表工作室”“党员爱心文印站”“党员好管家”等党建品牌获得广泛认可；创办“巧手绘”工作室、“剔筠轩”留青竹刻传习所，带动妇女创业就业；聚焦精准扶贫，组织开展“餐桌上的微公益”活动，让两地家庭结对互动；成立“巧媳妇”睦邻助餐协会，义务为独居老人送饭；她是居民眼里的“管家婆”，用一年10000余条微信、3000余个回复解决民生实事，赢得居民信任支持。她先后被评为全国三八红旗手、全国最美城乡社区工作者、中国好人、全国计划生育协会先进个人、江苏省最美基层干部、江苏省敬业奉献好人、江苏省岗位学雷锋标兵、江苏最美网格员、常州市劳动模范、常州好人。

（潘劼飞）

【顾相才】 常州市天宁区郑陆镇查家村党总支书记、村委会主任，2021年6月被中共江苏省委授予江苏省优秀共产党员称号。

1969年8月出生，男，江苏常州人，党校大专学历，中共党员。顾相才扎根农村工作30年，带领全村党员群众苦干实干，融合查家村自然禀赋和人文底蕴，抢抓乡村振兴政策机遇，查家村实现从传统农村到美丽乡村的华丽蜕变，2018年查家湾美丽乡村建成开园，2020年查家湾入选第三批江苏省传统村落，2021年启动季子文商旅农综合体舜山小镇项目，打造常州近郊乡村旅游目的地。他坚持党建引领，坚持身先示范，创新成立常州市首家合作社党支部，由党员志愿者免费为农户提供技术、物资支持，有效提高农产品收益。他建立的常州市首家乡村振兴学堂被评为常州市“3211”党员教育实境课堂，他先后获评江苏省农村基层党建工作突出贡献奖、江苏省农业科普宣传先进个人、常州市优秀共产党员、常州市社会主义新农村建设模范带头人、常州市新时代乡贤模范——孺子牛奖。

（潘劼飞）

【顾　波】 常州市天宁区青龙街道横塘社区党委书记、居委会主任，2021年6月被省委组织部授予全省百名示范村（社区）书记称号。

1970年6月出生，男，江苏常州人，党校大专学历，中共党员。顾波通过“精准五位工作法”，领队探路常州首个“大社区全服务”社区治理模式试点，在横塘社区以“红领驿家 · 横塘轨道”为品牌引领，整合5个小区资源要素，探索将政务服务与居务服务相对分离工作模式，致力于服务横塘社区1平方千米内2.4万名常住人口。他采取“综合岗、一站式”模式综合受理计生、劳动保障、组织关系接转等多项业务，承接下沉行政审批服务，建立政务服务“一张网”，让数据多运行、群众少跑腿。他建立的横塘社区党群服务中心入选常州市“3211”党员教育实境课堂、常州市科普教育基地。

（刘昊煜）

【吴　静】 常州市天宁区卫生健康局党委书记、局长，2021年3月被省妇联授予江苏省三八红旗手称号。

1969年12月出生，女，江苏常州人，大学学历，中共党员。吴静在担任区卫健局党委书记、局长期间，全面启动“健康天宁321”行动计划，实施基层医疗卫生机构“五个统一”管理；推进共建专科型医联体建设，建立多个省级基层特色科室，构建智能化家庭医生服务平台，被评为2019年省级家庭医生签约服务“十大创新服务项目”；承接常州市首个医养融合试点区任务，率先在城区街道试点实施“康益行医养融合项目”，改革经验成效入选《江苏省改革简报》、省“不忘初心，牢记使命”主题教育简报和《江苏医改动态》；科学处置新冠肺炎疫情，第一时间统筹规划、周密部署，树立“行动一道令、防控一张网、入门几道关、上下心连心”的防控精神，严密组织指挥全系统科学防控。

（孟丽洁）

【王　蕾】 常州市天宁区兰陵小学副校长，天宁区政协委员，2021年9月被省人力资源和社会保障厅、省教育厅授予江苏省教育系统先进个人（优秀教师）称号。

1980年6月出生，女，江苏常州人，大学学历，民进会员。王蕾主动申请从集团核心校调入普通新村小学，通过与同事团结协作，建设“恒 & 创造”团队文化。她带领团队申报常州市教育信息化建设项目，全身心投身英语“iRead”项目实践与创新，给学生带去最优质教学资源；“iRead”项目从教学理念重构到线上课程开发，再到教学模式迭代，升级学生思维方式、学习方式，也更新教师教育理念、工作方式。在她和团队成员的悉心呵护下，一大批学生在省、市级英语口语、朗读、演讲比赛中茁壮成长，先后获“希望之星”英语风采大赛江苏省赛区特等奖、常州市整班朗读暨口语交际比赛一等奖，“iRead”项目获2021年江苏教学成果奖二等奖、常州市教学成果奖一等奖。

【刘宝杰】 常州市局前街小学教师，2021年9月被省人力资源和社会保障厅、省教育厅授予江苏省教育系统先进个人（优秀教师）称号。

1981年2月出生，男，江苏扬州人，大学学历，教育硕士学位。刘宝杰从教以来，潜心从事教育教学研究，《以学习为中心的小学英语拓展阅读的教学研究》获江苏省课题研究成果二等奖。他积极参与市、区教育资源均衡工作，与常州市东青实验学校开展“城乡牵手合作”行动，到常州市郑陆实验学校交流教学两年，有效引领乡镇学校英语教学。作为天宁区刘宝杰教师发展工作室领衔人，他带领天宁区内多所学校青年教师共同进行专业发展，指导多名工作室成员在常州市市级梯队中获得晋升，执教省、市级公开课并在市区教学比赛中获得一等奖。他先后获首届全国小学英语教师教学技能大赛一等奖、全国第十届小学英语优质课展评一等奖、江苏省小学英语课题教学大赛一等奖。

（虞新伟）

【周碧莲】 常州市天宁区财政局副局长、区财政结算中心主任，2021年1月被省人力资源和社会保障厅、省财政厅授予全省财政系统先进工作者称号。

1978年11月出生，女，江苏常州人，大学学历，中共党员，中级会计师。周碧莲始终坚持不忘初心、牢记使命，23年如一日坚守基层财政岗位，把贯彻执行党的基本路线和方针政策有效融入到财政工作中。在疫情防控攻坚阶段，统筹协调资金拨付渠道，确保资金及时拨付到位，切实保障疫情防控物资采购。落实中央“六保”“六稳”政策，牵头制定“保基层运转”工作方案，按照中央精神，进一步深挖潜力，优化财政支出，在资金安排上向教育、卫生、社保等民生领域倾斜。

（盛　丽）

【汤晓霞】 常州市天宁区市场监督管理局综合监督管理科科长，2021年1月被省人力资源和社会保障厅、省市场监督管理局授予全省市场监管系统先进工作者称号。

1973年7月出生，女，江苏常州人，中央党校函授本科学历，中共党员。汤晓霞从事市场监管工作28年，经她核准的各类行政许可达5万余件，未有一起经查证属实的服务投诉，未有一件错误登记。推进扩权强镇改革工作，在全市首创将内资公司和非公有制法人企业登记权限下放至区市场监管局郑陆分局。推动质量工作，2019年天宁区因质量工作改革创新被省政府表彰为“2018年落实有关重大政策措施真抓实干成效明显地方”。推进“双随机、一公开”监管工作，在区级层面率先制定出台《天宁区在市场监管领域推行部门联合“双随机、一公开”监管实施办法（试行）》。新冠肺炎疫情防控期间，参与编写规模以下企业组工作提示10期，针对企业复工及防疫情况，制定“擅自复工应对机制”、专业市场“一场地一策略”“负面清单＋主体责任＋网格帮扶”等工作机制，为防疫及复工工作提供保障。

（高琳琳）

先进集体

2021 年天宁区获得的综合荣誉（省级条线以上）一览表

表 58

荣誉称号	授予单位
2020 年真抓实干成效明显地方表彰奖励	国务院办公厅
全国城乡融合发展改革项目制试验任务试点地区	国家农村改革试验区办公室（农业农村部）
2020 年真抓实干成效明显地方表彰奖励	省政府办公厅
第二批“江苏省双拥示范基地”	省双拥工作领导小组办公室
第四批江苏省大众创业万众创新示范基地（精益创业方向）	省发改委
江苏省幼小衔接实验区	省教育厅
江苏省学前教育普及普惠区	省教育厅
江苏省义务教育优质均衡发展区	省教育厅
第四批江苏省生态文明建设示范县（市、区）	省生态环境厅
江苏省体育消费城市试点单位	省体育局
天宁区“‘政居务分离 + 社区营造’赋能社区治理创新”项目获评江苏基层社会治理创新成果奖	省民政厅

2021 年天宁区获得的全国性荣誉称号一览表

表 59

荣誉称号	获得单位	授予单位
2021 年度全国检察宣传先进单位	区检察院	最高人民检察院、检察日报社
2017—2020 年度全国群众体育先进单位	区文体旅局	国家体育总局
国家节约型机关	区机关事务管理中心	国家机关事务管理局、中共中央直属机关事务管理局、国家发改委、财政部
全国县域共青团基层组织改革试点地区	团区委	团中央
2020—2021 年度全国“五好”县级工商联	区工商联	中华全国工商业联合会
全国工人先锋号	天宁交警大队、江苏武进不锈股份有限公司理化中心试验班组	中华全国总工会
国家级“两业”融合试点单位	天宁经济开发区	国家发改委
全国文明村镇	郑陆镇牟家村	中央精神文明建设指导委员会
全国示范型退役军人服务站	郑陆镇退役军人服务站	省退役军人事务厅
2021 年度“优质服务基层行”表现突出、服务优质机构	郑陆镇卫生院	国家卫健委
全国巾帼文明岗	雕庄街道朝阳村	中华全国妇女联合会
2021 年度科技志愿服务社区	雕庄街道菱溪社区	中国科协办公厅

续表 59

荣誉称号	获得单位	授予单位
计生特殊家庭帮扶“暖心家园示范点”	茶山街道同济桥社区	中国计生协
老年人心理关爱项目国家试点	茶山街道同济桥社区	国家卫健委
全国示范性老年友好型社区	茶山街道富强新村社区	国家卫健委、全国老龄办
第五批全国“扫黄打非”进基层示范标兵	天宁街道	全国“扫黄打非”工作小组办公室
2019～2020 年度全国“四好商会”	天宁街道商会、兰陵街道商会	中华全国工商业联合会办公厅
第三批全国中小学中华优秀传统文化传承学校	常州市朝阳新村第二实验小学	教育部
头脑奥林匹克活动特色学校	常州市解放路小学	中国上海头脑奥林匹克协会
第 34 届中国头脑奥林匹克创新大赛江苏省赛富斯卡特别创造力奖	常州市解放路小学	中国头脑奥林匹克江苏省组委会
中国手球协会手球推广学校	常州市紫云小学	中国手球协会
全国“家校（园）共育”数字化项目试点幼儿园	常州市广化幼儿园、常州市天宁区北环幼儿园	全国家校共育数字化项目办公室

2021 年天宁区获得的省级荣誉称号一览表

表 60

荣誉称号	获得单位	授予单位
2020 年度政府网站建设管理先进单位	区政府办公室	省政府办公厅
征兵工作先进单位	区政府征兵办公室	省军区
2021 年度江苏省巾帼文明岗	区检察院第一检察部（未检组）	省城镇妇女“巾帼建功”活动领导小组、省妇女“双学双比”竞赛活动领导小组、省妇联
全省“六有一提升”离退休干部党支部	区检察院第五党支部	省委老干部局、离退休干部工委
全省法院新闻舆情工作先进集体	区法院政治部	省高院
审判管理工作先进集体。	区法院审判监督庭	省高院
全省法院党建工作先进集体	区法院立案庭（诉讼服务中心）	省高院
2020 年度全省基层党员冬训工作示范区	区委宣传部	省委组织部、省委宣传部
全省机关党建工作先进集体	区机关党工委	中共江苏省委省级机关工作委员会、省人社厅
江苏省“2021 年度市县地方志特色创新项目”	区地方志办公室	省地方志办公室
2021 年度全省综合年鉴质量评定三等奖	区地方志办公室	省地方志办公室
全省脱贫攻坚暨对口帮扶支援合作先进集体	区教育局	省教育厅
江苏省教育系统关心下一代工作先进集体	区教育局	省教育系统关工委

续表 60

荣誉称号	获得单位	授予单位
2021 年江苏省教学成果（基础教育类）一等奖	区教师发展中心	省教育厅
江苏省教科研工作先进集体	区教师发展中心	省教育科学研究院
全省法治督察先进集体	区司法局	省司法厅
全省司法行政复议应诉工作先进集体	区司法局	省司法厅
江苏省优秀司法所	兰陵司法所	省司法厅
2019—2021 年度江苏省文明单位	区人社局	省文明委
城管执法队伍“强基础、转作风、树形象”专项行动表现突出单位	区城管执法大队	省住建厅
江苏省第一批生活垃圾分类示范教育基地	区垃圾分类宣教中心	省城市管理与行政执法学会
2021 年江苏省家庭医生签约服务创新单位	区卫健局	省卫健委
省级“家庭健康服务中心”	区卫健局	省计生协
全省计划生育协会工作成绩突出单位（县级）	区计生协	省计生协
2021 年全省防灾减灾救灾工作先进集体	区应急管理局	省减灾委员会办公室
2021 年江苏省“安全生产月”活动先进单位	区应急管理局	省安全生产委员会办公室
全省市场监管系统先进集体	区市场监管局	省人社厅、省市场监管局
全省优秀法治信访建设创新项目	区信访局、茶山街道	省信访局
人民满意窗口	区信访接待中心、青龙街道、雕庄街道	省信访局
全省关心下一代工作优秀集体	区关工委、郑陆镇关工委、雕庄街道关工委、雕庄派出所关爱工作站	省文明办、省关工委
《关心下一代周报》、江苏少年网优秀小记者站	区关工委	关心下一代周报社
集体二等功	兰陵派出所	省公安厅
集体二等功	青龙派出所	省公安厅
江苏最美基层警队	兰陵派出所	省委宣传部、省公安厅、省总工会、团省委、省妇联
全省公安基层党建“最佳创新项目”：探索励警讲堂＋战时党建实战新模式	兰陵派出所	省公安厅政治部
2018—2020 年度全省公安系统省级青年文明号	天宁交警大队兰陵中队	团省委
江苏省五四红旗团支部	天宁交警大队	团省委
党建业务融合案例优秀奖	自然资源和规划天宁分局党委	省自然资源厅
查家湾片区生态修复获省首届“最美生态修复案例”（矿山生态修复类）	自然资源和规划天宁分局	省自然资源厅

续表 60

荣誉称号	获得单位	授予单位
全省党支部书记工作室	常州市自然资源和规划局天宁中心所党支部	省自然资源厅
全省系统自然资源所标准化建设成效显著单位	常州市自然资源和规划局天宁中心所	省自然资源厅
全省扫黄打非先进集体	天宁经济开发区“扫黄打非”工作领导小组办公室	省扫黄打非工作领导小组
江苏省五四红旗团委（团工委）	天宁经济开发区团工委、天宁街道团工委	团省委
全省工信系统先进集体	天宁经济开发区经发局	省工信厅
省小型微型企业创业创新示范基地	天宁高新技术创业服务中心	省工信厅
2019—2021 年度江苏省文明乡镇	郑陆镇	省文明委
全省国防动员工作先进单位	雕庄街道	省委、省政府、省军区
2020 年度全省基层党员冬训工作示范街道	雕庄街道、兰陵街道	省委宣传部、组织部
江苏省百家红色精品退役军人服务站	雕庄街道、天宁街道	省退役军人事务厅
全省党员教育全媒体作品创作大赛“微视频”类三等奖	青龙街道	省委组织部
2021 年江苏省社会主义核心价值观主题微电影二等奖	青龙街道	省委宣传部、省委网信办
全省“六有一提升”离退休干部党支部	青龙街道老干部党支部	省委老干部局、离退休干部工委
江苏省百佳离退休干部党支部	青龙街道老干部党支部	省委老干部局、离退休干部工委
省计划生育协会工作成绩突出单位	青龙街道计划生育协会	省计生协
江苏省基层平台城乡居民基本养老保险公共服务标准化试点	青龙街道为民服务中心	省人社厅
“童心永向党·筑梦新辉煌”创作演讲比赛优秀组织奖	青龙街道关工委	省关工委
在困难职工解困脱困工作中做出优异成绩的集体	青龙街道总工会	省总工会
全省第三批智慧健康养老示范街道	茶山街道	省工信厅
残疾人群众性文化体育活动进基层试点项目	茶山街道行政审批局	省残联
全省社会教育宣传报道 2020 年度先进集体	红梅街道社区教育中心	省社指办

2021年天宁区获得的市级先进集体一览表

表61

荣誉称号	获得单位	授予单位
常州市推进“五大明星城市”建设先进集体（重大项目）	天宁经济开发区管委会	市委、市政府
常州市推进“五大明星城市”建设先进集体（重大项目）	区发改局	市委、市政府
常州市推进“五大明星城市”建设先进集体（重大项目）	雕庄街道	市委、市政府
常州市推进“五大明星城市”建设先进集体（工业智造）	区工信局	市委、市政府
常州市推进“五大明星城市”建设先进集体（科技创新）	常州制药厂有限公司	市委、市政府
常州市推进“五大明星城市”建设先进集体（营商环境）	区法院	市委、市政府
常州市推进“五大明星城市”建设先进集体（城市建设）	天宁建设发展集团有限公司	市委、市政府
常州市推进“五大明星城市”建设先进集体（生态环境）	区城管局	市委、市政府
常州市推进“五大明星城市”建设先进集体（乡村振兴）	中共常州市天宁区郑陆镇委员会	市委、市政府
常州市推进“五大明星城市”建设先进集体（民生保障）	区教育局	市委、市政府
常州市推进“五大明星城市”建设先进集体（民生保障）	区人社局	市委、市政府
常州市推进“五大明星城市”建设先进集体（文旅休闲）	天宁街道	市委、市政府
常州市推进“五大明星城”建设先进集体（安全生产）	区应急管理局	市委、市政府
常州市推进“五大明星城”建设先进集体（精神文明建设）	公安天宁分局	市委、市政府
常州市推动高质量发展 先进集体（城乡建设工作—绿色生态）	天宁生态环境局	市委、市政府
全市抗击新冠肺炎疫情先进集体	天宁区疫情防控指挥部办公室、区教育局、区民政局、区卫生监督所、区疾病预防控制中心、兰陵街道、兰陵街道社区卫生服务中心、常州四药制药有限公司	市委、市政府
常州市先进基层党组织	中共国家税务总局常州市天宁区税务局机关委员会、郑陆镇行政审批局党支部、兰陵派出所	市委
常州市建设全国文明城市工作先进集体	区城管局	市委、市政府

先进个人

2021 年天宁区全国（条线）先进个人一览表

表 62

姓名	工作单位	荣誉称号	授予单位
钟　山	区委组织部、区委老干部局	全国先进老干部工作者	中共中央组织部、人社部
许术易	区文体旅局	2017—2020 年度全国群众体育先进个人	国家体育总局
高　琪	区劳动人事争议仲裁院	2021 年度全国人社“岗位练兵明星”	人社部
李承霞	常州老三集团有限公司	全国三八红旗手	全国妇联
李承霞	常州老三集团有限公司	中国好人	中央文明办
尤　辉	兰陵街道尤辉雷锋科技服务站	2020 年度全国学雷锋支援服务“四个 100”先进典型	中央宣传部、中央文明办

2021 年天宁区省级（条线）先进个人一览表

表 63

姓名	工作单位	荣誉称号	授予单位
林金锡	常州亚玛顿股份有限公司	江苏省劳动模范	省委、省政府
颜亚南	常州恒丰特导股份有限公司	江苏省劳动模范	省委、省政府
何小中	伊顿电力设备有限公司	江苏省劳动模范	省委、省政府
季卫东	区委办、区征收办	江苏省先进工作者	省委、省政府
陈　刚	区人社局	全省脱贫攻坚暨对口帮扶支援合作先进个人	省委、省政府
江小明	郑陆镇武城村	全省脱贫攻坚暨对口帮扶支援合作先进个人	省委、省政府
汤　劼	区农业农村局（水利局）	2020 年全省防汛抗洪工作先进个人	省委、省政府
顾相才	郑陆镇查家村	江苏省优秀共产党员	省委
汤亚平	雕庄街道菱溪社区	江苏省优秀党务工作者	省委
顾　波	青龙街道横塘社区	全省“百名示范”村（社区）书记	省委组织部
朱丹萍	郑陆镇石堰村	江苏好青年	团省委
李　刚	区政协研究室	全省政协系统先进工作者	省政协
李旌巍	区纪委监委	“学恩来精神、守初心使命”主题征文二等奖	省纪委办公厅
程　强	区纪委监委	“学恩来精神、守初心使命”主题征文优秀奖	省纪委办公厅
黄梦倩	区检察院	优秀法治巡讲员	省检察院
曹旭伟	区检察院	全省检察机关公益诉讼勘验取证能手	省检察院
张鲁佳	区检察院	全省民事检察业务标兵	省检察院
王聚涛	区检察院	全省检察机关案例撰写能手	省检察院

续表 63

姓名	工作单位	荣誉称号	授予单位
李　锐	区检察院	全省检察机关控告申诉业务标兵	省检察院
吴翊铭	区检察院	全省检察机关网信工作先进个人	省检察院
周　萍	区法院	全省优秀法官	省高院
蔡闻世	区法院	全省法院援藏援疆突出贡献奖	省高院
张为众	区法院	全省政法先进典型	省委政法委
王　蕾	常州市兰陵小学	江苏省教育系统先进个人（优秀教师）称号	省人社厅、省教育厅
刘宝杰	常州市局前街小学	江苏省教育系统先进个人（优秀教师）称号	省人社厅、省教育厅
潘　浪	区司法局	全省社区矫正和安置帮教工作先进个人	省司法厅
周碧莲	区财政局	全省财政系统先进工作者	省人社厅、省财政厅
高　琪	区劳动人事争议仲裁院	江苏省技术能手	省人社厅
周筱杰	区水利局	新沟河延伸拓浚工程作出突出贡献的个人	省太湖治理工程建设管理局
吴　静	区卫健局	省三八红旗手	省妇联
俞霞芬	区卫健局	省计划生育协会工作成绩突出个人（会长）	省计生协
施鸿飞	区疾病预防控制中心	全省心血管病高危人群早期筛查与综合干预项目先进个人	省卫健委
汤晓霞	区市场监管局	全省市场监管系统先进工作者	省人社厅、省市场监管局
尤　雷	区统计局	江苏省第七次全国人口普查工作成绩显著个人	省第七次全国人口普查领导小组办公室、省统计局
苏　波	区统计局	江苏省第七次全国人口普查工作成绩显著个人	省第七次全国人口普查领导小组办公室、省统计局
郭　伟	区统计局	江苏省第七次全国人口普查工作成绩显著个人	省第七次全国人口普查领导小组办公室、省统计局
钱鹏辉	区统计局	江苏省第七次全国人口普查工作成绩显著个人	省第七次全国人口普查领导小组办公室、省统计局
蔡　飞	区统计局	江苏省第七次全国人口普查工作成绩显著个人	省第七次全国人口普查领导小组办公室、省统计局
钱　晔	区信访局	最美信访干部	省政府信访局
周陈男	区信访接待中心	省信访岗位之星	省政府信访局
钟　丹	区机关事务管理中心	2021 年度全省机关事务管理系统信息和宣传工作先进个人	省机关事务管理局
王阮清	区关工委	全省关心下一代工作优秀个人	省文明办、省关工委
薛　敏	区教育局关工委	全省关心下一代工作优秀个人	省文明办、省关工委
赵　健	公安天宁分局	全省公安机关成绩突出党员民警	省公安厅
奚梦佳	公安天宁分局政治处	全省公安政工信息调研成绩突出个人	省公安厅政治部

续表 63

姓名	工作单位	荣誉称号	授予单位
莫国强	公安天宁分局政治处	个人二等功、民警的贴心人	省公安厅
张雅琼	公安天宁分局指挥保障中心	江苏省优秀共青团干部	团省委
李　晨	公安天宁分局治安大队	全省卷烟打假工作成绩突出个人	省公安厅、省烟草专卖局
蒋碧伟	青龙派出所	江苏最美辅警提名奖	省委宣传部、省公安厅、省总工会、团省委、省妇联
高　丰	朝阳桥派出所	个人嘉奖	省公安厅
顾凯元	翠竹派出所	个人三等功	省公安厅
程雯靓	茶山派出所	《强警有我 不忘初心 砥砺前行》优秀奖	省公安厅团委
何一帆	天宁交警大队	新时代江苏公安交警标兵	省公安厅
唐建刚	天宁交警大队	新时代江苏公安辅警标兵提名	省公安厅
慈　磊	天宁交警大队	全省公安青年主题征文优秀奖	省公安厅团委
方正良	自然资源和规划局天宁分局	全省系统优秀党务工作者	省自然资源厅
颜华鳞	天宁经济开发区	2021 年度全省开发区信息工作先进个人	省开发区协会
徐　清	青龙街道办事处	社情民意信息先进个人	中国致公党江苏省委会
张彬晖	青龙街道办事处	后续照管工作先进个人	省戒毒管理局
周映晨	青龙街道办事处	社区教育先进工作者	省成人教育协会

2021 年天宁区市级先进个人一览表

表 64

姓名	工作单位	荣誉称号	授予单位
赵　俊	区住建局	常州市推进“五大明星城市”建设先进个人（重大项目）	市委、市政府
丁家桢	自然资源和规划局天宁分局	常州市推进“五大明星城市”建设先进个人（重大项目）	市委、市政府
钱　晔	区政府办公室、区信访局	常州市推进“五大明星城市”建设先进个人（重大项目）	市委、市政府
顾骁鹏	郑陆镇人大办公室	常州市推进“五大明星城市”建设先进个人（重大项目）	市委、市政府
张文昌	常州华利达服装集团有限公司	常州市推进“五大明星城市”建设先进个人（工业智造）	市委、市政府
朱国良	江苏武进不锈股份有限公司	常州市推进“五大明星城市”建设先进个人（工业智造）	市委、市政府
陈　娇	区科技局	常州市推进“五大明星城市”建设先进个人（科技创新）	市委、市政府
戴　敏	区行政审批局	常州市推进“五大明星城市”建设先进个人（营商环境）	市委、市政府
方学明	常州黑牡丹建设投资有限公司	常州市推进“五大明星城市”建设先进个人（城市建设）	市委、市政府
刘　科	区建设工程管理中心	常州市推进“五大明星城市”建设先进个人（城市建设）	市委、市政府

续表 64

姓名	工作单位	荣誉称号	授予单位
刘　锁	天宁生态环境局	常州市推进“五大明星城市”建设先进个人（生态环境）	市委、市政府
戴宇峰	郑陆畜牧兽医站	常州市推进“五大明星城市”建设先进个人（乡村振兴）	市委、市政府
王敬群	区卫健局	常州市推进“五大明星城市”建设先进个人（民生保障）	市委、市政府
陈振杰	区发改局	常州市推进“五大明星城市”建设先进个人（民生保障）	市委、市政府
黄坤杰	郑陆镇人民政府	常州市推进“五大明星城市”建设先进个人（文旅休闲）	市委、市政府
梁晓鹏	区消防救援大队东南消防站	常州市推进“五大明星城市”建设先进个人（安全生产）	市委、市政府
方　静	区委宣传部	常州市推进“五大明星城市”建设先进个人（精神文明建设）	市委、市政府
王英杰	青龙街道办事处	常州市推进“五大明星城市”建设先进个人（精神文明建设）	市委、市政府
申国胜	区法院	常州市优秀共产党员	市委
柴曙瑛	常州市博爱小学	常州市优秀共产党员	市委
唐亚峰	青龙街道办事处	常州市优秀共产党员	市委
郭　伟	区统计局	常州市优秀党务工作者	市委
钱卫荣	青龙街道办事处、紫云苑社区	常州市优秀党务工作者	市委
徐国庆	区委网信办	常州市建设全国文明城市工作先进个人	市委、市政府
钱　进	区城管局	常州市建设全国文明城市工作先进个人	市委、市政府
许　庆	天宁交警大队	常州市建设全国文明城市工作先进个人	市委、市政府
梁群峰	区信访接待中心	市信访岗位之星	市委、市政府
周　到	区信访接待中心	市信访岗位之星	市委、市政府
周陈男	区信访接待中心	市信访岗位之星	市委、市政府
孙丹妮	茶山街道信访接待中心	市信访岗位之星	市委、市政府
管黎芳	天宁区政府	全市抗击新冠肺炎疫情先进个人	市委、市政府
陈　凝	区新闻中心	全市抗击新冠肺炎疫情先进个人	市委、市政府
张　科	区卫健局	全市抗击新冠肺炎疫情先进个人	市委、市政府
王　敏	区疾病预防控制中心	全市抗击新冠肺炎疫情先进个人	市委、市政府
竺小芳	区疾病预防控制中心	全市抗击新冠肺炎疫情先进个人	市委、市政府
唐　翠	区妇幼保健计划生育服务中心	全市抗击新冠肺炎疫情先进个人	市委、市政府
黄铁轩	区政府办公室、区大数据局	全市抗击新冠肺炎疫情先进个人	市委、市政府
陈　剑	区工信局	全市抗击新冠肺炎疫情先进个人	市委、市政府
成荣芳	区市场监督管理局	全市抗击新冠肺炎疫情先进个人	市委、市政府
蒋厉英	郑陆镇人民政府	全市抗击新冠肺炎疫情先进个人	市委、市政府
周　燕	红梅街道办事处	全市抗击新冠肺炎疫情先进个人	市委、市政府
高　瑛	青龙街道办事处	全市抗击新冠肺炎疫情先进个人	市委、市政府
匡银霞	天宁街道办事处	全市抗击新冠肺炎疫情先进个人	市委、市政府
袁　洁	朝阳桥派出所	全市抗击新冠肺炎疫情先进个人	市委、市政府

附　录

◆ 栏目编辑　章丽华

文献摘要

扛起光荣使命，展现更大作为，奋力谱写“强富美高”新天宁现代化建设崭新篇章

——在区委十一届三次全体（扩大）会议上的报告（摘要）

区委书记　许小波

（2021 年 12 月 29 日）

区委十一届三次全体（扩大）会议的主要任务是，全面贯彻党的十九届六中全会和中央经济工作会议精神，深入落实省党代会、省委经济工作会议和市党代会、市委十三届二次全会精神，总结回顾 2021 年工作，研究部署 2022 年任务，动员全区上下坚定信心、鼓足干劲，扛起光荣使命，展现更大作为，奋力谱写“强富美高”新天宁现代化建设崭新篇章，以优异成绩迎接党的二十大胜利召开。

根据区委常委会会议研究的精神，讲四个方面意见。

一、深入学习贯彻党的十九届六中全会精神，意气风发向着第二个百年奋斗目标阔步迈进

党的十九届六中全会是在我们党成立 100 周年的重要历史时刻，在“两个一百年”奋斗目标交会的重大历史关头，召开的一次具有重大历史意义的会议。全会全面总结党的百年奋斗重大成就和历史经验，体现了我们党重视和善于运用历史规律的高度政治自觉，体现了我们党牢记初心使命、继往开来的自信担当。全会通过的《中共中央关于党的百年奋斗重大成就和历史经验的决议》，是一篇光辉的马克思主义纲领性文献，是新时代中国共产党人牢记初心使命、坚持和发展中国特色社会主义的政治宣言，是以史为鉴、开创未来、实现中华民族伟大复兴的行动指南，为我们奋进新时代、走好新征程指明了前进方向、提供了根本遵循。

全区各级党组织和广大党员要进一步提高政治站位，增强政治自觉，切实把思想和行动统一到习近平总书记重要讲话精神上来，扎实有效推进各项工作，为江苏“争当表率、争做示范、走在前列”展现更大作为，为常州打造“国际化智造名城、长三角中轴枢纽”贡献更多力量。

（一）更加自觉落实“两个确立”、做到“两个维护”，不断提高政治判断力、政治领悟力、政治执行力。党确立习近平同志党中央的核心、全党的核心地位，确立习近平新时代中国特色社会主义思想的指导地位，是深刻总结党的百年奋斗、党的十八大以来伟大实践得出的最大政治成果、最重要的历史结论。我们要把“两个确立”作为学习六中全会精神最深刻的政治领悟、政治信念，把“两个维护”作为贯彻六中全会精神最坚定的政治立场、政治忠诚，看任何问题、作任何决策、抓任何工作都要向总书记看齐、听党中央指挥，尤其是对总书记亲自谋划和推动的“一带一路”建设、长江经济带发展、长三角一体化发展等，找准切入点和突破口，不折不扣抓好创造性贯彻落实，确保习近平总书记重要讲话重要指示批示精神在天宁落地生根、开花结果。

（二）更加自觉用习近平新时代中国特色社会主义思想武装头脑、指导实践，切实增强推动现代化建设的能力水平。习近平新时代中国特色社会主义思想是当代中国马克思主义、二十一世纪马克思主义，是中华文化和中国精神的时代精华。我们必须自觉做习近平新时代中国特色社会主义思想的坚定信仰者和忠实实践者，以现代化的理念、标准、思路谋划推进所有工作。各级领导干部是事业发展的中坚力量，要自觉对标习近平总书记强调的“八种本领”“七种能力”，有针对性地拉长本领上的短板、弥补经验上的欠缺、克服专业上的不足，锻造与岗位职责相匹配、与现代化建设需要相适应的“铁肩膀”，努力打造创新创造的活力天宁、善作善成的实干天宁、雷厉风行的速度天宁、追求卓越的质量天宁、风清气正的廉洁天宁。

（三）更加自觉扛起“争当表率、争做示范、走在前列”光荣使命，奋力谱写“强富美高”现代化建设崭新篇章。无论是“强富美高”新江苏，还是“争当表率、争做示范、走在前列”光荣使命，都承载着习近平总书记和党中央对江苏的充分信任、巨大关怀和殷切期望。地处苏南发达板块，天宁有基础、有底气、更有责任扛起光荣使命，率先实现社会主义现代化。必须始终牢记总书记的殷殷嘱托，牢牢把握发展这个第一要务，坚持以经济建设为中心，完整、准确、全面贯彻新发展理念，更加坚决彻底地转方式、调结构、增动能，实现更高质量、更有效率、更加公平、更可持续、更为安全的发展。准确把握实现高水平自立自强这一本质特征，坚定不移深化改革扩大开放，主动融入国内、国际两个循环，打造更有竞争力的产业链供应链。准确把握社会主义现代化的深刻内涵，积极推进制度机制创新，形成更多可复制可推广的经验样板，创造走在全市、全省、乃至全国前列的过硬成果。

二、认真总结回顾今年以来的工作，更加坚定开启新征程的信心和决心

2021年是极不平凡的一年。面对复杂多变的外部环境和艰巨繁重的改革发展稳定任务，区委常委会始终以习近平新时代中国特色社会主义思想为指导，坚决贯彻落实中央和省委、市委决策部署，持续巩固拓展高水平全面小康成果，办成了许多打基础、化风险、理思路、创品牌、增信心的大事要事，“十四五”发展实现良好开局，现代化建设全面起势。

回望过去的一年，让我们倍感振奋的是，全国两会闭幕不久，李克强总理首次地方视察就选择了江苏，来到了天宁，肯定天宁社区服务业发展，对天宁发展寄予殷切期望，为我们注入了强大信心、增添了澎湃动力。让我们倍感自豪的是，全区上下隆重庆祝中国共产党成立100周年，创新举办“初心映山红，同庆一百年”“初心永不变·‘河’你在一起”“‘杏’会初心‘鱼’见丰北”等初心系列活动，党的盛典成为人民的节日，广大党员干部群众爱党、爱国、爱社会主义的热情空前高涨。让我们倍感骄傲的是，老工业基地调整改造连续两年获国务院办公厅真抓实干督查激励，入围全国唯一的城乡融合发展改革试点、全省唯一的两业深度融合发展试点地区，“勇争一流、耻为二手”成为全区上下的自觉追求。让我们倍感温暖的是，11月2日突发外地关联病例疫情后，全区上下闻令而动、尽锐出战，抢抓“黄金24小时”处置期，党员干部星夜集结、一线报到，医护人员白衣执甲、逆行出征，人民群众守望相助、共克时艰，用最短时间、最低成本，果断、干净彻底地打赢了疫情防控歼灭战，交出了一份彰显天宁速度、体现天宁力量、洋溢天宁温度的高分答卷。让我们倍感憧憬的是，区第十一次党代会选举产生了新一届区委、区纪委领导班子，总结凝练了“志存高远、务实笃行”的天宁精神特质，科学谋划了未来五年的发展思路，随着“3511”发展战略的全面确立，“长三角三新经济高地、现代化城乡治理样板”实施意见的正式出台，一幅具有鲜明天宁特色的现代化图景正变得愈发清晰可触。

一年来，区委常委会主要抓了以下八个方面工作：

一是抓示范强带动，党史学习教育走深走实。紧扣“学党史、悟思想、办实事、开新局”总要求，坚持“学史明理、学史增信、学史崇德、学史力行”，围绕“六专题一实践”，创新运用“清单工作法”，推动党史学习教育迅速升温、全面铺开。区委常委会先学一步、学深一层，带头开展集中学习、交流研讨，从百年党史中感悟思想伟力，从百年奋斗中汲取前行力量，做到知其然、知其所以然、知其所以必然。全区各级党组织累计开展理论中心组学习522次、领导干部读书班55次、各类基层宣讲1100余场，专题组织生活会实现全覆盖。注重用好瞿秋白出生地、张太雷纪念馆、恽代英故居、常州“红馆”等阵地资源，开设“红色青果”网络电台，推出100个“行走中的党史讲堂”，“花开有声·艺心向党”艺术党课得到央视新闻点赞，“重走陕南”党史微课线上播放量突破30万次，处处有课堂、时时被熏陶、人人受教育的氛围日益浓厚。一体推进“两在两同”建新功行动和“我为群众办实事”实践活动，40个重点民生项目、269件惠民实事高标兑现，得到中央和省委、市委巡回指导组充分肯定。

二是抓项目促投资，经济运行稳中加固。坚持把发展作为解决一切问题的基础和关键，坚定不移贯彻新发展理念，推动高质量发展，综合实力显著提升。预计，全年完成地区生产总值865亿元，增长6.5%；一般公共预算收入65.4亿元，增长6.5%；全社会固定资产投资增长10%；社会消费品零售总额增长15%；规上工业总产值增长17%；规上服务业营业收入增长43%。重大项

目攻坚突破，建立“一个项目、一个挂钩领导、一个责任部门、一个工作专班、一个实施方案、一管到底”的“六个一”工作模式，2个省重大项目主体封顶，新增入库市重大项目7个，四药综合制剂、一数触控组件等45个项目建成投运，130个重点项目完成投资270亿元，年度投资完成率全市领先。载体建设全面提速，中交智荟港、5G科创中心开工建设，检验检测三期、通信设备研发生产基地加快推进，秋广场、云制造先导中心、汽车智能零部件产业园竣工交付，全年新增优质载体90万平方米。

三是抓创新添动能，产业能级明显提升。牢固树立“产业强区”鲜明导向，促转型、调结构、优布局，创新成为当下发展的主旋律。三新经济聚合裂变，新建5G基站692个，航天云网、海尔卡奥斯两大工业互联网国家级双跨平台齐聚天宁，国创未来、华火电竞等一批行业标杆企业成功落户，全年三新经济领域新增企业106家，纳税销售突破500亿元。传统产业加速转型，创成省级新型工业化产业示范基地、大众创业万众创新示范基地，完成企业星级上云67家、两化融合贯标66家、智能化改造110家，新增规模以上企业282家，华利达标识解析二级节点上线运行，华立液压润滑设备有限公司、纺兴精密机械有限公司等11家企业获评国家、省级专精特新“小巨人”企业，汉韦聚合物有限公司、视博云信息技术有限公司入围全省潜在“独角兽”企业。创新活力充分释放，发布全市首支百亿元规模的科创投资基金，武进不锈省产研院联合创新中心挂牌成立，香港主板上市公司卡姆丹克总部落户开业，培育上市后备企业24家、省级企业研发机构7家、高新技术企业82家，高新技术产业产值占比突破40%。人才引育成效明显，新增省“双创计划”项目4个、市“龙城英才计划”项目36个，引进高层次人才295名，新建改建人才公寓超4000套。

四是抓改革优机制，发展活力加速释放。聚焦关键领域、重点环节，敢闯敢试、先行先试，一批体制性障碍、机制性梗阻得到有效解决。招商引资体制机制调整到位，形成“区级统筹、属地负责、部门协同”的全新架构，全年签约优质项目142个，总投资近400亿元，其中50亿元以上项目1个、30亿元以上项目1个、10亿元以上项目7个。区域一体化发展破题推进，锡常协同发展先行区启动建设，高新区核心区道路、管网等基础设施和高企数据中心全面开工，查家湾片区生态产品价值实现案例得到省自然资源厅高度认可。营商环境不断优化，区级政务服务不见面审批事项占比达98%，镇（街道）为民服务中心“全科＋专窗”服务实现全覆盖，创新实践“企业开办”一件事跨市通办，平均用时压缩至0.5个工作日。积极对接“一带一路”，全年完成进出口总额210亿元，实际到账外资2.3亿美元，创成省级跨境电子商务产业园，累计集聚优质企业40家，实现营收超20亿元。

五是抓规划优建管，城乡格局优化重塑。充分发挥国土空间规划在城市更新过程中的引领作用，强化片区综合开发，统筹布局生产、生活、生态空间。城市更新蹄疾步稳，主动顺应群众期盼，有序推进北环片区、东青集镇旧城改造，全年完成征收拆迁100万平方米。丽华一村、五角场西村等33个老旧小区重装焕新，改造数量、面积居全市第一，累计争取各级资金8.2亿元，惠及居民2.4万户。乡村振兴亮点纷呈，全市首部古镇保护条例《常州市焦溪古镇保护条例》生效实施，南街、南下塘再现江南水乡古典风貌；季子文化展示中心建成开放，丰北村市级美丽乡村盛大开园；新增省级农业龙头企业2家、绿色优质农产品18个。美丽天宁可感可触，坚持重规划、讲程序、小投入、大提升，建成精品道路7条，环岛路、龙游河盛装亮相，竹林路、翠竹公园华丽蝶变，社会文明测评指数稳居全市前列，创成国家节水型社会达标区。污染防治常抓不懈，出清提升“危污乱散低”企业238家，新沟河、北塘河省考断面稳定保持优于Ⅲ类水质，$PM_{2.5}$浓度下降至32.9微克/立方米，空气优良天数比率达到76.4%。

六是抓保障惠民生，百姓福祉持续增进。统筹抓好底线民生、基本民生和质量民生，有效扩大多领域、多层次公共服务供给，群众获得感、幸福感、安全感不断提升。人民生活水平明显改善，全年新增城镇就业1.9万人、参保对象9800人，扶持创业2900人，城镇居民人均可支配收入达67785元。公共服务内涵全面提升，东青幼儿园、北环路小学等5所学校交付使用，新增学位4380个，创成省级“义务教育优质均衡发展区”“学前教育普及普惠区”。儿童医院迁址新建加快推进，红梅卫生中心主体完工，三河口卫生院完成改造提升，基层卫生服务能力和队伍建设获省政府办公厅通报表彰；新增护理型床位120张，养老机构护理型床位占比超80%，建成普惠托育机构4家，“暖心家园”项目获评全国示范。社会治理成效更加显著，圆满完成庆祝建党100周年等重大活动安保维稳任务，扫黑除恶专项斗争、政法队伍教育整顿见行见效，生产安全、食品药品安全、互联网金融等各领域风险总体可控。

七是抓基层树品牌，党的建设全面加强。紧紧围绕新时代党的建设总要求，统筹推进党的各方面建设，全面从严治党不断向纵深拓展。健全常委会常态化政治学习机制，第一时间学习贯彻习近平总书记最新重要讲话和指示批示精神，做到思想上学深学透、行动上紧跟紧随、工作上落细落实。牢牢把握意识形态工作领导权主动权，主流媒体宣传持续壮大。基层党建“筑基·凝心·领航”行动圆满收官，“一河、两路、三圈”党建格局全面拉开，常州华利达服装集团有限公司“平凡人”党建特色做法获评全国最佳实践，富强新村“三强三富”等基层首创经验做法多次亮相中央媒体，“宁聚力”品牌知名度、影响力不断扩大。圆满完成区、镇、村（社区）三级集中换届，选优配强板块党政正职和部门“一把手”，一大批年轻干部充实到镇（街道）领导班子，换届纪律知晓率和风气测评满意率均实现100%。正风肃纪纵深推进，高标准完成省委涉粮、危化品专项巡视整改，群众身边的腐败和作风问题整治成效明显，原创廉洁文化宣传片获中央纪委国家监委网站录用刊播，区委巡察工作得到省委巡视办充分肯定。

八是抓统筹重协作，发展合力充分凝聚。区委充分发挥总揽全局、协调各方作用，把方向、谋大局、定政策、促改革，切实把党的领导落实到各领域各方面各环节。区人大及其常委会认真开展法律监督和工作监督，围绕产业发展、城乡建设、社会民生等重点领域提出了大量富有成效的意见建议。区政府扎实做好“六稳”“六保”工作，年初确定的各项目标任务全面完成。区政协坚持建言资政和凝聚共识双向发力，“有事好商量”协商议事品牌深入人心。大统战格局不断完善，新时代“两个健康”先行区建设扎实推进。党管武装坚强有力，军政、军民团结持续巩固。工青妇等群团组织优势充分彰显，法检、审计、档案、老干部、机要保密、退役军人事务等工作均取得新的积极进展，全区上下心齐气顺、风正劲足的良好局面持续拓展。

收获来之不易，奋斗饱含艰辛。在此，我谨代表区委常委会，向全区广大党员和干部群众，向所有积极参与、关心支持天宁发展的各界人士，表示衷心的感谢和崇高的敬意！

在肯定成绩的同时，我们也清醒地认识到发展中存在的问题和不足，主要表现在：三新经济的竞争力还不强，传统产业智能化改造、数字化转型步伐有待提速；公共服务供给水平与群众期盼仍有差距，城市功能品质还有较大提升空间；安全生产、环境保护、社会稳定等领域风险隐患不容忽视，区域治理体系和治理能力现代化建设任重道远。对这些问题，我们必须采取有效措施，切实加以解决。

三、主动扛起“争当表率、争做示范、走在前列”光荣使命，全力以赴抓好明年各项重点工作

面向“十四五”，我们明确了“长三角三新经济高地、现代化城乡治理样板”的发展定位，这是天宁最鲜明的发展特质和最生动的城市画像。区第十一次党代会谋划实施“3511”发展战略，聚焦数字驱动、创新驱动、消费驱动，实施空间治理、生态治理、文化治理、民生治理、社会治理，坚定不移全面深化改革，持之以恒优化营商环境。这是区委系统研究、通盘考虑的重大发展战略，是天宁探索社会主义现代化建设的具体实践，必须长期坚持、一以贯之。

2022年是党的二十大召开之年，是省市区党代会精神贯彻之年，也是天宁乘势而上赢得新一轮发展机遇、为率先实现现代化打下坚实基础的关键之年。当前世纪疫情持续冲击，百年变局加速演进，“东升西降”“中升美降”态势不可逆转，我国发展仍处于重要战略机遇期，但机遇和挑战都有新的变化。中央经济工作会议精辟概括了需求收缩、供给冲击、预期转弱三种压力，省委经济工作会议也指出江苏发展面临外需收缩、成本和价格上扬、结构性短缺三大影响。虽然挑战具有复杂性、全局性，但机遇更具有战略性、可塑性，危机并存、危中有机、危可转机。全区上下要深刻认识和把握“变化变局”中蕴含的发展机遇，准确识变、科学应变、主动求变，以高度的战略定力办好自己的事，把工作的着力点放在更加主动的系统谋划上、放在更加积极的对接跟进上、放在创造性贯彻落实上级的决策部署上，扎实做好事关改革发展稳定的各项工作，在应对各种变化变局中走好现代化之路。

明年工作的总体要求是：坚持以习近平新时代中国特色社会主义思想为指导，全面贯彻党的十九大和十九届历次全会以及中央经济工作会议精神，深入落实省、市党代会精神，大力弘扬伟大建党精神，坚决扛起“争当表率、争做示范、走在前列”光荣使命，坚持稳中求进工作总基调，完整、准确、全面贯彻新发展理念，全面深化改革开放，坚持创新驱动发展，统筹疫情防控和经济社会发展，统筹发展和安全，扎实抓好“六稳”“六保”工作，聚焦打造“长三角三新经济高地、现代化城乡治理样板”，全面推进“3511”战略，在提升发展能级、

推动共同富裕中展现更大作为，奋力走在社会主义现代化建设前列，以优异成绩迎接党的二十大胜利召开。

明年经济社会发展的主要预期目标是：地区生产总值增长 6.5%；一般公共预算收入增长 6%；社会消费品零售总额增长 7%；进出口总额稳中提质，实际使用外资增长 10%；居民人均可支配收入增长 6.5%；生产安全事故起数和死亡人数持续下降；主要污染物减排，单位 GDP 能耗下降，大气、水环境质量完成市下达任务。

做好明年工作，要重点抓好以下六个方面：

（一）坚定不移推进产业强区，建强高层次产业集群

全面推动产业迭代升级，推动资源要素精准供给，加快建设以先进制造业为支柱、三新经济为先导、现代服务业为支撑、数字经济为优势，具有硬核实力的现代产业体系。

1. 重大项目再攻坚。强化项目招引，坚持大招商、招大商，突出以商引商、委托招商，既招引旗舰型、基地型项目，又引进小而强、小而优的潜力型、科技型项目，全年招引总投资 10 亿元或 1 亿美元项目 5 个以上，30 亿元或 3 亿美元项目实现再突破。深化项目研判，明确权利义务、把握投资节奏，定期开展“回头看”，全面提升项目履约率。狠抓项目建设，落实区领导挂钩联系和板块部门协同推进机制，综合运用全程代办、并联审批、容缺预审等工作方式，全面提速东方侏罗纪、武进不锈高端合金等 151 个重点项目建设，确保新建项目开工率、续建项目竣工率和重点项目投资完成率均达 100%。

2. 重点片区再突破。未来智慧城瞄准“三新”定位，用好用足云制造先导中心、汽车智能零部件产业园等优质载体，持续深耕检验检测认证、工业互联网、网络视听游戏等新兴产业集群，打造具有展示度的三新经济核心区。凤凰新城依托“三带三园”，重点发展生物医药、纺织服装、现代物流等支柱产业，建设具有鲜明辨识度的产城融合示范区，确保“十年成城”完美收官。郑陆片区以省级高新区创建为突破口，高起点建设 10 平方公里核心区，加快导入北上广深外溢资源，布局一批省级以上科技平台和特色专题园区，全力打造锡常融合发展示范区。中心城区统筹抓好商业体系布局，有效盘活存量楼宇资源，大力发展总部办公、金融商务、文化创意等城市业态，打造一批各具特色的都市经济集聚区。

3. 实体经济再提效。没有落后的产业，只有落后的企业。要坚持把实体经济作为天宁发展的看家本领，不断做强产业链条、做大产业集群、做优产业生态。推动智造赋能，实施“两化深度融合”工程，紧扣研发设计、生产管控、制造服务等关键环节，加大技改投入、提速“智改数转”，打造一批以“工业互联网标杆工厂”为引领，“智能车间”“智能工厂”为主体的新智造群体。突出链式发展，着力壮大生物医药、纺织服装、装备制造等传统优势产业，推动更多企业“上规入库”。一企一策支持头部企业突破关键技术、研发拳头产品，培育 10 家以上具有市场竞争力的龙头企业和一批专精特新“小巨人”企业。优化要素配置，加大低效用地腾退和存量用地盘活力度，推动土地、资金、技术等生产要素向优质企业倾斜，为实体经济稳定发展保驾护航。

4. 数字经济再发力。数字经济具有高创新性、强渗透性、广覆盖性，是稳定增长的重要推动力。要突出市场导向、项目引领、产业集聚，在数字蓝海中增创发展新优势。抢占数字产业化制高点，启动常州数字经济集聚区一期建设，超前布局云计算、人工智能、北斗导航等前沿产业，加快发展工业设计、新型显示、封装测试等高端产业，形成具有区域竞争力的数字产业集群。把握产业数字化大趋势，以价值释放为核心，以数据赋能为主线，深入推进工业互联网创新工程和“5G+ 工业互联网”融合发展工程，培育壮大一批智能化改造专业服务商，加快推动数字经济与实体经济深度融合。构建数字治理新生态，提速 5G 基站、数据中心等新型基础设施建设，布局更为丰富的智能感知系统，构建需求精准响应、服务均衡普惠的数字生活图景，让新基建成为天宁数字化转型的动力引擎。

（二）坚定不移推进创新引领，集聚高质量发展动能

坚持科技创新在现代化建设全局中的核心地位，加快推动产业链、创新链、要素链和人才链深度融合，切实把科技创新的“关键变量”转化为高质量发展的“最大增量”。

1. 壮大创新主体矩阵。鼓励企业自主创新，引导企业加大研发投入，支持亚玛顿、武进不锈等行业领军企业承担关键核心技术攻关项目，高水平建设一批企业研究院、重点实验室，推动规模以上工业企业研发机构全覆盖。大力实施高新技术企业和创新型企业双倍增计划，培育更多制造业单项冠军产品、“独角兽”和瞪羚企业。深化创新平台建设，紧密对接高等院校和大院大所，推动省产研院常州创新服务中心实体化运作，积极争取更多新型研发机构落户天宁。把准资本市场脉搏，加快诚丰新材、创志科技等优质企业上市步伐，全年新增主板

上市企业1家、培育“双百”在库后备企业30家。

2. 引育高精尖缺人才。完善系统化引才策略，深入实施“才富天宁”计划升级版，重点瞄准科学家、企业家、技能人才、青年人才“四支队伍”开展柔性引才、曲线引才，全年引进顶尖人才（团队）1个、高层次人才300人以上。办好多层次聚才活动，提升工博会、检验检测认证峰会等专业展会影响力，整合各类行业协会资源，常态化举办项目路演、人才对接、交流互动，加强产业工人队伍建设，实现“以产聚才、以才兴产”。营造全方位留才环境，加快“两区两线多点”人才公寓建设，满足人才住房安居、子女入学、医疗保障等各方面需求，不断提升环境友好度和服务热力值，形成“首站天宁、首选天宁”的黏性生态。

3. 营造一流双创环境。强化政策支撑，不折不扣落实好各级减税降费政策，研究制定更多“合身”“解渴”“有感”的政策措施，定期开展执行评估和调整优化，不断提高政策撬动的精准度、实效性。深化金融赋能，发挥科创基金牵引作用，集聚更多股权投资、创业投资等私募基金，不断健全企业全生命周期服务。突出成果保护，加快知识产权强省示范区建设，全面提升知识产权创造、运用、保护、管理和服务水平；坚持质量第一、以质取胜，加强质量督察，争创更多省长、市长质量奖。培育创新文化，大力营造尊重人才、鼓励创新、宽容失败的良好氛围，让创新智慧充分释放、创新活力充分涌流。

（三）坚定不移推进城乡融合，建设高能级花园城市

大力实施新型城镇化和乡村振兴战略，统筹推进城乡规划、基础设施、功能配套、资源要素全面融合，打造“都市里的村庄”和“拥有田野的都市”。

1. 统筹城乡空间布局。突出规划引领，结合新一轮国土空间规划编制，全面推进空间资源碎片化整理，通过试点城市空间复合利用，加快推动企业上楼，有效缓解供需矛盾。强化片区开发，加速东青张家头、火车站北广场等重点地块征收清结，有序推进福利院西侧、前浪浜东侧等经营性地块挂牌出让。畅通资源流动，高起点建设国家城乡融合改革试验区，推进规划、产业、资源、生活、治理双向流动，让农民和市民不再有明显身份界限、城乡生活不再有明显品质落差。

2. 构建立体交通网络。增加路网密度，围绕跨江中轴、东部高速等重大工程，启动实施青洋路高架北延，加快建设大明路、天宁大道等“六纵三横”主干道路，实现与无锡江阴、常州经开区的15分钟快速直联。提升通行效能，完成中吴大道大修和工业大道东延，打通柳墅路、采菱支路等城市“断头路”，开展既有农村公路提档升级改造专项行动，有效畅通城市毛细血管。优化物流体系，依托新运河、新沟河等骨干航道，谋划布局一批港口码头，加快万都金属智慧物流园等集散基地建设，有效集聚更多物流、人流、商流，打造与制造业发展相匹配的现代物流枢纽。

3. 提升城市功能品质。加快城市更新，实施“水韵绿城”提升工程，开展易淹易涝片区整治，完成清凉新村、翠竹新村等26个老旧小区提升改造，既有住宅加装电梯40台以上。提速“大板房”易地置换房建设，确保红庙头、董头村二期年内竣工交付。焕新城市风貌，扎实推进博爱路、红梅南路等7条精品道路建设，匠心布局街景小品、口袋公园，让城市拥有可聆听的故事、可感知的温度、可安放的生活。打造智慧城市，充分运用大数据、物联网、云计算等手段，开发集实时监控、智能感知、精准调度、快速处置等多种功能于一体的“城市大脑”，全面有效掌握城市运行状况。

4. 推动乡村全面振兴。深化焦溪古镇历史文化价值研究，启动西街西河头、北新街风貌提升，加快遗产区水系沟通，推进溪南草堂、是家大院等重点院落保护修缮，力争顺利进入联合申遗预备名单。推动寺墩考古成果展陈，适时启动遗址博物馆建设。优化现代农业布局，启动未来农场、观光工厂等一批重点项目建设，打造以优质品种为核心、以国家地理标志为依托、以农业科技为主导、以休闲旅游为方向的现代农业产业示范园区。实施乡村建设行动，深入开展新一轮农村人居环境整治提升，稳步推进舜山小镇、黄天荡片区综合开发，因地制宜建设一批借水铸魂、依山塑形、傍田生景的现代化宜居农房，打造联袂成片的全域美丽乡村。

5. 塑造爆点文旅项目。加快青果巷历史文化街区二期开街、前后北岸街区业态重塑、恽代英故居片区破圈融合，活化利用近园、龙城书院等文脉资源，打造“古今辉映”的文旅消费集聚区。深化火车站片区整体策划，建设全国领先的TOD综合体，打造“站产城融合”的城市活力芯。提速环球恐龙城东方侏罗纪、华润万象城等重点项目建设，打造辐射长三角的文旅休闲目的地。高水平举办大运河凤凰岛半程马拉松赛，一体推进住宿、餐饮、集散中心等配套设施建设，创成省级全域旅游示范区。

（四）坚定不移推进绿色发展，擦亮高颜值生态底色

自觉践行“两山”理念，矢志不渝走生态优先、绿色发展道路，积极创建省级生态文明示范区，努力打造美丽常州“天宁样板”。

1. 坚持绿色发展理念。编制全区碳达峰行动方案，坚持降碳、减污、增绿协同推进，严格控制“两高”项目盲目发展，深入推进“危污乱散低”出清提升，完成18家企业清洁原料替代。发展绿色能源，积极推进屋顶分布式光伏试点，推广建设区域综合能源站，实现电力、燃气、蒸汽等多种能源集约管理、互补互济。推广生态交易，创新生态价值核算方法，搭建生态产品交易平台，切实打开绿水青山向金山银山的转换通道。

2. 巩固污染防治成果。准确把握治标和治本、当前和长远，牢牢守住环境质量只能更好、不能变坏的底线。强化精准治气，积极开展$PM_{2.5}$与臭氧协同控制，抓好重污染天气应对，落实降尘考核办法，确保全年空气质量优良率不低于77%。深化源头治水，全面落实“河长制”，实施雕庄河、龙溪河等7条河道水环境综合整治，推动城乡污水处理全面接管、全面治理、全面达标。坚持动态治土，开展重点行业土壤污染状况调查，加快东方化工、冠今化工等地块土壤修复，年内建成一批危废、固废处置项目，迎接新一轮中央和省环保督查“大考”。

3. 打造生态文明示范。深化全域整治，聚焦“拆违、消危、畅行、增绿、保洁、清水、扮靓、补缺”八大核心任务，抓好店招店牌、车辆停放、背街里弄、道路设施以及乱搭建、乱堆放、乱张贴问题整治，实现高品质硬件与精细化管理有机融合。建好生态绿城，加快菱溪公园、蔷薇公园等5处公园绿地建设提升，一体打造沿河、沿路、沿生态圈绿化廊道，让更多居民推窗见绿、出门入园。争创零碳城区，引导全社会自觉践行简约适度、节能低碳的生活方式，年内创成省级垃圾分类达标小区64个以上。

（五）坚定不移推进共同富裕，创造高品质幸福生活

坚持在发展中保障和改善民生，积极有为、久久为功办实事、解难事，让高质量发展成果更多、更公平地惠及天宁人民。

1. 筑牢基本保障底线。坚持把就业作为民生之本，拓展高校毕业生、退役军人等重点群体就业渠道，实施职业技能提升工程，全年新增城镇就业1.3万人，扶持创业2000人，带动就业5000人。深化全民参保，年内净增参保4000人。完善分层分类的社会救助体系，统筹做好社会福利、慈善事业、优抚安置等工作，落实返贫监测和动态帮扶机制，不断提升普惠性、兜底性社会保障水平。

2. 优化公共服务供给。建设现代化教育强区，加快舜新幼儿园、清凉小学等13所学校建设，确保红梅小学、正衡中学等6所学校交付投用，全年新增学位4770个，创成国家义务教育优质均衡发展区、学前教育普及普惠区。打造高水平健康天宁，推进常州二院易地搬迁和区级公共卫生应急中心建设，完成市儿童医院主体工程。积极应对人口老龄化，完善多层次养老服务体系，创新0～3岁婴幼儿照护模式，努力打造全国“一老一小”服务示范样板，让老年人有幸福的晚年、年轻人有可预期的未来。创造便捷化舒适生活，健全菜市场、停车场等便民服务设施，打造一批城乡社区服务综合体，全面建成15分钟生活圈。

3. 提升社会善治水平。把党的二十大安保维稳作为重中之重，一体推进法治天宁、法治政府、法治社会建设，持续优化“大数据+网格化+铁脚板”工作机制，加快城乡社区可持续营造，建强社区工作者、基层网格员两支队伍，完善矛盾纠纷多元预防调处化解机制。涵养文明气质，传承弘扬历史文化基因，完善公共文化服务体系，全面创建典范性文明城区。统筹发展和安全，加快构建覆盖全域的公共安全体系，慎终如始抓好疫情防控各项工作，广泛开展爱国卫生运动，加强新冠疫苗接种，做到“平转急”快速精准、“急转平”科学有序、“常态化”灵敏有效；深入推进安全生产专项整治，严格落实“五个责任”，坚决遏制较大事故发生；从严抓好食品药品监管，着力防范房地产、非法金融、地方政府债务等领域风险隐患，不断提升社会治理现代化水平。

（六）坚定不移推进深化改革，打造高水准开放样板

牢牢把握改革开放的前进方向，建立完善有利于高质量发展的体制机制，有效集聚发展资源、激活发展动力、打开发展空间。

1. 推进更深层次改革攻坚。积极争取改革试点，围绕中央和省市的新规划、新部署，率先提出概念、率先形成方案、率先实施见效。加快查家湾片区综合改革，聚焦低效用地整治、“五优”农居建设、强村富民机制、乡村社会治理等关键环节，勇于实践、大胆探索，形成更多制度性成果。优化开发区管理体制机制，集中力量、集聚资源、集成政策，全力争创国家级经济技术开发区。加快国有平台市场化转型，推动国有资本进一步向重点行业、关键领域和优势企业集聚，实现安全健康高质量发展。

2. 推动更高水平对外开放。拓展“朋友圈”，全方位融入长三角一体化，主动拥抱上海大都市圈，积极探索与周边地区的多栖合作，当好苏锡常融合发展的东部桥头堡。加快“引进来”，健全政策体系，开辟绿色通道，依托中欧、中日等对外合作园区，大力招引跨国公司地区总部和功能性机构。鼓励“走出去”，引导企业开拓“一带一路”市场，扩大对外投资、参与境外并购、发展跨境电商，全年进出口总额突破 220 亿元。

3. 对标一流优化营商环境。深化“证照分离”“一件事”改革，推动政务服务“一网通办、一窗通办、一次办好”。全面落实“首违不罚”，做优“宁企宝”服务平台，实现惠企政策免申即享、精准直达。深化新时代“两个健康”先行区建设，巩固拓展亲清政商关系，真心诚意帮助企业消除痛点、打通堵点、解决难点，全面打响“畅通办·宁好办”服务品牌。

四、驰而不息推进全面从严治党，为奋力走在社会主义现代化建设前列提供坚强政治保证

开创现代化建设新局面，必须始终坚持党的全面领导。要深入贯彻新时代党的建设总要求，大力弘扬伟大建党精神，以永远在路上的坚韧和执着，推动全面从严治党不断向纵深拓展。

（一）突出思想引领，赓续建党精神，铸牢绝对忠诚的政治品格。坚持不懈用习近平新时代中国特色社会主义思想武装头脑，深化拓展党史学习教育成果，躬身践行“两个确立”，不断提高政治判断力、政治领悟力、政治执行力，真正将“四个意识”“四个自信”“两个维护”注入灵魂、化为行动。严格遵守党的政治纪律和政治规矩，更加自觉地从政治上分析解决问题、谋划推进工作。全面落实意识形态工作责任制，强化正面宣传引导，不断巩固全区人民共同奋斗的思想基础。

（二）突出能力提升，精准选育管用，锤炼素质过硬的干部队伍。着眼新征程新使命，全面开展“干部队伍能力提升年”活动，打造堪当现代化建设重任的干部铁军。扎实做好换届“后半篇文章”，及时跟进、动态掌握各级班子运行质态、新任干部履职状态。分类推进一把手“增效”、副职干部“赋能”、年轻干部“铸魂”工程，全面加强思想淬炼、政治历练、实践锻炼、专业训练。坚持“三个区分开来”，完善综合考核评价体系，增强“三项机制”引领力、穿透力，真正树起“有为才有位、有位更须有为”的鲜明导向。

（三）突出基层基础，发挥组织优势，打造坚强有力的战斗堡垒。树立大抓基层的鲜明导向，深化各领域党组织标准化规范化建设。持续拓展“宁聚力”品牌内涵，实施村（社区）党群服务中心“点亮工程”，深化“两单一响应”实践探索，切实把党的政治优势、组织优势转化为基层治理效能。提升市“两新”组织红领学院运行质效，推动“两个覆盖”持续向新兴地带进军、向基层网格延伸。扎实推进“两在两同”建新功行动，有效激活基层党组织战斗堡垒和党员先锋模范作用，让党旗在发展最前沿高高飘扬。

（四）突出实干担当，点燃奋斗激情，激发干事创业的昂扬斗志。始终把抓落实作为一项严肃的政治纪律，推动天宁前进的每一步都更快、更稳、更扎实。倡导“案无积卷、事不过夜”的优良作风，对看准的事情、定下的工作，快执行、快落地、快见效，最大限度提高工作效率、争取发展主动。昂扬“勇争第一、敢创唯一”的奋斗激情，增强政治敏锐性、工作创造性，强化机遇意识、拼抢精神，全力以赴争政策、争项目、争资金、争试点，答好“无问之解”，办成“难成之事”，形成更多“首创模式”“首单业务”。

（五）突出正本清源，勇于自我革命，巩固风清气正的政治生态。坚定不移推进党风廉政建设和反腐败斗争，与时俱进深化政治巡察，锲而不舍落实中央八项规定及其实施细则精神，持续整治群众身边的腐败问题和不正之风。聚焦政法、国企、土地等重点领域，紧扣投融资、安全生产、生态环保等关键环节，把监督融入日常、抓在经常，一体推进不敢腐、不能腐、不想腐，有效完善制度保障、筑牢安全屏障。高标准建设党风廉政教育基地，常态化开展警示教育，全面营造风清气正、政通人和的良好氛围。

各位代表、同志们，志存高远，方可勇立潮头；务实笃行，方能行稳致远。让我们更加紧密地团结在以习近平同志为核心的党中央周围，在中央和省委、市委的坚强领导下，埋头苦干、勇毅前行，奋力扛起“争当表率、争做示范、走在前列”光荣使命，努力建设“长三角三新经济高地、现代化城乡治理样板”，为推动社会主义现代化建设走在前列做出新的更大贡献！

政府工作报告（摘要）

——在常州市天宁区第十七届人民代表大会第一次会议上

区长　张凯奇

（2022 年 1 月 5 日）

共同奋斗　铸就精彩

区十六届人大一次会议以来的五年，是极不寻常、极不平凡的五年，面对错综复杂的宏观形势和前所未有的风险挑战，在市委、市政府和区委的正确领导下，在区人大、区政协的监督支持下，全区上下坚持以习近平新时代中国特色社会主义思想为指导，积极践行新发展理念，聚焦聚力高质量发展，解放思想、攻坚克难、共同奋斗，较好地完成了区十六届人大历次会议确定的目标任务，高水平全面建成小康社会，“强富美高”品质新天宁的现实模样越来越清晰、越来越精彩。

五年来，我们持之以恒聚焦产业立区，“经济强”的根基更加厚实。地区生产总值跨过两个百亿元关口，预计达 865 亿元，公共预算收入连续迈上 50 亿、60 亿元台阶，高质量发展水平跃居全省第 14 位，全国综合实力百强区从第 93 位跃升至第 73 位。重大项目攻坚突破。扎实开展重大项目攻坚年系列活动，累计招引总投资超 30 亿元项目 5 个，实施重点项目 322 个，完成固定资产投资 1450 亿元；省重大项目实现零突破，市重点项目量质齐升，连续两年获全市单项考核奖励。三新经济成形起势。首创工业互联网“常州模式”，航天云网、海尔卡奥斯两家双跨平台龙头企业落户运营，检验检测认证产业园远近闻名，稳居全国同类园区第一方阵，网络视听游戏、人力资源服务、新一代信息技术等产业园加快发展，累计集聚生态企业超 400 家，闯出了一条以三新经济为特质的产业立区新路。发展质态显著提升。规上企业达 1900 家，税收超亿元企业 11 家，上市挂牌企业 19 家；创成一批省级现代服务业集聚区和生产性服务业集聚区，服务业营业收入突破 3000 亿元，增加值占比稳居全市第一。新获全国制造业单项冠军企业 3 家、省级以上专精特新“小巨人”企业 14 家；武进不锈两次荣获中国工业大奖提名奖，工业企业亩均税收连续两年位居全市第一。创新动能加速释放。新增省级以上创新平台 6 个、中国驰名商标 4 件、国家地理标志证明商标 2 个，高新技术企业数和每万人发明专利拥有量实现翻番；入选省“双创”项目 15 个，“龙城英才计划”项目 123 个，新增高层次人才 1117 名，国电常州、常州四药分获中国专利金奖、银奖。改革开放行稳致远。供给侧结构性改革取得明显成效，政府机构改革高标准完成，国有平台整合壮大，质量、卫生工作创新做法获省政府办公厅真抓实干激励表扬。“放管服”改革持续深化，三级政务服务体系全面建成，“宁企宝”服务打响品牌，累计减免企业税费超 60 亿元。中非、中欧国际合作更加紧密，9 家世界 500 强企业投资入驻，累计实际到账外资突破 10 亿美元、进出口总额超 1000 亿元，开发区全省综合排名从第 38 位提升至第 22 位。

五年来，我们矢志不渝增进民生福祉，“百姓富”的成果更加丰硕。民生领域累计投入财政资金 130 亿元，以年均 13.4% 的速度增长，实施为民办实事项目 154 个，居民人均可支配收入从 44685 元提升至 67785 元。获得感切实增强。新增就业 8.62 万人，支持创业 1.28 万人，将 1.35 万名失地农民纳入社会保障。543 名建档立卡人口顺利脱贫，对口扶贫工作成效明显，“携手奔小康”工作列入国务院扶贫办典型案例。募集慈善基金 1810.6 万元，援助困难职工 1514 户，金秋助学 304 人次，新建

2022 年 1 月 5 日，区十七届人大一次会议在常州市第二十四中学天宁分校召开
（姚建国 摄　区委宣传部 提供）

残疾人之家3个，完成适龄妇女“两癌”筛查14.2万人次，免费接种疫苗134万剂。幸福指数持续攀升。新建改扩建学校39所，增加学位25200个，集团化办学实现高水平全覆盖，学前教育普及普惠发展，义务教育从“基本均衡”迈向“优质均衡”。新建改扩建基层医疗卫生机构9家，区公共卫生服务中心建成投用，创成全市唯一的国家级健康促进区。健康养老“三项融合”经验在全国推广，“暖心家园”项目入围国家级试点。率先探索三岁以下婴幼儿照护服务，获评国家科学育儿项目区。大板房、老旧小区等专项整治推进有力，实施棚户区住房改造14000户，既有住宅加装电梯33台。新增公共停车泊位1万余个，有效缓解了主城区停车难题。精神生活日益丰富。区公共图书馆免费开放，建成秋白书苑2家；寺墩遗址、唐氏民宅入选全国重点文物保护单位；张太雷纪念馆、常州“红馆”成为赓续红色基因的重要基地；区全民健身中心建成开放，国家体科所常州运动康复中心挂牌成立，新增体育公园17个、健身路径2500件，社区天天乐、全民运动会等文体活动丰富开展，获评全国群众体育先进单位，入选江苏省首批体育消费城市试点单位。

五年来，我们坚定不移推动绿色发展，“环境美”的底色更加鲜明。累计实施城建重点工程92项、总投资31亿元，83条道路实现贯通，完成征迁800万平方米，新建商品房、安置房918万平方米，增绿扩绿400公顷，全区园林绿化覆盖率达37%，$PM_{2.5}$平均浓度下降24.6%，优良天数比例提升20.7%。空间格局彰显规划之美。天宁经济开发区东扩融合迈出坚实步伐，18.4平方公里的未来智慧城成形成势；天宁高新技术产业开发区建设破题推进，整体发展格局基本确立；凤凰新城核心区全面建成，向着“十年成城”阔步迈进。老城厢复兴按下“快进键”，36个老旧小区旧貌换新颜。城乡建设厚植融合之美。天宁吾悦、弘阳广场等城市地标拔地而起，青果巷历史文化街区盛大开街。火车站南北广场提档升级，轨道交通1、2号线建成投运，开启常州地铁生活新时代。《常州市焦溪古镇保护条例》正式颁布，南街南下塘再现江南水乡古典风貌，舜山小镇等一批农文旅融合项目加快实施。查家湾、牟家村、丰北村等市级美丽乡村华美绽放，建成美丽宜居乡村51个、省级特色田园乡村2个，看得见山、望得见水的都市后花园精彩呈现。生态环境展现自然之美。践行生态优先、绿色发展之路，铁腕推进污染防治攻坚战，累计整治“危污乱散低”企业238家，关停化工企业65家，完成2宗污染土地治理，单位地区生产总值能耗下降33.5%，新增国家级绿色工厂6家。龙游河经过三年攻坚整治，从“龙须沟”蝶变为城市秀带，青龙潭创成主城区首个国家级水利风景区，新沟河、西河枢纽等112个水利项目相继建成，区域防洪除涝能力显著提升。

五年来，我们与时俱进创新社会治理，“文明程度高”的标识更加凸显。社会主义核心价值观深入人心，法治天宁、法治政府、法治社会建设高水平推进，创成省级法治政府建设示范区，建成全国民主法治示范村（社区）2个、省级法治示范村（社区）58个，获评全国文明单位2个、全国文明村2个。基层基础全面夯实。“九合一”社会治理指挥平台在全市率先运行，城区专职网格员实现全覆盖，网格化治理天宁经验被复制推广。“社区管家”“民情茶座”等治理模式互促共进，智慧安防社区成为全省样板，创成全国社区治理和服务创新实验区。文明友善蔚然成风。文明城市建设常态长效，测评成绩始终位居全市前列，“道德讲堂”成为百姓喜闻乐见的人文课堂，采菱社区入围全国最美“志愿服务社区”，涌现出“全国最美城乡社区工作者”汤亚平、“全国劳动模范”李承霞、“全国爱国拥军模范”朱立凤、“全国最美志愿者”尤辉等一批先进人物，10人获评“中国好人”，103人获评省市好人、道德模范。安全生产筑牢防线。以超常规力度完成安全生产“一年小灶”任务，纵深推进“三年大灶”整治，危化品、道路交通、消防等领域专项整治行动深化开展，安全生产责任体系建立健全，安全生产事故起数和死亡人数大幅下降。社会大局和谐稳定。扫黑除恶专项斗争取得显著成果，政法队伍教育整顿扎实开展。“雪亮工程”加快实施，刑事案件数下降21.1%。“领导包案”化解信访积案298件，人民调解工作获司法部表彰，连续三年荣获全省信访工作先进单位称号。创成国家农产品质量安全区、省级食品安全示范区。

与此同时，统计、审计、民防、双拥、退役军人、人民武装、民族宗教、台侨事务、保密、档案方志、老龄、妇女儿童、残疾人、后勤服务、关心下一代和工会、共青团、妇联、科协、工商联、红十字会等工作都取得了新成绩。5年办理市、区两级人大代表建议和政协委员提案650件，见面率、满意和基本满意率均达100%。

各位代表，刚刚过去的2021年，是伟大的中国共产党成立100周年，也是“十四五”规划的开局之年。站在“两个大局”交织、“两个百年”交汇、“两个五年”交接的关键历史节点，全区上下以起步就是冲刺的状态，主动扛起“争当表率、争做示范、走在前列”的使命担当，咬定目标，迎难而上，创新作为，交出了一份扎实的年度答卷，实现了“十四五”和现代化建设的良好开局。

（一）交出稳中向好的经济答卷。我们积极应对外部复杂形势和疫情冲击，保持定力，砥砺奋进，拼出了逆势上扬的发展曲线。预计全年地区生产总值增长6.5%，全社会固定资产投资增长10%，实现一般公共预算收入65.4亿元，社会消费品零售总额435亿元。全年新增签约落户项目142个，其中，10亿元以上项目7个，3亿元以上项目15个，总投资61亿元的东方侏罗纪项目正式签约，130个省市区重点项目高效推进，完成投资270亿元，占固定资产投资比重达94%。工业互联网、检验检测等三新产业营业收入突破500亿元，增长超20%；新增星级上云企业67家、两化融合贯标企业66家、智能化改造企业110家，创成省级新型工业化产业示范基地；金融服务、人力资源、文化创意等现代服务业集聚发展，开发区入选国家级两业融合发展试点。

（二）交出提质增效的创新答卷。我们着力推动创新发展，厚植创新根基，为高质量发展积蓄强劲动能。召开创新发展大会，以前所未有的力度部署推进科技创新，设立百亿科创基金，助力数字经济、高端制造、文化创意类企业加速发展。加快创新载体建设，高新区核心区道路、管网等基础设施和工业互联网数据中心全面开工，未来智慧城云制造先导中心竣工投用，科创智谷、中交智荟港等项目高效推进，检验检测认证产业园获批建设省级技术标准创新基地。大力实施高企倍增计划，新增高新技术企业82家，全社会研发投入占比增至2.78%，高新技术产业产值增长12.3%。持续深化与省产研院、中科院合肥物质所等大院大所合作，实施产学研项目60个，武进不锈企业联合创新中心成功落地。修订出台产业高质量发展等系列政策，兑现各类创新奖补资金7700万元，新建改建人才公寓超4000套。创成第四批江苏省大众创业、万众创新示范基地。

（三）交出精致秀美的城乡答卷。我们精雕细琢调空间，绣花功夫优管理，城市品味气质愈发凸显，长效管理考评保持全市第一方阵。抢抓新一轮国土空间编制机遇，高质量完成未来智慧城、高新区、凤凰新城等城市专项设计，统筹推进重点片区控规修改，提升城市建设精细化水平。工业大道等50条道路建设提速，启动中吴大道大修，区域发展大动脉进一步加密畅通。强力推进潘前片区、福利院西侧等25个地块征迁，完成15个地块65户清结，火车站南广场加快出新，大板房安置地块开工建设，1200余户居民完成选房。统筹实施33个老旧小区改造，数量面积全市第一，争取专项资金3.1亿元，以县区为单位全省最多。竹林北路等7条精品道路展现“高颜值”，翠竹公园呈现“新姿态”。乡村振兴取得实效，新增省级农业龙头企业2家、绿色优质农产品18个，入选国家级城乡融合发展改革试点。创成国家级节水型社会达标区，查家湾片区生态修复获评全省最美生态修复案例，北塘河青洋桥、新沟河梁庄桥省考断面稳定达标，$PM_{2.5}$平均浓度同比下降8%，优良天数达262天。

（四）交出幸福温暖的民生答卷。我们始终坚持以人民为中心，着力解决群众急难愁盼问题，民生福祉持续增进。扎实开展“我为群众办实事”活动，年初确定的“三优三美”民生实事全面兑现。聚焦高校毕业生、退役军人等重点群体，搭建人才和企业对接平台，提供就业岗位2.5万余个，新增就业1.91万人，社保扩面新增9800人。建立困难群众动态管理机制，发放各类救助资金4646.1万元。舜新幼儿园、未来智慧城学校等一批教育项目启动实施，正衡幼儿园、小学、中学完成建设，青竹幼儿园、北环路小学等5所学校交付使用，新增学位4380个，高标准创成全省义务教育优质均衡发展区和学前教育普及普惠区。红梅街道社区卫生服务中心主体封顶，三河口卫生院建成投用，郑陆镇卫生院创成省级农村区域性医疗卫生中心。改建社区居家养老服务中心3家，完成420户适老化改造，新增护理型床位120张，建成4家婴幼儿普惠托育机构，创成全国示范性老年友好型社区1家，服务保障“一老一小”创新做法被央视等多家媒体宣传报道。

（五）交出和谐安定的治理答卷。我们全面深化依法治理，切实筑牢抵御风险的坚固防线，平安天宁建设再上台阶。基层治理体系逐步健全，“网格+N格”深度融合，“大数据+网格化+铁脚板”治理优势显现，“郑能量”“菱距离”等成为社会治理的闪亮品牌。大力开展“危污乱散低”出清行动，工业企业风险报告实现全覆盖，安全管理可视化试点扩面推进，生产安全责任事故起数和死亡人数分别下降52.9%、55.6%。多措并举化解政府性债务，广泛开展防范非法集资宣传，重拳打击通信网络诈骗，化解信访积案73件。特别是，面对突如其来的省外关联新冠肺炎疫情，全区上下沉着应对、精准施策，抢抓“黄金24小时”处置期，风雨无阻，通宵达旦，连续奋战14个昼夜，有效切断疫情传播链、筑牢防控墙，坚决干净彻底打赢了疫情防控歼灭战！

各位代表，2021年的收官，为本届政府工作画上了圆满句号。事非经过不知难，奋斗成就新精彩。回眸过去的五年，区政府及其组成部门始终坚持党的领导，扎实开展“不忘初心、牢记使命”、党史学习教育等主题活动；始终坚持真抓实干，凝心聚力推动经济社会高质量发展；始终坚持勤政为民，努力为全区人民创造更加美好的生活；始终坚持守正创新，努力把事情做到最好，保持了忠诚、干净、担当的良好形象，公安天宁分局荣膺全国优秀公安局称号，雕庄街道荣获全省“人民满意的公务员集体”称号，区卫健局被评为省级抗击新冠肺炎疫情先进集体等。五年来，有许多历史片段值得回味，有许多精彩瞬间温暖人心。

最令人振奋的是，这五年天宁高质量发展一年更比一年好，主要指标相继迈过多个台阶，综合实力逐年稳步提升，产业立区形成鲜明导向，未来智慧城、凤凰新城、天宁新城和大美郑陆加速蝶变，省级经开区和高新区点燃创新引擎，一批重大项目相继实施，一批优质企业落户集聚，三新经济全面起势发力，老工业基地调整改造连续获得国务院办公厅真抓实干激励表扬，累计荣获国家、省级荣誉近千项。这让我们深深懂得“幸福是奋斗出来的”，必须践行新发展理念，聚焦聚力高质量发展，保持定力，坚定信心，集中精力办好自己的事情，奋力打造长三角三新经济高地。

最令人激动的是，2021 年 3 月 25 日李克强总理到富强新村小区视察，对我们社区服务和“一老一小”工作给予充分肯定，勉励我们“老年人有幸福的晚年、年轻人才有可预期的未来”，这让广大干部群众心潮澎湃、激动不已。这五年，多位国家和省领导到天宁视察指导，多个省内外城区前来参观交流，政务公开、网格化治理、既有住宅加装电梯等一批天宁经验被复制推广。这让我们深深懂得“创新是不竭动力，唯有创新才能赢得未来”，必须弘扬“勇争一流、耻为二手”的常州精神，创新求变，敢为人先，争创更多第一唯一，奋力打造现代化城乡治理样板。

最令人难忘的是，在与新冠肺炎疫情战斗的过程中，全区上下众志成城、共克时艰，同时间赛跑、与病魔较量，天宁的每一个人都在行动，或向险而行，或默默坚守，或慷慨解囊，“天使白、橄榄绿、警察蓝、志愿红”筑起了一道道安全防线，“黄马甲、环卫装、快递服、安全帽”形成了一片片亮丽风景，无数平凡英雄共同绘就了团结抗疫的时代画卷，66.9 万名天宁人民凝聚起了无往不胜的强大力量。这让我们深深懂得“江山就是人民、人民就是江山”，必须坚持以人民为中心，站稳人民立场，团结带领天宁人民共创美好生活。

最令人欣慰的是，我们沉着应对各种压力挑战，迎着困难上、顶着压力干，打赢了防范化解重大风险、精准脱贫、污染防治三大攻坚战；攻克了火车站南广场旧城改造、大板房专项治理、九龙金三角市场关停等难题；办成了自愿退地农民进社保、第十七届中国杜鹃花展等大事，把一个又一个“不可能”变成了“一定能”，以机关干部的“辛苦指数”换得了广大群众的“幸福指数”。这让我们深深懂得“明知征途有艰险，越是艰险越向前”，必须发扬斗争精神、攻坚精神，铁肩担当、主动作为，才能在有限空间里拓展无限可能、在激烈竞争中实现弯道超越。

各位代表，五年勤勉奋斗，换得春华秋实，成绩来之不易，经验弥足珍贵。这些成绩、荣誉的取得，源自于区委的坚强领导，得益于区人大、政协的关心支持，归功于各级各部门和全区人民的共同奋斗。在此，我代表区人民政府，向全区人民，向区人大代表、政协委员，向各民主党派、工商联、人民团体、离退休老同志、无党派及各界人士，向自然资源和规划、生态环境、医保、交通、税务、银行、证券、保险等驻区单位和广大企业，向驻区部队指战员、消防指战员、公安政法干警和部省市驻区单位，向所有关心、支持、参与天宁建设和发展的中外投资者、科技工作者、新市民、海内外朋友们，致以崇高的敬意和衷心的感谢！

在充分肯定成绩的同时，我们也清醒地看到发展中还存在差距和短板：面对经济下行、能耗管控和疫情冲击，企业经营困难增多，经济持续向好的态势还不稳固；科技创新能力较薄弱，战略性新兴产业产值占工业总产值比重有待提升；传统产业规模化、集约化水平不高，三新经济集聚赋能效应尚不明显，企业上市步伐有待加快；受资源要素制约，大项目、好项目数量不够多，质量不够优，精准招商的力度还有待加大；教育、医疗、养老等公共服务供给与群众期盼仍有差距，需要进一步提升品质、打响品牌；政府现代化治理能力有待进一步加强等。对此，我们将切实增强忧患意识，坚持问题导向，全力加以改进。

志存高远　务实笃行

今后的五年，是全面开启社会主义现代化建设新征程的关键时期，也是乘势而上推进天宁高质量发展的重要五年。我们将始终坚持以习近平新时代中国特色社会主义思想定向领航，深入贯彻党的十九大和十九届二中、三中、四中、五中、六中全会精神，全面落实省、市、区党代会决策部署，站在时代的高度，用战略的眼光，科学识势、系统谋势、扎实蓄势，切实扛起“争当表率、争做示范、走在前列”的使命担当，锚定“长三角三新经济高地、现代化城乡治理样板”，发扬“志存高远、务实笃行”的天宁精神特质，贯彻落实全市“532”发展战略，大力实施“3511”战略，实现高质量发展、高水平安全、高品质生活、高效能治理，共同创造天宁现代化建设新局面。

（一）建设产业高端、活力迸发的现代化天宁。经济运行更加稳健，产业结构更加优化，数字经济与先进制造业、现代服务业深度融合，高质量发展水平和科技创新能力显著提升，聚才能力和人才效能明显增强。改革开放在更多领域、更深层次形成突破，营商环境成为新的标杆，各类市场主体蓬勃发展。地区生产总值争取突破1500亿元，一般公共预算收入突破80亿元，三新经济增加值占GDP比重达35%，全社会研发投入占比超3%。

（二）建设生活美好、共同富裕的现代化天宁。公共服务和社会保障体系更加完善，“八个更”取得更大进展，就业更加充分、更有质量，教育更加公平、更为优质，医疗和公共卫生服务水平全面提升，“一老一小”创出特色品牌，困难群体得到更好地关心和帮扶，群众获得感、幸福感更加充实、更有保障、更可持续。城乡居民收入增速高于经济增速，物质富裕和精神富足达到新水平，发展的平衡性、协调性显著提高，共同富裕充分彰显。

（三）建设融合共生、美丽宜居的现代化天宁。未来智慧城、高新区和凤凰新城成为产城融合、功能优越的品质新城，老城厢重现历史之“根”和文化之“魂”。碳达峰、碳中和迈出坚实步伐，能源资源配置更加合理，生态环境质量持续改善，全区空气质量优良天数比率达82%。城镇绿化覆盖率达到40%以上，让天更蓝、水更清、地更绿、城市更美丽，创成省级生态文明示范区、国家级全域旅游示范区、国家级城乡融合发展改革示范区。

（四）建设文明包容、安定祥和的现代化天宁。社会主义核心价值观更加深入人心，全社会正能量更强劲、主旋律更高昂。文体事业和文体产业繁荣发展。法治天宁、平安天宁建设向纵深推进，基层治理社会化、法治化、智能化、专业化水平显著提高，公平正义进一步彰显。防范化解重大风险体制机制不断完善，突发公共事件应急处置能力明显增强，安全水平全面提升，区域治理体系和治理能力现代化建设取得重大进展。

以史为鉴，开创未来，绘就“四个现代化天宁”美好蓝图，新一届政府责无旁贷，我们必须对标对表、聚焦聚力，始终保持昂扬的斗志，激情澎湃地干事创业；始终保持争先的劲头，精益求精地干事创业；始终保持务实的作风，脚踏实地地干事创业；始终保持奋斗的姿态，凝心聚力地干事创业；朝着“长三角三新经济高地、现代化城乡治理样板”阔步迈进。

乘势而上　开拓新局

2022年，是实施“十四五”规划的重要一年，也是新一届政府的开局之年。政府工作将坚持稳字当头、稳中求进，更大力度统筹疫情防控和经济社会发展，统筹发展和安全，强化“六稳”“六保”，持续改善民生，维护和谐稳定，以优异成绩迎接党的二十大胜利召开。

今年经济社会发展的主要预期目标是：地区生产总值增长6.5%；一般公共预算收入增长6%；固定资产投资增长7%；社会消费品零售总额增长7%；进出口总额、实际到账外资稳中提质；城镇登记失业率控制在3%以内；生产安全责任事故起数、死亡人数同比实现双下降；全面完成市下达的节能降耗、生态环保等目标任务。

为实现上述目标，我们将重点实施“十大行动”：

（一）实施创新驱动引领行动。坚持把创新作为第一动力、人才作为第一资源，鼓励原始创新、集成创新、源头创新，推动创新链、产业链、人才链与价值链深度融合。培育高精尖创新主体。健全初创企业、科技型中小企业、高新技术企业、创新型领军企业的梯次培育矩阵，新增高新技术企业100家、市级以上科创企业200家。深化专精特新“小巨人”企业和单项冠军培育工程，促进创新型领军企业加快成长。支持龙头企业建设高水平研发中心，新增企业研发机构10家。启动企业上市三年行动计划，力争新增上市企业1家，2家企业申报。搭建高能级创新平台。积极融入长三角创新中轴和产业科技创新中心建设，加快创建省级高新区，高起点布局一批科创平台，建成市级以上重大科创平台2家。打造“众创空间—孵化器—加速器”一体化的科技企业孵化链条，新获批省级以上双创载体2家。深化与省产研院、东南大学等大院大所的产学研合作，落地运营省产研院常州创新服务中心，新增联创中心2家，实施产学研项目60个。集聚高层次创新人才。持续开展“名校优才引进计划”

和“龙城英才计划”，新引进各类人才1.17万人、高层次人才300人。着力培育“天宁工匠”，与江苏理工学院等院校共建“技能培训基地”“人才实践教学基地”，锻造一支有理想守信念、懂技术会创新、敢担当讲奉献的产业工人队伍。完善人才公寓政策，加快建设君天、申达等人才公寓，新增不少于3000套。催化高效能创新生态。用活用好百亿科创基金，做好在助力项目招引、企业上市、上市企业再融资、龙头企业并购等领域的投资服务，为科技创新企业注入“金融活水”。以知识产权强省示范区建设为抓手，全面提升知识产权创造、运用、保护、管理和服务水平。持续贯彻落实创新驱动高质量发展政策，深入开展质量工作督察，营造全社会重视创新、鼓励创新、竞相创新的浓厚氛围。

（二）实施“三新”经济壮大行动。坚持把“三新”经济作为天宁转型发展的关键增量，推动产业数字化、数字产业化，以全面数字化引领经济社会转型升级。打造数字赋能强引擎。抢抓数字化、网络化、智能化融合发展战略机遇，提速数字经济集聚区建设。建强新型基础设施，推广5G网络应用，谋划建设产业共享大数据中心，加快促进企业内外网融合。大力推进“智改数转”，建设数字化转型促进中心，新增市级以上智能工厂（车间）5个、星级上云企业30家、5G+工业互联网应用场景5个。引导传统企业剥离软件开发、信息服务等业务，培育一批本土数字化转型服务商。壮大特色集群新优势。加快长三角一体化工业互联网平台基础能力和应用体系建设，增强平台黏性和吸附力；积极培育检验检测认证国家级孵化器，争创国家级服务业示范基地，打造长三角地标性产业；加快网络视听游戏“两平台八中心”建设，争创国家级广播电视和网络视听基地；大力发展新一代信息技术产业，增强综合竞争力；持续扩大人力资源产业园、健康养老服务业集聚区影响力。提升空间载体承载力。加快未来智慧城专题园区建设，确保金新科创产业园、网络视听游戏产业园年内交付使用。提速检验检测认证产业园三期、5G科创中心等载体建设。盘活一批旧厂房和闲置楼宇，培育特色楼宇、打造特色街区，为三新经济集聚发展提供充足空间。

（三）实施重大项目攻坚行动。坚持项目为王、质效优先，全力以赴抓招商、攻项目、强保障，培育更多有爆发力的经济新增长点。形成招商引资“强磁场”。聚焦延链补链强链，紧盯数字经济、智能制造等方向，加快引进一批“大而优”和“小而美”的项目。绘制完善“招商地图”，综合运用平台招商、基金招商、以商引商等形式，鼓励各板块联动“飞地”招商，构建全区一盘棋的大招商格局。巩固深化招商体制改革成效，健全考核机制，选优配强队伍，激发招商活力。力争全年招引总投资30亿元或3亿美元项目2个、10亿元或1亿美元项目5个。跑出项目建设“加速度”。围绕签约项目“落地生根”、在建项目“开花结果”、竣工项目“茁壮成长”，实行全过程跟踪，推动80个续建项目尽快竣工、71个新建项目加快开工，形成持续突破、滚动发展的良性循环。坚持“月通报、季督查、年考核”机制，营造项目建设抢前抓早、比学赶超的浓厚氛围，确保东方侏罗纪、车联天下数字供应链等重大项目高效推进。增强资源要素“保障力”。用足用好“园区保”等政策性贷款，积极争取专项债、中央预算内资金，借力资本市场助推企业上市、再融资，放大政府科创基金作用，引入更多的区外直融资金，助力重大项目建设。全面启动碎片化整理，着力探索土地复合利用，破解土地、能耗要素制约，继续淘汰落后产能，盘活低效建设用地，推动资源要素向优质产业和企业集聚，力争全年整理碎片化工业用地265亩、新增工业供地741亩。

（四）实施营商环境争先行动。坚持把优化营商环境作为战略性基础工程紧抓不放，抓改革、优服务、促开放，以“环境好”体现“制度优”、以“硬措施”提升“软实力”。加大“改革赋能”力度。聚焦重大项目、产业培育、企业发展、人才成长等领域，强化系统集成，鼓励先行先试，争创试点示范，力争形成更多叫得响、可推广的“天宁样板”。系统完善开发区体制机制，建立分工明确、权责清晰、组织高效的运转架构。深化天建集团、天宁城发国企改革，提高国有资本配置效率和市场化运营能力，促进国有资产保值增值。提升“惠企便民”温度。用活用好产业高质量发展等惠企政策，狠抓减税降费、纾困帮扶，争创“两个健康”先行区省级试点。深化“放管服”改革，全面推行“双随机、一公开”监管和证明事项告知承诺制。切实增强“一网通办”服务能力，大力推动一次办、跨城办，压缩企业开办平均时限，擦亮“宁好办”政务服务品牌。彰显“开放包容”深度。主动融入区域一体化发展，加强与日韩、欧盟等国家和地区合作，支持华利达、东奥服饰等企业“走出去”，深化跨境电商试点和带动作用，不断开拓海外市场。坚持服务靠前一步，加快各类审批进度，持续推进“首违不罚”，实施包容审慎监管，促进企业健康发展。

（五）实施城市更新提质行动。坚持片区化、融合式、集约型发展，全力推进新一轮城市更新和开发建设，提升城市形态，提优品质功能，打造近悦远来的宜居宜业城市。完善空间布局。全方位融入长三角区域一体化发展规划，探索打造锡常协同发展先行区。推进“多规合一”，高质量完成《天宁区国土空间规划近期实施方案》，优化调整城镇建设用地布局，形成定位准确、边界清晰、功能互补的规划体系。美化城市道路和建筑立面，雕琢依山、沿河等重点区域，精心编制火车站北广场、茶山、兰陵等片区规划，深化编制农业、文旅等各类专项规划，高起点编制市政道路、景观园林等一批基础设施规划。加快片区开发。坚持“留改拆”并举升级城市形象，科学合理排定更新项目，完成经营性土地出让300亩以上。推动老城厢复兴，加强对历史建筑、工业遗存、名人故居的保护利用，开放青果巷二期、文化宫地下广场，打造主客共享的城市会客厅。围绕“三带三园”规划，做好全国杜鹃花展的后续文章，高起点谋划建设杜鹃花小镇，办好凤凰岛半程马拉松赛，重点实施凤凰新城科创园建设，着力打造现代产城融合新样板，交出“十年成城”高分答卷。加快高新区核心区、天宁大道等地块征迁，攻坚上岖康贝、广源热电周边等地块清结，推进丁塘港东侧、正行中学南侧、东青TOD综合开发，演绎智慧新城魅力。提升功能配套。致力交通中轴建设，启动天宁大道东延、大明路北延工程，加快青洋路高架北延快速化改造，打通横塘河东路、太湖路等7条城市“断头路”，改善兰陵路、关河路通行条件，形成更加便捷、畅通的路网体系。完成翠竹南村、清凉片区等26个老旧小区改造，加强物业管理，提优服务水平，加装电梯不少于41台，新增公共停车位1600个，接入平台管理2000个，争创省级宜居示范居住区8个，让老小区既有“颜值”、更具“内涵”。

（六）实施美丽天宁共建行动。坚持“绿水青山就是金山银山”理念，以更高标准抓好治理、更严尺度丈量生态、更细举措美化环境，实现生产、生态、生活融合共赢。攻坚突出问题。压实点位长责任制，强化$PM_{2.5}$和臭氧“双减双控”，精准化治理工地扬尘、餐饮油烟、挥发性有机物，推动空气环境质量持续改善。坚持水岸同治、源头治理，持续推进劣V类水质整治，开展丰收河、前林庄河治理工程，新建污水管网7公里，确保北塘河青洋桥、新沟河粮庄桥断面水质稳定达标，农村生活污水集中收集处置率达80%。完成东方化工等地块修复，持续推进“危污乱散低”整治，启动郑陆污水厂一期改建工程，加快郑陆5万吨危废处置项目建设，全面提升危废处置能力。扮靓全域环境。夯实城市管理基础，攻坚违章搭建、渣土运输、街面秩序、环卫专项等薄弱环节，逐步扩大城乡长效管理范围，聚力改善人居环境，力争城市长效管理考评取得更好位次。启动博爱路、红梅南路等7条精品道路建设，精心设计标识景观、夜景灯光、公交站台，打造一批高颜值、时尚感、文艺范的“城市家具”。实施300米见绿、500米见园“增荫添彩”工程，加快推进菱溪公园建设、蔷薇公园改造，扩绿270亩。践行绿色发展。推进绿色生产，严控“两高”行业产能，支持企业技术革新、节能改造，全面压降单位GDP能耗。倡导绿色生活，推动生活垃圾分类体系全面提升，集中处理率达95%，建成省级示范小区64个。开展节约型机关、绿色家庭、绿色学校等创建活动，引导广大市民从节水节电、绿色消费等日常小事做起，形成绿色生活新风尚。

（七）实施乡村振兴示范行动。坚持农业农村优先发展，挖掘历史人文底蕴，放大山水生态之美，深化国家级城乡融合发展改革试点，推动农业升级、农村宜居、农民致富。让农业更有干头。加快构建特色现代乡村产业体系，大力引培农业龙头企业，启动观光工厂、未来农场等重大项目10个。稳定生猪、粮食产能，新增高标准农田2200亩。放大黄天荡清水蟹、焦溪翠冠梨、焦溪二花脸等品牌优势，拉长加工链条，做好营销推广，提升农产品竞争力和附加值。大力发展农耕体验、观光休闲等文商旅农多元融合业态，加快舜山小镇建设、焦溪古镇保护修缮，做好美丽乡村运营“后半篇”文章，打造一批“外地人想去必去、本地人愿去常去”的“网红打卡地”。让农村更有看头。深化实用性乡村规划修编，开展乱占耕地建房专项整治，提升郑陆、焦溪、三河口集镇区整体风貌。完善农村基础设施，新建农村公厕15座，完成黄昌河加固工程、小坝河泵闸站工程，确保农村生活污水处理设施百分百运行。实施新一轮农村人居环境整治提升行动，健全综合管护机制，争创特色田园乡村1个，打造水墨江南的乡村集群。让农民更有奔头。创新体制机制，推动城乡资本、技术、人才双向流动，以要素涌流激发乡村活力。探索农村宅基地有偿退出、使用等管理办法，盘活闲置农房，试点整村整组土地流转，推进“五优农居”示范工程，改造现代宜居农房100个。探索山水林田湖草生态资源参与碳汇交易，开展生态产品价值实现机制试点，深化农村集体产权制度改革，推进资源变资产、资金变股金、农民变股东，让广大农民在创造财富的同时实现人生价值、展现最美笑容。

（八）实施共同富裕促进行动。坚持以人民为中心，

“口袋富”与“脑袋富”同步发力，走好生活富裕富足、精神自信自强的天宁之路。提标社会保障。实施全民参保计划，推进被征地农民应保尽保，完善退役军人服务保障体系，健全重大疾病医疗保险制度，实行长期护理险试点，职工养老、医疗、失业保险参保净增4000人以上。完善分层分类社会救助体系，发展慈善等社会公益事业，为困难老人、困境儿童、残疾人提供精准救助帮扶。聚力就业增收。落实积极精准就业政策，针对高校毕业生、残疾人、退役军人、农民工等重点群体，实施多渠道灵活就业，开展就业培训12场，新增城镇就业1.3万人，扶持创业2000人。持续开展“万企联万村 共走复兴路”活动，积极探索“调高”“扩中”“提低”分配机制，巩固脱贫成果，鼓励勤劳致富。滋养精神生活。深化新时代文明实践中心建设，广泛宣传“常州三杰”精神，引导市民主动担当常州文明的践行者和传播者，扎实开展全国文明典范城市创建。以高度的责任感推进大运河文化带天宁段建设，传承好运河文化。办好天宁美食节、秋白读书会、全民健身赛事等文体活动，拓展“天宁文化旅游节”“越夜悦天宁”内涵，加强现实题材、红色题材、本土题材文艺精品创作，满足不同层次精神文化需求。

（九）实施为民惠民暖心行动。坚持在发展中保障和改善民生，落实民生领域“七有”和“八个更”要求，不断满足群众对美好生活的向往。提升“教育强区”品质。深化集团化办学2.0版，启动季子幼儿园、雕庄片区小学、焦溪中学等6所学校建设，加快推进舜新幼儿园、清凉小学等13所学校建设，确保正衡中学天宁分校、红梅实验小学等6所学校年内完工，新增学位4770个。落实“双减”要求，深入实施基础教育综合改革，推动教师轮岗、校际联盟交流，争创全国学前教育普及普惠发展区和义务教育优质均衡发展区。加快“健康天宁”建设。推进二院异地迁移，提速市儿童医院、区公共卫生应急中心建设，力争郑陆卫生院主体封顶，红梅街道社区卫生服务中心建成投用。深化医药卫生体制改革，加强医联体、特色专科和医护队伍建设，提高基层医疗服务水平。开通社区健康直通车，做实提优家庭医生签约服务，构建高效便捷的健康体系。做优“一老一小”文章。深化康养融合、医养结合，强化“医、养、康、护”一体化服务，构建主体多元、服务多样、品质优良、监管有力的多层次养老服务体系，完成400户适老化改造，新增家庭养老床位300张。建立完善普惠托育服务体系，提供公益性照护指导服务，新建普惠托育试点1个。办好“三优三美”实事。聚焦群众最急、最盼、最需的领域，尽力而为、量力而行，统筹兜底民生、基本民生、品质民生，通过基层摸排、网上专栏等形式，广泛征集市民群众、人大代表、政协委员和民生部门意见，遴选梳理出“三优三美”民生实事候选项目15项，会议审议票决通过后，我们将一件一件办实办好，让人民群众的获得感一年更比一年强。

（十）实施平安天宁守护行动。坚持底线思维，增强忧患意识，着力防范化解重大风险隐患，守护天宁一方平安。强化疫情大防控。坚持“外防输入、内防反弹”防控策略，全面落实“人、物、环境”同防和“四早”措施，紧盯重点场所、重点环节，严格实行分级分类精准管控，慎终如始抓好常态化疫情防控。完善公共卫生应急机制，加强物资、检测、流调、消杀、隔离等能力保障，切实提升突发公共卫生事件应对水平。规范开展新冠疫苗接种，加快构建全人群免疫屏障，巩固来之不易的疫情防控成果。提升本质大安全。始终把安全发展贯穿各领域、全过程，更大力度推进“三年大灶”，深入排查整治安全隐患，加快构建公共安全体系，坚决遏制较大以上事故发生。完善气象、地震、洪涝等自然灾害应急预案，提升突发灾害事件应对能力，建设韧性城市。强化食药品安全监管，打击非法金融活动，牢牢守住群众“舌尖上”和“钱袋子”的安全。构建治理大格局。坚持依法治理、共治共享，扎实开展区域社会治理现代化试点，推动“网格+N格”深度融合。拓展“政社互动”“四社联动”实践，强化心理咨询、纠纷调解等社会服务，促进政府治理和居民自治良性互动。坚持和发展新时代“枫桥经验”，依法依规化解信访积案和矛盾。常态化推进扫黑除恶斗争，充分发挥“平安前哨”作用，加快新一代“雪亮技防工程”建设，深入实施新“百千万工程”，确保社会安定、百姓安宁。

只争朝夕　不负韶华

打造“长三角三新经济高地、现代化城乡治理样板”，目标催人奋进，责任重于泰山。新一届政府将切实扛起光荣使命，以永不懈怠的精神状态和一往无前的奋斗姿态，夙兴夜寐、恪尽职守，奋进新征程、建功新时代，努力建设人民满意的政府。

（一）守初心，坚定信念，绝对忠诚。永葆忠诚之心。坚决当好“两个确立”的坚定捍卫者、忠实践行者，更加自觉地增强“四个意识”、坚定“四个自信”、做到“两个维护”。坚持以新思想定向领航，全面深入学习十九届六中全会精神，把好意识形态“方向盘”，从伟大建党精神中汲取力量。恪守为民之心。扎实开展“两在两同”建新功行动，践行初心，密切联系群众，真情服务群众，紧紧依靠群众。完善首问、首办负责制，确保为民服务事项件件有着落、事事有结果。常怀感恩之心。感恩先辈们抛头颅洒热血，创造来之不易的和平发展环境；感恩天宁历任领导干部呕心沥血打下的坚实基础；感恩天宁人民的支持和付出，为锦绣天宁增色添彩；我们每个人都要不负这个伟大的新时代，保持昂扬的斗志、澎湃的激情，全身心投入到天宁的现代化建设中来。

（二）强担当，事不避难，敢于斗争。增强担当本领。承接工作任务，狠抓落实，不推诿；处理问题失误，勇于担责，不回避。始终保持锐意进取的意志品格、奋发有为的人生追求，扎实开展干部队伍能力提升年活动，切实提升“八项本领”和“七种能力”。发扬攻坚精神。敢于直面矛盾、突破藩篱，不因困难找借口，只为解决想办法，以踏石留印、抓铁有痕的劲头，打好攻坚战、啃下硬骨头。进行伟大斗争。面对大是大非敢于亮剑，面对矛盾纠纷迎难而上，面对歪风邪气坚决斗争，遇到任何困难和风险，不畏难、不退缩，善于在斗争中解决难题、赢得胜利。

（三）重实干，心无旁骛，奋勇争先。身子下沉、重心下移。大力践行“一线工作法”，发挥“铁脚板”优势，“身”入基层，心系群众。进一步提高基层社会现代化治理能力，不断优化“12345”政府服务热线、网络诉求高效处置体系。深入推进基层减负，更大力度精简会议、压缩文件，让广大干部集中精力干事业、谋发展。先行先试、敢闯敢试。敢于探索、敢为人先，以蓬勃朝气和创新精神抢占发展先机，不为传统观念所束缚、陈旧模式所左右、条条框框所限制，用新理念激发新动力，用新方法解决新问题，用新路子闯出新天地，努力创造更多“天宁模式”“天宁经验”。干则一流、出则精品。大力发扬“勇争一流、耻为二手”的常州精神，高效落实市“532”战略和区“3511”战略部署，始终保持争先、率先、领先的意识，不断提升发展的“含金量”“含新量”。

（四）知敬畏，修身立德、清正廉洁。坚持一心为公。依法接受人大监督，自觉接受政协民主监督和社会各界监督，让政府决策更加科学民主、让行政行为更加规范透明。落实行政复议体制改革和基层综合执法改革。厉行节约、反对浪费，扎紧扎牢制度笼子，将更多财力用在保民生、补短板、促发展上。保持一身正气。涵养道德操守，明礼诚信、怀德自重，为人光明磊落、刚正不阿。精准施治形式主义、官僚主义，该严的严起来、该管的管起来，不做“老好人”。做到一尘不染。始终把纪律规矩挺在前，知敬畏、存戒惧、守底线，压紧压实党风廉政建设主体责任和“一岗双责”。在政商交往中严守底线，共建“亲”上加“清”的新型政商关系。强化审计监督，深化重点领域廉政风险防控，切实树立既干事、又干净，既勤政、又廉政的政府形象。

各位代表，征途漫漫，惟有奋斗。路虽远、行则将至；事虽难、干则必成。让我们在区委的坚强领导下，坚决扛起“争当表率、争做示范、走在前列”的使命担当，借天时、扬地利、聚人和，始终同人民群众想在一起、干在一起，风雨同舟、同甘共苦，只争朝夕、勇毅前行，为谱写“强富美高”新天宁现代化建设崭新篇章而不懈奋斗！

名词解释

“三新”经济：以新产业、新业态、新商业模式为核心内容的经济活动的集合。

工业互联网“常州模式”：以一横多纵平台为支撑，以企业五星上云为核心，以政企学研多方位结合为生态的工业互联网发展模式。

专精特新“小巨人”企业：“专精特新”指专业化、精细化、特色化、创新能力突出的中小企业；“小巨人”是其中创新能力强、市场占有率高、掌握关键核心技术、质量效益优的排头兵企业。

三项融合：养老与医疗相融合、事业与产业相融合、传统模式与新兴业态相融合的医养新模式。

暖心家园：按照中国计生协“六有”标准（有场所、有标识、有制度、有计划、有活动、有管理），为失独家庭提供相对独立的活动、交流场所。

“危污乱散低”企业：不符合产业政策和产业布局规划，未依法办理相关审批手续，污染物排放不达标，安全生产水平低下，低端低效产能落后的企业。

一年小灶：国务院对江苏省安全生产问题进行的专项整治。

三年大灶：在“小灶”的基础上，江苏省按照全国统一部署，开展的安全生产专项整治三年行动。

雪亮工程：以县、乡、村三级综治中心为指挥平台、以综治信息化为支撑、以网格化管理为基础、以公共安全视频监控联网应用为重点的“群众性治安防控工程”。

星级上云企业：江苏省工信厅为推动江苏省制造业迈向中高端，提升两化融合和智能制造发展水平，提高企业发展动能和竞争力，组织实施的五星、四星、三星级“上云”企业分级分类标准。

两化融合：信息化和工业化的高层次深度结合，以信息化带动工业化、以工业化促进信息化，走新型工业化道路。

两业融合：先进制造业和现代服务业深度融合。

三优三美：优质均衡教育、优质卫健服务、优质就业保障、美丽环境、美好生活、和美社会。

网络视听游戏“两平台八中心”：即视频进出口平台、视频安全保障平台以及八大中心业态（登记中心、翻译中心、审核中心、密保中心、创作中心、交易中心、结算中心、数据中心）。

智改数转：企业智能化改造和数字化转型。

园区保：银行、政府、担保公司三方共同设立，面向中小微企业推出的风险共担类信贷产品。

两个健康：非公有制经济健康发展和非公有制经济人士健康成长。

“双随机、一公开”监管：在监管过程中随机抽取检查对象，随机选派执法检查人员，抽查情况及查处结果及时向社会公开。

三带三园：“三带”指环岛路创新活力带、大明路新型服装带、中吴大道综合服务带，“三园”指生命科技园、凤凰新城科创园、金属智慧物流园。

TOD综合开发：以公共交通为导向的开发（Transit-oriented Development，TOD），该模式能使公共交通的使用最大化。

“两高”行业：高污染和高耗能的产业。

五优农居：空间格局优、资源配置优、住房条件优、人居环境优、治理水平优。

碳汇交易：发达地区向发展中地区购买碳排放指标，通过市场机制实现森林生态价值补偿。

七有：幼有所育、学有所教、劳有所得、病有所医、老有所养、住有所居、弱有所扶。

八个更：更好的教育、更稳定的工作、更满意的收入、更可靠的社会保障、更高水平的医疗卫生服务、更舒适的居住条件、更优美的环境、更丰富的精神文化生活。

教育“双减”：减轻义务教育阶段学生过重作业负担和校外培训负担。

“四早”措施：早发现、早诊断、早隔离、早治疗。

四社联动：以社区为平台，以社会组织为载体，以社会工作人才为支撑，以社会志愿者为依托的社区治理机制。

2021 年重要文件题录

中共常州市天宁区委文件题录

中共常州市天宁区委关于成立区危化品安全生产专项巡视整改工作领导小组的通知（1 月 7 日）

中共常州市天宁区委关于同意召开常州市天宁区第十六届人民代表大会第五次会议的批复（2 月 10 日）

中共常州市天宁区委关于同意召开政协常州市天宁区第九届委员会第五次会议的批复（2 月 10 日）

中共常州市天宁区委、常州市天宁区人民政府关于表彰 2018—2020 年度建设全国文明城市工作先进集体和先进个人的决定（2 月 17 日）

中共常州市天宁区委、常州市天宁区人民政府关于表彰 2020 年度“创星增效奖”和“岗位奉献奖”的决定（2 月 17 日）

中共常州市天宁区委、常州市天宁区人民政府关于兑现 2020 年度促进产业高质量发展政策资金的决定（2 月 17 日）

中共常州市天宁区委、常州市天宁区人民政府关于印发《天宁区关于创新驱动高质量发展的实施意见》的通知（2 月 17 日）

中共常州市天宁区委关于成立区委党史学习教育领导小组的通知（3 月 12 日）

中共常州市天宁区委、常州市天宁区人民政府关于建立 2021 年区级领导工作专班推进重点工作的实施意见（3 月 19 日）

中共常州市天宁区委关于印发《中共常州市天宁区委常委会 2021 年工作要点》的通知（3 月 23 日）

中共常州市天宁区委、常州市天宁区人民政府关于明确天宁区新时代文明实践中心组成人员的通知（4 月 2 日）

中共常州市天宁区委、常州市天宁区人民政府关于印发《天宁区“重大项目攻坚突破年”活动实施意见（2021 年度）》的通知（4 月 3 日）

中共常州市天宁区委、常州市天宁区人民政府关于下达《天宁区 2021 年重点项目投资计划》的通知（4 月 3 日）

中共常州市天宁区委关于成立区、镇换届工作领导小组的通知（4 月 13 日）

中共常州市天宁区委、常州市天宁区人民政府关于申报 2021 年农村改革试验区拓展试验任务——“城乡融合发展”改革试验区的请示（4 月 30 日）

中共常州市天宁区委关于召开中国共产党常州市天宁区第十一次代表大会的请示（5 月 6 日）

中共常州市天宁区委关于同意召开中共常州市天宁区郑陆镇第五次代表大会的批复（5 月 6 日）

中共常州市天宁区委、常州市天宁区人民政府印发《关于进一步优化招商体制机制的实施意见》的通知（5 月 14 日）

中共常州市天宁区委关于选举产生中国共产党常州市天宁区第十一次代表大会代表的通知（5 月 18 日）

中共常州市天宁区委关于中共常州市天宁区郑陆镇第五届委员会和纪律检查委员会换届候选人预备人选的批复（5 月 21 日）

中共常州市天宁区委、常州市天宁区人民政府关于印发《天宁区创建典范性全国文明城市三年行动计划（2021—2023 年）》的通知（6 月 10 日）

中共常州市天宁区委关于给予梁炤等同志记三等功的决定（6 月 25 日）

中共常州市天宁区委关于表彰天宁区优秀共产党员、优秀党务工作者、先进基层党组织的决定（6 月 25 日）

中共常州市天宁区委关于确定天宁区出席中国共产党常州市第十三次代表大会代表候选人预备人选的情况报告（7 月 22 日）

中共常州市天宁区委关于确定天宁区出席中国共产党常州市第十三次代表大会代表的情况报告（8 月 3 日）

中共常州市天宁区委、常州市天宁区人民政府关于印发《天宁区关于推进城乡更新的实施意见》的通知（9 月 8 日）

中共常州市天宁区委关于在全区党员干部中开展“两在两同”建新功行动的实施意见（9 月 14 日）

中共常州市天宁区委关于印发《天宁共青团基层组织改革综合试点实施方案》的通知（9 月 17 日）

中共常州市天宁区委、常州市天宁区人民政府关于印发《天宁区关于促进产业高质量发展的若干措施》的通知（9 月 22 日）

中共常州市天宁区委关于同意召开天宁区第五次归侨侨眷代表大会的批复（10 月 20 日）

中共常州市天宁区委关于印发《法治天宁建设规划（2021—2025 年）》的通知（11 月 1 日）

中共常州市天宁区委关于印发《常州市天宁区法治社会建设实施方案(2021—2025年)》的通知(11月1日)

中共常州市天宁区委、常州市天宁区人民政府印发《关于打造现代化城乡治理样板的实施方案》的通知(12月3日)

中共常州市天宁区委关于同意召开天宁区工商联(总商会)第八次会员代表大会的的批复(12月6日)

中共常州市天宁区委、常州市天宁区人民政府关于成立常州市天宁区创新委员会的通知(12月21日)

中共常州市天宁区委关于同意召开常州市天宁区第十七届人民代表大会第一次会议的批复(12月23日)

中共常州市天宁区委关于同意召开政协常州市天宁区第十届委员会第一次会议的批复(12月23日)

中共常州市天宁区委、常州市天宁区人民政府关于印发《大力推进三新经济发展的实施意见》的通知(12月28日)

中共常州市天宁区委、常州市天宁区人民政府关于印发《常州市天宁区公共安全体系建设实施方案》的通知(12月30日)

天宁区人民政府文件题录

常州市天宁区人民政府关于印发《天宁区关于鼓励企业省外员工留常过年的若干措施》的通知(1月23日)

常州市天宁区法治政府建设工作报告(1月31日)

区政府关于授予2020年天宁区区长质量奖、区长标准化奖和质量管理先进班组的决定(2月3日)

区政府关于印发《常州市天宁区国民经济和社会发展第十四个五年规划和二〇三五年远景目标纲要》的通知(3月1日)

区政府关于印发《常州市天宁区2020年国民经济和社会发展计划执行情况与2021年国民经济和社会发展计划的报告》的通知(3月1日)

区政府关于印发《2021年天宁区〈政府工作报告〉重点任务分解落实方案》和《2021年天宁区民生实事责任分解落实方案》的通知(3月10日)

常州市天宁区人民政府关于下达2021年度政府投资建设项目计划的通知(3月17日)

区政府关于印发《关于完善天宁区老旧小区改造工作机制的通知》的通知(3月23日)

区政府关于发布韩家河河道管理范围的通告(4月19日)

区政府关于印发《2021年天宁区深入打好污染防治攻坚战工作方案》的通知(4月23日)

区政府关于调整区政府领导同志工作分工的通知(4月30日)

常州市天宁区人民政府关于印发《常州市天宁区生态文明建设示范区创建实施方案(2020—2023年)》的通知(5月8日)

区政府关于同意《天宁区森林防火规划(2021—2025年)》的批复(7月15日)

区政府关于同意成立天宁区未成年人保护领导小组的批复(7月23日)

区政府关于调整行政许可等事项的通知(8月10日)

区政府关于调整区政府领导同志工作分工的通知(8月16日)

区政府关于授予邓炜等50名同志天宁区“优秀教育工作者”的通知(8月18日)

区政府关于同意成立常州市天宁区生活垃圾分类和治理工作领导小组的批复(8月29日)

区政府关于授予喻一珉等同志天宁区优秀班主任“辛勤耕耘奖”称号的通知(9月9日)

区政府关于同意成立常州市天宁区工程建设项目审批制度改革领导小组的批复(9月10日)

区政府关于印发《天宁区既有住宅加装电梯资金补贴及管线迁移费用等财政资金使用管理办法》的通知(12月1日)

区政府关于在郑陆镇和各街道开展相对集中行政处罚权工作的决定(12月8日)

区政府关于公布天宁区第四批非物质文化遗产代表性项目名录的通知(12月17日)

区政府关于印发常州市天宁区镇(街道)权力清单的通知(12月16日)

区政府关于印发《天宁区关于促进旅游业发展支持办法》的通知(12月30日)

中共常州市天宁区委办公室文件题录

区委办公室、区政府办公室关于做好《天宁年鉴(2021)》组稿编纂工作的通知(1月21日)

区委办公室、区政府办公室关于印发《常州市天宁区全面加强危险化学品安全生产工作实施方案》的通知(1月21日)

区委办公室关于转发《天宁区关心下一代工作委员

会 2021 年工作要点》的通知（3 月 15 日）

区委办公室、区政府办公室印发《常州市天宁区关于进一步深化安全生产三年专项整治工作的实施意见》的通知（3 月 19 日）

区委办公室关于印发《中共常州市天宁区委全面深化改革委员会 2021 年工作要点》的通知（3 月 23 日）

区委办公室、区政府办公室、区政协办公室关于印发《政协常州市天宁区委员会 2021 年度协商计划》的通知（3 月 24 日）

区委办公室、区政府办公室关于印发《2021 年全区督查检查工作计划》的通知（5 月 6 日）

区委办公室、区政府办公室关于成立常州市天宁区社区矫正委员会的通知（5 月 6 日）

区委办公室、区政府办公室关于成立天宁区招商引资工作领导小组的通知（5 月 14 日）

区委办公室、区政府办公室印发《关于开展向全区重点民营企业家“送服务、解难题、办实事”活动的实施方案》的通知（5 月 20 日）

区委办公室、区政府办公室关于常州市天宁区 2020 年度综合考核结果的通报（5 月 26 日）

区委办公室关于印发《常州市天宁区公务员转任实施办法（试行）》的通知（5 月 26 日）

区委办公室、区政府办公室关于印发《天宁区 2021 年打造一流营商环境重点任务清单》的通知（5 月 28 日）

区委办公室、区政府办公室关于印发《常州市天宁区党政机关公务用车管理办法》的通知（7 月 1 日）

区委办公室、区政府办公室、区政协办公室关于印发《区党政部门与区政协专门委员会对口联系工作制度》的通知（7 月 20 日）

区委办公室、区政府办公室关于加强区级非税资金管理的通知（9 月 8 日）

区委办公室关于印发《2021 年度天宁区全面从严治党责任清单》的通知（9 月 9 日）

区委办公室关于印发《落实“两在两同”建新功行动开展“四聚焦四强化两争先”实践活动的实施方案》的通知（9 月 29 日）

区委办公室关于成立迎接涉粮问题专项巡视巡察联络工作领导小组的通知（10 月 9 日）

区委办公室、区政府办公室印发《关于推行“田（林）长制”实施意见》的通知（10 月 15 日）

区委办公室、区政府办公室关于成立环球恐龙城东方侏罗纪项目领导小组的通知（10 月 18 日）

区委办公室、区政府办公室关于调整天宁区新冠肺炎疫情防控指挥部的通知（11 月 5 日）

区委办公室、区政府办公室关于成立北环片区城市更新工作领导小组的通知（11 月 10 日）

区委办公室、区政府办公室关于调整区信访工作联席会议成员的通知（11 月 18 日）

区委办公室、区政府办公室关于印发《天宁区乡村振兴扶持政策》的通知（11 月 19 日）

区委办公室、区政府办公室印发《关于进一步做好全区经营性土地出让工作的意见》的通知（11 月 23 日）

区委办公室、区政府办公室关于做好 2022 年度全区重点党报党刊征订发行工作的通知（12 月 1 日）

区委办公室、区政府办公室关于印发《天宁区关于“十四五”期间深化改革加强知识产权工作的指导意见》的通知（12 月 20 日）

区委办公室关于加强机构编制监督检查协调配合工作的意见（12 月 27 日）

区委办公室印发《关于进一步加强新时代基层关工委组织建设和“五老”队伍建设的实施意见》的通知（12 月 31 日）

天宁区人民政府办公室文件题录

区政府办公室关于印发《常州市天宁区处置森林火灾应急预案》的通知（3 月 11 日）

区政府办公室关于印发《天宁区 2021 年行政规范性文件计划》的通知（3 月 17 日）

区政府办公室关于印发《常州市天宁区人民政府合作协议管理规范》的通知（3 月 22 日）

区政府办公室关于印发《常州市天宁区稳妥解决人民政府驻地迁移历史遗留问题工作方案》的通知（3 月 24 日）

区政府办公室关于印发《2021 年天宁区城乡生活垃圾分类工作实施方案》的通知（3 月 30 日）

区政府办公室关于印发《2021 年天宁区城乡厕所建设实施方案》的通知（3 月 30 日）

区政府办公室关于印发《常州市天宁区农村集体经营性建设用地入市收益调节金征收和使用管理暂行办法》的通知（5 月 13 日）

区政府办公室关于印发《常州市天宁区政府投资非盈利性工程建设项目集中建设管理实施细则（试行）》的通知（7 月 2 日）

区政府办公室关于2020年度天宁区校车安全管理工作考核结果的通报（7月2日）

区政府办公室关于印发《常州市天宁区危险化学品生产安全事故应急预案》的通知（7月5日）

区政府办公室关于转发《市政府办公室印发〈关于加快农业保险高质量发展的实施意见〉的通知》的通知（7月14日）

区政府办公室关于印发《天宁区银行业金融机构评价激励办法（试行）》的通知（7月21日）

区政府办公室关于印发《常州市天宁区2021年度地质灾害防治方案》的通知（7月22日）

区政府办公室关于成立天宁区旅游市场综合监管领导小组的通知（8月22日）

区政府办公室关于印发《天宁区公共基础设施城乡一体化管护体制改革试点实施方案（2021年度）》的通知（9月8日）

区政府办公室关于印发《天宁区深化农村公共基础设施管护体制改革的实施方案》的通知（9月8日）

区政府办公室关于印发《天宁区防汛抗旱应急预案》《天宁区防御台风应急预案》《天宁区突发性强降雨应急排涝抢险预案》的通知（9月26日）

区政府办公室关于印发《2021年常州市天宁区药品和医疗器械安全突发事件应急预案》的通知（10月19日）

关于启用“常州市天宁区人民政府土地审批专用章”的通知（10月19日）

区政府办公室关于成立今冬明春能源电力保供工作领导小组的通知（10月26日）

区政府办公室关于成立天宁区粮食安全责任制考核工作领导小组的通知（11月10日）

区政府办公室关于印发《常州市天宁区突发重大动物疫情应急预案》的通知（11月22日）

区政府办公室关于公布“证照分离”改革事项清单的通知（12月3日）

区政府办公室关于调整常州市天宁区消防安全委员会组成人员的通知（12月10日）

关于严格土地监管坚决制止耕地“非农化”防止“非粮化”行为的通知（12月16日）

区政府办公室关于印发《2021年常州市天宁区特种设备事故应急预案》的通知（12月17日）

区政府办公室关于调整常州市天宁区菜市场改造工作领导小组成员的通知（12月22日）

区政府办公室关于印发《常州市天宁区“十四五”基础测绘规划》的通知（12月28日）

统计资料

2021年常州市辖市、区主要经济指标

表65

指标名称	常州市			
	2021年	增幅	2020年	增幅
地区生产总值（亿元）	8807.6	9.1%	7805.3	4.5%
固定资产投资（亿元）	—	4.1%	—	0.2%
工业投资（亿元）	—	21.1%	—	-19.8%
服务业投资（亿元）	—	-8.3%	—	16.7%
社会消费品零售总额（亿元）	2911.4	20.2%	2421.4	0.8%
进出口总额（亿元）	3017.8	24.9%	2417.3	3.7%
新签协议外资（亿美元）	63.6	13.9%	55.9	-15.4%
实际到账注册外资（亿美元）	30.7	13.0%	28.8	15.0%
一般公共预算收入（亿元）	688.1	11.6%	616.6	4.5%
全体居民人均可支配收入（元）	56896.9	9.2%	52079.6	4.5%
指标名称	溧阳市			
	2021年	增幅	2020年	增幅
地区生产总值（亿元）	1261.3	10.1%	1086.4	4.6%
固定资产投资（亿元）	—	8.0%	—	5.1%
工业投资（亿元）	—	25.7%	—	-8.1%
服务业投资（亿元）	—	-12.0%	—	25.3%
社会消费品零售总额（亿元）	389.0	22.5%	317.5	-1.2%
进出口总额（亿元）	113.2	32.0%	85.8	5.1%
新签协议外资（亿美元）	8.6	-25.2%	11.5	-38.0%
实际到账注册外资（亿美元）	3.6	8.4%	3.3	11.2%
一般公共预算收入（亿元）	87.3	18.3%	73.8	5.0 %
全体居民人均可支配收入（元）	49520.9	9.7%	45139.9	5.0%
指标名称	金坛区			
	2021年	增幅	2020年	增幅
地区生产总值（亿元）	1101.1	9.5%	973.2	5.5%
固定资产投资（亿元）	—	7.2%	—	5.4%
工业投资（亿元）	—	8.3%	—	-21.9%
服务业投资（亿元）	—	6.5%	—	53.0%
社会消费品零售总额（亿元）	276.5	13.2%	244.2	0.5%

续表 65

指标名称	金坛区			
	2021 年	增幅	2020 年	增幅
进出口总额（亿元）	272.9	23.9%	220.3	9.1%
新签协议外资（亿美元）	8.8	24.4%	7.1	-42.0%
实际到账注册外资（亿美元）	2.4	-27.3%	3.4	11.0%
一般公共预算收入（亿元）	60.0	7.6%	58.3	1.0%
全体居民人均可支配收入（元）	51003.9	9.7%	46506.9	5.1%

指标名称	武进区（不含经开区）			
	2021 年	增幅	2020 年	增幅
地区生产总值（亿元）	1951.3	9.5%	1742.9	4.5%
固定资产投资（亿元）	—	1.2%	—	-8.2%
工业投资（亿元）	—	27.9%	—	-32.7%
服务业投资（亿元）	—	-15.4%	—	17.8%
社会消费品零售总额（亿元）	750.7	18.6%	632.9	7.0%
进出口总额（亿元）	593.2	22.8%	483.1	-0.1%
新签协议外资（亿美元）	10.2	2.6%	10.0	-3.7%
实际到账注册外资（亿美元）	7.3	10.9%	6.6	-0.6%
一般公共预算收入（亿元）	153.3	10.1%	139.3	5.2%
全体居民人均可支配收入（元）	58295.5	9.1%	53411.7	4.6%

指标名称	经开区			
	2021 年	增幅	2020 年	增幅
地区生产总值（亿元）	1000.3	9.8%	864.3	4.6%
固定资产投资（亿元）	—	7.5%	—	5.0%
工业投资（亿元）	—	10.2%	—	18.3%
服务业投资（亿元）	—	4.2%	—	-11.6%
社会消费品零售总额（亿元）	125.9	21.5%	103.6	3.5%
进出口总额（亿元）	506.0	40.2%	360.9	11.3%
新签协议外资（亿美元）	7.7	93.6%	4.0	366.0%
实际到账注册外资（亿美元）	2.3	53.3%	1.5	56.8%
一般公共预算收入（亿元）	63.2	13.0%	55.9	1.5%
全体居民人均可支配收入（元）	58295.5	9.1%	53411.7	4.6%

指标名称	新北区			
	2021 年	增幅	2020 年	增幅
地区生产总值（亿元）	1820.4	9.0%	1631.4	5.1%
固定资产投资（亿元）	—	5.7%	—	-7.2%

续表 65

指标名称	新北区			
	2021 年	增幅	2020 年	增幅
工业投资（亿元）	—	26.8%	—	-31.0%
服务业投资（亿元）	—	-8.8%	—	21.1%
社会消费品零售总额（亿元）	413.4	23.0%	336.3	0.2%
进出口总额（亿元）	1090.4	25.2%	870.7	0.9%
新签协议外资（亿美元）	17.7	32.8%	13.4	-19.3%
实际到账注册外资（亿美元）	8.1	1.7%	8.0	5.0%
一般公共预算收入（亿元）	141.6	6.6%	132.8	5.1%
全体居民人均可支配收入（元）	56148.4	9.3%	51377.8	4.7%

指标名称	钟楼区			
	2021 年	增幅	2020 年	增幅
地区生产总值（亿元）	836.7	8.0%	756.0	3.5%
固定资产投资（亿元）	—	6.7%	—	1.4%
工业投资（亿元）	—	29.3%	—	-39.7%
服务业投资（亿元）	—	4.2%	—	10.3%
社会消费品零售总额（亿元）	495.7	21.3%	408.6	0
进出口总额（亿元）	230.5	17.6%	196.0	4.6%
新签协议外资（亿美元）	6.0	5.7%	5.7	35.7%
实际到账注册外资（亿美元）	2.2	3.0%	2.1	12.7%
一般公共预算收入（亿元）	59.0	16.4%	50.7	8.9%
城镇居民人均可支配收入（元）	65182.2	8.8%	59893.6	3.9%

指标名称	天宁区			
	2021 年	增幅	2020 年	增幅
地区生产总值（亿元）	888.4	7.3%	808.2	3.5%
固定资产投资（亿元）	—	7.3%	—	3.6%
工业投资（亿元）	—	24.4%	—	-25.4%
服务业投资（亿元）	—	4.6%	—	10.4%
社会消费品零售总额（亿元）	460.1	21.6%	378.3	-5.7%
进出口总额（亿元）	211.5	5.4%	200.6	-1.6%
新签协议外资（亿美元）	4.5	5.1%	4.3	28.9%
实际到账注册外资（亿美元）	2.4	2.7%	2.3	8.9%
一般公共预算收入（亿元）	65.5	6.6%	61.4	5.8%
城镇居民人均可支配收入（元）	65747.9	8.7%	60469.0	3.8%

2021年天宁区地区生产总值统计表

表66　（按2021年价格计算）　单位：亿元

名称	2021年	2020年
地区生产总值	888.4	808.2
第一产业增加值	7.4	7.7
1. 农业	4.2	4.4
2. 林业	0.0	0.0
3. 畜牧业	1.1	1.1
4. 渔业	2.1	2.2
第二产业增加值	228.2	204.0
1. 工业	204.4	183.8
制造业	190.0	173.9
电力、燃气及水的生产和供应业	14.4	9.9
2. 建筑业	23.8	20.2
第三产业增加值	652.8	596.5
1. 农、林、牧、渔服务业	0.5	0.4
2. 交通运输、仓储和邮政业	21.4	18.2
3. 信息传输、软件和信息技术服务业	34.6	23.4
4. 批发和零售业	120.2	107.6
批发业	97.3	87.6
零售业	22.9	20.0
5. 住宿和餐饮业	26.6	23.9
住宿业	8.5	7.7
餐饮业	18.1	16.2
6. 金融业	93.3	84.5
货币金融服务	69.7	63.3
资本市场服务	12.4	11.1
保险业	8.1	7.3
其他金融业	3.1	2.8
7. 房地产业	77.4	86.5
房地产开发经营业	47.8	58.8
物业管理业	1.5	1.7
房地产中介服务业	0.9	1.3
自有房地产经营活动	27.2	24.7
其他房地产业	0.0	0.0
8. 租赁和商务服务业	83.2	77.6

续表 66　　单位：亿元

名称	2021 年	2020 年
9. 科学研究和技术服务业	22.5	21.3
10. 水利、环境和公共设施管理业	7.5	7.3
11. 居民服务、修理和其他服务业	12.9	11.8
12. 教育	32.1	30.0
13. 卫生和社会工作	51.6	47.6
14. 文化、体育和娱乐业	23.9	14.2
15. 公共管理、社会保障和社会组织	45.1	42.1
人均国内生产总值（元）	131652.3	126025.0

2021 年天宁区行政区划、人口统计表

表 67

名称	单位	2021 年	2020 年
一、行政区划			
开发区、镇、街道	个	7	8
村民委员会	个	44	45
居民委员会	个	78	78
二、户籍人口			
年末总户数	户	185940	183968
年末总人口	人	484928	483018
其中 ：乡村人口	人	42682	42808
城镇人口	人	442246	440210
在总人口中			
男	人	234252	233917
女	人	250676	249101
出生人数	人	2620	3346
其中男婴	人	1381	1766
出生率	—	5.4‰	6.9
死亡人数	人	3614	3705
死亡率	—	7.5‰	7.7
自然增长人数	人	-994	-359
人口自然增长率	—	-2.1‰	-0.7
当年迁入人数	人	5260	4316
当年迁出人数	人	2279	2215
常住人口	万人	67.48	66.89

续表 67

名称	单位	2021 年	2020 年
其中：城镇人口	万人	61.67	60.97
三、年末土地面积	平方公里	154.84	154.84

2021 年天宁区城镇居民家庭人均可支配收入统计表

表 68　　单位：元

收入项目	2021 年	2020 年
可支配收入	65747.9	60469.0
（一）工资性收入	40881.1	37688.5
（二）经营性收入	8799.4	8139.2
（三）财产性收入	5946.6	5469.4
（四）转移性收入	10120.8	9172.0

2021 年天宁区城镇居民家庭人均消费支出统计表

表 69　　单位：元

消费支出项目	2021 年	2020 年
消费支出	38971.5	32342.2
其中：食品、烟酒	10314.5	8887.4
衣　着	2713.4	2120.4
居　住	7984.2	7255.0
生活用品及服务	2614.5	2072.8
交通、通信	5674.9	4754.1
教育、文化、娱乐	5971.9	4603.6
医疗保健	2516.6	1856.6
其他用品和服务	1181.5	792.2

2021 年天宁区环境保护基本情况统计表

表 70

名称	单位	2021 年	2020 年
一、工业“三废”排放及处理情况			
工业废水排放量	万吨	1075.0	1248.0
化学需氧量产生量	吨	2139.4	2423.1
化学需氧量排放量	吨	994.0	741.4
氨氮产生量	吨	86.5	64.5
氨氮排放量	吨	17.6	8.9
工业废气排放总量	万立方米（标）	428874.9	686931.1

续表 70

名称	单位	2021 年	2020 年
工业二氧化硫产生量	吨	11.4	777.0
工业二氧化硫排放量	吨	10.6	776.2
氮氧化物产生量	吨	62.7	457.1
氮氧化物排放量	吨	62.5	456.0
烟（粉）尘去除量	吨	137.5	282.1
烟（粉）尘排放量	吨	81.7	188.1
工业废渣产生量	万吨	2.5	5.1
工业废渣综合利用量	万吨	0.6	3.2
工业废渣综合利用率	—	24%	62.7%
二、人民来信来访情况			
受理环保信访数	件次	273	377
其中：来信	件次	4	3
来访	件次	2	2
来电	件次	267	372

2021 年天宁区婚姻、社会福利事业基本情况统计表

表 71

名称	单位	2021 年	2020 年
一、婚姻登记			
（一）结婚	对	2497	2488
其中：1. 初婚	人	3653	3504
2. 再婚	人	935	1024
在结婚对数中：复婚	对	203	224
（二）离婚	对	897	1273
二、社会抚恤及社会救济福利费用情况			
支出总计	万元	6298.5	5723.3
1. 抚恤事业费	万元		
2. 社会救济福利事业费	万元	6298.5	5723.3
3. 自然灾害救济费	万元		
三、享受补助救济人员情况			
五保老人人数	人	50	56
其中：集中供养	人	48	55
散居	人	2	1
三无老人人数	人	45	47

续表 71

名称	单位	2021 年	2020 年
孤儿人数	人	11	8
精减退职老职工得到救济人数	人		
已领取最低生活保障补助金年末人数	人	1768	2053
其中：城镇居民	人	1549	1797
农村居民	人	219	256
四、社会福利捐款			
慈善募捐款额	万元	51.88	51.51

2021 年天宁区科学技术基本情况统计表

表 72

名称	单位	2021 年	2020 年
一、科技项目及经费			
国家级项目立项数	项	0	1
资助金额	万元	0	50
省级项目立项数	项	2	1
资助金额	万元	345	100
市（地）级立项数	项	35	34
资助金额	万元	918	1001
二、高新技术产业			
1、国家及省认定的高新技术企业数	家	246	199
其中：当年认定数	家	82	102
2、市当年认定的高新技术产品数	只	224	199
三、科研成果			
1、科技进步奖	项	1	5
其中：省级以上奖项	项	1	5
2、专利申请及授权			
当年申请数	件		
当年授权数	件		
其中：发明专利			
四、当年已认定民营科技企业	家	34	51

2021 年天宁区全日制学校基本情况统计表

表 73

名称	单位	2021 年	2020 年
一、学校数	所	40	39
1. 普通中学	所	7	8
其中：完中、高中	所	0	1
初中（含九年一贯制）	所	7	7
2. 职业中学（职教中心、常幼师）	所		
3. 小　　学	所	32	30
4. 特殊教育学校	所	1	1
二、在校学生数	人	51700	52301
1. 普通中学	人	8845	2172
其中：完中、高中	人	0	2172
初中（含九年一贯制）	人	8845	8633
2. 职业中学（职教中心、常幼师）	人		
3. 小　　学	人	42595	41243
4. 特殊教育学校	人	260	253
三、招生数	人		10982
1. 普通中学	人		3632
其中：完中、高中	人	0	719
初中（含九年一贯制）	人	2977	2913
2. 职业中学（职教中心、常幼师）	人		
3. 小　　学	人	7744	7300
4. 特殊教育学校	人	19	50
四、毕业生数	人		9395
1. 普通中学	人	2641	3294
其中：完中、高中	人	0	635
初中（含九年一贯制）	人	2641	2659
2. 职业中学（职教中心、常幼师）	人		
3. 小　　学	人	6193	6086
4. 特殊教育学校	人	16	15
五、学龄儿童总数	人		39333
入学儿童总数	人		39333
学龄儿童入学率	—	100%	100
六、上学年度小学在校学生巩固率	—	100%	100
七、上学年度小学应届 毕业班学生毕业率	—	100%	100
八、幼儿园数	所	47	44
在园幼儿数	人	18136	18670
教职工数	人	2339	2096
其中：专任教师数	人	1390	1165

2021 年天宁区卫生事业基本情况统计表

表 74

机构分类	机构数（个）		床位数（张）		卫生从业人员（人）	
	2021 年	2020 年	2021 年	2020 年	2021 年	2020 年
天宁区属医疗卫生机构总计	207	202	992	634	3166	2604
一、基层医疗卫生机构合计	200	200	523	634	2538	2540
（一）社区卫生服务中心（站）	36	36	344	414	1091	1120
1. 社区卫生服务中心	7	7	344	414	681	677
2. 社区卫生服务站	29	29	0	0	410	443
（二）卫生院（村卫生室）	20	20	161	220	294	313
1. 卫生院	2	2	161	220	294	287
2. 村卫生室	18	18	0	0	32	26
（三）诊所、卫生所、医务室	76	82	0	0	275	289
1. 诊所	52	57	0	0	199	228
2. 卫生所、医务室	24	25	0	0	76	61
（四）门诊部	68	62	0	0	846	818
二、专业公共卫生机构合计	2	2	0	0	52	64
1. 卫生监督所	1	1	0	0	20	30
2. 妇幼保健计划生育服务中心	1	1	0	0	32	34

2021 年天宁区镇、街道行政区划统计表

表 75

区域	单位	村民委员会		居民委员会	
		2021 年	2020 年	2021 年	2020 年
总计	个	44	45	78	78
郑陆镇	个	26	26	4	4
雕庄街道	个	3	3	4	4
青龙街道	个	0	0	9	9
茶山街道	个	6	6	15	15
红梅街道	个	5	6	19	19
天宁街道	个	1	1	15	15
兰陵街道	个	3	3	12	12

2021 年天宁区镇、街道户籍人口统计表

表 76

区域	年末总户数（户）		年末总人口（人）		乡村人口（人）		城镇人口（人）	
	2021 年	2020 年	2021 年	2020 年	2021 年	2020 年	2021 年	2020 年
总计	185940	183968	484928	483018	42682	42808	442246	440210
郑陆镇	28105	28050	87791	88003	42682	42808	45109	45195
雕庄街道	7280	6531	19069	17254	—	—	19069	17254
青龙街道	19818	18990	52938	51153	—	—	52938	51153
茶山街道	37208	36861	90814	90886	—	—	90814	90886
红梅街道	39715	39798	97440	97985	—	—	97440	97985
天宁街道	33324	33327	89017	89394	—	—	89017	89394
兰陵街道	20490	20411	47859	48343	—	—	47859	48343
	男性		女性		出生人数（人）		出生率	
	2021 年	2020 年	2021 年	2020 年	2021 年	2020 年	2021 年	2020 年
总计	234252	233917	250676	249101	2620	3346	5.4‰	6.9‰
郑陆镇	43296	43454	44495	44549	478	631	5.4‰	7.2‰
雕庄街道	8970	8166	10099	9088	228	210	12.6‰	12.7‰
青龙街道	25544	24780	27394	26373	447	524	8.6‰	10.5‰
茶山街道	43405	43650	47409	47236	503	611	5.5‰	6.7‰
红梅街道	46842	47095	50598	50890	368	584	3.8‰	5.9‰
天宁街道	43698	43970	45319	45424	375	489	4.2‰	5.5‰
兰陵街道	22497	22802	25362	25541	221	297	4.6‰	6.1‰
	死亡人数（人）		死亡率		自然增长人数（人）		人口自然增长率	
	2021 年	2020 年	2021 年	2020 年	2021 年	2020 年	2021 年	2020 年
总计	3614	3705	7.5‰	7.7‰	-994	-359	-2.1‰	-0.7‰
郑陆镇	795	819	9.0‰	9.3‰	-317	-188	-3.6‰	-2.1‰
雕庄街道	132	111	7.3‰	6.7‰	96	99	5.3‰	6.0‰
青龙街道	236	275	4.5‰	5.5‰	211	249	4.1‰	5.0‰
茶山街道	757	751	8.3‰	8.3‰	-254	-140	-2.8‰	-1.5‰
红梅街道	706	723	7.2‰	7.3‰	-338	-139	-3.5‰	-1.4‰
天宁街道	562	559	6.3‰	6.3‰	-187	-70	-2.1‰	-0.8‰
兰陵街道	426	467	8.9‰	9.6‰	-205	-170	-4.3‰	-3.5‰

索　引

◆ 栏目编辑　陈　晨

主题词索引

说明

一、本索引采用主题分析法编制，按主题词首字的汉语拼音顺序排列，同音字按声调排列；首字相同按第二个字的音序排列，以此类推。

二、主题词后的阿拉伯数字表示内容所在页码，数字后的 a、b、c 分别表示该页的左、中、右栏。

三、本索引编有参见系统和附见系统。款目后第二个页码起为参见，表示参见内容所在位置；相关款目下一行缩后两字所排款目为附见款目。

四、特载、大事记、统计资料、重要文件选编、附录、彩页均未编制索引。

五、索引标引词采用中心词简称，天宁区区级党政机关、社会团体名称采用通行简称。

A

“ArF 光刻胶关键原材料、技术及配方研发”项目获省重点研发计划（产业前瞻及关键技术）类项目立项　204b

爱国卫生　241c

安全生产行政执法　199b

安全生产监督管理　199a

安全生产领域专项整治　76a

安全生产宣传教育　200a

安全生产专项整治　199b

B

“八五”普法宣传　106b

“百年百场”党史系列精品道德讲堂　40b

保存期满档案鉴定　46b

保险 证券　153a

北环新村大板房拆迁安置户完成商品房选房　306b

倍科电器有限公司落户中欧（常州）检验检测认证国际合作产业园　268a

便民办税春风行动　163b

殡葬管理　261c

C

财政　159c

　　表 26　2021 年天宁区财政收入统计表　159

　　表 27　2021 年天宁区财政分项支出一览表　160

财政管理改革　160b

财政收入管理　160a

财政预算执行和决算草案审计　170b

财政资金助企　160c

菜市场长效管理　129c

餐饮业　131a

残疾人就业援助　94a

残疾人康复服务　94a

残疾人生活保障　93c

残疾人文体活动　94b

茶山街道　294c

　　表 53　2021 年茶山街道村（社区）基本情况一览表　294

　　经济发展　295a

　　社会事业　295c

　　社会治理　296b

　　基层党建　296c

茶山街道 11 个区级重点项目建设　297b
茶山街道 1 幅商住用地刷新常州地价新高　143a
茶山街道 2 个老旧片区完成改造　299a
茶山街道“平安前哨”建设　300a
茶山街道新增高新技术企业 1 家　297a
茶山街道议政代表会成立　55b
产学研合作　207a
长三角金属交易智慧物流园入选省重点项目库　285c
常州宝祥典当行有限公司　154b
常州船用电缆有限责任公司　126b
常州德润典当有限公司　155a
常州德裕典当有限公司　154c
常州纺兴精密机械有限公司获评国家级专精特新“小巨人”企业　298b
常州富邦广场　134c
常州钢材现货交易市场　135a
常州购物中心改造升级　133b
常州汉韦聚合物有限公司获第十届中国创新创业大赛三等奖　212b
常州汉韦聚合物有限公司绿色高性能光学胶膜制造项目竣工投产　123b
常州弘辉控股集团有限公司　174a
常州弘联商业保理有限公司　156c
常州弘阳广场　134b
常州红石榴家园天宁工作站建成　306c
常州红星美凯龙装饰家居用品市场　135b
常州华利达服装集团有限公司获评国家级绿色工厂　121b　298c
常州华利达服装集团有限公司获评省级服务型制造示范企业　122c
常州淮都金属城　135a
《常州家承》出版　69b
常州金丰泰典当有限公司　155a
常州金桥机电五金市场　135c
常州金太阳至尊家电有限公司文化宫店　133c
常州九洲服装城　136a
常州九洲新世界广场　134a
常州强力先端电子材料有限公司创成市级众创空间　278b
常州强力先端电子材料有限公司获评省优秀“戎耀之家”　111b
常州市德安医院　250a
常州市第二人民医院　248b
常州市第二十四中学　223a
常州市第三人民医院　248c
常州市第一人民医院　248a
常州市第一中学天宁分校建设　293c
常州市儿童医院　249b
常州市福利院西侧地块完成征收清结　298c
常州市弘祺科技小额贷款有限公司　156c
常州市华立液压润滑设备有限公司获评国家级专精特新“小巨人”企业　279b
常州市检验检测标准认证协会成立　269a
常州市《焦溪古镇保护条例》正式施行　230a
常州市路桥日用品商城　136a
常州市农村黑臭水体治理试点示范区建设　193b
表 30　2021 年天宁区 6 条农村黑臭河道治理方案一览表　193
常州市甪京典当有限公司　155b
常州市实验初级中学　223b
常州市苏南旧机动车交易市场　136b
常州市天宁区百盛农村小额贷款有限公司　156b
《常州市天宁区国土空间规划近期实施方案》编制完成　175a
常州市天宁区九龙农村小额贷款有限公司　156b
《常州市天宁区能源利用规划》编制完成　176a
常州市天宁区人大　47
常州市天宁区政府　56
常州市天宁区政协　68
常州市武进医院　250b
常州市正衡中学　223c
常州市中医院　249a
常州首个眼健康科普体验馆建成　306c
常州首届跨境电商创新创业大赛在天宁启动　137b
常州双拥广场获评省双拥示范基地　112b
常州四药制药有限公司联合创新中心和产业化基地开工建设　123a
常州天宁建设发展集团有限公司　173a
《常州天宁经济开发区污染物排放限值限量管理实施方案》启动编制　190c
常州天宁吾悦广场　133a
常州万都广场　134b
常州万都国际陶瓷装饰城　135b
常州武澄科技创业服务有限公司获批市级科技企业

孵化器 278a
常州许氏典当有限责任公司 154b
常州旭尔发焊业有限公司 126b
常州亚玛顿股份有限公司通过省五星上云企业认定 125b
常州一步干燥设备有限公司 126b
常州一步干燥设备有限公司获省级企业技术中心认定 279a
常州怡康五金机电市场 136a
常州银河湾电脑数码城 136b
常州银信典当有限公司 154c
常住居民 6c
“超薄玻璃物理钢化及超薄光伏组件制造技术及装备”项目获江苏省科学技术奖一等奖 204c
朝丽路提升整治工程完工 299b
朝阳花园社区创成全国综合减灾示范社区 201a
车联天下融资租赁（江苏）有限公司 156a
成交价趋势 145b
成品油市场管理 127c
表 15 2021 年天宁辖区内加油站一览表 128
承越故居与鹤峰书院完成布展工程 231b
城市更新 176a
城市管理 180c
城市管理行政执法 180c
城市基础设施建设 178a
城乡建设 175
城乡社区可持续营造行动 259c
城镇居民人均可支配收入增长 8.7% 251a
城镇居民人均消费支出增长 20.5% 251a
澄西抗日民主政府旧址完成修缮 229a
传染病防控 245c
创新创业人才工作 34b
翠冠梨种植 114c
翠竹公园改造提升 197a
村镇建设 178c

D

“打好污染防治攻坚战”年度目标任务完成 188a
《大力推进三新经济发展的实施意见》出台 30a
大气环境质量 188b
大气污染防治 192a
大型商场和超市 132c
表 20 2021 年天宁区大型商场、超市一览表 132
代表工作 54c
表 5 2021 年度天宁区优秀代表建议一览表 55
代表建议意见督办 55a
蛋鸡养殖管理 116b
档案工作 45c
档案指导监督 46a
党外代表人士队伍建设 42c
党外知识分子联谊会 82b
党外知识分子联谊会 2 个分会成立 82c
党政机关办公用房管理 67c
党政机关公务用车管理 67c
道路交通违法行为专项整治 185c
道路交通隐患排查 185c
道路交通治安管理 185b
地方金融机构监管 164a
地方其他非银行金融机构 154b
地方政府性债务管控 161c
地方志工作 66b
地理环境 5a
地貌 5a
地质灾害防治 201a
第二产业 12b
第二届龙城嗨购节天宁区分会场活动 132a
第二批文书档案开放划控 46c
第二实验小学教育集团柔道队获常州市中小学生柔道锦标赛团体第一名 237a
第三产业 12c
第十七届中国杜鹃花展览会 287b
第十七届中国杜鹃花展览会“红色元素” 4a
第一产业 12a
第一次全国自然灾害综合风险普查 200c
典范性全国文明城市创建 40a
典型模范选树 41a
电子商务 137a
电子政务项目建设管理 58c
雕庄街道 283b
表 49 2021 年雕庄街道村（社区）基本情况一览表 283
经济发展 283a
社会事业 284a
社会治理 285a

基层党建 285b
雕庄街道 3 个项目列入市重点项目 285c
雕庄街道获评省国防动员工作先进单位 288b
雕庄街道新增高新技术企业 8 家 286a
东方尚院信访案件有效化解 294b
东方侏罗纪项目签约落户开发区 270a
东海期货有限责任公司 154a
东海证券股份有限公司 153c
东坡公园 10a
东青实验学校获“省长杯”女子足球六连冠 236c
“读红色经典·学百年党史”天宁全民阅读活动 39c
对外贸易 138a
表 22 2021 年天宁区对外出口贸易一览表 138
表 23 2021 年天宁区进出口金额 20 强企业一览表 138

E

2021“体彩杯”天宁区乒乓球比赛 235c
2021 省老年人体育节常州市天宁区分会场启动式暨优秀健身项目展示 235c
2021 数字经济创新发展论坛在天宁开幕 124c
20 人被评为常州市第四批市级“非遗”项目代表性传承人 228a
表 36 2021 年天宁区获评第四批市级“非遗”项目代表性传承人一览表 228
2 家“秋白书苑”建成投用 226a
2 家科技企业孵化器获市级认定 208b
2 家企业获评省级工业设计中心 122a
2 家企业平台获评省重点工业互联网平台 125c
2 家企业入选苏南国家自主创新示范区潜在“独角兽”企业 212a
2 所学校获评常州市思政育人特色学校 220c
2 所幼儿园获评市 STEM 项目幼儿园 217a
儿童眼睛保健 246b
“二花脸”猪养殖管理 116a
二手房市场 145c

F

法律援助 107b
法院 103c
法治 98
法治工作监督 54b
法治天宁建设 99a
反诈专项行动 100b
防汛工作 201b
防灾减灾 200b
防灾减灾能力建设 200b
房产管理 145c
房产市场 145a
房地产开发 144a
房地产业 143
纺织服装行业 122b
非法金融活动防范 164c
非物质文化遗产 10b
表 2 天宁区市级以上（含市级）非物质文化遗产一览表 10
风险隐患矛盾纠纷排查 65c
凤凰路创成市级精品道路 287a
凤凰新城板块 1 幅涉宅用地出让 143a
凤凰新城青年人才公寓建成投用 286b
服务外包 142a
表 25 2021 年天宁区服务外包情况一览表 142
辐射污染防治 193a
妇联基层组织建设 90a
妇女创业就业 90c
妇女儿童关爱 90b
妇女儿童合法权益维护 90a
妇幼卫生服务 246a
富强新村社区创成全国示范性老年友好型社区 301a

G

干部队伍建设 33c
高新技术企业增至 246 家 209b
表 33 2021 年天宁区新增（含到期重新申报）高新技术企业一览表 209
高质量发展考核 158a
耕地保护 188b
“工厂开店·品牌出海”专项行动 137c
工程建设监管 180a
“工会老娘舅工作室”品牌建设 86b
工会普惠服务 85c
工人新村第二社区完成老旧小区改造 317b
工伤保险 256a
工伤管理 255a

工业 119
工业互联网·常州市天宁区产业集聚区获评“江苏省新型工业化产业示范基地” 124b
工业互联网产业 124a
工业节能降耗 191b
工业经济运行 119a
工业投入 119a
工业星级企业 120a
表 14 2021 年天宁区市级工业星级企业一览表 120
工业转型升级 120b
公安 99c
公安机关政务服务水平提升 101a
公厕改造提升 181b
公共安全监管 100b
公共就业服务 253b
公共卫生 244a
公共卫生监督 244c
公务员管理 34a
公益诉讼检察 102c
公证服务 108b
共青团天宁区委员会 86c
固体废物污染防治 192c
《关于打造现代化城乡治理样板的实施方案》出台 30a
“光彩基金”助困扶贫活动 83b
光大银行股份有限公司常州天宁支行 151a
光华学校学生获第十一届全国残运会奖牌 5 枚 222c
规模以上工业企业新增 82 家 120a
国家外贸转型升级基地（服装）建设 139a
国民经济和社会发展计划增补决定 53b
国企市场化转型 162a
国土空间规划 175a
国有公司 173
国有资产管理 162b

H

“河长制”推进河道治理 18c2
表 29 2021 年天宁区建立联防联控机制的跨界河道一览表 183
核酸检测演练 243a
恒纶纺织（越南）有限公司 141c
红菱村委钱家村环境综合整治 305b
红梅公园 9c
红梅街道 301c
表 54 2021 年红梅街道村（社区）基本情况一览表 302
经济发展 302a
社会事业 303a
社会治理 303c
基层党建 304b
红梅街道 11 个小区创成省级垃圾分类达标小区 306a
红梅街道 2 个区级重点项目开工 305a
红梅街道新增高新技术企业 2 家 304c
红色地名申报 261c
《红色记忆——天宁老干部口述历史》视频 4a
《红色记忆——天宁老干部口述历史》视频上线 45b
“红色青果电台”党史专题节目 3b
红十字博爱家园建设 95c
红十字人道救助 94c
红十字“三献”活动 95b
红十字应急救护培训 95b
红十字助力疫情防控 96a
户籍老年人口 262c
“花开有声·艺心向党”艺术党课被央视报道 288a
华夏银行股份有限公司常州天宁支行 151a
化工产业安全环保整治提升行动 191a
环境保护 13a
环境监测监控能力提升 196a
环境监管 195a
环境违法行为查处 195b
环境信访问题调处 195b
环境治理 192a
环境准入管理 190b
换届风气监督检查 75c
黄天荡村获评全国乡村特色产业亿元村 281c
黄天荡片区一期（丰北）市级美丽乡村示范项目建成开园 282b 179b
黄天荡清水蟹养殖 117a
婚姻登记跨省通办试点 261b

J

机构编制管理 43b
机构编制管理 43c
机构编制核查 44a
机关事务管理 67b

机械行业 123b
基本公共卫生服务 244b
基层人民来访接待中心窗口建设 66a
基层医疗卫生机构星级中医馆建设 247a
基层整合审批服务执法力量改革 43b
“集中学习日”活动 2c
计划生育特殊家庭帮扶 252b
“计量执行官”制度推广 166b
“记忆百年·老物件见证新时代”红色老物件展 45a
既有住宅加装电梯 177b
加油站和商业场所安全生产检查 129a
“家门口办好事”实事项目 63c
价格监管 170a
价格调控 169b
监督工作 53c
检察 101c
检察服务保障民营经济发展 103a
检察公开听证新模式探索 103b
检验检测认证与计量监管 166a
建置 7b
建置区划 7b
建筑工程质量与安全监管 180b
健康教育宣传 241c
江南农村商业银行股份有限公司常州天宁支行 152b
江苏涵恒医疗科技有限公司 126c
江苏弘祺投资管理有限公司设立天宁科创基金 174b
江苏佳尔科药业集团股份有限公司获评省质量信用 AA 级企业 278b
江苏捷信融资租赁有限公司 156a
《江苏名村·焦溪村志》出版发行 67a
江苏省第八届智障教育发展研讨活动在天宁召开 222a
江苏省社会教育学习体验基地建设 223a
江苏天宁城市发展集团有限公司完成注册 174b
江苏武进不锈股份有限公司企业联合创新中心成立 208a
江苏信悦典当有限公司 155a
江苏银行股份有限公司常州分行 149a
江苏银行股份有限公司常州天宁支行 152b
江苏远方动力科技有限公司 126a
江苏月星互联网科技小额贷款有限公司 156c
江苏中南典当有限公司 155b
交通 5a
交通安全宣传教育 186c
交通银行股份有限公司常州分行 148c
交通银行股份有限公司常州天宁支行 150c
交通运输管理 184b
交通运输行政执法专项行动 184c
焦溪翠冠梨获批国家地理标志证明商标专用权 281a
焦溪古镇 3 个历史院落保护修缮 230a
焦溪古镇保护申遗 229c
焦溪古镇市政基础设施改造 231a
《焦溪古镇遗产价值研究及申遗文本报告》定稿 229c
教育 13b
教育 213
教育科研 215c
节能减排 190b
解放路小学“小海豚”游泳俱乐部获常州市小学生游泳冠军赛团体第一名 237a
金融监督管理 163c
金融业 147
金融业服务实体经济 164b
京东五星电器集团常州有限公司关河路店 133c
经济案件侦查 100a
经济发展管理 157a
经济工作监督 54a
经济管理 157
经济与社会发展 11c
精品道路建设 177c
精神文明建设 40a
景玥雅苑 144b
竞技体育 236a
九年义务教育 217b
九三学社天宁区基层委员会 80c
学术研究 81b
参政议政 81c
社会服务 82a
救助标准提高 258b
就业创业 252c
就业创业扶持 253b
居民耐用消费品拥有量 251a
居民收入与消费 251a
军事 109

K

开发区·镇·街道 264

开发区 3 家企业案例获评工信部工业互联网平台创新领航应用案例　270b
开发区获批国家级“两业”融合改革发展试点　269c
开发区基础设施建设　270c
开发区民生保障提升　271a
开发区企业科技创新　266c
开发区全域环境整治　270c
开发区特色园区建设　265a
开发区新增高新技术企业 30 家　267c
　表 45　2021 年天宁经济开发区新增 30 家高新技术企业一览表　267
开发区招商“招大引强”工程　265a
开放型经济　138
“康益行”医养融合项目突出专病管理　262c
“科创中国”常州首家科技服务站落户天宁　93a
科技　204
科技创新创业　209a
科技创新载体　207c
　表 32　2021 年天宁区新建工程技术研究中心一览表　208
科技服务　92a
科技项目　204a
科普宣传　92b
困境青少年“梦想小屋”改造　89b

L

“0.5 秒大测程高精度激光伺服全站仪的研发”项目获省重点研发计划（产业前瞻及关键技术）类项目立项　204a
6 个项目获评省、市品格提升工程项目　218c
兰陵街道　313b
　表 57　2021 年兰陵街道村（社区）基本情况一览表　313
　经济发展　314a
　社会事业　314b
　社会治理　315a
　基层党建　315c
兰陵街道 2 个自然村及周边地块征收　317c
兰陵街道清凉禅寺南侧地块低价出让　144a
兰陵街道社区卫生服务中心（九洲院区）建成投用　316c
兰陵街道新增高新技术企业 1 家　316c
兰陵街道新增税收超 1000 万元楼宇 2 座　137a
兰陵街道职工活动中心建成投用　317a
兰陵雅苑　144b
劳动保障监察执法　254a
劳动监察与仲裁　254a
劳动争议调解　254c
老干部工作　44b
老旧小区安防智慧化改造　177c　100c
老旧小区改造　176b
老舜河 4 座石桥建设　231a
礼著雅苑　144a
理论宣讲　36c
理论学习　36b
历史文化街区　10c
丽华一村大板房及周边拆迁安置户完成商品房选房　299b
廉政宣传教育　74a
练兵备战　109c
粮食安全保障　159b
粮食购销领域专项整治　76a
“两高”人才引育　65a
“两个责任”落实　74a
“两客一危”企业安全监管　184c
“两新”组织党建工作　36a
林果业　114b
林业资源保护　189a
领导干部经济责任审计　170c
领导干部研讨会　29a
六大产业集群集聚招商　139c
龙游河党建生态引领带建设　301b
龙游河环境综合整治工程完工　299c
律师服务　108a

M

麦德龙超市天宁店 Plus 会员店开业　133b
“美丽庭院”创建　91b
灭火救援　202b
民兵组织整顿　110a
民革天宁区基层委员会　77a
　民革天宁区基层委换届　77b
民建天宁区基层委员会　78b
　参政议政　78c
民进天宁区基层委员会　78c
　社会服务　79b
民盟天宁区基层委员会　77b

参政议政 78a
社会服务 78a
民商事审判 104b
民生保障 14c
民生社会事业财政投入 161a
民生实事项目专项监督 53c
民生项目建设 173a
民生银行股份有限公司常州天宁支行 151c
民事和行政检察 102b
民营经济统战工作 41c
民营企业关工委建设 97b
民政专项事务 261a
民主党派·党外知识分子联谊会·工商联 77
民主监督活动 71b
民族 6c
民族工作 41c
名胜古迹 9a
牟家村2个自然村获评“江苏省特色田园乡村” 179a

N

南街南下塘周边历史建筑风貌提升 230c
南京银行股份有限公司常州天宁支行 152a
南通融通典当有限公司常州分公司 155b
内部审计指导监督 171b
能源结构优化 190c
年度综合考核 34b
“宁聚力”党建品牌引领基层治理 35a
农产品质量监管 113c
表13 2021年天宁区获评绿色优质农产品一览表 114
农村公共基础设施管护体制改革省级试点 159a
农村集体“三资”监管 180a
农村交通管理 186a
农村人居环境整治 179c
农工党天宁区基层委员会 79c
农工党天宁区基层委成立 79c
参政议政 80a
农民工工资支付保障专项行动 254c
农业 113
农业保险覆盖面扩大 114a
农业产业现代化 117b
农业龙头企业 117c
农业面源污染治理 194a

P

排污口专项整治 195c
潘家塘遗址 9a
棚户区改造 176c
批发与零售业 129c
表16 2021年天宁区批发贸易业企业商品销售总额前30名一览表 130
表17 2021年天宁区批发贸易业企业利税总额前30名一览表 130
表18 2021年天宁区零售贸易业企业商品销售总额前20名一览表 131
表19 2021年天宁区零售贸易业企业利税总额前20名一览表 131
片区开发首次引入社会资本 173c
平安普惠融资担保有限公司常州分公司 155c
平安银行股份有限公司常州天宁支行 151b
破产审判 105a
葡萄种植 115a
浦北新村大板房拆迁安置户完成商品房选房 317b
普通高中教育 221b

Q

“七一”建党百年“映山红”党建文化节 288a
企业职工养老保险实行省级统筹 256a
企业智能化改造 120c
气候 5c
侨务工作 43a
“青春心向党·献礼一百年”主题教育实践系列活动 89a
青果巷文旅消费集聚区创成省级夜间文旅消费集聚区 233a
青龙板块2幅商住用地出让触发熔断 143b
青龙街道 288c
表50 2021年青龙街道社区（工作站）基本情况一览表 289
经济发展 289a
社会事业 289c
社会治理 290b
基层党建 290c
青龙街道“创驿120”服务品牌发布 292a
青龙街道16个村级股份经济合作社完成股份分红 292c
表52 2021年青龙街道16个村级股份经济合作社股份分红一览表 293

青龙街道安置房大产权证办理工作启动 293b
青龙街道创成省级生态文明建设示范街道 292b
青龙街道横塘社区创成常州市首个省级家庭健康服务中心 252c
青龙街道社区卫生服务中心运动健康指导门诊 238b
青龙街道完成 1916 户拆迁安置户优购房选房 293a
青龙街道新增高新技术企业 31 家 291c
表 51 2021 年青龙街道新增 31 家高新技术企业一览表 291
青龙苑七期北侧商住用地出让触发熔断 143c
青年志愿服务 88b
青少年爱党爱国教育 96c
青少年党史学习教育 3c
青少年法治教育 97c
青少年权益维护 88c
青少年思想引领工程 88a
青竹幼儿园建成开园 294a
清洁生产审核 190b
庆祝中国共产党成立 100 周年系列群众文艺活动 39a
区工商联（总商会）第八次会员代表大会召开 83a
“区管院用”人事制度改革持续深化 241b
区划 7c
区机关党建工作 34c
区机关事务管理中心创成“国家节约型机关” 191b
区级养老机构等级评定 263b
区老科协工作 93a
区情概览 5
区十六届人大常委会会议 48c
区十六届人大常委会主任会议 48c
表 3 2021 年天宁区十六届人大常委会会议一览表 49
表 4 2021 年天宁区人大常委会任免人员一览表 51
区委常委会 2021 年工作要点 29b
区委决策部署 29b
区委十届十次全体（扩大）会议 28a
区委十一届三次全体（扩大）会议 29a
区委重要会议 27a
区委重要活动 30b
区位 5a
区文体旅局获评 2017—2020 年度全国群众体育先进单位 236a
区域社会治理现代化建设 98b
区镇村（社区）三级党组织完成换届 34c
区政府常务会议 59c
表 6 2021 年天宁区政府常务会议一览表 59
区政府全体（扩大）会议 58c
区政府与江苏省产业技术研究院签订合作补充协议 207a
全国检验检测认证职业教育专家论坛在天宁区召开 268b
全国先进个人 320b
钟 山 320b
许术易 320b
高 琪 321a
李承霞 321a
尤 辉 321b
全国县域共青团基层组织改革试点工作 86c
表 10 2021 年天宁区“十大杰出青年”一览表 87
表 11 2021 年天宁区“十佳少先队员”一览表 87
表 12 2021 年天宁区“十佳少先队辅导员”一览表 87
全区创新发展大会 27b
全区领导干部会议 27a
全省首家纺织服装行业二级节点上线 125a
全省首家金融司法协同中心设立 105b
全省先进个人 321b
林金锡 321b
颜亚南 321b
何小中 322a
季卫东 322a
陈 刚 322a
江小明 322b
汤 劼 322b
汤亚平 323a
顾相才 323a
顾 波 323b
吴 静 323b
王 蕾 323b
刘宝杰 324a
周碧莲 324a
汤晓霞 324b
群众身边腐败问题专项治理 76b
群众体育 235a
群众团体 84
群众文化 224c
表 34 2021 年天宁区文艺原创作品一览表 225

群众性主题宣传教育活动　40c

R

人才公寓建设　257a
人才人事管理　64b
人防指挥信息化建设　110b
人口　6c
人口与家庭服务　251b
人口状况　251c
人民防空　110a
人民调解　107a
人民武装　109a
人物·荣誉栏　318
融合教育发展　222b
融资融券　173c

S

“11+N”巡察协作机制　32a
16 家餐饮企业获评“食美常州”地标美食制作技能大赛奖项　131b
18 个项目入选常州市第五批市级“非遗”名录　227c
　表 35　2021 年天宁区新增第五批市级“非遗”名录一览表　227
19 家餐饮企业获评常州餐饮行业诚信经营示范企业　132b
32 个项目获市创新创业大赛奖项　205c
　表 31　2021 年天宁区部分获市创新创业大赛奖项项目一览表　205
3 家企业案例获评工信部工业互联网平台创新领航应用案例　126a
3 家企业获评省级绿色工厂　121c
3 家企业装备通过常州市首台（套）重大装备认定　123b
3 件文艺作品获首届常州市公共文化“青果奖”　226b
3 岁以下婴幼儿照护服务　251c
3 所学校获评市新优质学校　220a
3 所幼儿园获评省、市优质幼儿园　217a
4 个项目获江苏省科学技术奖三等奖　204c
三河口高级中学管理体制调整　221c
“三全”社区家庭教育支持行动推进实施　91a
“三优三美”十大民生实事　56c
商贸服务业　127
商品房库存量　145c
商品房上市　145b
商品交易市场　134c
　表 21　2021 年天宁区成交额亿元以上商品交易市场一览表　134
商品住宅房成交　145b
商务楼宇　136c
商业秘密保护　169a
上市企业培育　164a
“社保面对面”直播厅开设　256b
社会保险　255b
社会保险待遇提高　255c
社会保险征缴扩面　255b
社会工作服务站建设　260a
社会教育　222c
社会救助　258a
社会救助领域审批权限下放至镇（街道）　258c
社会生活　251
社会事业工作监督　54b
社会信用体系建设　158c
社会组织等级评估　260c
社会组织管理　260b
社情民意信息　72a
　表 9　2021 年度天宁区优秀社情民意信息一览表　73
社区建设　259a
社区矫正“心”家园项目建设　305a
社区矫正对象监管　107a
涉粮问题专项巡视巡察　32c
涉磷企业调查整治　195c
涉台工作　43a
审计　170a
生活垃圾分类治理　194c
生态产品价值实现机制试点　196b
生态环境　187
生态环境建设财政投入　161c
生态环境领域安全生产工作　195b
生态环境损害赔偿　197c
生态环境质量　188b
生态建设　196b
生态文明建设示范创建　196c
生物医药行业　122c
生殖健康管理　246b
省级全域旅游示范区创建　232a

省委书记娄勤俭调研天宁　30b
失业保险　255c
师资队伍建设　215c
十大特色楼宇　136c
食品安全监管　167a
世和融资租赁（江苏）有限公司　156b
市场监督管理　165a
市场监管领域“双随机、一公开”监管　165b
市场监管执法　169a
市场主体信用监管　165b
市容市貌管理　181a
市委巡察组对天宁区委巡察指导督导　32a
市政建设　178a
事业单位登记管理　44a
事业单位人事管理　64c
书记上党课　3a
双拥工作　111c
双拥文化建设　112a
水环境质量　188b
水利　181c
水利工程建设和管理　182b
水污染防治　192b
“税法直播间”开播　163c
税费征管　162c
税收征管改革　163a
税务　162b
舜山康养小镇乡村 MALL 项目主体结构封顶　179b
司法行政　105c
司法所分类建设　108c
思想政治建设　109b
“四端”协同办理　63b
“四级田（林）长制”试点　189b
寺墩遗址　9a
苏陕协作与经济合作　61c

T

泰康人寿保险有限责任公司江苏常州中心支公司　153b
特色鱼种养殖　117b
特殊教育　221c
特种设备安全管理“专业化＋数字化”两化融合监管　167a
特种设备安全监管　166b
提案办理　72c
提案督办　72c
体育　235
体育设施及体育产业　237b
“替宁办”政务服务品牌建设　313a
天宁禅寺　9b
天宁禅寺和青果巷历史文化街区入选第九批中国华侨国际文化交流基地　310a
天宁城市共享停车场建设　178b
天宁创新投资基金完成 9 期资金募集　174c
天宁大讲坛　31a
《天宁大事记（2021）》刊印　67a
天宁江阴共建文旅体农党建联盟　35c
天宁“匠心课堂”活动　85a
天宁教育小镇建设　215a
天宁街道　307b
　表 55　2021 年天宁街道村（社区）基本情况一览表　307
　经济发展　308a
　社会事业　308b
　社会治理　309a
　基层党建　309c
天宁街道 2 个“飞地招商”项目列入市级重点项目　310a
天宁街道老旧小区改造工程　311b
　表 56　天宁街道 25 个老旧小区及散居楼改造情况一览表　311
天宁街道新增高新技术企业 2 家　310c
天宁街道职工活动中心建成投用　313a
天宁经济开发区　264a
天宁“精神符号”提炼征集活动　31b
天宁开展常州开放创新合作共赢活动周合肥专场活动　207b
《天宁年鉴（2021）》出版发行　66b
天宁区 2 家欧尚超市更名大润发超市　133a
天宁区残疾人联合会　93c
天宁区出台既有住宅加装电梯财政资金使用管理办法　146a
天宁区出台既有住宅加装电梯实施细则　146a
天宁区创成国家级县域节水型社会达标区　184a
天宁区党史学习教育　1
天宁区党政代表团赴陕西旬阳考察交流　31b
天宁区第七次全国人口普查数据发布　172a

天宁区第十六届人民代表大会第五次会议　48b
天宁区第十七届人大代表选举　47c
天宁区第四届职工“三创”大赛　85c
天宁区第四批“非遗”项目名录评定完成　228a
　表 37　2021 年天宁区第四批区级“非遗”项目名录一览表　229
天宁区妇女联合会　89c
天宁区工商业联合会　82c
天宁区公共体育设施建设　237c
天宁区关心下一代工作委员会　96b
天宁区红十字会　94c
天宁区获评“江苏省义务教育优质均衡发展区”　214a
天宁区获评“首批江苏省幼小衔接实验区”　214b
天宁区见义勇为主题公园开园　101b
《天宁区降尘考核办法（试行）》实施　193c
天宁区举办全省广场舞大展演活动　235b
天宁区科学技术协会　91c
天宁区跨境电商产业园获评省级跨境电子商务产业园　137b
天宁区旅游公共服务体系规划编制　233a
天宁区率先实施新建成品住房交付标准样板房管理新规定　146c
天宁区农产品供澳经贸合作　118c
天宁区欧美同学会（天宁区留学人员联谊会）成立　42c
《天宁区情（2021）》获评市县地方志特色创新项目　66c
天宁区庆祝中国共产党成立 100 周年座谈会　30c
天宁区入选省级体育消费城市试点单位　238c
天宁区社会组织综合党委成立　260c
天宁区数字经济产业商会成立　83c
天宁区通过“县域学前教育普及普惠”督导评估省级认定　213b
天宁区未成年人成长指导中心新址启用　215b
天宁区新增企业技术中心 11 家　120c
天宁区新增市级以上“专精特新”企业 14 家　121a
天宁区总工会　84a
天宁人才大厦建成投用　65b
“天宁文旅云”上线　234c
天宁—旬阳医疗卫生对口帮扶　247c
通用公正技术服务 (中国) 有限公司获评省级跨国公司功能性机构　141a
同济桥社区成为国家老年人心理健康关爱项目试点单位　301a
同济桥社区获评全国计生特殊家庭帮扶“暖心家园”示范点　300c
同济中学地下停车接送中心建成投用　317a
统计　171c
统计法治建设　172c
统计服务　171c
统计基层基础规范化建设　172b
统战工作　41b
土地　5b
土地市场　143a
土地执法监察　189b
土地资源节约集约利用　188c
土壤污染防治　192c
退役军人服务保障体系建设　110c
退役军人抚恤优待政策落实　111a
退役军人就业创业帮扶　111a
退役军人事务　110c

W

5 个市重点项目　265c
5 个文旅项目入选省重点文旅项目　233b
5 个项目获评市基础教育前瞻性改革实验项目　219b
外经工作　141b
网络安全　37b
网络环境综合治理　37c
网络与市场消费环境监管　168b
“危污乱散低”出清提升行动　199c
微电影《传承》获评 2021 年江苏省社会主义核心价值观主题微电影二等奖　294a
违纪违法案件查处　75a
卫生惠民项目实施　241a
卫生健康　239
　表 42　2021 年天宁区镇卫生院、街道社区卫生服务中心基本情况一览表　239
　表 43　2021 年天宁区社区卫生服务站基本情况一览表　240
未成年人保护　261a
未成年人检察　103a
未成年人思想道德建设　41a
文化 · 旅游　224
文化产业发展　38a

文化惠民工程　38b
文化惠民系列活动　226a
文化体育　14a
文化遗产　10a
文化遗产保护　226c
文旅产业　231c
　表 38　2021 年天宁区获评江苏省工业旅游区一览表　231
　表 39　2021 年天宁区获评国家 A 级以上旅游景区一览表　232
　表 40　2021 年天宁区获评省四星级乡村旅游区（点）一览表　232
　表 41　2021 年天宁区获评市级乡村旅游重点村一览表　232
文明校园创建　221a
文体旅经营场所安全生产检查　224c
文艺精品创作　39a
“我为群众办实事”实践活动　4b
“我为天宁献一计”活动　4b
乌墩遗址　9b
五角场东西村 2 个老旧小区建成智慧安防小区　313b
物价管理　169b
物质文化遗产　10a

X

先进个人　330
　表 62　2021 年天宁区全国（条线）先进个人一览表　330
　表 63　2021 年天宁区省级（条线）先进个人一览表　330
　表 64　2021 年天宁区市级先进个人一览表　332
先进集体　325
　表 58　2021 年天宁区获得的综合荣誉（省级条线以上）一览表　325
　表 59　2021 年天宁区获得的全国（条线）先进集体一览表　325
　表 60　2021 年天宁区获得的省级（条线）先进集体一览表　326
　表 61　2021 年天宁区获得的市级先进集体一览表　329
现代服务业发展　158b
现代警务机制改革　100c
乡村振兴财政投入　161b
相对集中行政许可权改革　43c
享乐主义奢靡之风专项治理　76a
消防　202a
消防安全隐患整治　202b
消防防控基础建设　203a
消防救援综合应急能力建设　203a
消防宣传教育　203b
消失的村落　8c
　表 1　天宁区消失的村落一览表　8
小餐饮备案公示卡发放　167c
校外教育辅导站建设　97a
校园安全　216a
协商议政　71a
“芯巢”超维众创空间创成　310b
新材料行业　123a
新的社会阶层人士统战工作　43a
新冠病毒疫苗接种　243b
　表 44　2021 年天宁区新冠疫苗集中接种点一览表　244
新冠肺炎疫情处置　242c
新冠肺炎疫情防控　242a
新冠肺炎疫情防控工作部署　29c
新就业形态劳动者建会入会　86a
新任区级领导　318a
　倪云泽　318a
　周海鹏　318b
　吴小红　318b
　陈　忠　319a
　周爱娟　319a
　杨康成　319b
　李　军　319b
　康　林　320a
　赵　鑫　320a
新时代“两个健康”先行区创建持续推进　83a
新时代天宁产业工人队伍建设改革实施　84c
新堂社区武进小区智慧安防小区建设完工　305c
新闻宣传　37c
新型农业经营主体示范创建　118a
信访案件化解　65c
信访工作　65b
信访工作督查　66a
“信用＋综合监管”省级试点持续推进　245b
刑事检察　102a

刑事审判　104a
兴业银行股份有限公司常州天宁支行　151c
幸福家庭建设　252a
行政复议与行政应诉　106c
行政审批管理　62b
行政执法队伍规范化建设　181c
行政执法与监督　106c
畜牧业　115b
宣传工作　36b
选民登记启用“线上登记”模式　47c
学前教育　216b
学校建设　214c
学校选介　223a
学校主动发展　218a
巡察干部队伍建设　33a
巡察工作　31c
巡察问题整改　32b

Y

100 个行走中的党史讲堂　3b
1 个项目获评江苏省“一校一品”党建文化品牌项目　220a
1 家超市获评市五星级慈善超市　259a
1 家众创空间获市级认定　208c
1 所学校获评全国中小学中华优秀传统文化传承学校　220b
亚玛顿股份有限公司超薄光伏玻璃获评制造业单项冠军产品　270a
央庭雅苑　144c
养老服务能力提升　263a
养老机构消防安全标准化管理达标创建活动　263c
养老事业　262a
药品医疗器械及化妆品安全监管　168a
“一河两路三圈”全域党建格局　35b
“一网通办”建设　62c
“一业一证”改革试点　63a
医保公共服务　257c
医保基金监管　258a
医保天宁分局“三定”方案出台　257c
医疗保障　257b
医疗卫生　14b
医疗卫生信息化建设　241a
医疗质量管理　247c
医学科研与教育　247c
医养结合机构服务质量提升　263a
医政医疗　247b
依法治税　163a
宜居家园建设财政投入　161b
义务教育“双减”改革　218b
易商新程（江苏）融资担保有限公司　155c
疫情防控督查　75b
疫情防控平战结合体制机制建设　242b
意识形态工作　37a
银行　147a
银河湾明苑建成“智慧安防小区”　300b
营商环境优化　64a
应急管理　198
应急管理机制建设　198a
应急救援队伍组建　198c
应急预案编制修订　198a
拥军优属　112a
拥政爱民　112a
“永远跟党走，银霞映天宁”庆祝建党百年系列活动　45a
游泳场所“放心游”项目　245a
“有事好商量”协商议事活动　72a
幼儿园主动发展　216c
渔业　116c
预付卡及烟卡管理　127a
园林绿化建设　197b
云翌花园　144c

Z

招商活动　139c
招商活动　61a
招商银行股份有限公司常州天宁支行　151b
招商引资　139a
臻园　145a
征收拆迁　176c
“正衡”教育品牌管理　174a
“证照分离”改革　63a
证照审批服务　165a
郑陆联创家庭农场通过省级验收　282c
郑陆农场建设　117c
郑陆镇　271b
表 46　2021 年郑陆镇村（社区）基本情况一览表　271
经济发展　272a

社会事业　273c
社会治理　274b
基层党建　274c
郑陆镇10个自然村获评“天宁区美丽宜居乡村”　179a
郑陆镇15个重点项目竣工投产　275b
郑陆镇8个重点项目开工建设　276c
郑陆镇第四届人大代表选举　275a
郑陆镇卫生院被确认为江苏省第二批农村区域性医疗卫生中心　282c
郑陆镇新增发明专利62件　279c
表48　2021年郑陆镇新增62件发明专利一览表　279
郑陆镇新增高新技术企业34家　277c
表47　2021年郑陆镇新增34家高新技术企业一览表　277
“‘郑’能量”法治堂成立　105a
政法队伍教育整顿　99a
政法队伍教育整顿监督执纪　75a
政法委与综治　98a
政府采购管理　162a
政府投资建设项目（500万元以上）年度计划增补决定　53a
政府投资建设项目审计　170c
政府投资项目管理　158b
政府网站平台运行管理　58a
政府重要会议　58c
政府重要活动　61a
政务数据共享交换　58b
政协常州市天宁区九届五次会议　69c
政协天宁区九届常委会会议　69c
表7　2021年政协天宁区九届常委会会议一览表　69
政协天宁区九届主席会议　70a
表8　2021年政协天宁区九届主席会议一览表　70
政协委员换届　68c
政协重要会议　69c
政治生态涵养　74b
政治生态建设　74a
知识产权保护　168a
执行工作　104c
执纪执法惩治腐败　75a
职工劳动权益维护　85b
职业技能培训　253c
质量强区建设　165c
表28　天宁区3家企业主导或参与国家标准制修订一览表　166
致公党天宁区基层委员会　80b
参政议政　80c
“智慧助老”行动　262c
中共常州市天宁区纪委监委　74
中共常州市天宁区委　27
中国工商银行股份有限公司常州分行　147a
中国工商银行股份有限公司常州天宁支行　149c
中国共产党常州市天宁区第十一次代表大会　28b
中国建设银行股份有限公司常州天宁支行　150b
中国农业银行股份有限公司常州分行　147c
中国农业银行股份有限公司常州天宁支行　150a
中国平安人寿保险股份有限公司常州中心支公司　153b
中国人民财产保险股份有限公司常州市分公司　153a
中国人民解放军联勤保障部队第九〇四医院（常州院区）　250c
中国人寿保险股份有限公司常州市分公司　153a
中国银行股份有限公司常州分行　148a
中国银行股份有限公司常州天宁支行　150a
中国邮储银行股份有限公司常州天宁支行　152c
中华纺织博览园纺织博物馆和名人馆建成　298c
中欧（常州）检验检测认证国际合作产业园获批2021年度省级服务贸易基地　142b
中心城区存量资源调查　189c
中信银行股份有限公司常州分行　149b
中信银行股份有限公司常州天宁支行　151a
中医药服务拓展　247a
中医中药　246c
重大事项决定　53a
重大项目推进　158a
重大项目用地保障　188c
重大项目招引　140b
表24　2021年天宁区总投资超10亿元以上签约项目一览表　141
重大政策落实情况跟踪审计　170b
重点领域专项监督　75b
重点片区城市设计　175b
重点企业选介　126a
重点群体就业　253a
重点人群科学素质提升　92c
重点项目房屋征收　177b
重点项目建设　265b

重要会议 48b
重要人物档案征集 46c
竹林路建成市级精品道路 306a
竹林农贸市场改造完工 305c
住房保障 256c
住房租赁补贴分配 257a
住宅小区物业管理 146b
驻区三级医疗机构 248a
著名人物 7b
专记 1
专题活动 2a
专题调研 71a
专题宣传 2c
专题宣讲 1c
专题学习 1a
专项规划编制 175c
专项环境执法工作 195a
紫荆公园智能健身步道 238b
自然资源保护 188b
自然资源碎片化整理 190a
自然资源资产审计 171a
宗教 7a
宗教工作 42a
综合经济 11c
组织工作 33c